# 结构健康监测先进技术及理论

吴智深　张　建　著

科学出版社
北　京

## 内 容 简 介

本书从结构健康监测的起源和发展历程、健康监测系统的构成等基本知识讲起，在全面论述结构健康监测理论与工程应用的同时，重点从以下方面介绍了结构健康监测领域的最新进展和成果。一是率先提出了结构区域分布传感理念，即采用长标距传感单元与网络覆盖损伤可能发生的结构关键位置和影响范围，然后进行高精度、动静态、宏微观监测与多层次分析发现结构早期损伤与隐患；二是针对结构区域分布传感的需求，发明了一专多能，充分反映结构动静态、宏微观特性的长标距传感单元构建方法，进一步开发了基于光纤光栅、光纤布里渊散射、碳纤维等区域分布传感器技术，并通过长标距设计、纤维增强封装、抗滑移防脆断锚固、温度自补偿与应变增敏等技术保证其高性能长寿命特征；三是系统论述了仅利用区域分布传感器技术进行结构参数、损伤与荷载全面识别，以及进行结构异常分析预警、性能评价和预测三层次结构健康直接评估的综合成套技术和理论；四是针对工程应用中结构健康监测系统错综复杂难以构建和管理这一难题，针对各类结构特点开发了包含数据采集、传输与存储、数据处理等子系统，实现结构区域分布传感—全面识别—直接评估的全自动化健康监测系统，并从单体结构扩展到不同类型结构群的健康监测系统构建。全面论述了结构健康监测领域的基本知识，并以结构区域分布传感为主线，贯穿于全书系统阐述了结构健康监测领域的先进理念、方法、理论与技术。

本书可供大专院校高年级学生和研究生学习健康监测领域基本知识，还可供土建、交通、水利等相关领域科研与工程技术人员追踪结构健康监测领域最新热点和先进技术，并在工程实际中切实推广应用。

**图书在版编目（CIP）数据**

结构健康监测先进技术及理论/吴智深，张建著. —北京：科学出版社，2015
ISBN 978-7-03-042989-6

Ⅰ. ①结… Ⅱ. ①吴… ②张… Ⅲ. ①建筑结构–安全监测 Ⅳ. ①TU317

中国版本图书馆 CIP 数据核字（2014）第 309300 号

责任编辑：杨 琪 程心珂 / 责任校对：李 影
责任印制：赵 博 / 封面设计：许 瑞

科学出版社出版
北京东黄城根北街 16 号
邮政编码：100717
http://www.sciencep.com

北京华宇信诺印刷有限公司印刷
科学出版社发行 各地新华书店经销
*
2015 年 11 月第 一 版 开本：787 × 1092 1/16
2025 年 4 月第七次印刷 印张：25 1/4
字数：593 000

**定价：138.00 元**

# 前　言

发达国家正面临着工程结构维护管理成本高度膨胀、资金短缺等瓶颈。我国基础设施体量更大，加上结构短命等问题，安全保障及维护管理费用的压力将愈发严重。为此，利用结构健康监测（structural health monitoring, SHM）手段尽早发现结构损伤和隐患，实现结构“治小病防大病”，保障工程结构安全并实现全寿命周期成本（life cycle cost, LCC）最小化或效益/成本比最大化的预防/预知性维护管理被国内外寄予厚望。通过近 30 年的探索、开拓和实践，基础设施领域的 SHM 也得到了迅猛发展，国内外研究开发的各类先进 SHM 技术在应对突发事件等的基础设施安全管理方面发挥了积极作用。同时，国内外研发应用热情不断高涨，基础设施的 SHM 与智能化已成为土建交通工程相关国内外学术会议、学协会年会的主要主题之一。作者等 2003 年组织发起的 SHM 及基础设施智能化大型国际会议（ISHMII）已在五大洲成功召开 7 次，经过激烈角逐，美国联合团队获得 2019 年承办权。

尽管如此，国内外推动发展的大量 SHM 技术还被普遍认为无法有效实现对结构健康状态监测评估。通过各类传感器获得的海量数据还很难有效的发现结构损伤，评价结构健康状态和性能指标。结构健康监测的内涵是实现安全运营和健康长寿命管理手段。国内外已基本解决了病状明显的病症或已处于晚期的疑难病症结构安全监测问题，但早期病状不明显，中期晚期发展迅猛的疑难病症安全监测及健康长寿命管理监测是公认的难题。同时，一个 SHM 系统通常包含种类繁多的传感器去监测结构各类动静态响应及特性，从而产生系统复杂、成本昂贵问题。再者，应用于土木工程结构，传感监测体系的长期稳定性不足问题也是影响 SHM 应用效果的重要因素。对此，我们致力于从源头上解决上述诸问题的研究工作。首先是针对以应变传感（包括光纤分布传感）为代表的局部传感技术太局部，捕捉损伤犹如大海捞针，而以加速度传感为代表的整体传感技术又太宏观，捕捉损伤犹如通过人体脉相发现疑难病症，我们提出了结构区域分布传感理念，其基本思想类似于对人体关键部位（心脏、肺部等）的健康诊断。通过结构非线性、脆弱性及可靠性分析，我们可以找到结构的关键区域。开发具有损伤覆盖能力的长标距传感单元（几厘米到几米长度或几平方厘米到几平方米面积）进行串联覆盖一个结构关键区域（几米到几十米长度或几平方米到几十平方米面积），各区域再连结成网形成整个结构的关键区域分布传感。这样的区域分布传感即可实现类似于人体对自己关键部位的自感知功能。然而，人体的自感知远不能达到发现早期病变目的，还需要到医院接受 CT、核磁共振等多层次检查。工程结构不能去“医院”接受集中检查，所以需要“医生”携带检查装置去现场。为此，上述的结构区域分布传感如能获得类似于人体多层次检查的数据（要求区域分布传感达到一专多能、充分反映结构微宏观、静动态特性），我们便可以通过获得传感数据进行结构损伤、变形转角等结构响应以及动力特性分析，进而达到实现结构损伤识别及健康评估目标。10 多年来，基于上述的结构区域分布传感监测理念，我们发明开发了满足上述结构区域分布传感的系列传感技术，建立了基于结构区域分布传感的动力分析理论以及实现结构参数、损伤与荷载全面识别的成套理论。同时，我们也开发了基于结构区域分布传感的建筑、桥梁、隧道等结构单体和结构群的监测评估系统构建方法，以及进行结构异常分析预警、性能评价和预测等三层次结构健康直接评估方法及标准化体系。

本书较全面地介绍了上述的结构区域分布传感监测体系。同时，为了更好地反映结构健康监测的全貌，我们对结构健康监测学科的发展状况以及结构监测中的各类传感技术进行了总结。另外，为了对工程结构维护管理中的结构检测手段与健康监测手段进行适当的比较，我们也对结构无损检测技术的新动态进行了一定的总结。期待此书能对相关专业的大专院校高年级学生和研究生、从事工程结构安全与维护管理工作的科研和技术人员以及不同领域的相关人员有所帮助。

本书内容是作者及指导的学生包括黄璜、李素贞、杨才千、洪万、唐永圣、沈圣、张浩、张青青、N.H.M. Kamrujjaman Serker、Adekunle Philips Adewuyi 以及团队成员孙安、万春风博士等知识积累和学术成果的总结。黄璜博士、方达工程师、洪万博士，以及许德旺、周立明、朱学武、夏琪、程玉瑶等在读博士生和硕士生为本书的文献整理、校对等具体工作付出了辛苦劳动，在此向他们表示诚挚的感谢。

本书虽经长达近三年时间的编写、修改与校对，但不足之处仍很多，恳请读者与专家同仁不吝赐教、批评指正。

吴智深

2015 年春于南京

# 目　　录

# 第1章 概　　述

## 1.1　结构健康监测学科的兴起

### 1.1.1　工程结构的维护管理系统

我国正处于新型城镇化和工业化快速发展时期，基本建设投资以占国民生产总值约15%～20%的比例稳步上升，大批重大基础设施如跨江跨海的大跨桥梁结构、作为城市地标的高层建筑结构、举办大型体育赛事的大跨空间结构、开发江河能源的大坝结构、开采海洋油气资源的海洋平台结构、使用核能发电的核电站结构等已完成或正在建设。在桥梁方面，截至2014年底，我国公路桥梁总数已达75.71万座，仅黄河上已建和在建的大桥已达228座，长江上达到162座。我国建成的悬索桥、斜拉桥、拱桥和梁桥这四类桥梁的跨径均已居世界同类桥梁跨径的前列。在建筑结构方面，我国每年大约20亿平方米的建筑总量，接近全球年建筑总量的一半，世界排名前24的摩天大厦有三分之二在中国（含港台地区）；在铁路方面，我国铁路营业里程达到10.31万千米，高铁运营里程达到1.3万千米，居世界第一，其中京沪客运专线从北京至上海全长约1318千米，行驶时间仅需5个小时。在其他方面，公路、港口、隧道、水电、能源工程等建设蓬勃发展，国家的治山、治水、治海、治砂工程也在大规模兴建。这些大型土木交通水利工程结构的设计寿命长达数十年、上百年。在它们的漫长服役周期内，由于环境侵蚀、日常服役荷载甚至超载原因导致结构的性能逐渐发生退化并且随时可能遭受地震、台风等极端自然灾害的侵袭。因此，土木工程结构的安全、耐久与健康对保障其寿命与安全服役至关重要。

土木工程结构的安全问题（structural safety）依然严峻，仍然是学术界与工程界普遍关注的重点。据不完全统计，在我国公路网中，各类危桥数量达7.96万座，约占桥梁总数的10.5%。这些病桥危桥承载能力低下，直接影响我国公路网的安全运行，并严重威胁行人与车辆的安全。例如，重庆綦江彩虹桥1996年2月16日竣工，1999年1月4日垮塌；2000年，台湾省连接高雄和屏东的高屏大桥突然一个桥墩、二孔桥面约一百米断裂坍塌，造成约30人受伤；2001年，宜宾南门大桥突然坍塌；2010年7月河南省栾川县的伊河汤营大桥因遭遇特大暴雨整体垮塌；2011年7月15日，杭州钱江三桥南端桥面部分塌落。在国外，结构灾难事故同样频繁见诸各类报道中。20世纪80年代英国Man河上某预应力混凝土桥因预应力筋严重锈蚀导致整座桥梁倒塌；2007年8月，美国明尼苏达州一座跨越密西西比河的钢筋混凝土大桥由于构件疲劳破坏导致整桥坍塌。这些灾难性的事故不仅造成了重大的人员伤亡和经济损失，而且引起了公众舆论的广泛关注，产生了极其恶劣的社会影响。桥梁破坏的主要原因粗略来说可以分成两种主要类型，即主观失察原因和客观触发原因。主观失察原因具体是指在设计、构造、施工、养护及材料中的人为失误，而客观触发原因具体来源于外部干扰，例如，超载、撞击、洪水、强风、爆炸、火灾、滑坡和恐怖袭击，等等。如何保证城市基础设施（公路、桥梁、隧道、建筑等）在服役过程中乃至在灾害条件下的结构安全已经成为一项迫切需要解决的科学问题。

土木工程结构的耐久性（structural durability）提升刻不容缓。我国《混凝土结构耐久性设计规范》（GB/T 50476—2008）对结构耐久性的定义为：在设计确定的环境作用和维修、使用条件下，结构构件在设计使用年限内保持其适用性和安全性的能力。结构的耐久性按照《建筑结构可靠度设计统一标准》的定义是指结构在规定的工作环境中，预定的时期内，其材料性能的恶化不致导致结构出现不可接受的失效概率，在正常维护条件下，结构能够正常使用到规定的设计使用年限。发达国家为混凝土结构耐久性投入了大量科研经费并积极采取应对措施。加拿大安大略省的公路桥梁为对付除冰盐侵蚀及冻融损害，钢筋的混凝土保护层最小厚度从 20 世纪 50 年代的 2.5cm 逐渐增加到 4cm、6cm 直到 80 年代后的 7cm，而混凝土强度的最低等级也从 50 年代的 C25 增到后来的 C40，桥面板混凝土从不要求外加引气剂、不设防水层到必须引气以及需要设置高级防水胶膜并引入环氧涂膜钢筋。再以日本为例，在 1970 年之前，日本的道路桥梁使用寿命为 30～40 年；在 1971 年，日本对桥面板设计标准进行了更新，1973 年又对道路标准进行了更新，随后在 1984 年对盐蚀标准进行了更新，1989 年对碱性骨料相关条款进行了更新，2001 年对疲劳设计的标准进行了更新，同时制定了有关耐久性及寿命提升技术的各类规范与指南。这些措施逐渐提高了桥梁的使用寿命，使其基本能够达到 100 年，极大促进了结构长寿命化技术的发展。以上叙述的日本土木工程结构的耐久性状况如图 1.1 所示。我国在结构耐久性方面进行了较多研究，但实际工程中结构短命现象严重。建设部 20 世纪 80 年代的一项调查表明，国内大多数工业建筑物在使用 25～30 年后即需大修，处于严酷环境下的建筑物使用寿命仅 15～20 年。民用建筑和公共建筑的使用环境相对较好，一般可维持 50 年以上，但室外的阳台、雨罩等露天构件的使用寿命通常仅有 30～40 年。桥梁、港工等基础设施工程的耐久性问题更为严重，由于钢筋的混凝土保护层过薄且密实性差，许多工程建成后几年就出现钢筋锈蚀、混凝土开裂。海港码头一般使用十年左右就因混凝土顺筋开裂和剥落，需要大修。影响混凝土结构耐久性的主要因素包括混凝土的碳化、混凝土碱集料反应、混凝土的冻融破坏、侵蚀性介质（硫酸盐、海水等）的腐蚀、机械磨损、钢筋锈蚀等。

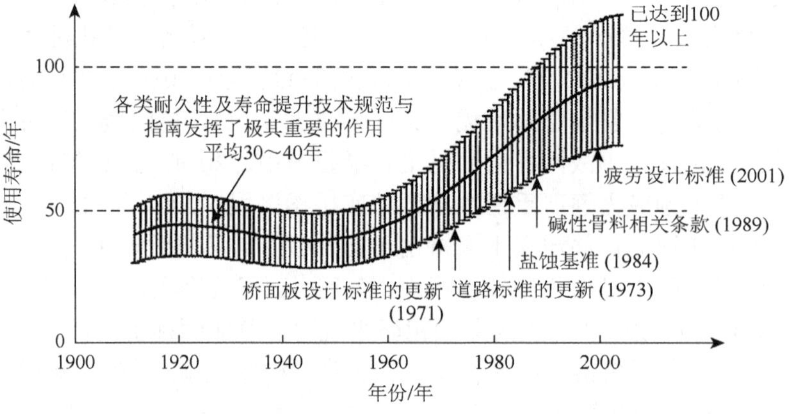


图 1.1　日本道路桥使用寿命与设计标准的变迁[1]

土木工程结构的健康（structural health）是社会发展的必要需求。工程结构的安全、耐久与健康三个概念密不可分互相关联。结构健康首先要保证安全和耐久，与此同时，工程结构的众多微小病症会对结构的健康构成威胁并具有不同程度的结构损伤破坏的潜在风险。以桥梁为例，实际工程中桥梁结构的健康问题主要表现为以下几类：①混凝土主梁开裂问题。对于大跨度钢筋混凝土桥，经常存在包括设计、构造、材料和施工中的主观失察因素引起的裂缝以及由包括超载、温度荷载、混凝土收缩和徐变等客观触发因素引起的裂缝。例如，于 1982 年建成的济南黄河大桥，顶板裂缝 1386 处、底板裂缝 11 处、腹板裂缝 52 处、隔板裂缝 1794 处；于 1988 年建成的重庆石门长江大桥，顶板裂缝 233 处、腹板裂缝 84 处、隔板裂缝 78 处。[2]②桥梁主跨的过度下挠问题。对于大跨度预应力混凝土梁桥，最大的耐久性问题就是主跨的过度下挠，而造成这一变形问题的原因与混凝土梁体开裂有关。结构下挠会导致箱梁底板产生更多的开裂，进而降低结构刚度，最终产生更大的下挠，形成恶性循环。例如，建于 1970 年的跨径 143m 的英国 Kingston 大桥，1998 年测得的下挠为 300mm；建于 1992 年的跨径 1140m 的三门峡大桥，2002 年测得的下挠为 220mm。③钢桥疲劳裂缝问题。在我国大跨度悬索桥和斜拉桥使用较多的正交异性钢桥面，如果构造不良和焊接工艺不当，在使用过程中因为车辆反复经过引起局部集中应力，易于造成纵肋与面板焊缝以及纵肋与横肋交叉处的疲劳裂缝。例如，建于 1997 年的虎门大桥，2007 年起正交异性钢桥面逐渐暴露出面板和纵肋焊接处的疲劳裂缝问题，对该桥的正常通行产生了严重的影响，也引起了中国桥梁界极大的关注。其他因素如钢结构的腐蚀等也会不同程度地影响结构的健康。及时发现和解决结构的健康问题是实现结构安全服役及长寿命的必要手段。

在结构的安全、耐久和健康存在诸多问题的同时，国内外特别是各发达国家基础设施的养护管理费用庞大。发达国家大规模工程结构已进入老龄化时代。图 1.2 和图 1.3 所示为美国和日本两国新建桥梁数目随年份的推移历程，可以看出美国和日本分别在 20 世纪 80 年代、21 世纪第二个十年进入了大量桥梁的老龄化阶段。这些基础设施服役过程中所需的庞大维护费用导致预算不足。图 1.4 为日本政府对公共设施的投资预算，可以看出，2010 年以后投资预算的总额基本不变，但基础设施的更新费逐年大幅度增加，预计到 2037 年基础设施的维护管理等费用需求将超过投资预算总额，从而导致财政赤字。德国政府委任的委员会经调查研究后指出，德国在今后的 15 年里，每年须要斥资 72 亿欧元来逐步翻新基础设施，比现有的预算要多出 70%。欧洲桥梁管理（BRIME）项目的统计表明，目前欧洲各国每年用于桥梁维护的费用占所有桥梁重建费用的 0.5%～1.0%；而就美国纽约州交通局所辖桥梁而言，这个比例高达 8.5%。据美国联邦高速公路管理局（FHWA）数据，在美国的总共约 590000 座桥梁中，有大约 152 136 座有损伤或功能问题。在美国所有的桥梁中，超过 50 年桥龄的桥梁超过 23 万座。这导致美国每年在修复桥梁上实际需要 170 亿美元，但其预算仅为 105 亿美元，这些信息反映在搜集各类资料绘制的图 1.5 中。我国的大规模土建交通基础设施的兴建相对较晚，但维护管理费用庞大且逐渐迅速攀升导致其压力同样存在。交通部数据显示，我国在“十五”“十一五”和“十二五”期间基础设施的维护管理费用分别为 87 亿、189 亿和 300 亿元。

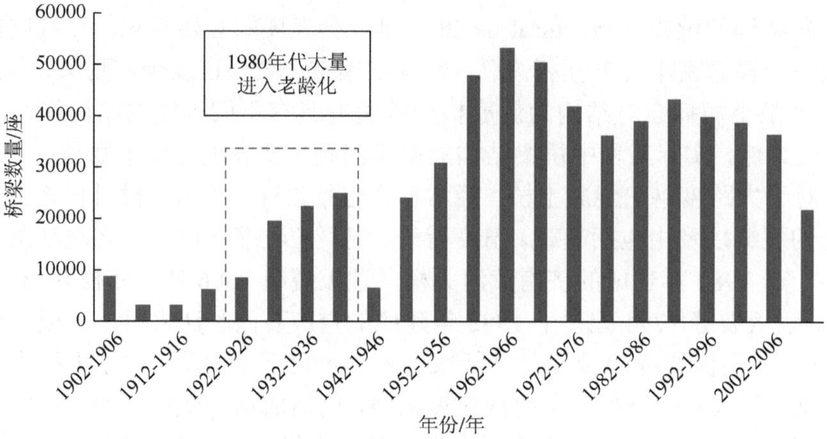


图 1.2 美国桥梁新建数目推移[3]

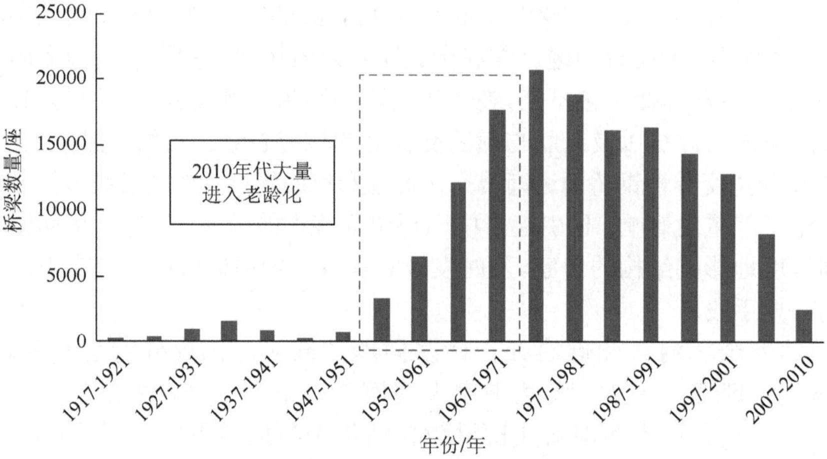


图 1.3 日本桥梁新建数目推移[3]

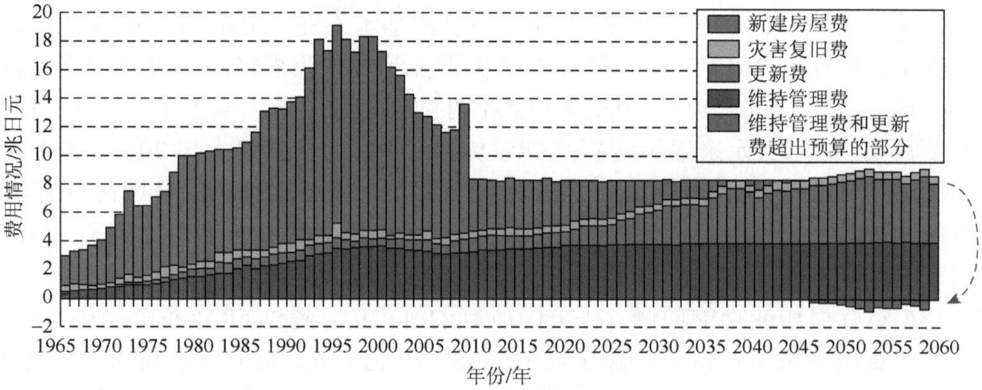


图 1.4 日本基础设施投资预算与维护费用情况[4]

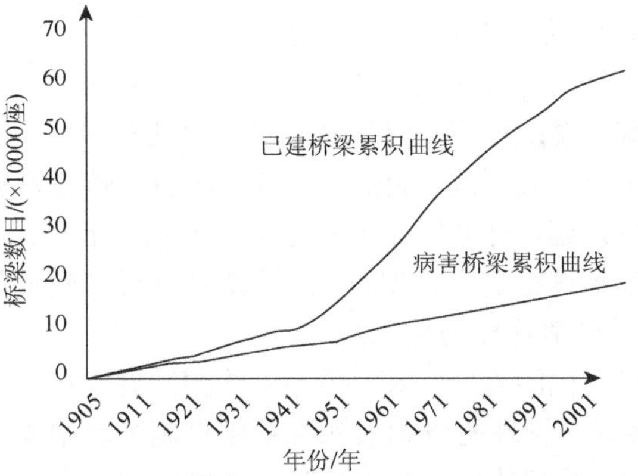


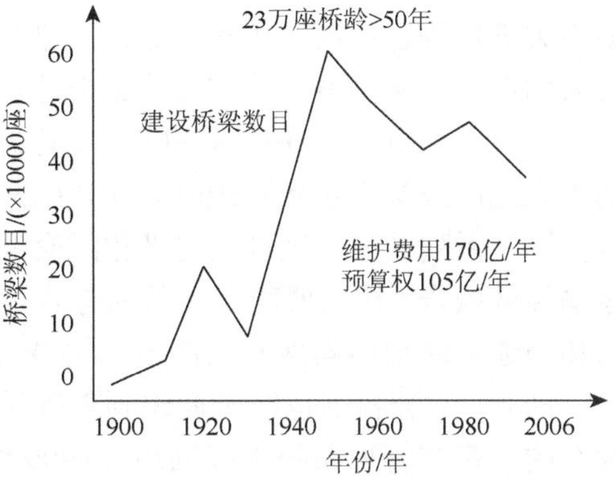


图 1.5 美国桥梁维护费用与预算情况

综上所述，一方面基础设施的安全、健康与耐久问题严重，迫切需要维护，另一方面国内外特别是发达国家的维护费用预算严重不足。为解决这一对互相矛盾的难题，需开发和采用先进的技术与管理系统来进行基础设施的有效维护和管理，在保证结构长寿命周期内安全服役的同时，最优控制结构服役周期内的维护成本。这里首先就结构维护管理领域内众多概念，包括资产管理、结构全寿命周期成本最小化、各类型维护管理理念创新、结构长期性能评价与预测等进行介绍。

1）资产管理

基础设施资产管理（asset management）是指，将基础设施作为资产运营，客观精确地把握和评估其健全状况，预测其中长期资产状况，在预算制约的前提下实现优化管理。在基础设施资产管理中，决定进行劣化预测和维持加固的实施时期的最基本的要素，是对结构物变化状态的现状评估。资产管理概念起源于经济学，现在已被引入进行土木工程结构的综合管理。在这一领域，各个国家相关工程与科研人员对此进行了大量的研究，使其逐渐成为土木工程领域一个新的研究热点。资产管理的概念在美国、澳大利亚等国兴起较早，随后日本、欧洲各国都逐步重视起来，我国已经具备了将基础设施管理上升到资产管理的理论基础，但是基础设施资产管理技术的综合研究尚处于起步阶段。下面简述“资产管理”概念的发展历程。

美国联邦高速公路管理局（FHWA）[5]和美国国有公路运输管理员协会[6]首先引入公路基础设施资产的系统化管理方法，陆续发布了资产管理初级读本和资产管理指南，系统阐述了相关的概念、原理和组成内容，明确了资产管理的任务并制定了体系框架。它们开创了交通设施资产管理的先河，并广泛开展国际范围内的充分合作，为基础设施资产管理的发展提供了可靠依据，从此其他国家和机构对于基础设施资产管理的研究也都陆续展开。

澳大利亚和新西兰拥有着最广泛被认可的资产管理以及公路管理条例，应用综合信息对公路桥梁系统进行管理、优化以及预测的范围在不断地扩大。从20世纪80年代末起，他们就开始对基础设施资产进行经济估值，1997年以后，所有公路部门都需要在年度经济报表中明确公路资产。通过十多年的合作，两国在不断地推进资产管理项目。1997年，澳大利亚公路部门发布《增强资产管理战略实践手册》，其中列举了38个重点研发项目，包括开发路况测量、路况恶化模型，进行长期性能测试的标准等。在该手册的指导下，许多相关机构均已经制定了资产管理手册以及详细的实施流程，但由于各方标准不一，所以澳大利亚公路部门需要建立统一的管理接口，以便于更好地实施计划[6]。

在日本，由于经济衰退，日本政府为了减少财政赤字，降低基础设施投资和成本，对基础设施产业进行市场化改革，以分拆民营化为主要形式，制定了财政投融资和特定财源制度等一系列的与基础设施建设相配套的财政措施。日本国土交通省发布《1998 年度日本运输经济报告》指出要建立高效的综合运输基础设施资产管理系统，这是基础设施建设部门和交通运输部门实现共同决策、协调发展、科学管理的起点。

同时，欧洲各国也纷纷意识到基础设施资产化的重要性和必要性。欧洲发展工作小组发布的《资产管理系统工程描述（1999）》将资产管理的概念引入到基础设施管理中来，强调“不同于现有的传统的单设施的管理方法，明智的做法是关注整个路网实现有限资源的综合管理”。

资产管理的内涵是指将建筑、桥梁、隧道、道路、高铁、煤气水管网等各类型基础设施作为一种资产进行考虑和管理。作为一种资产，基础设施的价值由其当前性能、剩余寿命等因素决定，因此需要有效的结构性能评价方法对其当前状态进行客观评价，对其中长期的性能状况与发展趋势具有预测手段。只有这样，在一定管养维护预算的条件下，才有可能在结构全寿命周期内进行优化管理。因应资产管理这一概念，各国基础设施管理部门建立了各类型数据库与管理系统，以对其进行系统的维护管理。有关桥梁管理系统（BMS）将在后面具体介绍。总的来说，资产管理概念与各类型管理系统尝试对规模庞大的基础设施进行时间与空间方位的最优化管理，下面叙述的全寿命周期成本最小和结构长期性能评估等具体措施都可囊括在资产管理这一基本概念和框架下。

2）结构全寿命周期成本最小化

近年来欧美日等发达国家和地区为了降低基础设施在维修管理方面所花费的巨大费用，开始推行全寿命周期成本概念（life cycle cost，LCC）[7]，包括工程建设、管养、使用、拆除等经济成本以及环境成本、社会成本等成本最小化设计理念。全周期寿命成本最早由美国军方于 20 世纪 60 年代提出，应用于军用器材采办，并迅速推广到民用企业。从 20 世纪 80 年代开始，LCC 方法逐渐应用到道路交通行业，人们开始研究建设项目的全寿命成本优化问题，从成本的角度提出全寿命管理的观念，综合考虑建设成本，选择全寿命成本最优的方案。全寿命周期分析的本质是要求在设计施工阶段，不论是事先采取防护措施还是以后“坏了再修”，都要做出经济预算和比较，承建者要对工程的“全寿命”负责到底，这样可避免“短期行为”给后人带来的麻烦与巨大经济损失。采用全寿命周期分析对桥梁工程评估的目的与标准是在保证工程寿命期的前提下，使综合花费成本最少，实现技术可靠、经济合理。

1998 年 9 月，美国联邦高速公路管理局（FHWA）颁布的《面向 21 世纪的交通运输公平法案》定义全寿命周期（life cycle）为：全寿命周期分析是对一个项目整个生命周期进行分析（包括项目初始成本和折现的未来成本，如维修、用户、重建、复原、恢复和重铺费用）的过程，以评估项目的经济总价值。2003 年美国交通研究委员会负责的 NCHRP12-43 项目——桥梁工程的全寿命周期成本分析（life-cycle cost analysis，LCA），采用三成本（机构成本、用户成本和易损性成本）模型对桥梁全寿命周期过程进行分析，运用随机过程和蒙特卡洛模拟理论分析桥梁全寿命周期成本的不确定性，并应用于桥梁管理系统中，同时开发了桥梁全寿命周期成本分析的程序，应用于新建桥梁评估、维护决策时机选择、成本不确定性评估、新结构材料评估等方面，可以自动生成折现率报告、维护事件时间报告、维护事件成本报告、成本概率分布报告和成本比较分析报告。

20世纪90年代以来，桥梁全寿命周期成本的研究已经取得令人瞩目的成就，很多研究者提出了桥梁设计、养护和更新的寿命周期成本分析和寿命周期成本评估方法。在桥梁寿命周期成本的概念模型、基于已建桥梁结构的退化的寿命周期成本研究、基于最小期望寿命周期成本准则的桥梁养护计划优化实例等领域均有颇多建树。而在国内，研究人员们着力于基于效益-成本分析的桥梁设计目标可靠度所确定的分析方法、桥梁寿命周期成本的构成及其计算公式、加固桥梁与新建桥梁的寿命周期成本横向对比分析、引入价值工程概念、建立混合寿命周期成本优化模型等方面的研究。而结构的全寿命周期成本最小化与下面叙述的结构预防与预知型维护有着类似的思路。

3）预防与预知性维护

根据结构服役过程中对结构进行维护的不同时期，可以将结构维护分为不同的类型（图1.6）。在传统方法中，都是在结构出现重大病害后，如局部失效或破坏后，才会对结构进行维护，这种维护一般称之为事后性维护（breakdown maintenance）。而桥梁发生重大病害后，其性能已经大大降低，基本无法完成基本服役，耗费巨资的修复也是于事无补或维护费用巨大。国内外学者逐渐认识到，对结构进行预防性维护是最优化结构全寿命周期成本的必经之路。预防性维护（preventive maintenance）最初起源于机械工程领域，它的意义是指在设备（如汽车、航空器、机械设备等）的整个寿命周期内，设法减低设备本身价值和维修等有关设备使用的一切维护费用，以及由于设备劣化而带来的损失等全部费用，用以提高企业的生产效能。如图1.7所示，土木工程结构在整个服役周期内随着时间的延长，其性能状况会逐步降低，若在发生结构破坏之后进行事后性维护，所需成本将急剧提高；形成鲜明对比的是，在结构性能降低到极限状态之前，若能够对结构进行预防性维护，提前发现微小病害并将其修复，可以非常有效地延长结构的服役时间，在预防结构“短命”的同时达到“增寿”的目的。

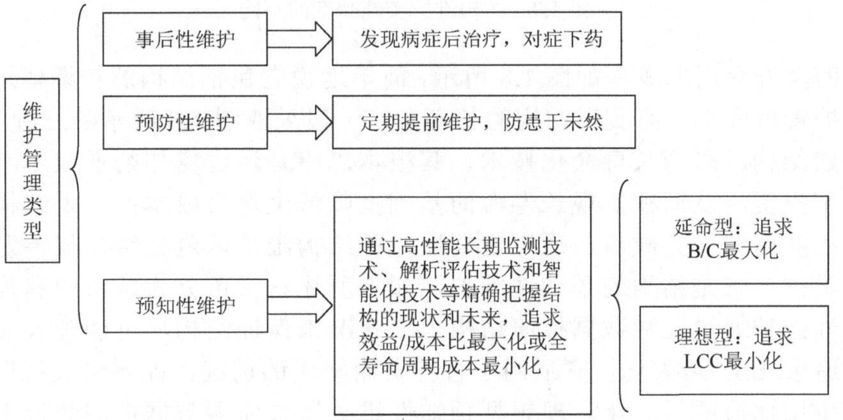


图1.6 结构维护管理的分类

上述的结构预防性维护，其实质包括了预防和预知两种含义。为避免这一混淆，更清晰地表明结构维护的各层次，作者提出将结构的维护管理的类型细分为三类：事后性维护、预防性维护和预知性维护（图 1.6）。其中的事后性维护（breakdown maintenance）和前面介绍的意义一致；这里的预防性维护（preventive maintenance）是指在结构进入使用极限状态前定期地采取提前性措施对结构进行维护和管养。这里的预知性维护（predictive maintenance）是指对基础设施进行检测和监测，通过实测数据依靠结构识别和性能评估等手段来推演和预测结构性能未来状况，从而根据结构未来性能的预测状况来制定计划进行更有针对性和更为有效的基础设施维护和管理。在结构的预知性维护中，更加强调结构健康监测与性能评估在结构长期性能预测与基础设施全寿命周期管理中的重要角色。这里的预防性和预知性维护都是在结构未出现破坏时即进行结构维护，它们的不同是前者为单纯的定期的提前性维护，而后者为在基于结构监测等手段预测结构未来长期性能状况的基础上进行的针对性的提前性维护。如图 1.7 所示，结构预知性维护的基准在预防性和事后性维护的基准中间，根据预知性维护的分类不同，预知性维护的基准可在一定范围内波动。结构的预知性维护可以细分为两类（图 1.6），一是延命型，旨在追求功能和成本比值的最大化，例如在日本等发达国家因为管养费用不足，针对某些老旧结构不投入资金进行维护，而是在通过监测等手段保证结构安全的前提下继续使用，达到收益和成本比值（benefit/cost，B/C）的最大化；二是理想型，即通过监测手段预知结构全寿命周期内性能状况，进而制定维护方案实现结构全寿命周期成本的最小化。

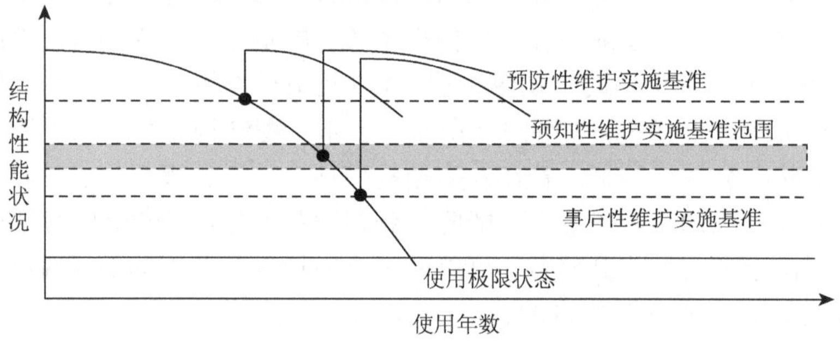


图 1.7 结构维护实施基准的不同

结构的全寿命周期成本如图 1.8 所示，简单地说它包括结构的初期建造成本和各阶段的维护管理成本。为实现结构的长寿命，一般采取图 1.8 所示的三种具体手段。一是在新建结构时采用长寿命化技术，其根本思想是通过增加初期成本来避免后期的大量成本投资，从而在实现长寿命的基础上降低全寿命成本；二是结构预防性维护，它是在新建结构完成后，通过定期地进行结构维护以避免结构损害发生后才进行的事后维护；三是结构的预知性维护，如上所述它又可分为延命型和理想型，延命型预知性维护通过监测数据推演结构未来状况来保证结构尽可能延长安全服役期从而实现追求 B/C 最大化，它适用于管养费用缺乏的情况，能够最大程度地实现结构功能和费用比值的最大化。理想型预知性维护通过监测数据推演结构未来状况并据此进行提前性的维护来实现结构全寿命周期内成本的最小化。以上三种具体手段都能够比传统的事后性维护降低结构全寿命周期成本，而结构的预知性维护最具有潜力和发展前景。

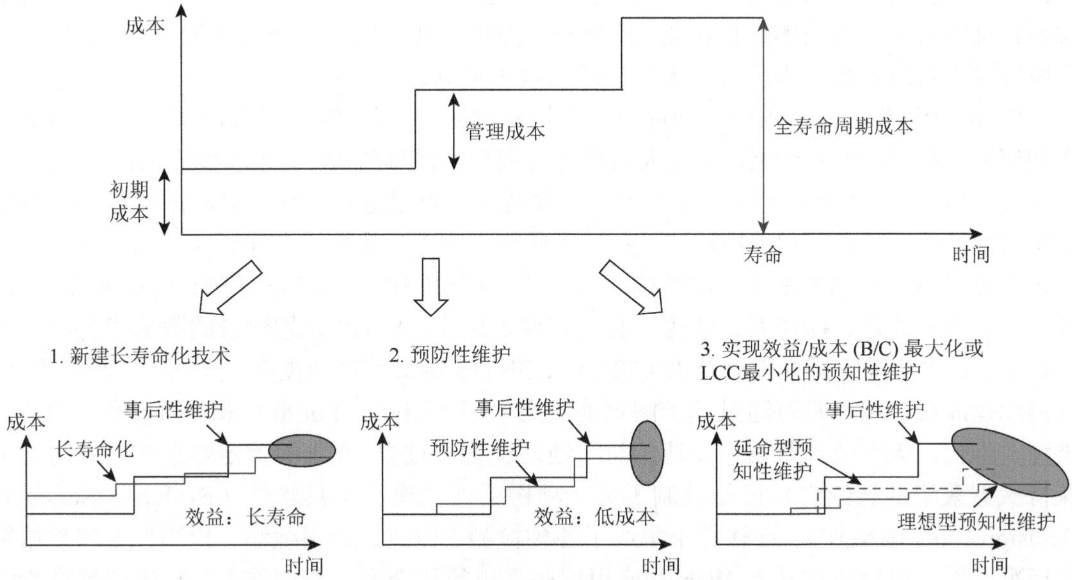


图 1.8 实现结构长寿命手段的成本分析

结构的预防性和预知性维护在日美等基础设施维护面临严重考验的国家已经开始不同程度的实践和推广应用。例如1883年在美国纽约建成的世界上的第一座悬索桥——布鲁克林桥（Brooklyn Bridge）迄今已使用超过130年，近年来该桥管理部门不断进行检测、监测与维护加固等手段来提高其性能使其继续服役以达到“增寿”目的。类比于预防医学的立场，不管是预知性维护还是结构全寿命周期成本最小理念，它们的核心思想都是对结构的异常状况进行早期发现和早期治疗。只有早期发现结构损伤，甚至是萌芽阶段的微小损伤，在结构进入严重破坏前，进行前瞻性的维修，才有可能最小成本条件下实现结构的有效管养和安全服役及其长寿命化。但问题的关键是，如何进行结构损伤尤其是微小损伤的早发现。针对这一问题，国内外已进行了大量的科学研究与工程实践[8, 9]。利用结构检测和健康监测技术，早期发现结构损伤和隐患，有效评价结构的当前性能乃至长期性能，是实现结构预防性养护的有效途径。

4）结构长期性能评估与预测

前面提到的资产管理、全寿命周期成本最小、预知性维护管理等概念都需要结构的长期性能评估技术以能够有效评估结构当前性能状况乃至结构整个服役寿命周期内性能变化状况。美国近年来启动了系列的“长期桥梁性能研究计划”（Long Term Bridge Program，LTBP）来研究桥梁性能随时间的变化。2005年美国国会批准《安全、责任、高效交通运输资产法案》，在该法案的资助下，2008年，美国联邦高速公路管理局（FHWA）的基础设施研究与发展署发起了长期桥梁性能研究计划。LTBP计划耗费20年或者更长的时间，开展桥梁长期性能的研究工作。该项目的主要研究内容是：提高对桥梁性能的全面认知、研究桥梁性能劣化机理、促进桥梁劣化和预测模型的发展、更加有效地利用全寿命周期成本分析方法，通过应用无损检测和健康监测等技术，促进无损检测技术的发展、推动结构评估技术的发展。总的来说，LTBP 计划旨在为桥梁设计理论的发展提供数据支持、对桥梁养护维修与加固的效率进行量化、优化桥梁养护作业以减少交通拥堵和事故、孕育下一代桥梁养护管理系统、为政府制定相关政策提供依据。

LTBP 计划将收集全美国范围内有代表性桥梁的定量化数据，并将其输入数据库进行长期研究。对被选中的桥梁，研究人员将进行周期性的详细检查、监测和评估。研究人员还将反复地、周期性地评估被选定的桥梁，并对退役桥梁进行破坏性试验或解剖来更多地了解它的性能、可靠性和破坏模式。在初步研究过程中，选取了 7 座桥梁，这些桥梁分别代表了美国境内桥梁最常见上部结构截面形式和环境特点，它们分别位于加利福尼亚、佛罗里达、明尼苏达、新泽西、纽约、犹他和弗吉尼亚。LTBP 计划建设的数据库将整合多个数据源，包括国家桥梁检测数据（NBI）、PONTIS 桥梁管理数据库、天气、交通等数据。数据库建成后，用户将可通过基于网页的应用程序（Bridge Portal）来查询数据，如桥梁类型、年代、天气统计数据、交通信息、地理位置、过去 20 年的评定结果等。同时为了保持数据采集的连续性，已经编制了另一项桥梁评估决策工具软件（Bridge Assessment Decision Tool，BADT）。该软件中集成了各种检测、监测、无损检测、检测技术和数据采集标准。用户可以通过基于 Web 的应用程序来访问和查询，查询结果为特定的标准检测表格，包括详细描述、所需设备、技术措施、检测频率、输出数据。

目前，我国在桥梁长期性能评估方面研究才刚刚起步，借助中美公路桥梁技术交流会的平台，我国在跟踪美国桥梁长期性能研究计划的基础上，多个有关部门在酝酿启动桥梁长期性能研究项目。计划根据我国实际情况，分结构形式、环境区域等因素，遴选若干座代表性桥梁进行长期性能观测和数据采集，并根据混凝土桥梁的结构特点，初步梳理确定了混凝土桥梁的长期性能观测指标。争取在 5～20 年长期数据观测的基础上，建立我国公路桥梁长期性能数据库，并开展实际运营状态下公路桥梁承载力及寿命演变机理研究，推动公路桥梁结构时变理论的发展，为建立公路桥梁耐久性定量设计提供支撑。

综上所述，如何维护和管理规模庞大系统复杂的城市基础设施以保障其结构安全并最优化其维护管理费用，是各个国家和地区各层级基础设施管理部门所面对的共同课题。美国、澳大利亚、日本、欧洲等地先后出台了各种规范引导在基础设施建设中考虑“资产管理”。众多学者提出了结构长寿命周期成本分析的概念与方法[7]。全寿命周期成本分析的本质是要求在设计施工阶段，不论是事先采取防护措施还是以后“坏了再修”，都要做出经济预算和比较以寻求长寿命周期内成本最优。无论是基础设施资产管理还是全寿命周期成本评估，都需要了解桥梁结构在一定历史时期内长期性能的变化规律甚至能够预测结构在未来一段时期的安全服役状况。因此，有关结构长期性能的研究在近年来逐渐引起国内外学者的重视。上述内容从资产管理、结构全寿命周期成本最小化、预防与预知性维护和结构长期性能评估与预测等四个方面来对结构的维护管理进行了详细说明。而要实现上述维护管理中各个理念的技术手段主要包括（图 1.9）：结构的检测技术、实现结构状态和风险评估及劣化预测高精度化的结构健康监测技术，以及实现 LCC 最小化的长寿命修复加固技术及长寿命结构技术。前面两个方面从提前发现结构早期损伤以实现结构的预知性维护为目的，第三点为在发现结构早期损伤后采取的加固技术。也就是说，基于检测与健康监测技术的结构性能评估与基础设施维护管理的众多概念如资产管理、预防性维护、全寿命周期成本分析、结构长期性能研究等都有着密切的关系，如何将健康监测数据合理有效地应用在上述的结构维护管理中已然成为行业研究的发展趋势。下面将分别对结构检测与健康监测技术进行介绍。

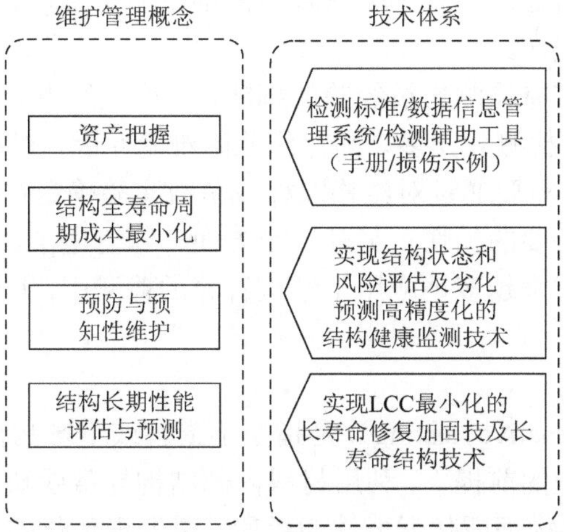


图 1.9 实现结构维护管理的技术手段

## 1.1.2 结构检测技术与管养检查手段

在进行结构安全评价的早期，由于当时监测技术有限、维护管理理念尚不完备，以人工检查配合仪器设备进行检测的手段首先被提出和应用。在美日等国制定的土木工程管养相关的规范以及我国相应的准则中，结构的检测是进行土木工程结构有效管理的必要手段。美国联邦高速公路管理局（FHWA）从实用性和功能性、使用性能和耐久性、损伤后的安全性和稳定以及极限状态下的安全性等方面对结构性能做了笼统的定性要求，并通过收集全国桥梁结构的基本信息建立国家桥梁档案数据库以对其日常运行和维护管理[5]。日本国土交通省颁布的《道路法》规定，对全国约 70 万座 2 米以上的桥梁和 1 万个隧道，必须每 5 年进行一次义务检查。我国以建设部的《城市桥梁养护技术规范》和交通运输部的《公路桥涵养护规范》[10, 11]为指导，运用层次分析思想，通过人工点检或无损检测技术对桥梁构件缺损状况进行评分，再根据其重要程度进行综合评估和等级划分。在上述各国的维护管理与检测中，主要用到的结构检测技术可分为以下几类：

1）人工目测检查

人工目测检查（visual inspection）目前依然是桥梁结构检测的主要手段。人工目测分为远距离观察和构件近距离检查两种。桥梁工程结构具有体积大、覆盖范围广的特点，在检测技术相对不发达的早期，人们通常多采用远距离观察的方法以了解结构整体工作情况和损伤进程。以日本为例，在 2013 年国土交通省道路局报告书中显示 76%为远距离观察。其内容主要根据专业检测人员主观的判断，对结构主要承力部的损伤、变形、部件脱落情况进行调查。远距离观察的主要目的是对于使用中的大型结构进行整体的初步判断，只能对明显的损伤进行主观的定性观测。为了进一步对局部损伤和结构重要的结点进行损伤判断，在实际检测过程还采用了构件近距离检查。一般配合车辆和起吊设备，让检测人员近距离对于已初步探知的或敏感的损伤程度和损伤进程进行检测。人工目视检查是一种主观的损伤定性的检测办法，并不能明确地对损伤位置和程度进行判断。在实际检测过程中，以混凝土结构为例，一般通过目测检查对如桥桁下等易积水处进行初步观测，发现混凝土表面颜色变化区域后通过敲打的方法判断内部空洞位置，最后通过取样或拨开混凝土层确定内部钢筋腐蚀等损伤。

由于人工目测主要依靠检测人员经验的判断，其测量结果难以定量地分析。对于大型工程结构，由于跨度大、检测死角多、高空作业困难等原因，难以通过人工目视检查的方法发现或确定损伤；加之需要通过对结构取样或负载实验确定损伤的因素，往往在损伤检查的过程对结构造成不必要的损伤。另外一个方面，随着电子、光学等检测技术的发展，一种无损检测技术开始越来越多地应用于结构管养的检测中，下面将对目前的无损检测技术进行简单介绍。

2）无损检测

无损检测（non-destructive testing）是指在不损害或不影响被检测对象使用性能，不伤害被检测对象内部组织的前提下，利用材料内部结构异常或缺陷存在引起的热、声、光、电、磁等反应的变化，以物理或化学方法为手段，借助现代化的技术和设备器材，对试件内部及表面的结构、性质、状态及缺陷的类型、性质、数量、形状、位置、尺寸、分布及其变化进行检查和测试的方法。目前，针对已经使用中的既有结构开发了各种各样无损检测技术，许多其他领域的检测技术也开始应用于诸如混凝土结构的无损检测中。在对于结构材料基本性能如强度、弹性模量的检查中，目前已经开发了诸如冲击锤、超声波检测、超级弹性波检测和微孔探伤等无损检测技术。对于结构表面损伤如裂缝宽度、深度的检查中，也开发了超声波检测、超级弹性波检测、声发射（AE）技术、X 射线技术、数字化图像处理技术等。同时各种如敲打音法、超声波检测、超级弹性波检测、AE 技术、X 射线技术、电磁波雷达扫描、红外线扫描、光纤内窥探伤技术，也被开发应用于结构内部损伤的检测。

为了掌握目前在混凝土结构上的无损检测技术的应用现状，2014 年日本预应力混凝土协会对三百多名具有混凝土检测资格的工程和技术人员，从检测技术人员基本信息、无损检测实施现状、技术资料和需求四个方面进行了问卷调查。调查结果发现检测人员中近三成来自于工程顾问公司，另外主要是来自从事建筑技术、设计和施工相关的公司。检测人员中与土木相关的占到 89%以上（与预应力相关的为 54%，与一般结构相关的为 35%），与建筑相关的检测技术人员只有 4%。在接受问卷调查的 346 名实际工程中使用过无损检测技术的工程技术人员中，根据检测目的分为结构材料基本性能检查、结构表面损伤、和结构内部损伤检测三种类型，如图 1.10 所示。在对于结构材料性能相关的无损检测中，大多数受访者称主要使用冲击锤相关的方法获得混凝土强度等性能参数，其主要理由是在对于新建结构的品质调查和定期管养检查过程中，可以通过标准的实验方法在不破坏混凝土的情况下简便地获得材料性能参数。而在裂缝的检测技术中，目前多以超声波检测技术为主，其原因是检测准确度高、结果直观，而且检测精度还有很大的提升空间。而对于结构内部损伤的检测中，主要是以传统的敲打音方法为主，其次是电磁雷达波扫描和光纤内窥探伤技术，其原因是敲打音法操作简单，而电磁雷达波扫描等方法通过图像直观地显示损伤，短时间内即可完成多个对象的检测。

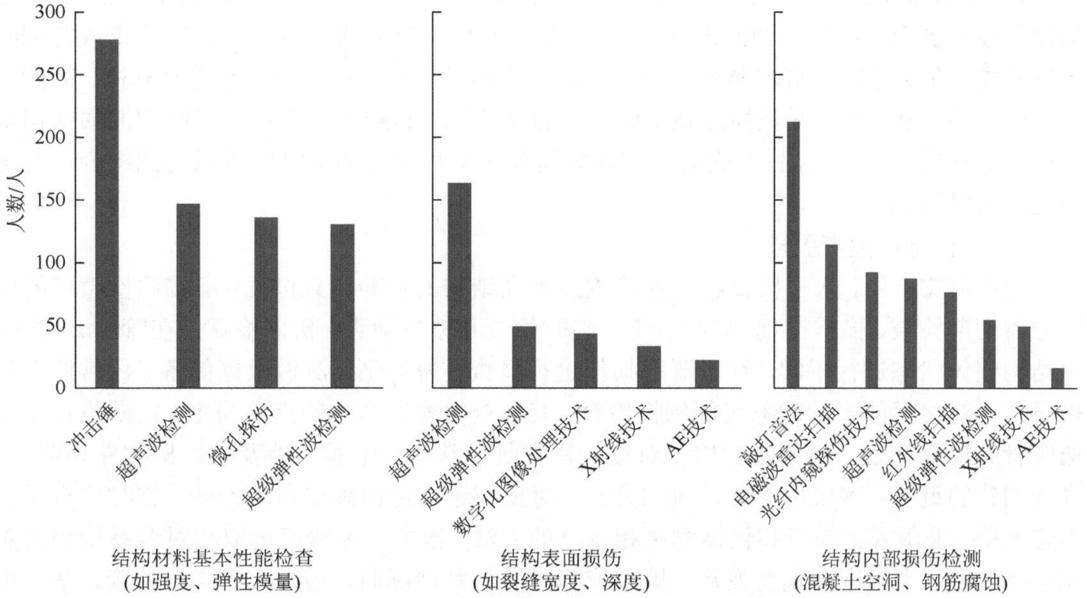


图 1.10　无损检测技术调查[12]

在受访的调查者中，有45%的检测人员表示希望能进一步提高检测的精度，其中10%的受访者表示希望进一步提高检测设备的使用性能和检测效率。从实际实施过无损检测的技术人员的调查中，了解到在大型结构检测和监测中，虽然无损检测技术每年都在不断地发展，但还远远没有达到实际应用的要求，尤其是检测精度和实用性。由于无损检测技术种类繁多，原理和工作性能各异，存在的问题也各不相同。在第2章中，将针对各种结构形式的无损检测技术一一对比，对目前的无损检测的现状和存在的问题进行详细的分析。

虽然无损检测技术种类繁多，但是由于无损检测技术的原理和目的各不相同，目前依然停留在针对个别检测项目的应用。总体而言，现有的无损检测技术难以直接评价结构整体健康程度、性能退化趋势、结构残余寿命等重要的结构性能指标。虽然无损检测技术种类繁多，然而如何通过一种或多种无损检测技术才能达到结构维护管理的目的，目前尚没有统一定论。究其原因主要是以下几个方面：①检测对象单一。无损检测技术的原理各不相同，各种技术只针对单一检测对象，在实际应用时需要对损伤类型进行预判才能选取合适的检测技术；而实际的工程结构往往存在多种损伤类型且相互作用以致对结构性能的影响不断加剧，如裂缝导致的渗水会加快钢筋腐蚀速度，而钢筋腐蚀直接导致结构刚度降低、增加支撑处变形和磨耗危害结构整体的完整性。由于不具备普遍适用性，因此固定的无损检测技术难以满足结构长期检测的要求。②检测费用。对于大型结构，为了达到检测目的，多数无损检测技术如冲击波、超声波、X射线、红外线扫描等技术需要预设安置检测设备的脚手架、工作平台等附加施工，增加了额外的检测费用，因此往往只应用于重要的工程结构，而中小型结构只采用短期临检的方式。③人为因素。由于仪器操作复杂、测量条件苛刻，即便如弹性波、超声波、图像解析等目前应用相对较广的无损检测技术，其检测结果的合理性和精度依然要依靠操作人员的技术素养和经验。④连续监测能力不足。目前无损检测技术多为一次性，如冲击锤、弹性波、AE 检测等方式，多见于定期检查或初期的质量验收，在实际维护管理系统的应用中难以实施长期的连续检测。⑤定性分析、多指标类比性不足。由于各个无损检测技术的检测方法不同，其结果多为对已损结构的损伤识别和位置识别的定性分析，目前尚难以实现如何类比多种指标的检测结果以达到综合评价结构性能的目的。

3）结构管养检查手段

根据前文介绍，人工检查和无损检测技术在结构的管养检查过程中，按照检查目的可以分为初期检查、日常检查、定期检查、临时检查和紧急检查。初期检查是在管养开始前，对结构整体状态进行了解，针对既存损伤进行调查，为劣化预测做数据储备。日常检查是指日常的对尽可能多的对象实施例行检查，其检查内容以基本的点检为主。定期检查是指按照管养检查计划，对预定的检查对象，特别是日常检查中难以涉及的结构构件和部位，进行细致的调查，多采用无损检测的方法，对损伤进行定性和定量的检测。临时检查是指不定期的，采用人工检查和仪器测量相结合的方法，根据实际情况选取相对容易检测的对象进行调查；当出现如损伤变形、地震或事故等特别情况时，需要实施详细检查，从多个方面对结构实施检测并进行性能评价。一般而言，针对结构的安全性、使用性、耐久性以及其他性能，在结构管养过程中需要涉及的检测项目如表 1.1 所示。

**表 1.1　结构管养检查内容**

| 检测项目 | 安全性 | 使用性 | 耐久性 | 其他 |
| --- | --- | --- | --- | --- |
| 荷载强度及加载频率 | ○ | ◎ | ○ | — |
| 盐离子 | ◎ | — | — | — |
| 干湿循环（盐蚀） | ◎ | — | — | — |
| 温度（ASR、盐蚀） | ◎ |  | — | — |
| 冻融循环 | ◎ | △ | — | — |
| 水（ASR） | ◎ |  | — | — |
| 化学作用 | ◎ | △ | — | — |
| 施工记录、图纸（水泥浆种类、骨料产品密度、水灰比、钢材种类） | ◎ | ◎ | ○ | — |
| 混凝土物性（强度、弹模） | ◎ | ◎ | ○ | — |
| 盐离子含量 | ◎ | — | — | — |
| 钢材腐蚀（截面欠损率、自然电位） | ◎ | ◎ | — | — |
| 中性化深度 | ◎ | △ | — | — |
| 残存膨胀量 | ◎ | — | — | — |
| 混凝土覆层 | ◎ | ○ | △ | — |
| 配筋 | △ | ◎ | △ | — |
| 内部缺陷 | ◎ | ◎ | ◎ | — |

续表

| 检测项目 | 安全性 | 使用性 | 耐久性 | 其他 |
|---|---|---|---|---|
| 设计基准 | ○ | ◎ | ◎ | — |
| 截面尺寸 | ◎ | ◎ | ○ | — |
| 裂缝情况（宽度、深度） | ◎ | ◎ | ◎ | ◎ |
| 刚度（变形量） | — | ◎ | ◎ | — |
| 振动特性 | △ | — | ○ | ○ |
| 支撑情况 | — | ◎ | ○ | ○ |
| 补修记录 | ◎ | — | ◎ | — |
| 路面凹凸度 | — | △ | ◎ | ◎ |
| 游离石灰 | ○ | — | △ | ◎ |
| 漏水 | ◎ | — | △ | ◎ |
| 混凝土表层浮起 | ◎ | — | △ | ◎ |
| 混凝土剥落 | ○ | — | △ | ◎ |
| 表面变色 | ◎ | — | △ | ◎ |

注：◎为必须实施项，○为建议实施项，△为可实施项

结构的管养检查是在结构开始使用后，为了对结构全部对象进行评价，而采取的持续性检查。通过人工检查或借助仪器设备实施的无损检测获得结构的构件级别和整体级别的参数，进而获得结构存在的损伤位置和程度，并评估结构是否需要加固补强或整修。2012年日本国土交通省针对公共建筑老龄化问题，对影响国民生活安全的重要基础工程结构的管养检查做出了初步的规定，其内容如表1.2所示。

**表1.2 结构管养检查内容**

| 类型 | 结构 | 管养检查方法 | | |
|---|---|---|---|---|
| | | 对象 | 种类 | 内容 |
| 港湾 | 港湾结构 | 港湾结构 | 日程检查 | 通过目测检查，在日常巡回检查中确认结构是否存在劣化和异常 |
| | | | 一般定期检查 | 对于水面以上结构，通过目测和简单检查手段，短周期地检查 |
| | | | 详细检查 | 定期对平时不巡检的结构部位进行检查 |
| | | | 详细临时检查 | 当确认异常发生时，对重点部分进行详细的检查 |
| 道路 | 桥梁 | 道路桥 | 定期检查 | 根据标准检测办法，以目测检查为基本原则，实施各种检查方法 |
| 河川 | 河川结构 | 堤坝、河道 | 定期检查 | 以目测外观检查为主，必要时配合精确测量 |
| 下水道 | 水道结构 | 渠道管道 | 定期检查 | 目视和摄像记录为主，发现和确认水流状态和是否有异常 |
| 机场 | 机场 | 跑道等 | 巡回检查 | 目视检测为主，配合敲打音法检查 |
| | | | 紧急检查 | 针对巡回检查的结果，迅速采取必要的检查 |
| 铁路 | 隧道、桥梁、高架、边坡 | 混凝土结构 | 初期检查<br>整体检查 | 以目测检查为主，根据结构实际情况，必要时采取目测以外的检测方法（敲打音等） |

### 1.1.3 结构健康监测概念

利用人工与设备相结合进行结构检测是进行结构安全检查的传统手段，但检测手段繁琐多样整体性差、操作费时费力。尤其是土木工程结构在服役期间性能发生退化的过程是一个时变的过程，包含损伤的逐步累积与结构破坏的突然发生，因此传统的检测方法一方面无法快速有效地整合各方面测量结果进行自动化的结构安全测定与判定，另一方面它无法实现工程结构的实时检查与自动化预警等功能。在此背景下，结构健康监测（structural health monitoring，SHM）的概念在20世纪30年代开始被广泛研究，并被普遍认为是提高工程结构健康与安全及实现结构长寿命和可持续管理的最有效途径之一[7]。结构健康监测是指通过先进传感技术监测结构在环境或人为激励的结构响应（如应变、加速度等），结合先进的信号信息处理技术，进行结构特征参数和损伤状况的识别与结构性能的评估乃至未来服役周期内的性能预测，从而保障结构安全与实现结构预防性管养的技术。结构的健康（structural health）包含结构的安全、耐久以及其他所有影响结构安全服役与长寿命的问题。结构健康监测与结构监测（structural monitoring）字面上意思相近，其实具有一定的区别。结构健康监测包含对结构的使用运营状况的监测、安全性能的评定以及长期性能的预测；而结构监测仅指对工程结构进行一定方式的监测，并没有对其健康状况进行深层次的分析和研究。在目前国内外众多土木工程结构的监测应用中，由于当前技术状况的限制，大多数仅实现了结构的监测，并没有深入到健康监测的层次。

为方便对结构健康监测的理解，可通过图1.11中结构健康监测与人体健康监测的对比来进行阐述。可以看出两者具有以下几方面的可比性：①人体结构经过成长期、成年期和老年期等不同阶段，各个阶段具有各自独有的特征。类似的是，土木工程结构的整个寿命周期也分为结构设计与施工阶段、运营前期，以及接近或超过设计周期的运营后期阶段。这一层次的类似关系决定了人体监测和工程结构监测具有相同的工作基础。②人体包括大脑、心脏等关键部位，这些重点部位的监测与保养对人体的健康起到决定性作用。类似的，工程结构体系庞大、构件复杂，但也可分为关键构件和辅助构件，例如悬索桥的桥塔和桥面主梁的安全对整体结构起到至关重要的作用。这一类似性为第3章将会具体叙述到的土木工程结构区域监测方法的开发起到启发和基础性作用，后面将具体介绍。③人体结构和土木工程结构的监测都可划分为事后性监测和预防性监测两个方面。在身体发生病害时，可以采取望闻问切等手段或借助各样医疗设备检查身体相应器官，找出病因，进行针对性治疗，这种监测方法属于事后性检查。同样的，对于土木工程结构，在发生锈蚀或裂纹等性能退化或发生船撞等突发事件后，可迅速安装监测系统或利用原有监测系统对病变结构进行事后性监测，评估结构现有性能及后续继续使用的可能性或指定相关维修方案。关于预防性监测，针对人体健康，我国医书中很早就有“不治已病治无病”的说法，即在日常生活中通过脉搏、血压、心跳等的实时监测对身体进行预防性保健，提前发现和防止病症。这种预防性监测对土木工程结构的安全服役与长寿命同样具有重要意义。通过安装传感器在结构表面或埋入结构，使结构本身具有自传感、自监测的特性，从而可实现结构的智能监测，提前探测到或预防结构病变的发生。现有的在土木工程结构上安装的监测系统多为预防性监测目的。

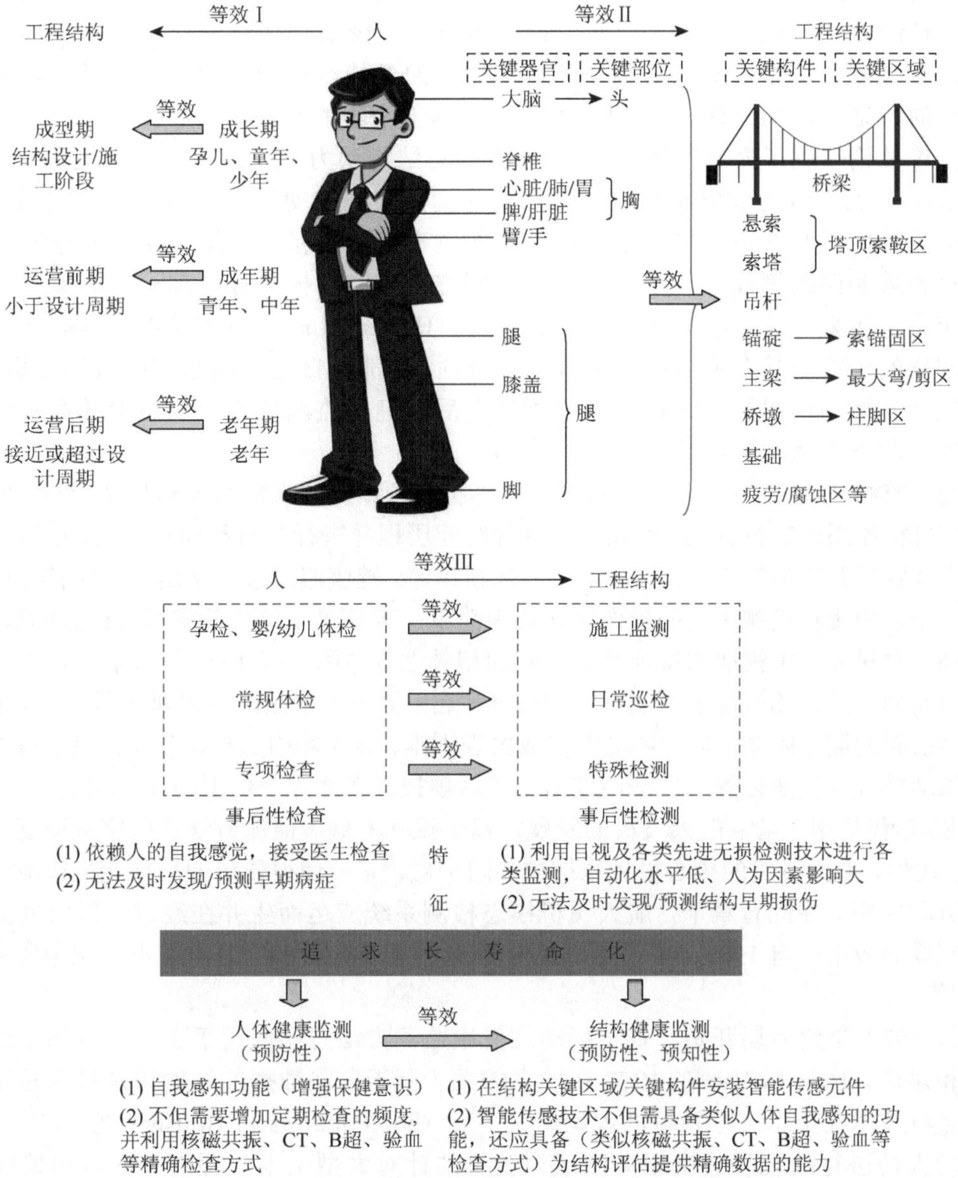


图 1.11　人体健康监测与结构健康监测的类比

结构健康监测的首要因素是传感技术。从古老的陀螺仪到今天先进的无线、光纤、压电材料等各类型传感器，它们在采集结构反应与环境数据从而为结构健康的评价方面发挥着不可或缺的作用。有关各类型传感技术的介绍将在第 2 章中具体进行。

在结构健康监测理论的发展历史中，它和结构动力学密切相关[13]。结构动力学的研究内容是在已知结构属性（如质量、刚度、阻尼等）的前提下，计算结构在外部荷载下的各类型动力反应（如位移、速度、加速度、应变、内力等），这一过程称之为正分析。与这一过程相反，结构健康监测理论通过传感技术监测结构在某类型荷载下的响应，然后逆向求解结构的特征（如刚度、频率、振型等），进而做进一步的结构损伤识别、性能评估和风险分析，因此结构健康监测理论是一种逆分析（inverse analysis）理论。由此看出，结构健康监测是结构动力学的延伸，结构动力学分析是结构健康监测理论的基础。1930～1950 年的二十年间，基于矩阵的结构分析、结构动力学、有限元分析等理论得到了充分发展。在 1960 年左右结构动力学理论中傅里叶变换（Fourier Transform）的面世为健康监测技术的启蒙起到巨大的推动作用。通过对所监测到的结构反应进行傅里叶变换，可识别得出结构的频率等模态参数，这是结构健康监测思路的最早和最明确的例证，也是过去几十年间方兴未艾的模态分析理论的研究基础。近几十年发展起来的拉普拉斯变换、小波变换、Hilbert-Huang 变化等理论具有和傅里叶变换同样的思路但具有不同的理论基础和特性，也都各自延伸出相应的数据分析方法。在傅里叶变换理论出现在结构动力学领域之后，健康监测理论得以启蒙并在实际工程需要的推动下飞速发展。

健康监测技术在 1960 年左右首先应用于机械领域旋转机械系统的故障诊断。它通过监测旋转机械系统的位移、速度或加速度等时间历程并进行分析和模式识别，以确定其安全状态并发现其典型的损伤，如轴承松散或损坏等。健康监测技术在这一领域得以广泛应用，这是因为旋转机械系统的损伤模式较为简单，容易建立包含各类损伤模式的数据库，损伤和从测量数据中提取的特征具有很好的相关性等原因。在 1970 年代后期，基于振动的健康监测方法开始应用于石油行业的海洋平台。但由于存在诸多客观问题，例如平台机器噪声引起的测量困难、艰苦环境中安放仪表困难、海生物引起结构质量改变、波浪引起结构振动模式发生变化等，这些问题阻止了这项技术在海洋平台上的使用和进一步发展。在 1980 年代早期，随着航天飞机的发展，基于振动的健康监测方法在航空领域逐步得到应用。比如，航天飞机的核心机械系统被热防护层覆盖，使得传统的局部无损检测设备无法靠近和应用。在此背景下，航天飞机模态检测系统应运而生并在经过一段时间的发展后得到成功应用。自 1990 年代中期，对于航天领域复合材料的监测与损伤识别研究得到重视[14]。

从 1970 年代后期开始，基于振动的健康监测方法开始应用于土木工程领域的大跨桥梁和建筑。Hart 和 Yao 在 1977 年发表的关于基于监测数据的结构识别技术是较早的健康监测技术在土木工程领域的理论研究[15]。Abdel-Ghaffar 和 Housner 在 1977 年对加州金门大桥进行的现场环境振动测试为较早的针对大型土木工程结构的健康监测技术的工程应用案例[16]。Doebling 对结构监测和损伤识别领域的方法进行了系统的文献综述[17]。土木结构对健康监测需求巨大，但其一般体型庞大结构复杂，需要有针对其特点的适宜的健康监测技术。这一挑战性问题的存在促使世界各国对针对土木工程的健康监测及其相关的智能材料和智能结构开展了大量研究。1995 年，白宫科技政策办公室和国家关键技术评审组将智能材料与结构监测技术列入《国家关键技术报告》中。1997 年，智能结构被美国政府列为“基础研究计划”的专项战略研究任务之一。日本设立了“智能结构系统”的研究计划，欧洲科学基金会也设立了“智能复合材料结构损伤诊断”的研究计划。我国桥梁健康监测工作起步相对较晚，国家自然科学基金等从 1993 年起每年都将智能结构列入研究计划项目。与此同时，中美、美日、美韩、美欧在结构健康监测及智能结构领域开展了国际合作研究。在这样的背景下，新型智能传感技术如无线传感、光纤传感、基于生物的传感技术等如雨后春笋般出现并得到迅速推广，各类型传感器和数据采集系统等健康检测技术所需要的硬件基础逐步建立，基于监测信号的各类型结构识别方法、损伤识别方法、结构性能评估预测和风险分析等方法日益成熟。这些技术的发展互相促进，相得益彰，整体推动了结构健康监测技术的发展，提高了这一技术在工程应用中的有效性与可靠程度。

## 1.2　结构健康监测系统的构成

结构健康监测技术的基本思想是通过测量结构的响应来推断结构特性的变化，进而探测和评价结构的损伤以及安全状况。一般来说，结构健康监测系统包括传感系统、信号传输与存储、结构状态参数与损伤识别以及结构性能评估等几部分，如图 1.12 所示。传感系统是结构健康监测系统的基础部分，包含各类传感器，如加速度计、应变计、温度传感器等用以采集结构的响应数据。经传感器监测的信息通过传输系统传输并存储到所建立数据库。随后利用观测数据对所测量结构进行分析和反演，比如第 4 章将详细叙述的通过所测量长标距应变全面反演和识别结构各类型参数与损伤及外部荷载的成套理论。最后利用结构分析和反演结果进行结构的性能评价以支持结构的日常维护与管理决策。在整个结构健康监测系统中，传感系统提供结构健康所需要的最基本、最直观的信息，是整个系统的硬件支撑。而数据分析和反演系统是整个系统的“大脑”，对所收集的错综复杂信息进行梳理和分析，并结合结构自身特征以及各种结构识别理论建立对应的数据处理方法，对结构的健康状况进行分析和评价。结构的性能评估部分直接联系监测数据和工程应用，通过监测数据的分析与结构信息的反演达到结构的安全性能评估目的，直接为结构的管养和维护提供必要数据。

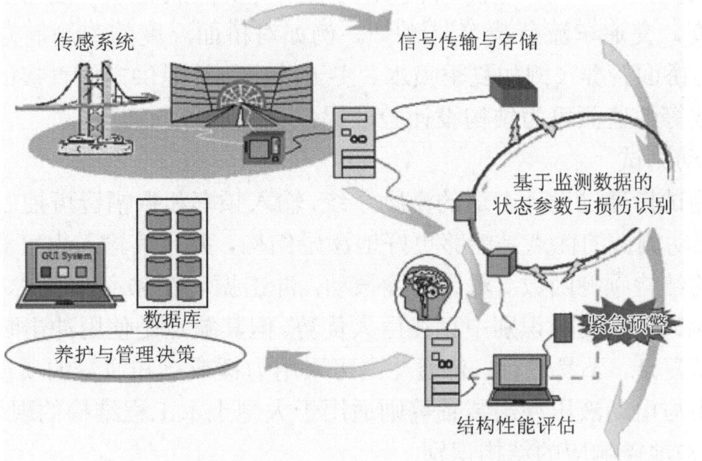


图 1.12　结构健康监测系统的构成

结构健康监测系统中的传感子系统所用到的各类型传感技术将在本书第 2 章进行介绍。作者提出的结构区域分布传感理念和所开发的区域分布传感技术（包括光纤和碳纤维）将在第3章进行介绍。结构的全面识别和性能评估理论将在本书的第4和第5章进行介绍。监测数据的传输等有关结构健康监测系统的搭建知识将在第 6 章介绍。结构健康监测系统从传感器布置到现场测试到监测数据的处理，可以说是内容庞大系统复杂。比如现场测试部分依据所使用的加载方式的不同，可分为如下几类：

1）静态测试

桥梁的静态测试是将静止的荷载（如装满重物的卡车等）作用在桥梁上的指定位置而测试结构的静力位移、静力应变、裂缝等参量的检测项目，从而推断桥梁结构在荷载作用下的安全性能和使用性能。车辆荷载试验是典型的静态测试，它用来评估实际桥梁的承载能力。在静力测试中，将应变计、位移计等安装在桥梁关键构件的预定位置，并记录测试数据，从而得出桥梁的服役特性荷载分布、支撑反力、上部结构的弯矩抗力、冲击系数等，进而确定结构的实际承载能力。桥梁车辆荷载试验为桥梁工程人员广泛接受的现场测试方法。结构承载能力为结构安全的重要指标。我国交通部《公路桥梁承载能力检测评定规程》对静载试验方法进行了详细的规定和说明。《美国高速公路桥梁状态评估手册》（AASHTO）对卡车静载试验也作了类似的说明。卡车静载试验结果可靠，且为规范规定的方法，因而在国内外中小桥梁的承载能力评估中得到广泛应用，但其缺点是试验费时费力、费用昂贵，尤其是其试验时必须关闭桥梁通车，影响交通，最为桥梁管理人员不乐见。

2）环境振动测试

结构在服役荷载作用下测量动力响应是环境振动测试的一大特点，其中的服役荷载包括风荷载、温度荷载、汽车或人行荷载等。环境振动中输入未知，一般被假设为一个具有白噪声特征的随机过程。环境振动测试简单易行，它通过选择结构关键测量点（例如跨中或 1/4 跨度）布置加速度计等传感器，测量结构横向、纵向、竖向等环境振动下的结构反应。20 世纪后半叶以来，环境振动测试及相应的结构模态分析理论得以充分发展并在工程实际中广为应用[18, 19]。环境测试除结构的振动反应监测外，还包括结构环境场如温度、风速、湿度、交通车流荷载等监测[20]。例如对桥面温度的监测能方便地提供桥面温度数据，从而为桥面管养（例如夏季喷水、冬天除雪）等提供方便直接的数据信息。有关风速和车流荷载等的监测可为结构设计验证提供直接的现场信息。

3）冲击振动测试

冲击振动测试指通过设计合适的激励系统，输入频率和振幅皆可控制的激励的动力测试方法。冲击振动测试的优点是能够更好地激励结构，并且其输入力可测，从而能够得到和理论解一致的结构频响函数。对比环境振动，冲击振动在频率、阻尼、高阶模态测量以及深层次结构参数如柔度的识别中存在巨大优势。但其缺点是使用冲击装置进行桥梁测试比环境振动测试复杂，不易进行。普通冲击可采用力锤或已知质量的质量块冲击结构，偏心转动质量冲击与电动液压冲击装置等则适用于大型土木工程结构的现场测试[21]。

4）基于结构地震响应的结构识别

国内外一些重大的土木基础设施如大跨径桥梁和高耸结构安装有健康监测系统以对结构进行实时监测。当地震作用发生时，可记录结构在地震作用下的结构反应。这类数据也可用来进行结构的健康诊断和性能反演。在地震情况下，分别采用所记录的地面加速度和结构加速度反应分别作为输入和输出，利用同时考虑输入输出（MIMO）的模态识别算法，可识别得出结构模态参数[22, 23]。例如，Fujino 和 Siringoringo[24]利用强震下的结构加速度反应数据研究了 Katsushika–Harp 曲线型斜拉桥的动力特性，利用 6 次地震中所观测到的地震反应，分别识别得出了结构的模态参数，并统计得出了结构的阻尼参数随地震强度大小的变化规律。

前面已经介绍到结构管养的需求催生了结构检测技术，进而引起了更高级的结构健康监测技术的启蒙与发展。下面将对结构检测和监测技术的关系以及它们如何协同工作实现最有效的结构安全评估进行简单阐述。首先，结构检测和监测是具有共同目的但内容不同的两种技术。它们都以及时发现结构异常、有效检查得出结构的安全状况从而实现结构及时维护与管养为共同目的，但两种技术的工作方式与内容完全不同。检测技术以人工方法和具有特定目的的设备（如裂缝观测仪）为主要手段，通过定期或非定期的现场检测如材料参数测定、裂纹宽度测量等获得现场实测数据，进而综合分析得出初步的桥梁性能评定结论。在现阶段，结构检测手段已广泛应用于桥梁的现场检测和安全评价工作中。但这种方法由于受测量条件、现场环境及现有技术发展水平等因素的限制，所检测的数据不尽充分，而且数据采集相对不够及时，无法全面真实地反映桥梁的安全状况。随着智能传感技术的发展，结构健康监测技术在实际桥梁的安全评价中已经得到越来越多的应用，它通过安装传感器，实时或定期地监测结构在环境振动或人为激励下的反应，可以及时地和自动化地分析数据以实现结构的性能评估，从而对结构的管养维护决策提供数据支持。

由于检测技术的发展历史相对悠久，在工程实际的应用中非常普及，各个国家已经明确建立了基于检测结果的结构性能评价方法并建立了相应的各类规范[25-28]。结构监测具有其技术的先进性，在土木工程安全监测与评价中具有广阔的应用前景。因其发展时间相对较短，工作于结构管养与维护第一线的工程人员还未充分认识到其优势并将其应用到工程实际中。近年来，尝试融合监测技术到现有的以检测手段为主的结构安全评估体系中的工作已经出现，以推动健康监测技术在工程实际中的应用。例如，日本土木学会健康监测委员会 2006 年提出综合监测方法和并用监测方法两种方法融合桥梁健康监测技术和传统的检测技术进行桥梁结构的性能评价。这些将在第 5 章的性能评估部分进行详细介绍。

## 1.3 结构健康监测的应用效果

前面提到，健康监测技术已被普遍认为是提高工程结构健康与安全及实现结构长寿命和可持续管理的最有效途径之一。它在我国的土木工程应用中具有广阔的空间，在保证我国土木交通基础设施的安全服役与最小化维护成本等方面被寄予厚望。具体来说，健康监测技术所发挥的功能可分为四个方面。

### 1.3.1 结构长寿命周期安全与成本最优

结构健康监测技术是实现结构全寿命周期安全与成本最优的必要技术。如图 1.13 所示，一般情况下结构的性能状态会随着服役时间的延长而出现退化。在结构性能发生退化的结构全寿命周期内，首先，结构健康监测技术可以作为定期和临时检查的辅助技术，来完成检测无法做到的结构安全评估任务。二是结构健康监测技术能够作为长期连续监测的工具来得出更为详尽的结构评估结构，从而为预防性管养提供更夯实的依据。三是在结构损伤发生后能够有效探明损伤发生原因，并进行结构承载能力和剩余寿命等方面的监测和评估。四是能够在结构维护管养后有效评价结构修复加固的效果。可以看出，只有有效地进行结构健康监测和评估，基础设施的长寿命周期安全和整体费用的最优化才能得到有效的保障。通过对工程结构进行健康监测，对结构现有状况以及未来健康状态进行分析和预测，然后进行针对性的管理和维护，可以实现结构长寿命并降低其服役周期内的成本。前述的图 1.4 为日本政府对公共设施的投资预算，在没有健康监测技术支持和实现预防性维护的情况下，预计到 2037 年基础设施的维护管理费用将超过投资预算总额，从而导致财政赤字。针对该问题，日本国土交通省进行了有关预防性维护管理的研究，并制作了图 1.14 所示的采取预防性维护管理后基建投资趋势预测表。对比于图 1.4 中未进行预防性维护管理基建投资趋势预测图，由图 1.14 可以看出原本将在 2037 年出现的财政赤字现象基本消失，一直到 2047 年逐步出现赤字，并且赤字的幅度下降了近 2 兆日元。说明前期的预防性维护管理和基于健康监测数据的预知性管理从长远来看，可以大幅减少未来维护管理费用。因此，利用健康监测技术进行结构预防性维护是保证结构安全和降低管养成本的有效手段。

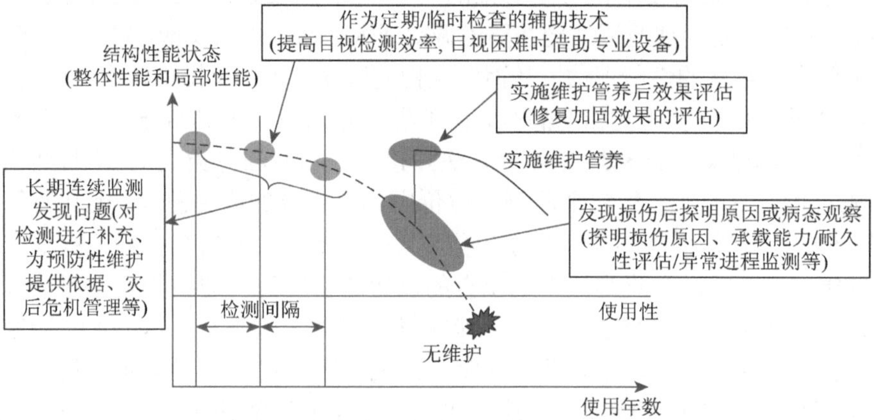


图 1.13　健康监测在结构全寿命周期维护管理中的作用

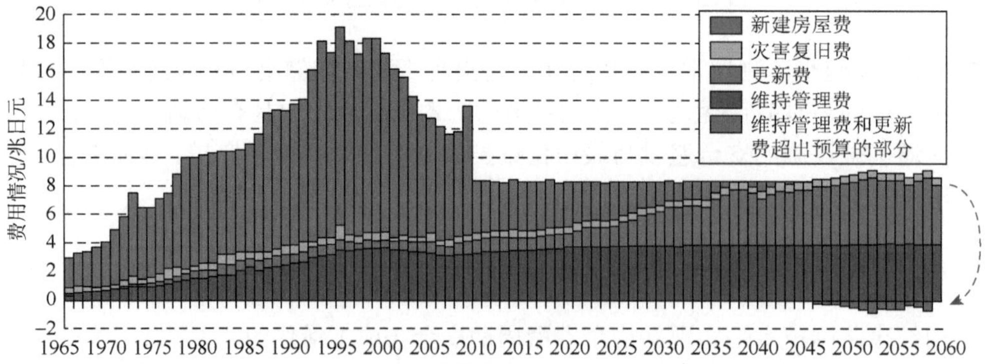


图 1.14　采取预防性维护管理后基建投资趋势预测[4]

### 1.3.2 大型复杂结构的安全保障与新型设计方法验证

随着科技的进步及工程实际的人类未来的需求，现代土木结构正在向大型化、复杂化方向发展。这类大型复杂结构，如飞机场、高层结构、新型桥梁、大跨度网架结构在复杂的环境中将受到各种突发性外在因素的影响而使结构的安全受到威胁。在当前规范的设计程序中，关于结构的抗震需求和抗震能力计算与设计等都存在不确定性。特别是，很大一部分这类大型复杂结构体型独特，超高超限，设计和使用经验不足，无法完全保证其真实服役性能和内力分配按照设计意图进行。因此，健康监测作为大型复杂结构的性能验证的一种重要的工具，对保证它们的安全运营起着举足轻重的作用。下面以某大剧院的健康监测为例来说明结构健康监测技术对超高超限结构实施性能验证与安全保障的作用。该大剧院结构设计独特，上部结构高 26 米、宽 110 米的椭圆形钢结构外罩通过节点直接支撑在下部混凝土结构的底环梁上。因此，钢筋混凝土结构的底环梁设计对整体结构安全起到至关重要的作用。在设计中，底环梁设计为宽高各为 2 米的方形环梁，总长达 216 米。该设计方法超出了一般的常规设计，导致在上部各阶段施工荷载作用下，大型空间混凝土结构尤其是底环梁部分受力复杂，力学机理不明确。为了揭示该类型钢筋混凝土梁在施工各阶段和服役期间的实际力学性能进而校核设计最终达到保障结构安全的目的，作者采用对结构局部和宏观区域进行宏微观监测的长标距光纤传感技术对大剧院音乐厅混凝土结构进行施工阶段的实时监测，并基于长标距监测数据对结构各施工阶段的力学性能和荷载机理进行了全面分析，从而在验证设计与保障结构的安全施工与及时预警等多方面起到了重要作用。可以看出，健康监测在验证超高超长土木工程的服役安全和性能验证方面发挥着不可或缺的作用，从而能够保证大型结构安全并对同类型结构的设计提供经验数据与指导意见。需说明的是如何利用监测数据进行结构识别和性能评估，这些将在本书的第 4 章和第 5 章具体介绍。

另外，结构的健康监测也能够为近年来兴起的基于性能的设计（performance-based design）提供支撑数据。结构基于性能设计的核心思想是，需考虑结构在荷载下反应的各个阶段并进行相应设计，而结构全生命周期内的实时监测数据可揭示结构在不同阶段的真实特性，从而可用来验证基于性能设计的有效性并促进基于性能的设计方法的发展。也就是说，结构健康监测能够验证基于性能的结构设计方法并能够为其发展提供充实的来源于实际结构测试的数据基础。

### 1.3.3 结构管养的自动化和智能化

结构智能化的含义包含两个层次。第一层次是结构检测手段与管理的智能化，它通过对各种结构检测与无损检测手段进行自动化实施和管理，实现结构检测的快速与自动化进行。第二层次是指利用智能传感和健康监测技术使结构自身具有传感和感知功能，从而使结构自身具有智能化。随着健康监测技术的不断发展及其在工程实际中与检测手段的不断融合，上述的结构智能化的两个层次也逐渐得以汇总和统一。

大型基础设施体型巨大结构复杂，导致其造价昂贵且日常点检和维护管养费力费时。目前的结构管养以人工检测为主，效率低，费用高，性能评估的准确性受经验因素影响大，容易误判；相关领域已开发出多种以结构检测与管理智能化为目标的软件并已在工程实际中得到一定程度的应用。以桥梁的管养为例，桥梁一般占道路网长度的 2%，造价的 30%，是城市基础设施和道路网络中最脆弱、最昂贵的部分。针对桥梁管理的自动化系统（bridge management system，BMS）是世界范围内土木工程界出现的一个跨学科、跨领域、综合型的工程技术集成系统。它应用系统分析方法，以计算机技术为工具，综合考虑技术、经济、政治、社会等若干因素，以相互协调和有组织的方式把同桥梁有关的各个方面组合在一起，从而实现对桥梁施工、监督养护、维修加固的设计、评析及决策的系统化管理。桥梁管理系统以桥梁的检测与监测信息为基础，通过对桥梁状况的监测结果对桥梁的未来健康状态尤其结构性能进行预测及相应管理，从而降低结构长寿命周期成本内的成本（美国桥梁管理系统 BMS 的工作流程如图 1.15 所示）[29-36]。与此同时，其他一些国家也开发了各具特色的桥梁管理信息系统，如我国交通运输部开发的桥梁管理系统，芬兰的国家公路署管理系统、英国的 NATS、日本的 J-BMS 等（日本的桥梁管理系统 J-BMS 的系统构成如图 1.16 所示）。我国交通运输部于 1986 年开始着手“桥梁管理系统”的研究，它集成数据分类、数据采集、检测设备应用、数据录入存储处理、状态评价、提出决策意见和进行投资分配方案决策等技术，运用计算机技术数据处理功能、自动化对现有桥梁进行状况登记、评价分析、投资决策和状态预测，从而可以提高管理者的桥梁养护管理水平，保障公路的运行畅通和桥梁的安全使用，同时促进公路桥梁养护与管理工作的科学化、规范化和信息化建设。需说明的是各国的桥梁管理系统以结构的检测与监测数据为基础（现阶段主要以检测数据为主），通过采用桥梁性能分析和评估方法来制定桥梁的维护管理计划。

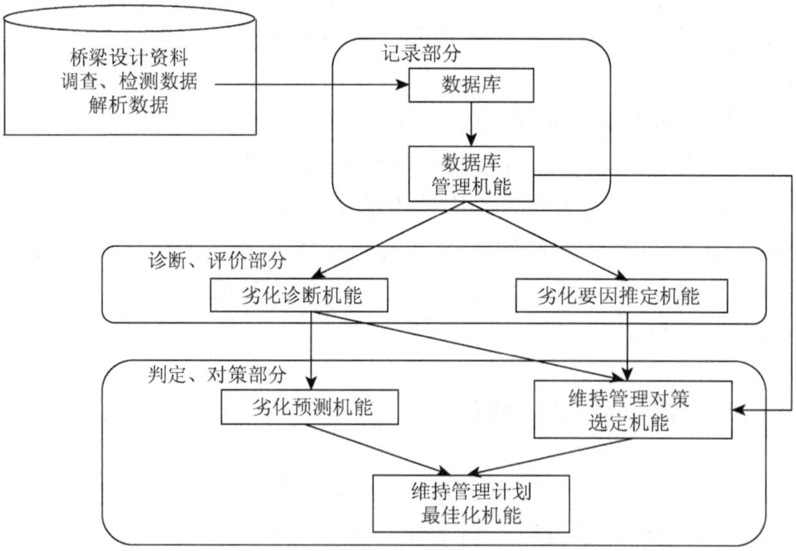


图 1.15　美国桥梁管理系统 BMS[37]

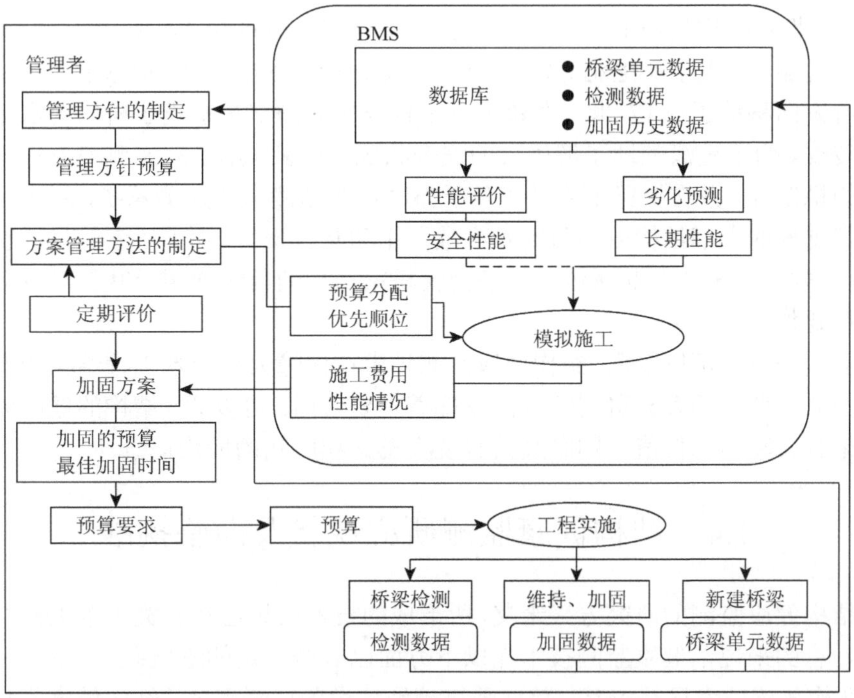


图 1.16　日本桥梁管理系统 J-BMS[38]

除上述的结构管养措施的自动化外，健康监测技术在大型基础设施中的应用能够大幅提高结构自身的智能化进而提高其管养效率。结构的智能化以结构健康监测为基础，通过智能感知、互联互通、协调共享和运营来实现结构的智能化。其中智能感知系统是指运用各类传感器对结构要素进行智能感知和自动数据采集，将采集的数据进行自动化处理，可使管理者清晰把握结构信息并进行及时维护管理。结构健康监测技术是结构智能化的重要组成部分，它利用各类传感技术使工程结构具有智能特征，因此从广义来讲它和“智慧城市”概念也具有密切联系。智慧城市[39]是指运用信息和通信技术手段感测、分析、整合城市运行核心系统的各项关键信息，从而对包括民生、环保、公共安全、城市服务、工商业活动在内的各种需求做出智能响应，其实质是利用先进的信息技术，实现城市智慧式管理和运行，进而为城市中的人创造更美好的生活，促进城市的和谐、可持续成长。城市基础设施的健康监测以传感技术为基础，利用信息技术对监测数据做出及时分析，对城市基础设施实行智慧式管理，因此城市基础设施的智能传感与健康监测技术也可以说是智慧城市建设的应用之一。

### 1.3.4　受灾结构的信息收集与快速评估

人为或自然灾害发生后，需要实时获取结构响应，并对结构实施快速评估或发出预警信息。结构本身安装的健康监测系统，以及灾后健康监测手段（如遥感监测）的使用，可大范围内快速评价地震等重大自然灾害的影响和提出有效应急方案，从而为灾后应急和重建工作作出贡献。国内外众多长大桥安装的健康监测系统，可及时监测到结构异常状况如船撞，并快速收集结构损伤信息以决定后续措施。例如 2005 年 12 月 17 日，一艘满载 350 吨铁矿的运输船，撞上了奥地利克雷姆斯一座铁路桥中央的桥墩。桥墩水面以上部分被剪断并向上游方向移动了 2.17 米。在该灾难事件发生后潜水员检查了桥墩的水下部分并发现了多处裂纹。为了更清楚地了解桥梁的安全状况，专家采用了动态测量方法评估了受损桥墩临时的稳定性，并在桥梁上安装了基于振动和倾角测量的监测系统，用于永久监测受损桥墩及其支撑的上部结构以预防灾难事故发生和及时报警。由于桥下船只的航行不能中断，所设计与安装的健康监测系统对保证受灾桥梁结构的继续使用及其信息收集与快速评估起到了重要作用。

从以上四个方面可以看出，结构健康监测技术在保障大型土木工程结构的安全与最小化结构全寿命周期内的管养费用等方面发挥着重要作用。可以说，结构的健康监测既具有重要的理论意义和学术价值，同时又具有现实意义和广阔的应用前景。

## 1.4　结构健康监测研究现状及面临挑战

有关结构健康监测的研究方兴未艾，所形成的技术成果已在各类土木工程结构上得到初步应用。总的来说，健康监测技术在以下方面已取得一定的进展：

（1）结构传感技术日益丰富，数据采集等硬件设备日渐完善。结构健康监测中的传感技术从最初的电阻应变片与拉线式位移计测量，发展到了现在的多类型智能传感，比如光纤传感、无线传感技术、基于生物的传感技术等。数据采集等各类型硬件逐渐发展完善，抗电磁干扰、稳定性与耐久性等指标逐渐达到实用要求。除对结构的响应进行全方位监测例如对包括结构应变场、线形、位移、加速度等各类型数据实时和长期监测外，还可进行结构环境如交通荷载、环境气象（温度、风速）等的有效监测。

（2）现场检测、测试与监测手段多样化。电磁类、声发射类等各类型无损检测技术配合目视等常规检测手段可实现结构的一般性能调查，荷载试验可针对特殊需求如结构的承载能力评估进行具体的结构性能测试和评价。基于环境振动的实时和长期监测数据为评判结构的时变特性如劣化过程等提供了必要数据。冲击振动与基于移动车辆快速测试的方法在工程实际中也有一定的应用。上述手段在一定程度上可多方位多角度地实现结构从微观到宏观等多层次的结构特性识别和性能评估甚至未来服役周期内对抗日常荷载和突发灾害的能力预测。

（3）数据分析与结构特征识别和信息反演技术有效开发。各类型信号处理技术在土木工程监测数据处理中的应用，如小波理论、神经网络、模式识别、数据挖掘等，有效地促进了基于监测数据的结构参数识别与信息反演。在结构损伤识别方面，已开发出基于各类型监测数据的损伤指标和损伤定位与定量方法。在结构识别参数方面，可通过数据分析有效识别结构模态参数（频率、振型、阻尼）、柔度、质量等结构参数。

（4）结构性能评估理论日渐成熟。在结构安全评估方法，已开发了多种基于健康监测数据的结构性能评估与承载能力评定方法[28，32-36，40-43]。基于概率统计的结构可靠度分析理论也逐渐吸收监测数据，实现了结构当前状态下可靠度的计算，甚至建立了可靠的基于数据的结构时变的分析与预测方法。基于监测数据的结构性能评估方法还可掌握随时间变化的结构性能劣化规律进而预测结构在服役荷载条件下的剩余寿命，例如基于监测数据的疲劳分析和剩余寿命评估理论已较为成熟。

健康监测的理论、技术及其软硬件在经过上述各方面的发展后，在以下几种重大工程结构中已得到较为广泛的应用：

1. 大型桥梁结构

据统计，国内外已有 300 多种长大跨径桥梁安装有健康监测系统。发达国家于 20 世纪 80 年代中期开始各种规模的桥梁健康监测系统的建立[14]。美国金门大桥在 1933 年和 1942 年间在施工和初始运营的不同阶段，在桥墩、塔、桥面和索上分别安装了加速度传感器。Abdel-Ghaffar 和 Scanlan 在 1977 年和 1985 年等多次将加速度计安装在主跨和南塔上进行结构环境振动测试，并通过模态参数的识别描述了桥梁对风、浪和交通激励的响应；在欧美已建立健康监测系统的典型桥梁还有丹麦的 Great Belt East 悬索桥，挪威的 Skarnsundet 大桥（曾经是世界上最长的斜拉桥），这些桥上安装了风速仪、加速度计、温度计、动态位移计等多种传感器以及自动数据采集系统，以监测施工状况和实际工作性能，并将其监测结果与设计值相比较。美国的 I-40 大桥，Commodore Barry 大桥，以及作为加州生命线级别的新 Benicia-Martinez 大桥等都安装了健康监测系统。在亚洲，日本的明石海峡大桥，韩国的 Seohae 斜拉桥、泰国的 Rama I Memorial 斜拉桥等也安装了健康监测系统。国内的桥梁健康监测起步较晚，直至 1997 年才出现了第一座安装健康监测系统的大桥——香港青马大桥。建设过程中在桥梁上安装了 800 多个永久性传感器，在当时被誉为世界上监测程度最高的桥梁结构健康监测系统。近年来，国内多座长大跨径桥梁安装了健康监测系统，其工程应用的规模大幅超过了发达国家。例如，江阴大桥在 1999 年就建立了上部结构的安全监测系统，并于 2004 年进行了监测系统升级改造。在 2008 安装的苏通大桥结构健康监测及安全评价系统中包含超声风速仪、车速车轴仪、全球定位系统、加速度传感器等 16 类传感器。其包括由 788 个各类传感器所构成的上部结构固定式传感器系统、由 16 只高精度加速度传感器构成的便携式传感器系统及包含 636 只传感器的基础监测传感器系统，传感器总数达到 1440 只。其他如上海徐浦大桥、郑州黄河大桥、钱江四桥、南京长江一桥、南京长江二桥、润扬长江大桥等也都安装了不同规模的结构健康监测系统。

2. 建筑结构

除桥梁外，健康监测系统应用较多的是建筑结构，主要包括高层建筑、大型复杂结构、重要历史建筑。德国柏林新建的莱特火车大楼有一个由几千个玻璃方格组成的屋顶，要求相邻支柱的垂直位移差不超过 10 毫米。针对这一特殊要求特别安装了健康监测系统以进行实时监测。在建筑结构的健康监测工程应用中，加州大学洛杉矶分校/地震工程模拟网络计划（UCLA/NEES）项目对于 1994 年在北岭地震中损毁的位于加利福尼亚的谢尔曼·奥克斯的四季建筑进行监测，内容包括使用 NEES 设备对建筑物进行强迫振动测试，并进行了详细的系统识别和数值模拟比对研究；美国 ASCE 结构识别委员会在所出版的结构识别最新进展中，共列举了 10 座建筑结构和 10 座桥梁结构的健康诊断工作。我国广州新电视塔等建筑结构安装了复杂的长期结构健康监测系统以实时监测结构在施工和服务阶段的情况。

3. 隧道结构

作为生命线工程的海底隧道随着使用年限的增加，地质条件变差，稳定性变弱，隧道会慢慢步入“中老年”，出现不同程度的隧道拱顶开裂、边墙开裂等病害，其“健康隐患”

对隧道的正常运营构成了一定威胁。我国目前 20%～30%的公路隧道处于病害发育的亚健康状态，对现役运营隧道进行健康状态安全评估显得尤为重要。结构健康监测工作在隧道工程，特别是盾构隧道工程中的应用还处于起步阶段。国外隧道健康监测技术的研究起步较早，特别是日本、欧洲等公路随道较为发达的国家和地区。荷兰于 2000 年对 Botlek 铁路盾构隧道施工过程的盾构、土工、衬砌结构特性以及隧道动力现状 4 个方面进行监测，并根据隧道施工过程大量监测数据指导施工；英国伯明翰大学的 Nicole Metje 在 2006 年应用光纤光栅传感器监测隧道位移并进行了原型试验研究，论述了用光纤光栅传感器监测隧道衬砌位移的可行性，同时将光纤光栅传感器与全自动经纬仪进行了比较，确定光纤光栅传感器在远程监测方面具有优势[40，41]。在国内，2002 年南京市鼓楼隧道和玄武湖隧道采用了布里渊散射光（BOTDR）的分布式光纤传感监测技术，对隧道的整体沉降、裂缝的发生和发展进行远程分布式实时监测；2004 年，汕梅高速公路隧道中应用光纤分布式温度监测火灾自动报警系统——DTS 系统，实现隧道运营期的温度监测和火灾报警；2006 年厦门翔安海底隧道采用了光纤光栅传感技术作为施工监测监控的测试元件，并计划在隧道建成后组建长期监测系统；2008 年南京长江隧道实施了以光纤传感技术为主的安全监测系统。作者[44]利用光纤光栅传感器对杭州应春隧道进行了实时监测，尝试通过分布式应变的监测实现隧道结构的性能实时评价与及时预警。

除上述的结构类型外，健康监测技术在隧道、深海钻井平台、大坝、生命线工程（如地下水管网、油气管网）等也有应用。例如吴中如等[42，43]提出并开发了建立在“一机四库”（推理机、数据库、知识库、方法库和图库）基础上的大坝安全综合评价专家系统，应用模式识别和模糊评判，通过综合推理机，对四库进行综合调用，将定量分析和定性分析结合起来，实现对大坝安全状态的在线实时分析和综合评价。此系统已应用于丹江口、古田溪三级大坝和龙羊峡大坝的安全分析。

尽管结构健康监测技术已日渐成熟并在上述的各类工程结构中得到一定应用，但还存在诸多挑战性问题没有解决。其中最大问题是缺乏专门针对土木工程结构的传感技术及有效的基于监测数据的结构性能评估技术。现有的以应变传感器为代表的“局部传感技术”太局部，捕捉结构损伤犹如大海捞针；而以加速度传感器为代表的“整体传感技术”又太宏观，监测数据与结构损伤相关性弱（图 1.17），犹如通过把脉发现癌细胞等疑难杂症一样，也存在诸多难题。下面对这些问题进行详细阐述。

1）整体传感的局限性

常见的整体传感器包括加速度计、位移计、倾角仪等，利用这些传感器可以实现对结构加速度、位移和转角等宏观指标的监测。从理论上讲，结构发生损伤后结构的自振频率会减低，因此利用加速度测试数据分析出来的结构自振频率可以反推结构损伤位置和大小，但是频率变化对结构损伤并不敏感，由于噪声等问题实际工程应用中该方法很难有效工作。Farrar 等[14]对某一钢结构桥梁通过人工切割的方式产生裂缝损伤（图 1.18），通过加速度传感分析得到的频率在小损伤阶段竟然不降反升，在结构严重损伤时，频率变化也仅有 6.9%，Liu 和 DeWolf[43]对一实际桥梁的自然频率进行一年的测试，其结果如图 1.19 所示，可以看出结构的自然频率受到温度影响等原因离散性很大，以至于超过了损伤对结构频率变化的影响。温度与频率虽然有一定的关系但难以将温度的影响直接剥离，而结构

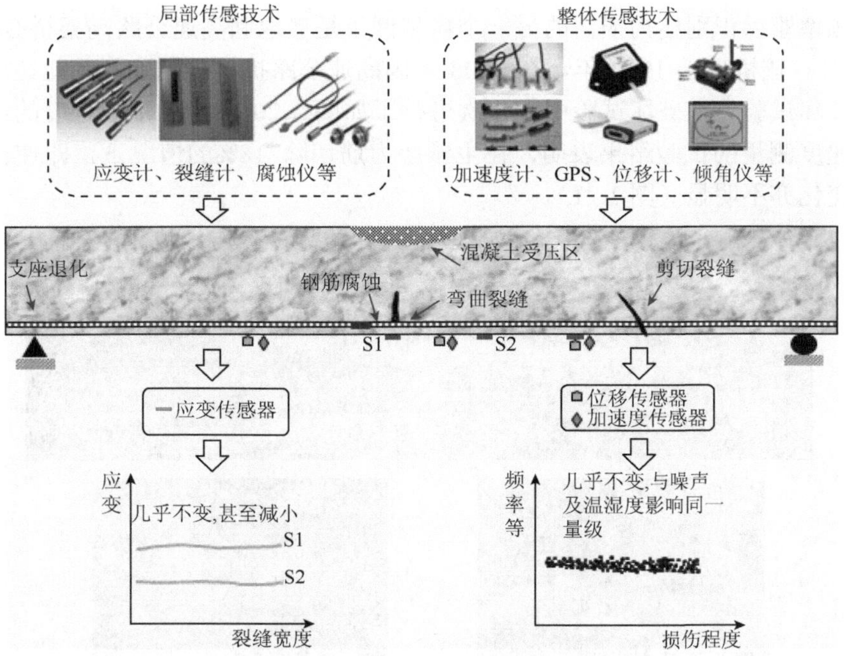


图1.17 现有传感技术的局限性

的裂纹对频率的影响与温度和噪声等的影响处在同样的水准,因此利用基于加速度测量的频率很难有效识别结构早期损伤。

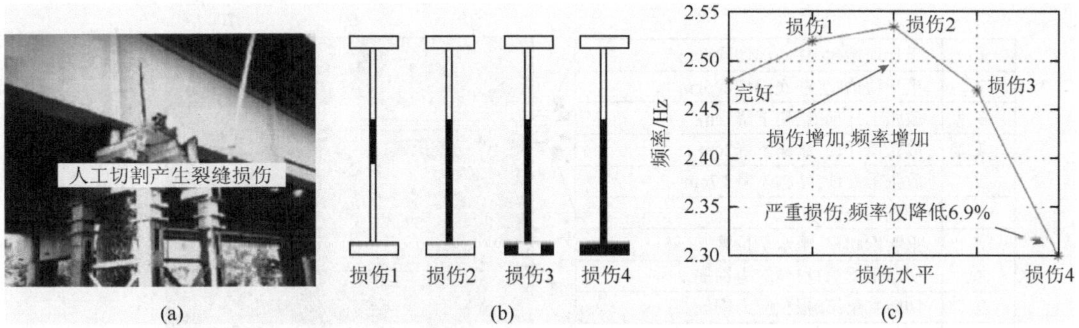


图1.18 结构自然频率与损伤的变化关系[43]

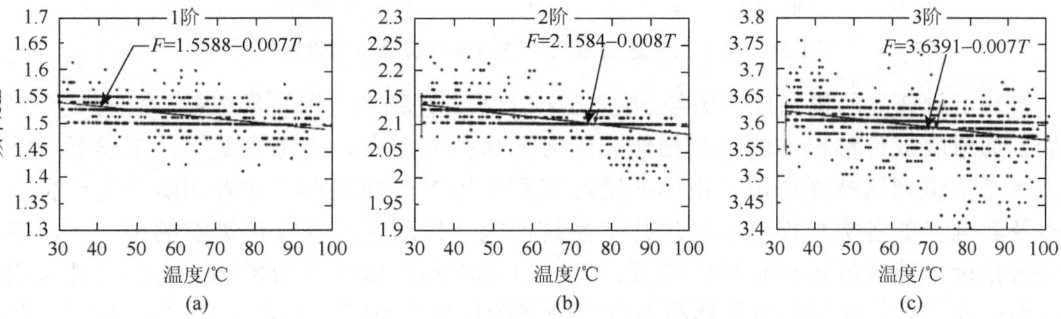


图1.19 结构自然频率与温度的变化关系[43]

基于频率难以识别结构损伤的另一个典型例子是奥地利高速公路高架桥 S101 号的试验结果[45, 46]。该桥建于 1960 年，在 2008 年因高速公路扩建需拆除，因此在拆除前进行了该桥的破坏试验。在破坏试验中，依次进行了如图 1.20 所示的不同程度的结构损伤，而基于加速度测量的试验结果表明，在主预应力筋切除 18%的情况下，即使在高频范围内，频率变化亦不明显（图 1.21）。

柱底部切除　　　　预应力钢筋切断

图 1.20　奥地利高速公路高架桥的破坏试验[45, 46]

| | |
|---|---|
| 1 | 千斤顶抬起, 柱底部切除5cm |
| 2 | 千斤顶抬起, 柱底部切除5cm |
| 3 | 放张千斤顶, 结构下降1cm |
| 4 | 放张千斤顶, 结构下降2cm |
| 5 | 放张千斤顶, 结构下降2.7cm |
| 6 | 柱底部垫铁板 |
| 7 | 重新抬起柱, 至水平位置 |
| 8 | 切断主梁第1根预应力钢筋 |
| 9 | 切断主梁第2根预应力钢筋 |
| 10 | 切断主梁第3根预应力钢筋 |
| 11 | 切断主梁第4根预应力钢筋 |

(a) 损伤过程

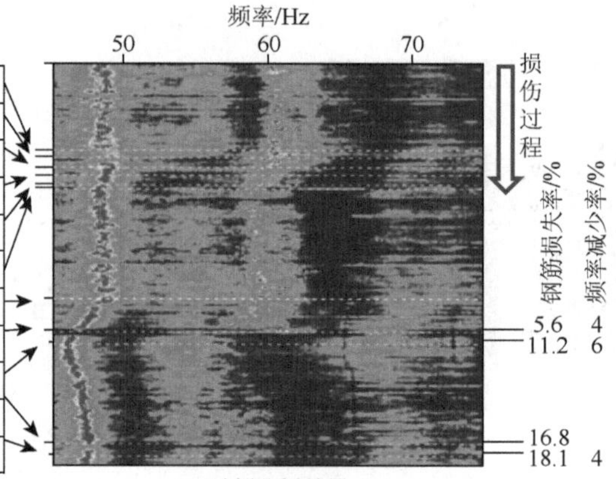


(b) 时频分析结果

图 1.21　奥地利高速公路高架桥的破坏状况与试验结构[45, 46]

基于加速度的模态理论历经 20 余年在土木工程领域逐渐发展成熟，已开发众多的基于加速度或位移模态的结构损伤识别方法如振型曲率、模态应变等，但学界与业内已逐渐认识到这些损伤识别指标在实际工程应用中的局限性。作者团队对基于位移模态及其推导的各类型损伤指标进行了系统研究，发现在没有噪声影响的情况下，各类损伤指标都能较好地识别损伤位置，但一旦考虑到测试噪声的影响，它们往往会引起损伤识别失效，这是因为位移模态含有微弱的损伤信息[47]。如图 1.22（a）所示，利用基于位移模态的损伤指标时，即使对于单损伤工况，在 2%的噪声影响下，它们仍难以准确标示出损伤。基于长标距应变测量的长标距应变模态理论能够有效解决上述问题，例如图 1.22（b）利用的基于长标距应变模态的损伤指标能够精确识别损伤位置，这一部分将在第 4 章中具体介绍。

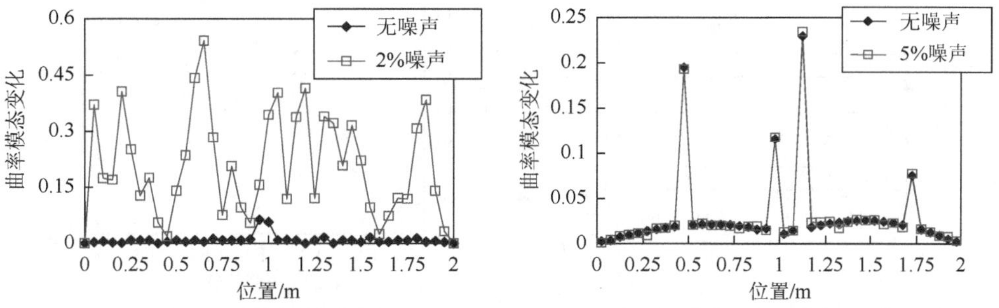


(a) 基于位移模态的损伤指标　　(b) 基于长标距应变模态的损伤指标

图 1.22　损伤识别效果对比[48]

同样的，位移作为结构宏观指标的一种，也难以进行有效的结构损伤识别。实验结果表明，当一个简支梁结构的跨中出现弯曲裂缝且裂缝高度达到 20%截面高度时，跨中自重挠度变化仍然小于 5%；当支座处出现斜裂缝且裂缝长度达到 50%截面高度时，跨中自重挠度也仅增加了 6.7%。另一方面，在土木工程的实际现场监测中，结构的变形监测仍然是一个挑战性问题。第 2 章中将介绍到，在现在的健康监测工作中，已经开发了多种位移监测技术，比如说拉线式位移计测挠度，技术非常成熟且精度高，但在实桥测试中很难找到测试基点（桥下一般是河流或者交通要道），很难实际应用；而非接触式测量方法有 GPS 测量法，在实际工程应用中精度低且长期稳定性弱，尚满足不了微小变形测量要求；连通管测量法，操作简单，且受环境影响干扰小，但精度相对较低，且受恶劣天气影响很大；视频测试法具有测量速度快且精度高的优点，但其精度随测试距离的增大而降低，受环境影响很大，实用性也很低；激光位移传感技术具有更高的精度，但是，激光的产生装置相对复杂且价格昂贵，与此同时它对位移的测量精度同样受到测量距离的影响。

2）局部传感的局限性

常见的局部传感器包括应变计（也包括点式的光纤传感器）、裂缝计、腐蚀仪等，利用这些传感器可以实现对结构细节部位的监测。比如应变测量被认为对结构损伤敏感。但是，现有的各类应变计包括最先进的 FBG 传感器都属于点式传感器，它们相对于规模庞大的土木工程结构来说过于局部（图 1.23），很难有效地捕捉损伤，除非当应变传感器正好粘贴在结构的损伤部位（如裂缝处）的时候，才能显示出异常的应变值；当应变传感器粘贴在结构损伤部位附近的时候，损伤出现后由于局部应力释放其应变还可能减小，因此难以有效捕捉损伤。对图 1.23 所示的简支梁结构进行集中荷载下应变分析，在梁底布置 5 个点式应变传感器（F1～F5）。假设三种工况（即 C1、C2 和 C3），其中 C1 为未发生损伤结构，C2 为跨中发生损伤的结构，且跨中传感器 F3 粘贴在损伤处，C3 为跨中发生损伤的结构但跨中传感器 F3 粘贴在损伤附近处。分析结果（图 1.23）表明，只有当传感器正好粘贴在损伤处时才能进行损伤识别。

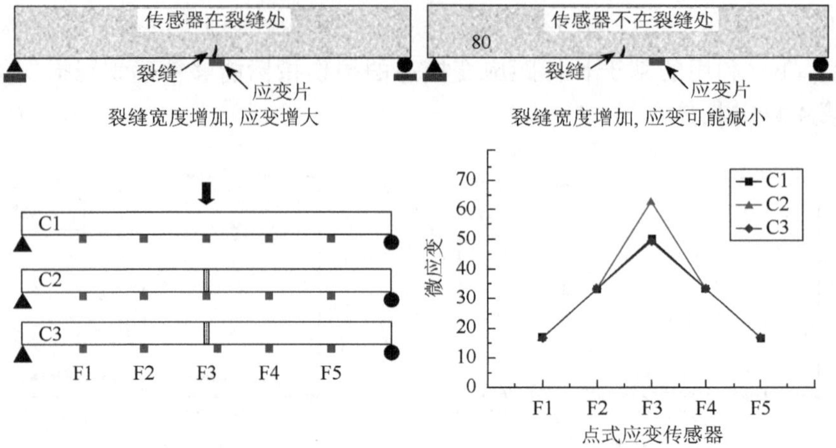


图 1.23　传统“点”式应变传感器的局限性

点式应变测量难以反映结构损伤的另一个例子是如图 1.24 所示的卡车静载作用下的应变测量数据。该桥是一座全长 300 米、双车道 4 跨预应力箱梁桥，属于一等公路用桥。该桥于 1972 年建成，日通车量在 1 万 5 千辆左右。图中所示为根据跨中布设的多组点式应变片布置图和实测结果，以它通过 6 辆车重 20 吨的车辆来进行静载实验。从测量结果中可以发现，在静载作用下应变片的测量结果离散太大，跨中部分点的应变高达 400με，而同时在该点附近应变甚至出现负值。根据人工取样探伤已经探明该结构内部出现钢筋腐蚀断裂的情况，由于该结构内部内力分布复杂，根据点式应变片的应变测量方式离散过大难以指征结构的损伤变化规律。

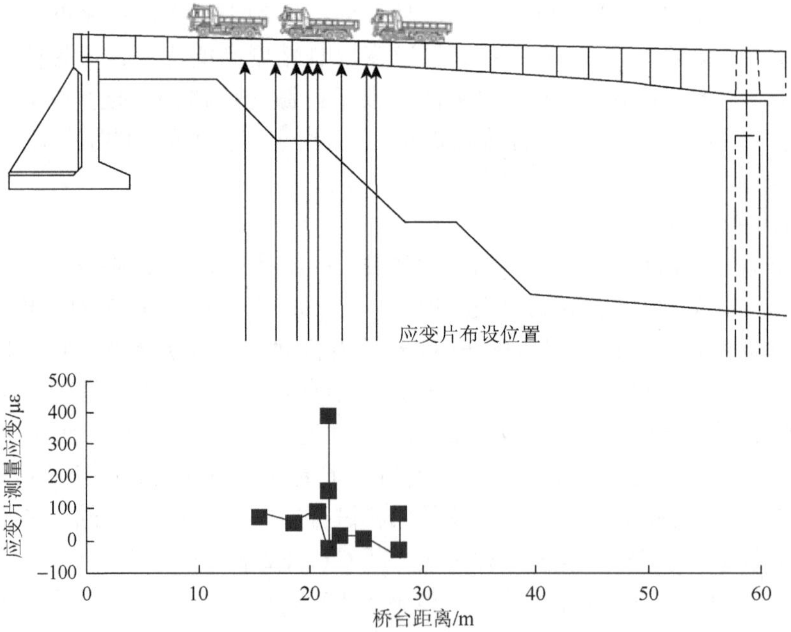


图 1.24　某桥的点式应变测量

上述传感器的局限性导致现有的健康监测系统中传感器种类繁多，系统构成复杂，所监测的海量数据难以有效处理。这不仅增加系统在管理上的难度，而且费用也很昂贵。如何处理种类繁多的海量数据还缺少有效方法。尽管国内外不少学者研发了多种结构损伤识别方法，但是由于大跨径桥梁结构复杂、体量巨大、冗余度高以及环境因素的影响，将这些方法应用到实桥结构的海量监测数据时还无法保证状态预警和评估的有效性。另外，现有数据处理方法存在的问题是，依据现有的数据分析技术其仅能输出结构的基本模态参数，如频率、阻尼和振型。这些模态参数和结构的固有特征（如质量和刚度）存在内在联系，但现有的健康监测技术在利用这些识别得出的模态参数进行结构安全评价时还存在众多困难。总的来说，当前健康监测领域存在的主要问题是一方面传感器种类多、系统复杂、耐久性差，另一方面是难以从海量监测数据分析结构损伤和性能。针对这些问题，本书详细介绍了健康监测领域的各项技术与理论，并将重点从结构区域分布传感理念和技术、仅利用区域分布传感器技术进行结构参数、损伤与荷载全面识别和结构性能直接评估等方面来阐述结构健康监测领域的最新进展和成果。

# 第 2 章　土木工程结构检测及监测传感技术

第 1 章介绍了结构健康监测（SHM）系统的概念、构成和现状。SHM 系统是通过测量结构的动静态响应，以达到识别结构各种参数及评价结构各种性能的目的。相比于其他工程结构类型，土木工程结构具有体量大、形式复杂、服役环境恶劣、荷载随机性强等特点，实行一套可行性高的传感技术手段，是决定土木工程中健康监测技术成败与否的前提。为了更好地选择合适的传感技术及传感器，在本章节中将从结构检测和监测两个方面对典型传感技术做出阐述，以方便读者全面地了解各种传感器的性能特征。

## 2.1　工程结构维护管理中的无损检测技术

长期以来人们一直依靠定期点检、抽样性检查或大型负载试验等手段，以期获得结构安全质量、使用性能和结构寿命等相关信息。第 1 章介绍了发达国家城市建设起步早，也比我国更早地出现结构老龄化问题。2007 年美国 I-35W 密西西比河大桥在使用中突然坍塌，该桥早在 1990 年的点检中既已发现问题，联邦政府用“structurally deficient”（结构性缺陷）描述问题的严重性[48]。而之后周期性点检报告中同样指示桥体存在扭曲变形、疲劳等问题，并有坍塌的危险。但由于缺乏有力的数据支持难以对结构损伤程度和残余寿命进行定量的分析，加之巨额的重建费用，该桥的问题一拖再拖以致最终酿成惨剧。而对安全管理非常重视的日本也存在同样的问题，日本交通网络分布密集，其隧道的安全检查主要依靠人工敲打，根据回音判断结构的完整性。该方法费时费力，检定效果主要依赖于点检人员的职业素养。1999 年福冈隧道的混凝土衬砌突然脱落，直接击中正在通行的新干线列车，而就在事故发生 2 个月前该隧道才刚刚通过了以人工点检为主的常规性检查[49]。所幸此次事故未造成人员伤亡，但已经给日本的结构安全点检制度敲响了警钟。而 2012 年日本再次发生了高速公路隧道中混凝土顶板脱落，造成了 9 人死亡多人受伤的严重事故[50]。从发达国家的惨痛经验和教训可知，人工或定期点检难以及时地掌握结构劣化机理及过程。而传统的负载试验或钻样探伤，又容易加剧结构尤其是既损结构的损伤程度。在此背景下伴随着新式的传感及检测技术的出现，工程人员开始采用各种各样的非破坏方式对结构的实际性能进行检测，这就是无损检测技术。无损检测技术具有不破坏结构、检测结果直观、可行性强等特点，目前正越来越多地应用于结构损伤识别、定位、和确诊等定性分析中。第 2 章中介绍了无损检测技术应用的主要目的，由于无损检测技术涉及的领域众多，检测对象具有针对性，本节将根据各种结构形式中常用的无损检测技术逐一进行介绍。

### 2.1.1　混凝土结构中检测方法

混凝土结构是工程结构中常见的结构形式之一，从构成上可以分为素混凝土（unreinforced concrete）、钢筋混凝土（reinforced concrete，RC）和预应力混凝土（prestressed concrete，PC）等，适用于桥、建筑、河堤、边坡等多种结构。在通常情况下，混凝土结构的劣化是非常缓慢的。但是在严酷环境中或特殊外力作用下，会加速劣化产生损伤导致结构性能降低。以混凝土建筑为例，按照我国《民用建筑设计通则》规定一般建筑设计使用年限是 50 年。按照设计要求合理进行施工的混凝土结构，其劣化速度非常缓慢，而且很少会出现显著的劣化现象。而实际上在发达国家由于重建费用巨大和城市规划已然成形等问题，很多超过使用寿命的混凝土结构依然在“带伤服役”，其导致的直接结果就是结构老龄化问题越来越严重。为了保证结构的正常使用，在传感技术和相关理论尚不发达的年代，工程人员已经开始在人工直接观测的基础上借助仪器设备，对劣化机理和结构性能变化进行检测。由于混凝土结构相关的无损检测技术种类繁多、检测对象各有不同，为了方便读者整体了解目前的主流技术，根据国内外研究结果，表 2.1 中列出了目前在混凝土结构中主要的无损检测技术。

**表 2.1　混凝土结构中主要的无损检测技术**

| 检测方法 | 原理 | 检测对象 | 性能概述 |
|---|---|---|---|
| 光学检测 | 光纤内窥管实现内部探伤 | 混凝土内部损伤、桁梁端部、钢筋保护层 | 图像解析 |
| 红外热像检测 | 混凝土热导率和温度差来检测表层裂缝 | 表面剥离、漏水、裂缝 | 受周边条件、温差程度、损伤和未损处比热率差值影响 |
| 反弹强度检测 | 冲击锤回弹程度评价混凝土性能 | 抗压强度、表层均一性、磨耗特性 | 测定表面凹凸程度、干湿状况、构件厚度、混凝土材龄 |
| 弹性波检测 | 微小损伤产生的弹性波的检测 | 裂缝发生监测、连续加载中劣化监测、加载次数 | 受噪声、接收器感度、解析精度影响 |
| 电磁探伤 | 交流电磁场对钢筋的电磁感生 | 配筋状况、保护层厚度、钢筋直径变化 | 非接触检测，可满足混凝土表面 10cm 探伤要求 |
| 冲击回波检测 | 冲击波传递速度、多重反射波解析 | 构件厚度、内部空隙 | 受冲击回弹、结构尺寸影响 |
| 超声波检测 | 超声波传递时间及速度、反射波解析 | 结构和构件均一性、混凝土品质变化、内部空隙、裂缝深度 | 非接触检测，3～5cm 测量深度 |
| 探地雷达检测 | 对比反射波实现评价 | 内部空隙、钢筋位置、混凝土厚度 | 非接触检测，探知钢筋裂缝、钢材最大深度 20cm |
| X 射线检测 | 射线透视检测 | 配筋状况、钢筋直径、保护层厚度、PC 筋保护层、预埋构件位置 | 根据投影图像，识别钢筋、混凝土内部空洞 |
| 电化学 | 测量钢筋腐蚀导致的阻抗变化 | 钢筋腐蚀、保护层损伤 | 受混凝土内部含水量、环境温度、电极条件影响 |

下面将对典型的检测方法逐一进行介绍。

1）光学检测

在工程结构的检测中，工程人员习惯于通过直观的目视检测来检测结构裂缝、腐蚀等结构表面的劣化，但依然存在如材料内部、接缝处、预应力筋套管内等无法直接目视的地方，因此开发了在裂缝或钻孔等狭小的空间内插入内窥管或光导纤维，或利用如高清摄像机、CCD 相机等小型摄像设备在不直接接触结构表面的情况下，远距离对结构表面和内部进行检查的技术（图 2.1）。该检测方法可以通过直接拍摄的图像，实施结构开裂程度、内部钢筋腐蚀程度、表层铺装漏水、结构表面变色等快速检测方案。另外通过结合车载连续图像摄像装置，可以实现对于如隧道、桥梁等长距离混凝土表面的裂缝识别，大大提高了检测的效率，目前已经可以达到每秒 1000 断面、宽幅 1 毫米连续的混凝土裂缝的识别。

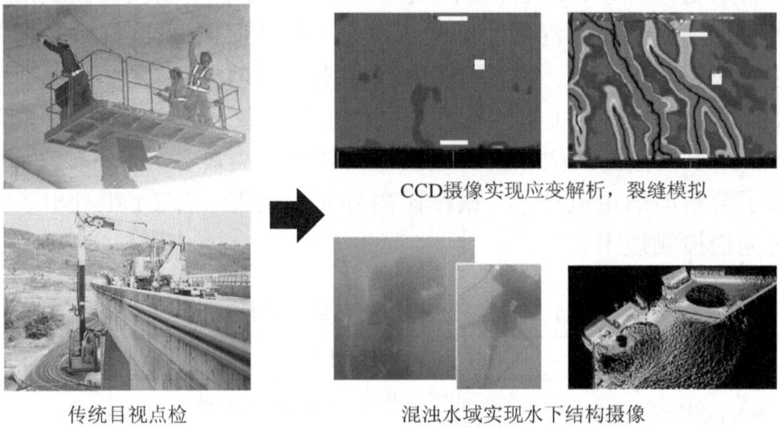


图 2.1　新式的光学检测技术[51-53]

此外为了将光学混凝土裂缝检测技术应用于各种复杂检测环境，也出现了如激光扫描、自行走机器人、水下机器人等辅助检查手段。随着成像技术的发展，涌现了一系列可满足如水下摄像、动态高清成像等苛刻条件下的检测手段。2014 年日本国土省为了掌握混凝土结构裂缝检测技术的应用状况，根据结构检测公司和研究机构提供的 29 套检测方案的技术特点进行调查。统计结果发现其中 21 套方案是采用高清数码摄像技术，4 套方案为激光扫描技术，另外 4 套为机器人辅助摄像的方案，而且普遍可以达到 5～10 米的远距离检测条件下对于宽度为 0.1～0.3 毫米的裂缝的准确检测[54]。值得注意的是光学摄像的检测技术依然是一种主观判断的检测手法，该类技术往往出现在结构损伤检定报告中通过直观的检查结果，为工程人员确定损伤位置、制定结构加固补强方案而提供依据。由于基于光学图像的检测技术，只能探知结构表面出现的损伤，为了进一步了解结构内部的损伤情况，在光学检测的基础上还开发有射线检测、红外热成像等基于图像解析的检测技术。

2）红外热成像仪检测

红外热成像仪检测技术是利用红外热成像技术，在阳光照射、人为加热等温度条件改变的情况下，拍摄检测对象表面的温度图像，通过识别温度图像中温度“热点”以检知混凝土开裂、漏水等损伤。对于存在裂缝或开裂损伤的混凝土结构，由于内部空腔充满空气，其散热率与周边的混凝土不一样，当外界温度条件变化时会形成温度较高的“热点”，通过热成像技术可识别结构表面及内部空腔位置。而当结构表面裂缝内积水或内部渗水时，会形成相反的温度较低的区域。另外对于使用不同材料如补强后建筑，也可通过该方法识别加固材料位置以验收补强施工。图 2.2 中分别显示了外壁检查、内部漏水、桥梁检测和补强材料定位几种工况的红外热图像和实物照片的对比，在这几组图像中可以通过对比结构表面“热点”的分布，判断出结构是否存在损伤及位置。

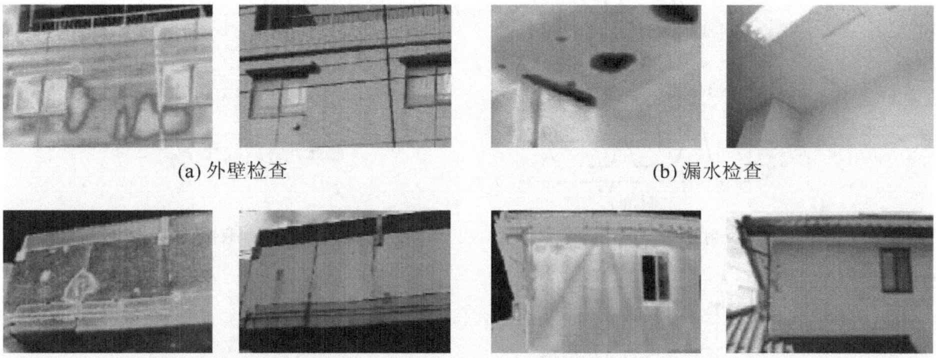

(a) 外壁检查　(b) 漏水检查

(c) 桥梁检查　(d) 补强材料检查

图 2.2　红外检测中几种工况的对比[55]

红外检测技术的核心是利用红外热成像技术，依据结构中材料的温度特性不同的原理，通过可见的热图像直观地掌握结构损伤情况，尤其是为内部损伤的识别提供直观判定依据。由于近年红外热成像技术的发展已经逐渐成熟，红外检测技术的可信度也随之提高。加之无需预埋传感设备、操作简单，红外检测技术越来越多地应用于小型或形式简单的线型结构损伤检测项目。但是实际应用中影响检测对象温度的变量很多，加之日照、热辐射、自然热冷却等方法需要一个相对缓慢的温度变化过程，在此过程中外界温度条件的改变，尤其是风向、空气湿度、降雨等天气变化，容易导致检测结果失真。对于小型结构，如建筑住宅检测，一般需要选择晴朗天气才能达到有效的检测效果。而对于边坡、隧道等大范围结构，由于结构表面状态相对简单、检测环境封闭，结合车载热辐射装置可以完成快速探伤、长距离巡检等定性评价结构损伤分布的检测项目。

3）电磁波反射雷达检测

电磁波反射雷达检测是利用微波在混凝土等介质中传递时出现的界面反射的检测手法。由于微波在混凝土内部传播过程中，遇到钢筋会发生全反射，而遇到裂缝或空洞等内部空腔时会发生不同程度的反射及散射，进而实现结构内部钢筋或内部空腔的区分和识别。电磁波反射雷达检测的探测深度与入射微波频率有关，一般数百千赫兹的微波可探知 50～60 厘米混凝土覆盖层下的钢筋，而对于数兆赫兹的入射波可提供更高的检测精度并且相对探测深度达到 20～30 厘米。电磁波反射雷达检测技术目前发展相对成熟，在结构内部钢筋定位以及如堤坝等大范围混凝土铺装面内部探伤等都有应用实例[56]。通过测量入射波和反射波的时间差，可以满足混凝土内部钢筋定位的数值化测量，这是一种相对可信度高的结构内部参数检测手法。在计算钢筋和空腔深度时，需要预先知道微波在混凝土介质内传播速度。该传播速度受混凝土的导电率、导磁率和电阻率等多个参数影响，因为不同成分的混凝土内传播速度各异，必要时需对混凝土介质取样标定微波传播速度以提高测量精度。图 2.3 对比了以上几种根据入射和反射波（或响应）的检测手段。

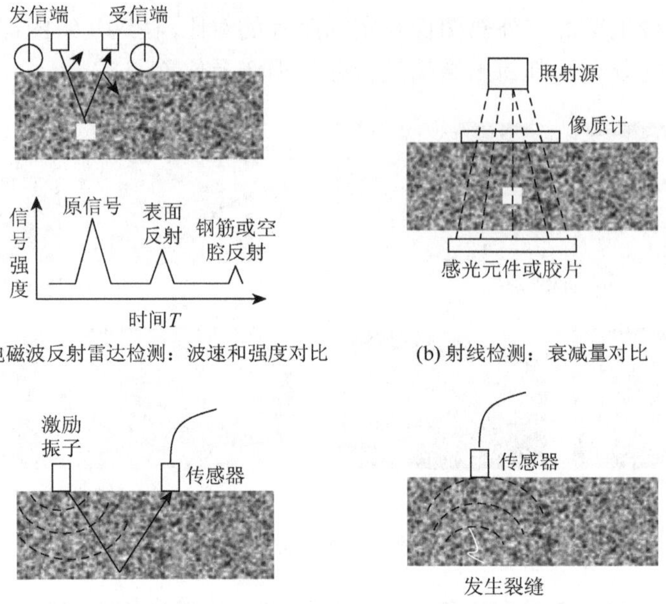


(a) 电磁波反射雷达检测：波速和强度对比　(b) 射线检测：衰减量对比

(c) 冲击弹性波强度检测：激励引起的反射波　(d) 声发射检测：损伤引起的声发射

图 2.3　几种应力波检测和射线检测对比

4）射线检测

射线是一种高频短波的电磁波，也是一种常见的无损探伤检测方法。与电磁波反射雷达不同的，射线检测是通过测量穿过检测对象的透射量判断检测对象的种类、厚度和密实度。当射线穿透被测工件后，部分被吸收并衰减，当工作出现损伤时则会影响射线的吸收和衰减程度。通过在透射面安置感光胶片，记录出现缺陷的映像。检测人员根据这些映像即可判断损伤的大小、形状。在混凝土结构的射线检测中一般采用穿透力强、衰减率低的X 射线和γ射线，由于穿透力不同检测时间和探伤深度也各不相同（X 射线检测时间 10 分钟、检测深度 40～50 厘米，γ射线检测深度 50～60 厘米）[57]。射线检测要求有稳定的照射源，同时为了达到良好的检测效果，对入射端和透射端的感光件或像质计的解析度和稳定性都有很苛刻的要求。为了方便现场的应用，目前市面上已经出现了便携式的射线检测装置，由于具有检测结果直观、定性准确等优点，适合于小型构件的局部精查的要求。但由于感光胶片只能使用 1 次，大范围检测的成本较高，加之对检测人员具有较高的技术要求，检测周期长无法满足动态连续检测。

除以上用于检测的图像处理技术外，目前还出现了通过连续的数据采样和无人读数的图像数字化技术，以满足连续监测的要求。该类技术将摄取的图像数字化转化以便于计算机自动化数据处理，并进一步结合图像解析软件计算裂缝宽度、覆盖范围等损伤相关的参数。2.2.5 节将对此类图像监测技术进一步予以介绍。

5）冲击弹性波强度检测

前文介绍了通过射线在穿透混凝土构件时的衰减程度来评价混凝土内部损伤的检测手法，此外工程上还有一系列基于应力波的检测方法，其中冲击弹性波强度检测就是一种相对典型的检测手法。冲击弹性波强度检测是利用击打混凝土后回弹程度，用于对新建结构施工质量鉴定，同时也用于既有结构的材料品质判定，为可靠性诊断提供依据。该检测方法原理是利用瞬时冲击下产生低频的应力波，由于低频应力波可以传播至结构内部，裂缝或空腔等损伤两侧材料的波阻抗不同则会产生反射，通过冲击点附近的探头接收并记录反射的激励信号，并通过数据采集及信号处理的仪器设备，对激励信号进行时域或频域分析即得到混凝土的厚度或损伤的深度。

该方法操作简单、结果直观、技术成熟度高，在工程结构如桩基检验、锚固索力索长识别等已经有了非常广泛的应用，在适当的检测条件下是一种可信度很高的结构性能精查手段，特别是对于统一规格生产的预制构件的质量鉴定具有良好的应用前景。而对于现场结构形式比较复杂和由多种材料组成的复杂构件的检测时，需要依靠检测人员经验和参数修正才能达到理想的检测效果。为了实现检测设备轻便，目前还广泛应用一类机械式混凝土回弹检测方法。回弹仪的基本原理是利用手持式弹簧冲击锤（Schmidt hammer），以恒定的动能撞击与混凝土表面垂直接触的弹击杆，通过测量冲击锤的反弹距离以标定混凝土强度。此类检测方法操作简单、直观，很适合现场应用。2014 年日本预应力混凝土协会对于 300 多名具有混凝土检测资格的工程和技术人员的问卷调查显示超过 80%的检测人员在现场使用该方法。但实际测量过程中，由于指针的回弹率影响到测量的准确度和精度，需要检测人员良好的操作和合适垂直检测面才能满足稳定的高精度测量。在日本土木研究所发行的关于推广混凝土回弹检测方法的 6 点注意要点中对检测装置、干燥的测量环境、垂直检测面、混凝土龄期、强度及推算结果的评价都做了严格的技术要求[95]。

从性能上而言，冲击弹性波强度检测属于一种定性的检测手段，在对于大范围内对混凝土结构的剥落情况初步评价中具有良好的应用前景。另外在对于已知损伤区域的损伤精查中，也可通过此类方法多点的反复测量，以获得混凝土现有强度、弹性模量、裂缝位置和深度等参数。由于需要操作人员和检定人员主观的判断，在对检定结果的数字化和参数量化过程中还缺乏稳定的测量精度。特别是冲击弹性波强度检测中的激励条件影响着测量结果的准确性，对于大跨度结构的检测需要借助大型起振器或冲击设备以达到测量的要求，从激励条件来说难以应用于持续的监测系统中。

6）超声脉冲波检测

为了减少冲击激励条件的影响，在冲击弹性波强度检测的基础上，目前还出现了一类基于超声波脉冲的检测方法，其基本原理是利用脉冲波在一定传播介质条件下接收波的传播时间、振幅和频率等参数的相对变化，来识别混凝土内部的缺陷。具体而言，超声脉冲波在混凝土中传播时，其传播速度快表示混凝土密实，而传播时间长则表示传播路径中的混凝土可能存在裂缝等损伤。另外当发生裂缝等损伤时，接收波的声波能或频率谱中高频成分会发生一定程度的衰减。同时脉冲波在空腔界面发生反射和折射，产生波信号的叠加干扰，致使接收信号的波形发生畸变，通过捕捉畸变信号可以用于损伤位置和程度的识别。

相对于大型冲击弹性波实验，超声脉冲波检测周期短、效率高。随着超声波发生器的小型化，为了满足现场应用的要求，操作方便、一体化的便携式检测仪器已经出现，加之适合结构损伤定位的特点，该技术开始迅速应用于各式结构无损检测项目中。在前文提到的日本预应力混凝土协会的问卷调查中显示受访的检测人员中 28%的人表示已经在现场使用了该方法。然而和冲击弹性波强度检测一样，这种方法较多地依赖于检测员的经验，特别是对于变截面结构和复杂损伤时，难以形成客观的评价结果。虽然目前冲击弹性波强度检测和超声脉冲波检测多用于对局部结构损伤的精查，但对于多个或复杂形状的损伤识别精度尚且不够，尤其不适用于微小混凝土初期裂缝的识别。

7）声发射检测

混凝土结构负载时产生微小损伤，由于材料内部结构发生变化而引起材料内应力突然重新分布，使机械能转变为声能产生弹性波，此类检测方法称为声发射检测（acoustic emission，AE）。与前文记叙的检测方法不同，声发射检测主要针对的不是既存的损伤，而是一种近似监测的对于破坏过程中正在发生的损伤的检测手段，此外，结合预损分析在可能破坏位置布设多个声发射传感器阵列可以捕捉多次加载中裂缝的发生及延伸过程。特别是对于如立柱、桩基等无法直接测量的深埋结构构件的检测，以及水利工程中大型岩体的完整度评价上声发射检测也有一定的应用价值。但是由于混凝土结构中裂缝引起的信号源小，为了达到探伤的检测要求，需要提供稳定的声源信号和加置增幅器。目前，声发射技术常用于实验室内混凝土材料破坏过程的研究。然而在检测现场中由于受外界噪声的影响和声发射传感器识别能力的限制，如何解决声源识别、信号去噪等技术问题，在实际应用尚没有统一的实施标准。

8）电化学法和电磁探伤

钢筋的腐蚀是钢筋混凝土结构劣化、破坏的主要原因之一。1.1.2 节介绍了传统的钢筋腐蚀目视检测技术是通过混凝土表面的锈斑判定腐蚀位置，在现代检测技术虽然已经出现了通过取样或内窥镜判定钢筋腐蚀程度的方法，但此类方法会使结构造成一定程度的破坏，特别是检测后不适当的后期修补容易导致渗水、加速钢筋腐蚀，以致加剧结构既损处的劣化进程。针对此问题，对于钢筋腐蚀尤其需要采用无损检测的方法对其进行识别。由于钢筋自身的导电性和电磁特性，目前开发了一系列针对钢筋腐蚀的无损检测方法，其中比较有代表性的是自然电位法（half-cell potential method）、极化电阻法（polarization resistance method）、电磁检测方法（electromagnetic method）。

自然电位法是利用对比钢筋和参考电极的电位高低，来判断钢筋的腐蚀程度。通过移动参考电极的位置，可以一定程度识别钢筋内部的腐蚀位置。但是该方法测量结果受环境影响大，实际应用中往往需要重复对比测量结果的概率分析以达到钢筋的腐蚀分布的检测要求[59]。

极化电阻法是电化学中常用的一种评价腐蚀电池的腐蚀速率的测量方法，其主要原理是向电磁线圈内输入交流电，利用混凝土内部钢筋产生的感生电流，测定混凝土内部配筋情况、保护层厚度以及钢筋直径等。由于混凝土对磁场没有影响，基本不受混凝土品质和含水量的影响，该方法对混凝土内部的钢筋腐蚀程度能快速识别。但实际检测过程中，钢筋径向相位角，以及箍筋位置对感应电流都有一定的影响，需要事先良好掌握结构内部的配筋情况，结合相关的校正函数，以提高测量的精度。

电磁检测技术也是一种发展相对成熟的材料缺陷探测和性能测试的检测技术，在机械行业已经有了广泛应用。在工程结构的钢筋损伤检测应用中，由于检测设备成本较低，在天气等条件合适的检测环境内，电磁探伤技术可以实现对长距离范围内混凝土近表面钢筋的快速探伤。但检测条件要求稳定的电源以及电磁线圈自身的防腐问题，目前主要作为临时点检和灾后精查的一个检测项目，在现场的长期连续监测上具有一定的技术难度。

### 2.1.2　钢结构中的检测方法

与混凝土结构类似，钢结构也需要日常检查、定期检查、临时检查以及特殊情况下的详细检查并根据管理的检测规划，有效对其实施管养。以典型的钢桥为例，其检查对象主要是桁梁中点挠度、易发生漏水的支承处、易积水的箱梁内部、易劣化的熔接处、锚固的接合部，以及阻尼减震器、伸缩器和支承桥台等。检查内容主要是异常挠度变化、异常噪音、异常振动、涂覆层劣化、腐蚀、裂缝、螺栓脱落、变形、屈曲、漏水、积水、错位等。目前工程结构中，主要检测内容对应的典型检测方法如表 2.2 所示。

**表 2.2　典型钢结构检测方法**

| 检测对象 | 详细检查 |
| --- | --- |
| 异常挠度、噪声、振动 | 水准仪测量、噪声检测、振动检测 |
| 涂覆层劣化 | 摄像及拍照、盐分检测、图像处理 |
| 腐蚀 | 超声波板厚检测、应力检测 |
| 裂缝 | 超声波探伤、应力检测 |
| 螺栓脱落 | 螺栓标定点检查、超声波探伤 |
| 变形、屈曲 | 应力检测（承载力评价） |
| 漏水、积水 | 图像处理 |
| 位移、错位 | 激光测距、图像处理 |

由于部分技术在混凝土结构的无损检测技术中已经介绍，下面将针对一些典型的钢结构无损检测方法的原理和目的予以介绍：

1）浸透探伤检测

浸透探伤是在检测对象表面喷涂浸透液，当表面存在裂缝时浸透液会渗入裂缝中。之后再涂抹显影液，显影液会与浸透液在裂缝发生变色反应，显示出裂缝纹路。该方法只对表面裂缝有效，因为价格便宜操作简单，具有一定的应用范围。

2）磁粉探伤检测

该方法适用于钢结构近表面出现裂缝的情况。当裂缝发生时，钢结构近表面会出现不均匀磁场分布，将细微的探伤荧光粉末散布于可能发生裂缝处，可以检知是否有裂缝存在。该方法操作简便，适用于裂缝不明显的损伤情况。但不适用于深层裂缝，检测完需要清除探伤粉末。

3）涡流探伤检测

该方法是利用电磁感应原理，检测构件表面和近表面缺陷的一种探伤方法。其原理是用激磁线圈使导电构件内产生涡电流，借助探测线圈测定涡电流的变化量，从而获得构件缺陷的有关信息。前文介绍了该技术已经应用于在混凝土结构钢筋腐蚀的检测，同样在钢结构中，常见于探头式探伤，是一种迅速实现探伤的非接触式探伤方法。该方法适用于简单的裂缝检知的应用，难以测定裂缝深度及延伸长度。

4）超声波和射线探伤

混凝土检测方法中，介绍了超声波和射线探伤技术。由于钢筋和混凝土作为传播介质，其传播的性能不同因而可以实现检测目的。同样的对于钢结构而言，当超声波或射线透入钢结构构件的深处，并由一截面进入另一截面时，可以利用在界面边缘发生反射或衰减的特性来检查单一介质构件内部的缺陷。另外超声波在钢结构中传播速率大于混凝土结构，其衰减计算精度更高，超声波检测更适合于钢结构的损伤检查。当遇到缺陷与构件底面时发生反射波，在接收装置上形成脉冲波形，依此来判断缺陷位置和形状。该方法成本较低，有比较广的应用范围，特别是对于面状裂缝检知有良好的检测效果。但难以检知熔接过程中在接缝处产生的球面气孔，对技术人员专业技能要求较高。而对于钢结构的 X 射线检测而言，利用该方法可以实现板厚的测量，并实现构件腐蚀后残存板厚的检测。该方法，满足焊缝球面气孔的检测。值得注意的是 X 射线的放射源属于高危险源，在操作过程中需具备充足的专业知识和安全防护措施。

### 2.1.3　隧道中的检测

隧道的检查对象一般是衬砌、拱顶、内拱、路面、路肩，以及排水通风设施等。检查内容主要是裂缝、变形，以及漏水等，对于检查出明显变形的区域，需要及时实施详细检查。其详细检查是指尽可能通过多种检测方法获得多方面的数据，对于变形规律和衬砌脱空等问题进行详细的检测，掌握隧道变形情况，并推定成因，以作为对结构完整性评估、性能评价和紧急处理对策的依据。造成隧道变形的主要成因，根据发生位置，可以分为外部原因和内部原因两类，其具体特征如表 2.3 所示。

**表 2.3　变形成因分类**

<table>
<tr><th rowspan="2">分类</th><th colspan="2">外部原因</th><th colspan="3">内部原因</th></tr>
<tr><th>外力<br>（结构变形）</th><th>长期使用以及环境改变</th><th>材料</th><th>施工</th><th>设计</th></tr>
<tr><td>自然原因</td><td>地形：侧压、边坡蠕滑、滑坡<br>地质：塑性压剪损伤、沉降、地基承载力不足、岩体蠕动变形<br>地下水：水压、浮力、冻胀<br>其他：地震等</td><td>长期：山体风化、混凝土碳化、材料劣化</td><td>—</td><td>混凝土衬砌浇筑时温度和湿度</td><td>—</td></tr>
<tr><td>人为原因</td><td>近旁基础施工、列车引起地面振动和内气压变化</td><td>通风、火灾</td><td>品质不适合</td><td>质量不高</td><td>不合理</td></tr>
</table>

目视检测法在隧道衬砌表面状况检查中应用比较普遍，其内容包括裂缝情况以及宽度的测量、积水状况的记录等。另外在大型隧道中，也使用图像解析、数字成像等方法，其性能可参照混凝土结构中无损检测相关内容。

利用人工使用打击锤敲打隧道内混凝土表面，通过敲打音和击锤的回弹高度，也能判断混凝土的性能以及剥离状况。打音法对操作人员的要求很高，其敲打音分清音和浊音两种，当敲打时出现浊音可判断出混凝土存在裂缝，需实施进一步详细检查。另外对于如风扇、照明等隧道内部悬挂设备的铆接部，同样可通过该方法予以检查，以初步判断铆钉和吊臂的内部腐蚀状况。

裂缝的检查，主要是为了对隧道内裂缝发展进展提供数据积累，判断可能的成因。裂缝检查内容主要包括裂缝宽度、长度、分布密度、高度等。一般利用测量胶带、刻度标尺、摄影图像等人工方法实施初期检查。与混凝土结构一样，可使用超声波、冲击锤等无损检测的方法来实施详细检查。视现场情况而定，有必要的时候需要对混凝土部件钻孔取样，以测定混凝土强度、碳化深度、碱硅反应、空隙率、盐侵深度、内部钢筋腐蚀等参数。在现代隧道检测工程中，往往要求达到长距离和实时性的特点，在本书第 3 章和第 4 章中将详细介绍通过长标距应变传感实现隧道监测相关结构状态参数识别的方法。

衬砌是防止隧道围岩变形或坍塌，决定安全性和使用性的重要部件。对于衬砌的检查，主要包括衬砌表面、变形、内部情况和外部情况。关于表面的检查方法有基本的目视法、图像处理、摄像管、激光成像、红外线温差成像、CCD 摄像等，具体内容详见 2.1.1 节中混凝土结构的无损检测方法。关于变形及变形量的检测，有 3D 激光扫描和多点位移计等。通过设计极限评价变形程度以及发展速度，并包括土侧压等参数识别。另外关于隧道内渗水、积水的检测，也需要实施定期的现场检测，结合现场情况，对管涌、水温、土沙流失量、水质、含盐量等多参数加以检测，并评价排水系统是否正常工作，以及雨后积水量是否在设计范围内。

对于围岩的检查是从围岩周边地质调查开始，在确认现场条件情况下，通过钻孔取样的方法，利用室内试验获得岩体单位体积的质量、单轴压缩试验等数据。同时也可以利用钻孔结合内窥镜，对裂缝分布、岩体强度、变形特性等进行检测。对于周边的岩体，可采用地质雷达、深孔位移计及孔内倾斜计等检测手段，实现岩体内多点轴向变形、滑移以及弯曲失稳程度的检测。由于围岩受构造影响，节理裂隙发育，无规律性，短期的检测往往难以有效地评价和预测完整和安全性，此时一种连续的实时监测就显得尤为重要。在本书第 3 章和第 4 章中将详细介绍通过光纤传感实现的，现代结构健康监测中相关结构状态参数识别的方法。

### 2.1.4　高速公路中的检测

道路是国民经济生产和正常生活中不可或缺的基础设施，特别是高速公路是交通运输设施中的重要组成。由于高速公路具有距离长、使用频率高的特点，其维护管养显得尤为重要。高速公路包含多个组成部分，其中涉及的混凝土结构、钢结构以及隧道设施的检测方法，可参考前文叙述的部分，本节主要针对高速公路中的边坡有关的检测内容予以介绍。

高速公路的边坡破坏类型主要有水土流失、坍塌、滑坡和泥石流等。边坡的检查内容主要包括开裂、浮石、塌方、冲刷、边坡路堑位移以及排水管堵塞等。边坡的破坏主要来自风化和水的作用，特别是当其表面集中大量水流通过，会造成地基松动、浮石滚落等现象，这都是有可能发生大面积连续滑坡的征兆。因此对于水流的检查显得尤为重要。根据破坏发生位置，日本道路协会对于高速公路边坡，要求的检测主要包含以下内容，如表 2.4 所示。

**表 2.4　高速公路边坡检测内容**

| 检测对象 | | 边坡主体检测内容 | 边坡护坡检测内容 | 管涌状况 | 排水沟 |
|---|---|---|---|---|---|
| 岩石边坡 | | 是否有浮石、是否有开裂 | — | 管涌量、位置、程度 | — |
| 植生边坡 | | 是否有开裂 | 植被覆盖程度 | | 是否堵塞 |
| 落石主动防护设施 | 混凝土加固层、喷混加固层 | 是否有浮石、是否有开裂、溜塌及冲刷情况 | 混凝土裂缝、充填材料流失 | | — |
| | 锚杆加固 | | 锚头松弛、金属腐蚀 | | |
| 落石被动防护设施 | 防护网、防护格栅 | 是否有浮石、是否有开裂 | 网、钢丝腐蚀，锚杆松弛 | | |
| | 防护壁 | | 防护壁沉降，混凝土开裂 | — | |
| 有覆盖层的边坡 | 块状护坡 | 开裂、翘起、地基沉降、溜塌、充填物流失、外敷层流失 | （同左） | 排水泵工作情况、管涌程度 | 是否堵塞 |
| | 喷混覆盖层 | 开裂、翘起、剥离、内部空洞 | （同左） | | |
| | 落石防护网、栅 | 是否有浮石、是否有开裂 | 网、钢丝腐蚀，锚杆松弛，砂土堆积 | 管涌量、位置、程度 | |

## 2.2　工程结构监测传感技术

在 2.1 节中介绍了无损检测技术通过采用超声波、电磁、X 射线、图像解析等现代检测手段对工程结构进行损伤判定，为评价结构力学性能和使用性能提供依据。但是值得注意的是无损检测技术往往只提供结构局部的检测和诊断信息，而不能提供整体和全面的结构健康监测和评估信息。1.1.2 节中讨论了无损检测技术在结构维护管理系统中的地位，虽然结构无损检测相对于传统人工点检可以提供更直观、可信的损伤信息，加之操作便捷、技术成形已经开始应用于中小结构的日常检测以及大型结构局部探伤、精查的检测项目。但是由于其检测技术种类繁多，性能各异，如果不充分理解检测机理的话难以保证检测结果的准确性，易造成误判。2006 年 9 月加拿大 Boulevard de la Concorde 立交桥倒塌事故后，国际著名混凝土学者 N.Banthia 教授指出：“很可惜的是，目前的结构诊断技术依然处于很低的水平，即使是在无损检测技术相对成熟的发达国家也是一样；为了能满足结构损伤诊断的需要，必须要将现有技术提升到更高的层次[60]。”总体而言，无损检测技术依然存在检测对象单一、人为主观判断误差、连续监测能力不足、定性分析以及多指标类比性不足的问题。目前无损检测技术主要是依据检测结果的定性分析，往往需要依靠工程师的经验来判断。加之为了保证检测精度，在实际应用中对检测环境具有苛刻的要求，虽然可以通过高科技检测手段从结构外部对内部损伤进行识别，但受设备条件限制一般只能对单一损伤形式的小型结构或局部构件进行检查。加之不具备实时性的缺点，难以提供早期损伤预警、监控损伤劣化过程相关的信息。第 1 章中指出结构健康监测的关键环节是如何进行结构损伤尤其是微小损伤的提早发现，这就需要提供一种能够监测结构性能相关参数的渐变过程，提供关于从量变到质变的监测手段。

传感器是实现结构检测和监测的首要条件。《国家标准 GBT7665—2005》对传感器（transducer/sensor）的定义是："能感受被测量并按照一定的规律转换成可用输出信号的器件或装置，通常由敏感元件和转换元件组成"。现代传感器通常由敏感元件和转换元件组成，通过将待测的物理量按照一定规律转换成可输出信号（如电压、电流、光波长等），以满足信息的传输、处理、存储、显示、记录和控制等要求（图 2.4）。当一个传感器的输入和输出完全呈线性关系的时候，这个传感器就是一个理想传感器。同时，理想传感器还应该遵守以下原则：只受被测因素的影响，不受其他因素的影响，传感器本身不会影响被测因素。

| 待测量 → | 敏感元件 → | 转换元件 → | 输出信号 |
| --- | --- | --- | --- |
| ▪ 应变 | ▪ 压敏元件 | ▪ 电量测量 | ▪ 电信号 |
| ▪ 变形 | ▪ 光敏元件 | ▪ 非电量测量 | ▪ 光信号 |
| ▪ 加速度 | ▪ 力敏元件 | ▪ 增幅 | ▪ 数字信号 |
| ▪ 温度/湿度 | ▪ 热敏元件 | ▪ 滤波 | ▪ 无线信号 |
| ▪ 腐蚀 | ▪ 磁敏元件 | ▪ 接口处理 | 等 |
| 等 | ▪ 湿敏元件 | 等 | |
| | 等 | | |

图 2.4　传感器的组成

根据土木工程结构使用和评估的需要，对结构需要测量的物理量主要有与结构构件参数有关的，如梁柱构件变形和倾角、钢绞线和拉索内力以及地基沉降等；与结构短期以及长期变形有关的，如应变、位移、加速度和裂缝宽度等；与内外部环境有关的，如结构锈蚀、化学条件、温度和湿度等。根据传感器的能量转换情况，在健康监测系统中传感器，可分为能量控制型传感器和能量转换型传感器。能量控制型传感器，在信息变化过程中，其能量需要外电源供给，如电阻、电感、电容等电路参量传感器都属于这一类传感器，基于应变电阻效应、磁阻效应、热阻效应、光电效应、霍尔效应等的传感器也属于此类传感器。能量转换型传感器主要由能量变换元件构成，它不需要外电源，如基于压电效应、热电效应、光电动势效应等的传感器都属于此类传感器。传感器的分类很多，由于本书主要是根据结构状态相关的参数来讨论结构性能、安全、寿命等评价方法，因此以下章节中将针对不同参数的监测目的，分别介绍各种目前在土木工程结构健康监测中广受注目的传感器的发展现状和相关技术。

## 2.2.1　应变传感技术

### 2.2.1.1 电子类应变传感技术

1. 电阻应变片

电子式传感器是最早开发的一类传感器，其发展和应用技术已经非常成熟。电子式传感器主要是通过测量电信号，实现感知应力应变变化。当外力作用于一连续介质上时，该介质将发生变形产生应力和应变。应变是定义为一微小材料元素承受应力时所产生的单位长度变形量，是一个无单位的物理量，由于其数量级一般很小，为了计算精度和直观，还引入了微应变（micro-strain）。应变是结构应力状态的直接表征，通过测量应变变化可以获得应力、力矩、位移、加速度、扭矩等众多物理参量。由于电信号适合于用传输和转化为数字信号，在检测和自动化控制领域具有广泛的适用性，因此各种形态和传感介质的电子式传感器被开发，并逐渐实现了生产制作的标准化。此外随着集成化技术的发展，各类混合集成和单片集成式电子传感器相继出现，以满足工程应用中小型化和多功能化的需要。

电阻应变片是一种应用非常广泛的电子类传感器。19 世纪中叶，英国物理学家发现了金属材料在机械应变作用下，其电阻值也会发生变化的应变-电阻效应，并提出了通过电桥测量金属丝电阻变化而实现测量应变变化的理论。他将该技术应用于海底电缆的铺设，并成功演算出海水深度。这一伟大的发现为后来电阻式应变片的发展奠定了理论基础。20 世纪 30 年代 Charles Kearns 将敏感元件置入绝缘薄膜中提出了一种粘贴式电阻应变计，简化了应变计的安装方法，在此之后的电阻应变片也基本采用这种粘贴方法[61]。值得一提的是，该应变计的敏感元件是一种碳基复合材料，可以实现高频率的动态应变测量，但受温度和传感机理的限制，其精度和稳定性并不好，故而无法满足静态应变的测量要求。1939 年，加州理工学院和麻省理工学院独立提出了利用极细的金属丝来实现可粘贴式的电阻应变片，并极大程度上保证了静态测量的精度[62]。在此基础上，1952 年，英国 Saunders-Roe 公司开发了一种在金属薄膜上蚀刻应变片电路的技术，提出了最早的黏合箔式应变片的结构形式[63]。该技术实现了高精度应变测量，简化了应变片制作和使用步骤，积极推动了电阻式应变片的应用，之后的电阻式应变片也基本沿用这一方法。

箔式应变计是电阻应变计中最常用的一种，它由放置在不导电的塑料薄膜中的一层金属薄膜构成。该应变计工作原理简单，电阻阻值随着长度的变化成线性比例变化，这种关系由应变计系数 GF 表示，大多数黏合应变计的 GF 系数约为 2。黏合箔式应变计使用方式多种多样，在测量复杂应变区域可布置成单轴“V”形或瓣状。对于混凝土区域的应变测量通常选用长标距形式，这样可以平均掉由于混凝土不连续性产生的峰值应变。高阻值应变计由于其对自身热效应的低敏感性，大大提高了测量过程中的性噪比，因此广受使用。且高阻值应变计对电线效应的敏感度也很低。此外箔式应变计还被用作许多其他传感器的主要传感元件，如称重传感器，加速度传感器和测量大变形的夹具传感器等。安装箔式应变计一般是采用快速黏合剂将应变计黏结在事先标记好的构件表面，安装过程简单但需要一定保护措施和标定，以保证测量的准确性。

理想情况下箔式应变计的阻值只随着它长尺寸方向长度的变化而变化，实际情况中阻值却受横向作用的影响。黏合箔式应变计不是一种自发电传感器，需要外部激发源的激发。所需激发可以通过数据采集硬件、信号调节器或专用恒定的电压或电流电源来提供。当使用长导线时建议采用恒定电流源，以降低导线电阻影响。作为电子类传感器的通病，箔式应变计对噪声很敏感，虽然可以测量随时间快速变化的应变例如由结构上动荷载产生的应变，但由于长期自热效应会导致应变漂移，加之黏合剂的锚固效果有限，通常箔式应变计只适用于短时间内测量，如实验室内混凝土构件的表面应变的测量和短期的现场测试。

2. 钢弦式应变传感技术

除了上述介绍的电阻应变片外，作为独立的传感元件如在大坝等水利工程的监测中，人们往往对传感器的长期性能和对大变形量的测量有比较高的要求。为此在 20 世纪 30 年代，美国率先提出一类钢弦式应变传感器。由于此类传感器的主要敏感元件是延展性良好的金属丝，所以在一定程度上满足了边坡、山体滑坡等大变形地质结构的监测要求。对于钢丝式应变传感器，根据传感方式可以分为差动式和振弦式两种，与箔式应变片的主要区别是测量方式不同，表 2.5 对这三类传感器进行了对比。

**表 2.5　箔式应变片、差动式传感器和振弦式传感器对比**

| 形式 | 箔式应变片 | 差动式 | 振弦式 |
|---|---|---|---|
| 测量机理 | 变形——电阻 | 变形——诱发电压 | 变形——共振频率 |
| 精度 | 3～5με | 约 0.001με（标距 200mm5με） | 约 5με |
| 最大量程 | 10 000με | 约 50με | 约 1000με |
| 耐震、耐冲击性 | 优越 | 普通 | 弱 |
| 长期性能 | 一般不耐久（受黏结剂、绝缘基材影响） | 几乎无变化 | 几乎无变化 |
| 湿度影响 | 弱 | 强 | 强 |
| 绝缘度要求 | 100MΩ以上 | 100kΩ以上 | 5kΩ以上（频率变化与阻抗无关） |
| 数字化系统 | 可 | 可 | 可 |

1）差动电阻式应变传感技术

差动电阻式应变传感器又称卡尔逊式仪器，其原理是利用传感器内部的两根弹性钢丝受拉后电阻变化作为传感元件。类似于电阻应变片当钢丝受到拉力作用而产生弹性变形，差动电阻式传感器的变形与电阻变化之间存在一定线性关系式：

$$\Delta R/R=\lambda\Delta L/L \tag{2.1}$$

式中，$R$ 为钢丝电阻，$\Delta R$ 为钢丝电阻变化量；$L$ 为钢丝长度，$\Delta L$ 为钢丝长度变化量；$\lambda$ 为钢丝电阻应变灵敏系数。

为保证测量精度，差动电阻式应变传感器内部的两根钢丝需通过特殊固定方式施加预张拉。当传感器受到外界的张拉变形时，两根钢丝受力方式相反分别导致电阻增加或减少。通过测量两根钢丝电阻的比值，即可换算传感器受到的变形量。差动电阻式应变传感器的传感元件的核心技术，是内部的两根钢丝受力模式相反，产生差动电阻变化，因此可以获得双倍的电阻变化达到提高变形测量的灵敏度，同时消除变形测量过程中传感元件钢丝自身的温度影响的目的。

另外，在长期监测过程中差动电阻式应变传感器也可以满足温度测量的要求。虽然两根钢丝受力模式相反，但温度引起电阻变化一致。通过测定两根钢丝的串联电阻，即可计算外界温度。

2）振弦式应变传感技术

与差动电阻式应变传感器不同的是，振弦式应变计的传感部分由一段两端被夹紧的预张拉钢弦构成，当弦中的张拉力会发生变化导致频率的变化，继而通过应变和钢弦振动频率的关系获得应变。振弦式应变计的自振频率的表达式如下：

$$f=\frac{1}{2L}\sqrt{\frac{T}{m}} \tag{2.2}$$

式中，$f$ 表示自振频率；$L$ 表示钢弦的起始长度；$T$ 表示弦中的张拉力；$m$ 表示单位长度钢弦的质量。

然后经过方程变换通过钢弦的频率变化换算获得应变，其表达式如下：

$$\varepsilon=\frac{4L^2\rho g}{E}(f^2-f_0^2) \tag{2.3}$$

式中，$\varepsilon$ 表示钢弦中的应变；$\rho$ 表示钢弦线的密度；$g$ 表示重力加速度；$E$ 表示钢弦的杨氏模量；$f_0$ 表示钢弦的初始频率。

根据结构动力学理论，在质量不变、边界条件固定的情况下，机械体的固有频率只与刚度变化有关。因此当振弦式应变计安装在同材质的钢构件上时，具有天然温度补偿的特点。因为应变计和钢筋的热膨胀系数几乎相同，其温度影响可以消除。相反如果应变计安装在不同热膨胀系数的构件上时，如混凝土构件所测应变需要通过热膨胀系数的标定来校正。此外，当振弦式应变计安装在构件表面时，构件内部和表面的温度差异也会影响测量的准确性。在实际应用中，也多采用混凝土构件内部直接嵌入的方式，以减少钢弦和混凝土的热膨胀系数差异的影响。

另外，振弦式应变计需要牢固的锚固方式。为了保证长期监测中传感器安装的稳定性和耐久性，通常采用电弧焊、螺栓或环氧树脂黏结的锚固方式，同时需采用不锈钢等刚性支座以减少振动过程中阻尼损耗的问题。

3. PVDF 传感器

在早期的传感材料开发的过程中，科学技术的先驱者们尝试了各种不同传感机理的功能材料，其中压电材料作为一种不需要外部电源而直接产生电信号输出的自激励式传感材料，逐渐引起人们的注意。随着压电材料的发展，已经从早期的压电单晶体到压电多晶体（压电陶瓷），到 20 世纪中期出现的压电聚合物和压电复合材料。PVDF 传感器是一种基于聚偏二氟乙烯（polyvinylidene fluoride，PVDF）的压电聚合物，当 PVDF 传感器受到外力作用时会产生电极化，通过测量输出电压可以换算应变、动态应力、动态位移及加速度等。聚偏二氟乙烯自身是一种高分子材料，具有韧性、稳定性和耐久性，因此作为传感材料具有独特的工程优势。

PVDF 传感器另外一个特点就是可以根据工程需要，自由设计尺寸的可加工性。目前出现的结合压电陶瓷和聚合物的压电复合材料，就是兼具两者传感性能、柔韧性和加工性能的新式传感材料。因为其压电常数高，可以应用于桥梁、道路称重系统的开发。在 2.2.7 节会再次予以介绍。一般情况下自激励的压电材料由于电荷衰减的问题，只适合如加速度、振幅等动态响应的测量，而 PVDF 传感器响应频率快、电荷输出大，通过结合放大回路可以实现准静态应变的测量。目前 PVDF 传感器已经广泛应用于如桥索的张力监测项目中。而在作者研究团队早期的研究中，也通过 PVDF 传感器实现了混凝土表面裂缝监测[64]。

除以上电子类传感器外，研究人员还提出利用 3D 编织技术制作多层复合材料，并安装于结构表面以达到大面积应变测量的要求；同时还提出利用碳纤维短纤维等导电的碳基材料混杂于混凝土材料内部，在提高混凝土构件力学性能的同时利用测量电势分布以分析构件受力状态。作者所在团队也长期从事碳纤维传感性能的开发，2.2.1 节和 3.3 节中将详细介绍满足动静态小应变测量的碳纤维应变传感器。综上所述，由于电子测量技术起步早、技术相对成熟，电子类传感器在各类检测及工程结构测量中普及程度较高，在本书中不再多着笔墨。此外为了满足应变传感器在监测领域中的应用，随着传感技术的不断发展和多样化，越来越多的诸如光纤传感技术、智能化传感技术以及非接触式传感技术等新型传感技术正逐步用于工程结构中。由于根据不同监测目的，选择合适的传感技术，是结构健康监测系统成功的前提保证，后续章节将逐一介绍在结构健康监测中主要的其他类型的应变传感技术。

#### 2.2.1.2　光纤应变传感技术

上一节介绍了在土木工程结构的检测技术中，电子式传感器应用广泛。但由于电子式传感器的信号传输是通过电导线实现的，在信号转换和传输过程中存在损耗率的问题。为了满足广域范围内大规模工程结构的自动检测和长期监测的需求，人们开始寻求其他的新型敏感元件及高精度的解调技术。光纤是一种利用光在玻璃或塑料制成的纤维中的全反射原理而达成的光传导工具。伴随着光纤通信的快速发展，各种光纤传感技术也应势而出。由于现代光纤比电缆线的损耗率小，更适合远距离传输信息。所谓光纤传感技术，就是以光波为载体、光纤为媒质，感知和传输外界被测量信号的新型传感技术。土木工程结构健康监测中的智能化传感，是对原有结构材料或构件附加感知功能，使其具有信息处理功能。智能化传感通过智能材料，实现采集、处理、交换信息的能力。一般结构健康监测系统由多个传感器集合而成，采集的信息需要进行转换获得结构响应的输出，而使用智能传感器就可直接获得结构响应的输出，实现结构自传感，提高感知信息的可靠性。此外在大规模结构健康监测体系中，受监测环境和地形条件限制，往往出现待测建筑物不适合与传感器直接接触的情况。为了满足这类监测要求，就产生了一系列各具特色的传感方法，以下将介绍现代工程测量中典型的光纤传感器以及一种新型的连续碳纤维传感器。

1. 光纤应变传感技术及概述

在古代，人们已经掌握了诸如烽火、灯塔之类，通过光来快速地远距离传递信息的方法。在通信工程中，人们很早已经认识到光具有频带宽、扫频速率高、传输速度快等特点，比声信号、电信号具有更大的传输容量，更适合用于通信。但由于光在空气与其他介质中衰减大的缺点，光的传输问题成了首要实现光通信的前提条件。激光与现代光导纤维的出现实现了真正意义上的光通信。现代光导纤维主要由高纯度二氧化硅制备而成，简称光纤，如图 2.5 所示，其基本结构包括纤芯和包层两部分，纤芯部分是高折射率二氧化硅，包层部分是低折射率二氧化硅，是一种利用光在纤芯与包层界面之间反射传输原理的光传导工具。

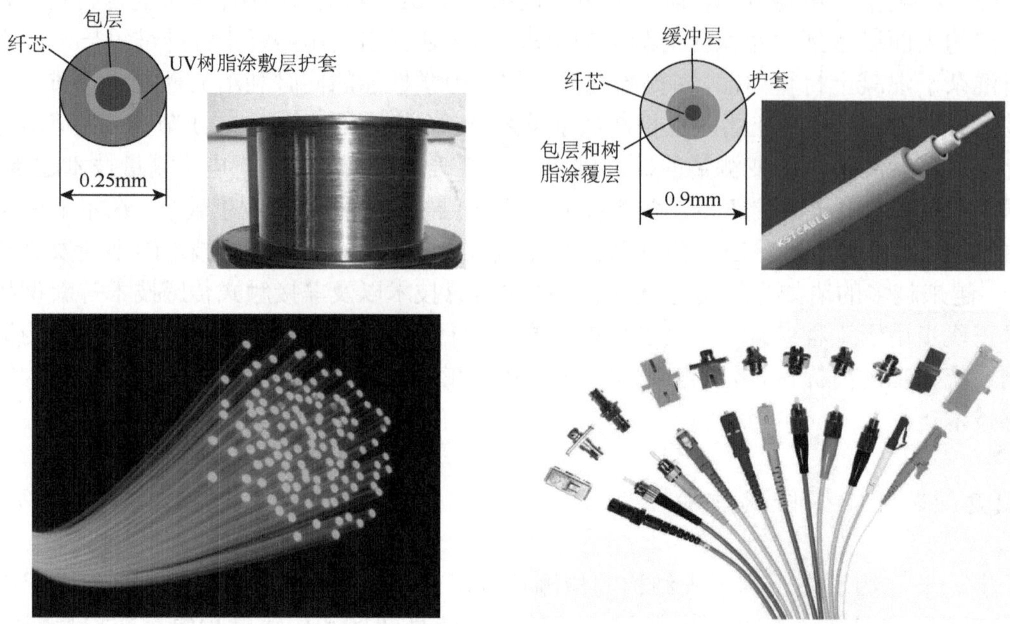

(a) 裸光纤　　(b) 紧套光纤

图 2.5　商业化光纤产品及接头

根据传输模数的不同，光纤可分为单模光纤和多模光纤。所谓模式是指在光纤的受光角内，以某一角度射入光纤内，并能在光纤的纤芯-包层界面上产生全反射的传播光线。单模光纤是指一种只允许单一模式（基模）传播的光纤，其光纤的纤芯芯径较小，仅允许与光纤轴方向一致的光线通过。而多模光纤的纤芯芯径一般远大于光波波长，其传播模式数目大，并允许多个模式的光在光纤中同时传播。多模光纤虽然成本低廉，但传输速度低、距离短，一般用于短距离信号传输。而单模光纤传输频带宽、容量大，更适合于长距离传输以及传感器的制作。目前单模光纤的商业化产品主要有两种：紧套光纤和 UV 光纤（又称裸光纤），结构图如图 2.5 所示。在一定的拉伸应力下，护套和内部光纤之间将存在明显滑移[65]，此外，保护材料存在耐久性问题。因此，传感光纤更适合采用裸光纤。然而，裸光纤的缺点也很明显，缺乏保护，容易脆断，故必须进行封装保护后之后才能应用于传感。

光纤传感包含信号的感知、传输和解调。信号感知是指外界待测物理量改变了光纤中传输的传感光波的特征参量，相应传感光信号的变化即“感知”外界待测量的变化，这种“感知”实质上是外界信号对光纤中传播的光波进行的调制。信号传输是指光纤将调制后的光信号传输至光信号解调部分。信号解调是指对光信号的探测以及对其特征参量变化的解析，以提取能够反映外界变化的光信息。由于光纤传感技术的优势之一就是集“传”“感”于一体，光纤本身就是信号传输的良好载体，因此，光纤传感技术主要包括调制与解调两方面的技术，即传感器技术和解调技术，其组成如图 2.6 所示。

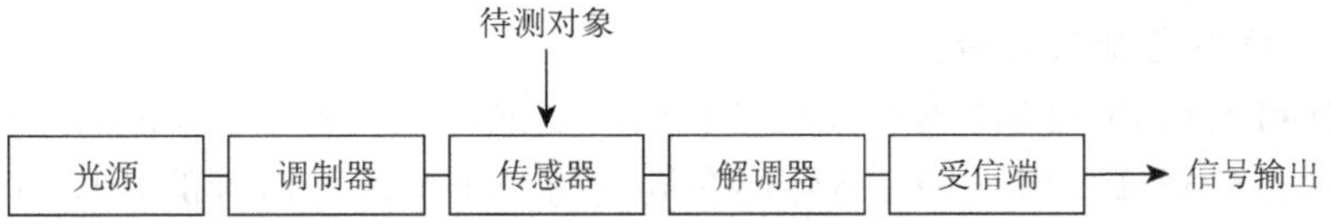


图 2.6　光纤测量系统基本组成

光在光纤内传导过程中，当光纤受应力、弯曲或温度等物理变化作用时，光信号的一些参数如强度、波长/频率、相位、偏振态等会发生变化。因此利用相应解调技术，对光纤中光信号这些参数的变化进行探测解析，可以得到所对应外界物理变化，基于此将来自光源的光经过光纤送入调制器，通过解调获得被测参数，实现利用光纤感知变化达到测量的目的，这就是光纤传感器。

光纤传感器经过了长期的技术积累派生出了适合各种测量目的和不同传感机理的光纤传感技术，20 世纪 70 年代光纤应变传感器才相对成熟并开始迅速发展起来。1978 年，美国学者 C. D. Butter 和 G. B. Hooker 最早提出了基于光纤干涉仪实现结构变形监测的方法[66]。1989 年，多伦多大学提出了利用光纤的张拉变形来表征待测目标应变变化的测量方法，并于 1992 年开发了可实用的光纤应变传感器。1988 年，美国学者 C. E. Lee 和 H. F. Taylor 等通过一根端面涂有 $TiO_2$ 的光纤与另一根光纤耦合，提高光纤内侧的反射率，从而制造出最早的法布里-珀罗干涉光纤传感器。该方法缩小了干涉光纤传感器的尺寸，提高了灵敏度，并让输入光纤不灵敏[67]。1978 年，加拿大物理学家 Hill 等开发了世界上第一只光纤布拉格光栅（fiber Bragg grating，FBG）[68]。相对于其他光纤传感器，FBG 在测量精度、稳定性和采样速率上都有很大的优势，FBG 的研制成功积极推动了光纤在应变传感上应用。1989 年，美国人 Meltz 发明了基于紫外光的光栅刻制装置，有效地提高了 FBG 刻制效率，为工业化生产和实用化提供了前提条件[65]。1993 年 Hill 等提出了相位掩模制作光栅技术，其优点是稳定可靠、重复性好、简单实用，迄今为止相位掩模写入技术依然是最通用的 FBG 批量制作技术[69]。

与传统的电、磁传感技术相比，光纤传感具有以下几方面的特点：①光波传感，不受电磁和射频干扰，稳定性好，传输距离长；②灵敏度高、频带宽、动态范围大；③无电源驱动，不影响被测结构的性能；④轻巧纤细，与结构匹配度高；⑤主材二氧化硅性能稳定，耐腐蚀、耐高低温且耐久耐候性好，能够实现长期监测；⑥通过时分复用、频分复用、波分复用等技术可实现传感器的分布化；⑦“传”“感”一体化，系统集成性高。在结构健康监测中，相对于光纤的传输功能，其感知功能显得尤为重要。前面提到光纤传感技术主要包括调制与解调两方面，按照调制机理光纤传感器可以分为光强调制（intensity modulated）、相位调制（phase modulated）、波长调制（wavelength modulated）和偏振调制（polarization modulated）。从光纤传感技术起步的几十年来，已相应开发出各种各样的相关技术，根据有关统计结果表示其中 23%的光纤传感器与应变测量有关[70]，由此可见光纤传感器与应变传感的结构健康监测中具有良好的应用背景。下文中将对光纤应变传感器中典型的光纤布拉格光栅、布里渊散射光传感、光强型传感、干涉式传感等进行介绍。

2. 光纤布拉格光栅应变传感

光栅在光纤通信和光纤传感领域已经有着广泛的应用，小于 1μm 的短周期光纤光栅称为光纤布拉格光栅或反射光栅，另外还有周期为几十至几百微米的长周期光纤光栅。光纤布拉格光栅（简称 FBG）是一种典型的波长调制型传感器，其基本原理是利用光纤的光敏性，通过紫外光曝光法在光纤上刻制成一段窄带的滤波器或反射镜，该部分称为光纤光栅。光纤光栅的功能是对于通过光栅的宽带光，只反射特定波长的光，而透射其余波长的光。当光栅处被施加应力或温度发生变化时，导致反射回来的光的波长也会发生相应的变化，反射回的光波长称为布拉格波长，通过测量布拉格波长的变化即实现应变、温度的监测。其传感原理如图 2.7 所示。

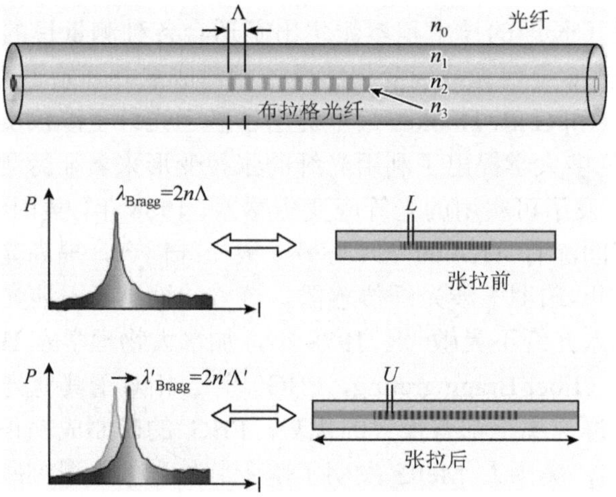


图 2.7 FBG 传感示意图

FBG 传感的反射中心波长的条件为

$$\lambda_B = 2n\Lambda \tag{2.4}$$

式中，$\lambda_B$ 为光栅中心波长；$n$ 为纤芯有效折射率；$\Lambda$ 为纤芯折射率的调制周期。

光纤光栅作为敏感元件，通过外场作用下光纤光栅中心波长变化来获取或转换环境信息。在线弹性范围内，光栅周期的变化与应变满足线性关系，另外由于热胀效应和热光效应，纤芯有效折射率也会发生变化。应变、温度与中心波长的变化应按下式计算：

$$\Delta\lambda_b = (1-P_\varepsilon)\cdot\Delta\varepsilon\cdot\lambda_b + (\alpha_f+\xi)\cdot\Delta T \tag{2.5}$$

其中，$\lambda_b$ 为中心波长，$\Delta\lambda_b$ 为反射光中心波长变化量，$\Delta\varepsilon$ 与 $\Delta T$ 分别为应变与温度变化量，$P_\varepsilon$、$\alpha_f$ 与 $\xi$ 分别为光纤的有效弹光系数、热膨胀系数与热光系数。

由于 FBG 传感技术具有轻质、体积小的特点，并且适合于动静态应变测试精度，目前国内外已成功开发了多种用于应变、温度、压力等测量的光纤光栅传感器，并应用于大型土木结构如桥梁、隧道、高层结构等应变监测中。其中针对 FBG 温度补偿问题，由于 FBG 适合串联多点布设的特点，可以结合悬臂梁原理，将两组 FBG 分别安装于受弯构件的上下两侧，根据构件变形产生的波长变化绝对值相等、符号相反，因温度产生的波长变化完全相同，从而实现温度补偿。同时由于 FBG 线型、可集成性的特点，适合埋设于混凝土内部或钢筋黏结界面处，以达到监测结构内部变形、剪力传递模型修正、预应力损失、钢筋腐蚀等测试目的。此外根据 FBG 优越的动态测试能力，在公路与铁路荷载下可以对结构进行连续监测。

另外由于光纤本质易脆性，目前大部分 FBG 应用研究还集中在将裸光栅直接粘贴在结构表面，或进行金属涂覆或封装后埋入结构，但在实际应用中存在以下几点不足：①缺乏适合大规模、长期耐久的 FBG 封装工艺；②光纤直径微小，难以保证稳定的封装效果；③FBG 的应用还仅限于将其视为单个或几个串联在一起的高级应变片，仍是点式局部测量，"分布式测量"的概念难以在实际中有所体现。针对此问题，一种具有长期耐久性、适合大型结构监测的 FBG 传感器在结构健康监测的实施过程中显得尤为重要。而作者所在团队在结合长期实际工程应用的经验上，通过将 FBG 与复合材料技术结合，针对 FBG 现有问题，提出了包含了长标距化设计、锚固端设计、复合材料套管封装等多项内容的长标距光纤传感器封装技术。长标距光纤传感器对于 FBG 等光纤传感器的设计改良，关于这部分的技术细节及性能介绍，将在第 3 章中详细展开。

3. 基于布里渊散射传感

布里渊时域解调技术（Brillouin optical time domain reflectometer，BOTDR）是一种基于光时域反射技术（optical time domain reflectometer，OTDR）基础上的光纤传感技术。1976 年 M. K. Barnoski 等发现光在光纤中传输时会发生背向散射现象，并结合分析入射和反射信号时程差来实现散射发生位置的定位，这就是 OTDR 技术[71]，由于 OTDR 技术主要用于光路损伤、故障定位的检测，其具体技术内容将在下一节中予以介绍。而 BOTDR 是 OTDR 的一种特例，其技术核心是针对布里渊散射光的检测。如图 2.8 所示，光在光纤中传输会引起三种散射：瑞利散射、拉曼散射和布里渊散射。

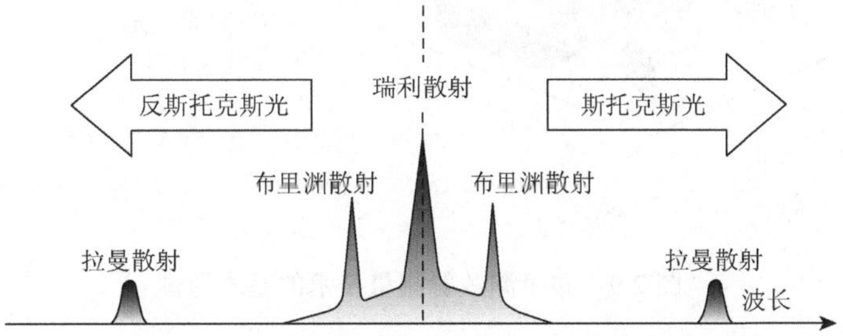


图 2.8　瑞利散射、拉曼散射和布里渊散射

瑞利散射是光纤的一种固有特性，是指由于光路传播过程中光纤折射率微小差异而引起的线性散射，散射光的频率与入射光一致。当光纤发生变形时，瑞利散射光强度就发生相应变化，OTDR 技术就是以瑞利散射检测为基础的，因此 OTDR 技术可以用于光纤弯曲程度的测量。拉曼散射是光纤中光学光子和光学声子发生非弹性碰撞而产生的。在光谱图上，拉曼散射具有两条谱线，分别在入射光谱的两侧，波长大于入射光的为斯托克斯光，反之为反斯托克斯光。由于斯托克斯光和反斯托克斯光的强度比与温度有关，因此拉曼散射的检测技术主要用于温度监测，但无法进行应变监测。而布里渊散射是入射光与声波或传播的压力波（声学声子）相互作用的结果。这个传播的压力波等效于一

个以一定速度（且具有一定频率）移动的密度光栅。布里渊散射可以看作是入射光在移动的光栅上被激励的散射，由于光波的多普勒效应使得被激励的散射光频率不同于入射光，因此可以通过测量布里渊散射光的中心频率以实测测量。长距离、多点测量是布里渊时域散射测量的基本特性，当一定频率的脉冲光从光纤一端入射后，脉冲光在光纤内产生背向布里渊散射光并沿原光路返回，通过感光元件测得散射光的强度。当入射光频率改变时，可以测得不同频率下布里渊散射光，以实现光纤上各个采样点的测量。在早期的研究中，将布里渊散射测量技术归类分布式传感方式。但作者根据其传感机理及实验结果发现，布里渊散射的技术输出应变信号是根据在一定可识别范围内（最小空间分辨率）以一定采样间隔依次排列的多个点的特征值，该特征值不是简单的平均值或峰值，而是多次连续采样后最优值。特点是对于混凝土裂缝计算或非均布应变测量时，在不了解其传感特性的情况下如按平均值处理会造成计算误差。为解决该问题，可以通过长标距封装计划划分处一定标距长度（需大于最小空间分辨率）的单元，根据各个单元的标距长度标定应变输出。关于长标距封装技术以及布里渊散射传感方式的讨论，将在第 3 章中进一步展开。

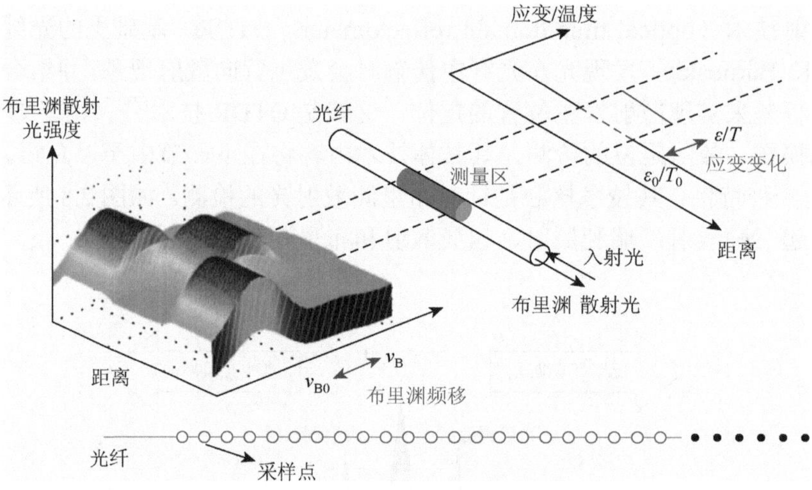


图 2.9　布里渊散射测量技术的基本原理

理论上，布里渊散射光谱呈洛伦兹曲线，如图 2.9 所示，当光纤某处的应变或温度发生变化时，光纤中的后向布里渊散乱光谱的频率会发生相应的偏移，频率的偏移量与光纤所承受的应变或温度改变量呈线性关系。因此当光纤上一点 $z$ 处应变或温度发生改变时，通过测量布里渊频移（$\nu_B$）即可计算出应变或温度的变化量，其表达式如下：

$$\Delta\nu_B(\varepsilon,T)=\nu_B-\nu_{B0}=C_\varepsilon\cdot\Delta\varepsilon+C_T\cdot\Delta T \tag{2.6}$$

式中，$\Delta\nu_B(\varepsilon,T)$ 为 $z$ 处测得的布里渊频移；$\nu_B$、$\nu_{B0}$ 为 $z$ 点处发生应变和温度变化前后布里渊中心频率；$\Delta\varepsilon$、$\Delta T$ 为 $z$ 点处应变和温度变化量；$c_\varepsilon$、$c_T$ 为光纤的应变系数和温度系数，不同厂家不同型号光纤的系数会有所差别。

由于光速恒定，根据发送脉冲光和感光元件接收散乱光的时间差，以及光纤的屈折率即可确定光纤中发生应变或温度变化的位置 $z$。对于基于布里渊散乱光技术的分布式光纤传感器而言，最小空间分解率是最重要的性能指标，任一测点所得到的信息，实际上都是包含该点的一段距离 $L$ 内应变的综合反映。因为 $L$ 段内所有后向散射光在同一时刻 $t$ 到达光纤始端，而处于 $L$ 外的后向散射光在不同于 $t$ 的另一时刻到达光纤始端。因此，$L$ 为理论上可分辨的最小光纤长度，称为最小空间分解率（spatial resolution），可由下式计算：

$$L = v\tau/2 \tag{2.7}$$

式中，$L$ 为空间分解能；$v$ 为光纤中的光速；$\tau$ 为发送脉冲光的宽度。

若取 $\tau$ =10ns，$v$ =0.2×$10^9$m/s，则 L=1m，那么在此情况下，在第 $X$ns 时刻接收到的，并非只是 0.1×$X$m 点处的反射光，而是 0.1×$X$ 到 0.1×$X$－1 m 这一段光纤所产生的背向散射光。空间分解能的存在，有其必然性，从仪器设备的角度而言无法捕捉到理想状态一瞬间的脉冲光，而脉冲持续的时长，反映到空间距离中必然导致无法精确到一点。从光信号的强度来讲，仪器测量的是散射光的功率，而理论上任一时刻的发光，其功只能视为 0，因而无法接收到光强，发光必须要有一定时长，也就是要入射光有一定的功。因此要检测距离为 $Z$ 处的采样点的应变情况，就需要对 2×$Z/v$ 时刻收到的光进行分析。举例而言，仪器得到的 10m 处采样点的频谱，反映的是在 100ns 时刻所收到的光，实际上此时收到的光其实是 $10^{-9}$m 这一段光纤的反射光的总和。总而言之，脉冲光持续一定时间，导致了 $L$ 长度的距离分解度的存在。

1989 年 T.Horiguchi 等最早将 BOTDR 技术应用于通过光纤实现应变测量技术，并达到了数千米范围内应变的多点式测量[72, 73]。1993 年 X. Bao 也实现了长距离范围内温度分布的测量要求[74]。布里渊散射光的中心频率同时随光纤的应变和温度变化而发生偏移，适合于大范围温度、应变监测的应用，因此该技术一经提出就迅速应用于各类大型结构如飞机、船舶，以及桥梁、道路和边坡等工程结构的检测和监测项目[75]。目前，基于布里渊散射的分布式光纤测试技术得到了迅速发展，其测试精度及空间分解能都得到了很大的提高。在不同条件下布里渊散射又分为自发布里渊散射（Brillouin optical time domain reflectometer，BOTDR）和受激布里渊散射（Brillouin optical time domain analysis，BOTDA）两种。在已经商业化的测量装置中，典型的基于 BOTDR 技术的测量装置，如日本 ANDO 生产的 AQ8603 可以达到应变测量精度±100με，采样空间分辨率 5cm，空间分辨率 1m，有效测量距离数千米以上。而典型的 BOTDA 的产品中，如日本 Neubrex 推出的 NBX-6000 可以达到应变测量精度±25με，采样间隔 5cm，空间分辨率 0.1m，有效测量距离数千米。

BOTDA 技术一般采用单光源，而该技术采用一种脉冲预泵浦布里渊光时域分析（pulse-prepump Brillouin optical time domain analysis，PPP-BOTDA）技术，通过双光源从光纤的两端分别注入，以提高扫频速度、应变测量精度和空间分辨率。从式（2.7）可看出，提高最小空间分解率的关键在于缩短入射脉冲光的脉冲宽，对于 BOTDR 技术，当脉冲宽小于 28ns 时，声子不容易被激发，导致测试精度显著下降，目前常用的 BOTDR 技术的最小空间分解率为 1m。近年开发的 PPP-BOTDA 技术采用两种光源，一种为预泵浦光用于充分激发声子，另一种为探测泵浦光，由于声子被预泵浦光充分激发，探测泵浦光的脉冲宽可以显著降低，从而显著提高空间分解能。

测试设备测试应变过程如下（假定温度不发生变化时）：光纤一端射入一定频率的脉冲光，反射回来的布里渊后向散射光与参考光混合，再返回测试仪器，可以测出光纤上任一点处对应该频率时的布里渊散射光强度，对应扫描频率 $\nu$ 时，所获得的布里渊光谱强度理论上可由下式计算：

$$g(\nu)=\frac{(\Delta\nu_B/2)^2}{(\nu-\nu_B)^2+(\Delta\nu_B/2)^2}g_0 \tag{2.8}$$

式中，$g_0$ 为布里渊信号强度系数；$\Delta\nu_B$ 为频谱曲线半高宽；$\nu_B$ 为布里渊散乱光的偏移频率；$\nu$ 为脉冲光的扫描频率。

设置一定的脉冲光频率扫描范围，通过改变脉冲光频率，可以扫描出对应不同频率时的布里渊散射光强度，从而对于任一测点均可得到频率扫描范围内的布里渊散射光频谱曲线，频谱曲线峰值所对应的频率即为布里渊偏移频率 $\nu_B(\varepsilon)$，由 $\nu_B(\varepsilon)$ 与应变 $\varepsilon$ 的关系即可得到施加在光纤上的应变量，由下式计算：

$$\varepsilon=\frac{\nu_B(\varepsilon)-\nu_B(0)}{C_\varepsilon} \tag{2.9}$$

式中，$\nu_B(\varepsilon)$ 为对于某一应变时的布里渊偏移频率；$\nu_B(0)$ 为无应变时的布里渊偏移频率；$C_\varepsilon$ 为应变比例常数（同式（2.6））。

除 BOTDR 和 BOTDA 测量技术外，东京大学 K. Hotate 教授提出了基于布里渊净增益的布里渊相关域分析（Brillouin optical correlation domain analysis，BOCDA）[76]。BOCDA 技术是基于光学相干的布里渊分布式传感，其原理主要是光学相干函数合成（synthesis of optical coherence function，SOCF）。与 BOTDR/BOTDA 系统相比，BOCDA 的优势在于其空间分辨率可达厘米甚至毫米量级的动态测试，缺点是其系统较为复杂，动态测量有效距离仅为数米，因而主要适合应用于小型结构或智能材料中的应变及温度测量。从传感机理上说，当单模光纤中传播的光功率大于布里渊的极限功率，后向的受激布里渊散射（SBS）就将产生，SBS 跟入射光、Stokes 光和声波等有关。处于光纤两端的可调谐激光器分别将一脉冲光（泵浦光）与一连续光（探测光）注入传感光纤，当泵浦光与探测光的频差与光纤中某区域的布里渊频移相等时，在该区域就会产生布里渊放大效应（受激布里渊散射），两光束之间发生能量转移。由于布里渊频移与温度、应变存在线性关系，因此对两激光器的频率进行连续调节的同时，通过检测从光纤一端耦合出来的连续光的功率，就可确定光纤各小段区域上能量转移达到最大时所对应的频率差，从而得到温度、应变信息，实现分布式测量。在 BOTDA 中，当泵浦光的频率高于探测光时，泵浦光的能量向探测光转移，这种传感方式称为布里渊增益型；当泵浦光的频率低于探测光的频率时，探测光的能量向泵浦光转移，这种传感方式称为布里渊损耗型。在光纤温度或应变分布均匀的情况下，布里渊增益型传感方式中的泵浦脉冲光随着在光纤中的传播其能量会不断地向探测光转移，在传感距离较长的情况下会出现泵浦耗尽，因此该传感方式难以实现长距离传感；而对于布里渊损耗型，能量的转移使泵浦光的能量升高，不会出现泵浦耗尽情况，从而使得传感距离大大增加。BOTDR/BOTDA/BOCDA 三种传感系统的测量原理如图 2.10 所示。

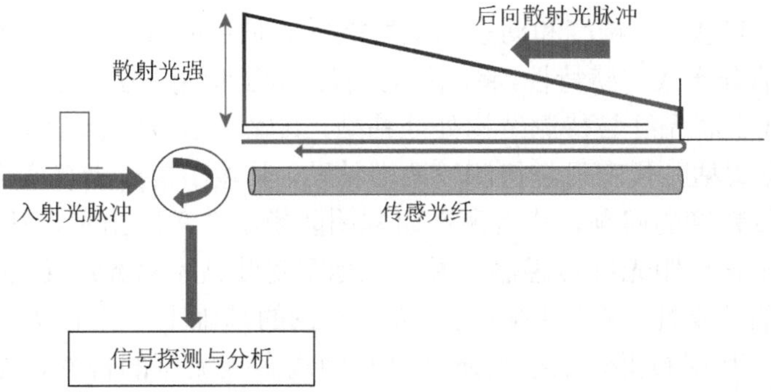


(a) BOTOR

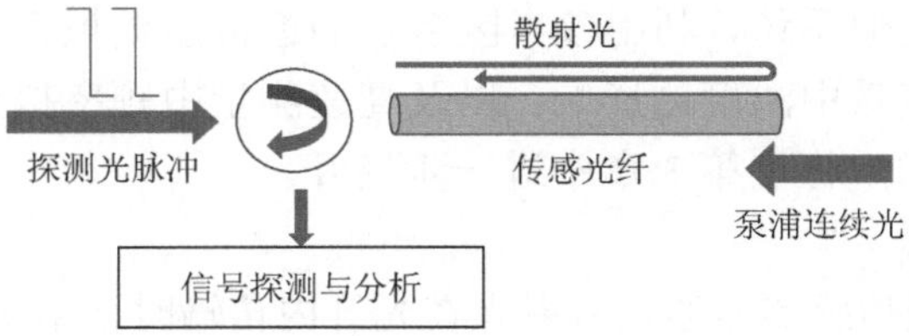


(b) BOTOA

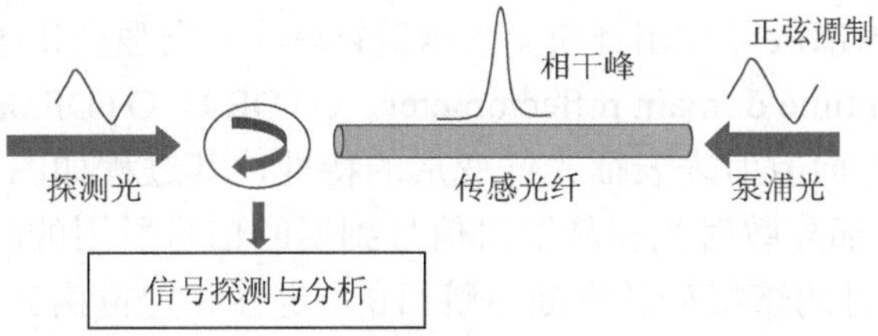


(c) BOCOA

图 2.10　基于布里渊散射的几种典型传感原理对比

从识别检测而言对比 BTDR，BOTDA 测量技术中信号的检测较容易，在空间分辨率、测量精度等方面都有提升，但双光源的使用以及光源的两端入射使它的应用受到一定的限制，需要传感器具有足够抗破坏能力以保证光纤的完整性。对于时域分析技术，空间分辨性能提高是研究的热点，由于 BOCDA 采用了连续光而非 BOTDR/BOTDA 的脉冲光，其空间分辨率不受声子寿命的影响，因而得到了很大的提高。表 2.6 中对比以上三种基于布里渊散射的基本监测性能。

**表 2.6　基于布里渊时域散射技术的 BOTDR/BOTDA/BOCDA 性能对比**

| 设备名 | BOTDR | BOTDA | BOCDA |
|---|---|---|---|
| 采样间距 | 5cm | 5cm | 2mm |
| 最小空间分辨率/mm | 1000 | 100 | <10 |
| 有效测试距离 | 数千米以上 | 数千米以上 | 数米 |
| 应变测试精度/ με | ±100 | ±25 | ±15 |

从单光源的 BOTDR 技术到双光源的 BOTDA 技术到可实现短距离动态测试的 BOCDA 技术，布里渊传感技术相比其他光纤传感技术也有许多很明显的优势。但作为一

个应变传感技术，其感度、精度和动态测量性能依然是目前有待解决主要问题。根据布里渊散射传感技术的分布式传感特性，将光纤与待测结构的粘贴方式定义为全面粘贴和点式粘贴。全面粘贴代表着光纤与待测结构处处粘贴，其输出信号的分布为待测段的真实应变分布的响应。而点式粘贴代表只在待测段两端粘贴，其输出信号为真实应变分布的整合后的响应。针对测量精度的问题，作者所在研究团队换了个角度出发，从光纤传感器入手。基于此观点开发出长标距光纤传感器，通过长标距封装技术对光纤传感器进行封装设计，以保证应变测量的稳定性。在长标距光纤传感理论的基础上，作者所在研究团队通过多层小波分解技术，利用布里渊散射传感适合长距离多点测量的特性，将结构上分布布设的长标距光纤传感器划分为实测区和参考区。在动态测量过程中，通过多层小波分解获得的参考区低频域的近似系统，利用参考区多点的近似系数拟合建立修正模型。利用该修正模型消除在动态测量中温度的影响，以及高速测量中频率拟合产生的系统误差。关于动态布里渊测试技术，将在第 3 章中进一步展开。

4. 光强型传感器

上一节提到光强型传感器是通过入射光在光纤内传输时会由于光纤本身的性质、或外界作用而产生散射及反射以致光强度发生变化。在早期的光纤传输的应用中，主要通过测量光强度变化对光纤内部故障作出评价。在测量领域中，光强型传感器中应用最广的是光时域反射技术（optical time domain reflectometer，OTDR）。OTDR 是使用脉冲光在光纤内传输时，利用产生的背向散射来表征光纤变形的特性，其过程如图 2.11 所示。通过测量回到 OTDR 端口的一部分散射光和从发射信号到返回信号所用的时间，以达到测量光纤的长度、衰减，包括光纤的熔接处及中断点等目的，定性和定位由光纤而导致的信号衰减。

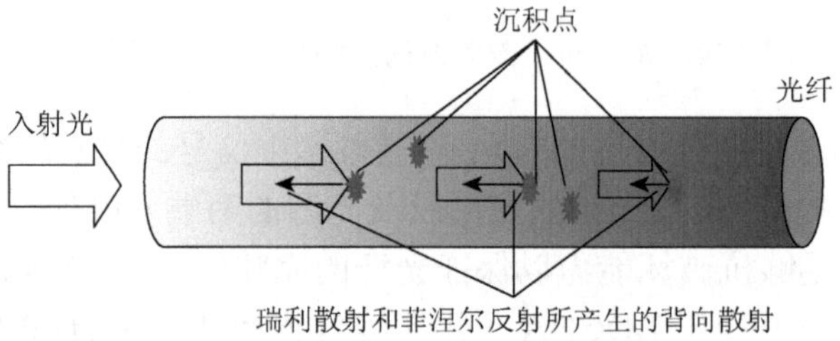


图 2.11　光纤内的背向散射

OTDR 技术可以通过一根光纤即可获得从发射端到返回端数十千米长度内所有点的故障情况。因为这种分布式多点测量的特性非常适合于大型土木工程结构的测量要求，所以该技术提出后很快受到了工程人员的重视。但是目前常用的 OTDR 技术其最小空间分辨率在 1 米左右，其应变最小解析度也在数百个微应变，难以满足结构应变测量的要求。也正是为了获得更可靠的应变测量，技术人员在 OTDR 基础上了进一步开发了上一节提到的布里渊时域解调技术。

5. 干涉式光纤传感技术

干涉现象是光学的基本现象，光在光纤内部传播时同样会发生干涉现象。前文提到由于光纤自身柔软、可自由变形、传输距离远、适用性强的特点，适合于构造离散地分布在结构内部的干涉传感器。光纤干涉的应变测量的基本原理是：在入射光纤和反射光纤之间有一段空气腔，两端分别布设了半透镜和反射镜，整个区域被封装在一段毛细玻璃管内，将毛细管固定在结构上，通过测量光程差可以得到空气腔长度的变化，从而反映结构的应变。光纤干涉测量的优点是能够反应局部的应变、温度、压力等多种测量对象，缺点是多点使用时传输线路多、系统集成性差。该类传感器的典型代表是 Fabry-Perot 干涉传感器（extrinsic Fabry-Perot interferometer，EFPI）。

Fabry-Perot 干涉仪最早由法国物理学家 Fabry 和 Perot 在 1897 年发明用来进行干涉光谱分析[22]，基于此原理，美国弗吉尼亚理工学院的 Murphy 开发了 Fabry-Perot 干涉光纤传感器，如图 2.12 所示。目前 Fabry-Perot 干涉仪典型的产品有加拿大开发的 FOS-N，其性能指标如下：测量范围最大可达±5000με，分辨率为全量程的 0.01%，工作温度为–40～250℃，外部玻璃管的极限应变为 5000με。

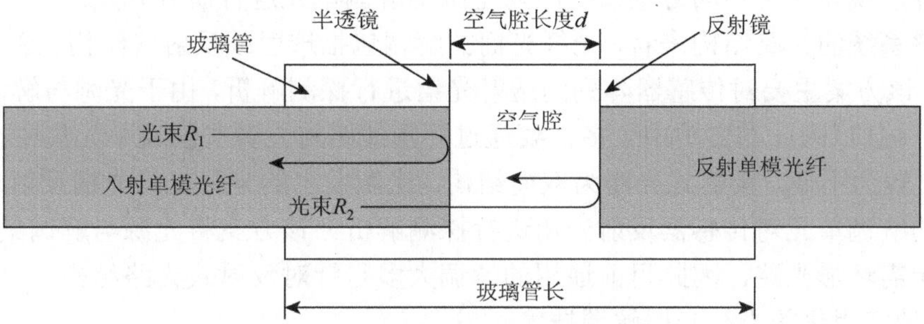


图 2.12　Fabry-Perot 干涉仪结构示意图

除上述点式光纤干涉传感器外，还有积分式光纤传感器。积分式光纤传感器布设在一段区域内，其输出值代表传感区域内的应变或温度的平均值，在一定程度上反映了结构的整体状态，但无法得到具体位置的信息，灵敏度较低。典型的传感系统主要有 Michelson 干涉仪和 Mach-Zehnder 干涉仪。Michelson 干涉的基本原理是：光源 $S$ 发出的光经光纤耦合器分成光强相等的两束光，分别在耦合器的两个臂中传输，两臂的端面镀有高反射率的反射膜，使到达端面的两束光反向传输，经耦合器后，两束光相遇时发生干涉，测量臂上施加的应力以及初始的臂长差将决定干涉光的相位差大小。通过探测相干光强的变化就可以将解调应力的变化。Mach-Zehnder 干涉的工作原理与 Michelson 干涉是相同的，区别是经信号臂调制后的信号光和经过参考臂的参考光经另一个光纤耦合器形成干涉后传播到光探测器上，解调出干涉光的相位差就能实现信号臂的应变/应力测量。两种传感技术的区别明显：Michelson 干涉结构相对简单，光的发射与接收在同一侧，属于单端操作；Mach-Zehnder 干涉的信号稳定性好，克服了 Michelson 干涉中激光反射回光源时的低效率问题，但系统相对复杂。

目前此类传感器中商用产品有瑞士 SMARTEC 公司生产的 SOFO 光纤应变监测系统比较具有典型代表，该系统实际上是由一个由测量光纤和参考光纤组成的全光纤 Michelson 干涉仪组成，其基本性能指标如下[76]：标距长度一般为 0.25～10m，最长可达 20m，分辨率为 2μm，测量范围为–0.5%～1%，最大误差不超过测量值的 0.2%，单次测量时间最多 10s。

6. 光纤传感解调设备

1）光纤光栅解调

光纤光栅解调主要包括信号探测与解析，是传感系统的核心之一，其实质是将光纤光栅传感器的光信号经光电探测、采集及分析后完整再现传感器所探测物理量时程变化，它是决定整个传感系统精度、实时性、多点化的关键。

目前通用的或已经产业化的光纤光栅解调基本围绕波长解调进行研究，即光纤光栅波长由于受到外界参量调制而产生变化，通过探测分析光栅波长变化，得到外界参量变化。系统基本组成主要有传感光源、解调单元、光电探测器、数据采集卡、分析软件等几部分。传感光源发出的光经光栅透射或反射后，通过解调单元对波长进行定位后，结合光电探测、数据采集与分析，解析得到波长。在这几个组成部分中解调单元是核心，用于实现对波长的准确定位，现有多种不同方案或产品均是围绕解调单元进行研究开发。

从传感系统的光路结构来看，光纤光栅的解调包括透射或反射式结构。透射式光路为单向结构。该方案主要对传感器阵列的透射光谱进行探测解析，由于光源与解调单元位于传感器两个端口，因此在实用中大多需要通过环形线路将光源与解调单元集中在一起进行管理维护，较为不便。反射式光路为双向结构，光源发出的光经光纤光栅反射后，位于光源同一侧的解调单元对传感器反射光谱进行探测解析。该方案将光源与解调集中于一端，在实用中无需环形光路，因此目前通用的解调大多是针对反射式光路结构。

2）几种实用化的光纤光栅解调技术

针对光纤光栅解调方案，目前主要分为两大类，第一类为直接通过光谱分析测得波长；第二类是将光波长信息转化为如强度、相位等信息之后对强度或相位进行解析从而得到波长信息。

针对第一类方案主要有光谱分析法和扫描滤波法。

光谱分析法：光谱分析法的核心主要是通过衍射光栅将不同波长的光衍射到不同方向。其主要方案是首先将传感器反射光信号进行准直变为平行光后，入射到衍射光栅上，衍射光栅将不同波长的光衍射于不同方向，然后通过汇聚透镜将不同波长的光汇聚于空间不同位置进行探测。在此基础上进行波长选择，利用微电机系统控制衍射光栅旋转，这样不同波长的光依次通过光电探测器进行探测。由于光栅旋转角度与波长有着一一对应关系，因此通过旋转角度与光电探测器输出信号对比后，便可得到波长信息。目前该方案主要用于光纤光谱仪，代表厂家有日本安立、横河、美国安捷伦等公司。由于其系统较为复杂，成本高，且解调速度慢，无法动态监测，因此多用于实验室测试，难以工程化。

扫描滤波法：该技术核心是通过一个电压控制的窄带扫描光纤滤波器或激光器，对整个光谱进行扫描。其主要方案是通过电压控制扫描滤波器或激光器的波长，电压与滤波器或激光器波长一一对应，滤波器输入端连接传感器反射光信号端口，而输出端口连接光电探测器。由于电压与波长有着对应关系，通过探测电压以及光电探测器输出，便可测得波长信息。但由于滤波器波长与电压会出现偏差，此时便需要添加额外波长校准光路，对其进行校准。扫描滤波方案有很多，大多是采用的扫描滤波器的不同，例如压电陶瓷滤波器、声光可调谐滤波器、匹配光栅滤波器等。此类方案优点在于可实现高速、多通道扫描，成本相对于光谱仪法较低，代表公司有美国 MOI，其主要采用压电陶瓷扫描法。

第二类方案主要有边缘检波法以及非平衡 M-Z 干涉仪检测法。

边缘检波法：该方案主要是将波长信息转化为强度信息，类似于电子信号处理中的斜率鉴频方案，即通过一个特殊设计的斜率滤波器，传感器波长位于该滤波器斜率带宽内。当传感器波长变化时，其强度由于受到斜率滤波器影响，同样发生变化，通过测量光强度变化，便可得到波长变化。由于光源强度变化会带来测量偏差，因此此类方案大多采用双路输出。即将传感器反射光信号分为两路，其中一路通过滤波器后进入光电探测器，另一路直接进入另一光电探测器。由于光源抖动同时会造成这两路信号光强度变化，因此对两个光电探测器输出信号进行对比，便可消除光源扰动的影响。该方案优点在于系统简单，成本较低，但缺点在于一个通道只能有一个波长。

非平衡 M-Z 干涉仪检测法：将传感器波长信号转化为相位信号，通过对相位的解析，从而得到波长变化。该方案主要通过一个非平衡 M-Z 干涉仪，将传感器反射光信号分为两路，分别进入非平衡 M-Z 干涉仪的两个输入端口，由于两路光光程不同，因此在输出端口会形成干涉。传感器波长发生变化后，干涉信号的相位会发生对应变化，通过解析相位变化，便可得到具体波长变化。该方案适合于高速探测，但缺点在于每次可解调的传感器数目较少。

由于 FBG 解调仪对工作环境要求相对较高，一般不适合温度变化大或潮湿的野外工作环境。最近作者团队自主开发了高精度 FBG 解调设备，其测量重复性可达到 0.5pm，满足带宽在 1510～1590nm、1000Hz 的测量要求，并可以在−10～60℃连续工作，其数据传输除常用的 USB 和以太网接口外，同样可以满足无线数据传输和 GPRS 移动手机数据传输，是一种适合在野外环境下使用的高精度 FBG 测量设备（图 2.13）。

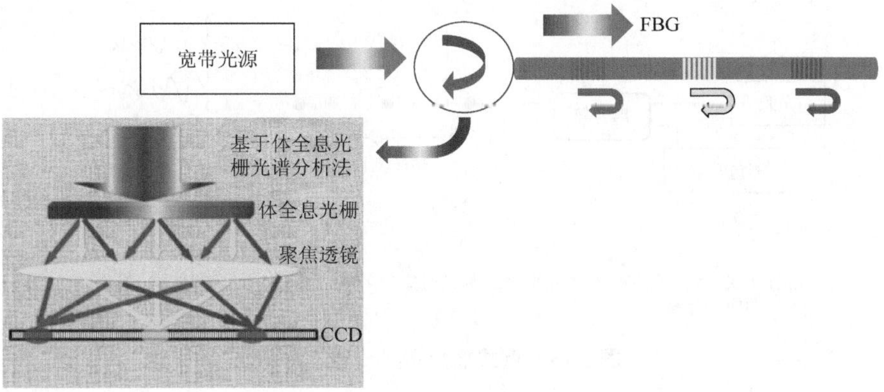


图 2.13　高性能化 FBG 解调系统

7. 光纤类传感器的传感方式及性能对比

传感方式是光纤传感技术中一个很重要的性能，是设计监测系统和传感布设的重要依据。上文中介绍了光纤自身具有信号传输和感知两个功能，根据传感布点可以将光纤传感方式分为：点式传感、准分布式传感、分布式传感。其中分布式传感又包括全域式分布传感、布里渊式分布传感，以及区域式分布传感。

1）点式传感

点传感是工程常用的一种传感方式，比如应变片、加速度计、位移计等。在前文介绍的结构损伤检测技术中，已经有了广泛的应用，往往用于获取已探明损伤处或结构局部敏感位置的变形等参数。在结构监测领域，早期开发的光纤类传感器为了代替应变片等点式传感器，充分利用光导纤维远距离信号传输的特点，在结构某一点布设传感器，实现远距离信号。其中 FBG 类传感器尤为典型，图 2.14 中展示了点式传感的基本性能。

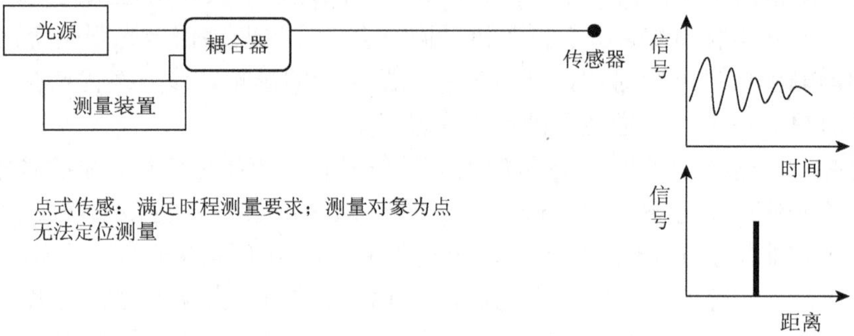


图 2.14　点式传感示意图

2）点式准分布式传感

以点式传感方式为基础，为了达到某一特定测量目标，将点式传感器按照特定的密度分布布设在结构的适当位置，此种传感方式为准分布式传感。准分布式传感保留了点式光纤传感器动态测量的特点，并实现多点同时测量。如图 2.15 所示，相对于点式传感，为判断结构损伤进程、模态变化等方面提供了更多的结构信息。

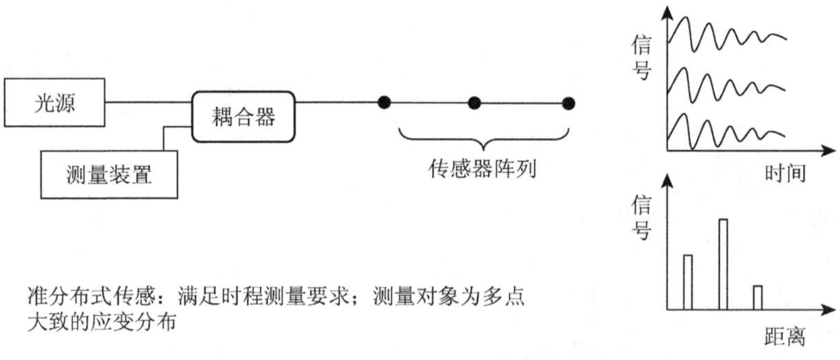


图 2.15　点式准分布式传感示意图

3）布里渊分布式传感

虽然准分布式传感方式可以提供多点的信息，但是由于结构损伤的随机性，在实际应用中其损伤识别能力有限，尤其是对于复杂多材料构成的结构，工程人员往往需要对结构全面的异常状况进行识别，此时一种基于布里渊散射光的布里渊分布式传感方法孕育而生。图 2.16 中显示，布里渊散射光传感方式的典型特点是对光纤覆盖全部区域内实现分布式测量，其传感器区间长度为解调设备的空间分解能。布里渊分布式传感的特点是通过光源和解调设备，沿光纤按一定的采样间隔依次逐点扫描（如应变测量时达到测量精度采样间隔至少取 5cm）。然后根据逐点扫描，对于一定空间范围内多个点进行解调输出特征值作为该范围内的应变值，而在满足测量准确性的前提下该空间范围的最小值称为最小空间分辨率（在达到微小级别应变测量的条件下通常不小于 25cm）。受解调技术的限制，虽然普通的布里渊散射光传感方式难以保证足够的动态测量精度，但是作为一种长期监测手段，适合于监测结构整体变形和静态应变分布，特别是对于大跨度结构、边坡等都具有良好的应用前景。目前随着光纤传感理论的发展，特别是一种长标距封装技术的出现，将原有的布里渊散射光动态测量精度从 100με 提升到 10με，极大地扩展了布里渊分布式传感的应用前景。关于长标距布里渊散射光传感技术将在第 3 章中详细展开。

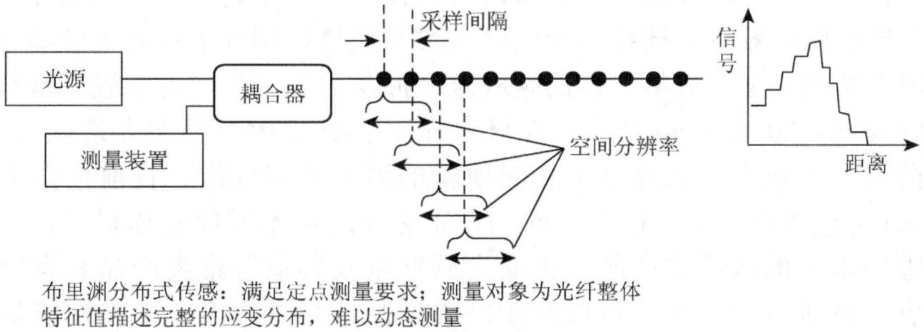


图 2.16　布里渊分布式传感示意图

分布式光纤传感技术是应用光纤几何上的一维特性进行测量的技术，它把被测参量作为光纤位置长度的函数，可以在整个光纤长度上对沿光纤几何路径分布的外部物理参量进行连续的测量，同时获取被测物理参量的空间分布状态和随时间变化的信息。分布式光纤传感的最大特点就是：光纤集感知和传输于一身，光纤上任意一段既是敏感单元又是其他敏感单元的信息传输通道，可进行空间上的连续测量。对目前分布式光纤传感技术的主要指标进行比较可以看出，点式和积分式在测量精度、动态测量以及解调系统成本上具有明显优势，但是其系统集成性较差、不能分布式测量、不适合大规模应用；以 FBG 为代表的准分布式传感技术本质上是点式传感，因此具有更好的动、静态测试性能，同时又因为可串联的特性使得该类技术除了成本之外在系统集成方面具有一定的优势；而如布里渊散射光的分布式传感技术适合大规模应用，但是其测量精度、采样频率及解调系统成本方面的劣势明显。针对以上问题，第 3 章中将分别介绍如何对 FBG 和布里渊散射光传感技术进行有效的长标距化封装以达到长期稳定的监测目的。

#### 2.2.1.3　碳纤维应变传感

1）碳纤维传感发展历程

碳纤维一般是用聚丙烯腈、黏胶纤维等原料，分阶段高温碳化而成。碳纤维具有高强度和高模量等优秀的力学性能，加之其轻质、耐腐蚀和耐高温等物理和化学性能，所以它的用途很广泛。20 世纪 50 年代，工程师们就发现在建造如飞机和航天器等特种结构时，在满足高强度高刚度等结构要求的同时，对结构自重也有严格的要求。为满足此类要求，碳纤维作为一种理想的高强轻质结构材料开始逐渐被广泛应用。碳纤维拥有优越的力学性能，密度小、长期性能稳定而且有良好的耐腐蚀性能。作为一种性能优越的功能材料，碳纤维也开始在土木工程有广泛的应用前景。20 世纪 90 年代开始，作者所在团队就针对连续碳纤维复合材料作为结构加固补强材料的应用，做了多方面研究和论证。与此同时，碳纤维自身也是一种导电材料。基于电阻式应变片的传感机理，有研究提出利用碳纤维的导电性和其纤维丝受力电阻变化的特点，开发碳纤维复合材料的感知应变变化和损伤的自传感功能，实现在无外界传感器的前提下，利于结构材料自身的传感性能其直接真实反应结构应力应变变化。结合碳纤维复合材料本身作为结构材料的同时，开发其潜在的自传感功能，可以使其成为一种多功能的智能结构材料。但基于碳纤维复合材料的传感技术才刚刚起步，在精度尤其是小应变范围内测量方面尚有难点。碳纤维的生产主要是通过控制纤维状有机前驱体的高温分解，其性能由结构决定。最早上市的碳纤维产品是由美国生产的黏胶基碳纤维。随着生产技术的发展，20 世纪 60 年代，在日本开发了基于 PAN 纤维制造碳纤维的方法。随后为了降低生产成本，又开发了相对廉价的沥青基碳纤维。目前市面上碳纤维产品主要是 PAN 基和沥青基。根据不同制作工艺及选用不同前驱体材料，可以设计出各种各样性能丰富的碳纤维产品，市面上碳纤维及其他纤维类产品具有形式多样的模量及强度。按照力学性能，可以将碳纤维产品分为高强度、中弹性模量和高弹性模量三大类。

根据碳纤维丰富多样的性能，适当地搭配多种性能，可以实现碳纤维从功能材料到智能材料的转变。20 世纪 70 年代，Owenston 研究碳纤维在制造过程中离散性。他针对不同批次的同一种碳纤维单丝的导电性能进行了对比试验。试验结果显示，各个批次的碳纤维单丝的导电性能具有很大的差异，单丝的导电性能难以统一定量只适合于整体评价的定性。换句话说，由大数量级复合的碳纤维丝组成的产品比单根碳纤维丝更适合用于设计具有稳定功能性的碳纤维产品。依此观点，在土木工程结构中，多种形式如碳纤维束、碳纤维布等材料得到了广泛的应用。

对于大型土木工程结构，评价结构的长期使用性能是保证结构安全及预测未来损伤变化趋势的重要指标。在评价结构的长期使用性能的过程中，传感器件良好的长期耐久性是保障评价结果准确性的前提条件。因此一种能在多变的外界环境下，仍然能保有稳定的精度和准确度的应变传感器件，对实现基于应变监测的结构健康检查技术尤为重要。如何在保证应变传感器件灵敏性的同时，赋予应变传感器件良好的长期耐久性，是设计结构应变传感时需要优先考虑的问题。其具体的实现方法，主要是从采用耐久性能良好的应变感知材料，和对感知材料进行封装设计两个方面来考虑。

针对以上问题，欧美及日本等一些学者最早对碳纤维的传感机理和应用进行了研究。1989 年，Schulte 较早地验证了单向碳纤维的压阻性能，并提出碳纤维的电阻可作为一种无损评估手段来评估碳纤维的损伤情况[77]。Muto 等设计了一种新型的混杂 FRP，即 CF-GFRP，其中玻璃纤维作为结构增强材料，而碳纤维是增强、传感多用途材料，试验表明混杂 FRP 的电阻随着应变不断增加，其中碳纤维断裂时电阻增幅急剧变大[78]。

Bakis 等用高弹模的碳纤维、高延性的玻璃纤维和芳纶纤维进行混杂，用于土木工程的智能混杂 FRP 筋，以期通过测量其中碳纤维的电阻变化，定性地反映混杂复合材料的宏观的应变阶段和损伤状况[79]。

近年来，我国在碳纤维自传感方面的研究和应用也有进展。如对于连续碳纤维丝和短切碳纤维毡的压阻效应，试验考察了碳纤维的静态、动态特性，并应用到结构中测试结构的应变模态。同时也有研究根据碳纤维筋的自感知性能，并将碳纤维筋埋进混凝土梁监测结构的应变情况。国内目前以碳纤维为基材的自传感结构材料多以短纤维为主，其方法是通过在混凝土或树脂基材内参杂短碳纤维丝，利用短碳纤维的导电性能实现对基材整体的电阻或者电势等电信号变化测量，再将该基材用于结构中的关键部件中，利用结构部件自身电信号的变化来监测和检测结构压缩变形。虽然该方法可以极大程度地提高原基材的传感灵敏度，但因为短纤维在内部搭接的情况过于复杂，其精度难以统一标准化，其测量只能局限于定性的测量，难以定量。并且因为碳纤维的导电特性，在掺杂量过大或与钢筋混凝土直接接触的情况会加速钢筋的腐蚀速度，将不利于结构的安全。另外该测量方法尚存在不适合于动态监测以及不适用于现有结构的问题。目前国外一些研究者已提出将碳纳米管传感器以及一些压电材料应用于土木结构的研究。碳纳米管具备超强力学性能、极高的纵横比、良好的导电性能及能无损改性等优点，有望显著提高水泥基材料的力学、耐久性和安全性能，并在传感应用方面发挥重要作用（感应能力超过金属应变片），已经成为国内外研究热点。

国内外目前的研究基本还集中在试验室及相关的理论研究，成功的实际应用还非常少。由于碳纤维适用于现有电阻类、电磁类等多种传感技术，加之材料自身的物理特性，不需要额外埋设传感器件，成本低廉；所使用的监测仪器设备成熟、简单，测量结果直观，容易分析；材料力学性质稳定，抗疲劳性能好。它是一种具有良好研究前景的新型传感材料。作者所在研究团队对于基于碳纤维的传感器开发已经有 10 年以上的工作经验，从多个角度了解碳纤维的电阻-应变变化性能，目前主要存在以下问题：对于单种碳纤维，在碳纤维出现断裂前电阻变化率比较小，而且在这个阶段电阻的变化受外界偶然因素的影响比较大，从而降低了电阻测量法所能够测量的应变范围、灵敏度和准确度；受电极、材料分布等影响，制品的应变传感的稳定性较差；动态测试时，噪声显著。接下来的内容里将介绍基于连续碳纤维复合材料的碳纤维应变传感器开发过程中的经验和相关技术。

2）碳纤维应变传感器的原理

根据复合材料破断力学中关于纤维模型的定义，纤维可以用链式模型来描述。即理想状态下在碳纤维复合材料内碳纤维呈轴向水平排列，一根单独的纤维呈轴向链状串联，依次其纤维数轴向电阻单元可表示为 $R_1$。理想状态下，碳纤维复合材料电阻 $R_L$ 可表示为

$$R_L = \sum R_1 \tag{2.10}$$

虽然碳纤维复合材料内部电路情况复杂、随机性大，但依据基尔霍夫定律当输入电压恒定时，可以通过碳纤维两端的宏观电阻来表示其内部出现的电阻变化。其轴向

电阻可简化表示为

$$R_{\mathrm{L}} = (1-\eta)\frac{\rho L}{dhV_{\mathrm{f}}} + R_{\mathrm{c}} \tag{2.11}$$

式中，$R_{\mathrm{c}}$ 表示为电极和单位内接触电阻，$\eta$为单位传递系数，$\rho$表示轴向电阻有关的导电率，$V_{\mathrm{f}}$表示碳纤维单位体积，$L$ 为长度，$d$ 为宽度，$h$ 为厚度。式中传递系数$\eta$由碳纤维复合材料内含浸树脂类型确定。

研究结果表明，在一定应变范围内碳纤维复合材料轴向受拉后，其电阻和轴向形变基本保持线性。当碳纤维复合材料恢复至变形前，其电阻值亦恢复至初值，该现象称为碳纤维的力阻效应。和大多数电子式导电元件一样，碳纤维复合材料内部电阻单元的电阻也可以用导电率和几何尺寸来描述，其关系式如下：

$$\mathrm{d}R_{\mathrm{l}} = (1-\eta)\left(\frac{\partial R_{\mathrm{l}}}{\partial \rho}\mathrm{d}\rho + \frac{\partial R_{\mathrm{l}}}{\partial L}\mathrm{d}L + \frac{\partial R_{\mathrm{l}}}{\partial A}\mathrm{d}A\right) \tag{2.12}$$

对于碳纤维的电阻单元轴向导电率类似于金属，满足于导电率和几何尺寸线性变化的关系，其表达式如下：

$$\frac{\mathrm{d}\rho}{\rho} = \frac{c\mathrm{d}V}{V} \tag{2.13}$$

式中，$c$ 是碳纤维的导电率常数。

将式（2.37）导入式（2.36），即可获得电阻单元轴向变化和形变关系：

$$\frac{\mathrm{d}R_{\mathrm{l}}}{R_{\mathrm{l}}} = (1-\eta)[1+2\nu+c(1-2\nu)]\varepsilon \tag{2.14}$$

式中，$\nu$为碳纤维泊松比，$\varepsilon$为轴向应变。

依此即可获得电阻单元传感系数：

$$GF = 1+2\nu+c(1-2\nu) \tag{2.15}$$

简化上式带入式（2.14），即获得

$$\Delta R_{\mathrm{l}}/R_{\mathrm{l}} = GF(1-\eta)\varepsilon \tag{2.16}$$

3）碳纤维应变传感器设计理念

21 世纪初期开始，国外已开始有关以连续碳纤维束和片材为传感基材的研究。该方法是根据碳纤维导电的特性，希望通过测量由碳纤维和树脂复合的碳纤维片材的电阻变化而反映其应力应变的变化。在碳纤维片材受张拉情况下，碳纤维因为力阻效应的影响，在纤维受轴向张拉或压缩的情况下，其电阻呈线性变化。根据复合材料链式破坏理论，当其张拉量超过一定程度时，纤维丝开始出现不规则的不连续微断裂。该微断裂导致电阻随张拉量的增加，呈波动状起伏。并当张拉量达到一定极限时，在碳纤维片材上某处出现连续破坏，并最终发展至断裂。同时将导致电阻出现阶段性截跃。但是，连续碳纤维丝复合的碳纤维片的感度过低，并且因为纤维丝内部纤维复杂的搭接现象，其内部电桥情况复杂，以致在小应变范围内，其电阻和应变的线性变化很容易淹没在离散的信号中。有研究者提出，通过复合多种碳纤维，增加碳纤维片的感度。单一和复合碳纤维片材的力阻变化趋势如图 2.17 所示。

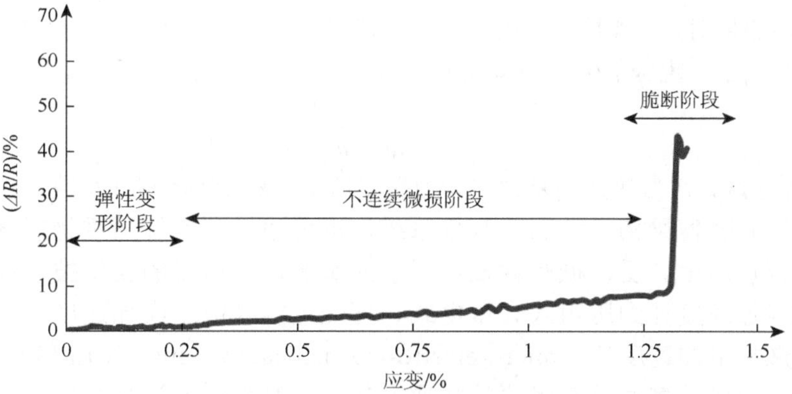


图 2.17　连续维碳纤维的力阻变化

为了说明碳纤维作为传感功能材料的性能，接下来讨论碳纤维是如何实现应变传感的过程。碳纤维是一种脆性材料，在纤维方向轴向受拉时，其传感性能基本分为三个部分：首先是在小应变范围内，碳纤维因受力而发生形变，其导电率随之变化，总体上碳纤维电阻呈现线性递增；当应变持续递增，碳纤维内部出现微断裂，其电阻呈现小范围跃增；当碳纤维形变超过其极限伸长率后，纤维突然发生脆断，其电阻也阶跃至无穷大。这三个阶段的应变与应力，以及电阻变化率（$\Delta R/R_0$）关系如图 2.17 所示。虽然复合碳纤维片可以提高碳纤维传感材料在大应变范围内对应变变化的感度，但其监测范围还局限于 3000 微应变以上，这远远不能满足小应变范围内传感要求。

研究表明碳纤维具有良好的导电特性，在小应变范围内即碳纤维出现微观和宏观断裂之前电阻随着应力的增加大致呈线性增加，称之为压阻效应。而正是由于这些特性，碳纤维可以用做传感材料甚至可以制成碳纤维智能复合材料，同时使开发具有自健康诊断和损伤监测功能的碳纤维或碳纤维加固结构（如智能复合结构）成为了可能。但是，在碳纤维出现微观和宏观断裂前电阻变化率比较小，而且在这个阶段电阻的变化受外界偶然因素的影响比较大，从而降低了电阻测量法所能够测量的应变范围、灵敏度和准确度。因而，为了提高碳纤维作为传感材料的测量范围、灵敏度和准确度，作者进行了具有不同力学性能的碳纤维之间的对比，研究了不同形状和长度的碳纤维纤维束、片材等的拉伸、受弯和动态测量性能。通过对比分析和经验总结，作者开发了对连续碳纤维丝进行长标距化、自补偿封装、应力集中增敏处理、线型化设计和后期张拉消除初期蠕变等技术手段，开发出了具有稳定的应变测量能力的连续碳纤维传感器，关于此部分也将在第 3 章长标距传感器中进行详细介绍。

### 2.2.2　加速度传感技术

#### 2.2.2.1　概述及其发展

根据结构动力学理论，结构固有频率是评价刚度变化的重要指标，而为了获取结构频谱响应的直接途径是使用加速度计。在结构检测和监测项目中，加速度与应变测量一样也是一种常见的测量对象，其技术发展已经相当成熟。早期的机械式加速度计的基本原理是通过测量弹簧振子上重锤的伸缩量即可获得加速度，其表达式如下：

$$a=\frac{F}{m}=\frac{kx}{m} \tag{2.17}$$

式中，$a$ 为加速度，$F$ 为弹簧回复力，$m$ 为振子质量，$k$ 为弹簧刚性系数，$x$ 为伸缩量。

另外重锤和悬臂梁构成的振动测量系统，也可通过测量施加重物后悬臂梁共振频率的变化获得加速度。受机械行业发展要求的影响，加速度的测量技术快速发展，从早期的机械式加速度计到压阻式、压电式、可变电容式电子类加速度计，发展至目前应用广泛的微机电加速度计（micro-electro-mechanical systems，MEMS），已经出现了适合不同使用要求、多种结构形式的加速度计，同时加速度计的精度、稳定性等参数也在不断提高。

在结构健康监测系统中，结构的动态性能测试占了很重要的地位，随之发展出的一系列损伤识别为实施结构健康诊断、安全性和可靠性分析技术提供了理论基础。大型结构的动态测试具有短时、激励条件复杂的特点，为了能有效的获取结构动态响应，加速度计的选择尤为重要。图 2.18 列出了结构健康监测系统中常用的加速度计类型。

✓ 伺服加速仪
✓ 压电式加速计
✓ 电容式加速计
✓ 应变片式加速计
✓ MEMS
✓ FBG式加速度计
✓ 激光测振仪

图 2.18　结构健康监测中常见加速度计

2.2.1.2 节介绍的光纤传感器除应变测量外，还衍生出其他的应用技术，在光纤传感器相对成熟的今天也出现了多种多样基于光纤传感的加速度计。另外，MEMS 微制造技术突破了传统加速度计安装限制，结合相关无线网络技术更为加速度测量带来方便。由于加速度计种类繁多、难以逐一介绍，在本节将选取几种有代表性的加速度计来介绍实际工程中加速度测量。

#### 2.2.2.2　基于 FBG 的加速度计

FBG 传感器作为一种光纤传感器，具有比传统电子传感器优越的抗噪性以及适合长距离数据传输的特点。由于光纤信号传输过程中损耗率远低于电导线，加之具有光路简单、检测方法灵活的特点，故而结合多点测量方式，对于桥梁、隧道、水坝等大规模工程结构实施广域范围内的监测系统，不但减少了布线施工，同时增加了监测系统的工作效率。为了满足大型工程结构的动态监测的需求，结合 FBG 应变传感器和应变式加速度传感技术，可以实现光纤传感的 FBG 加速度计。其基本工作原理一般基于振子的传动，获得 FBG 传感器输出应变变化的动态参数，再通过校正得到 FBG 加速度计系数，结合应变变化计算得加速度。振子的传动方式和应变式加速度计基本一致，也可分为等强度悬臂梁式、弹簧片式和差动式。等强度悬臂梁式的基本原理是通过等强度悬臂梁上各截面弯曲应力相同的特点，通过 FBG 测量应变输出直接计算加速度。而弹簧片式基本原理与机械式基本一致。相对于其他的振子方式，差动式 FBG 加速度计采用两组传感器分别安装于悬臂梁上下两侧，通过对比两者差值以获得增幅了振动信号，此外可以一定程度上消除温度的影响，提高了测量值的准确度。但其传感器系数的管理，和长期稳定性的要求也相对增加。

在作者参与的实际结构健康监测项目中，不乏使用 FBG 加速度计的监测方案。其中日本的长野计器株式会社就是专门提供 FBG 加速度计生产和技术服务的专业检测公司。在 2011 年日本某既损大桥加固效果评估的监测项目中，该公司所使用的 FBG 加速度计安装于桥体，通过车载试验中拾取桥体频率评价加固方案，其结果如图 2.19 所示。关于该监测项目的具体内容和评价结果，将在第 4 章中详细展开。

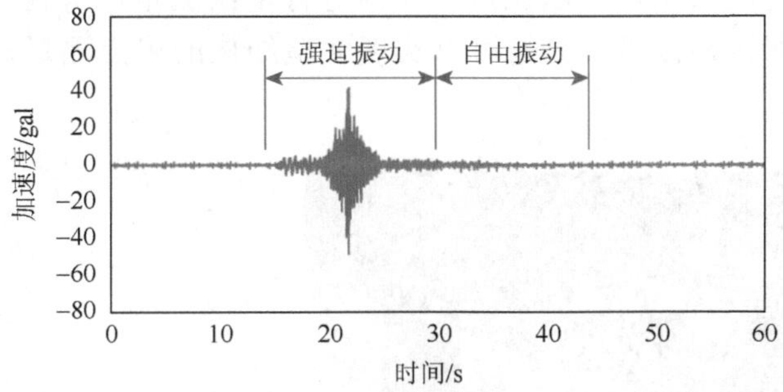


| | 工况 1/Hz | 工况 2/Hz | 工况 3/Hz | 工况 4/Hz | 平均/Hz | 标准偏差 |
|---|---|---|---|---|---|---|
| 1 阶频率 | 0.982 | 0.983 | 0.982 | 0.983 | 0.983 | 0.0005 |
| 2 阶频率 | 1.450 | 1.451 | 1.448 | 1.449 | 1.449 | 0.0011 |
| 3 阶频率 | 1.972 | 1.969 | 1.962 | 1.967 | 1.967 | 0.0042 |

图 2.19　FBG 加速度计在某既损大桥的实测结果

### 2.2.2.3　MEMS/NEMS 加速度计

大多数机电系统里两个常见的基本原件：机械原件和传感器，而微机电系统或微系统（micro-electro-mechanical system，MEMS）是通过微纳米技术制作各式机械和电子组件达到关键组件的微小化目的，进而能制造出更智能、更可靠的产品与系统。MEMS 的发展起源于 1960 年代中期半导体硅晶片的诞生，随着半导体硅晶片技术的发展越来越多智能的传感器和自控装置研制成功。

在结构健康监测系统中，目前 MEMS 多用于加速度的监测，一般情况下将加速度测量范围在 20G 以下的加速度计称为低 G 加速度计，而高于 20G 的称为高 G 加速度计。低 G 加速度计一般以感知重力、倾斜为原理，而高 G 加速度计主要是感知冲击。对于 MEMS 加速度计，主要是包括传感元件，以及信号增幅、调整和输出的微电路组成。现在市面上 MEMS 加速度计种类繁多，根据传感元件的传感方式的特征，可按表 2.7 分类。

表 2.7　MEMS 类传感器性能对比

| | 电容式 MEMS | 压电式 MEMS | 热式流量 MEMS |
|---|---|---|---|
| 原理 | 传感元件的移动部和固定部的电容差额 | 移动部和固定部不直接连接，通过压电元件感知加速度变化率 | 由加热片产生内部气流，感知加速度产生的热电阻变化 |
| 特征 | 电容片主要由晶硅材质 | 结构相对简单，输出大 | 消除共振影响，耐冲击强 |
| 精度 | 性能稳定，温度影响稳定可实现补偿 | 存在非线性温度影响问题，共振频率低，不抗冲击 | 常温噪声小，对温度不敏感，测量范围相对小 |

大的机械装置或者建筑经常涉及的都是低频甚至是静态的角度测量，在这些场合，可以利用 MEMS 三轴加速度计一次完成物体在坐标系三轴方向上的角度测量。借助于加速度计的高精度，可使角度测量达到比较高的精度。另外，由于 MEMS 加速度计和单片机的数据采集处理速度很快，可以在短时间内进行多次测量，得到比较平稳、准确的平均值。配合无线数据传输技术，更是可以实现大型结构的多点测量，并简化数据采集过程，如图 2.20 所示。

图 2.20　基于微型 MEMS 实现结构多点无线数据采集与传输[80]

### 2.2.2.4　地震仪

地震仪是当地震发生时测量并记录如地表振动等地震响应的装置，并根据测量水平的要求，实现震度计算等功能。地震仪主要由加速度传感元件及记录系统构成。现代的地震仪一般需要满足三元空间地震响应的测量要求，根据观察目的不同，在建筑结构中一般是测量水平方向的地震响应。

因测量目的不同，地震仪的种类很多（图 2.21），各国发展水平也不一样。在我国汉代张衡即发明了感知地表振动的地动仪，可以实现显示地震的发生及方位，因不能作出记录，故而属于一种验震器。随着人们对地震的了解和测量仪器的发展，地震仪经历了从早期机械式到目前的广域的强震仪，在地震发生数秒内即可实现地震发生时间，推定震源所在地，预测如海啸等次生危害，实时发布临震警报等功能。

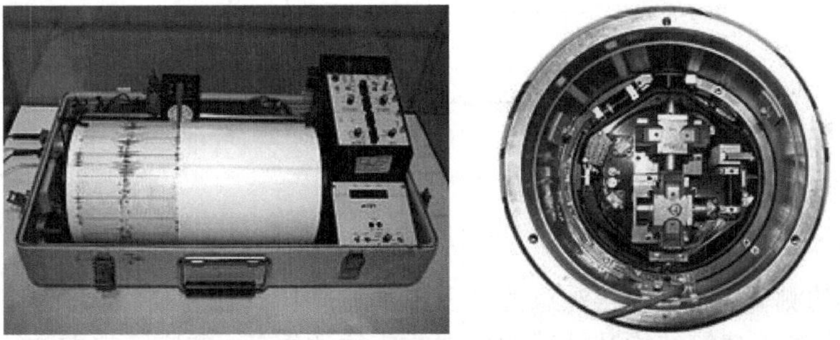

(a) 早期机械式地震仪 (b) 现代三轴地震仪

图 2.21 早期和现代地震仪[81]

地震仪的制动原理是，将传感元件内部振子设定了不动点，通过测量不动点与地面的相对变化，而实现对地震的监测。以单振子的地震仪为例，当振子悬臂长度为几厘米时，其振动周期相对较小，故而难以满足短周期地震的测量要求。为此需要延长地震仪传感元件的振动周期，比较直接的方法是延长悬臂长度，或保持振子处于水平状态。另外地震测量中，需要兼顾高频和低频的振动测量要求，因此需要地震仪满足适当的衰减系数的设计要求。另外对微小的地震响应，还需要适当的考虑去噪及信号增幅等功能。

地震从几个微米到长周期大振幅响应，其成分种类繁多。举个例子，一般的微震人体几乎感觉不到；而大型地震中其振幅可达到几米，其周期可为几十秒，甚至 300 秒以上。为了满足各种地震的测量要求，因此发展出了各式各样的地震仪。但是值得注意的是，现有的地震测量都是在地下每一点安装地震仪，通过该点标注某一段或某一区域的地震响应。该方法存在着两个主要问题，一是这些震级与地震发生的物理过程没有直接联系，物理含义不清楚；二是通过统计分析，发现的饱和现象即当地震所释放的能量增大的时候，震级却不再增大，因此面对大地震时，采用这些震级标度会低估地震的能量。加之地震波在不同介质传递过程中，复杂的畸变关系导致了在地震烈度与地面运动强度之间难以建立简单的对应关系。

### 2.2.2.5 压电加速度计

压电式加速度传感器是通过压电材料受力产生电荷的特性，测量待测对象动态变化的传感装置。前文介绍压电应变测量技术时提到，压电材料适合用于加速度计敏感元件，用以测量加速度、振幅、冲击荷载等。压电式加速度传感器多采用惯性方式，其常用的结构形如图 2.22 所示，主要组件为质量块、基座和压电元件。此外也有结合夹具，使基座、压电元件和质量块三者固定以保证较高的共振频率。当基座与测试对象连接时，通过基座传力将外界激励传递至压电元件上使之变形产生电荷。

在早期的加速度计研发过程，人们首先开始尝试使用电阻应变片作为敏感元件开发制作加速度计。但是当时的应变片只能提供低频共振且频率响应也只受限于低频。为了开发满足高频测量要求的加速度计，人们在尝试了多种材料后于 20 世纪 40 年代开发研制成功动态响应达到 G 的压电式加速度传感器[82]。目前压电传感技术已经高度成熟，常用的压电晶体有石英、压电陶瓷等，通常会结合高输入阻抗的前置放大器以及相关的去噪手段提

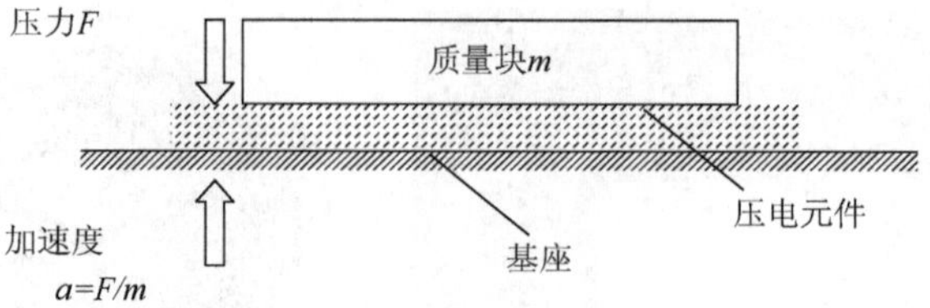


图 2.22　压电加速度计的基本结构

高压电传感器的测量精度。值得注意的是压电加速度计一般为高频率响应，在实际结构监测中，特别是混凝土建筑结构其敏感的频率响应往往很低，在实际选取加速度计时不能只注意动态响应范围，还需兼顾精度、感度、温度漂移等参数。

## 2.2.3　位移传感技术

位移传感器是将被测物体的位移变化转换成相应的电量变化，经相应的测量电路或者电子仪表来显示、记录被测量值的变化。通过换算后，检测被测物体的运行距离，并以模拟量方式输出，以便仪器仪表收集应用。位移测量在测量技术中是工程结构维护管养中最基本的测量项目。随着位移传感器的不断完善和发展，为检测和监测过程中准确获取位移信息提供了方便。工程结构上的位移测量主要有线位移和位置测量两部分，其中线位移一般与结构的应变、应力变化有关，常用于指征结构的变形、混凝土裂缝、挠度动态振幅，以及用于计算荷载、轴力、转角等结构状态参数，实际应用时往往要求位移传感器具备足够的精度、动静态测量和多点同步监测的能力。而位置测量是指结构中两点的相对位置变化，常用于指征结构中构件位置变化、框型完整性、接合部处滑移、沉降、脱落等，实际应用时多采用大量程、适合大范围扫描、长期性能稳定的测量装置。

位移传感器和应变测量有许多互通之处，根据传感元件的类型可以分为包括传统电子类的应变式、电感式、差动变压器式、涡流式、霍尔传感器，同时也出现了新型的如感应同步器、光栅、容栅、磁栅等大位移测量技术。下面将对工程结构监测中典型的位移传感器进行介绍。

### 2.2.3.1　电子类位移计

随着电子类应变测量技术高速发展，电子类位移计也发展为一类最常见的位移传感器。由于电子类位移计操作简便、技术成熟，应用面也十分广泛。电子类位移计的基本原理是将被测物理量的变化转换成与之有对应关系的电阻、电容或感生电流等信号，再经过相应的测量电路后，反映出被测位移的变化。在表 2.8 中，对比了常见的几种电子类位移传感器。

**表 2.8　常见电子类位移传感器结构**

| | 结构示意图 | 特点 |
|---|---|---|
| 电阻式位移计 | 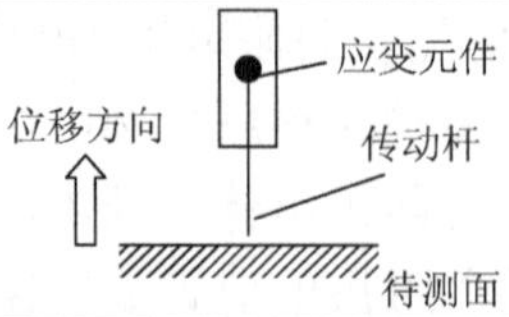 | 原理：位移转换成对应的电阻值的变化；<br>优点：结构简单、线性和稳定性较好；<br>缺点：传动装置摩擦和固定端稳定性不足，现场安装、布设工序繁琐 |

续表

| | 结构示意图 | 特点 |
|---|---|---|
| 电容式位移计 | 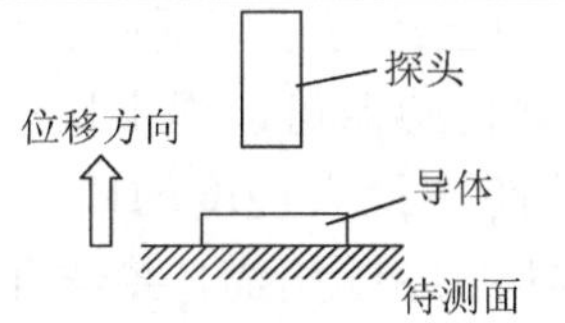  | 原理：利用电容传感原理，可测量直线位移或角位移；<br>优点：非接触式测量；<br>缺点：电容介质损耗，耐久性和重复性 |
| 电感式位移计 | 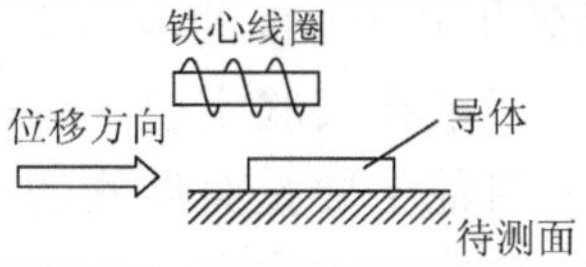  | 原理：利用铁心线圈的感抗变化测位移；<br>优点：非接触式测量；<br>缺点：线圈发热，腐蚀，测量系统稳定性要求高 |

电子类位移计的传感原理与电子的应变测量技术密不可分，在 2.2.1.1 节已经介绍相关应变测量原理，此处不再逐一介绍。在选择工程结构中位移测量装置时，需要根据测量目的，如定期点检或长期连续监测，选择合适的位移计。虽然电子类位移计种类繁多、发展程度高，但由于内部传感元件的限制，在使用过程需要注意以下几点。首先需要对传感器线性测量能力做出考量，其主要参数包括位移计的灵敏度、线性度、线性范围。在定期点检的测量项目中，需根据测量对象的受力方式做出预判，以保证测量的精度。而在长期连续监测中，需考虑可能遭遇的大变形或冲击荷载，以保证监测结果的完整性。又如动态位移测量时，位移计传感器在安装过程中不可避免会产生传动装置与待测对象之间摩擦，加之传感器自身的分辨率和重复性等影响因素，选择适合于对象工况的位移计是决定测量结果可信度的前提条件。另外随着应变测量技术的发展，如 FBG 等光纤类应变传感器也被应用于制作位移计传感元件。2.2.1.2 节提到由于光纤自身易脆、直径小等问题，在应变测量过程中需要考虑光纤芯线的保护和端部锚固问题，同样对于基于光纤传感的位移计也存在该问题。针对此问题，作者从实际工程应用的经验出发提出了通过对光纤应变传感器长标距封装以实现分布式应变传感，进而根据结构应变分布演算动/静态挠度、裂缝等变形，关于此部分可见第 4 章。除了基于应变测量技术的位移计外，工程测量中还有一些如激光位移计、GPS 等新型的位移测量技术。在本节中将对目前工程应用中相对普遍的新型位移计进行介绍。

### 2.2.3.2　激光位移传感器

激光位移计是根据激光定向直线传播的原理，由激光发生器和光电器件所构成的激光测量装置，可将位移转换成电信号，从而获得位移信息。激光位移计的特点是非接触式测量，其测量精度高，如测量 1m 的长度，精度可达 $10^{-8}$～$10^{-7}$ 量级；分辨率高，可测出 10Å 以下的长度变化；量程可达数十米。目前已经有研究提出利用激光位移计对大跨桥墩的吊塔等难以直接安装传感器的位置进行测量。但是需要注意的是，激光位移计的主要工作原理是通过测量发射端和受信端的光程差实现位移测量，其发射端和受信端有入射角度的影响会限制激光危机的可识别范围，如图 2.23 所示。特别是在长距离测量过程中，需要对激光位移计的安装角度对出标定，以防止测量结果偏差。另外其动态测量对测量环境的要求高，激光在传播过程中容易受到环境湿度、气流、湿度等均影响其测量稳定性。

激光位移传感器在机械构件的生产制造中已经有了广泛的应用，在工程结构监测项目中，在适当监测距离的条件下，由于激光位移传感器可以提供快速的单点位移测量，很适合用于如桥梁、隧道等大型结构的连接处或跨中最大挠度的监测[83]。另外，通过多个按角度布设的激光位移传感器可以实现对结构局部 3D 扫描，并结合前文介绍的图像解析技术根据测量的多点的位移变化，理论上可以解析获得 3D 的应力应变变化，为小型结构特别是预制构件的性能评估提供依据。此类技术目前在实验室已经可以实现钢构件的屈曲分析和 1mm 混凝土裂缝的识别，在实际应用中目前主要是对结构的动静态位移的监测，如图 2.24 所示。

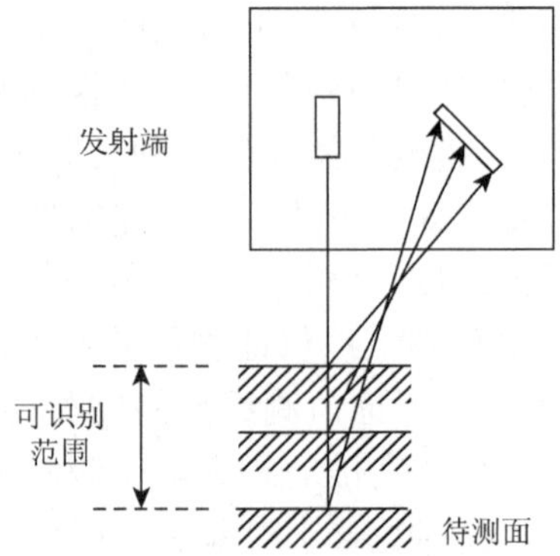


图 2.23　激光位移传感器

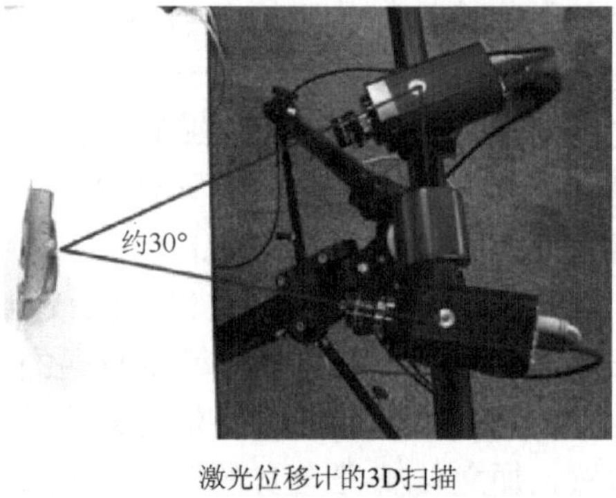


图 2.24　激光位移计的 3D 扫描[84-86]

### 2.2.3.3　GPS 监测系统

GPS 的全称为 global positioning system，即全球定位系统，该系统包含用户接受设备、地面监控部分及空间部分等三大部分组成。用户接受设备即 GPS 信号接收器，通过一系列的信号捕获、数据获取、数据处理等步骤计算出设备所在地理位置的时间、速度、高度及经纬度等信息；地面控制系统是由监测站、地面天线、主控制站组成；空间部分由 3 颗备用卫星及 21 颗工作卫星组成，均匀地分布在 6 个轨道面上，距地表 2.02 万千米的上空。GPS 是目前普及率很高的卫星定位系统，一般用户只需拥有 GPS 接收机即可使用该项功能。近来由于 GPS 接收技术和数据处理软件的高速发展，GPS 可以应用到自动连续监测系统中，并有很高性价比。但值得注意的是，作为一种新兴的监测手段，GPS 系统的测量精度直接影响着测量结果的可靠性。2000 年以后，随着 GPS 民用讯号干扰的解除，现在民用 GPS 也可以达到十米内的定位精度（图 2.25）[87]。

GPS 位置的确定是基于测量卫星到地面 GPS 接收站的距离。GPS 的基本原理是：对于三维坐标（$X$、$Y$、$Z$）以及时间坐标（$T$）共四个未知数，通过卫星数据可求出由这四个未知数，进而获得水平和垂直方向位移。在此基础上，通过配合双频修正、电离层延迟误差修正等方法，GPS 静态测量模块的精度可以达到水平 3mm+0.1ppm、垂

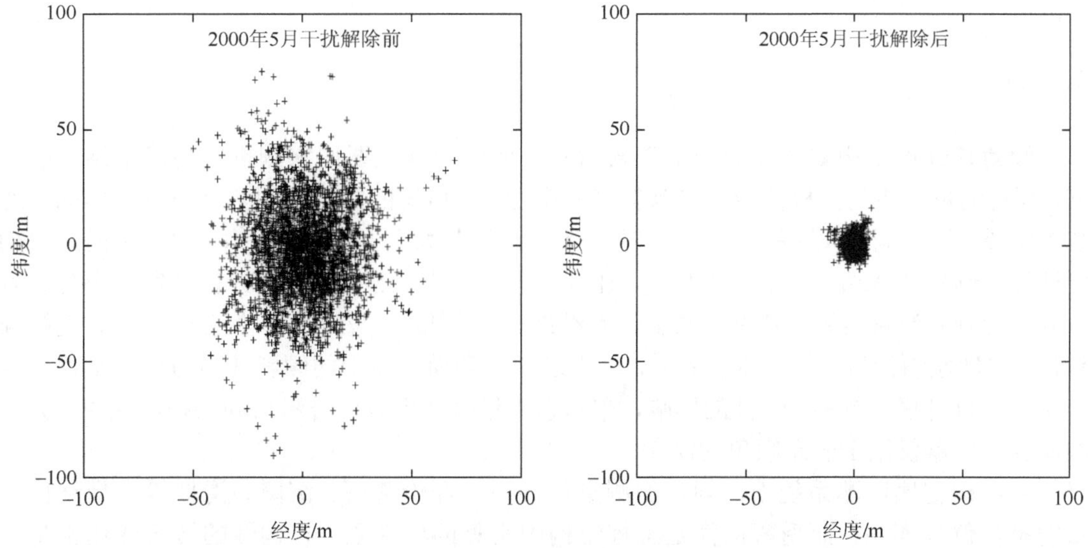


图 2.25　GPS 定位精度[87]

直 3.5mm+0.4ppm 的测量精度[88]。目前 GPS 系统已经广泛应用于大范围区域内岩土工程中沉降、滑坡的监测，同时因为良好的操作性在大型结构特别是桥梁的桥塔位移、桥面变形等监测项目中都有良好的应用前景。通过桥面、桥台布设多个接收站，可以获得桥体多点的位移分布，是一种典型的点式传感方式。但是作为一种适合大范围监测的测量手段，GPS 对于车桥响振动、风荷载等桥体动态响应的测量能力尚且不足。特别是在长年的监测项目中，由于受自然天气、温度、风速等多个外界环境因素的影响，其测量误差的修正难以收敛。表 2.9 是某桥体监测项目中 GPS 一年的实测数据[89]，从结果中可以看出由于测量误差过大难以保证测量结果准确性。目前基于 GPS 的工程结构实时监测，对于落桥、坍塌、灾后快速检测等大变形具有明显的监测优势，但对于小变形特别是表征损伤渐变的动态测量，目前还难以保证稳定的测量精度，需要配合相应的实时去噪技术和稳定的修正模型。

**表 2.9　某监测项目中 GPS 实测数据**

| 时间 | $X$ 位移量/cm | $Y$ 位移量/cm |
|---|---|---|
| 2007 年 8 月 | $0.291\pm1.0292$ | $-0.121\pm0.8276$ |
| 2007 年 10 月 | $2.63\pm0.8949$ | $2.37\pm0.6765$ |
| 2007 年 11 月 | $3.25\pm0.7415$ | $2.52\pm0.6345$ |
| 2007 年 12 月 | $4.16\pm0.8426$ | $2.90\pm0.6140$ |
| 2008 年 1 月 | $7.24\pm0.6231$ | $5.73\pm0.5381$ |
| 2008 年 2 月 | $8.44\pm0.7566$ | $5.70\pm0.6278$ |
| 2008 年 3 月 | $4.67\pm0.7893$ | $3.33\pm0.6408$ |
| 2008 年 4 月 | $3.62\pm1.1824$ | $2.61\pm1.0482$ |
| 2008 年 5 月 | $0.689\pm1.3429$ | $0.384\pm1.0789$ |
| 2008 年 6 月 | $-0.623\pm0.6966$ | $0.395\pm0.4574$ |
| 2008 年 8 月 | $1.81\pm0.3398$ | $1.77\pm0.3885$ |

#### 2.2.3.4　倾斜计

倾角是评价结构安全性的一个重要指标，而倾斜计主要用来测量结构发生倾斜的程度，倾角测量主要包括构件转角和倾斜度两个层次。传统的倾斜计由两个充有液体的连通装置组成。当待测面发生抬升或下沉时，倾斜计内液体通过连通管发生流动，进而读取刻度计算出倾斜计两端相对的倾斜程度。在此原理基础上，现代的倾斜计已经发展出各式测量原理的倾斜测量装置，常见的倾斜计有经纬仪、水准仪、姿态仪、振弦倾斜计、电解倾斜计、惯性倾斜计等。值得注意的是，基于连通管和惯性原理的倾斜计因为受测量仪器内传感元件自身摆动频率、惯性的影响，在动态测量时会出现信号滞后和共振的现象，大多数此类传感器仅限于静态倾角的测量。

在结构健康监测系统中，倾角的测量往往用于评价落桥、沉降、滑坡等大型结构体系的整体位置变化。而受弯构件是工程结构中常见的构件之一，构件的转角变化也是评价其安全性能的重要指标之一，常用于评价梁柱构件受弯程度以及在地震作用下桥墩等构件塑性变形等[90]。构件的转角测量主要是针对监测对象中某个刚性监测段的角度变化。由于一般情况下监测段的倾角变化很小，为此转角测量过程常采用高速测量的模式，以多次平均等方法保证测量精度。同时要过滤掉检测或监测过程中震动引起的噪声，保证通信可靠、判断准确。实时监测项目中，由于结构形式复杂、环境因素影响大，加之构件劣化变化是个长期缓慢过程，需要转角监测系统具有足够的长期稳定性，以保证检测结果的可信度。在作者参与的某 4 跨箱梁公路桥的监测项目中，有共同合作的监测公司提出使用多点布设的连通管结合光纤传感器的监测方案，以期达到各桥桁上多点转角监测目的。在监测方案实施初期，该方案与其他转角监测方案吻合，可以实现获取多点的转角分布的监测目的。但在之后数年的持续监测中，由于管道内液体冷凝膨胀、监测装置失稳，加之外界温度影响，导致该方案难以保证长期稳定的监测结果。而作者所在团队，通过长标距分布式应变监测系统，结合相关演算算法计算结构转角分布，其结果与定点测量的吻合一致。借此说明了长标距分布式应变监测系统可以实现转角分布的演算，为结构多参数性能评估提供了丰富的数据参数。关于此实例，将在 4.9 节予以展开说明。

### 2.2.4　温度传感技术

温度是影响工程结构内各材料性能的重要因素之一，由于混凝土、钢筋等结构材料的温度性能不一样，需要通过调查温度条件以保证评价结果的准确性。温度的测量主要包括外界环境温度、结构内部温度两个部分。在外界温度条件不断变化的情况下，结构中产生温度应力，由于各构件材性不同容易导致开裂、剥离、接合处脱落等现象，甚至导致钢构件脆断、落桥等严重事故。同时在评价结构性能的过程中常使用结构解析以评价结构的使用性能，此时需要提供现场结构各部位的环境温度参数以保证解析结果的准确。而在边坡、水坝等监测项目，可以通过温度监测来获取土层内水分运动，评价土质流失程度、地基稳定性等。另外，温度还影响着传感器和数据采集装置等设备的工作性能，虽然大多数传感器具备温度自补偿功能，但人们习惯于直接测定环境温度以双重校正监测结果。

长久以来，人们一直致力于温度测量技术的开发，特别是近百年随着电子工业日新月异的发展，温度测量技术已经从早期的非电量和电量转换的热电偶，发展至体积几个毫米的集成温度传感器，并结合如无线传输、微机电技术、光纤传感等新兴技术手段制作性能更加优越的温度传感器。

热电偶传感器是目前温度测量中应用最广泛的传感器之一，其原理是利用两根不同材料的导体将热势差转换为电势差，并转换成待测对象的温度。该方法原理简单、价格低廉，精度和测量范围可以满足工程结构温度测量的要求。集成温度传感器是利用硅半导体的温度特性制成的温度传感元件，并结合集成技术将传感元件、测量电路、模拟信号输出组件集成在一个芯片上，实现传感器小型化。集成温度传感器的特点是测量对象只针对温度，线性输出好，适合于其他测量组件联用组成多功能的测量系统。另外，在 2.2.1.2 节介绍的光纤传感器同样也满足温度的测量，如 FBG、BOTDR、干涉式光纤都可以实现温度的测量要求，此外在 2.2.1.2 中介绍了拉曼散射适合于温度测量的特性，基于拉曼散射的 ROTDR（Raman optical time-domain reflectometry）可以满足只针对温度的长距离分布测量要求。此类光纤传感器的温度测量由于系统整合度高、测温误差小、价格低、响应速度快、传输距离远等特点，结合光纤应变监测系统，可减少传感器布设工序，为搭建数控监测系统创造了良好的条件。

### 2.2.5　动态图像解析监测技术

在 2.1 节介绍了无损检测技术中部分关于图像解析的技术。图像解析基于直观的图像为损伤识别、定位和确诊提供依据，并结合数字化图像技术将图像进行数字转换，通过去噪、滤波等技术实现自动化识别与结构损伤有关的信息。在大型工程结构，特别是隧道、公路桥等长距离且结构框架固定的结构监测技术中，出现了结合车载摄像设备和图像解析的动态图像解析监测技术。本节将针对目前应用技术相对成熟的激光全息扫描、CCD 动态解析、连续红外热成像和数字图像相关性解析进行介绍。

#### 2.2.5.1　激光全息扫描监测

工程结构监测技术中激光全息扫描主要通过车载激光扫描组件，在行车过程依次扫描各段混凝土表面以获得连续的图像信息。由于隧道路面相对平整、混凝土表面平滑，激光全息扫描适合应用于隧道结构中砌衬的监测项目，特别是针对混凝土表面裂缝的监测项目。其主要扫描方式如图 2.26 所示，对于各个测点利用激光照射到结构表面后，通过光传感器接受反射光并转换为电信号以便记录和储存。当混凝土表面出现裂缝时，会发生散射以致反射光强度降低，根据反射光图像光强减弱的点识别在该测点水平方向的裂缝分布。之后整合扫描各个测点的结果，以获得关于水平和纵向完整的裂缝分布信息。

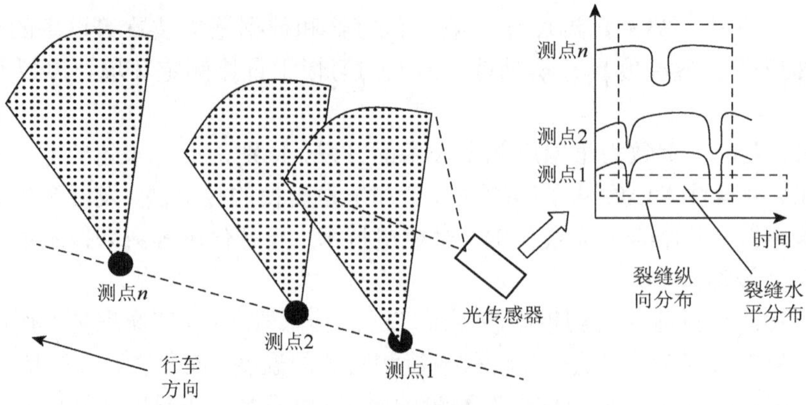


图 2.26　激光全息扫描技术

在设计车载激光全息扫描监测方案时，需要根据扫描设备的性能和监测距离制定。其基本参数还包括扫描间隔（单点扫描面积）和行车速度。扫描间隔由受信的光传感器和图像处理程序决定，同时根据监测级别来规定行车速度。在作者接触的某隧道监测项目中采用激光全息扫描技术对隧道内裂缝勘查，可满足时速 4km 扫描间隔 0.5mm×2mm 的精细监测方案，同时也满足时速 60km 扫描间隔 1mm×8mm 的快速探伤的监测项目。

### 2.2.5.2　CCD 动态图像解析

CCD（charge-coupled device），又称 CCD 图像传感器，是光学摄影基本元件。在测量领域中，通常把 CCD 元件作为光电接收器，利用光学成像法将待测面投影到 CCD 器件上，根据总像素数目和遮掩的像素数目计算出长度。CCD 动态解析的基本操作方式与激光全息扫描类似，即通过配置 CCD 摄像设备工程车，对待测对象进行连续摄像。对比图像辉度即可获得关于裂缝等位置的信息，并进一步根据像素数目计算裂缝宽度。由于 CCD 动态解析需要稳定的光源以保证解析结果的精度，因此该技术也常常应用于隧道的裂缝勘查中。相对于激光全息扫描技术，CCD 动态图像解析可以提供更准确的裂缝宽度的计算。但由于该技术取决于图像灰度变化的识别，因此对光源要求比较高。在实际应用中，多采用车载光源照射的方式，利用多台高像素的 CCD 传感器以满足快速行车过程中裂缝识别的监测要求。

### 2.2.5.3　连续红外热成像技术

2.1.1 节介绍了红外热成像技术在无损检测中应用，而温度变化是决定红外热成像技术检测结果的主要因素。隧道系统作为一种封闭空间结构，如发生事故将引发严重伤亡，造成浪费社会成本，甚至影响到交通和经济正常秩序。相反隧道的封闭环境实施光源照射改变表面温度，可以快速对隧道内部三维扫描，实现对隧道内裂缝、异常的监测目的。在此背景下，诞生了结合车载扫描设备的红外热像监测技术，其原理是通过远红外线照射隧道表面的人工主动加热的方法，当混凝土表面出现剥裂或开裂的情况，其表面水分蒸发速率与完整混凝土不一样。再通过红外线摄像机取得热图像，对比完整混凝土表面和受损混凝土表面温度差，实现混凝土损伤识别的监测目的。在实际应用中，该技术主要采用一定间隔的大型车载系统将红外线光源照射装置和图像解析设备一体化，在行车过程中先对待测混凝土表面通过红外线辐射快速加速后，通过车载热成像仪获取混凝土表面的温差以达到快速裂缝监测的目的。目前虽然该技术具有操作方便、高效等特性，在现场条件允许的情况下，可以达到较高的扫描速率和透射深度，但由于车载设备大，需要阻断交通，因此多应用于隧道等结构形式相对简单的大型结构的长距离快速监测。

#### 2.2.5.4　数字图像相关性解析

数字图像相关（digital image correlation，DIC）法是 20 世纪 80 年代发展起来的一种基于现代数字图像处理和分析技术的非接触式全场光学测试方法，其测试基本原理是分析加载变形前后被测物体表面的数字图像，通过一定的相关算法对相应数字图像的散斑特征点进行匹配跟踪，进而获取加载前后被测物体表面的位移变化信息。与其他光测方法相比，DIC 法具有对测试环境要求低、易于实验操作、适用范围广等一系列优点，更加适宜于土木工程结构的试验和现场测试需求。与电阻应变片等传统点式应变测试方法相比，DIC 观测手段的引入可为研究者提供更为丰富的信息，直观地把握试件破坏过程的特点，为建立科学合理的理论模型提供准确的试验依据。

目前已有不少研究者将该测试方法引入混凝土结构的试验研究中，通过分析由 DIC 测试法采集到的混凝土结构表面的全场位移数据，研究者可进一步得到所需的结构性能指标，如混凝土表面的应变分布场、裂缝宽度以及裂纹扩展情况等。该方法的引入克服了应变片点式测量的弊端，能够提供给研究者更多的数据信息，并且在大应变情况和混凝土开裂后仍能正常工作，能够有效地监测裂缝的开展情况。如对于纤维增强复合材料（FRP）与混凝土的界面剥离性能试验，传统的测试方法一般采用应变片记录加载过程中 FRP 的应变变化，并进一步计算界面的剪应力和滑移数据等，但点式的应变信息通常导致剪应力和界面滑移的计算存在较大误差，并且在较大荷载下粘贴于 FRP 表面的应变片通常会损坏，DIC 方法的引入很好地解决了上述问题，由 DIC 得到的全场位移可直接得到界面滑移，同时为界面剪应力的计算提供足够多的数据信息，并且在大应变情况下仍能准确读取数据。目前的研究表明，与传统的测试方法所获得的结果相比，DIC 法具有较好的测试精度，能够满足混凝土结构的静力测试需求。对于动态和高速率荷载下的混凝土结构性能测试，配合高速数字照相机的使用，采用 DIC 测试法同样可获得良好的效果。

### 2.2.6　混凝土劣化监测技术

强度是混凝土最基本的性能要求，混凝土碳化、氯盐侵蚀等劣化过程是常见导致混凝土强度降低的因素。混凝土的劣化是个多相的物理化学过程，难以通过单一的监测对象来评价劣化程度，因此常用的混凝土劣化评价手段主要依赖定期的检测。如建筑工业行业标准《回弹法检测混凝土抗压强度技术规程》规定了基于酚酞指示法和回弹检测的混凝土碳化深度测量方法。其中酚酞指示法是指在混凝土层钻孔后通过酚酞指示剂，利用酸碱反应的原理标识混凝土碳化深度。另外 2.1.1 节的无损检测技术已经介绍，回弹法可以用于检测混凝土强度，通过在多个测区实施回弹检测以间接掌握混凝土强度劣化的程度。

氯盐侵蚀是另一个导致混凝土强度降低的影响因素。在混凝土结构的使用过程中，受海水、除冰盐等因素影响而导致氯离子的侵蚀，并进一步加速钢筋锈蚀速度。氯盐侵蚀监测的主要方法是针对氯盐侵蚀过程中腐蚀电流。在氯盐侵蚀过程中，当钢筋发生腐蚀时会导致铁离子流失，可以通过在混凝土保护层预埋电极的方法捕捉电流。通常需要对结构中容易发生劣化的位置进行预判，在不同深度的混凝土内布设不同方向的电极，以保证监测效果。但是此类监测方法使用的电极永久安置于混凝土保护层内部，改变了混凝土的传力方式。加之为了保证长期监测效果，其电极材料多为价格昂贵的贵重金属。从监测成本而言，不适合普遍应用。根据国内外研究结果，表 2.10 中列出了主要的混凝土劣化形式及相关监测指标。

**表 2.10　混凝土劣化形式及监测指标**

| 劣化形式 | 监测指标 | 劣化影响 |
|---|---|---|
| 碳化 | 碳化深度/钢筋腐蚀 | $CO_2$ 反应导致 pH 降低，加速钢筋腐蚀、混凝土开裂 |
| 氯盐侵蚀 | 盐浓度 | 加速钢筋腐蚀、混凝土开裂 |
| 碱-骨料反应 | pH/湿度 | 混凝土强度降低，容易发生膨胀、开裂 |
| 冻融 | 湿度 | 内部孔隙水的冻融循环，导致混凝土的开裂和分离 |
| 酸蚀 | pH/硫化物 | 酸雨等酸性腐蚀，导致混凝土分解 |

总体而言，目前混凝土劣化的监测手段，主要是通过化学分析的方法间接地监测混凝土劣化的过程。另外一个方面根据纤维模型理论，依据混凝土表面测得的应变分布计算中性轴位置后可以获得混凝土各个区域内部的各层应变分布，对比各个区域的理论值和实测值也可获得混凝土不同位置之间的刚度损失情况。此方法依据应变分布传感技术，从另外一个角度评价混凝土的劣化程度，关于这部分的讨论将在 4.3 节中展开。

### 2.2.7　其他传感技术

除了以上介绍的传感装置和技术外，在实际监测工程中根据不同的监测目的，还配备有一些其他的传感器。下面对几种常见的针对环境参数监测的传感技术予以介绍。

#### 2.2.7.1　磁应力传感器

磁应力传感器（elasto-magnetic sensor，EM）是根据磁通效应，通过缠绕在钢筋上的感应磁线圈来测量钢筋应力变化。由于钢筋自身为强磁体，当其磁场改变时钢筋的磁通密度也会发生改变。处于饱和磁场状态的钢筋当其应力状态变化后，通过感应磁线圈测量微分透磁率的变化量，即可感知钢筋自身应力。需要注意的是，微分透磁率并不只随应力变化，同时也受温度影响，微分透磁率与应力、温度的表达式如下：

$$\mu_{\mathrm{r}}(\sigma,T)=\mu_{\mathrm{r}}(0,0)+m_1\cdot\sigma+m_2\cdot\sigma^2+\alpha\cdot T \tag{2.18}$$

式中，$\mu_{\mathrm{r}}$为微分透磁率；$\sigma$为应力；$T$为温度；$m_1$、$m_2$为一定温度场下应力系数；$\alpha$为一定应力场下温度系数。

与应变测量不同的是，磁应力传感器测量的是钢筋应力的绝对值。在已知材料参数的前提，可以测量钢筋现有应力，尤其适合于钢筋的预应力损失的监测[65]。磁应力传感器属于预埋型传感方式，传感器内部需要缠绕多层感应线圈以保证测量精度。由于传感器存在一定尺寸要求，在结构内部安装条件合适的前提下，通过事先安装磁应力传感器于钢筋上，以达到监测应力的目的。在实际应用过程中，采用两组同心布设的感应磁线圈，并结合内置温度传感进行温度场修正，以提高测量结果的准确性。

#### 2.2.7.2　动态称重系统

在桥梁结构工程中，车桥耦合系统的响应是一个重要的评价项目。由于车辆过桥时间短，车速、行车位置都造成了实时称重的难度，因此需要一种快速车辆称重系统以提供评价车桥响应时的激励参数。动态称重系统，又称为自动汽车衡，其主要测量对象是行驶过程中车辆的重量。一个完整的动态称重系统测试包括汽车所在车道、通过时间、车速、轴距与轴重、应力应变计位置等。动态称重系统基本原理一般是采用板对板的传力结构，在路面一定区域布设压力传感器。由于不同于传统的静态车测量系统，动态称重系统需要根据运动中轮胎的动态响应计算获得车重，因此在选择传感元件时需采用动态响应优越的压力传感器，其中较为典型的有压电动态称重系统、电容式垫称重系统。此外通过路面下结合弯板的弹性传力结构的弯板动态称重系统，前文提到的 FBG 光纤光栅传感器也可以实现此类动态称重系统。

在动态测量过程受传感元件响应速率的影响，通行车辆车速越大动态称重系统的测量结果误差也越大。国内外的相关规范标准中，都根据车速的不同对动态称重系统精度做出不同的要求。加之实际交通情况复杂，并不能像车道入口处保持稳定的车速和行车位置。因此，在交通结构的监测系统中动态称重系统多用于统计交通量，以及定性的评价桥梁服役状况。

#### 2.2.7.3　湿度传感器

湿度并不是工程结构测量中主要项目，只是研究结构材料劣化原因、服役状况的一个环境参数。在研究地基稳定性时，可以通过空气湿度估算土壤含水量，起到一定参考作用。另外在连续监测系统的搭建过程，为确认现场永久安置的仪器设备的工作状况，也需要通过物联网技术对现场工作环境的温度/湿度进行远程监控。湿度计的基本原理是由感湿材料吸收空气中的水分，将感湿材料尺寸、温度等参数变化转换可测量的电信号，以达到测量湿度的目的。常见的感湿材料包括电解质介质、陶瓷（又称金属氧化物）介质、半导体-氧化物-金属（MOS）型和高分子材料等。此外根据介电常数转换模式，又可分为电容式、电阻型、压阻型、悬臂梁型、热电偶型等。在表 2.11 中列出了几种常用的湿度传感器，以方便读者了解湿度传感器的基本性能。

**表 2.11 常用的湿度传感器**

| 类型 | 概述 | 特点 |
|---|---|---|
| 传统湿度仪 | 蒸发式湿度仪：由两个分别置于空气和饱和湿度场的温度计构成 | 价格低廉，不具备连续测量、人工读数为主 |
| | 露点传感仪：根据结露点温度来测量相对湿度 | |
| 物理参数变化 | 伸缩式湿度传感器：吸湿材料的线性尺寸变化 | 价格低廉、可自动化测量，难保证长期测量 |
| | 吸收式湿度传感器：吸湿材料的重量变化 | |
| 电子类 | 电容式湿度传感器：吸附水分后介电常数变化 | 价格低廉、可自动化测量，满足一定的连续测量要求 |
| | 电阻式湿度传感器：吸附水分后电阻率变化 | |
| 其他 | 红外线吸收式湿度传感器：敏感光束和参考光束的光强变化 | 适合高温或密封场所，结构复杂、搭建成本高 |
| | 电磁波湿度传感器：根据电磁波在介质中传播频率来测量土壤水分 | 数字化测量、操作简便，现场需人工操作 |

### 2.2.7.4 风速仪

风荷载是在大跨空间结构、高层建筑、大跨度桥梁等大型结构设计中重要设计荷载，另外风荷载作为激励振动源，也是研究结构环境振动分析的主要课题之一。随着风工程学的发展，人们对风与结构的相互作用逐渐了解，出现了一系列的风载和风振分析理论。为了完善结构抗风设计，对重要工程结构的风速监测显得尤为重要。

风速计，顾名思义是测量空气流速的仪器。它的种类较多，常见的有风杯式与旋桨式风速计（图 2.27）。气象台站最多采用风杯风速计，它由 3 个或 4 个互成角度、凹面同一方向固定的抛物锥风杯组成。在风力的作用下风杯的凸面比凹面风压小，因此风杯绕垂直轴旋转并由安装在垂直旋转轴上传感元件测量转速。风杯风速计的传感元件一般为机械齿轮式或类似发电机的电磁线圈，现在为了满足信号数字化输出一般多采用电信号转换，通过计算单位时间内风杯转速变化获得风速。风杯风速计对风速变化比较敏感，实际应用时一般布设多个观测点以满足风向的判断。由于测量装备简单，施工现场监测时多采用可移动的三脚架配合使用，而在桥梁等大跨度结构上多采用多点布设的监测方案。气象监测上使用的风杯式风速计，一般间距为 12m（风杯直径 5cm 以下时为 13m），风速 10m/s 以下时许容误差为 0.5m/s，风速超过 10m/s 时许容误差为实测 5%。另一种旋转式风速计为旋桨式风速计，由螺旋桨组成感应部分将其安装在一个风向标的前端，使它随时对准风的来向。桨叶绕水平轴以正比于风速的转速旋转。相对于风杯式风速计，旋桨式风速计可满足风向自调整，提高了最大风速的测量精度。气象监测上使用的旋桨式风速计，一般间距为 8m（风车直径 15cm 以下时为 9m），当风速 10m/s 时其风向变化需追加延迟时间。

除风杯式与旋桨式等机械转动式风速计外，还有一些其他传感原理的风速计。因为风速变化时，结构表面散热速率不同，故而通过测定温度可以测定空气流速，此类测量方法称为热线风速仪。热线风速仪一般将加热的金属组件置于通道中，通过定电流法或定温度法的两种方法测定温度流失的速度。此外，利用超声波在不同风速的空气中传播速度不同以实现超声波测风。超声波测风的最大特点不借助机械转动部件属于无惯性测量，特别是满足阵风脉动的高频成分的测量要求。但在现场测量过程中，超声波的传播容易受到空气温度/湿度等其他外界环境影响，在复杂天气环境下其测量精度随之降低。

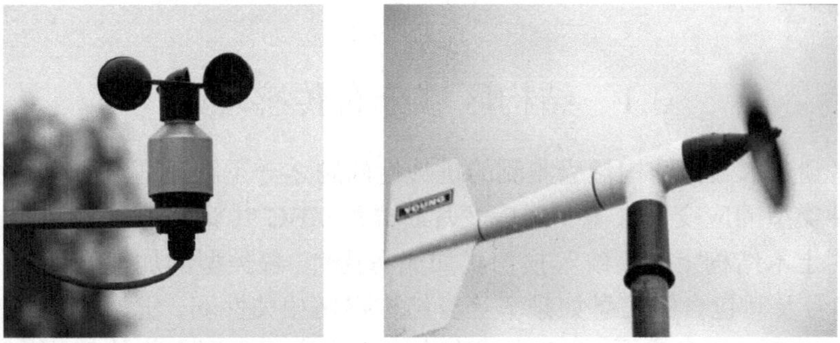

(a) 风杯式风速计　　(b)旋桨式风速计

图 2.27　常见的风速计

结构健康监测中风速计一般要求采用数字通信技术，系统稳定性高、抗干扰能力强，满足测量精度、机械强度高、抗风性能。由于风速测量是间接的反应结构服役状态，需要根据迎风面布设多个观测点，结合风速测量计算风压、风振响应等。在实际应用中，风速测量多为评价的参考值，需要根据实际监测目的配合监测系统中其他的监测目的，以达到完整评价结构响应和性能的目的。

总的来说，本章介绍了结构检测与健康监测领域各类典型的无损检测技术与传感技术。它们具有各种不同的功能，在土木工程结构的检测与监测中协同工作，才能进行全面的结构检查和有效的性能评估。即使是对于同一用途的检测或监测，也存在多种依据不同原理开发和制成的传感技术，它们各有所长，结构工程人员唯有对它们真正了解并合理的测量方案，才能使其在结构检测或结构健康监测系统中发挥作用。

# 第 3 章 结构区域分布传感理念与长标距传感技术

## 3.1 结构区域分布传感理念

第 1 章提到土木工程结构健康监测的挑战性问题之一是缺乏适合土木结构特点的传感器技术。各种类型的应变计（电子类应变片、光纤 FBG 传感器等）测量信息太局部，捕捉体型巨大的土木结构上的裂纹等损伤犹如大海捞针；各类型的加速度计和位移计等又太宏观，测量信号及其包含的信息如频率等与结构损伤相关性弱，犹如通过把脉发现癌细胞等疑难杂症一样存在众多难题。针对上述在土木工程应用中所面临的整体传感和局部传感的问题和挑战，作者首先提出结构（群）的区域分布传感（areas distributed sensing）理念，并开发出相应的多种类型的结构区域分布传感技术。

### 3.1.1 结构区域分布传感理念

以图 3.1 所示的单跨钢筋混凝土简支梁结构为例，根据结构力学知识与有限元分析，该类型结构在日常荷载与环境侵蚀下的典型损伤模式主要包括如图 3.1 所示的以下几类：位于跨中梁底的弯曲破坏、位于跨中梁上表面的混凝土受压破坏、梁端的支座退化、靠近支座部位的梁的剪切破坏以及由于混凝土开裂引起的钢筋腐蚀破坏。上述容易发生结构损伤又对结构性能起到重要作用的区域称为关键区域（critical area）。虽然不知道损伤具体发生的位置，但可以知道损伤发生在上述的关键区域内。因此，采用线、网格、面等类型分布传感单元进行串联形成区域覆盖损伤可能发生的位置和影响范围，然后进行高精度、动静态、宏微观监测与多层次分析发现结构早期损伤与隐患，从而能够实现结构状态参数、损伤状况与荷载的全面识别与结构性能的直接评估与预测。

第 1 章中也提到，结构工程的健康监测和人体的健康监测有众多可类比之处（图 3.2），其中的一个相同点是人体结构和工程结构都具有关键构件/部位。以神经元为基本组成的人体神经系统遍布全身感受、传递和处理各种内、外部信息。对于通过布置传感单元的智能结构而言，传感元件的数量不可能达到真正生物体的量级，因此如何充分利用有限的传感器监测结构的最关键信息以有效评估结构性能，是结构智能化研究的一项重要任务。进一步考察发现，人体结构虽然复杂，但主要器官有大脑、心脏、肝脏等，这些重要器官的健康状况直接关系人的生命安全和各项功能的实现（图 3.2）。在人体的健康保健中，经常优先监测与保养这些重要的器官。类似于人体结构，土木工程体型庞大结构复杂，但如上所述存在关键构件和关键区域。图 3.2 所示的大跨悬索桥梁，其典型的破坏模式包括：跨中的挠度过大区域、柱脚的开裂破坏区域、梁塔结合部位的疲劳开裂区域以及拉索断丝区域。在这些关键区域布设传感器实现重点监测，是进行结构有效监测和保证其健康安全的自然而然的思路。

首先，根据结构动静态非线性解析和易损性分析得出结构损伤或隐患区域位置。结构的易损性分析也称脆弱性分析（vulnerability analysis）起源于结构抗震性能评估领域，是指结构在确定的地震强度作用下，超越各种破坏极限状态的条件概率。它是地震破坏和损失估计

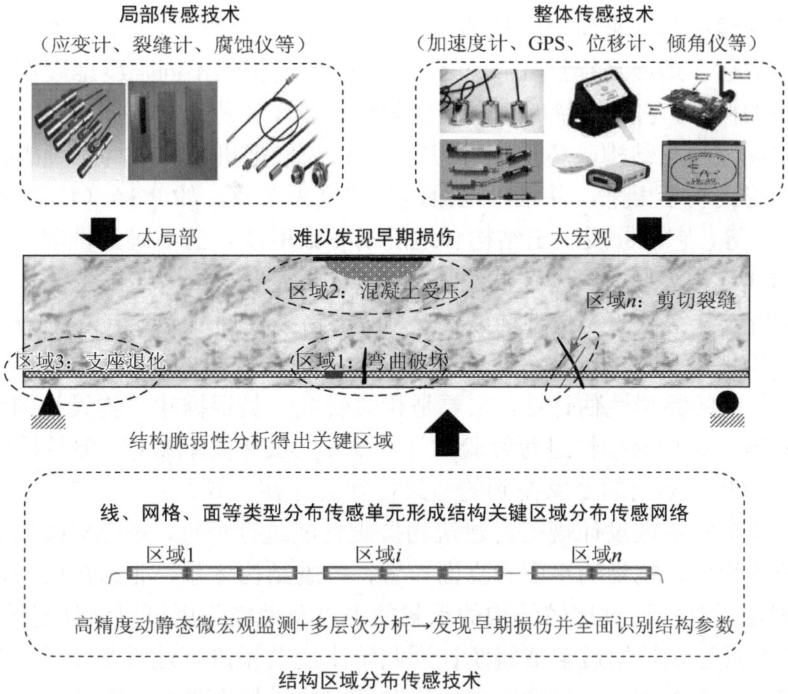


图 3.1　结构区域分布传感理念

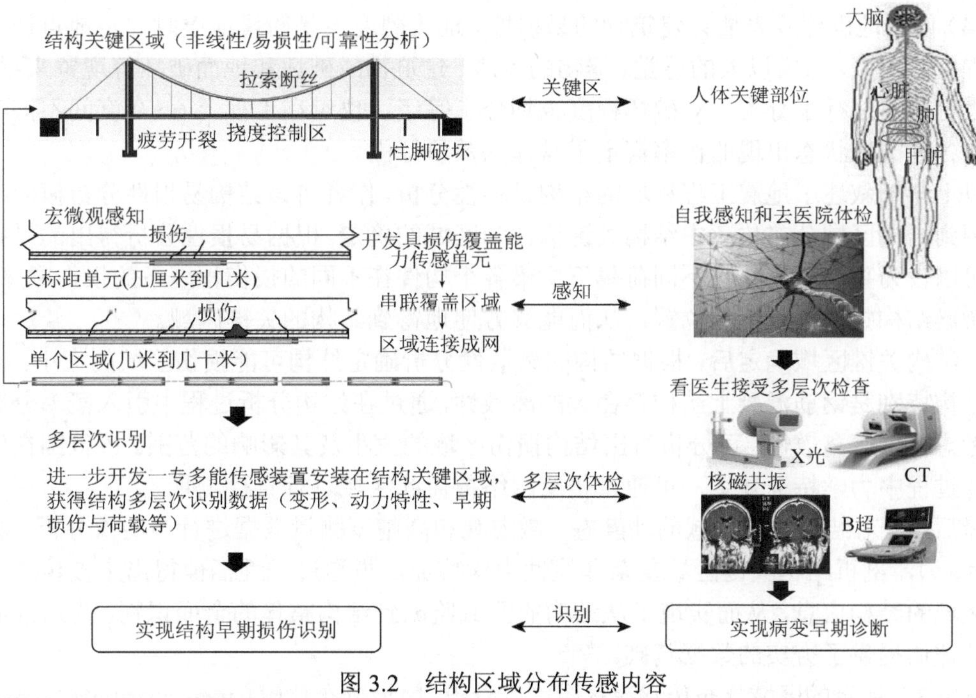


图 3.2　结构区域分布传感内容

的基础，也是震害预测的基本组成部分，它在地震破坏和损失预测中占有重要的地位。因此，分析结构的地震易损性对于评定结构的抗震安全性，制定防灾措施有重要的意义。也是正确、合理地分析各类建筑物的抗震性能，提高结构的抗震能力、减少损失的有效途径。

以易损性曲线的形式来研究结构的地震易损性最早起源于20世纪70年代初核电站的地震概率风险评估。地震易损性（seismic fragility）是指在不同强度地震作用下结构发生各种破坏状态的概率，它从概率的意义上定量地刻画了工程结构的抗震性能，从宏观的角度描述了地震动强度与结构破坏程度之间的关系。人们把机械和结构系统的抗震能力以概率分布函数的形式表示出来，并且以地面运动强度为参数，如 PGA（峰值地面加速度）、Sa（谱加速度）等，它能够反映出结构和地震动参数所涉及的不确定性因素。经验方法得到的易损性曲线，称为经验易损性曲线（empirical fragility curves）；主要基于以往地震的震害数据，分析方法得到的易损性曲线，称为解析易损性曲线（analytical fragility curves），则是通过对结构地震反应的计算分析和抗震可靠性分析获得的[91-93]。

（1）专家判断的易损性估计法，主要是相关研究人员根据建筑物设计图纸、现场勘察等对建筑物的地震结构易损性进行经验估计。该方法虽然简单易行，但是很大程度上依赖于专家的主观判断，不同的专家得到的结果往往会存在差异。

（2）依据建筑物抗震设计规范对建筑物抗震性能进行评价，规范对抗震设防原则、设计目标、地震作用，建筑物的平面和立面布置，抗震结构体系，非结构构件，材料和施工都作了明确规定。因此，通过比较结构的承载能力以及地震作用可以估计建筑物的易损性。

（3）经验公式法是根据震害资料统计回归给出的关系进行地震易损性估计。该方法反映了地震破坏的实际情况，但只能给出地震时建筑物破坏率的均值和方差，故该统计方法只能用于震害经验丰富的建筑物的易损性估计。

（4）使用地震烈度表估计建筑物的易损性。地震烈度表是衡量地震时一定地点地震动强烈程度的尺度，通常以人的感觉、器物的反应、建筑物的破坏和地面破坏等现象来描述。烈度表对房屋进行了分类，对破坏程度也划分了等级，也对在工程上 6～9 度间不同类型建筑物各种破坏状态出现的概率规定了具体的数量范围。

以上详细叙述了地震工程领域的结构易损性分析。作者将该结构易损性分析概念与方法应用到结构区域分布传感中结构关键构件和区域的确定。根据易损性分析得出的易损性曲线可以较为直观地反映在不同荷载下桥梁各个构件在不同的损伤程度下的损伤顺序，确定出桥梁结构损伤的最不利位置，从而能够方便地得到结构的关键区域。

在结构关键区域确定后，根据结构的离散性分析确定结构可能损伤区域的大小。土木工程结构特别是钢筋混凝土结构存在大的离散性，通过在结构分析过程中引入概率分布的概念考虑材料等离散性，可分析得出结构损伤区域的大小及其影响的范围。该范围在结构的破坏过程中力学特征复杂，可通过传感网络覆盖此区域进行直接测量。

最后，针对结构关键区域的动静态、微宏观和高精度测量数据进行多层次分析（具体见第 4 章），剖析结构关键区域复杂非线性力学特征，再通过线性插值得出未被传感单元覆盖区域的结构信息，从而实现了从结构的区域监测到结构整体的全面识别，为后续的结构性能评估提供了夯实的数据基础。

从图 3.3 所示的区域分布传感流程图可以看出，区域分布传感（areas distributed sensing）是一种基于结构非线性和易损性解析确定结构关键区域位置进而根据离散性分析和子结构方法确定关键区域的范围，然后对关键部位和区域实行分布传感，从而实现结构主次分明、点面结合、整体与局部相统一的健康监测理念。它从传感器优化布置、高性能传感和多层次分析等多方面来应对土木工程结构个体或群体难以全面测量这一传统难题，其主要特点是通过必要区域的动静态的重点监测，同时辅以整体区域的监测，主次方面统筹兼顾，可在一定传感器数目的条件下，最大程度的实现大型结构的有效安全监测。

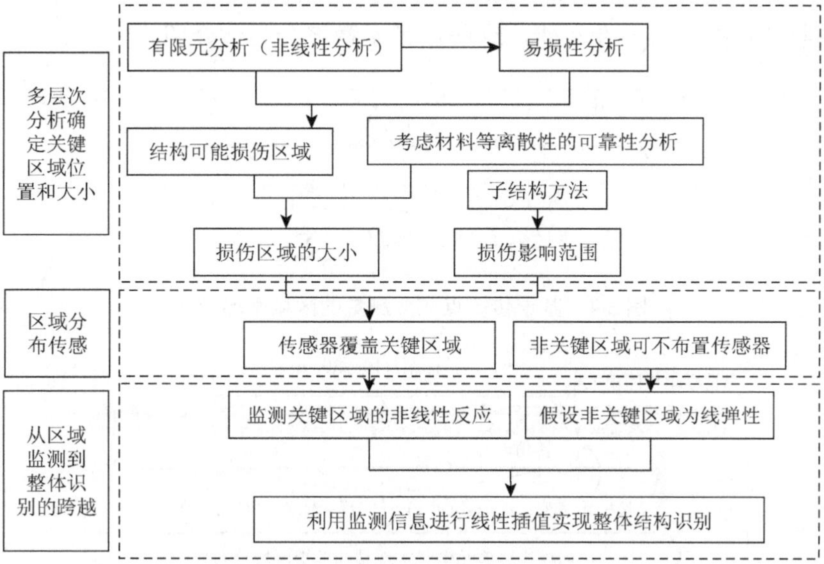


图 3.3　结构区域分布传感流程

### 3.1.2　结构区域分布传感网络构建

要实现上述的区域传感，需要开发新型的传感技术。一方面，区域传感理念需要匹配的传感技术具有高精特征。人体神经网络仅能感觉到身体各部位的疼痒等症状，而要精准发现和得出人体的疑难病症（如肿瘤）等，还是要靠周期性多层次体检中的高精仪器检查。类似的，要实现工程结构异常变化特别是早期微小损伤的及时发现，需要高性能多层次的先进传感技术。另一方面，为实现上面叙述的针对关键区域的结构“区域传感”，需要相应的传感技术能够分布式或准分布式的测量一定区域。传统的点式传感器无法实现分布或准分布测量，而光纤布里渊散射（BOTDR/BOTDA）等分布式传感技术在精度和动态测试等方面的指标有待进一步提高，因此它们都无法适用于上述的高性能高精度的结构区域分布传感。

实际工程中结构受力情况一般比较复杂，且多为非均质材料构成，对于大尺度混凝土结构或构件，单个应变片很难实现结构该部位的准确应变测量。通常情况下应对这一难题的方法是尽可能多地在关键区域布置应变片，再对该区域的点式应变求平均值来近似得到区域的平均应变（图 3.4）。根据该思想以及根据上述的区域分布传感理念对传感技术提出的功能要求，可采取线、网格、面等类型分布传感单元来构建结构区域分布传感网络。这里介绍作者针对结构区域分布传感专门提出的长标距传感（long gauge sensing）概念及基于长标距传感单元的结构区域分布传感网络构建方法。长标距传感器的核心思想是测量结构在一定标距内的平均应变（图 3.4），而非一个点的局部应变。基于上述思想，作者通过高性能长寿命传感器的长标距化设计与可串联形成分布传感网络设计，直接反映和关联结构应变与转角等宏微观信息并实现损伤覆盖（图 3.5）。所提出的基于长标距传感单元的结构区域分布传感方法，针对结构损伤可能发生的区域进行高精度分布式监测，所输出的区域分布应变与位移、转角、荷载等有直接关系，同时结合第 4 章将要介绍到的方法开发使其具有加速度计等同等作用，实现了单种传感技术具有加速度、应变、转角、变形、荷载、损伤等多种监测功能，即一专多能，这些在第 4 章将会具体介绍。

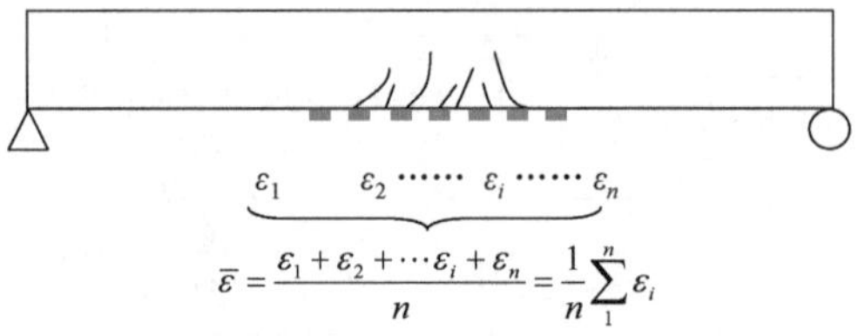


图 3.4　基于传统点应变测量的区域平均应变

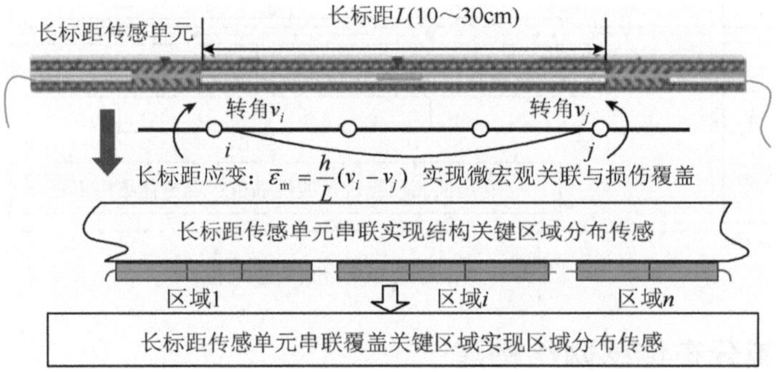


图 3.5　长标距概念实现结构区域分布传感

长标距传感器（long gauge sensor）指测量标距长且测量结果能够反映被测体一定特征区域内被测物理量的传感器，其中的标距长度（gauge length）指传感器能够进行有效测量部分的长度。相对于传感标距短且测量结果只能反映被测体局部某点被测物理量的点式传感器（point sensor），考虑到土木工程结构的特点和需要，长标距传感器的标距长度一般设计为 10～300cm。它的输出能够反映被测结构一定区域或特征尺度范围内的物理量变化，适宜大型桥隧工程结构，特别是混凝土工程结构。长标距传感器可按照适当密度分布在结构的一定区域，从而达到对各类桥隧工程结构的长距离大范围区域的动静态监测。长标距传感器主要有长标距光纤布拉格光栅（FBG）传感器、长标距光纤布里渊散射传感器和长标距碳纤维传感器等类型，在本章后面的小节中将具体介绍。需强调的是，令长标距传感单元串联形成网络是构建结构区域分布传感网络的主要方法，如图 3.6 所示，根据监测目的可以灵活的按照结构形式将多组长标距应变传感器，通过如线状、面状（网格）或立体等多种类型分布来实现结构区域分布传感。另外，长标距应变传感器输出的应变为长标距单元内平均应变，不同于传统应变片输出的点式应变，它是一种宏应变，也可称为长标距应变或平均应变。在本书中统称长标距应变。

根据以上长标距传感单元可以灵活布设的特点，在实际传感器设计时，可以根据传感目的的不同，将长标距长标距传感单元预置入复合材料等基材中，以构成如线状、网格、面状传感器，如图3.7所示，以满足不同结构形式监测对象的测量需求。

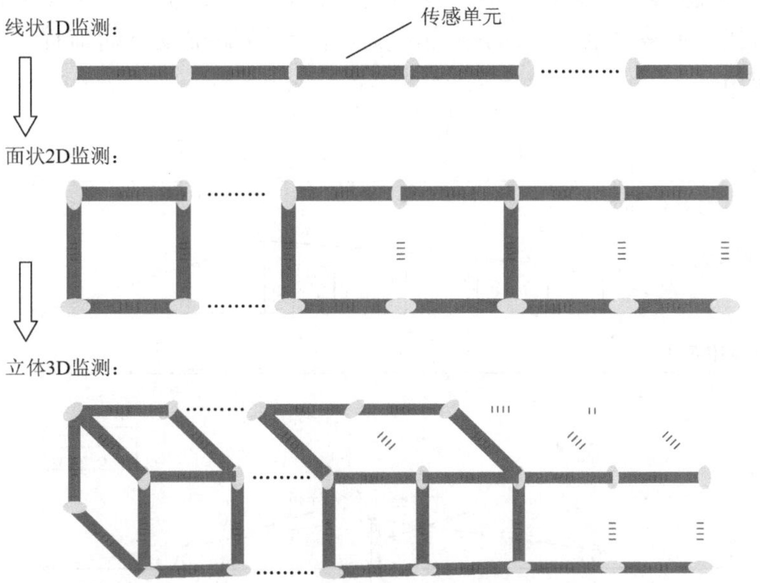


图3.6　基于长标距应变传感器的多形式布设方式

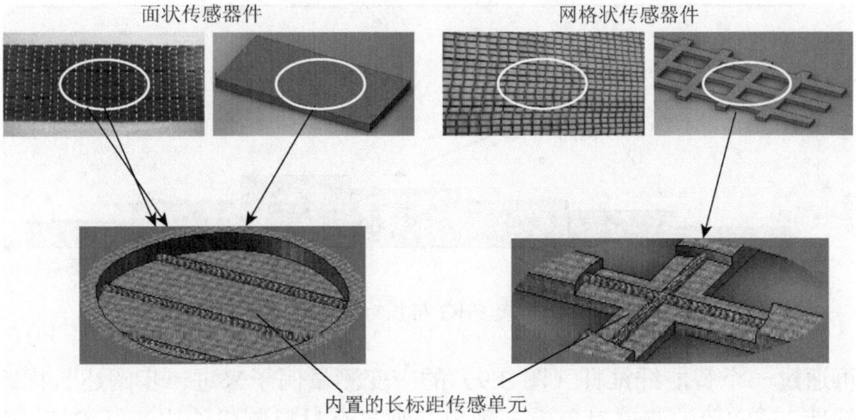


图3.7　多种形式的长标距应变传感器件

这里以FBG传感器为例来介绍长标距传感器的特点。当裂缝产生时，没有与裂缝在同一位置的传统点式FBG传感器所测量的应变值可能不变甚至下降，导致无法实施有效的损伤识别。对一个三点弯曲的简支梁测试时，由于已经知道最大弯矩会发生跨中位置，可以在跨中和两边对称布设三组FBG，通过线性拟合获得试件的应变分布。对于四点弯曲的加载情况，可以增加布点数目，进而获得更准确的应变分布。但对于复杂的加载情况，如实际加载情况无法预测时，只能通过增加更多的布点数目，进而获得相对接近的应变分布。如图3.8所示，当传统FBG布点远离能真实反映应变分布的特征值位置时，难以准确预测真实的应变分布。特别是对于混凝土构件，由于传感器一般布设在弯矩最大点的附近，当布设点发生裂缝时，其变形全部传递到只有数厘米标距长度的 FBG 传感器上，其局部的应变突变势必影响到整体应变分布的计算。反观长标距 FBG 传感器，由于其标距长度内变形被均匀分配到封装的 FBG 传感元件上，故其测量值直接反映覆盖区域内的平均应变。在不增加布设点的前提，起到表征分布区域应变的作用。

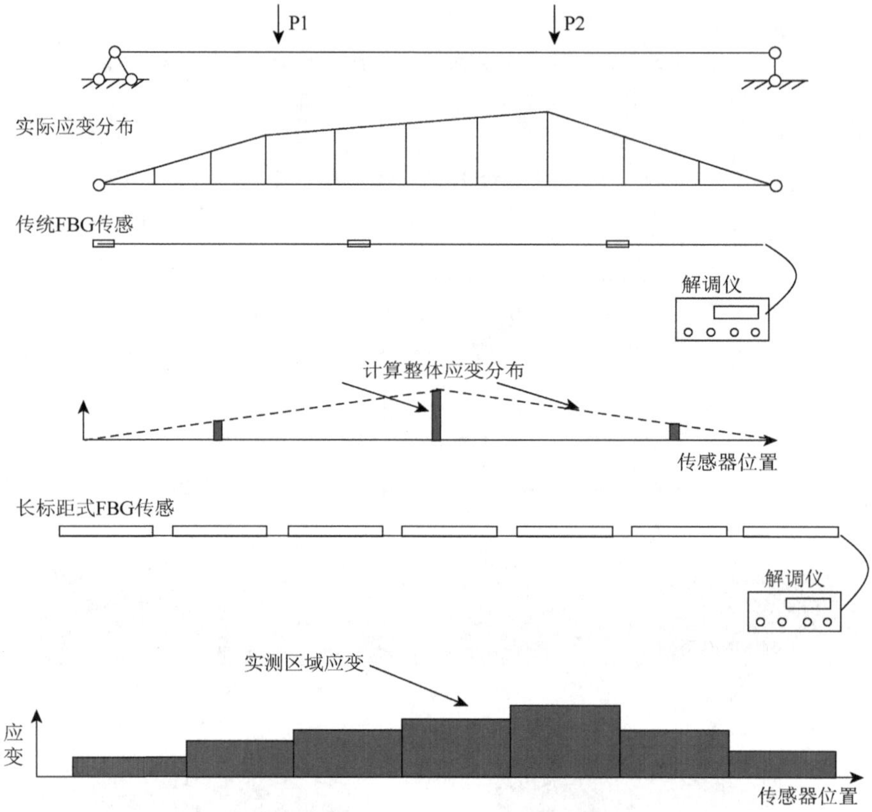


图 3.8　传统 FBG 与长标距 FBG 对比

下面再通过一个智能纤维杆（图 3.9）的应变测量例子来进一步阐述长标距应变测量思想的优越性。该实验的测试对象为一种由纤维复合材料制成的连续纤维杆，通过在纤维杆中心安装光纤传感器即制成具有传感性能的智能纤维杆如图 3.9 所示。该试验构件总长 440mm，两端固定，其中锚固长度为 50mm。在试验中采用具有不同标距长度的光纤传感器安装于智能纤维杆内部以验证标距长度对测量结果的影响，其中采用的测标距长度分别为 30、50、75、100、150mm（图 3.9）。以恒定速度拉伸试验构件到 2000με 进行拉伸强度测试，各个具有不同长度的光纤传感器即可记录测试过程中的结构应变，进而可根据测量结果算出材料的弹性模量。试验结果如表 3.1 所示，可以看出，传感器的标距越长，所测量的误差越小。随着标距的变长，测量结果具有明显的收敛于精确结果的趋势。这是因为碳纤维材料具有一定程度的各向异性与非均匀性，具有长标距的光纤传感器可避免局部非均匀性引起的局部应变从而测得结构的一定范围内平均后的真实特性。该实验室例子展示了长标距传感器相对于传统点式应变测量传感器的优越性。

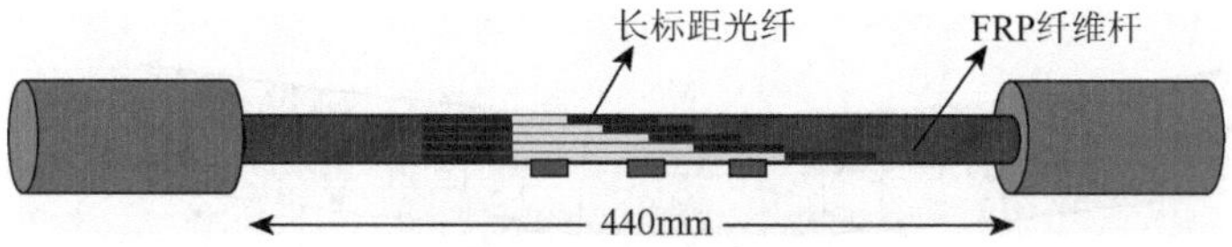


图 3.9　长标距传感在纤维杆测试中的优势

**表 3.1　不同标距长度传感器的试验结果**

| 标距长度/cm | 弹性模量/GPa | 误差/% |
|---|---|---|
| 3 | 48.4 | 5.4 |
| 5 | 47.6 | 3.7 |
| 7.5 | 44.8 | 2.4 |
| 10 | 44.8 | 2.4 |
| 15 | 45.4 | 1.1 |

### 3.1.3　钢筋混凝土梁的区域传感示例

这里通过一个钢筋混凝土梁的模拟算例来展示前述的长标距传感概念和结构区域分布传感理念。该梁为图 3.10 所示的单跨简支梁，跨度为 2540mm，梁宽为 127mm，梁高为 254mm，混凝土等级为 C40，受拉区的钢筋采用两根直径为 16mm 的二级钢筋，受压区的钢筋采用两根直径为 8mm 的二级钢筋，箍筋的直径为 8mm，箍筋间距为 150mm，对梁的上表面施加均匀竖向力。

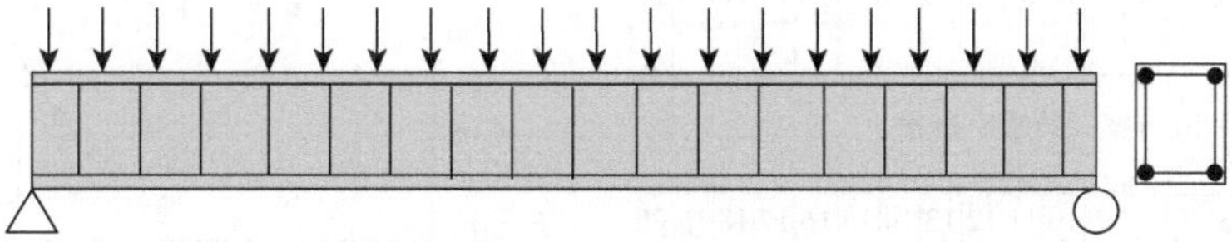

图 3.10　简支梁模型

通过 ANSYS 有限元软件对其进行非线性分析，沿着梁的长度方向对单元进行编号（自左向右分别为 1～20），如图 3.11（a）所示。首先，根据结构动静态非线性解析和脆弱性分析得出结构损伤或隐患区域位置，根据图 3.11（b）所示的应变分布图以及图 3.11（a）所示的裂纹发生位置可以看出最可能发生损伤的类型为位于跨中梁底的弯曲破坏。上述的容易发生结构损伤又对结构性能起到重要作用的区域称为关键区域（critical area）。结构区域分布传感的理念是指对该类型区域进行分布传感和监测。在找到结构的关键区域后，下面的问题是如何确定结构关键区域的大小以进行适当的传感布置。

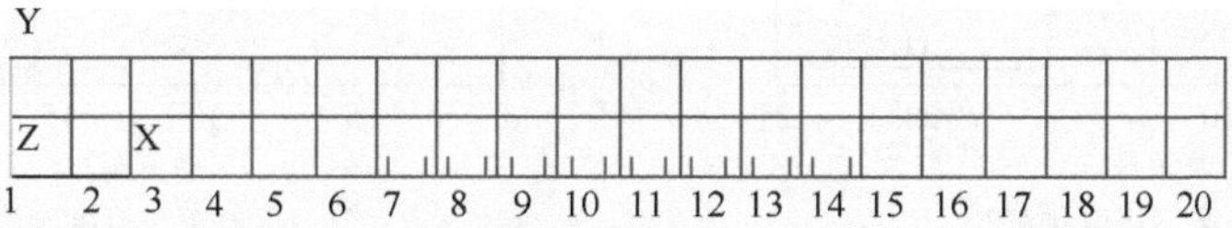


(a) 裂缝分布

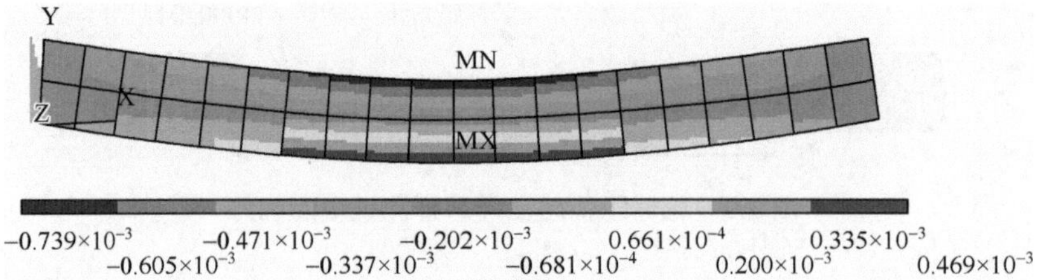


(b) 应变分布

图 3.11　有限元分析

首先根据上述有限元分析确定结构关键区域。它包括受弯矩最大的简支梁跨中区域和受到剪切作用存在较大的剪切应变的简支梁端部区域。问题是，在关键区域的位置确定后，如何确定关键区域的大小。本书的第 4 章将会讲到通过共轭梁法由弯曲应变来计算梁的挠度。这里将通过研究不同大小关键区域的分布应变对结构挠度计算结果精度的影响，来展示如何确定结构关键区域的大小和范围。

对如图 3.12 所示的三种区域分布传感方案分别进行分析，其中跨中关键区域的范围逐渐由小变大，以探讨其对结构挠度计算结果的影响。由于共轭梁法要求知道全部单元的应变信息，对于未布置传感器的单元应变，通过利用关键区域边界单元的应变值进行插值得到，然后分别由测量和插值得出的应变计算结构挠度，所得结果如图 3.12（d）～（f）

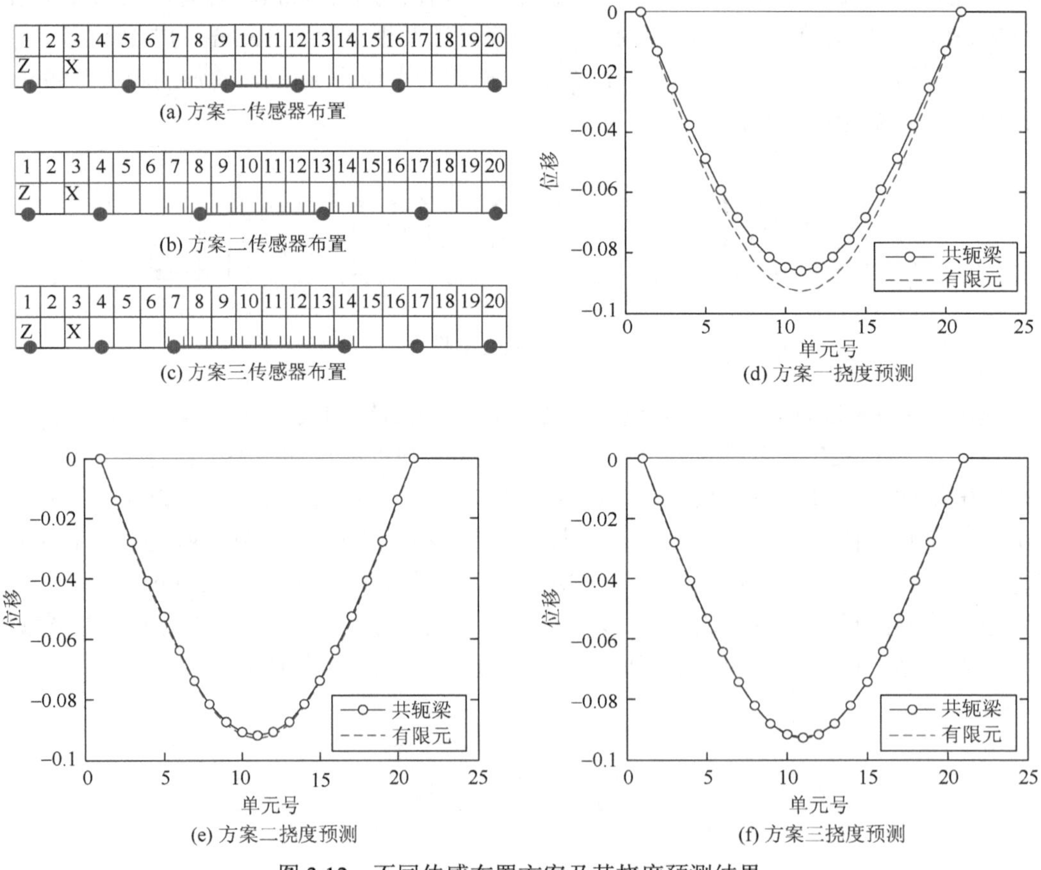


(a) 方案一传感器布置　(b) 方案二传感器布置　(c) 方案三传感器布置　(d) 方案一挠度预测　(e) 方案二挠度预测　(f) 方案三挠度预测

图 3.12　不同传感布置方案及其挠度预测结果

所示。由三种传感布置方案，所得出的挠度计算结果的误差分别为 7.3%、0.9%和 0.3%。可以看出，在方案一中，简支梁跨中区域布置的传感器数量较少，没有完全覆盖损伤区域，从而导致在插值过程中存在较大误差；而当传感区域逐渐增大时（方案二和方案三），所计算得出的挠度的精度逐渐提高。因此，在进行结构区域分布传感布置时，需保证关键区域足够的大小，然后再根据对识别和评估结果的精度要求来具体确定关键区域的大小和范围。

### 3.1.4　苏通大桥辅助航道桥区域传感示例

下面以苏通大桥辅助航道桥的传感器布置方案为例，介绍区域传感概念以及如何通过易损性分析选取结构关键构件和进行基于区域传感概念的传感器布设。苏通大桥辅助航道桥（图 3.13）为预应力混凝土连续刚构桥，其三跨长度分别为 140m、268m 和 140m。主墩为普通钢筋混凝土双薄壁矩形空心墩。箱梁为单箱单室截面，顶板宽 16.4m，底板宽 7.5m，根部梁高 15.0m，跨中及边跨直线段梁高为 4.5m。箱内顶板最小厚度 0.32m，腹板厚度 0.45～1.0m，底板厚度 0.32～1.7m。桥面总宽 34m，为双向 6 车道。我国大跨径预应力混凝土连续刚构桥梁的调查显示，该类桥的主要病害是箱梁裂缝（顶板纵向、腹板斜向、底板横向和底板纵向）和主跨跨中下挠过大。针对该类桥梁常见病害，作者团队对该桥进行了基于“区域传感”理念的健康监测工作。为确定结构关键区域以有效布置传感器，首先对该桥进行了基于 ANSYS 软件的有限元分析。在所建立的有限元模型（图 3.13（b））中，主梁和南北主墩为 60 号混凝土，单元采用 BEAM188。箱梁采用 shell63 单元建立。南北主墩采用固结，桥梁两端采用简支约束。

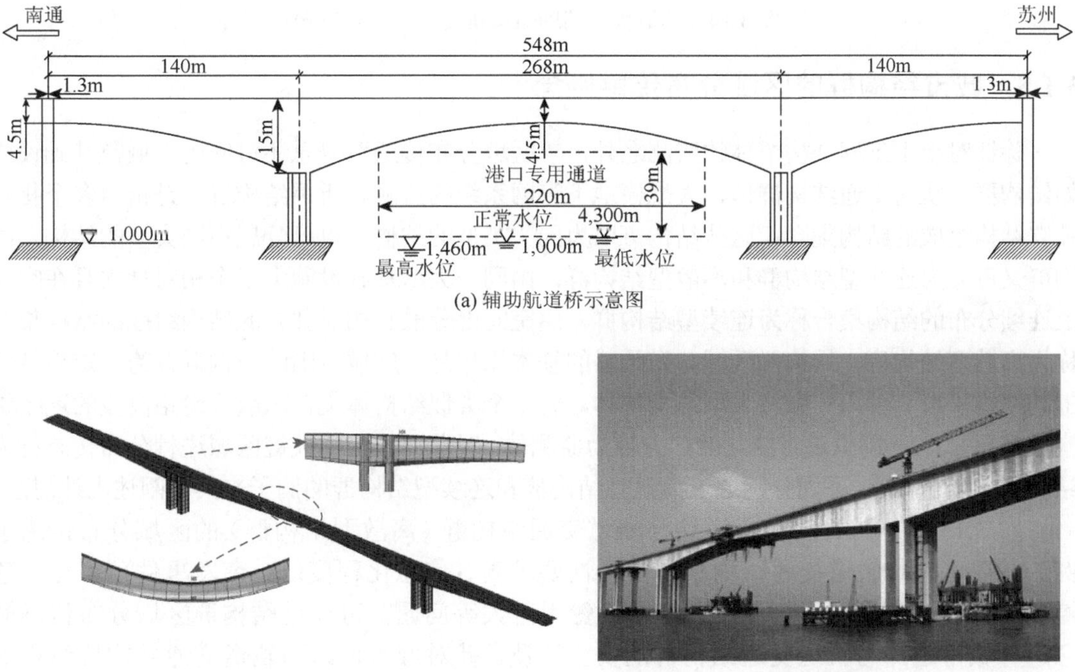

(a) 辅助航道桥示意图

(b) 有限元模型

(c) 实桥图片

图 3.13　苏通大桥辅助航道桥概况

通过对所建立的桥梁有限元模型进行自重条件下的力学分析，可以得出桥梁所有单元的应力应变分布情况。有限元解析结果显示：在北主墩处主梁上部区域受拉最大（图 3.13（b）），而主跨跨中部分受拉最大（图 3.13（b））。结构的自重荷载为结构服役期间的主要荷载，日常的车辆荷载与可能的地震荷载与自重荷载具有类似的分布规律，因此可以确定桥墩附近主梁上部区域和跨中下部区域为结构的关键部件，是服役期间可能遭受破坏的重点区域，因此在结构的健康监测工作中，需要重点进行监测与分析。根据基于区域传感的结构监测理念，对该桥进行的传感器方案布置如图 3.14 所示。在该方案中，共使用 52 个长标距应变传感器，重点布置于上述关键构件和区域，同时结合其他类型传感器对结构的整体性能进行监测，从而实现关键构件集中监测和整体性能监测相结合的监测方案，达到重点区域精准测量分析、结构性能全面评估的最终目的。

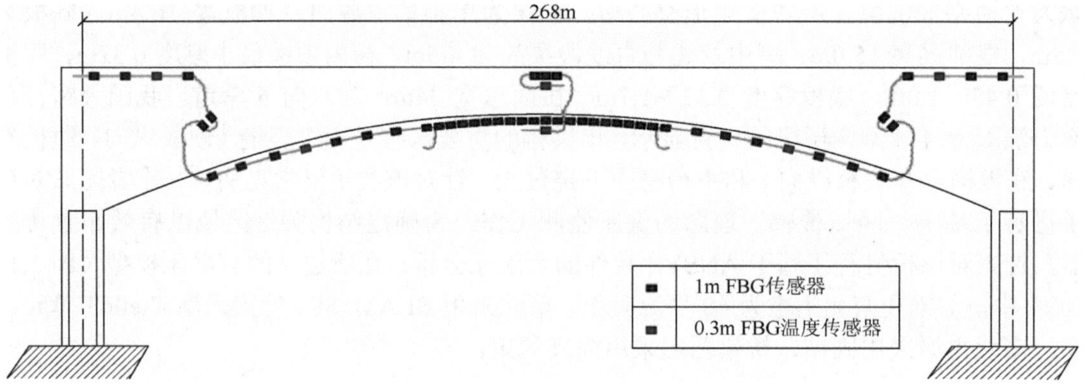


图 3.14 苏通大桥辅助航道桥传感器布置方案

### 3.1.5 城市结构群的区域分布传感概念

除针对土木工程结构个体的监测之外，“区域分布传感”概念还可应用于城市基础设施如结构群、轨道交通结构群体、大规模地下管网系统的监测。所谓结构群，是指由多个相对独立结构组成的结构集合，这些结构可以为同一类型的结构，也可分属不同类型的结构。结构群又可分为连续型结构群和离散型结构群，由同一大型基础设施上多个相对独立且在空间上连续分布的结构集合称为连续型结构群，由空间上分散且相对独立的结构组成的结构集合称为离散型结构群。结构群区域分布传感的基本思想是：广域范围的结构群分为一定界域范围的结构子群（可为一个特大型结构单体，若干个类似结构体集合，或一定距离段的连续结构体集合），对子群里进行监测的部分称为监测体，对监测体内的关键区域进行分布传感称为结构区域分布传感。下面分别通过离散型结构群和连续型结构群的例子来具体阐述上述思想。

图 3.15 所示为针对城市道路与轨道交通结构群（离散型结构群）的区域分布传感示例。城市道路与轨道交通结构具有安全性要求高、信息化程度低、突发事件预警与应急控制能力差、服役性能退化严重、维修费用巨大等问题，可通过结构群区域分布传感概念进行城市道路与轨道交通结构群的安全监测。针对城市道路与轨道交通结构群体积庞大、占地范围广、难以全面监测的特点，利用可准确监测结构响应和环境因素的高性能、长寿命、多尺度的高新传感技术，基于“区域分布传感”理念，找出城市道路与轨道交

通结构群的各个关键子群，进而通过结构分析找出各个关键子群的重点监测体，然后进行这些监测体的重点区域的分布传感监测，再通过数据分析方法从监测数据中进行结构群的全面识别和直接评估，即可实现整个结构群的有效健康监测。也就是说，它通过对离散结构群的重要部位及隐患区域进行全面重点监测和其他部分进行散点监测，建立连接于基于物联网管理中心的各个子网，实现城市道路与轨道交通结构群的安全预警及应

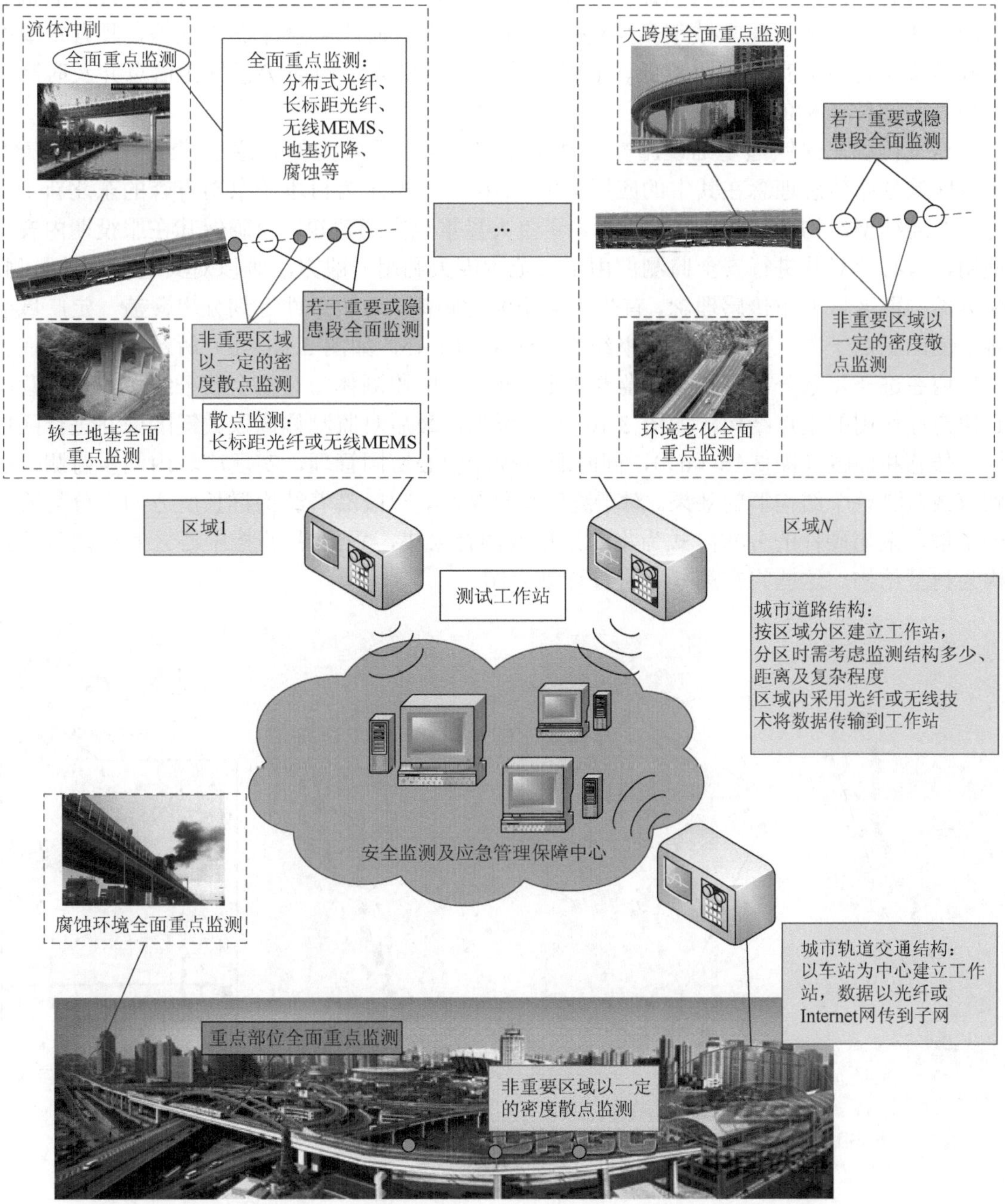


图 3.15 离散结构群的区域分布传感方法

急保障。对于分散型结构群，应根据结构群的分布范围分为若干个子区域。其传感器要求、监测频度与单体结构相同，采集设备位置根据监测频度选择采集设备在区域工作站、自带采集设备，采集硬件的分布方式为集中采集或混合采集，采集站-监控中心之间数据传输结构为星型结构。这些基于物联网技术的各子网构建方法及各子网间的数据传输方法将在第 6 章的结构（群）健康监测系统构建部分详细叙述。基于区域传感理念的结构监测传感系统的优化布设对结构群的性能评估，如研究地震作用下城市高架桥的抗震性能快速评价技术、建立城市高架桥结构群的地震易损性风险评价方法等，具有重要的工程意义。它能够实现以成本低、数量少的传感器采集结构的状态变化信息并及时准确的识别和定位结构的安全隐患。

这里再以高速铁道基础设施安全健康监测与预警系统为例介绍连续结构群的健康监测及区域分布传感理念在其中的应用。图 3.16（a）所示为日本东京至青森的东北新干线为一个连续型结构群，全长 736 千米，涵盖大量重点交通建筑，为确保其在服役期内安全使用，有必要对其进行安全监测但由于其范围庞大利用一般方法难以对其进行有效监测。根据结构群区域分布传感理念，首先根据距海边距离、地质条件等划分出覆盖一定广域监测范围的重点子群，其中的监测枢纽为各子群的中心，如图 3.16（b）所示，进而，在各子群内在进一步划分出需要重点监测的监测体，这些监测体为对整个新干线的安全运营起到决定性作用的重点结构，如图 3.16（c）所示，最后对监测体选取关键区域并进行区域分布传感和监测（图 3.16（d）），同时通过控制中心协同管理，实现广域内同步监测，达到有效监测整个结构群的效果。对于连续型结构群，一般沿着结构群长度方向上分为若干个子群，采集硬件的分布方式为集中采集或混合采集，采集站-监控中心之间数据传输结构为树型结构。这些将在第 6 章进行详细介绍。

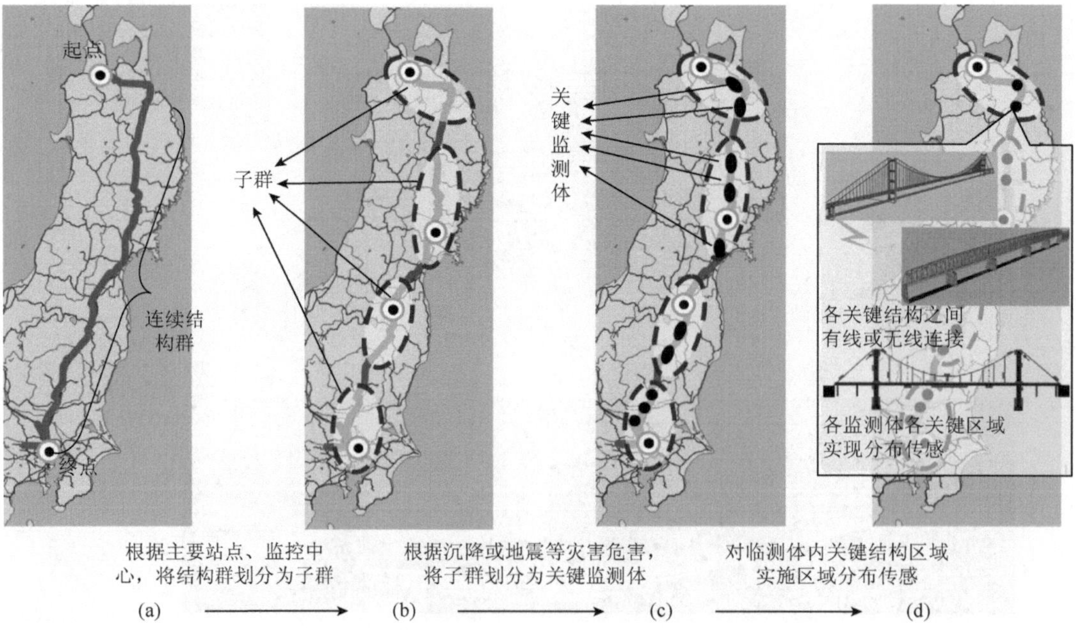


图 3.16　连续结构群监测中的区域传感方法

# 3.2　长标距光纤传感技术

## 3.2.1　长标距光纤传感概况

1）长标距 FBG 传感技术

第 2 章介绍了常用的 FBG 的传感栅区一般为数毫米到数厘米之间，与常用的钢筋电阻应变片的尺寸相仿。在实验室内通常将 FBG 传感器直接粘贴在结构表面，与应变片一样它只监测了结构某个点的应变。为了掌握结构整体应变分布必须通过多点布设的方法，在可能出现特征应变值的位置，如跨中和端部布设 FBG 传感器，结合理论的应变分布对测量的结构应变分布进行预测。例如对于一个长期服役条件下破损的混凝土梁，使用长标距光纤传感器能够有效测得标距内的裂缝破坏影响，并且它能够避免混凝土内砂石不均匀性造成的局部应变突变，真实测得反映整体结构特性的应变，而通过传统点式应变计所测得的应变仅是局部应变，其极可能受到结构离散性的影响从而无法精准反应结构真实特性。长标距 FBG 传感器的长标距化封装技术的核心思想是，使 FBG 传感器的测量标距由点延长到一定长度，从而可以反映被测体一定区域内被测量的物理特性。图 3.17 所示的光纤传感器具有长标距特征。它让 FBG 与被测结构之间采用“两点”黏结，这样处在两点之间（即标距）的 FBG 测量值就代表该标段结构的平均应变或温度，再将长标距化的 FBG 进行串联，从而实现区域化的分布式测量。

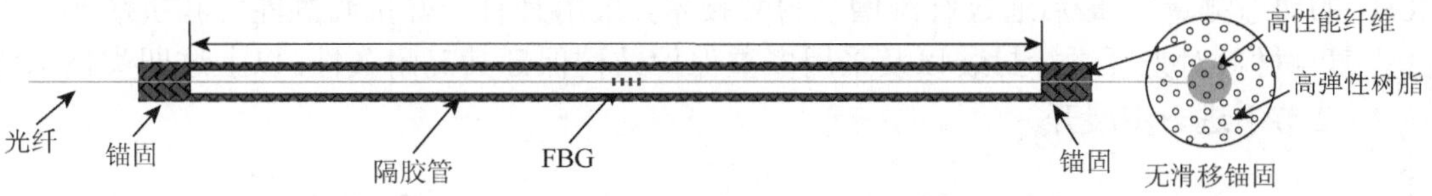


图 3.17　长标距 FBG 光纤传感

长标距 FBG 封装技术的目的是针对传统 FBG 进行高性能化改良设计，以满足实际工程应用的要求。图 3.18 中列举了长标距 FBG 几个主要的改良指标。为了实现长标距 FBG 的高性能化的目的，长标距 FBG 传感器的设计封装技术涉及柔性复合材料封装、端部刚度设计、传感标距设计等多项内容，其具体内容将在 3.2.2 节中进行展开。

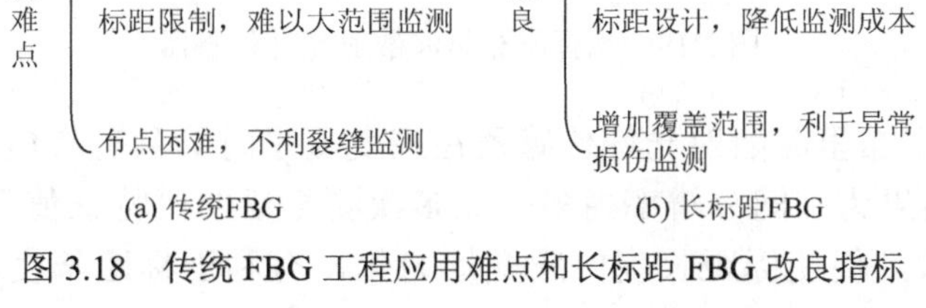


(a) 传统FBG　(b) 长标距FBG

图 3.18　传统 FBG 工程应用难点和长标距 FBG 改良指标

2）长标距布里渊散射光纤传感技术

第 2 章介绍了基于布里渊散射光的光纤传感技术，具有分布式测量的特点，适合于大型结构的连续监测。但目前布里渊散射光传感技术依然存在着可识别空间分辨率限制、传感精度低下、稳定性差以及单次扫频时间长等技术瓶颈。为了满足实际工程应用的要求，下面介绍一种从点式传感到长标距分布传感以及高精度和实时性测试的长标距布里渊散射光纤传感技术。长标距布里渊散射光纤传感技术的核心理念与长标距 FBG 类似，其长标距化改良的指标不同，其内容包含以下四个方面。

首先是长标距封装技术。如图 3.19 所示，光纤在长标距化的过程可以采用整体式和两点式封装。整体式封装是指通过树脂等黏合剂将光纤整体封装于套管内以原有的传感方式进行测量，该方式的封装只起到保护光纤的作用。根据前文提到的长标距传感器理论，对整体式封装的光纤传感器采用两点固定的方式安装于结构对象上，以均匀化标距内应变分布的目的。但经研究发现受传感精度、空间分辨率和特有的布里渊分布式传感等因素影响，该方式的应变测量精度一般为 25～50με，并未能有效改善测量精度。相反两点式封装方式通过两段特殊设计的锚固端，从内部对传感芯线的应变分布均匀化，而传感器整体采用全面粘贴的方式安装于结构对象表面。结果显示改方式可以将测量精度提高至±10με，空间分辨率从 100cm 提高到 5～10cm，满足了土木工程监测的实用化要求。此外长标距布里渊散射光纤传感技术还包括增敏技术和增速技术。增敏技术是针对布里渊散射分布光纤传感的变刚度增敏设计技术，而增速技术是指通过采用微波扫描鉴频技术一次测量时间从当前的 5～10 分钟提高到实时动态监测水平（可达到采样距离 20km、采样频率 50Hz 的动态测量）。最后通过纤维增强封装技术，采用具有良好抗腐蚀能力和抗蠕变的玄武岩复合材料对光纤进行封装以及采用多重保护结构保证其高耐久性。以上这四类技术将在 3.3.2 节中进一步展开。

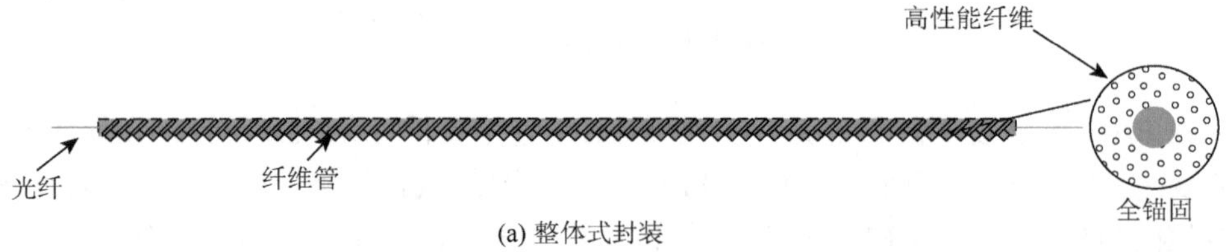


(a) 整体式封装

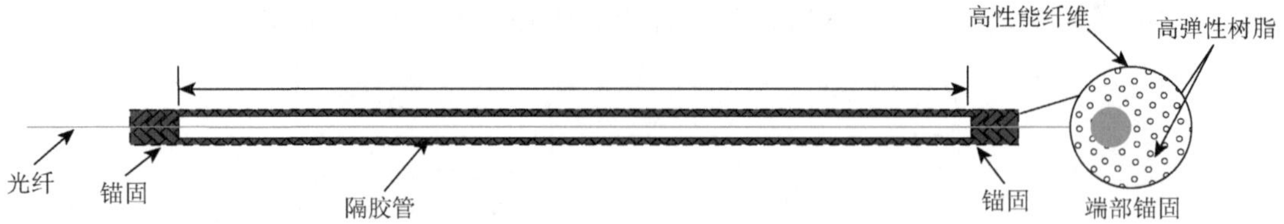


(b) 两点式封装

图 3.19　长标距布里渊散射光纤传感器

2.2.1 节介绍了布里渊散射光纤传感器在应变测量时其具有特色的布里渊分布式测量方式，其测量结果为空间分辨率内多个点多次测量后的“特征值”。而长标距布里渊散射应变传感技术，促使标距长度内应变均匀化，有利于标距长度的控制。由于标距长度内各点实际应变一致，其信号输出也更接近于真值，即提高了原有的测量精度。另外随着长标距封装技术的应用，使得光纤传感器更适合于长标距分布布设的方式布设于结构关键或整体区域内。关于长标距分布布设方式的具体内容，可参看 3.1.2 节。图 3.20 中列出了传统方式的布里渊散射光纤传感器和长标距布里渊散射光纤传感器的基本区别。

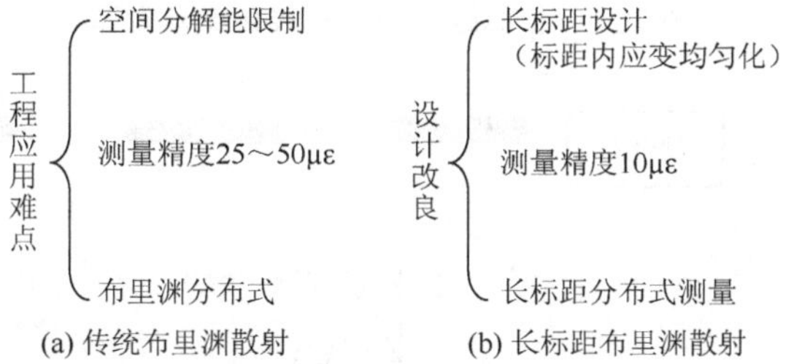


图 3.20　传统布里渊散射传感的工程应用难点和长标距化改良指标

值得注意的是，与长标距 FBG 不同的长标距布里渊散射光纤传感技术的主要目的是为了解决空间分辨率限制和测量精度的问题，其内容将在 3.2.2 节中详细介绍。

3）长标距传感方案

随着长标距传感器的出现，工程人员可以根据测量目的更加灵活的制定传感方案。由于长标距传感器单根覆盖范围远大于传统点式传感器，对于重要交通基础结构等监测要求高的监测对象，无需大量的传感器即可实现一种对结构完整覆盖的长标距全域分布式传感方案。而对于相对监测要求低的监测对象，也可通过在结构上选取重要监测位置，设计比 2.2.1 节介绍的点式准分布更加完整的长标距准分布式传感方案。另外对超大结构或结构群，可将结构划分多个特征区域充分利用长标距传感器的特点，对各个区域内实施长标距传感器布设，既能完整掌握结构或结构群的整体信息又能有效的细分监测对象的评价水准，因此，人们称其为长标距区域传感方案。对于上述三种长标距传感技术的分布式传感方案的具体内容如下。

长标距全域分布式传感是为达到某一特定测量目标，将长标距传感器在结构上进行完全分布的一种布设方式。在减少传感单元、降低监测网络搭建成本和保证计算精度的前提下，如图 3.21 就是采用一种典型的长标距传感器对监测对象进行完全的布设。全域分布将各个长标距传感器连接布满整个结构表面，以桥梁为例，通过在其梁、柱、支承部等主要承重和变形区域覆盖长标距光纤传感器，进而达到对桥体全面检测和监测的目的。由于该布设方案的监测节点多，覆盖信息广，其评价结果的计算精度高，适合于精确的分析结构微小损伤、长期渐变等指标。但其监测成本高，对后期数据处理和并行计算的要求高，适合于重大基础设施结构如交通结构、桥梁等。

而长标距准分布（图 3.22）指按照一定密度将传感器布设结构的整个表面，达到一种接近全分布的布设效果。以连续梁结构为例，各个跨度内性能指标相对接近，不需要监测全部的构件，因此间断在主要构件上布设长标距传感，以降低监测成本为目的，进而达到接近于全域分布的结果。

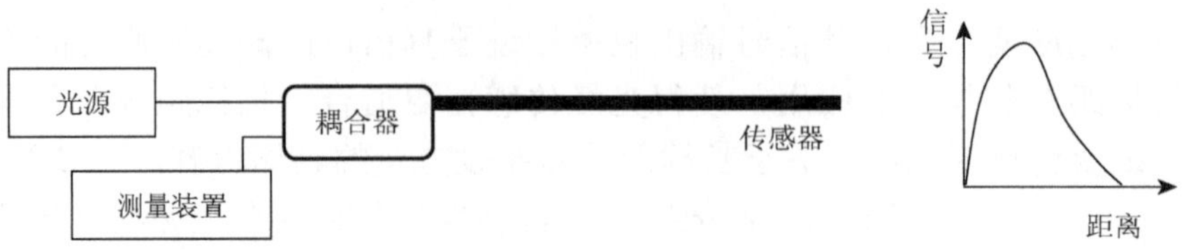


特点：覆盖范围完整、评价准确性高、适合重大结构对象；
数据量大，监测成本高

图 3.21　长标距全域分布式传感示意图

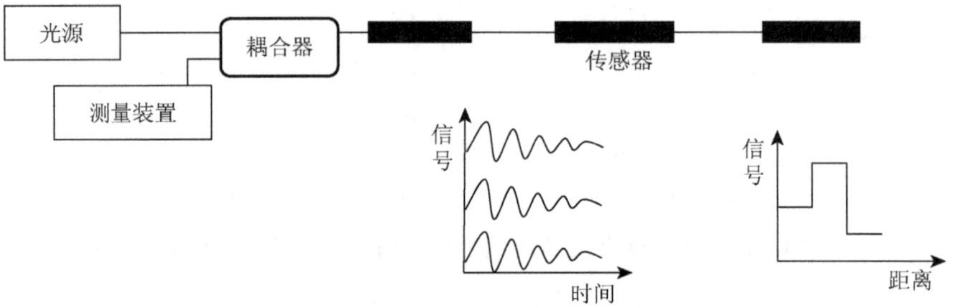


特点：满足时程测量要求、测量对象包括整体及局部；近似描述完整的应变分布

图 3.22　长标距准分布式传感示意图

而长标距区域传感方案（图 3.23），如 3.1.3 节对于单一大型构件或结构，又可以根据结构内部构件进行多尺度的划分，如悬索桥可以按照构件类型划分塔台、桥墩、桥面板等子区域，分别针对索力、承载、挠度进行不同结构参数的监测。关于结构参数的演算方法，将在第 4 章中进行详细介绍。长标距区域传感方案地制定需要针对结构的重点区域进行重点监测区域的划分，在制定结构的监测方案时，可根据监测内容合理选择不同的传感器布设方式。如结构接承处由于受力复杂损伤类型多，需参考长标距全域分布式传感重点进行布设。而大跨度桥桁或索力监测时，由于对象范围大受力模式相对简单，可选取跨中或锚固端参考长标距准分布式传感进行方案设计。另外从宏观的范围而言，对于如铁路、城市区域内等大面积连续型结构群，可以沿着结构群长度方向上分为若干个子区域，根据传感器要求、监测布设区域工作站，实施集中采集或混合采集等多种分布方式，如 3.1.4 节介绍的就是此类大范围内的区域分布式传感的概念。总体而言，长标距区域传感方案的核心思想是选择性地在重要的承重部分或最大弯矩区域或容易产生疲劳、蠕变损伤的多个区域

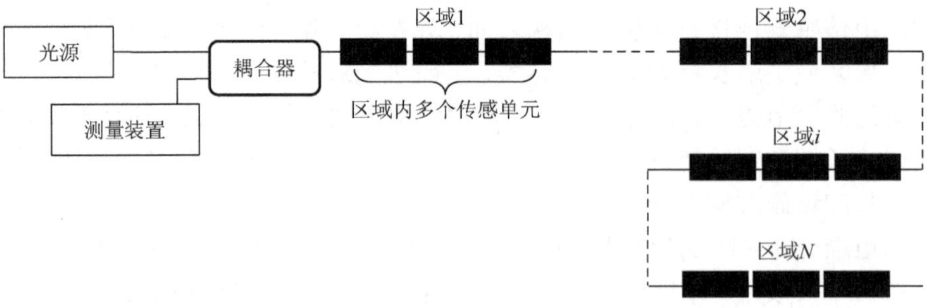


特点：将监测对象划分为N个重点监测区域、既满足整体性监测要求又保证细分区域的评价准确性，适合大型结构和结构群

图 3.23　长标距区域分布传感示意图

内分别布设多组长标距传感器。通过数值计算，获得各个区域如挠度、荷载、转角等结构状态参数相关的指标。通过合理地选择布设区域，该方案已经成功应用于多个实际工程中。关于如何通过长标距光纤传感器测得应变分布，获得结构状态参数的解析方法及具体示例，将在第 4 章内详细展开。

对于上述三种基于长标距传感器的传感布设方案，结合 2.2.1 节中关于点式应变传感器的传感方式，表 3.2 中给出了点式与长标距传感方案的基本要求对比。

**表 3.2　各类型传感方式对比**

| 类型 | 基本要求 |
| --- | --- |
| 点式传感 | 测量结果只能反映被测体局部某点被测物理量的局部 |
| 点式准分布传感 | 为达到某一特定测量目标，将点式传感器按照设定的密度分布布设在结构适当位置 |
| 布里渊散射分布传感 | 基于光纤布里渊后散射机理获取或转换环境信息并实现分布传感，逐点扫描和最小空间分辨率的限制 |
| 长标距传感 | 测量结果能够反映被测体一定特征区域被测物理量并可通过其串联实现分布式传感 |
| 长标距准分布传感 | 为达到某一特定测量目标，将长标距传感器按照特定密度分布布设在结构适当位置 |
| 长标距区域分布传感 | 为实现大型工程结构的早期损伤和全面技术状况监测，在对结构进行易损性分析的基础上将结构分为若干关键区域，并在所划分的关键区域内采用长标距传感器串联进行连续分布监测 |
| 长标距全域分布传感 | 为达到某一特定测量目标，将长标距传感器串联并在结构上进行完全分布 |

### 3.2.2　长标距光纤传感器的设计与安装方法

1. 长标距光纤传感器的设计

前面介绍了 FBG 和布里渊散射光传感的光纤传感器存在的诸如易脆断、滑移、耐久性差等问题，这些问题在实际应用中会影响到应变测量的精度、灵敏度、长期性能等关键指标。为了克服上述各种不足，在开发长标距光纤传感器过程中主要包含以下关键技术：

1）自适应高耐久纤维增强

针对光纤传感器易脆断的问题，目前常用的封装方法是采用金属管内灌胶的方式，该方式的明显缺点就是耐久性差、传感器灵敏度降低。光纤传感器的本质是细如头发的玻璃丝，采用纤维复合材料对其进行封装，不但可以达到提高韧性的效果同时不会影响到传感器的柔性。纤维复合材料具有轻质、高强、耐腐蚀等优点，采用纤维复合材料封装光纤，可以显著提高光纤传感的耐久性、施工性等性能。但值得注意的是，封装材料作为传感器的保护层，其长期性能和热膨胀性能直接决定着传感元件能否正常工作。作者对纤维复合材料长期性能的研究中发现，工程中常用的纤维如碳纤维、玻璃纤维、玄武岩纤维其性能存在明显的不同。碳纤维其蠕变破断强度可以保持在 75%～80% $f_u$，玄武岩是 55%～65% $f_u$，玻璃仅为 25%～35% $f_u$。由此可见，碳纤维和玄武岩纤维优越的抗疲劳蠕变性能，有助于实现高耐久性的光纤增强封装技术。另外，光纤材料随温度变化的热膨系数为 $7\times10^{-6}$，芳纶纤维、碳纤维和玄武岩纤维随温度变化的热膨胀系数分别为 $-4\times10^{-6}$、$-0.7\times10^{-6}$ 和（6～8）$\times10^{-6}$，由此可见玄武岩纤维与光纤材料具有相近的温度变形，利用这种变形的一致性实现了传感的自适应性。研究表明，采用高耐久性纤维复合材料封装的长标距光纤传感元件具有 20 年以上的超长寿命，对于特殊封装其寿命可达 60 年以上。针对长标距光纤传感器的耐久试验及其效果将在 3.2.5 节具体介绍。

2）低负荷长寿命光纤锚固

工程中常用的光纤传感器，如单模光纤其直径一般为 125μm。由于纤细的构造，在测量过程中存在的纤芯与包覆层滑移以及锚固段应力集中等问题，导致光纤传感器实际应用困难和耐久性低下的问题。为了土建交通领域大型工程结构的长期检测和健康监测，需要一种稳定可靠的高耐久长标距光纤传感器的端部处理方法。锚固的主要问题是剪应力传递长度和锚固段的应力集中。为了有效增加剪应力传递长度并达到降低锚固段应力集中的目的，通过光纤与树脂界面黏结变刚度设计提高锚固传递长度以大幅降低锚固应力，避免了单种树脂固定的应力集中问题，同时采用短纤维增强提升界面抗疲劳蠕变性能，解决了光纤的耐久可靠锚固技术难题，如图 3.24 所示。

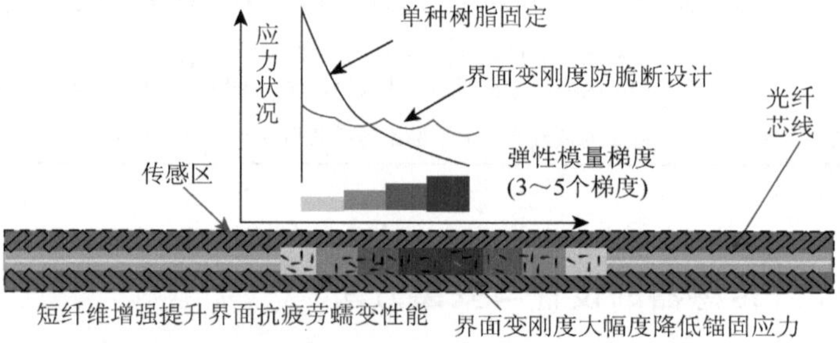


图 3.24　变刚度防滑移锚固设计

3）温度自补偿增敏技术

对于光纤传感器，尤其是布里渊散射光技术，其测量精度很大程度取决于解调设备的条件。第 2 章介绍了工程测量中常用的布里渊散射光传感技术中最大传感距离可达上百千米如布里渊光时域反射技术（BOTDR），但测量精度却在 50 个微应变左右。虽然有些目前光波的解调技术在不断的进步，一些如布里渊光时域分析（BOTDA）可以达到 10 多个厘米的空间分辨率，但依然难以保证 25 微应变以内的测量精度。其中一个主要原因在于能否精准的探测布里渊频移进而计算对应的应变变化。另外，光纤传感器，如 FBG 和布里渊散射光技术，都具有温敏特性。在实验室内测量时，由于实验过程短，温度场的变化对实验结果影响不大，往往可以通过自由的光纤传感器作为温度变化的参考值，进行温度补偿。但实际应用中，长时间的连续监测难以保证温度参考点与测量点的温度影响一致。特别是对于 FBG 这样的高灵敏度的传感器，一般认为当传感器上发生 1 个微应变的伸长量时其产生的波长变化只有 1～1.5pm，而 1°C 变化时波长变化可达到 10～15pm，即温敏系数远大于应变的传感系数。对于大跨度的结构监测中，虽然可以增加两端刚度加强与传感区应变增敏，使其灵敏度提高 4 倍以上，并通过采用具有不同温度膨胀系数的材料涂裸光栅实现传感单元的温度自补偿，这一部分将在 3.2.3 节具体介绍。

4）高性能长寿命刻栅技术

光纤光栅的制作主要是利用掺杂光纤的光敏性，通过激光器在光纤纤芯处形成永久的周期性折射率调制。通用的光纤光栅制作是首先通过压力罐对光纤载氢，将氢分子渗入光纤中以提高其光敏性，通过准分子激光器结合相位掩模板，利用激光器紫外光脉冲在剥除了涂敷层的载氢光纤上反复曝光，形成光栅，如图 3.25 所示。该方案目前较为成熟，已用于批量化制作光纤。但该方案缺点是涂敷层对光吸收损耗较大，而剥除了涂敷层所制作的光栅脆性增加，易损坏，长期成活率较难控制。因此研究人员又提出新型长寿命刻栅技术，该技术有两种方案，一种是从光纤入手，制作对紫外光透明的特殊涂敷层光纤，这样可实现在不剥除涂敷层的前提下直接刻写光栅，该方案优点是利用现有成熟的准分子激光刻写技术就可实现批量化生产，缺点是特殊光纤成本高；另一种方案从激光器入手，开发高强度飞秒脉冲激光器，该激光器脉冲可直接透射涂敷层，实现对光纤纤芯折射率的调制，该方案优点在于可在成本较低的普通光纤上直接刻写光栅而无须剥除涂敷层，但激光器造价高。

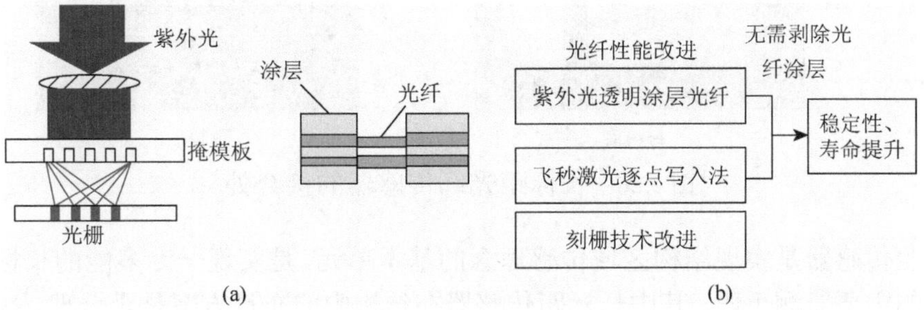


图 3.25　长寿命刻栅技术

通过以上介绍长标距化高耐久纤维增强、温度自补偿增敏、低负荷长寿命光纤锚固和直接刻栅技术这四种主要的光纤传感器长标距化技术，长标距光纤传感器的制作包含以下步骤：首先按工程需要制作适合区域分布传感的高性能长寿命光纤光栅传感单元，为了满足张拉和压缩的测量要求，需根据测量目的对原芯线植入一定预张量；其次针对芯线微滑移及标距内应变不均匀性对传感精度和空间分辨率影响机理，通过无滑移长标距及增敏封装制作适合区域传感的光纤传感单元；为保证光纤传感技术达到超长寿命≥20 年的耐久性指标，选择抗腐蚀、抗蠕变性能玄武岩高耐久性复合材料进行封装。该类型传感器产品具有如下特性：传感区从点扩大到区域、增大传感范围、提高量程（10000με）；直径小、有柔性、施工安装方便、应用范围广；有效阻止介质腐蚀传感器，提高耐久性；多个串联、分布测量、融合局部和宏观信息。因此，该类型传感器具有高精度与长标距特点，适合 3.1 节所介绍的区域分布传感技术。

2. 长标距传感器的安装方法与施工

在 3.1 节中介绍到，针对目前应变片等局部传感技术与加速度计等整体传感技术均难以发现和分析结构早期损伤，通过长标距传感单元并串联形成传感网，建立适宜于结构微观和宏观监测相结合的长标距区域分布传感方式，可以打破现有结构健康监测技术中各类瓶颈。由于在对区域分布传感方案进行布设时要使用到多个传感单元，因此需要妥善处理各个传感单元之间的接合处。常见的光纤类传感器连接方式有法兰连接和对跳线直接熔接。在实际应用中，由于潮湿、灰尘等不良外界因素影响，对于法兰的连接方式需要进行封胶处理并进行锚固。而对于跳线直接熔接的连接方式，由于熔接处极易脆断必须予以套管和端线盒保护。图 3.26 是作者团队参与的某实桥监测项目中对熔接处的保护方案。该方案中对熔接外层的套管和跳线分别固定并整体固定桥桁底部，有效地起到了防潮、防尘、防冲击的效果，并为后期维护提供了方便。

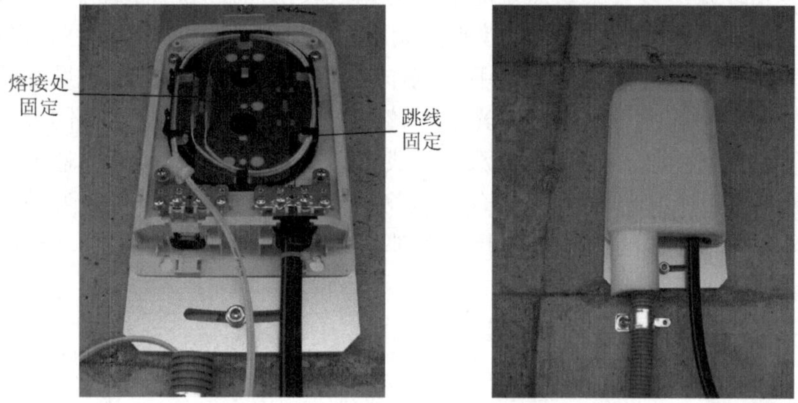


封箱前　　封箱后

图 3.26　长标距光纤传感器的接合处

长标距传感器是实现结构区域传感理念的基本单元，是实现一专多能的长标距分布式传感技术的主要监测手段。其中长标距传感器在结构中的布设方案是否合理，决定着能否通过测量得到应变分布，进而准确的计算对应结构的状态参数，并用于损伤状况与荷载的全面识别与结构性能的直接评估与预测。对于具体安装过程中，长标距传感器的安装应该包含以下步骤：

光纤传感器安装准备工序：

（1）确定施工位置（划线、标记）、传感器数量、连接、选择安装辅助器材等。

（2）黏结胶的选择。现场使用的黏结胶一般选用结构黏合胶，应具有强度高、抗剥离、耐冲击、施工工艺简便等特性。选择原则：确认需要安装传感器部分的混凝土材质、明确粘接的尺寸大小、一些特殊性能要求等。

（3）混凝土基面处理。基面要求：基面应坚固、密实，不应有起砂、起壳、蜂窝、麻面、裂缝、油污等现象；基面处理：用磨光机进行表面打磨处理，去掉浮浆面和表面蜂窝等、用腻子填平处理。

（4）引线连接及保护。引线连接后安装传感器：当熔接机在现场不方便操作时，引线的连接应在传感器安装前先连接好；引线长度应尽量长，确保现场安装时够用，并且在现场安装过程中要注意保护好引线与传感器连接处；安装传感器后连接引线：当熔接机在现场方便操作时，引线的连接尽量在传感器安装在结构上之后再连接；引线长度可以根据实际安装的需要来定，且引线与传感器连接处在现场熔接完成后可以立刻在结构上进行保护；引线在结构上的保护：根据引线长度，每隔一定的距离将引线与结构固定在一起；当引线较长无法拉直时，应将引线盘成直径大于 10cm 圈的形式黏结在结构上。

对于全面粘贴安装的长标距光纤传感器，需做到几点：

（1）结构需要做长期监测时，应采用全面粘贴的方法；

（2）对于点传感器，用胶将其黏结在需要测量的部位；

（3）对于长标距传感器，首先将传感器锚固段固定在准确的位置；将结构黏结胶均匀地涂在传感器表面及其周围，确保传感器与结构能有效的黏结在一起，如图 3.27 所示。

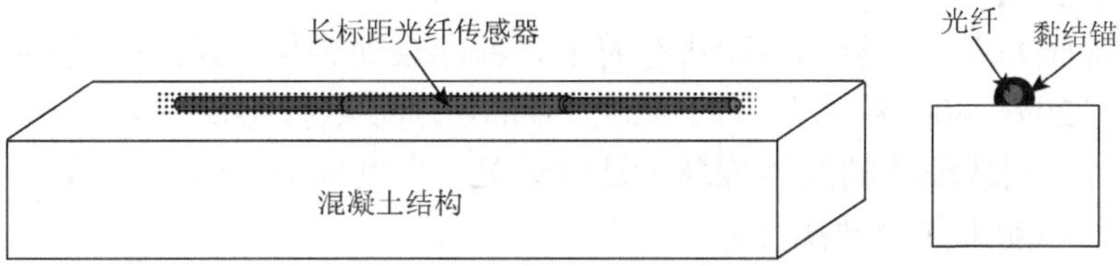


图 3.27　长标距光纤传感器在混凝土结构上全面锚固安装

对于定点粘贴安装的长标距光纤传感器（图 3.28），需做到几点：

（1）定点粘贴安装主要针对长标距光纤传感器；

（2）当结构需要做短期监测的时候，可采用定点粘贴的方法；

（3）将长标距光纤传感器临时固定在准确的位置，临时固定不能影响锚固端；

（4）将结构黏结胶均匀地涂在传感器锚固端附近，确保传感器锚固端与结构能有效黏结在一起，如图 3.28 所示。

（5）等结构黏结胶有一定强度后，除去临时固定。

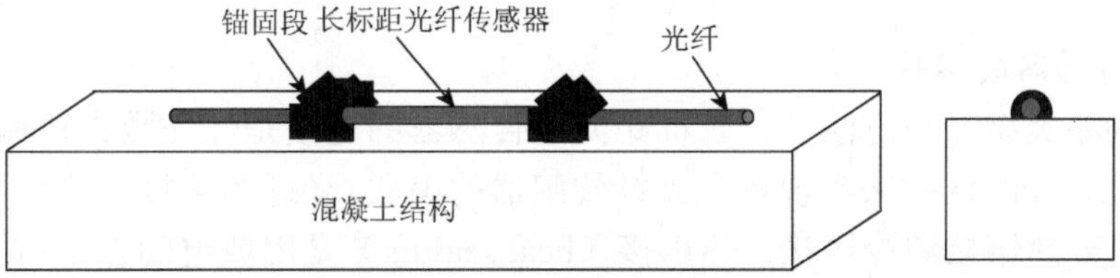


图 3.28　长标距光纤传感器在混凝土结构上定点锚固安装

对于埋入式安装的长标距光纤传感器（图 3.29），需做到几点：

（1）混凝土浇筑前埋入。在混凝土浇筑前，将传感器埋入混凝土结构的监测部位，确保混凝土浇筑过程中不会损坏传感器及其连接线，确保混凝土养护过程中水分及水气不能与传感器及连接线接触；

（2）后埋入安装。在混凝土结构上开安装槽，安装槽的尺寸略大于传感器的尺寸，且对结构的力学性能和耐久性不产生影响；

（3）其他安装步骤与前述在混凝土结构上的安装相同，安装如图 3.34 所示。

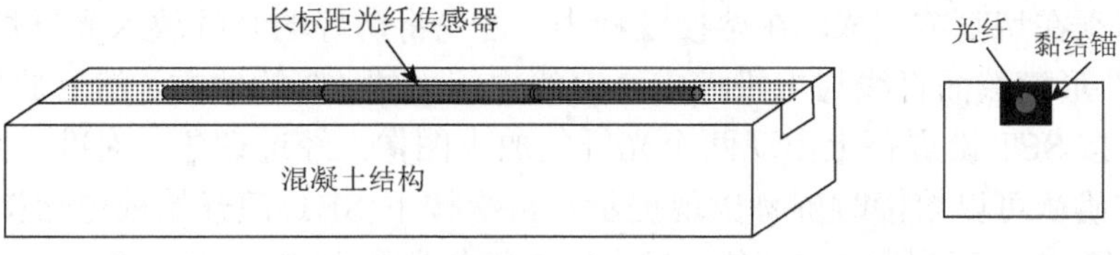


图 3.29　长标距光纤传感器在混凝土结构上埋入式安装

对于钢筋及钢结构安装的长标距光纤传感器（图 3.30），需做到几点：

（1）确定施工位置（划线、标记）、传感器数量、连接、选择安装辅助器材等。

（2）黏结胶的选择。现场使用的黏结胶一般选用结构黏合胶，要具有强度高、抗剥离、耐冲击、施工工艺简便等特性。选择结构黏合胶原则：确认需要安装传感器部分的金属材质；明确黏接的尺寸大小；特殊性能要求，如耐高低温、耐介质、胶水颜色、施胶时间、固化时间及固化方式等。

（3）金属基面处理。对金属表面进行打磨，移除表面磷化、锈斑、油污、喷漆、化学残渣等；选用 220#～400#粒度范围的合适型号的金刚砂纸打磨需安装传感器的区域的金属表面；用浸有丙酮或酒精的脱脂棉球清洗安装处，直到棉球上看不见污渍，清洗时需沿单一方向进行，不能来回交替擦洗。

（4）引线连接及保护。

（5）安装。主要针对混凝土结构中的钢筋以及开槽对结构性能不产生影响的钢结构；在钢筋或钢结构上开安装槽，安装槽的尺寸略大于传感器的尺寸，且对结构的力学性能和耐久性不产生影响；其他安装步骤与前述在钢筋及钢结构上的安装相同，如图 3.30 所示。

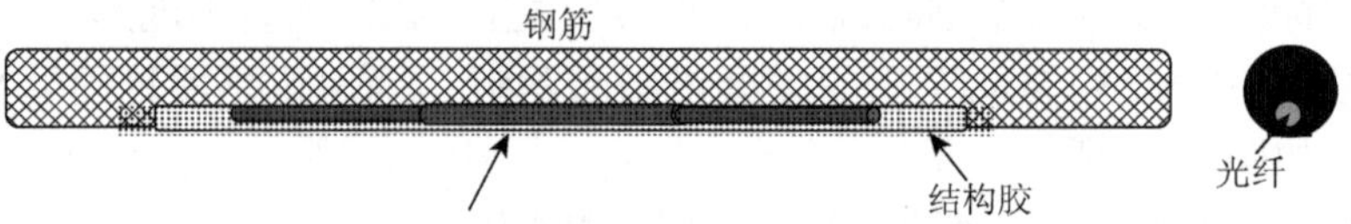


图 3.30　光纤传感器在钢筋上的安装

3. 光纤传感器的熔接

在实际的各类型布设方法中，长标距光纤传感器的连接是保证数据传输的重要途径，其主要是通过光纤的连接来实现各个光纤传感器的串联。光纤的连接一般包括熔接和活动连接，熔接又分热熔接和冷熔接。热熔接（heat sealing）是用放电的方法将两光纤的连接点融化并连接在一起，其主要特点是连接的损耗在所有连接方式中最低，一般为 0.01～0.03dB/点，但需要专用设备和专业人员操作，而且连接点也需要专用的热塑管保护起来。冷熔接（cold weld）是用机械和化学的方法，将两根光纤固定并黏结在一起。其主要特点是连接迅速、可靠，连接典型衰减为 0.1～0.3dB/点，但连接点长期使用会不稳定，衰减也会大幅度增加，所以只能短时间内应急用。活动连接（flexible connect）是利用各种光纤连接器，其主要特点是方法灵活、简单、方便、可靠，但是其损耗较大。多点长期监测采用热熔接，短期、测量点少的监测可以采用冷熔接或活动连接的方式。光纤接续的效率是至关重要的，它是确保传感器到测量仪器之间信号传输的前提条件。

熔接需要热塑管作为光纤接续处的保护套，当光纤接续完成后，再将热塑管热塑。热塑套管的放置须在切割前完成。在熔接过程中，首先将切好的光纤放入光纤熔接机内，放置位置为“V”形槽端面直线与电极棒中心直线中间大约 1/2 的地方，然后放好光纤压板，盖上防风盖，按 SET 键屏幕上出现两个光纤的放大图像，经过调焦、对准一系列的位置、焦距调整动作确认可以熔接时屏幕出现提示，再次按下 SET 键开始放电熔接。在熔接完成后，把热塑管放在需要固定的部位，把光纤的熔接部位放在热塑管的正中央，注意不要让光纤弯曲，拉紧，压放入加热槽，盖上盖，加热指示灯会亮起，持续 90 秒左右，机器会发出警告加热过程完成，同时指示灯也会不停闪烁，拿出冷却，这样一个完整的熔接过程就算完成了。根据需要可以在熔接部位加一个金属管，提高熔接部位的抗弯和抗拉能力，对其进行保护。

还可通过使用法兰头进行光纤传感器的连接。在使用法兰头时应尽可能减小两光纤接头处的空气缝隙，因为空气缝隙的存在会导致 8%的光损，或者产生不想要的光学腔，这会影响传感器的解调结果，表 3.3 显示了两种减小光损的方法。处理光纤传感器、引线及连接器时要十分小心，防止脆弱的光纤和传感器发生折断或拉断，在清洁光纤连接器和端口时要使用沾有乙醇和异丙醇的绵纸。在擦拭光纤传感器的端部，只能用绵纸，不能用普通面纸。在清洗传感器的插槽时需采用专门的不掉毛的泡沫拭子。

**表 3.3　减小光损的对接方法**

| 影响因素 | | 示例 |
|---|---|---|
| 光纤端面 | 斜角面 | 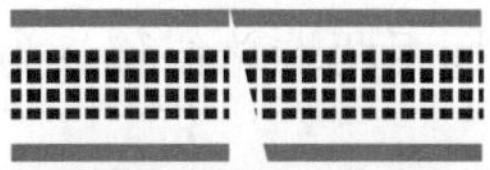 |
| | 圆角面 |  |
| | 粗糙面 |  |
| 光纤排列 | 横向不对齐 |  |
| | 面面有夹角 | 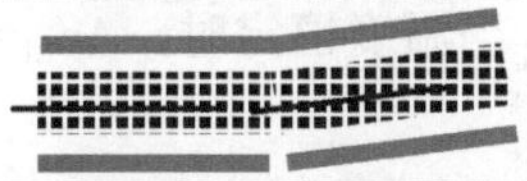 |
| | 间隙 | 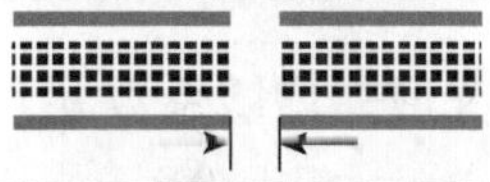 |
| 光纤种类不匹配 | — |  |

## 3.2.3　长标距光纤传感器的增敏技术

3.2.1 节介绍了长标距光纤传感器，尤其是长标距布里渊散射光传感技术中，需要一种基于应变增敏的长标距化封装技术。由于光纤传感器自身的线型外形，可以在长标距光纤传感器的开发与制作过程中，在不改变现有解调仪设备的基础上，应对光纤传感器应变敏感度不足的问题。其核心思想是通过改变传感器标距内部各段截面刚度，在保证传感器两端位移不变的前提下，将分布在全标距范围上的微小应变集中到栅区附近，形成较明显的大应变，从而增大光纤传感器的测量灵敏度，这是一种针对长标距传感器结构改良的高精度化设计。

1）应变增敏理论

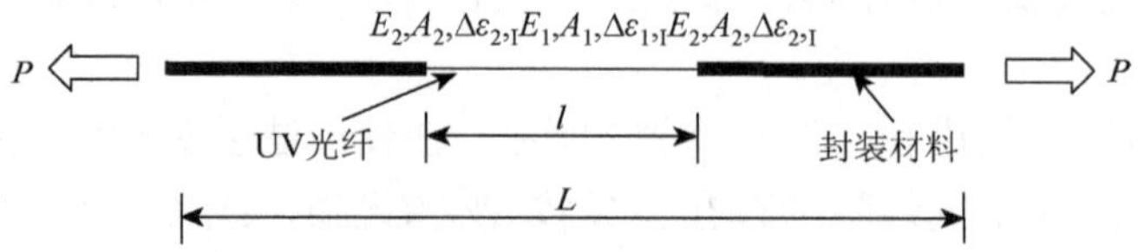


图 3.31　传感器结构高精度化设计示意图

如图 3.31 所示，假定温度恒定，传感器标距总长度为 $L$。中间部分裸露的 UV 光纤长度为 $l$，称为应变增敏区；标距的其余部分外包封装材料，称为刚度加强区。UV 光纤和封装材料的弹性模量分别为 $E_1$、$E_2$，截面面积分别为 $A_1$、$A_2$。应变增敏区和刚度加强区的应变分别为$\Delta\varepsilon_{1,\mathrm{I}}$、$\Delta\varepsilon_{2,\mathrm{I}}$，下标“I”表示温度为恒量，标距内平均应变为$\Delta\varepsilon$，应变增敏区光纤测量得到的应变为$\Delta\varepsilon_{1,\mathrm{M}}$，两端拉力为 $P$。

标距两端总位移 $\delta$ 为

$$\delta=(L-l)\cdot\Delta\varepsilon_{2,\mathrm{I}}+l\cdot\Delta\varepsilon_{1,\mathrm{I}} \tag{3.1}$$

由于裸露的 UV 光纤和封装材料受力相同，有

$$\frac{\Delta\varepsilon_{2,\mathrm{I}}}{\Delta\varepsilon_{1,\mathrm{I}}}=\frac{P/(E_1A_1+E_2A_2)}{P/E_1A_1}=\frac{E_1A_1}{E_1A_1+E_2A_2} \tag{3.2}$$

可得到标距内平均应变$\Delta\varepsilon$：

$$\Delta\bar{\varepsilon}=\frac{\delta}{L}=\left(1-\frac{l}{L}\right)\cdot\Delta\varepsilon_{2,\mathrm{I}}+\frac{l}{L}\cdot\Delta\varepsilon_{1,\mathrm{I}}=\left[\left(1-\frac{l}{L}\right)\cdot\frac{E_1A_1}{(E_1A_1+E_2A_2)}+\frac{l}{L}\right]\cdot\Delta\varepsilon_{1,\mathrm{I}} \tag{3.3}$$

当温度恒定时，$\Delta\varepsilon_{1,\mathrm{I}}=\Delta\varepsilon_{1,\mathrm{M}}$，则式（3.3）可转化为

$$\Delta\bar{\varepsilon}=\left[\left(1-\frac{l}{L}\right)\cdot\frac{E_1A_1}{(E_1A_1+E_2A_2)}+\frac{l}{L}\right]\cdot\Delta\varepsilon_{1,\mathrm{M}} \tag{3.4}$$

可定义应变增敏系数 $\eta$：

$$\eta=\frac{\Delta\varepsilon_{1,\mathrm{M}}}{\Delta\bar{\varepsilon}}=\frac{1}{\left(1-\frac{l}{L}\right)\cdot\frac{E_1A_1}{(E_1A_1+E_2A_2)}+\frac{l}{L}}=\frac{1}{\left(1-\frac{l}{L}\right)\cdot\left(\frac{E_1A_1/E_2A_2}{1+E_1A_1/E_2A_2}\right)+\frac{l}{L}} \tag{3.5}$$

若封装材料的轴向抗拉刚度 $E_2A_2$ 远大于 UV 光纤的轴向抗拉刚度 $E_1A_1$，式（3.5）和式（3.3）可简化为

$$\eta\approx\frac{L}{l} \tag{3.6}$$

$$\Delta\bar{\varepsilon}=\frac{\Delta\varepsilon_{1,\mathrm{I}}}{\eta} \tag{3.7}$$

显然 $\eta>1$。可见应变增敏的效果取决于标距总长度 $L$ 和应变增敏区长度 $l$ 的比值。假定将具有如表 3.3 所示结构的光纤与普通 UV 光纤布设在结构的同一位置，由于结构的日常应变变化一般在 50με 以内，因此当应变增敏系数 $\eta$ 限制在一定范围以内时，可认为应变增敏区 UV 光纤测量得到的应变数值与普通 UV 光纤测得的应变数值中包含同等大小的测

量误差 $e$。则有

$$\frac{e/\Delta\varepsilon_{1,\mathrm{I}}}{e/\Delta\overline{\varepsilon}}=\frac{\Delta\overline{\varepsilon}}{\Delta\varepsilon_{1,\mathrm{I}}}=\frac{1}{\eta} \tag{3.8}$$

式（3.8）说明使用具有图 3.32 所示结构的光纤传感器进行测量时，误差在测量数据中所占的比重仅为使用普通 UV 光纤时的 $1/\eta$。因此只要选择合适的封装材料和应变增敏系数，即可达到不同的测量精度要求。这样就有可能解决实际监测数据中真实部分比例较小从而易被测量误差淹没的问题。

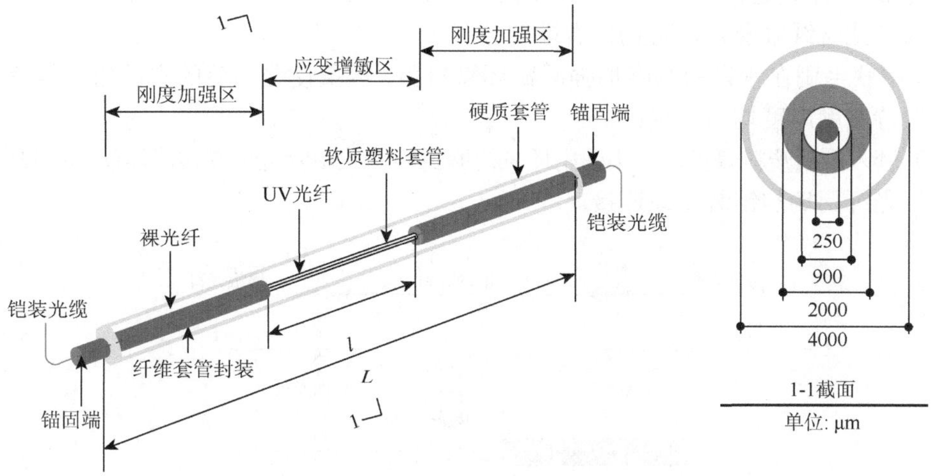


图 3.32　增敏光纤结构设计图

对于增敏光纤传感器结构设计，该结构有如下特点：

(1)刚度加强区的光纤通过外包纤维材料进行保护，外包纤维的弹性模量与光纤接近，横截面积则远大于光纤，可起到刚度加强的效果，应变增敏区的 UV 光纤则放置在内径小于 1mm 的软质塑料套管中加以保护，软质套管便于光纤弯曲，防止意外损坏；

(2) 传感器外部的硬质套管同样用于保护光纤，硬质套管的设置有两种方式，第一种是在光纤制作时即穿入，另一种则是在现场施工时先布设硬质套管，再穿入光纤，前者适用于将光纤埋设在结构内部，后者则适用于结构表面传感器布设；

(3) 两侧的刚度加强区必须有留有锚固端（不超过 5cm）放置在硬质套管外侧，以便与结构连接，锚固端长度不计入标距长度内，因此在传感器结构设计时，刚度加强区的长度必须留有一定余地；

(4) 锚固端光纤通过铠装光缆与其他传感器相连，由于光纤与铠装光缆连接处比较脆弱，锚固端在传感器布设完毕后必须采用适当保护措施，为增加耐久性，传感器布设完毕后需要用适当措施在硬质套管外侧再次封闭。

值得指出的是，将图 3.32 中的应变增敏区扩展到标距全长，增敏光纤需要结合长标距无滑移光纤，进而保证应变增敏区的锚固条件。

2）增敏光纤的制作工法

手工制作时采用连续玄武岩纤维套管对刚度加强区光纤进行封装，套管直径约为

0.5mm。软质塑料套管则选用紧套光纤用直径为 0.9mm 的软质塑料套管。连续玄武岩纤维是一种能源节约、环境友好型的纯天然绿色纤维，具有力学性能佳，耐高温性能好、耐酸耐碱、抗紫外线性能强、吸湿性低、绝缘性能好等特点。如图 3.33 所示，连续增敏光纤传感器封装工法如下：

（1）预拉伸 UV 光纤，缓慢去除刚度加强区和锚固区内光纤的 UV 树脂涂覆层，将塑料套管；

（2）玄武岩套管依次穿过 UV 光纤并就位，当连续制作多个传感器时，玄武岩纤维套管长度为 2 倍的刚度加强区长度+锚固端长度+2～3cm，最后一项是为了确保塑料套管能略微伸入玄武岩纤维套管，防止二者端口分离；

（3）用软毛刷在预设的刚度加强区刷环氧树脂，尽量使浸润后的玄武岩纤维密实无气泡，并保持宽度厚度均匀一致；

（4）套入硬质塑料套管，端头处用环氧树脂封闭，此步骤也可在传感器现场布设时完成。

（5）光纤两端与铠装光缆连接。

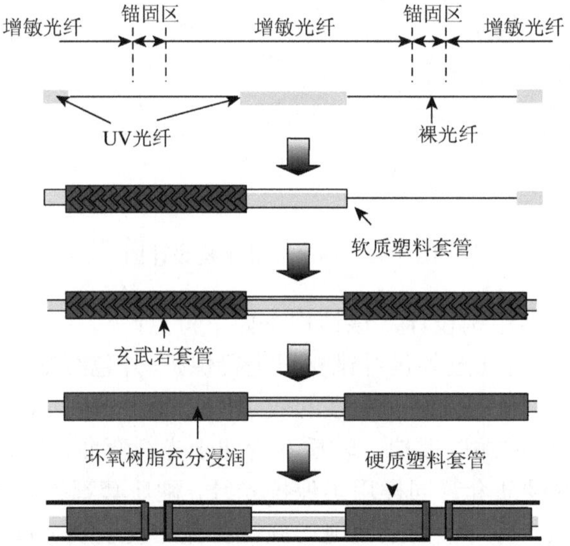


图 3.33　连续增敏光纤封装工法示意图

3）最佳测量精度的结构优化设计

实际上，长标距结构和应变增敏结构既相互帮助，又相互制约。如图 3.34 所示，通过应变增敏可有效缩小图 3.34（b）中测量数据的分散程度，使数据更趋于密集，长标距则可以提供更多的样本，使均值与真值（圆心）的距离更小。

实际结构计算时为了保证模型的精度，通常需要保证足够的单元个数，即单元长度（传感器标距长度）受到限制。标距长度一定表示总采样点数一定，若提高 $\eta$ 的取值，则测量区长度必定减小，即采样点个数减少。反之，增加采样点数就必然降低 $\eta$。假定传感器标距长度内有 $m$ 个等权测量点并进行 $l$ 次重复测量，则可得到 $ml$ 个样本，令 $\sigma$ 和 $\bar{\sigma}$ 分别为单个测点 $l$ 次测量值和 $m$ 个测点 $l$ 次测量值的标准差，则有

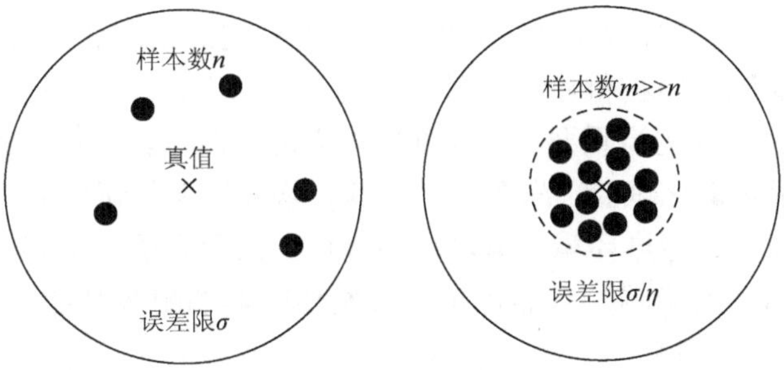


(a) 普通光纤　　(b) 分布式高精度传感器

图 3.34　长标距结构和应变增敏结构联合作用示意图

$$\overline{\sigma}=\frac{\sigma}{\sqrt{m}} \tag{3.9}$$

再假定增敏系数为 $\eta$，则等权采样点数降为 $m/\eta$ 个，式（3.9）修正即得增敏后的标准差 $\overline{\sigma}'$：

$$\overline{\sigma}'=\frac{\sigma/\eta}{\sqrt{m/\eta}}=\frac{\sigma}{\sqrt{m\eta}} \tag{3.10}$$

式（3.10）除以式（3.9），可得

$$\frac{\overline{\sigma}'}{\overline{\sigma}}=\frac{1}{\sqrt{\eta}} \tag{3.11}$$

式（3.11）说明测量次数和标距长度一定时，应变增敏结构对于降低测量误差的效果要优于长标距结构，在结构设计时要尽可能增大增敏系数。但式（3.11）成立需要一个前提：$m/\eta$ 个采样点获得的样本分布必须与 $m$ 个采样点获得的样本分布一致或接近。因此在传感器结构设计时必须首先通过试验确定所需要的最小样本数目，从而确定最少采样点个数。

温度对光纤测量应变的影响主要来源于两个方面：①温度使光纤产生热胀冷缩；②温度使光纤产生附加布里渊频移。对于紧套光纤或 UV 光纤而言，在监测位置另外布设不受应变的同种类型光纤即可进行温度补偿。但由于增敏光纤标距内同时存在 UV 光纤和浸渍固化后的玄武岩纤维，且二者的线膨胀系数明显不同，因此需采用专门的温度补偿技术[94]。

### 3.2.4　长标距光纤传感器的耐久性

长标距 FBG 传感器在设计和制作后，需要进行试验以系统的分析和验证其性能。衡量传感器性能的指标主要有以下六种：线性度和灵敏度、迟滞、精度、重复性、稳定性、温度稳定性。其中前四种指标表征了传感器短期测量精确性，后两种指标则描述了传感器长期工作的耐久性和稳定性。通过恒温下往复拉伸试验和恒载变温试验对不同增敏系数的增敏光纤短期和长期监测性能进行检验。结果显示，所开发长标距传感器在各个指标上都比普通光纤具有明显的优势[94]。在后面的章节中也会通过实桥测试中长标距传感器和普通应变计的测量数据的比较来说明所开发传感器的优势。

另外，大型土木工程结构健康监测中传感系统的一个重要指标是其耐久性能。在评价结构的长期使用性能的过程中，传感器件良好的长期耐久性是保障评价结果准确性的前提条件。因此一种能在多变的外界环境下，仍然能保有稳定的精度和准确度的应变传感器件，这对实现基于应变监测的结构健康检查技术很重要。因而，长标距光纤传感器在结构健康监测中的耐久性研究显得尤为重要。本节通过加速耐久性试验，主要是疲劳性能试验、酸、碱和盐腐蚀试验、湿热老化试验、冻融循环试验、紫外线老化试验和干湿循环试验分别模拟酸、碱和盐溶液环境、湿热环境、冻融循环环境、太阳光照射环境、干湿循环环境和周期性疲劳荷载对传感器的影响，从而评价所开发传感器的耐久性能。

1）酸碱盐腐蚀试验研究

所用的浸泡试验箱为 SJY-Ⅱ型恒温浸泡试验箱，其内部尺寸为 1300mm×623mm×650mm，外壳 304 2B 不锈钢，保温层内胆外侧粘贴石棉板后整体聚氨酯发泡成型。试件盒内能装酸、碱、盐等低浓度腐蚀溶液，对置于盒内的试件进行浸泡，并可连续进行 1～2 个月的长期浸泡试验，盒内溶液温度通过循环加热制冷进行控制。

对长标距光纤传感器进行酸、碱和盐的腐蚀试验，为了保证试验的有效样品数不少于 3 个，酸、碱和盐每个腐蚀试验项目的长标距光纤传感器数量为 5 个。在试验中根据 pH 将腐蚀环境分为酸、碱、盐三大类，在试验室分别配制相应成分的溶液以模拟自然环境中的酸雨环境、混凝土环境和海洋环境。试验中浸泡溶液温度为 55℃，目的是加速腐蚀进度。试验过程中，将长标距光纤传感器放入酸、碱和盐等腐蚀溶液中进行浸泡，腐蚀龄期为 6 周，每隔 3 周需用长标距应变传感器高精度标定架标定长标距光纤传感器的应变敏感度系数，记录其波长漂移量，腐蚀完成后，用电镜扫描 SEM 观察其外观的变化。酸、碱和盐试验组的长标距光纤传感器的应变敏感度系数结果显示，ACC、ALC 和 SAC 试验组中每个长标距光纤传感器每 3 周试验后标定的应变敏感度系数值基本不变，和初始应变敏感度系数相比，误差不超过 5%。且每个试验组中 5 个传感器每次标定的应变敏感度系数值基本相同，都集中在 1.1pm/με 附近，说明长标距光纤传感器在酸、碱和盐试验后，应变敏感度系数表现很稳定。统计结果显示，每个试验组中 5 个长标距光纤传感器的应变敏感度系数的标准差很小，说明传感器应变敏感度系数值离散性小，纤维封装工艺稳定。每个试验组中的长标距光纤传感器应变敏感度系数值试验之后的变化率小于 1%，远远满足工程需要。因此可以说，长标距光纤传感器在酸、碱和盐腐蚀试验后，其应变敏感度系数值很稳定，不会受到外界腐蚀因素的影响。

2）疲劳性能试验研究

当长标距光纤传感器用于桥梁结构监测中时，不可避免地受到周期性疲劳荷载（车辆交变荷载）的作用，需要研究长标距光纤传感器自身抗疲劳能力，同时要研究长标距光纤传感器中的光栅与封装材料界面以及封装材料与结构界面是否会产生疲劳损伤。同时，要研究长标距光纤传感器封装层是否出现龟裂，光纤与封装层是否出现滑移变形、与被测结构物之间是否出现滑移，这些情况都会影响长标距光纤传感器的监测稳定性和可靠性。

试验设计如下：1 个 0.6m 钢板和四个 0.1m 钢板（钢板厚度为 4mm、宽为 50mm）、若干个螺栓、3 个裸光纤光栅传感器（BF-1，BF-2，BF-3）、3 个封装好的光纤光栅传感器（PF-1，PF-2，PF-3）（标距为 30mm）、电阻应变片、AB 胶和结构胶。用长标距应变传感器高精度标定架对 3 个长标距光纤传感器和 3 个裸光纤光栅的应变敏感系数标定。将传感器和裸光纤光栅粘贴在钢板上，然后通过钢板的疲劳试验来间接地做传感器和裸光纤光栅的疲劳试验。通过采用 PA-100 电液伺服动静疲劳试验机对长标距光纤传感器和裸光纤光栅试件分别进行循环次数为 100 万次的疲劳试验，并比较它们试验后的应变敏感度系数的平均值可以看出，两种试件的应变敏感度系数值的标准差很小。其均值最大变化率不超过 2%，说明长标距光纤传感器和裸光纤光栅的应变敏感度系数值不会因疲劳试验而明显的变化，满足工程需要。

3）湿热老化试验研究

长标距光纤传感器锚固区的光纤和环氧树脂之间的有效黏结是保证传感器有效的前提，在实际使用过程中，环氧树脂和黏结界面常常受到各种腐蚀环境的影响，由于环氧树脂对湿度和温度的敏感性，因此研究湿热环境对长标距光纤传感器耐久性能的影响具有实际意义。本试验所用的仪器是 GDS408 恒温恒湿试验箱。试验使用的试件数为 5 个，试验参照《混凝土结构加固设计规范》（GB 50367—2006）中关于湿热老化性能测试方法的规定，拟定了有关长标距光纤传感器湿热老化试验的方法，温度设定为 50℃，相对湿度 95%，试验时间为 1000 小时，试验结束后标定长标距光纤传感器的应变敏感度系数，记录其波长漂移量及用电镜扫描 SEM 观察其外观变化。长标距光纤传感器经过湿热试验后，对其应变敏感度系数进行了标定，记录了其波长漂移，并用电镜扫描 SEM 对其的外观进行了观察。试验结果显示，长标距光纤传感器经过湿热试验后，传感器的应变敏感度系数值相比试验前减小了 1.012%，没有发生明显的变化，满足工程需要，试件应变敏感度系数值标准差很小，离散性小，系数值都集中在 1.1pm/με 左右。湿热试验的波长漂移试验结果显示，长标距光纤传感器的波长变化值很小，呈减小趋势，最大减小量为 5pm，经过湿热试验后，传感器的波长漂移量相比于试验前没有明显变化，呈减小趋势，最大减小量为 5pm，试验前后波长漂移量的差值都在±2pm 范围内，在 FBG 解调仪仪器误差范围之内，可以得出，试验前后，长标距光纤传感器的波长漂移量基本不变。

4）冻融循环试验研究

在我国北方地区，潮湿环境中的冻害对建筑结构破坏尤为明显，特别是在我国北方港口地区，长标距光纤传感器用于监测建筑结构时，可能长期处于冻融循环与海水侵蚀复合环境作用下，研究冻融环境对其传感器耐久性影响，对于长标距光纤传感器在我国北方港口地区的推广应用很有意义。长标距光纤传感器呈细长型，无法有效地放置于冻融试验设备中，针对试件的特点，特制作了一种铝合金材料的长方体盒子（图 3.35），长宽高分别为 70cm、10cm 和 1.5cm，此盒子四周封闭，不渗水，如图 3.36 所示，其一端留有盖子，长标距光纤传感器从这端放入铝制试验盒中，铝制试验盒直接放入冻融试验溶液中。本试验采用的是 CDR-2 型混凝土快速冻融试验设备。

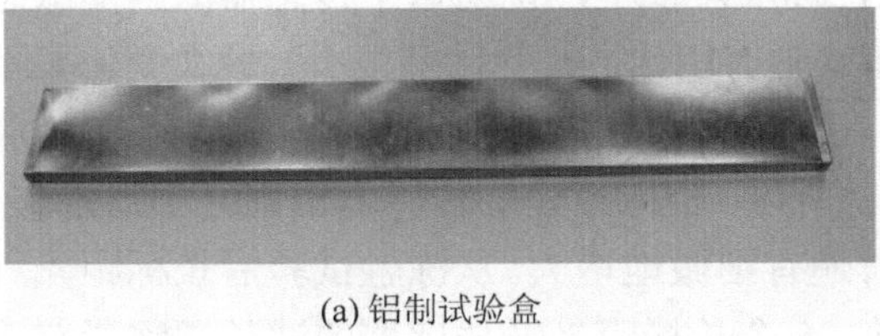

(a) 铝制试验盒

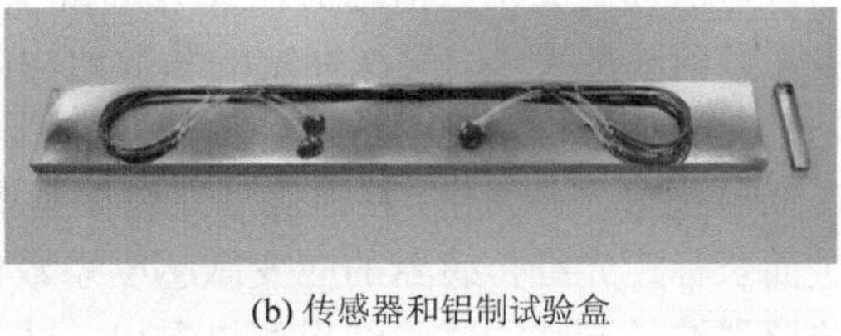

(b) 传感器和铝制试验盒

图 3.35　铝制试验和传感器和铝制试验盒

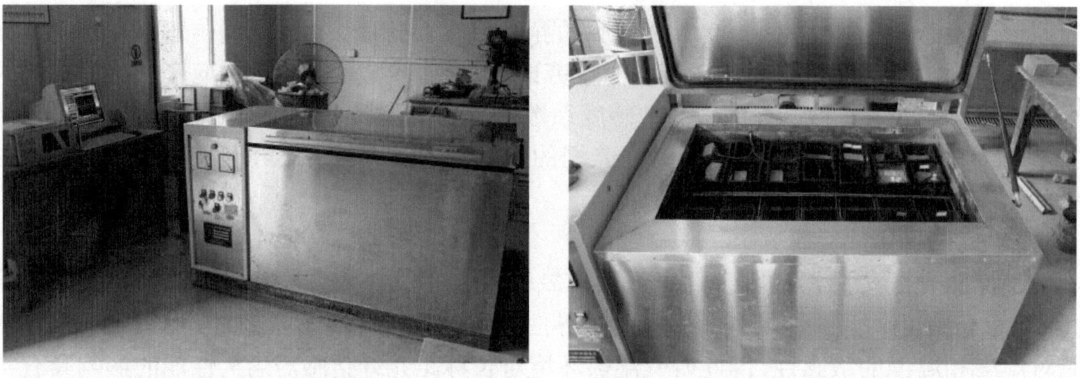

(a) CDR-2型快速冻融设备　　(b) 试验铝盒放置位置

图 3.36　CDR-2 设备及试验铝盒位置

试验中试件数为 5 个，试验参照《普通混凝土长期性能和耐久性能试验方法标准》（GB/T50082—2009）中抗冻性能试验的快冻法进行，每次冻融循环时间是 4h，循环温度是−17～8℃，在传感器分别冻融 25 次、50 次、75 次、100 次、150 次和 200 次后评价传感器的性能（图 3.37）。

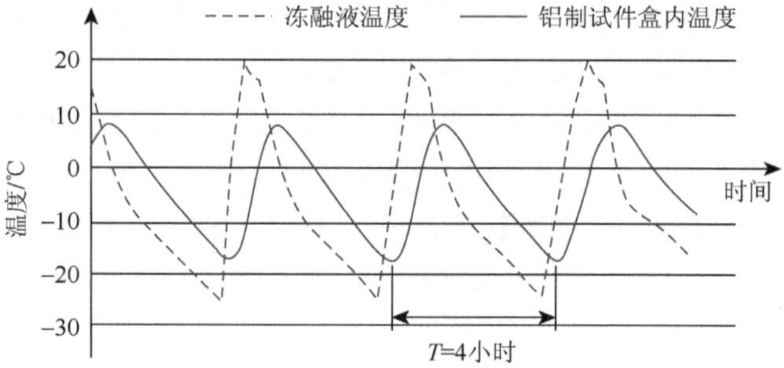


图 3.37　冻融循环试验方法

长标距光纤传感器经过 25 次、50 次、75 次、100 次、150 次和 200 次冻融循环试验后，对其应变敏感度系数进行了标定，记录了其波长漂移，并用电镜扫描 SEM 对其的外观进行了观察。长标距光纤传感器每经过 25 次、50 次、75 次、100 次、150 次和 200 次冻融循环试验后，用长标距应变传感器高精度标定架对传感器的应变敏感度系数进行了标定。将冻融试验组的 5 个长标距光纤传感器每次标定的应变敏感度系数值作统计，求出均值及标准差，并求出每次标定的应变敏感度系数值和试验前的变化率，由试验结果可以看出，每次标定的系数值均值在 1.1pm/με 附近，标准差很小，说明每个传感器的应变敏感度系数值离散度小。每次标定的系数值均值和试验前相比，其变化率很小，最大变化率不超过 1%，整体趋势呈增加状态，究其原因，在于冻融循环试验的试验温度低，环氧树脂在低温状态下易固化，且固化后弹性模量增大，所以，长标距光纤传感器锚固区不易滑移，进而长标距光纤传感器的应变敏感度系数值普遍有细微地增大。从冻融试验后长标距光纤传感器波长漂移的试验结果可以看出，试验前，5 个长标距光纤传感器的波长漂移量普遍呈减小趋势，最大减小量为 4pm。试验后，5 个长标距光纤传感器的波长漂移量有的增大，有的减小，变化都在 5pm 左右。试验前后对比可以发现，5 个长标距光纤传感器的波长漂移量变化在±2pm 范围内，在 FBG 解调仪仪器误差范围内，说明长标距光纤传感器在经过冻融循环试验后，其波长漂移量几乎不变。

5）紫外线老化试验研究

随着长标距光纤传感器的应用，如何使传感器在紫外线照射保持性能稳定，其经济意义变得越来越大。有机高分子材料如环氧树脂等长期在户外曝露于太阳光和含氧大气中，分子链发生种种物理和化学变化，导致链断裂或交联，且伴随着生成含氧基团如酮、羧酸、过氧化物和醇，导致材料韧性和强度急剧下降，最终老化破坏。长标距光纤传感器中封装材料环氧树脂的老化破坏会不会对传感器的基本性能造成影响亟待研究。试验仪器为 ZN-P 型紫外线耐气候试验箱。针对长标距光纤传感器的形状特征，在试验箱内制作了刻有凹槽的试件摆放架，试件摆放架固定在试件摆放架固定杆上。试验中试件数为 5 个，试验参照《塑料实验室光源暴露试验方法》第 3 部分：荧光紫外灯（GB/T6422.3—1997）。试验方法为在标准温度 50±3℃，空气相对湿度（10±5）%条件下辐射暴露 5h，在标准温度 20±3℃下继续辐射暴露并喷水 1h。选择Ⅰ型灯的 UVA-340 辐射光谱，辐射光源波长为 300～340nm，紫外线辐射强度为 0.6W/m$^2$，样品与灯管距离为 50mm，UVA-340 型的灯在主要的短波长紫外光光谱范围能很好地模拟太阳光。将长标距光纤传感器平行放置在试件摆放架上，设定紫外线耐气候试验箱的试验参数进行试验，分别进行 100h、200h、300h、400h、500h 和 600h 后评价传感器的基本性能。长标距光纤传感器经过 100h、200h、300h、400h、500h 和 600h 紫外线辐射后，对其应变敏感度系数进行了标定，记录了其波长漂移，并用电镜扫描 SEM 对其的外观进行了观察。长标距光纤传感器每经过 100h、200h、300h、400h、500h 和 600h 紫外线辐射后，用长标距应变传感器高精度标定架对传感器的应变敏感度系数进行了标定，由最终标定结果可以看出，5 个长标距光纤传感器每次标定的应变敏感度系数值都集中在 1.1pm/με 左右，且每个传感器在经过 600h 的紫外线辐射试验后，其应变敏感度系数值表现很稳定。将冻融试验组的 5 个长标距光纤传感器每次标定的应变敏感度系数值作统计，求出均值及标准差，并求出每次标定的应变敏感度系数值和试验前的变化率，经统计得出，每次标定的系数值均值在 1.1pm/με 附近，标准差很小，说明每个传感器的应变敏感度系数值离散度小。每次标定的系数值均值和试验前相比，其变化率很小，最大变化率不超过 1%，所以长标距光纤传感器在经过紫外线老化试验后，其应变敏感度系数很稳定。紫外线试验组的传感器的波长漂移试验结果显示，试验前，5 个长标距光纤传感器的波长漂移量普遍呈减小趋势，最大减小量为 3pm。试验后，5 个长标距光纤传感器的波长漂移量有的增大，有的减小，变化都在 3pm 左右。试验前后对比可以发现，5 个长标距光纤传感器的波长漂移量变化在±2pm 范围内，在 FBG 解调仪仪器误差范围内，说明长标距光纤传感器在经过紫外线老化试验后，其波长漂移量几乎不变。

6）干湿循环耐久性试验研究

众多大型工程结构经常遭到水的侵蚀，随着使用时间的增加，将不可避免地导致其损伤累计，从而降低了这些结构的正常使用功能和安全性能。沿海地区工程结构必将经历干湿循环、冻融循环等综合物理化学作用，所以，研究纤维封装 FBG 应变传感器的耐干湿循环破坏性能，在实际工程结构健康监测工程中具有指导性意义。根据纤维封装 FBG 应变传感器的形状特征，专门制作了一种用于恒温浸泡传感器的试验仪器，由两部分组成：传感器试验槽和高精度低温恒温槽，如图 3.38 所示。传感器试验槽由铝合金材料制作，可以实现快速传递热量，槽的四周封装有保温棉，防止热量散失。试验时，设定试验温度，启动仪器，在传感器试验槽加注清水，传感器试验槽中水温通过高精度低温试验槽控制，高精度低温恒温槽中的恒温水通过进水管流入传感器试验槽的循环水流动空间，最后通过出水管回流到高精度低温恒温槽，连续不断地循环流动，保证传感器试验槽中水温恒定。本试验传感器的干燥试验是在的 DHG 型电热恒温鼓风干燥箱中进行，其控温精度为 0.1℃，温度波动±1℃，温度范围+50～300℃。

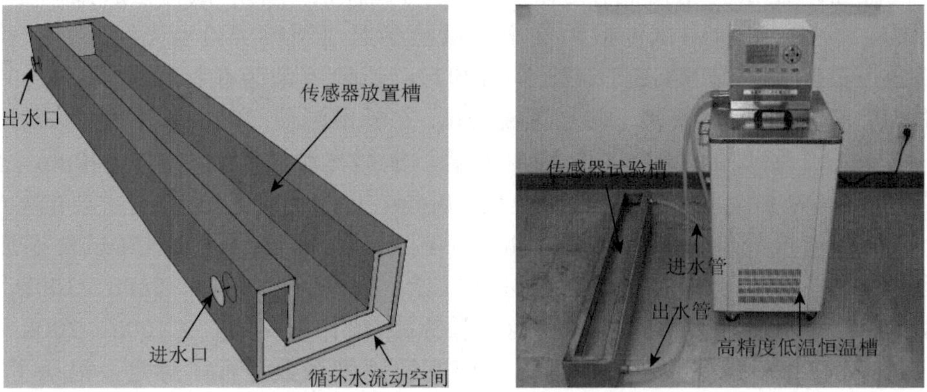


图 3.38　高精度低温恒温槽

试验中试件数为 5 个，参照 ASTM C1012 标准，并结合自身研究目的，试验方案制定如下：将纤维封装 FBG 应变传感器放入水温为 20℃的清水中浸泡 12h，取出在室温下晾干，再放入电热恒温鼓风干燥箱中干燥 12h，温度为 60℃，这一完整过程称为一次干湿循环。传感器浸泡是通过高精度恒温槽实现，干燥是在电热恒温鼓风干燥箱中进行。纤维封装 FBG 应变传感器分别进行了 6 次、12 次、18 次和 24 次干湿循环后，评价其传感特性。纤维封装 FBG 应变传感器分别经过 6 次、12 次、18 次和 24 次干湿循环试验后，研究传感器的传感特性（应变敏感度系数、波长漂移量）和观察传感器的外观变化。纤维封装 FBG 应变传感器每经过 6 次、12 次、18 次和 24 次干湿循环试验后，用长标距应变传感器高精度标定架对传感器的应变敏感度系数进行了标定。为方便分析，将 5 个纤维封装 FBG 应变传感器分别经过 6 次、12 次、18 次和 24 次干湿循环后的应变敏感度系数值进行统计分析，可以看出，试验前纤维封装 FBG 应变传感器应变敏感度系数均值为 1.118 92pm/με，标准差为 0.013 848。分别经过 6 次、12 次、18 次和 24 次干湿循环后，纤维封装 FBG 应变传感器应变敏感度系数均值分别为 1.106 10pm/με、1.107 86pm/με、1.111 32pm/με 和 1.112 32pm/με，标准差分别为 0.011 198、0.018 042、0.015 600 和 0.015 238，离散性很小。和试验前系数值作比，其均值变化率为–0.011 46%、–0.009 88%、–0.006 79%和–0.005 90%，其最大变化率不超过 0.02%。干湿循环试验组的传感器的波长漂移试验按照上述测量方法进行。试验结果显示，试验前 5 个纤维封装 FBG 应变传感器的波长漂移量普遍呈减小趋势，最大减小量为 4pm。试验后，5 个纤维封装 FBG 应变传感器的波长漂移量也呈减小趋势，最大变化量在 4pm。试验前后对比可以发现，5 个纤维封装 FBG 应变传感器的波长漂移量变化在±2pm 范围内，在 FBG 解调仪仪器误差范围内，说明干湿循环老化作用对纤维封装 FBG 应变传感器的波长漂移量无影响。

未经腐蚀的纤维封装 FBG 应变传感器颜色为黑色，然而玄武岩连续纤维本身的颜色为古铜色，这可能是由于玄武岩连续纤维与环氧树脂之间的反应而引起的变化，传感器表面光滑完整，纤维表面有树脂吸附，树脂完整光滑地包裹住传感器。纤维封装 FBG 应变传感器经过干湿循环试验后，其颜色还是黝黑色，传感器表面光滑完整，传感器表面树脂并未受到损伤，纤维表面被树脂光滑完整地包裹。从试验结果可以得出，经过干湿循环耐久性试验后，纤维封装 FBG 应变传感器的应变敏感度系数均值最大变化率为 0.011 46%，可以忽略不计；波长漂移量试验前后并没有变化；对传感器外观观察显示，其外观没有发生变化；试验结果表明，纤维封装 FBG 应变传感器具有良好的抗干湿循环老化能力。

总结以上开展的纤维封装 FBG 应变传感器的加速耐久性试验，包括疲劳性能试验，酸、碱和盐腐蚀试验，湿热老化试验，冻融循环试验，紫外线老化试验和干湿循环耐久性试验，并通过传感器的应变灵敏度系数、波长漂移量和外观变化等指标评价传感器的耐久性性能，可得出以下结论（图 3.39）：

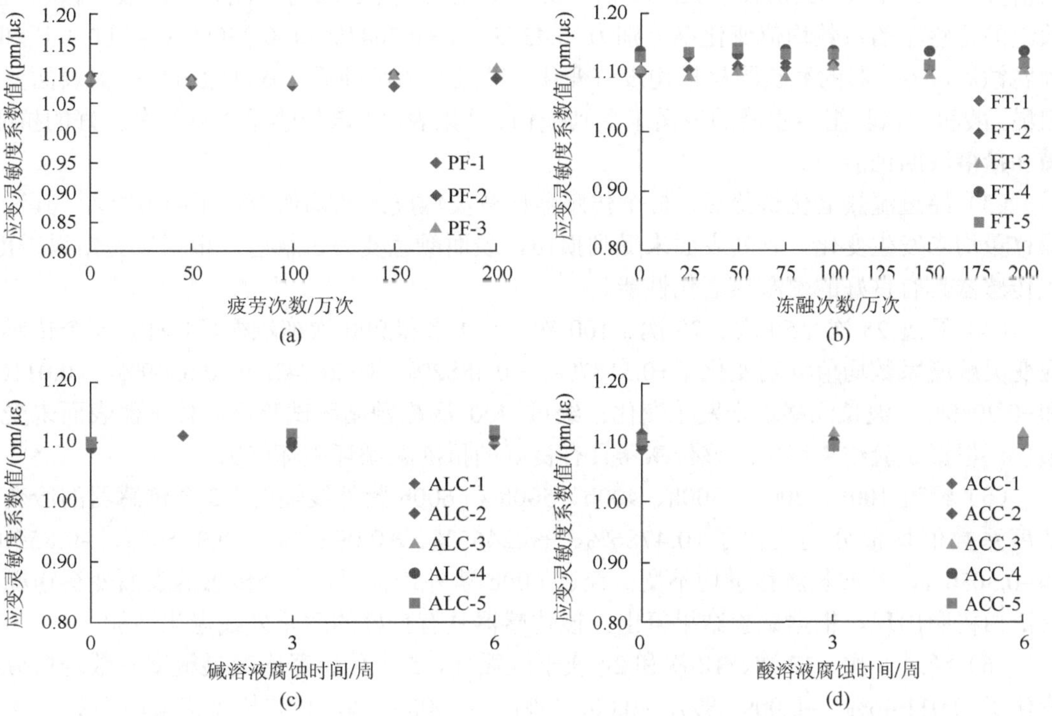

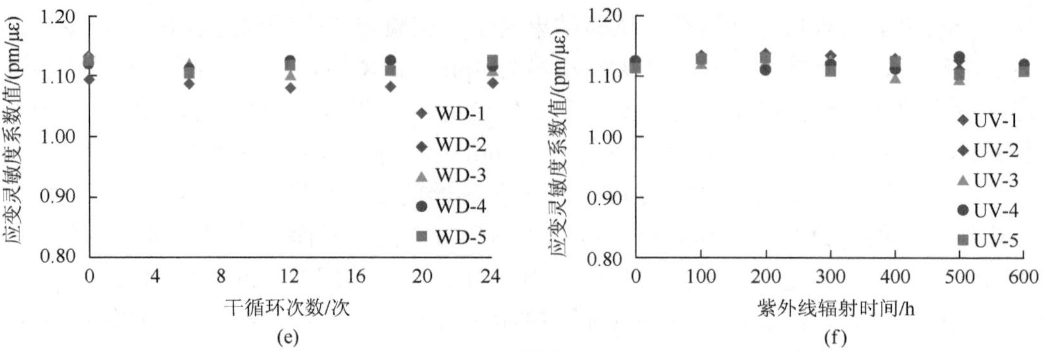


图 3.39　各类型耐久性试验结果

（1）进行 25 万次、50 万次、75 万次和 100 万次疲劳试验后，BF（裸光纤光栅）组试件应变灵敏度系数均值分别变化+0.1917%、+0.8488%、−0.0820%和+1.5334%，PF（纤维封装 FBG 应变传感器）组试件的应变灵敏度系数均值分别变化−0.3670%、+0.7340%、+0.0610%和+0.5500%，最大变化率＜1%，且 BF 和 PF 组试件的波长漂移量均没有变化；经过 100 万次疲劳试验后，经过观察发现：裸光纤光栅锚固区和钢板没有出现剥离；纤维封装 FBG 应变传感器的封装层以及传感器和钢板之间的黏结层没有出现龟裂；传感器和钢板之间没有剥离。结果表明：裸光纤光栅和纤维封装 FBG 应变传感器具有良好的抗疲劳损伤能力。

（2）经过 3 周的酸、碱和盐腐蚀试验后，酸、碱和盐试验组的传感器应变灵敏度系数均值分别变化了−0.0360%、+0.3638%和−0.9940%，经过 6 周腐蚀试验后，酸、碱和盐试验组的传感器的系数均值变化率分别为+0.4363%、+0.7641%和−0.3800%；经过 3 周和 6 周腐蚀后，传感器的波长漂移量均没有变化；经过 6 周腐蚀后，碱试验组传感器表面变得粗糙，酸和盐试验组传感器的表面未受到损伤。结果表明：该传感器本身具有良好的抗酸、碱和盐溶液腐蚀能力。

（3）经过湿热老化试验后，5 个传感器应变灵敏度系数均值变化了−1.012%，其波长漂移量均未发生变化，且其表面未受到损伤，表面颜色变为古铜色。根据试验结果得出：该传感器具有良好的耐湿热老化性能。

（4）经过 25 次、50 次、75 次、100 次、150 次和 200 次冻融循环试验，5 个传感器应变灵敏度系数均值分别变化了+0.5187%、+0.4882%、+0.2674%、+0.6569%、−0.0110%和+0.2980%，波长漂移量未发生变化；经过 200 次冻融循环试验后，传感器表面未受到损伤。根据试验结果得出：该传感器具有良好的抗冻融循环破坏能力。

（5）经过 100h、200h、300h、400h、500h 和 600h 紫外线辐射，5 个传感器的应变灵敏度系数值均值分别变化了+0.4786%、+0.2465%、+0.0947%、−0.3750%、−0.8550%和−0.3050%，其波长漂移量均不变；经过 600h 紫外线辐射，5 个传感器表面变得粗糙，有泛白树脂出现。根据试验结果得出：该传感器具有良好的耐紫外线老化性能。

（6）经过 6 次、12 次、18 次和 24 次干湿循环，5 个传感器应变灵敏度系数均值分别变化了−0.011 46%、−0.009 88%、−0.006 79%和−0.005 90%，其波长漂移量均不变；24 次干湿循环后，传感器表面未损伤。根据试验结果得出：该传感器具有良好的抗干湿循环破坏能力。

# 3.3　长标距碳纤维应变传感技术

除上述的长标距光纤传感器外，可以利用长标距概念开发和制作各种类型的长标距传感器。本节将介绍长标距碳纤维传感器的开发与制作。

## 3.3.1　碳纤维应变传感器的横向效应

碳纤维复合材料沿纤维方向排列的行为的轴向变形导致的电阻变化，是建立小应变范围内碳纤维应变传感器的基本原则。对于碳纤维传感器的敏感元件碳纤维束而言（图 3.40），每根碳纤维束都是数千根甚至上万极微小的碳纱组成。以日本东丽公司生产的 T700SC 为例，其产品 T700SC-12000 每束碳纤维为 12 000 根碳纱，产品 T700SC-24000 每束碳纤维可达到 24 000 根碳纱。作为结构材料，CFRP 复合材料通过碳纤维和环氧树脂含浸后，由环氧树脂保证材料内碳纱协同受力。但作为电阻式敏感元件时，CFRP 复合材料的电阻是其内部电阻的总和。由图 3.40 给出的碳纤维束的放大图可以看出其内部的微观电路搭接极其复杂。在受力过程中，其纤维方向及切向的微电路亦随着张拉程度发生变化。故而，不能完全将碳纤维看成类似于电阻式应变片均匀的敏感元件。作为一种传感材料如何处理这种复杂的非均质材料，是制作稳定的碳纤维传感器的首要任务。

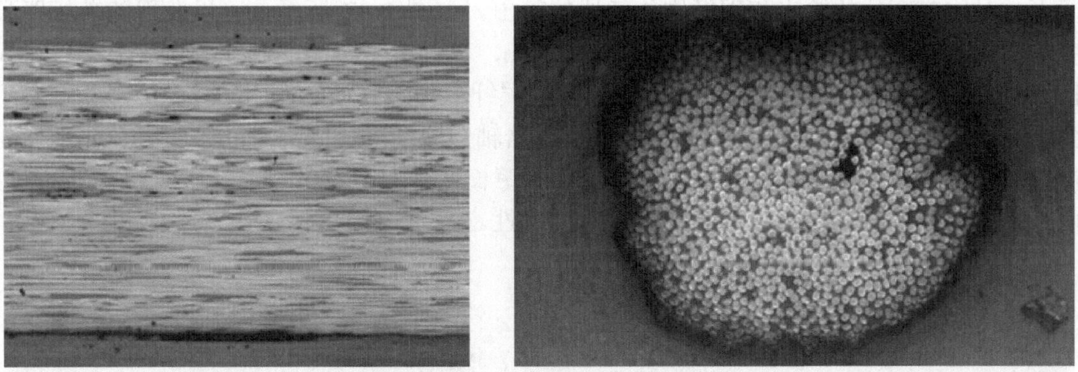

(a) 轴向　　(b) 横向

图 3.40　碳纤维束（Patch 基）轴向及横向放大图

在土木工程结构中，非均质材料的应用并不少见。混凝土就是一种由多种材料组成的非均质材料，其骨料和水泥胶凝物的成分和尺寸都是不均匀的。在结构分析时，工程人员往往使用固定尺寸的标准试件来标定混凝土强度等物性参数。那么可以说，该固定尺寸的标准试件就是可以用来表征原非均质材料的表征尺寸。图 3.41 给出了碳纤维敏感元件内部复杂微电路的示意图。其纤维方向电阻 $R_{li}$ 类似于电阻式应变片敏感元件，当受张拉时阻值呈线性关系变大。同时，在其纤维方向的横向，也有不规则搭接情况存在。当碳纤维受张拉时，其内部不呈平行排列的细小碳纱将趋于绷直，而横向电阻 $R_{ti}$ 亦会减少，导致碳纤维的总电阻呈不规则的降低趋势。这就是对于碳纤维传感器，其材料内部不均匀性导致碳纤维传感器在应变测量，尤其是小应变范围内信号输出不稳定噪声过大的主要原因。另外，前文也介绍了在工程实际中，通过带有表征尺寸的混凝土标准试件来反映非均质材料的混凝土构件的固有参数。因为碳纤维纤维方向的电阻对传感器的感度没有影响，有影响的是其横向搭接电阻在张拉过程中的不规则变化，因此也可以使用表征尺寸的方法，将碳纤维传感器的敏感元件长标距化，通过加大碳纤维传感器标距长度，让原有不均匀的横向电阻趋于近似稳定，达到碳纤维传感器满足小应变测量的目的。

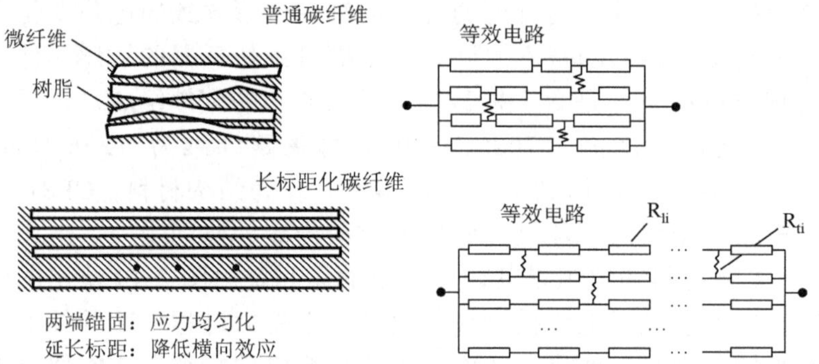


图 3.41　长标距化碳纤维减弱横向搭接电阻的影响

基于以上观点，将不同标距长度的碳纤维传感器分别接入电桥电路，在轴向张拉的情况下，对比应变片的输出和碳纤维传感器的输出。如图 3.42 所示，可以发现随着标距长度的增加，对比标距长度从 10cm 增加至 50cm，碳纤维传感器的性能曲线逐渐趋近于线性。标距长度的增加的意义是在于，随着增加碳纤维传感器初始电阻，因为传感器宽度不变进而相对的横向效应得到抑制，从而沿传感器轴向即两个锚固点之间的应力变化转变为需要测量的轴向电阻变化。可以看出，随着标距长度增加至 50cm 时，在小应变测量范围内，基本保证了碳纤维传感器一定的测量准确性。

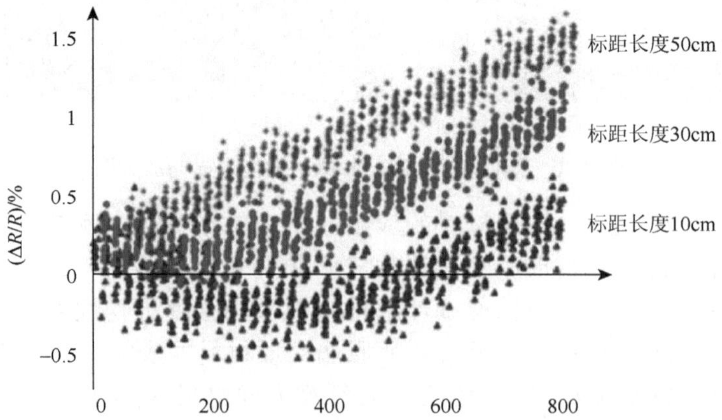


图 3.42　不同标距长度碳纤维传感器的线性对比

### 3.3.2　长标距碳纤维应变传感器

如上所述，碳纤维作为一种新型传感材料，不但比常用的通过光刻、腐蚀等工艺制成的金属箔式应变敏感元件更具有长期的耐久性，而且碳纤维材料受力而引起的电阻变化主要来自于电阻率变化而不是传感器的尺寸变化，因此与箔式应变敏感元件相比碳纤维具有灵敏度高的特点。因为工程中使用的碳纤维本身是一种由数千根微碳丝组成的，其内部的不均匀性影响到测量，尤其是小应变范围的测量精度。前文介绍了可以通过对连续碳纤维长标距化封装，进而减少横向效应的影响，从而保证 500 微应变测量范围内线性关系。但由于碳纤维自身电阻变化微小，其测量离散大，测量误差在 100 微应变左右，不足以满足实际小应变的测量。因此对基于连续碳纤维丝制作的长标距传感器需要进一步的改良，其改良内容包括温度补偿、线性化处理、应力集中增敏和测量方法这几个方面。

1）温度补偿

碳纤维自身是一种热敏材料，在应力/应变条件稳定而温度条件变化的情况下，其电阻会随温度的变化而明显变化，与金属箔式应变敏感元件相反其温度系数为负值。图 3.43 中给出了 5 组以日本东丽 T700 碳纤维为主要原材料制作的碳纤维传感器，在温度从 20℃增加到 70℃时，其电阻变化率以线性方式递减。对于碳纤维的传感区的电阻随二温度变化而改变的效应，称之为电阻温度效应，其电阻变化率满足以下关系式：

$$\Delta R/R = \eta\Delta T \tag{3.12}$$

其中，$\eta$为电子稳定系数；$\Delta T$ 为温度变化。

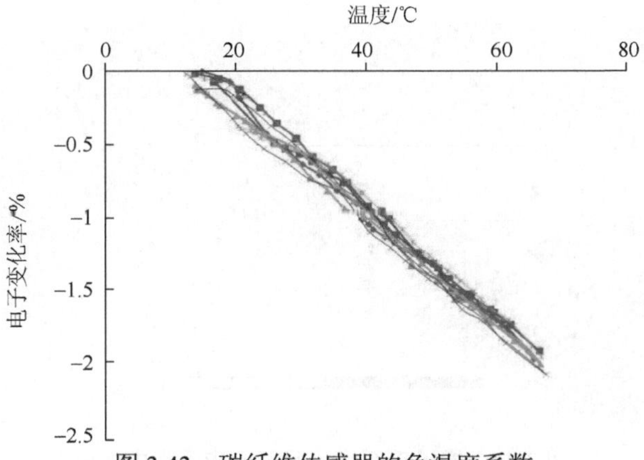


图 3.43　碳纤维传感器的负温度系数

由于碳纤维传感器是一种根据电阻变化实现传感的传感器，因此可以参考现有的电阻应变片双臂电桥的办法实现减少温度补偿的效果。该类型长标距碳纤维应变传感器件包括：两组具有相同几何尺寸的长标距碳纤维应变传感元件。该长标距碳纤维应变传感器元件，通过所述的测量接头和并联接头，接入测量电桥中，其中一组长标距碳纤维应变传感元件作为补偿片，另一组长标距碳纤维应变传感元件作为工作片。作为补偿片的传感元件的电极端长度小于所述的工作片的电极端。作为工作片和补偿片的长标距碳纤维应变传感器元件位于隔离膜之间，并可以在其间自由变形。在封装层内置导线，安装电桥的半臂连接工作片和补偿片，从两端输出连接输出电源和测量接头，以实现多组长标距碳纤维应变传感器件的串联，增加可操作性。

2）应力集中增敏

前文提到在连续碳纤维丝的传感技术中，由于初始电阻小虽然灵敏系数高但实际输出电阻变化小，因而在测量电阻变化时带来误差。碳纤维传感器的传感机理是有碳纤维丝轴向应变决定，与树脂含浸后形成长度大宽度小的片状复合材料。当碳纤维传感器受拉时，3 个方向的应力变化同时作用于传感区产生电阻变化，其各个方向应力变化对电阻影响可以用下式表示：

$$V_{\mathrm{r}} = R_0 I[1 + \pi_{\mathrm{L}}\sigma_{xx} + \pi_{\mathrm{T}}(\sigma_{yy} + \sigma_{zz})] \tag{3.13}$$

式中，$R_0$ 为初始电阻；$I$ 为激励电流；$\pi_L$ 为轴向敏感系数，$\pi_T$ 为横向敏感系数；$\sigma_{xx}$ 为轴向应力，$\sigma_{yy}$ 为宽度方向横向应力，$\sigma_{zz}$ 为厚度方向横向应力。

对于长标距碳纤维传感器，由于外形决定其应变变化主要由轴向应力产生，可以根据对标距内传感区的刚度进行设计人为制作应力集中点，在传感区受单向张拉局部产生大应力区域，借此实现碳纤维传感器的增敏设计。其具体实施方法是在长标距碳纤维应变传感芯线沿纤维方向上开设有一使长标距碳纤维应变传感芯线截面减小的切口，该切口为穿过长标距碳纤维应变传感芯线内部的内部切口或设置在长标距碳纤维应变传感芯线外表面的外部切口，切口的面积不超过长标距碳纤维应变传感芯线截面的 0.5%～5%。图 3.44 中，通过有限元分析对切口效果进行了模拟解析。解析结果显示在切口区域会出现应力增幅的现象，其应力增幅大小由切口在截面内的几何尺寸即宽度决定。

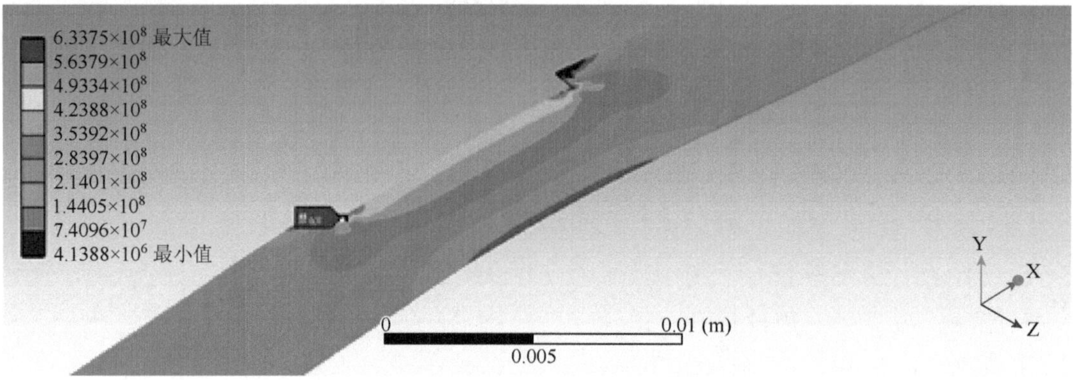


图 3.44　增敏碳纤维传感器的应力集中效应

根据解析结果，在实际的 50cm 标距长度的长标距碳纤维传感器内切出宽度为 1mm 的切口，开口长度分别为 3cm 和 5cm，与原始的碳纤维传感器安装在同一张拉试件上对比测得的结果。图 3.45 中显示了三种碳纤维传感器的信号，在微小应变范围内实测的信号对比。

3）线性化处理

由于碳纤维的电阻系数小电阻初值小，因此在小应变范围内测试时其输出信号偏小。

在通过常用电阻测试方法的实际测量中，受测试条件的限制其输出信号不是稳定地显示一个值，其采样偏差离散现象严重。针对这些问题，结合长标距光纤的封装方法，采用长标距封装技术，将设计与制作了一种高精度长标距碳纤维应变器，实现在长期不稳定温度条件下对大范围内结构微小应变的感知以达到对结构的应力（应变）的连续检测和监测。

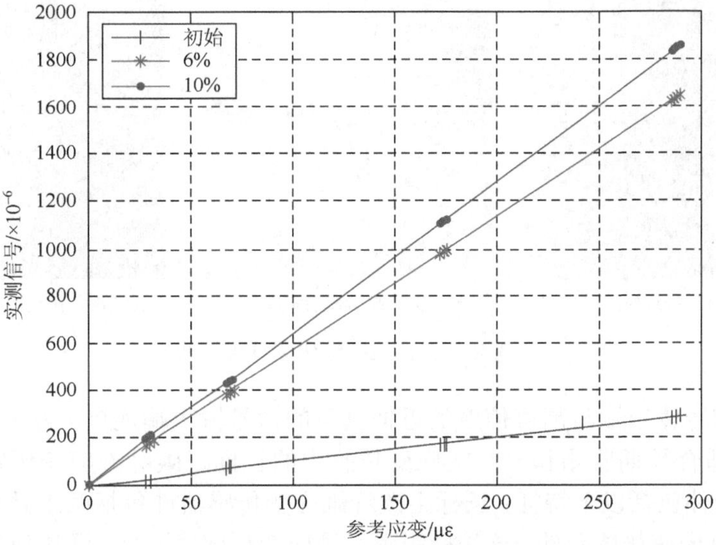


图 3.45　不同切口程度的长标距碳纤维传感器增敏效果对比

高精度长标距碳纤维应变测试装置的有益效果是：实现了以碳纤维为基体的新型长标距碳纤维应变传感器，其长久性能优越于传感金属电阻应变式传感器；实现了结构应变的监测和检测，与点式应变片相比更适合在大监测范围内反应结构整体信息，不但节约监测成本，也为大型结构如大跨度桥梁和边坡的整体监测提供了有效的工具；在小应变范围内为高精度的应变测量提供了保证。其制作流程主要包括：前期预张拉、端部电极安装、后期预张量线性化含浸、整体封装四个步骤。前文介绍过碳纤维原丝是由数千根微纤维组成，如日本东丽公司生产的碳纤 T700-12000-SC，直接含浸宽度为 5～6mm 其包含 12 000 根微纤维。由于大量微纤维在整合过程中难以保证协同变形，导致小应变测量下数据离散大。而通过长标距化封装，在增加轴向长度的同时两端应力均一化，进而可以提高碳纤维传感器的测量精度。另外，在含浸过程中通过 2 次预拉使碳纤维产生线性化效果，同样亦可减少碳纤维内部微纤维的离散问题。在图 3.46 中对比了直接含浸和线性化后的宽度，实验结果显示直接含浸和线性化的碳纤维传感器在等长度的情况下电阻初期无明显，同批次制作的传感器的精度和感度更加稳定。

4）测量方法

作为标准的一种分布式高精度长标距碳纤维应变测试装置，包括两个长标距碳纤维应变传感器、两个阻值与长标距碳纤维应变传感器相同的电阻，长标距碳纤维应变传感器、电阻、恒流电源按照惠斯登温度补偿电桥形式布置，其中一个长标距碳纤维应变传感器作为工作片，另一个长标距碳纤维应变传感器作为温度补偿片；惠斯登温度补偿电桥的信号输出端与初级信号的信号输入端连接，初级信号的信号输出端与单片机的信号输入端连

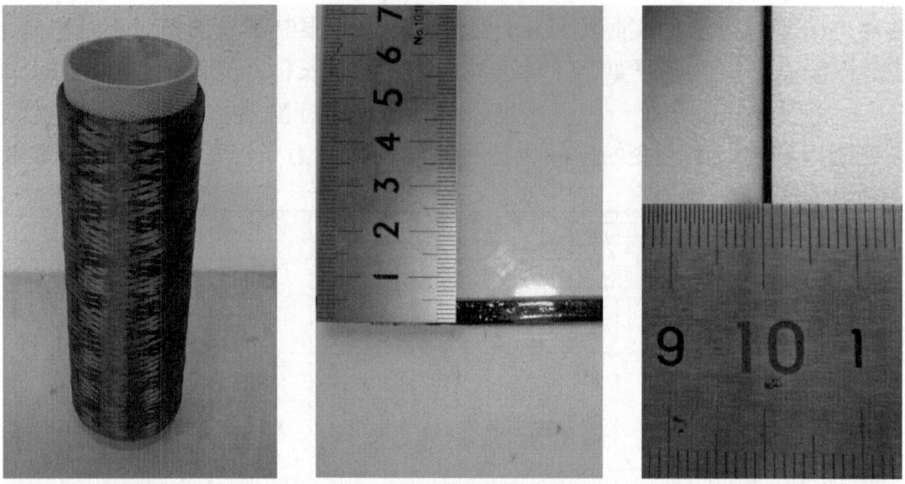


(a) 碳纤维原丝　(b) 直接含浸后宽度　(c) 2次预拉线性化后宽度

图 3.46　长标距线性化碳纤维芯线

接，单片机的信号输出端与高可信度的近似真值的信号输入端连接。为实现上述目的，本节提供了一种适合长期监测和分布式应变传感用的长标距碳纤维应变传感器件的封装方法，所述传感器件包括以下特征：长标距碳纤维应变传感器件包括两组具有相同几何尺寸的长标距碳纤维应变传感元件。该长标距碳纤维应变传感器元件，通过所述的测量接头和并联接头，接入测量电桥中，其中一组长标距碳纤维应变传感元件作为补偿片，另一组长标距碳纤维应变传感元件作为工作片。作为补偿片的传感元件的电极端长度小于所述的工作片的电极端。作为工作片和补偿片的长标距碳纤维应变传感器元件位于隔离膜之间，并可以在其之间自由变形。在封装层内置导线，安装电桥的半臂连接工作片和补偿片，从两端输出连接输出电源和测量接头，以实现多组长标距碳纤维应变传感器件的串联，增加可操作性。最后通过耐腐蚀性良好的稳定锚固段将封装的工作片和补偿片连接，实现整体封装。图 3.47 显示了多组长标距碳纤维应变传感器件布线配置。

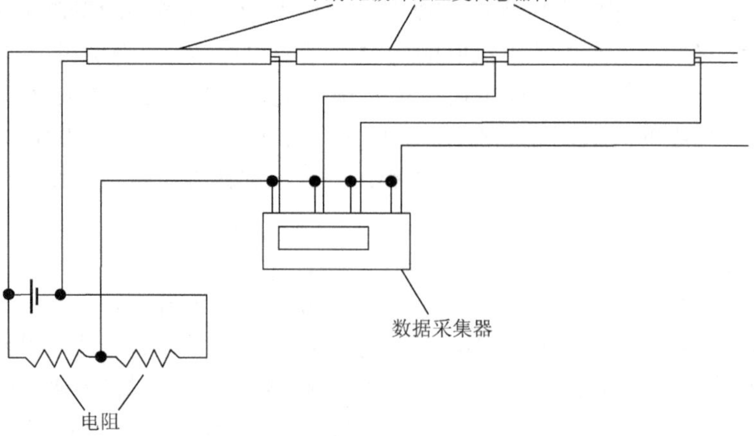


图 3.47　多组长标距碳纤维应变传感器件串联布线

另外一种电脉冲时域反射（electrical time domain reflectometry，ETDR）技术在对于分布式布设的碳纤维传感器测量同样具有潜在的应用前景。其实 ETDR 早已用在电缆测量、探伤检查等方面，其原理就是向电缆中发出一个短的电脉冲，电脉冲将在电缆中向前传输。如果被测件的阻抗是连续的，则信号没有反射，如果有阻抗的变化，就会有信号反射回来。根据反射回波的时间可以判断阻抗不连续点距接收端的距离，根据反射回来的幅度可以判断相应点的阻抗变化。阻抗不连续点就会产生反射，已知源阻抗 $Z_0$，则根据反射系数 $\rho$ 就可以计算出被测点阻抗 $Z_L$ 的大小（图 3.48）。

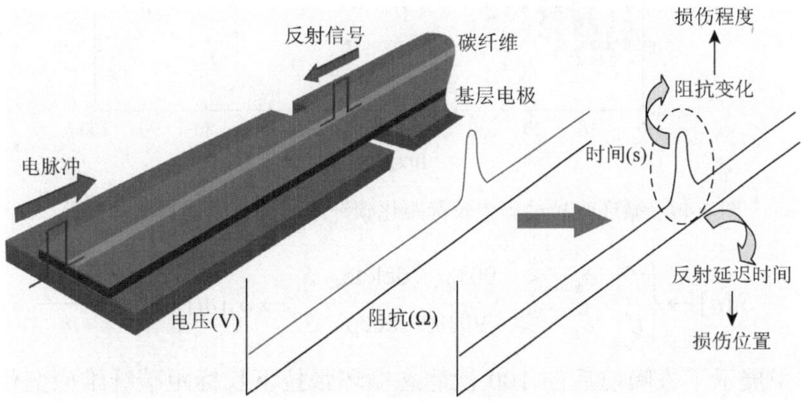


图 3.48　ETDR 技术原理

ETDR 测量配置是在宽带示波器的模块中增加一个阶跃脉冲发生器。阶跃脉冲发生器发出一个快上升沿的阶跃脉冲，同时接收模块采集反射信号的时域波形。电脉冲信号在导体中传输速度约为 $2\times10^8$m/s。所以如果需要测量达到 1m 的精度，那么要用 100M 以上宽带的示波器；如果需要测量达到 1mm 的精度，那么要用 100G 以上宽带的示波器。对于长标距碳纤维传感器，由于标距内侧袋电阻均匀化，因此适合于 EDTR 技术的应用。

### 3.3.3　静态测试性能

基于此基本获得了一个可以线性测量应变变化的碳纤维应变传感器，但是反观结构健康监测，特别是混凝土结构的应变监测时，结构的响应往往在数十个微应变以下。如此，对应变传感器的精度就显得尤为重要。为使碳纤维应变传感器满足结构监测的要求，必须进一步改善碳纤维应变传感器的离散现象。图 3.49 中展示了在小应变范围内碳纤维应变传感器在循环张拉过程中测量误差的离散程度。与传统电阻式应变片对比，长标距化的碳纤维应变传感器的测量误差在±25 个微应变之内。

由于此时长标距化的碳纤维应变传感器的测量误差主要是来自于测量装置的限制，故而认为当增加测量次数时，多次测量后的测量误差为随机误差，其分布满足于正态分布。通过设定合适的置信区间，剔除大偏差的异常值以获得更高精度的真值平均实现去噪处理，其表达式如下。

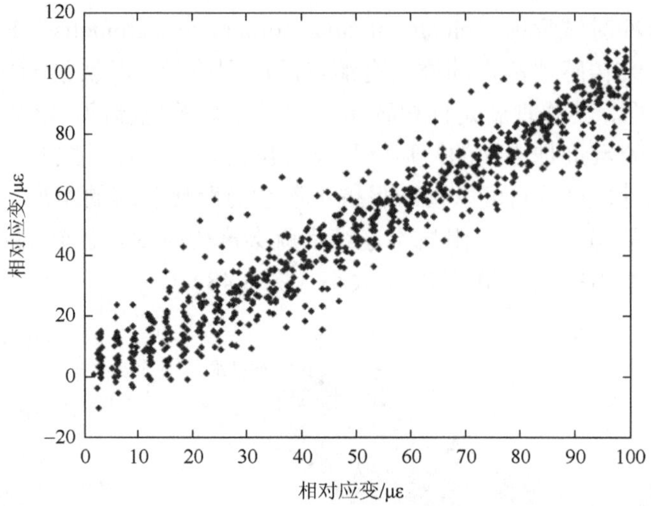


图 3.49　循环张拉过程中长标距化碳纤维应变传感器的测量误差

$$S_i[n] \rightarrow \begin{cases} if \quad \delta_{S_i} \quad < \quad 90\% \quad ,\text{delete} \quad S_i \\ if \quad \delta_{S_i} \quad \geqslant \quad 90\% \quad ,\text{keep} \quad S_i \end{cases} \rightarrow S_j[m] \rightarrow \bar{S} = \frac{\sum S_j}{m} \tag{3.14}$$

图 3.50 中展示了去噪前后的 100 次静态循环张拉下长标距碳纤维应变传感器的测量误差对比。通过去噪处理，有效地剔除了原始输出中大偏差的影响，将测量精度提升到±10 个微应变之内，满足了结构监测中需要的测量精度和稳定性。

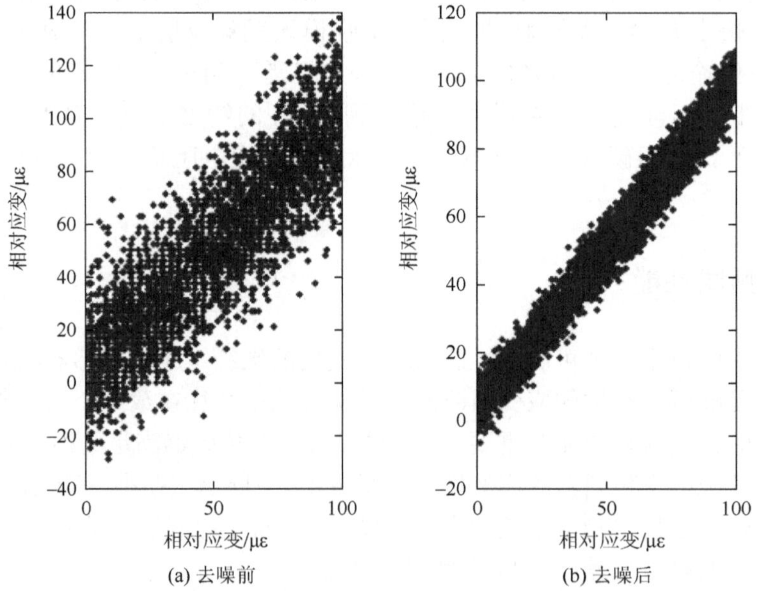


图 3.50　去噪前后循环张拉的测量误差对比

前文介绍了碳纤维传感器的开发初衷是实现一种自传感机能的智能材料，即通过测量承力构件自身的响应来表征应力或损伤情况。图 3.51 中显示了一组标距长度 50cm

的长标距碳纤维传感器在从初始状态到极限状态（10 000με）过程中，输出信号的变化趋势。在小应变范围内，与前文叙述的内容一样，长标距碳纤维传感器保持了良好的线性应变输出。当应变逐渐增大（＞6000με）后，碳纤维传感器信号出现快速递增的现象。碳纤维是一种典型的弹性材料，单根的碳丝从张拉到断裂其应力-应变始终为线性关系。而工程中使用的碳纤维复合材料是通过树脂含浸后获得，碳纤维传感器同样也是复合材料。当大应变时，碳纤维传感器受拉过程中可明显听见“噼啪”的脆断音，其原因是来自内部树脂的微断。根据复合材料理论，树脂由于弹性模量小自身不提供刚度，在复合材料内部起到保持纤维丝协同受力变形的作用。而树脂的微断导致碳纤维传感器内部应力分布不均匀，其结果体现为电阻变化率的快速递增。此现象比直接观察碳纤维的应力-应变关系更加明显，更适合于指征受力的碳纤维复合材料内部的微小变化。

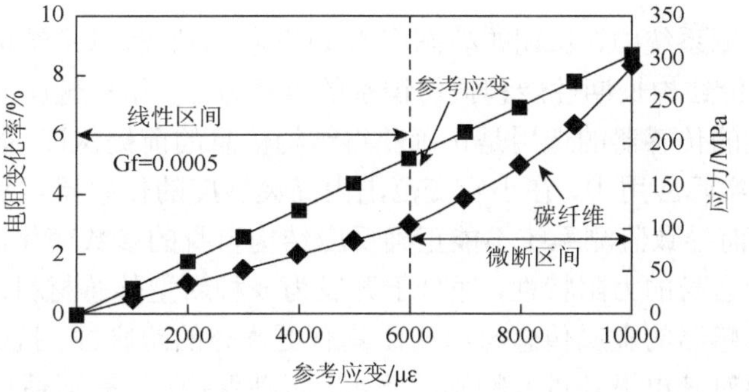


图 3.51　长标距碳纤维传感器对于内部损伤的表征效果

### 3.3.4　动态测试性能

由于动态应变测量在结构健康监测、结构损伤评估中占有重要的地位，碳纤维应变传感器同样也需要保证有足够的动态测试能力。图 3.52 中是标距长度为 50cm 的碳纤维应变传感器在微小激振条件下和加速度计的输出对比。在时域和频域内，碳纤维应变传感器都与相同位置的长标距 FBG 测量结果一致。可以说，长标距化的碳纤维应变传感器是一种合适的应变测量手段，适合用于智能结构材料的开发。

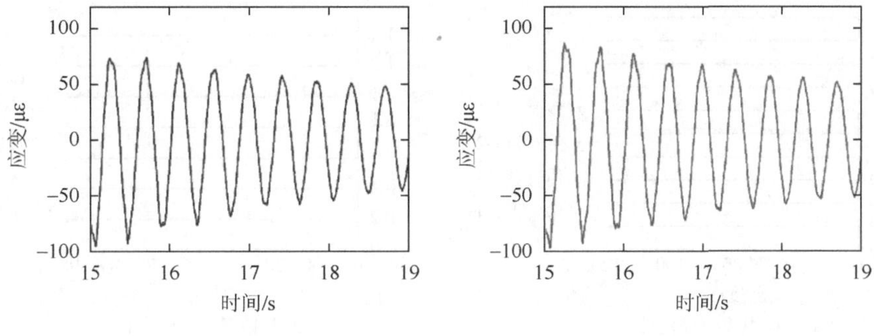

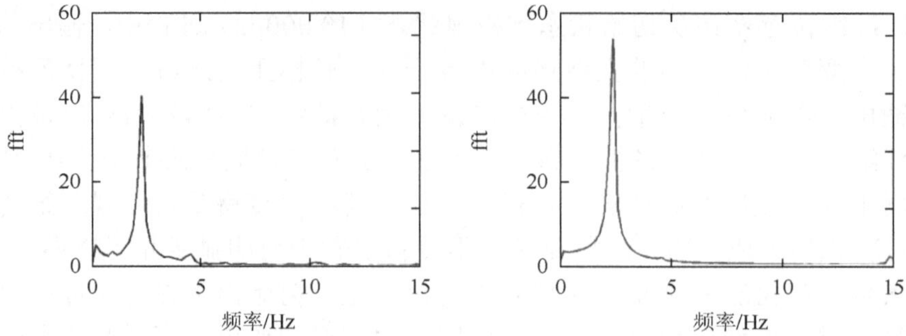


(a) 长标距碳纤维传感　　　　(b) 长标距光纤传感

图 3.52　长标距碳纤维传感时域与频域信号验证

## 3.3.5　长期性能

在结构健康监测系统中，长期的静态应力（应变）的监测以及结构在激励后动态响应的检测，是用来评价结构长期性能和损伤识别的重要方法。结构健康监测中使用的传感器经济而且高灵敏度的传感器的选用是正确获得结构信息的前提保证，同时其长期性能的稳定性更为重要。在实际应用中，在小应变范围内高灵敏度的传感器容易受到噪声以及环境条件变化的影响，而导致监测系统不能正确反应结构自身的参数变化。前文介绍了长标距碳纤维传感器因为自身的力阻特性，适合于开发为一种新型传感材料。虽然碳纤维材料与传统电阻应变式传感器的金属传感材料相比具有更优秀的防腐蚀、抗蠕变等特点，但是在封装过程中还需要对其电极处进行特别的防水、防潮保护，以获得适合于各种恶劣环境下稳定的应变测量。图 3.53 分别对由上文中介绍的封装方法获得的标距长为 500mm 长标距碳纤维传感器在四种恶劣的监测环境下的长期性能的对比。

从结果可以看出在对于处于不同的温度环境、湿度环境、长期盐蚀、长期酸蚀、长期碱蚀的恶劣监测环境下，获得信号并没有明显的差别。对于不同的温度环境、湿度环境下，长标距碳纤维传感器分别是干燥和水浴加热的条件下，加热至 70℃，达到了树脂的玻璃化温度区间，树脂的非线性形变会影响碳纤维传感元件的热敏系数，但长标距封装碳纤维应变传感器实现了均一变形，并没有受到明显的影响。将长标距碳纤维传感器浸泡在酸碱盐等不同腐蚀环境内长达 3 个月以上，其灵敏系数依然没有明显的变化。因此可以证明，长标距碳纤维应变传感器件的有益效果是：实现了长标距碳纤维应变传感元件的长期监

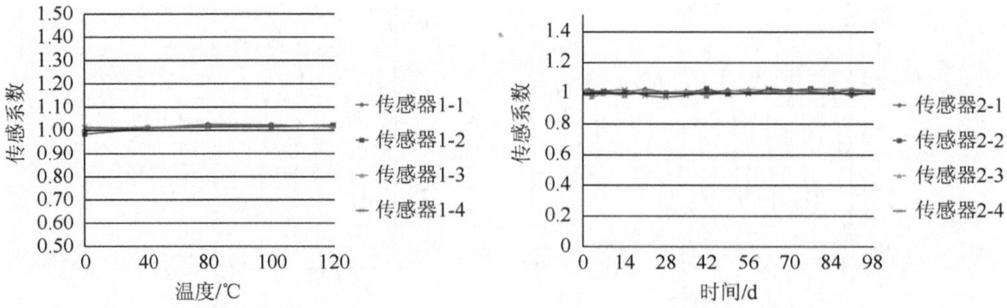


(a) 不同温度下稳定性　　　　(b) 盐蚀条件下耐久性

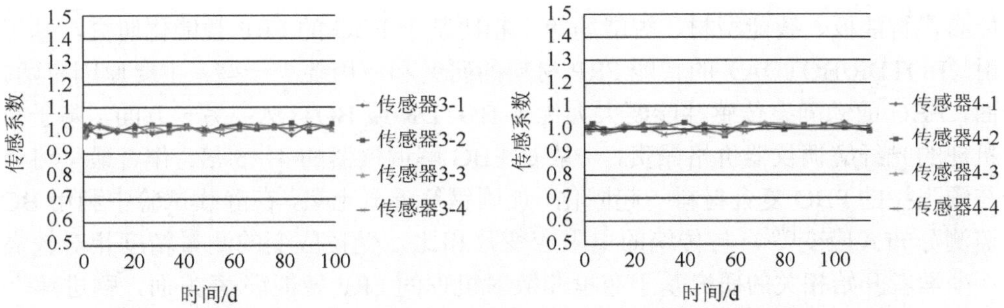


(c) 酸蚀条件下耐久性　　(d) 碱蚀条件下耐久性

图 3.53　长标距封装碳纤维传感器的长期性能

测，通过具有稳定化学性质的传感基材以及封装材料，解决了在长期监测中温度和湿度对长标距碳纤维应变传感元件影响的问题，提高了传感器件耐久性；实现了大型结构的应变监测和检测时多组传感器件分布布设和测量，简化多组传感器件同步测量的电桥布置程序，提高了实际操作性能。

## 3.4　自传感 FRP 构件

利用纤维增强复合材料（fibre reinforced polymer，FRP）封装光纤，可以有效保护光纤，保证其在结构监测时的耐久性能；反之，将光纤埋入 FRP 制品能够得到具有自传感特性的智能 FRP 构件。例如，由 FRP 和光纤制成的智能 FRP 筋可以和普通钢筋一样绑扎、浇筑进混凝土，在作为结构构件满足结构受力性能的同时，利用这些智能 FRP 筋还可以监测结构的骨架信息，更加准确、有效地掌握结构的性能。基于上述想法，作者提出用 FRP 封装光纤制备高精度的传感器，同时在生产 FRP 时将分布式光纤传感器与 FRP 复合成自传感 FRP 筋，利用这些智能元件，展开结构的智能化研究[95]。将分布式光纤传感器与 FRP 复合成自传感 FRP 布、筋、板或索等构件（图 3.54），将扩大光纤传感的应用范围，提升 FRP 制品的品质，基于这种自传感 FRP 构件，可增强土木工程结构“力学”和“传感”两方面功能，使结构本身具有自传感、自监测的特性，从而可实现结构的长期在线健康监测。

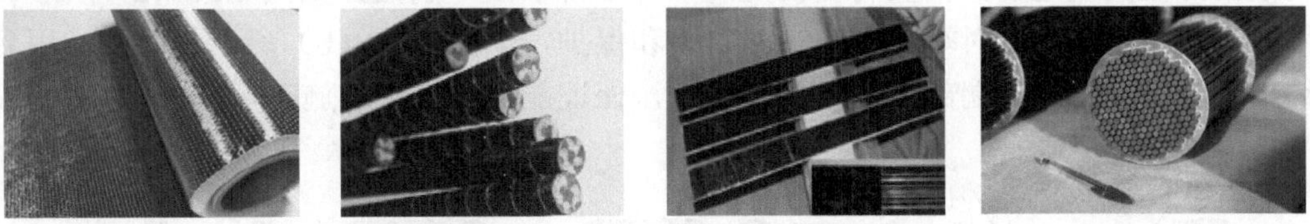

(a) 布　(b) 筋　(c) 板　(d) 索

图 3.54　FRP 构件

自传感 FRP 构件主要基于光纤光栅（FBG）或基于布里渊散射（BOTDR/BOTDA）技术。由于 FBG 的传感性能卓越，并且商业化的解调设备种类较多，因此，基于 FBG 的智能 FRP 的研究和应用开展相对广泛。基于 FBG 和 FRP 的复合，研制了各类智能材料，如智能布、智能板、智能型材、智能筋等。相比基于 FBG 的 FRP 智能化研究，基于布里渊散射（BOTDR/BOTDA）的智能 FRP 材料的研究和应用要少一些，主要原因有两方面：一方面，FBG 的动静态传感性能要大大优于 BOTDR 或 BOTDA；另一方面，基于布里渊散射机理的光纤解调仪器价格昂贵，一般是 FBG 解调仪器的 4～5 倍。作者最早将分布式光纤与预张拉的 PBO 复合材料一起固化，加固钢筋混凝土梁，在静载试验中利用 BOTDR 技术监测分布式应变[96]，与传统的电阻应变片相比，受拉应变的测量精度相对较高。此后，不少学者开始相关的研究基于布里渊散射机理的 FRP 智能筋/索方面，欧进萍[97]进一步将智能 FRP 索与普通钢索复合成智能拉索，静载试验表明利用分布式应变反推的索力精度较高（加载时最大误差只有 5%），并且线性拟合系数接近。

### 3.4.1　自传感 FRP 构件的制备

将光纤埋设进 FRP 材料制造自传感 FRP 构件的实际生产和工程应用中存在的问题是光纤比较脆弱，在 FRP 筋的拉挤成型工艺中存活率很低，严重影响连续化大规模生产；在 FRP 筋的复合工艺中一般采用热固性树脂，即固化后 FRP 的物理化学性能非常稳定，导致光纤传感器接口（即一段自由光纤）引出比较困难。因此，光纤需要经过封装具有一定的力学强度后，再植入 FRP 筋的生产系统。而引线引出，则采用树脂固化控制技术就是通过控制温度使引线引出区段的树脂不固化；或者采用长标距技术，直接将标距内的光纤引出作为传感器接口。

制备自传感 FRP 构件筋的传感芯的基本工序和长标距光纤传感器的制作过程类似。在传感芯制作完成后，通过图 3.55 所示的具体生产流程来复合 FRP 制品和传感芯。其主要工艺包括纤维浸胶、成束、挤胶、缠丝刻螺纹、加热固化成型等。具体来说，玄武岩纤维和光纤传感芯分别通过纱盘和光纤盘进行放线，其中玄武岩纤维导入胶槽充分浸胶，而光纤传感芯为了避免弯折损伤而通过淋胶孔在空中淋胶；然后直接经由集束架的中心孔与浸透树脂且被集束架集束定位后的纤维一起挤入中心管，在管中挤压成束；用缠丝机进一步约束成型，并在表面刻螺纹、挤胶；进入预热管对制品预热，去除多余树脂；通过加热控制装置控制引线段的温度，保证其在整个生产过程中温度始终低于树脂固化温度；进一步加热固化成型；牵引制品出生产线，引出端部引线，并对端部施加封装保护。自传感 FRP 筋离开生产线之后，需要将自由光纤（即端部引线）引出，如图 3.56（a）所示。在应用时，还需要进一步对端部引线实施封装和保护，如图 3.56（b）所示。对于应用到工程结构的制品，需要将端部引线进一步保护，保证能够适应现场施工环境。

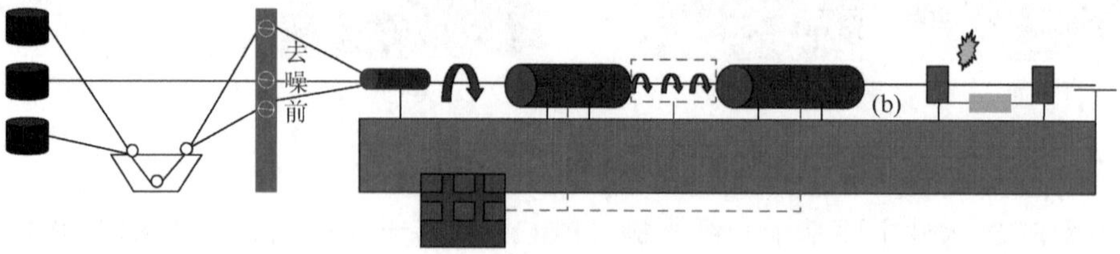


图 3.55　自传感 FRP 筋的生产工艺

(a) 通用传感器系列　(b) 自传感筋/素系列　(c) 自伟感FRP板/布等系列

图 3.56　自传感 FRP 构件

### 3.4.2　应变传感性能

和前面介绍的光纤传感器类似，基于光纤传感技术开发的自传感 FRP 构件包括基于 FBG/布里渊散射的长标距型，以及基于布里渊传感的全分布型。

1. 长标距式 FBG/布里渊自传感 FRP 构件

首先通过长标距 FBG 式 FRP 构件和长标距布里渊式 FRP 构件的拉伸试验来验证它们的传感性能。FRP 筋的抗剪强度相对较低，因此在做拉伸试验时一般采用黏结锚的形式。所谓黏结锚就是利用环氧树脂等黏结材料将 BFRP 筋与锚具黏结成一体，试验时直接拉锚具，通过胶层传递应力给筋材，锚具一般采用有外螺纹的铁管。本试验采用了自制的钢架作为反力架，手动液压千斤顶施加荷载，同时力传感器监测控制荷载大小。使用试验中测量的自传感筋的应变作为理论参考值。所用光纤长 1.4m，直径为 10mm。布置在中间的 FBG 传感区域的直径约为 2mm，传感标距为 300mm，锚固区长 25mm 左右。光纤的测量系统为 NBX-6050A。300mm 标距内按 50mm 间隔采样有 7 个测点，考虑到空间分辨率的影响，取中间 3 个点的测试平均值作为该标段的特征值。光纤光栅 FBG 的采集仪器采用 SM-130。试验中，加载工况分为两种：①工况 I，最大应变在 200με 左右，加载步约为 20με，模拟结构小损伤的情况；②工况 II，最大应变在 2000με 左右，加载步约为 200με，模拟结构严重损伤的情况。每种工况重复 5 次，比较测试性能的稳定性。图 3.57 显示试件的应变传感结果，其中横坐标表示自传感筋或光纤的应变变化，而纵坐标则表示对应应变下的布里渊中心频率变化（或称为布里渊频移），这两者的关系表示应变传感的系数。可以看出，在大荷载工况下，两种自传感技术是典型的线性传感，在小荷载工况下，两种自传感技术虽有一定的离散型但都在可接受的范围内。

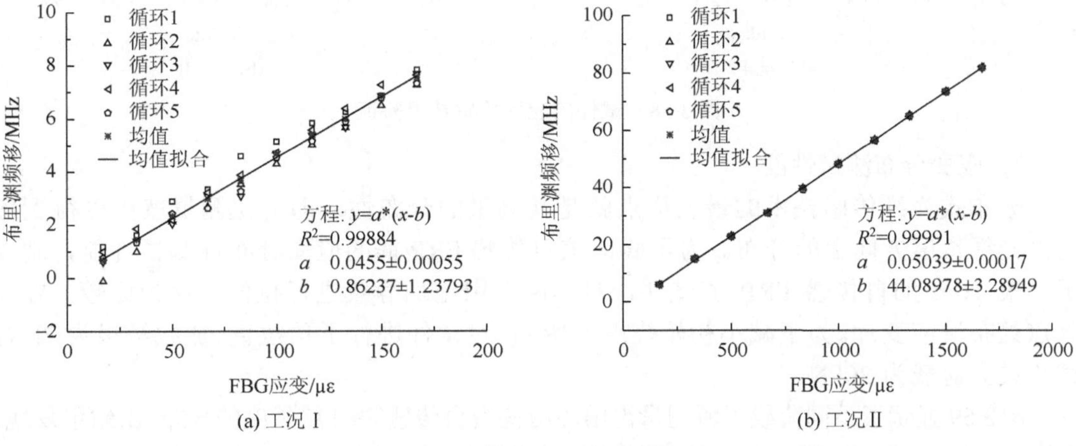

(a) 工况 I　(b) 工况 II

图 3.57　试件的应变传感结果验证

2. 自传感 FRP 筋测量性能

1）局部应变测试性能

仍采用图 3.56（a）所示的试验系统来测试全分布式自传感 BFRP 筋传感性能，采用 NBX-6000 测试自传感 FRP 筋内光纤的应变。拉伸试验的工况参考普通混凝土结构的受力特点，分为两种工况：①工况 I，小应变工况，最大加载应变小于 250με，加载步为 50με，该工况用来模拟混凝土开裂前的结构监测；②工况 II，大应变工况，最大加载应变小于 5000με，加载步为 500με，该工况用来模拟结构严重损伤或极限状态的监测。在工况 I 中，对每根试件加载 5 个循环，而在工况 II 中施加 3 个循环。试件直径 8mm，长 1.4m，在两端锚具内的长度各为 0.25m，因此，中间净跨距离为 0.9m。测试时，沿光纤数据采集间隔为 5cm，为了与引伸计的测量值比较，取安装引伸计位置的三个点的数据。

试验结果如图 3.58 所示，由图中的结果可以发现布里渊频移与应变变化之间存在着显著的线性关系，所有工况下的自传感 BFRP 筋的结果（均值）的线性度均大于 0.99，且与裸光纤的结果（均值）没有明显区别，说明封装工艺没有改变这种线性关系。但是，工况 I 与工况 II 之间的差别还是比较显著。其原因主要是由于 NBX-6000 系统本身对小应变测量的精度低，还有引伸计在夹持小直径试件时会产生额外的误差。另外，在与图 3.57 所示的结果对比中可以发现，全分布式自传感筋的试验结果相比，尤其是小应变工况下，长标距式自传感 FRP 构件的应变传感的可重复性更好。

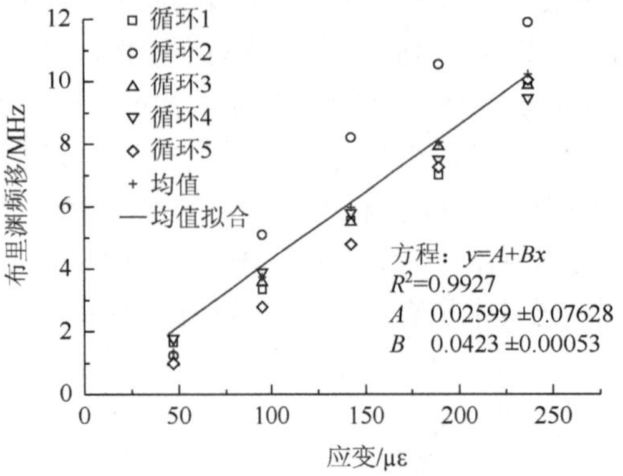

(a) 工况 I

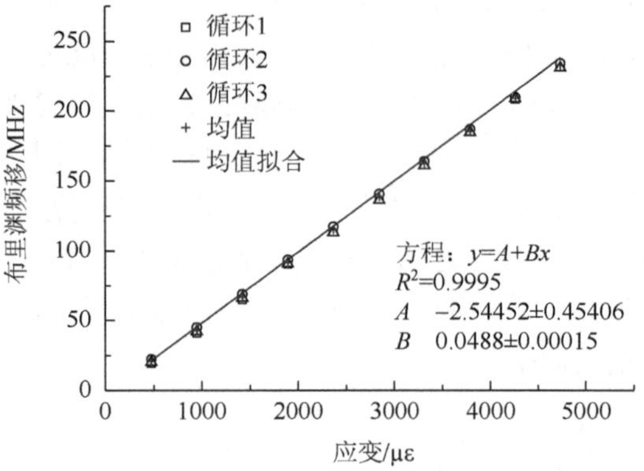

(b) 工况 II

图 3.58　试件的应变传感结果验证

2）应变分布测试性能

分布式光纤传感技术的最大优点就是其测量的分布性，即一次测量就可以得到应变沿光纤长度方向上的分布。为了验证该自传感 FRP 筋的应变分布性测试性能，制作了一根 16m 的自传感 FRP 筋试件，对其两端用施加静载进行拉伸。作为比较，在 6 分点处布设应变片。为了减小初始挠度的影响，对试件进行了预拉直。加载等级为 2kN，试验最大荷载为 20kN。

图 3.59 显示了不同荷载下所测量得出的应变沿自传感 FRP 筋长度的分布。由结果发现，不同荷载等级下，应变沿试件长度分布均匀，与理论分析一致。最大与最小应变之间的差

异从 2kN 到 20kN 依次是 112με、109με、123με、93με、34με、84με、103με、119με、166με 和 135με，而相对值则从 17%左右降到 2%左右。提取布设应变片对应位置的自传感筋的应变光纤测试值，并与应变片测量结果一起列于图 3.60 中作比较。结果表明，5 处不同位置的应变片的测量值之间存在明显差异，而相应位置的光纤的测量值之间差异很小。同时，自传感筋的测试值在应变片的测试值的上下范围内。分析其主要原因是光纤的每个测量值都是一个小标段内（即空间分辨率）的应变特征值相对于应变片，局部粘贴方向的误差对其测试结果的影响较小。试验结果表明该自传感 FRP 能够准确测试应变的空间分布，具有优良的分布式应变测试性能。

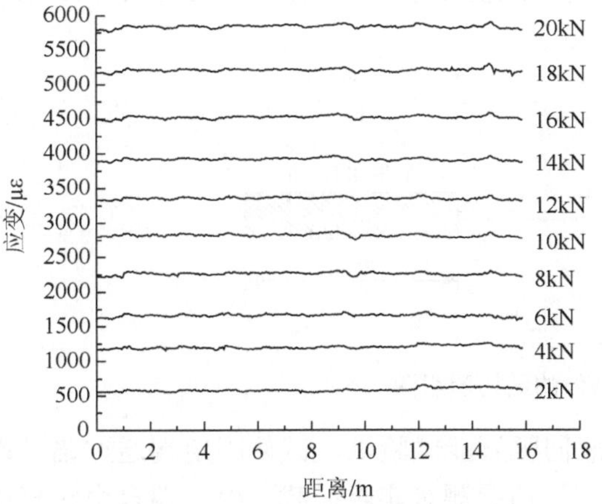


图 3.59　自传感 BFRP 筋应变分布

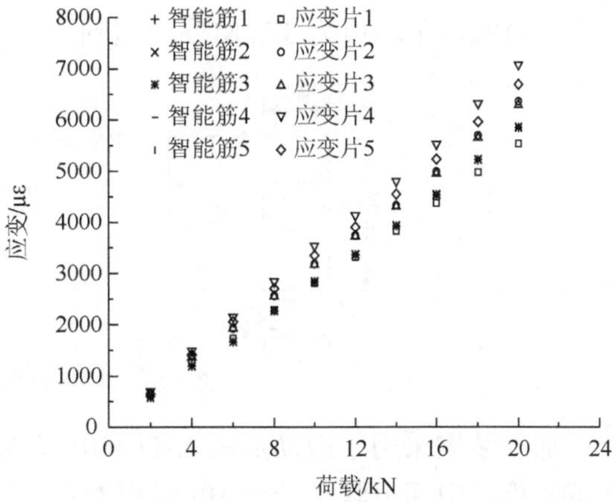


图 3.60　自传感 BFRP 筋与应变片的结果比较

### 3.4.3　力学性能

除了传感性能，自传感 FRP 筋还具有优良的力学性能，为此，试验研究了自传感 BFRP 筋的弹性模量、极限强度以及与混凝土之间的黏结性能。

1）弹性模量和极限强度

通过对直径分别为 6mm、8mm 和 10mm 的三种 FRP 自传感筋进行拉伸试验直至试件断裂。试验结果表明，小应变情况下应力应变数据的线性拟合度大，表明自传感 BFRP 筋具有 FRP 材料的线弹性力学性能，弹性模量基本一致。试验结果还显示三种直径自传感筋的名义强度均值分别是 1240MPa、917MPa 和 1095MPa，是普通钢筋的屈服强度（235MPa）3 倍以上。但是不同尺寸之间的变异系数达到了 14.9%，说明不同型号产品的强度具有一定的波动。玄武岩纤维的弹性模量大约 90GPa，树脂的弹性模量只有几个 GPa，因此，纤维含量是影响极限强度的重要因素。考虑到纤维含量对制品的力学性能的重要影响，需要选择最优含量以达到最高的强度。本试验中直径 6mm 的试件纤维含量是 69.5%，8mm 的是 54.1%，10mm 的是 57.5%，其中达到最高强度的是直径 10mm 的试件，因此，可建议最优纤维含量控制在 60%左右。

2）与混凝土的黏结性能

为考察自传感 BFRP 筋与混凝土之间的黏结、滑移的一些基本特征参数，例如初始滑移应力、应变等，进行了图 3.61 所示的构件拉拔试验。试验参考了美国 ACI440.3R-04 中有关“FRP 筋黏结强度的拔出”的试验方法，制备试件和准备试验设施。混凝土试块为边长 200mm 的立方块，BFRP 筋总长 1.1m，其中在混凝土块中的锚固区的长度为直径的 5 倍，其他区域用 PVC 管包覆保证 BFRP 筋与混凝土之间无黏结，同时 BFRP 筋的一端自由裸露，另一端用钢锚具锚固便于加载。BFRP 筋的尺寸分为三种，即直径 6mm、8mm 和 10mm，每种尺寸三根试件，而根据表面处理方式不同，又分为普通筋和黏砂筋两类，所以试件合计 18 根。作为比较，还制作了两根 B10 钢筋的试件。试件的制备过程大致分为表面处理、安装 PVC 管、入模、浇筑混凝土、养护成型和安装锚具。混凝土按 C35 的标准配置，其边长 150mm 的 3 个立方体试件的实测抗压强度分别是 36.7MPa、39.4MPa 和 36.3MPa，平均值为 37.5MPa，达到设计要求。

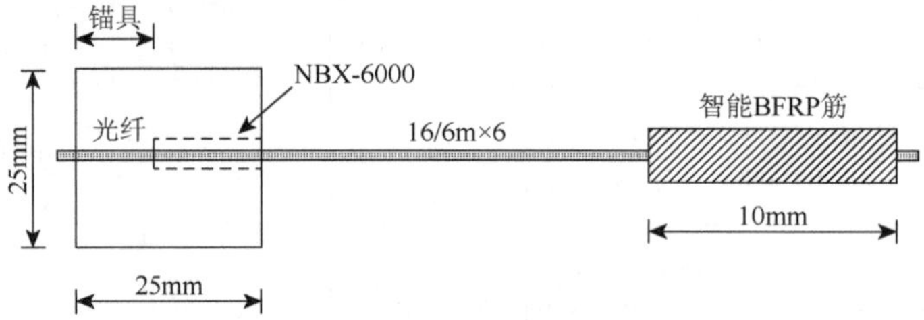


图 3.61　拉拔试验试件的结构示意图

加载装置采用了改动后的 SHT4605 型电液伺服万能试验机。试件固定端通过锚具连接试验机，中间串联了一个 10t 量程的力传感器，精确测量实际荷载，而上端自由端直接卡在试验机的上部。在试验过程中，试件的两端均布设位移计，测量实际位移。在试验过程中，直径 6mm 的 3#试件因安装不当被损坏，没有能够收集到有效数据，其他试件都顺利完成了试验。在试验中，所有试件的破坏形态均是筋材与混凝土发生滑移，没有发生筋材断裂的现象。BFRP 筋混凝土与钢筋混凝土黏结机理类似，在界面上都有化学附着力、摩擦力及机械咬合力，但破坏过程有较大的区别。由于 BFRP 筋表面硬度和抗剪强度低于混凝土，因此滑移时不是界面混凝土局部压碎和撕裂，而是以筋材表面肋被削弱或受剪破坏为主要形式（图 3.62（a））。对于钢筋，则将混凝土剪切成粉末留在其突出的肋间，如图 3.62（b）所示。

(a) BFRP筋

(b) 钢筋

图 3.62　典型破坏形态

在计算黏结强度时，采用以下平均黏结强度的公式

$$\tau=\frac{F}{C_{\mathrm{b}}\cdot l} \tag{3.15}$$

式中，$F$ 为拉力，$C_{\mathrm{b}}$ 为 BFRP 筋的等效周长，$l$ 为 BFRP 筋与混凝土的黏结长度。计算中 BFRP 筋的弹性模量取为 45GPa，钢筋弹性模量取为 210GPa。计算结果如表 3.4 所示，表中列出了开始滑移和极限状态的应力、应变。

**表 3.4　FRP 筋拉拔试验结果**

| 编号 | 滑移点黏结应力/MPa | 滑移点 BFRP 筋应变/με | 黏结强度/MPa | 极限 BFRP 筋应变/με |
|---|---|---|---|---|
| 6mm-1# | 9.69 | 4307 | 22.54 | 11268 |
| 6mm-2# | 3.97 | 1765 | 15.53 | 7765 |
| 6mm 黏砂-1# | 10.28 | 4567 | 11.56 | 5780 |
| 6mm 黏砂-2# | 14.36 | 6384 | 23.7 | 11852 |
| 6mm 黏砂-3# | 8.76 | 3892 | 10.51 | 5254 |
| 8mm-1# | 4.2 | 1868 | 14.38 | 6393 |
| 8mm-2# | 4.99 | 2219 | 12.02 | 5342 |
| 8mm-3# | 5.32 | 2365 | 13.53 | 6014 |
| 8mm 黏砂-1# | 19.31 | 8583 | 23.4 | 9955 |
| 8mm 黏砂-2# | 7.95 | 3532 | 7.15 | 3176 |
| 8mm 黏砂-3# | 11.95 | 5313 | 9 | 4498 |
| 10mm-1# | 3.62 | 1607 | 11.98 | 5325 |
| 10mm-2# | 3.11 | 1383 | 14.21 | 6315 |
| 10mm-3# | 2.39 | 1065 | 12.11 | 5381 |
| 10mm 黏砂-1# | 8.45 | 3755 | 10.55 | 4690 |
| 10mm 黏砂-2# | 10.64 | 4727 | 13.66 | 6072 |
| 10mm 黏砂-3# | 13.16 | 5848 | 13.07 | 5811 |
| 钢筋 10mm 1# | 1.35 | 128 | 15.09 | 1437 |
| 钢筋 10mm-2# | 8.07 | 769 | 20.85 | 1986 |

对比表中的试验结果可以看出：①FRP 筋的开始滑移应变的最小值发生在 10mm 的 3#，为 1065με，说明在混凝土结构的正常工作状况下，FRP 筋与混凝土之间能够保证足够的黏结力，确保测试的精度；②相同直径的 FRP 筋经过表面处理（黏砂）后，开始滑移的黏结应力和应变明显大于未经表面处理的试件，除了直径 6mm 的 1#试件外，一般可以达到 2～4 倍，其中最小应变值超过 3500με，说明对 FRP 筋表面进行黏砂处理后，可以进一步提高测试精度和范围；③极限状态下，两种表面情况下的 FRP 筋之间的力学性能差异趋势不明显，但是表面黏砂试件的结果离散性较大，主要是因为采用手工黏砂，质量难以均匀控制；④随着 FRP 筋直径的增加，黏结强度和滑移应变有减小的趋势；⑤与钢筋相比，同直径的 FRP 筋的开始滑移应变要大得多，这有利于提高测试范围。

### 3.4.4　自传感筋的应用方法

1）梁柱构件监测的应用方法

钢筋混凝土（RC）梁、柱结构是结构的一种重要形式，支撑整个上部结构，是工程结构的关键部件，其性能状况直接关系结构的安全。一般情况下，钢筋混凝土梁、柱结构主要承受竖向荷载作用，但是在地震灾害的频繁作用下，也发生水平荷载下的破坏。因此，通过在梁、柱构件上埋设智能传感材料，使结构智能化，对于提高结构抗震性能、节约加固成本，意义重大。尤其在结构处于小损伤发展阶段，通过智能传感方式进行识别并对结构评估，提供早期的应对策略，可以节约大量的后期维修运营费用。基于应变传感的结构健康监测，其基本原则是通过分布式布设的长标距传感单元获得结构的应变分布，而自传感筋简化了传感器布设的步骤，通过有效稳定的锚固方式直接获得结构内部应变变化，相对于构件表面安装的传感单元可以获得更精确的结构对象的同步变形从而保证测量的准确性。

图 3.63 分别显示了自传感 FRP 筋在梁、柱构件截面上的布设形式：①自传感 FRP 筋嵌入混凝土保护层，对于已有 RC 梁/柱，该方法能够有效保证传感系统的长期性能，能够更准确反映结构内部的真实应变，缺点是对结构影响大，需要在结构表面开槽，施工复杂，一般可结合结构加固一起布设；②自传感 FRP 筋与钢筋一起绑扎、浇筑进混凝土，该方式具有最优良的综合性能，一方面在混凝土内部自传感 FRP 筋被进一步保护，提高其耐久性能，同时 FRP 筋与混凝土直接黏结，能更真实反映结构的内部骨架信息，另一方面施工方便、成本低，其缺点是施工现场环境恶劣，需要重点保护光纤引线。图 3.64 所示为试验中梁构件浇筑时预埋式的自传感筋布设的照片。

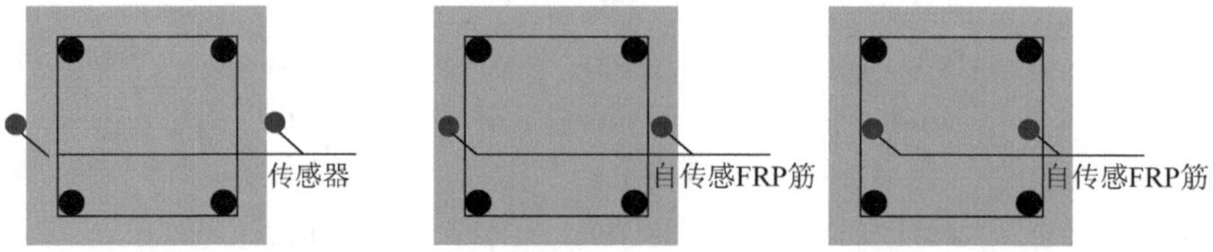


(a) 表面传感器布设　　(b) 嵌入式自传感FRP筋　　(c) 预埋式自传感FRP筋

图 3.63　柱结构的传感系统布设

图 3.64　构件浇筑时布设的自传感筋

2）沉降、滑坡、冲刷监测的应用方法

目前在大型结构健康监测中，越来越多的研究侧重于通过应变传感实现结构损伤识别、性能评价等目标。对如光纤光栅传感技术和基于布里渊散射的光纤传感技术和碳纤维传感技术相关的应变传感芯线中存在的易脆断、芯线滑移、标距内应变不均匀、测量精度和灵敏度等关键指标不足的问题，进行长标距设计封装，从而取得微小直径传感芯线的稳定端部锚固、标距内应变/应力均一化、增敏提高感度设计和提高耐久性能等增益效果，进而实现结构内大范围的多点分布式连续静态和动态应变测量，完成结构中如变形、固有频率、挠度构件劣化、位移模态、应变模态等局部和整体的结构状态参数的计算。另外，应变传感技术在土体等地基的测量技术中尚刚刚起步。目前已经出现了根据光纤传感器布设于土体内部以测量和监测锚固点至基准点之间的沉降和变形的技术，例如通过铠装光缆和光纤光栅与钢筋外面浇筑水泥制成光纤光栅钢筋水泥传感棒，以监测建筑结构的沉降。但光纤直径微小与钢筋直接复合，难以保证准确的应变测量，加之钢筋水泥构件刚度大，不宜于对地基内土体变形的感知。又例如对于钻孔剖面岩土体分层变形，回填封孔植入光纤的地面沉降测量方法，由于回填过程中光纤与填充材料固结为一个整体，不宜于针对各土层不同变形的分布式测量。加之光纤材料性质柔软，当土体内出现切向位移时，难以保证垂直方向沉降测量的准确性。另外对于地表的基准点，特别是软土地基，存在黏结力低下难以保证传感器件与土体协同变形，以及水土流失时难以保证稳定的测量基准点的问题。此外土体内水蚀和生物等影响因素，对于传感器件自身的耐久性要求高。在此背景下，因为智能筋优越的耐久性能和可提供稳定分布式测量的特点，适合应用于地基结构内部水平和纵向的沉降以及滑移的监测。

另外，随着复合材料技术的发展，复合增强材料技术越来越多的应用在结构工程增强和性能改善的应用中。目前在对于工程中常用的复合纤维材料的长期性能的研究中发现，碳纤维其蠕变破断强度可以保持在 0.75～0.8，玄武岩是 0.55～0.65，玻璃为 0.25～0.35。为了保证测量结果的长期准确性，需采用如碳纤维和玄武岩等无塑性变形、具有足够弯曲刚度、优越抗蠕变性能的复合纤维材料。本章将针对玄武岩智能筋，介绍一种针对复合型地基的稳定性和沉降的测量和监测应用方案。这里介绍的基于智能筋的沉降仪由植入一组或多组高精度应变传感单元的连续纤维复合筋材、底层锚固端、土层锚固栓和土表锚固片组成；该沉降仪通过底层锚固端锚入不发生沉降的稳定岩层或土层；所述的土层锚固栓位于连续纤维复合筋材内部的各个应变传感单元两端对应位置，结合连续纤维复合筋材杆体的扩展毛刺实现与各土层固结；沉降仪内部的复合材料筋杆体外标识有刻度，其土表位置与土表锚固，其自由端引出数据传输线，以实现数据传输和在线测量，如图 3.65 所示。

基于智能筋的沉降仪包括土体内在线测量区间和土表外读取校正区间；由于连续纤维复合筋材，通过底层锚固端和土表锚固片与土体锚固，当土层发生沉降时导致连续纤维复合筋材发生压缩变形，其变形传递到应变传感单元实现感知，构成所述的土体内在线测量区间；其应变传感单元，通过土层锚固栓与对应土层固结并协同变形，实现对各个土层不同沉降量的感知；值得注意的是应变传感单元，须预先植入有足够预张量以满足杆体各段的压缩变形测量要求；应变传感单元之间的连接处，需具有稳定的刚度设计以避免应变传

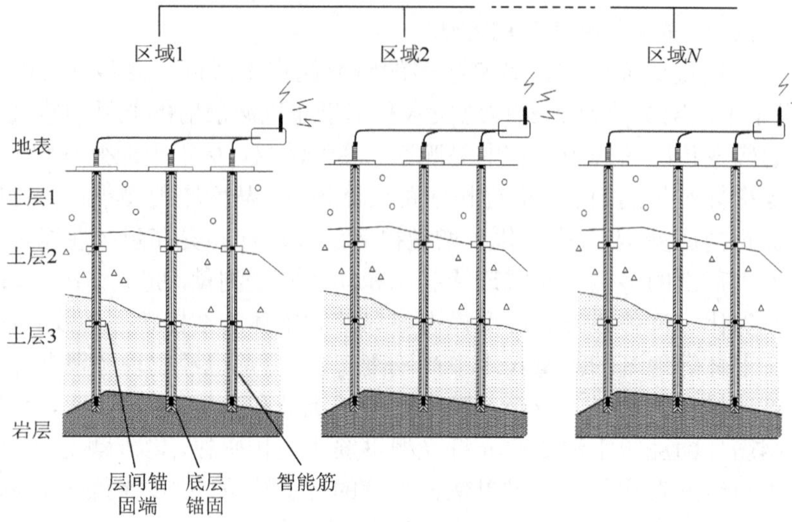


图 3.65　基于智能筋的沉降仪的工作示意图

感单元内部的滑移和初期蠕变；土层锚固栓可采用水压膨胀锚栓，利用高压水注入后锚栓外壁发生永久变形，达到与土体完全固结的分段锚固目的；复合材料筋可以是碳纤维或玻璃或玄武岩等高耐久性及高刚度复合材料。另外，对于监测要求不高的沉降监测项目可以采用点式电子应变传感元件，其传感元件须通过两端锚固的方式安装于高精度分布式沉降仪内部的钢索或钢丝线等弹性传力构件上；对于监测精度要求高和监测深度及范围大的沉降监测项目可以采用光纤应变传感元件，其传感元件可以是光纤光栅或基于布里渊散射光时域反射监测技术（BOTDR）或布里渊光时域分析技术（BOTDA）的传感方式；对于耐腐蚀性能要求高的沉降监测项目可以采用碳纤维应变传感元件，其传感元件可以是电桥测量方式或基于电子时域反射（ETDR）的传感方式。

沉降监测是铁路、公路和隧道等工程中的重要检测和监测内容，关系到正常交通运输的运营和管理。此外，为了评价和预测沉降的危害和发展过程，需要掌握沿交通线上各个路线的路基中各段土层沉降变化。目前，路基中多层沉降监测一般采用分段布设单点沉降计，将单点沉降计固定在待测土体深度范围内，人工或者自动采集压缩层的沉降数据，通过对数据进一步整合获得待测深度土体的沉降值。对于长距离线型结构覆盖范围大，现有的监测方法不适合多点沉降监测。为了解决多点沉降的监测问题，工程上常采用一种基于悬臂梁原理，通过测量悬臂梁应变变化计算挠度变化的方法获得沉降。由于悬臂梁原理的计算方法简单、思路清晰，适合用于远距离沉降的计算。但该方法中，当作为传力构件的悬臂发生大变形后，局部容易出现不可恢复的塑性变形，因此影响到长期监测结果的准确性。此外由于悬臂长期处于受弯变作用下，对材料本身具有很高的抗蠕变等长期性能要求。根据前文介绍的玄武岩智能筋耐蠕变、自重小等特点，下面将介绍一种基于玄武岩智能筋的对于铁路、公路、隧道等长距离线型结构的大范围沉降分布的实时远程监测应用方案。

基于连续纤维复合型材的沉降分布监测系统，通过叉状锚固端和连杆将地基内沉降量传递到土表，此时固定在两个连杆之间的水平传感杆会出现应变变化；通过铰接和固接的水平传感杆上的应变关系，实现该观测点沉降判断并计算沉降量（图 3.66）；再通过数据传输技术连接各个观测点构成子观测站，并进一步联网建成观测网络。该方案的有益效果是通过在发生不同沉降情况下铰接和固接的水平传感杆之间的相互关系，在不需人工调整的情况下，实现沉降数值判断；并通过具有足够弯曲刚度且具有优越抗蠕变性能的复合纤维材料，构成适合于感知两个监测点之间相对变化的水平传感杆，结合沉降判断结果实现对多点沉降的精准计算。该方案能够实现铁路、隧道等长距离线型结构的大范围沉降的感知，适合于多点水平布设的沉降测量要求，进而评价地基稳定性保证运营安全。

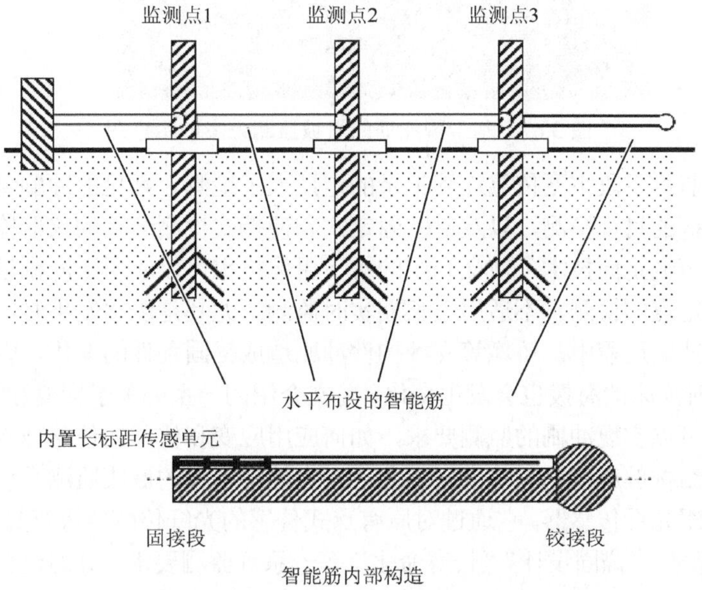


图 3.66　基于智能筋的长距离沉降监测方案的示意图

上文介绍了一种基于刚性智能筋的沉降监测应用方案，接下来将介绍一种基于柔性的智能筋材料实现滑坡监测的应用方案。基于智能筋的滑坡监测传感器（图 3.67），由土表锚固端和埋入边坡内的长条状监测片组成。首先根据边坡坡角、土体性质和土坡高度等参数通过费伦纽斯最危险滑动面圆心的经验方法预测滑动面位置，把监测片打设入边坡时保证至少有一组长标距应变传感单元位于最危险滑动面下方，当测量开始后，可获得边坡内不同深度所述监测片的应变变化分布。土表锚固端带有信号传输端；所述信号传输端可以是基于光纤自身的信号传输方式，也可以是通过无线电远程信号传输的方式；通过所述信号传输端将各个监测片测得信号分别传输至监测站点。

地基是承载上部结构重量和传递荷载的重要组成部分，地基土的流失直接危害到结构使用性和安全性。而由于洪水期间，激增的水流加速桥墩附近水土流失，如不及时补救容易引发桥梁事故。研究报告显示 1989 年到 2000 年美国 500 座严重受损的桥梁中 53%是由洪水和冲刷造成[98]，因此有必要对桥墩附近水流冲刷的程度实施监测，以防患于未然，延长结构使用年限。

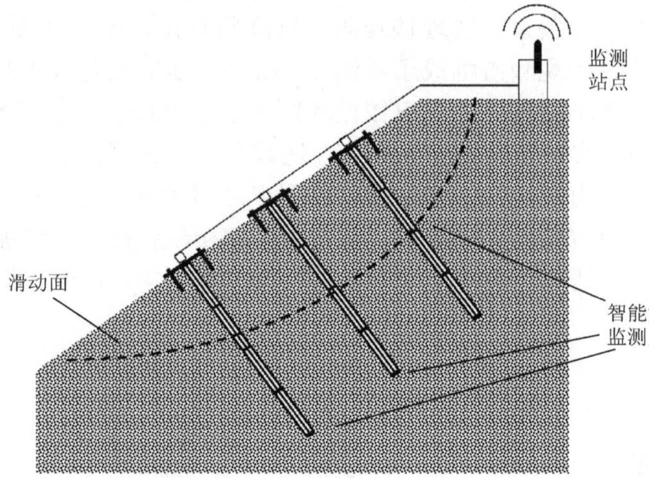


图 3.67　基于智能筋的滑坡监测方案的示意图

目前冲刷的监测手段主要依靠连续记录的定期人工检测。常见的冲刷测量方法包括铅锤测深和潜水员摸探的目视检测，以及借助固定式和便携式检测装置的仪器检测。其中使用的检测仪器主要为声呐定向技术，前文介绍的水下摄像机也可以应用于冲刷量的测量。显然，上述方法偏向于定点的检测，不适用于长期实时监测。尤其是洪水发生时，更难以实施冲刷的测量。在河流冲刷过程中，桥墩等支撑构件冲刷造成锚固条件的变化，因而导致其应变分布发生变化，同时河床的海拨也会发生变化，前文介绍的一系列关于应变和位移的传感技术，从测量原理上都可以实现冲刷的监测要求，如何应用应变和位移的传感技术以满足实际工程需要已成为桥梁结构健康监测的热点问题之一。在结构工程的健康监测系统中，目前出现了一种新颖的长标距光纤传感器，它通过对原有点式传感的光纤传感器进行封装设计，达到“长标距化”“增敏降噪”“锚固设计”“长寿命化”等一系列监测要求，并通过分布式应变测量实现多个结构状态参数的演算，以达到结构整体与局部的性能评价的目的。在长标距光纤传感器的基础上，通过与特种的复合材料结合，在提高传感器自身的耐久性的同时赋予结构增强材料以传感机能，实现一种高力学性能的自传感智能构件。在作者的研究过程中，发现智能筋同样适合应用于桥梁、海洋结构等苛刻监测环境下冲刷的检测要求。长标距传感器和智能筋是本书的重要内容之一。

图 3.68 展示了长标距光纤传感器作为智能筋内部的传感元件具有良好的动静态测量性能，可以提供长期稳定的应变测量。研究结果表明，通过智能筋测量的静态应变分布，可以计算构件自身的变形量进而获得水流对河床造成的冲淤过程。结果表明由冲刷传感器捕捉到的河床下降状况与流量变化相一致，通过一维河床演变计算模拟了所测得的河床削减过程，表明通过数值计算求得洪水前期的侵蚀过程与通过冲刷传感器捕捉到的河床下降过程基本一致。证明应用智能筋测量洪水期间的河床削减作用是有效的。另外，通过动态的应变分布进行频谱分析，获得智能筋自身的频率变化和应变模态变化。应变模态与传统的位移模态不同，由于应变对局部损伤最敏感[31]，根据悬臂梁原理基于智能筋的冲刷传感器适合于捕捉冲淤造成的模态参数变化，对于研究河床削蚀的渐变过程具有积极的意义。由于智能筋内部的传感元件是长标距化的光纤传感器，如前文介绍的光纤传感器具有

监测大范围、适合数字化信号采集的特点。我国在海洋上有着广泛的战略利益，通过结合基于智能筋的冲刷传感器和无线传感技术，可以实现稳定、高效的广域快速信号采样，对于保障海洋事业加快发展意义重大。图 3.69 中展示了海洋结构中桥墩与海洋平台的两种基本无线监测方式。

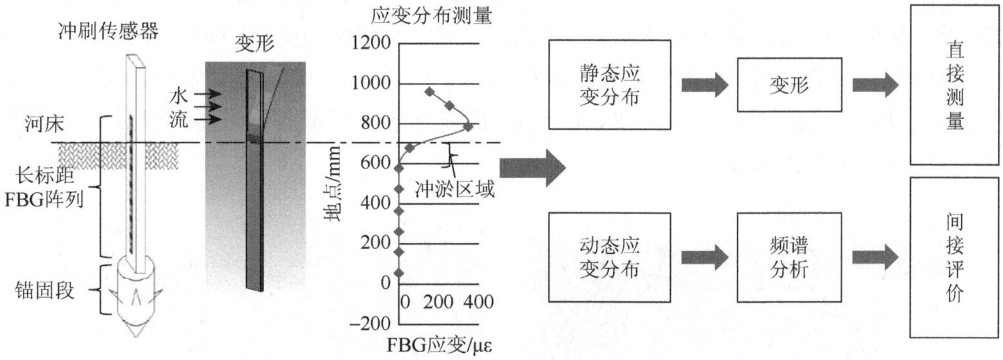

图 3.68　基于智能筋的冲刷传感器

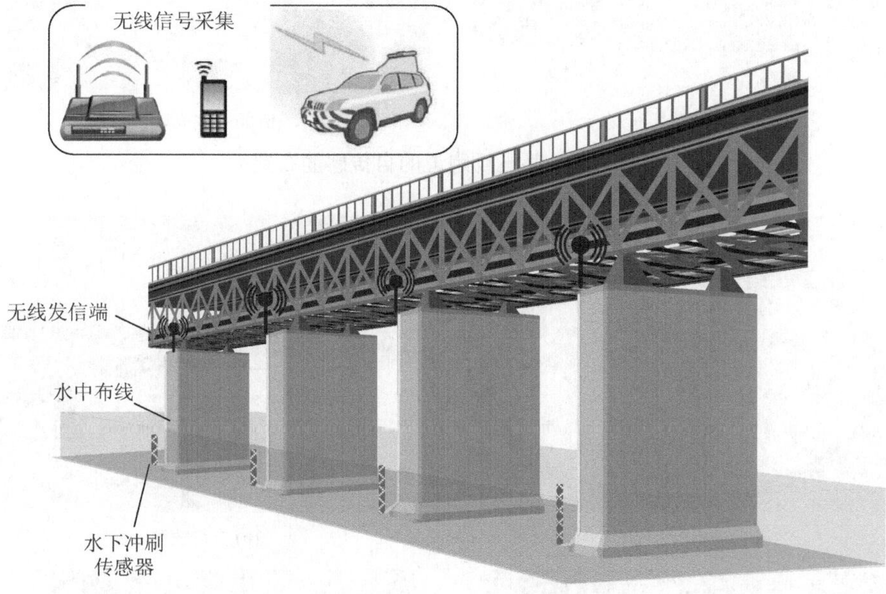

图 3.69　冲刷传感器与无线网络的结合

3）机场跑道监测的应用方法

机场跑道一般采用连续配筋混凝土路面，以在大面积范围内不设置任何的温度缝，而是通过配筋来控制裂缝的开展。为及时了解和把握机场跑道的服役性能，可采用基于自传感 BFRP 构件对其进行实时监测（图 3.70）。

在制备自传感 BFRP 构件时，将传感光纤与玄武岩纤维丝一起通过 BFRP 复合材料的拉挤生产线成型。还需要重点保护端部引线，为了适应混凝土浇筑环境，采用软铁管封装保护，软管外部直接连接铠甲光缆。同时为了便于运输，可以把自传感 BFRP 筋盘成一定直径的圆盘，该试验中选用的直径为 2m 左右，如图 3.71（a）所示。自传感 BFRP 构件的现场布设大概分为以下几步：①运输到达现场之后，首先需要通过激光放射设备检验自传感 BFRP 构件的光纤线路的完好性；②打开筋盘，将自传感筋松弛放张（图 3.71（b）），最好能够采用放张盘；③把自传感筋牵引到设计位置，由于一般比较长，可采用分段拉直、绑扎定位，如图 3.71（c）所示；④用 PVC 管或钢管引出端部引线（图 3.71（d））；⑤浇筑混凝土，注意保护端部引线免受直接振捣；⑥引线连接测试仪器，现场调试自传感 BFRP 构件的传感系统。自传感 BFRP 构件表面有螺纹，可以提高其与混凝土的黏结力。基于所监测的应变状况可通过第 4 章将叙述的裂纹监测方法等来具体分析机场跑道在服役过程中的裂纹产生及发展状况。

(a) 施工期间

(b) 施工完成后

图 3.70　某机场跑道的自传感筋布置

(a) 自传感BFRP构件

(b) 开盘放张

(c) 绑扎定位

(d) 端部引线的引出保护

图 3.71　自传感 BFRP 构件的布设施工过程

除上述的在结构梁、柱、斜坡、跑道等各类型结构的应用外，自传感 BFRP 构件还可广泛应用于其他类型结构，例如隧道结构的环向布置自传感筋以观测其应变和反演其位移等各种参数，这里不再赘述。

总的来说，本章详细论述了针对结构关键区域的区域分布传感理念，阐述了实现结构区域分布传感的长标距传感单元概念，并详细介绍了多种类型(长标距光纤光栅、长标距光纤布里渊散射、长标距碳纤维等)长标距传感器的设计与制作方法。作为长标距传感器的一种特殊类型，本章最后介绍了同时具有力学和传感性能的自传感 FRP 构件及其在各种结构中的应用方法。

# 第 4 章　基于监测数据的结构状态参数与损伤识别

在结构健康监测过程中，布置于结构上的传感器通过数据采集系统将采集的数据输送到数据中心。如何从监测数据中识别出结构各类型状态参数、损伤状况以及交通荷载情况，对结构的性能评估与预测具有至关重要的意义。前面提到，以应变计、裂缝计、腐蚀仪等为代表的局部传感技术捕捉损伤犹如大海捞针；加速度计、GPS、位移计、倾角仪等为代表的整体传感技术又太宏观，捕捉损伤犹如通过把脉发现疑难病症。如第 3 章所述，基于结构损伤可通过对各关键区域的分布响应进行多层次分析发现，作者提出了区域分布传感理念，以及能够实现动静态、微宏观、多层次、高精度的区域分布传感技术。这一章将具体介绍如何从点式到长标距再到区域分布传感数据，建立实现结构参数全面分析和识别的成套理论体系。

## 4.1　挠度和转角识别

长大跨度桥梁的挠度测量在结构健康监测领域仍然充满挑战性，这是由于现有接触式或非接触式的位移（挠度和转角）测量仪[99]在实际工程应用中还存在各种各样的局限。传统的拉线或拉杆式位移计需要固定的基点，但实际桥梁要么横跨大江大河要么横跨交通要道，固定基点无法设置，导致拉线或拉杆式位移计无法使用。GPS 有应用方便的优点，但其测量精度还有待进一步提高。激光和雷达等非接触测量设备精度高且使用方便，但会受天气等环境因素的影响。常用的连通管在测量动位移时又容易被连通管内液体黏滞阻力的影响导致其波峰受到消减影响。在间接计算位移的方法中，通过加速度测量然后二次积分计算得出位移的方法在理论上可行，但是由于积分过程中的误差积累导致所得出的位移结构精度不高。通过结构点应变分布计算结构的位移情况，在参考文献中也有研究，但是它在实际工程中应用不多，主要是受传统点式应变测量太局部的限制。第 3 章叙述的长标距应变传感器具有能够同时反映结构宏观和微观信息的优点，能够为结构的变形评估提供可靠、准确、有效的应变输入，从而实现结构变形分布的准确反演。本节将首先介绍由加速度、应变反演计算结构位移的几种理论方法，然后重点介绍作者提出的由长标距应变计算结构位移的改进共轭梁理论[44]。

### 4.1.1　加速度积分法

加速度为结构健康监测中经常观测到的一种结构反应。从理论上来说，结构的动态位移、速度或加速度之间存在着微分或者积分的关系，可以在测得其中一种信号的情况下，通过求导或积分运算来求取其他两种信号。要从所测量的加速度得到速度信号和位移信号，一般有时域积分或者频域积分两种方法。时域积分中对测得的加速度信号直接进行二次积分得到位移信号，一般采用梯形公式或 Simpson 求和公式，形式直观。而频域积分则是先对加速度信号进行傅里叶变换，将时域信号转换为频域信号，积分在频域内以傅里叶分量系数代换形式表示，可直接以频域内正弦、余弦的积分互换关系进行计算。

1）时域积分

在现场测试中监测得到的加速度信号包含噪声以及直流分量。假设测得的加速度信号为 $a = f(t) + T$，其中 $T$ 为测量误差。在二次积分后可得到位移如下，

$$D(t) = \int v(t)\,\mathrm{d}t = \int\left[\int f(t)\,\mathrm{d}t\right]\mathrm{d}t + 0.5Tt^2 + Xt + \lambda \tag{4.1}$$

式中，$X$ 和 $\lambda$ 是不定积分的积分常数，分别为速度的初始值和位移的初始值。可以发现，一次测量误差 $T$ 随着积分次数的增加不断被放大，进而引起积分结果偏差较大。若直接对信号进行积分，则会产生有趋势项，影响积分结果。因此在用时域积分前，首先需要去除直流分量和消噪。

2）频域积分

频域积分时先对信号做傅里叶变换，然后再进行积分。由傅里叶变换的积分性质可知，在由加速度信号积分求取速度信号和位移信号时，可以先做傅里叶变换，从而使积分运算转变为除法运算，而后再做傅里叶逆变换并取其实部即可得到时域的速度信号和位移信号。对加速度信号 $a$，做傅里叶变换得到

$$A(k) = \sum_{n=0}^{N-1} a_n \exp\left(-j2\pi k\frac{n}{N}\right) \tag{4.2}$$

对式（4.2）进行二次积分得到

$$S(n) = -\frac{1}{k^2}A = \sum_{n=0}^{N-1}\frac{1}{-(2\pi k\Delta f)^2}H(k)a_n\exp\left(-j2\pi k\frac{n}{N}\right) \tag{4.3}$$

式中，$H(k)=\begin{cases}1, & f_\mathrm{d}\leqslant kf\leqslant f_\mathrm{u}\\ 0, & \text{其他}\end{cases}$，$\Delta f$ 为频率分辨率，$f_\mathrm{d}$ 和 $f_\mathrm{u}$ 分别为截止频率的下限和上限，$N$ 为数据点数，$k$ 为傅里叶分量对应的频率。对式（4.2）和式（4.3）分别做傅里叶逆变换可得到速度和位移信号。可见，频域积分基于频域内正弦、余弦的积分互换关系（相位互换），可以有效避免时域信号的微小误差在积分过程中的累积放大作用，使得计算结果与时域积分方法相较更为准确。

### 4.1.2　应变积分法

由材料力学可知，对结构的应变进行二次积分，可以直接得到结构的挠度。在结构健康监测的实际工程中，所测量数据经常包含噪音，而观测噪音经二次积分放大后将极大地影响积分结果。针对传统应变二次积分识别挠度的方法的不足，Yau 等[100]针对结构荷载的特点，构造曲率（应变）分布的多项式函数，再实施二次积分计算挠度。该方法首先构造一个为 $n$ 次多项式曲率函数：

$$k(x) = c_n x^n + c_{n-1}x^{n-1} + \ldots + c_1 x + c_0 \tag{4.4}$$

式中，$c_0, c_1, \cdots, c_n$ 是曲率函数的系数，可通过应变测量的回归分析获得，$x$ 是沿梁的曲线坐标。然后，通过曲率函数计算转角或挠曲形状函数。转角是曲率的一次积分，挠曲线函

数是曲率的二次积分，表达式如下：

$$\theta(x)=\int k(x)\,\mathrm{d}x=\frac{c_n}{n+1}x^{n+1}+\frac{c_{n-1}}{n}x^n+\ldots+\frac{c_1}{2}x^2+c_0x+c_0' \tag{4.5}$$

$$y(x)=\int\left[\int k(x)\mathrm{d}x\right]\mathrm{d}x=\frac{c_n}{(n+1)\cdot(n+2)}x^{n+2}+\frac{c_{n-1}}{n\cdot(n+1)}x^{n+1}+\cdots+\frac{c_1}{2\cdot 3}x^3+\frac{c_0}{1\cdot 2}x^2+c_0'x+c_0'' \tag{4.6}$$

式中，$c_0'$ 和 $c_0''$ 可通过边界条件确定。

### 4.1.3　共轭梁法

前述方法为传统的利用加速度或点式应变测量获得结构位移信息的方法，但二次积分方法中误差的积累以及点式测量的局限严重影响了其在实际应用中的效果，因此在实际工程中应用极其有限。第 3 章介绍的分布式长标距传感技术实现了结构单元平均应变的准确测量，解决了传统点式应变测量过于局部的不足，可大幅提高应变识别结构位移的精度。在此基础上，结合经典的共轭梁法，作者团队提出了用长标距应变识别结构挠度和转角的方法[44]。基于该方法所得到的结构变形分布与应变分布呈显式线性关系，关系明确直接。没有误差积累，且所有参数与结构受载形式及大小、截面刚度条件均无关，方便实用，适合实际工程结构应用。

1）梁的变形微分方程

如图 4.1 所示，挠度是指横截面形心沿垂直于轴线方向的线位移，用 $v$ 表示，与 $y$ 同向为正，反之为负。转角是指横截面绕其中性轴转动的角度，用 $\theta$ 表示，顺时针转动为正，反之为负。

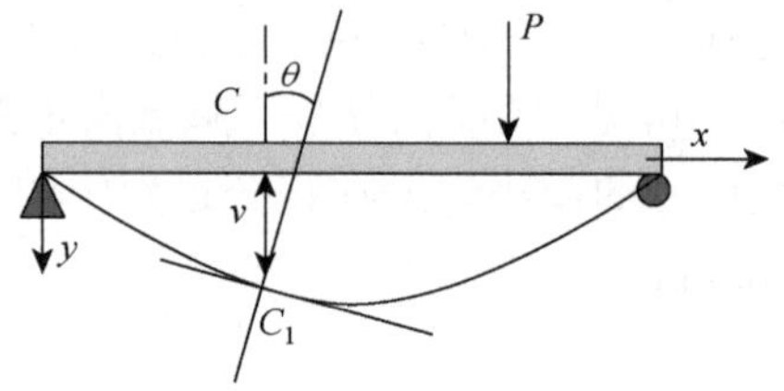


图 4.1　梁的挠度和转角

变形后梁轴线变为光滑曲线，该曲线称为挠曲线。其方程为

$$v=y(x) \tag{4.7}$$

在工程实际中，梁通常是小变形，因此得

$$\theta\approx\tan\theta=y' \tag{4.8}$$

由材料力学知识可知，梁的曲率 $\rho$ 可由弯矩 $M$ 和截面刚度 $EI$ 表示。

$$\rho=\frac{M(x)}{EI} \tag{4.9}$$

根据高等数学知识，曲率还可表示为

$$\rho = \pm \frac{y''}{(1+y'^2)^{3/2}} \tag{4.10}$$

又因为梁的小变形，相比 1，转角 $y'$ 要小得多，因此，式（4.10）可简化为

$$\rho = \pm y'' \tag{4.11}$$

进一步考虑到图 4.2 所示的弯矩和曲率方向，由公式（4.9）可得出

$$y'' = -\frac{M(x)}{EI} \tag{4.12}$$

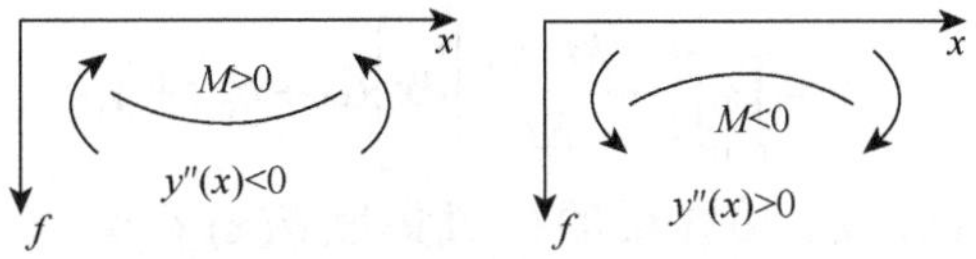


图 4.2　梁的弯矩和曲率方向

公式（4.12）就是梁的近似挠曲线微分方程。将式（4.12）两边实施一次积分，可获得转角的方程：

$$\theta = y' = \int_0^x y''\mathrm{d}x = \int_0^x \left[-\frac{M(x)}{EI}\right]\mathrm{d}x + \theta_0 \tag{4.13}$$

式中，$\theta_0$ 为坐标原点（边界）处的转角。对式（4.13）两边实施二次积分，可获得

$$y = \int_0^x \left(\int_0^x y''\mathrm{d}x\right)\mathrm{d}x = \int_0^x \left\{\int_0^x \left[-\frac{M(x)}{EI}\right]\mathrm{d}x\right\}\mathrm{d}x + \theta_0 x + y_0 \tag{4.14}$$

其中，$y_0$ 为坐标原点（边界）处的挠度。

2）共轭梁法计算变形的原理

依据式（4.11）以及材料力学的基本知识，有式（4.12），即 $y'' = -\dfrac{M(x)}{EI}$，以及 $M''(x) = q(x)$，其中，$q(x)$ 为荷载。

设想有一虚设的梁（简称“虚梁”），与所分析的实际梁（简称实梁）相对应，它们长度相等、$x$ 轴方向及坐标原点位置均相同，使虚梁上的分布荷载在梁上任一点 $x$ 处的荷载集度 $q(x)$，在数值上等于实梁在相应点处截面上的曲率 $-M(x)/EI$，即将实梁的曲率图作为虚梁的虚荷载分布图。因此，基于相似性的原理，通过计算虚梁的弯矩来等效计算实梁的挠度。类似挠度和弯矩，可建立转角和剪力 $Q(x)$ 的关系：

$$\theta' = -\frac{M(x)}{EI} \tag{4.15}$$

$$Q'(x) = q(x) \tag{4.16}$$

同样，基于相似性原理，在虚梁中计算的剪力就是实梁的转角。

共轭梁法的关键是构造正确的虚梁，即选择合理的边界条件。对于虚梁，有如下关系

$$\bar{M}''(x) = \bar{q}(x) \tag{4.17}$$

将上式两边进行 1 次和 2 次积分，可得

$$\bar{M}'(x) = \bar{Q}(x) = \int_0^x \bar{q}(x)\mathrm{d}x + \bar{Q}_0 \tag{4.18}$$

$$\bar{M}(x)=\int_0^x\left[\int_0^x\bar{q}(x)\mathrm{d}x\right]\mathrm{d}x+\bar{Q}_0x+\bar{M}_0 \tag{4.19}$$

式中，$\bar{Q}(x)$ 和 $\bar{M}(x)$ 分别为虚梁在任意位置 $x$ 处截面上的虚剪力和虚弯矩；$\bar{Q}_0$ 和 $\bar{M}_0$ 分别为虚梁在任意位置坐标原点处截面上的虚剪力和虚弯矩。

对于实梁，根据式（4.13）和式（4.14）相应的转角和挠度的表达式是

$$\theta=\int_0^x\left[-\frac{M(x)}{EI}\right]\mathrm{d}x+\theta_0 \tag{4.20}$$

$$y=\int_0^x\left\{\int_0^x\left[-\frac{M(x)}{EI}\right]\mathrm{d}x\right\}\mathrm{d}x+\theta_0x+y_0 \tag{4.21}$$

由于实梁的曲率 $-M(x)/EI$ 和虚梁的荷载集度 $\bar{q}(x)$ 在数值上相等，因此，以下两式是恒成立的：

$$\int_0^x\bar{q}(x)\mathrm{d}x=\int_0^x\left[-\frac{M(x)}{EI}\right]\mathrm{d}x \tag{4.22a}$$

$$\int_0^x\left[\int_0^x\bar{q}(x)\mathrm{d}x\right]\mathrm{d}x=\int_0^x\left[\int_0^x-\frac{M(x)}{EI}\mathrm{d}x\right]\mathrm{d}x \tag{4.22b}$$

因此，只需要满足以下关系，就能得到虚梁的剪力、弯矩数值上分别与实梁的转角、挠度相等。

$$\bar{Q}_0=\theta_0 \tag{4.23}$$

$$\bar{M}_0=y_0 \tag{4.24}$$

根据材料力学知识可知，根据实梁支承情况选择对应的虚梁支承情况，即可满足式（4.23）和式（4.24）的要求。然后，可得

$$\theta=\bar{Q} \tag{4.25}$$

$$y=\bar{M} \tag{4.26}$$

从而，将实梁的变形问题转换为计算虚梁的虚剪力和虚弯矩。

3）共轭梁法由应变求位移的步骤

根据上述的公式推导过程，可归纳得出利用共轭梁法求解结构的挠度的具体步骤。对于如图 4.3 和图 4.4 所示的悬臂梁和简支梁模型，设梁全长为 $L$，梁截面抗弯刚度为 $EI$，沿长度方向将梁均分为 $n$ 个单元，则单元长度 $l=L/n$。图中虚线表示任意荷载形式下的实际梁弯矩图，实线表示共轭梁等效均布荷载。

第一步，求解共轭梁的等效荷载。由该方法的定义可知，共轭梁的荷载数值上与原始梁的曲率一样，因此，图 4.3（b）和图 4.4（b）中的单元荷载可表示为

$$q_i=M_i/(EI)_i=\bar{\varepsilon}_i/y_i \tag{4.27}$$

其中，$M_i$ 为原始梁的第 $i$ 单元的弯矩均值；$(EI)_i$ 为抗弯刚度均值；$\bar{\varepsilon}_i$ 为平均应变（宏应变）；

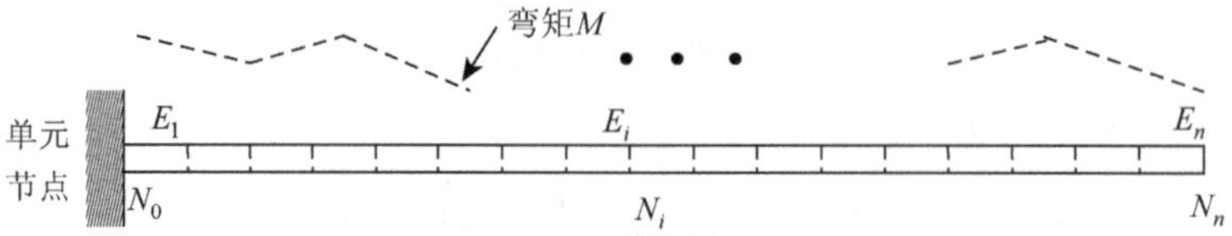

(a) 原始梁

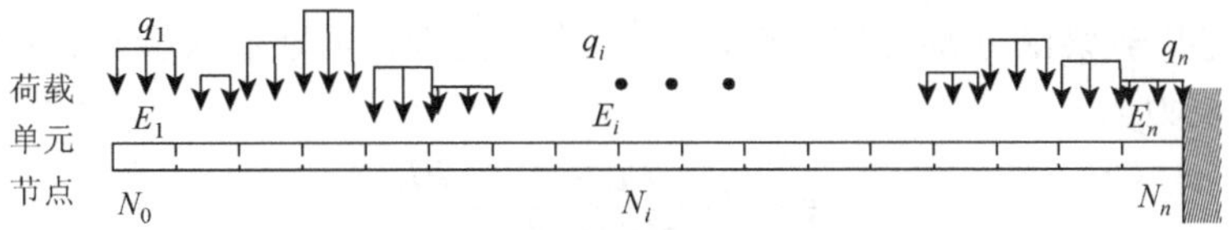


(b) 共轭梁

图 4.3　悬臂梁模型

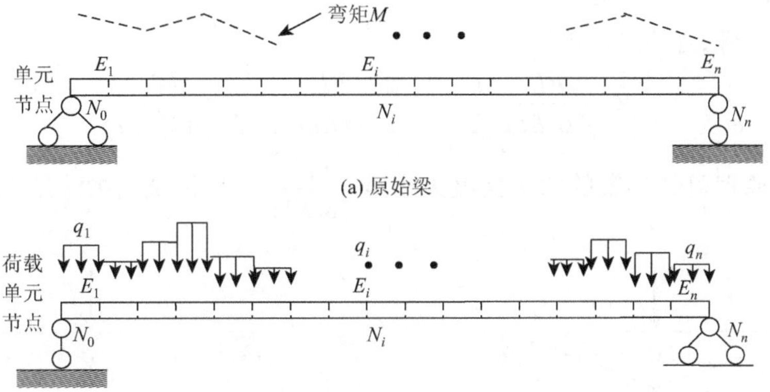


(a) 原始梁

(b) 共轭梁

图 4.4　简支梁模型

$y_i$为传感器到中和轴的平均距离。如果是动态测试，则式（4.27）可以表示成

$$q_i(t)=\bar{\varepsilon}_i(t)/y_i \tag{4.28}$$

第二步，求解共轭梁的弯矩分布，即原始梁的挠度分布。结构力学知识方便解析出节点处$N_i$的弯矩。

悬臂梁：

$$D_i=\sum_{j=0}^{i}q_j\cdot l\cdot(i-j+0.5)\cdot l=\sum_{j=0}^{i}\bar{\varepsilon}_j/y_j\cdot(i-j+0.5)\cdot l^2 \tag{4.29}$$

简支梁：

$$\begin{aligned}D_i&=\left[\sum_{j=1}^{n}q_j\cdot l\cdot(n-j+0.5)\cdot l\right]\cdot\frac{1}{n\cdot l}\cdot i\cdot l-\sum_{j=0}^{i}q_j\cdot l\cdot(i-j+0.5)\cdot l\\&=\sum_{j=1}^{n}\frac{\bar{\varepsilon}_j\cdot(n-j+0.5)\cdot l^2\cdot i}{y_j\cdot n}-\sum_{j=0}^{i}\bar{\varepsilon}_j/y_j\cdot(i-j+0.5)\cdot l^2\end{aligned} \tag{4.30}$$

4）方法验证

这里通过一个简支梁的例子来展示如何应用共轭梁法来计算结构变形。在简支梁（跨度 $L$）跨中作用集中荷载 $F$，采用传统弯矩图乘法和共轭梁法计算跨中挠度和梁端转角。

首先，图乘法计算跨中的挠度，为图 4.5 和图 4.6 相乘：

$$\delta=\frac{FL^3}{48(EI)} \tag{4.31}$$

其次，图乘法计算端部的转角，为图 4.5 和图 4.7 相乘：

$$\theta=\frac{FL^2}{16(EI)} \tag{4.32}$$

然后，采用共轭梁法分别计算端部转角和跨中挠度，即分别求解结构的端部剪力和跨中弯矩。支座反力为

$$\bar{f}=\frac{1}{2}\cdot L\cdot\frac{FL}{4(EI)}\cdot\frac{1}{2}=\frac{FL^2}{16(EI)} \tag{4.33}$$

则梁端部的剪力大小是 $\frac{FL^2}{16(EI)}$，由共轭梁原理可知实梁的端部转角大小是 $\frac{FL^2}{16(EI)}$，与传统图乘法结果一致。跨中弯矩为

$$\bar{M}=\frac{FL^2}{16(EI)}\cdot\frac{L}{2}-\frac{1}{2}\cdot\frac{L}{2}\cdot\frac{FL}{4(EI)}\cdot\frac{1}{3}\cdot\frac{L}{2}=\frac{FL^3}{48(EI)} \tag{4.34}$$

由共轭梁原理可知实梁的跨中挠度大小是 $\frac{FL^3}{48(EI)}$，与传统图乘法结果一致。

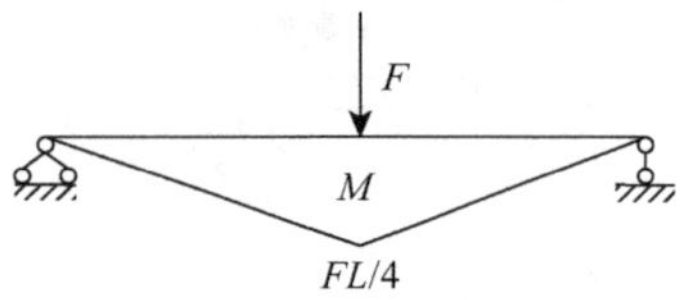


图 4.5　集中荷载下的弯矩图

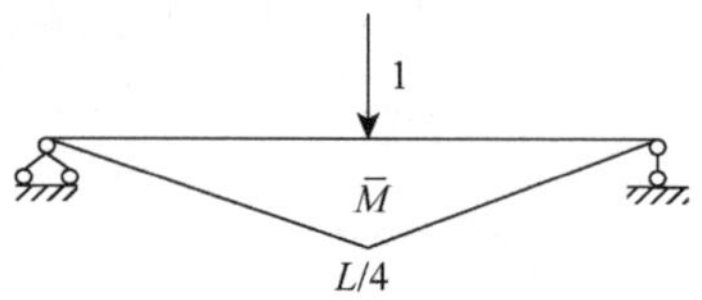


图 4.6　单位集中荷载下的虚弯矩图

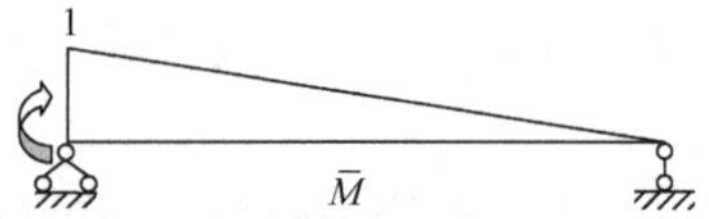


图 4.7　端部单位弯矩下的虚弯矩图

图 4.8　共轭梁（虚梁）及荷载加载图

下面再用一个连续梁的例子来展示共轭梁法计算挠度的有效性。连续钢梁长 2400mm，截面为矩形，尺寸 80mm×8mm，材料弹性模量为 210GPa，截面惯性矩为 3.41×103mm。梁沿长度方向均分为 3 跨（B1～B3），每跨长度为 1500mm，并均分为 6 个单元，全梁共 18 个单元，从左向右依次编为 E1～E18。位移计布置在各跨 1/3、1/2、2/3 跨长处。传感器为长标距光纤，采用区域全分布的布设方式。试验采用如图 4.9 所示的两种加载工况：工况 I，在 B3 中点分施加 200N 的集中荷载；工况 II，在 B2 中点施加 200N 集中荷载，同时在两个中间支座施加 25mm 沉降。

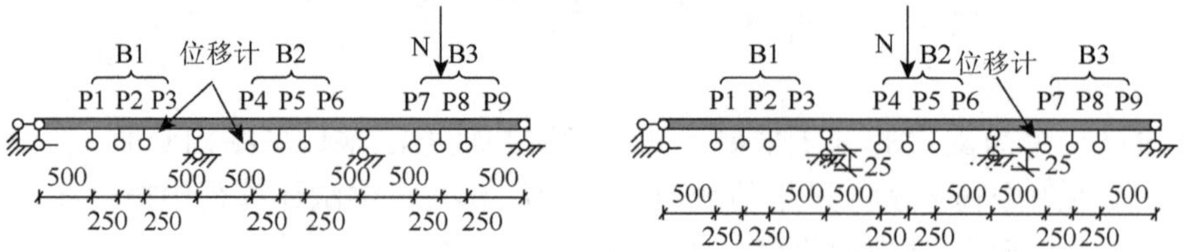


(a) 工况 I　　(b) 工况 II

图 4.9　连续钢梁试验装置与传感器布设示意图

通过上述的共轭梁法和传统的二次积分法由所测量应变计算结构位移的结果如图 4.10 所示。结果表明，共轭梁法所得到的变形监测数据与实测值、有限元值较为接近，监测误差在 5%左右。

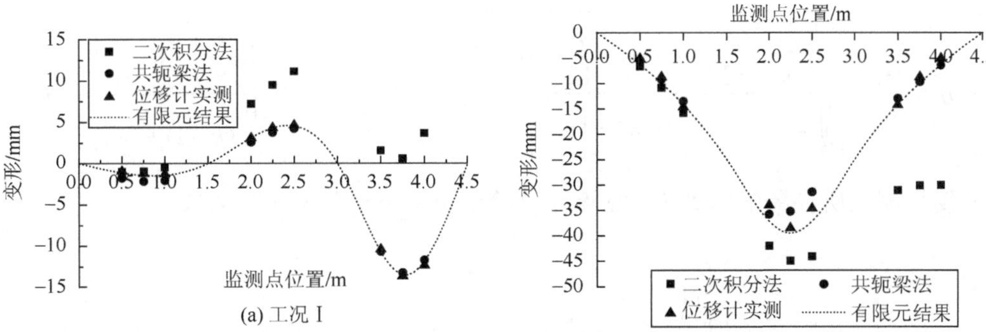


(a) 工况Ⅰ　　(b) 工况Ⅱ

图 4.10　监测钢梁变形与实测值比较

5）挠度反演方法的误差分析

下面通过理论推导来比较应用长标距区域传感时共轭梁法与二次积分法的变形监测精度，评价指标是变形监测值标准差。如图 4.11 所示，假定连续梁均分为 $l$ 跨（$l \geqslant 1$），每跨又均为 $n$ 个等长度单元，单元长度为 $d$。假定：①所有非应变条件（如位移、转角等）的测量结果都是精确的，即总误差仅由应变测量误差决定；②单元平均应变测量值 $\varepsilon_i$（$i$=1…$ln$）服从标准差 $\sigma$ 相同的正态分布。

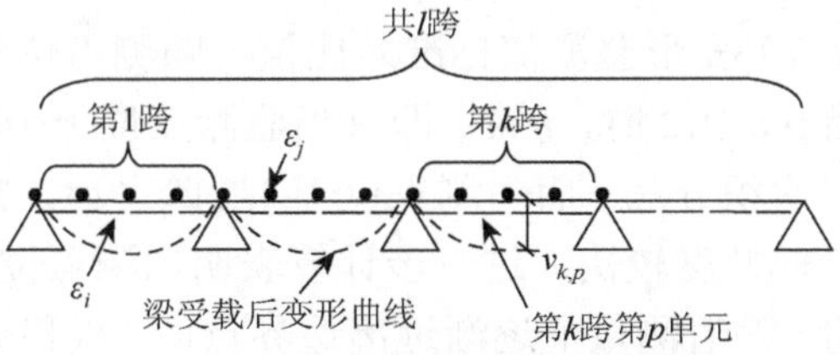


图 4.11　连续梁变形示意图

假定传感器布设在梁底，由梯形公式易得基于应变二次积分法的结构第 $k$ 跨（$1 \leqslant k \leqslant l$）第 $p$、$p$+1 单元（$1 \leqslant p \leqslant n-1$）分界点处变形值 $v_{k,p}$：

$$v_{k,p} = v_0 + \theta_0 md + \frac{d^2}{h}\sum_{i=1}^{m}(2m-2i+1)\overline{\varepsilon}_i \tag{4.35}$$

式中，$m=(k-1)+p$，表示从边界点处至该单元处的总单元数目。$v_0$、$\theta_0$ 分别表示边界点初始位移和转角，$h$ 为梁截面高度。

$v_{k,p}$ 的监测结果同样服从正态分布，其标准差 $\sigma_{k,p}$ 为

$$\sigma_{k,p} = \frac{l^2\sigma}{\frac{h}{2}}\sqrt{\frac{m}{12}(4m^2-1)} \tag{4.36}$$

可得出同一位置用改进共轭梁法监测变形值的标准差 $\sigma_p$：

$$\sigma_p = \frac{l^2\sigma}{\frac{h}{2}}\sqrt{\left(\frac{p}{n}\right)^2\frac{n}{12}(4n^2-1) - \frac{p}{12}(4p^2-1)} \tag{4.37}$$

令 $\eta$ 为两种方法的标准差比值：

$$\eta=\frac{\sigma_p}{\sigma_{k,p}}=\sqrt{\frac{\left(\frac{p}{n}\right)^2\frac{n}{12}(4n^2-1)-\frac{p}{12}(4p^2-1)}{\frac{m}{12}(4m^2-1)}}\approx\sqrt{\frac{p^2n-p^3}{m^3}}=\sqrt{\frac{\left(\frac{p}{n}\right)^2\left(1-\frac{p}{n}\right)}{\left[(k-1)+\frac{p}{n}\right]^3}} \tag{4.38}$$

显然 $\eta$ 仅与测点所在跨的跨数 $k$，测点在该跨中位置 $p/n$ 有关（图 4.12）。

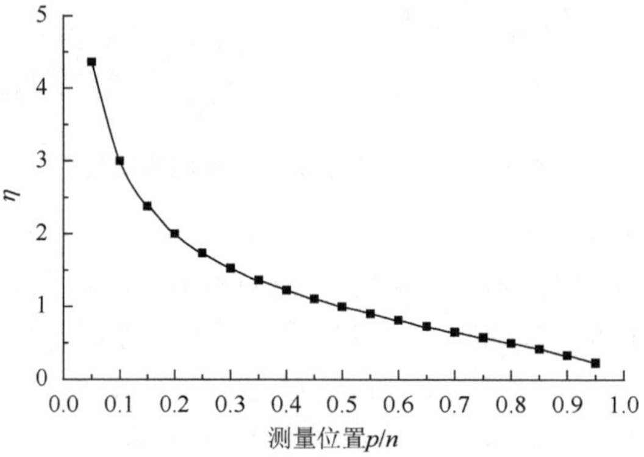


图 4.12 两种方法的误差比值分布示意

图 4.12 表示边跨（$k$=1）变形监测值标准差比值 $\eta$ 随测点位置变化的发展趋势。从标准差的数值大小来看，当 $p/n$=1/2 时，$\eta$=1。即仅当监测点位于 1/2 跨之前时，共轭梁法的监测标准差才大于应变二次积分法，而当测点位于 1/2 跨之后，共轭梁法的监测标准差小于应变二次积分法，且降低幅度较快。进一步计算表明当测点位于中跨时，比值将更小。从标准差的发展趋势来看，随着测量值逐渐远离边界点，二次积分法监测值标准差会不断增大且不会收敛。因此在实际结构监测中，共轭梁法较应变二次积分法具有更高的精度。

6）动挠度反演

上述由应变算挠度的共轭梁法不仅适用于静态情况下，还适用于动态情况，即通过动应变时程计算动挠度时程。对于动态测试，需要将应变时程代入式（4.29）和式（4.30）。

悬臂梁：

$$D_i(t)=\sum_{j=0}^{i}q_j(t)\cdot l\cdot(i-j+0.5)\cdot l=\sum_{j=0}^{i}\varepsilon_j(t)/y_j\cdot(i-j+0.5)\cdot l^2 \tag{4.39}$$

简支梁：

$$\begin{aligned}D_i&=\left[\sum_{j=1}^{n}q_j(t)\cdot l\cdot(n-j+0.5)\cdot l\right]\cdot\frac{1}{n\cdot l}\cdot i\cdot l-\sum_{j=0}^{i}q_j(t)\cdot l\cdot(i-j+0.5)\cdot l\\&=\sum_{j=1}^{n}\frac{\overline{\varepsilon}_j(t)\cdot(n-j+0.5)\cdot l^2\cdot i}{y_j\cdot n}-\sum_{j=0}^{i}\overline{\varepsilon}_j(t)/y_j\cdot(i-j+0.5)\cdot l^2\end{aligned} \tag{4.40}$$

在以上公式中，设定 $q_0$ 为零，每个单元的长度为 $l$，同时，简支梁的 $D_0$ 为零。其他形式的结构，例如连续梁等，按照上述的步骤进行解析，即可获得结构的挠度分布。如图 4.13 所示为实验室悬臂梁动力实验中两个节点的位移测量值和通过共轭梁法由应变算出的位移值的比较，可以看出，共轭梁法在动态条件下同样适用于由应变到挠度的反演计算。

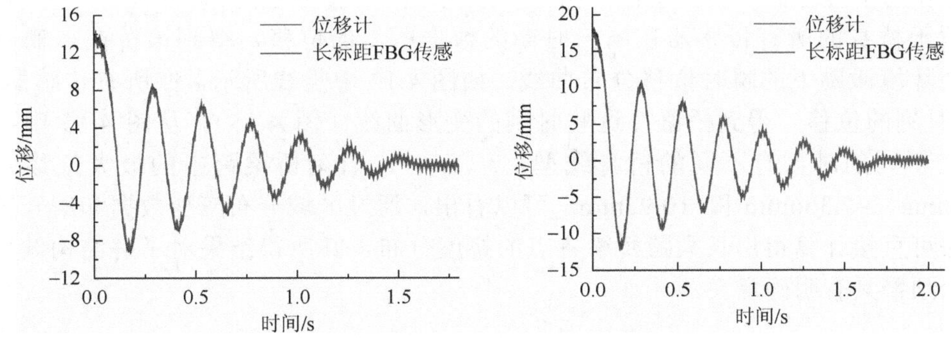


图 4.13　动位移测量值和反演值比较

7）苏通大桥航道桥动挠度反演实例

第 3 章（3.1 节）已对苏通大桥航道桥的区域分布传感方案进行了说明，这里不再赘述。苏通大桥航道桥高跨比为 1/15，剪切变形不可忽视（Timoshenko 梁理论）。但由于现场监测所得到的应变包括剪切变形和弯曲变形的影响，所以直接用实际测得的数据来计算的结构位移是考虑了弯曲和剪切两部分的结果，因此，可以将共轭梁法直接应用于有剪切变形的 Timoshenko 梁的变形计算中[101]。利用光纤光栅解调仪采集桥梁在运营情况下的长标距 FBG 光纤信号，采样频率为 200Hz。典型的所测量应变时程和所计算得出的苏通大桥位移时程分别如图 4.14 所示。

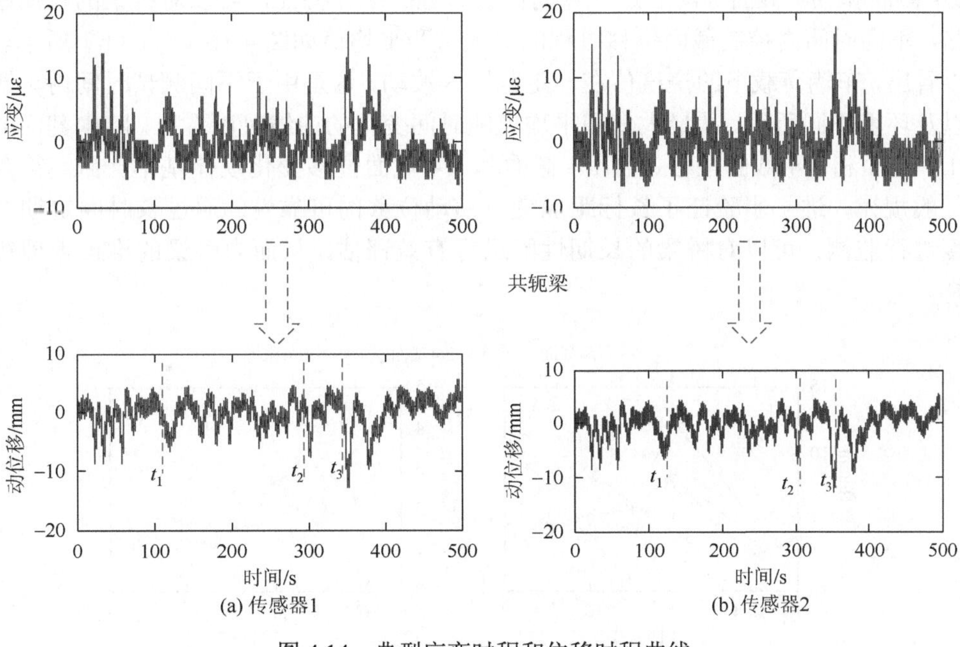


图 4.14　典型应变时程和位移时程曲线

从应变时程可以看出，在桥梁运营情况下传感器 1 和传感器 2 的最大值分别为

17.45με、17.62με，利用共轭梁法反演位移时程信号，从位移时程可以看出，苏通大桥在环境作用下传感器 1 和传感器 2 所测单元的最大位移分别为–12.69mm、–14.49mm。取布置于桥身的所有传感器在同一时刻的数据所得的位移，得到该桥在车辆荷载或者其他环境激励下的瞬时位移分布曲线。如图 4.14 中竖线所示，取所有传感器在 $t_1$、$t_2$、$t_3$ 时刻的位移，得到桥梁在这些时刻的变形曲线（图 4.15）。从图 4.15 中可以看出，在不同的时刻有不同的桥身线型，$t_1$、$t_2$、$t_3$ 时刻桥梁跨中的最大位移分别为–5.498mm、–7.366mm 和–10.92mm。可以看出，通过区域分布应变数据和所开发的共轭梁法可直接计算得出长大跨桥梁各点的挠度分布，其所得结果对了解结构健康状况和安全预警具有明确意义。

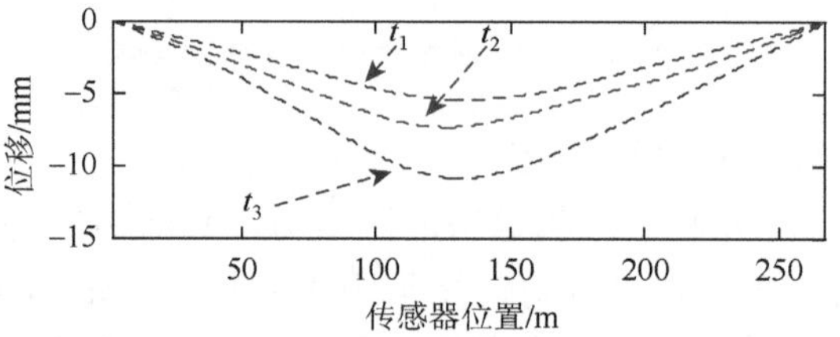


图 4.15　桥身线型计算结果

这里还基于长期应变监测数据对苏通大桥的挠度的长期状况进行了初步研究。2013 年 11 月～2014 年 7 月，定期对苏通大桥航道桥在车辆荷载下的长标距应变进行采集，利用共轭梁法反演其动挠度，研究一定周期内车辆激励下的控制界面的位移时程，如 1/4 截面、2/4 截面和 3/4 截面等。通过计算动位移时程的统计特征，可以对桥梁的长期性能进行评估，不同时间内控制截面位移时程的最大值和平均值如图 4.16（a)、(b）所示。从图中可以看出，车辆荷载下的挠度值在一定范围内波动，这是由于不同测试时间内车辆荷载不同以及环境不同所致。从最大值和平均值随时间变化的曲线可以看出，跨中截面的位移大于 1/4 截面和 3/4 截面位移，而 1/4 截面和 3/4 截面位移变化规律基本一致，符合结构受力一般规律，进一步验证了长标距应变反演动位移的可靠性。通过长时间定期对结构的挠度进行监测，可以对桥梁的长期性能进行有效评估，从而为桥梁的维护管理决策提供支持。

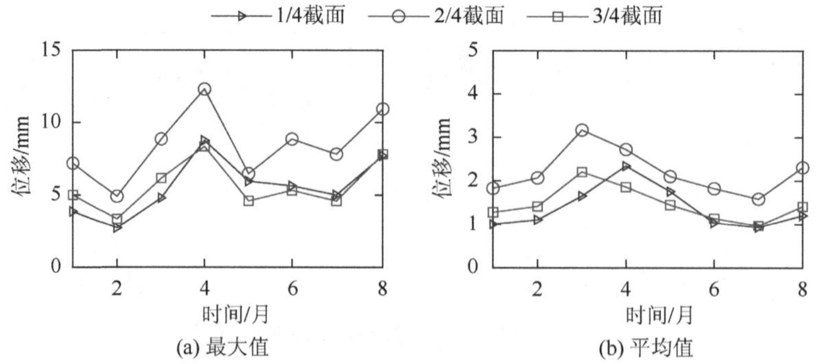


图 4.16　长期挠度曲线

### 4.1.4　复杂应力状态下结构挠度反演

上节所述的改进共轭梁法适用于简支梁、连续梁等简单结构的变形分布反演，但是对于复杂受力形式的结构，由于结构构件受到多种力的耦合作用，传感器监测到的结构响应数据不再单纯是弯曲应变的响应，需要进一步开发新的方法来反演其变形分布。针对国内系杆拱桥的快速发展，拱桥的变形监测成为一个亟待解决的难题。系梁作为系杆拱桥主要的受力构件之一，在荷载作用下，系梁不仅要受弯，而且也要承受拱肋对其产生的拉力。基于此，本节主要以系梁这种复杂的受力构件为研究对象，识别该类型构件在荷载作用下的变形分布。

1）拱桥的力学分析

分析系杆拱桥的荷载传递，可以知道系梁的轴拉力主要由拱肋的水平推力引起。基于此，沿梁长方向的轴拉应变也主要受轴拉力和弯曲变形影响。针对系杆拱桥的二维模型，如图 4.17 所示，系梁的轴拉力可以表示为

$$X_1 = \frac{\int \bar{M}_1 M_{\mathrm{P}} \frac{\mathrm{d}s}{EI}}{\int \bar{M}_1^2 \frac{\mathrm{d}s}{EI} + \int \bar{N}_1^2 \frac{\mathrm{d}s}{EI} + \frac{1}{E_1 A_1}} \tag{4.41}$$

式中，$\bar{M}_1$、$\bar{N}_1$ 为基本结构在 $X_1 = 1$ 作用下任一截面的弯矩和轴力；$M_{\mathrm{P}}$ 为基本结构在外荷载作用下任一截面的弯矩；$E$、$A$ 分别为基本结构的弹性模量和横截面积，$E_1$、$A_1$ 分别为系梁的弹性模量和横截面积。

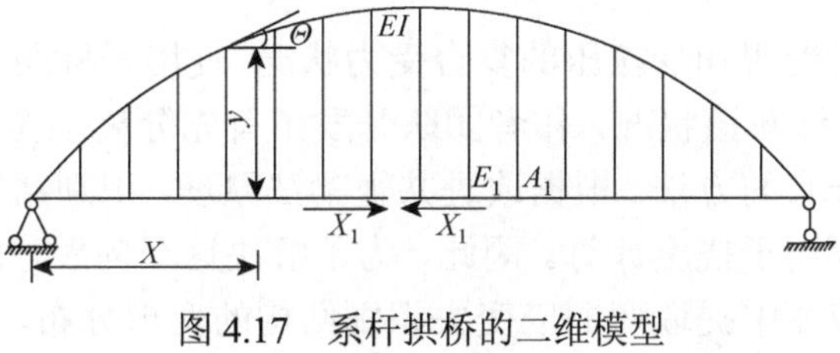


图 4.17　系杆拱桥的二维模型

从式（4.41）中可以看出，在荷载作用下，沿梁长方向的每个单元的轴拉力都是相同的。然而，在拱桥空间模型中这个结论将不再成立。在空间模型中，当荷载作用在横梁上时，两个拱肋会引起不同的水平推力，这就在两根系梁内产生不同的轴拉力。对于每根系梁，沿梁长的轴拉力的值也不再是相同的，系梁轴拉力的变化，如图 4.18 所示。

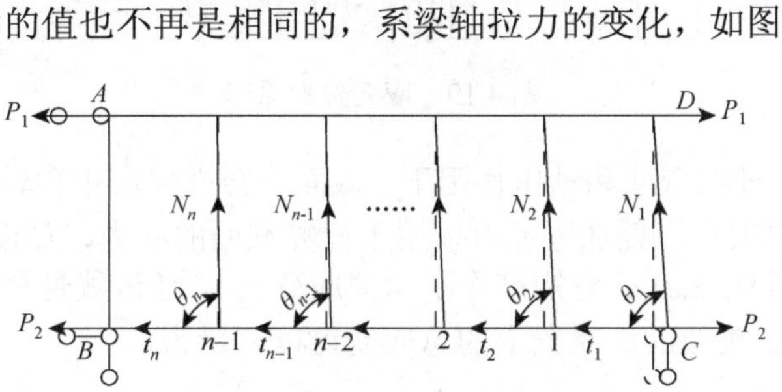


图 4.18　系梁轴拉力的变化

荷载作用在横梁上（不是在横梁的中间位置上），将会在系梁 $AD$ 和梁 $BC$ 上引起不同的水平力 $P_1$、$P_2$。假定点 $A$ 和点 $B$ 在水平方向上限制自由度，点 $C$ 和点 $D$ 可以自由的产生水平位移。不同的水平拉力 $P_1$、$P_2$（假定 $P_2>P_1$）可以使得梁 $BC$ 比梁 $AD$ 长。由于两根系梁上节点的错位，在横梁上产生了轴拉力 $N_i$，也最终使得系梁上的轴拉力发生变化。

梁 $BC$ 用于研究轴拉力的变化。将系梁划分为 $n$ 个单元，在没有作用荷载的前提下，系梁上每个单元上的轴拉力是相同的。系梁上每个单元的轴拉力为 $t_i$，对于点 $C$，它的平衡方程可以表示为

$$t_1 + N_1\cos\theta_1 = P_2 \tag{4.42}$$

以此类推，其他单元上的轴拉力可以表示为

$$\begin{gathered} t_2 + N_2\cos\theta_2 = t_1 \\ t_3 + N_3\cos\theta_3 = t_2 \\ \vdots \\ t_{n-1} + N_{n-1}\cos\theta_{n-1} = t_{n-2} \\ t_n + N_n\cos\theta_n = t_{n-1} \end{gathered} \tag{4.43}$$

结合式（4.42）和式（4.43），可以得出结论：

$$t_1 > t_2 > t_3 > \cdots > t_{n-2} > t_{n-1} > t_n \tag{4.44}$$

因此，沿梁长的轴拉力是逐渐递增或递减的。从图 4.18 中可以知道，梁 $BC$ 的轴拉力变化是逐渐递增，而梁 $AD$ 是逐渐递减。通过有限元和几何变形推导可得，轴拉应变的变化曲线可以用二次或三次曲线去拟合。

2）分离轴拉应变

拱桥系杆存在同时受弯和受拉压的复合受力状况，使用长标距传感器所测量的应变不再是单纯的弯曲应变。针对该状况，作者团队开发了首先分离轴拉应变，然后利用改进共轭梁法计算系梁变形分布的方法。根据改进共轭梁法原理，识别结构的变形分布需要系梁的弯曲应变仅仅被需要用于挠度计算。因此，为了解决这个问题，需要通过一定监测手段和借助力学分析从总应变中提取弯曲应变去识别结构的变形分布。

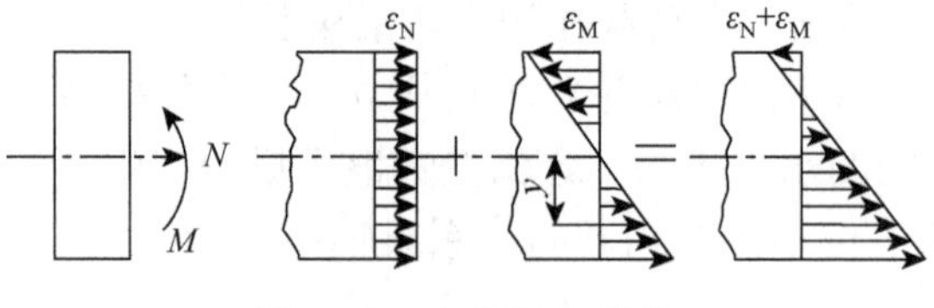


图 4.19　应变叠加原理

根据材料力学，杆在弯曲和轴压作用下，截面上会产生弯矩和轴压力，如果它的侧向位移与截面高度相比很小，叠加原理可以用于计算截面的应力，如图 4.19 所示。在截面上，轴力 $N$ 产生了轴应变 $\varepsilon_{\mathrm{N}}$，弯矩产生了弯曲应变 $\varepsilon_{\mathrm{M}}$。通过线性叠加原理，最终的应变可以表示为 $\varepsilon_{\mathrm{N}}+\varepsilon_{\mathrm{M}}$。类似的，系梁上的总应变可以表示为

$$\varepsilon(t) = \mu_{\mathrm{M}}\left[\theta_{\mathrm{o}}(t) - \theta_{\mathrm{p}}(t)\right] + \varepsilon_{\mathrm{N}} \tag{4.45}$$

式中，$\varepsilon_{\mathrm{N}}=\dfrac{T}{A\cdot E}$，$\varepsilon_{\mathrm{N}}$ 是单元轴拉平均应变；$T$ 是单元轴拉力；$A$ 是单元截面积；$E$ 是弹性模量。

如何从总应变中分离出轴拉应变已经成为一个关键的问题。对于梁的纯弯曲变形，在弹性范围内，截面上拉应变和压应变具有相同的绝对值。以对称截面为例，纯弯梁的 1/2 截面高度总是中性轴的高度。对于系梁截面，截面的拉压应变有不同的绝对值。基于此，轴拉平均应变可以推导得

$$\varepsilon_{\mathrm{b}}=\varepsilon_{\mathrm{M}}+\varepsilon_{\mathrm{N}} \tag{4.46}$$

$$\varepsilon_{\mathrm{a}}=-\varepsilon_{\mathrm{M}}+\varepsilon_{\mathrm{N}} \tag{4.47}$$

$$\varepsilon_{\mathrm{N}}=\frac{\varepsilon_{\mathrm{b}}+\varepsilon_{\mathrm{a}}}{2} \tag{4.48}$$

其中，$\varepsilon_{\mathrm{b}}$ 截面底部的平均应变，$\varepsilon_{\mathrm{a}}$ 是顶部平均应变。因此，当梁的顶部和底部的平均应变可以测得时，可以识别出截面的轴拉平均应变。在监测手段中可以通过粘贴长标距传感器在梁的顶部和底部监测结构顶部和底部的应变从而实现上述的轴拉应变剔除。

3）拱桥算例

为了验证上述方法计算具有复杂应力特征的系梁的变形分布的有效性，如图 4.20 所示的系杆拱桥被用来研究。该拱桥跨长为 64m，拱高为 13m，矢跨比为 1/5，桥宽为 14m，系梁的弹性模量 $E$ 为 34.965GPa，密度 $\rho$ 为 2549 kg/m$^3$。18 个长标距 FBG 传感器被布设在系梁的底部，如图 4.20 所示。每个传感器的标距为 1m。由于较大的宽跨比，3 个单元被选定用于监测轴拉平均应变，分别是如图 4.20 所示的单元 4、32 和 61。

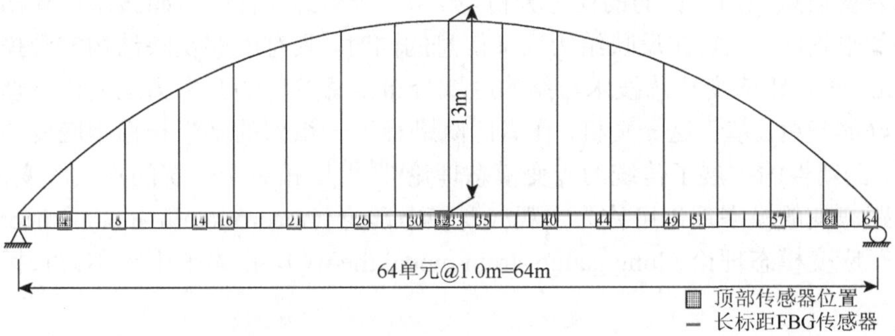


图 4.20　系梁长标距 FBG 传感器的布设

冲击振动荷载工况被用于验证识别系梁变形分布方法的精度。应用一冲击力随机作用在横梁上一点，用 Sap2000 有限元分析软件模拟长标距应变响应时程，将 10%白噪声添加到动态应变数据中。来自总应变和弯曲应变的位移被对比。对于某一个时间点，沿系梁上的位移呈现在图 4.21 中。从图中可以明显看出：由弯曲应变计算的位移与理论位移值一致，而不考虑轴拉平均应变剔除的计算结果严重和挠度理论值背离，从而显示了本节提出方法的有效性和重要性。

总的来说，本节推荐了一种方法用于识别复杂应力状态下结构的变形分布。基于长标距应变传感器，该方法通过剖析截面上的复杂应力，识别出系梁的变形分布。本研究主要

对沿系梁梁长上的轴拉应变进行了研究，并进一步从监测到的耦合应变中分离出轴拉应变和弯曲应变，提取弯曲应变数据识别系梁的变形分布。

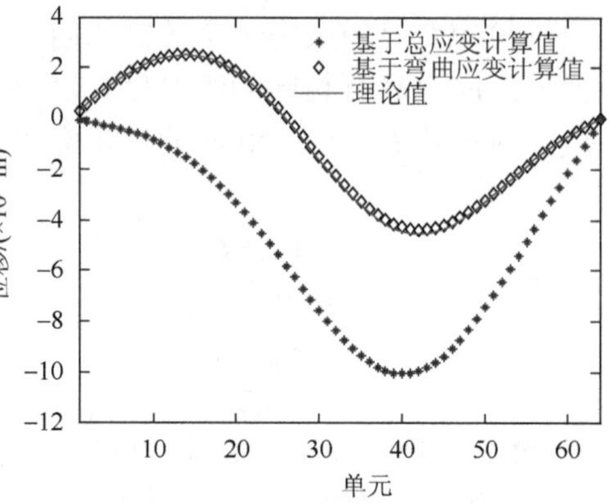


图 4.21　冲击荷载下位移的对比

## 4.2　应变模态分析理论

基于加速度测量的模态理论发展较为成熟，但在结构健康监测领域的应用过程中还存在诸多限制，例如其对结构的微小损伤识别虽历经数十年的研究但还一直无法有效实现。基于应变测量的应变模态理论虽有一定发展但远不如基于加速度的模态分析理论发展成熟。究其原因，传统的点式应变对结构局部信息（如局部小孔、切槽）敏感，它不适合进行以结构宏观信息识别为目的的模态分析。第 3 章介绍的长标距传感技术所输出为一定标距长度内的平均应变，它在反映结构局部信息的同时，具有能够反映结构宏观模态信息的特点。因此，长标距应变传感技术与结构区域分布传感方法的开发为应变模态理论的发展提供了良好的契机。基于这一契机，作者团队进行了一系列的基于长标距应变的应变模态理论分析，创新性的扩展了传统的应变模态理论[102-107]。相对于传统的点式应变模态理论，基于长标距应变的模态理论可称为宏观应变模态理论（macro-strain modal theory），也常称为长标距应变模态理论（long gauge strain modal theory），在本书中统称为长标距应变模态理论。

### 4.2.1　点式应变模态理论

在介绍长标距应变模态理论之前，首先介绍基于传统点式应变测量的应变模态理论。在物理坐标系统中，一个典型的多自由度线性非时变系统的运动微分方程为

$$[M]\{\ddot{x}(t)\}+[C]\{\dot{x}(t)\}+[K]\{x(t)\}=\{f(t)\} \tag{4.49}$$

式中，$[M]$、$[C]$和$[K]$分别为系统的质量矩阵、阻尼矩阵和刚度矩阵；$\{f(t)\}$为激励向量；$\{x(t)\}$、$\{\dot{x}(t)\}$和$\{\ddot{x}(t)\}$分别为结构的位移响应、速度响应和加速度响应向量。

对式（4.49）两边进行拉氏变换得

$$([M]s^2+[C]s+[K])\{X(s)\}=\{F(s)\} \tag{4.50}$$

式中，$\{F(s)\}$和$\{X(s)\}$分别为$\{f(t)\}$和$\{x(t)\}$的拉氏变换。

由式（4.50）可得

$$\{X(s)\}=[H_{\mathrm{d}}(s)]\{F(s)\} \tag{4.51}$$

其中，

$$[H_{\mathrm{d}}(s)]=([M]s^2+[\mathrm{C}]s+[K])^{-1} \tag{4.52}$$

式中，$[H_{\mathrm{d}}(s)]$为结构的位移传递函数矩阵。

根据结构动力学的理论，传递函数由物理坐标到模态坐标的转化方式对不同的阻尼系统是有区别的。对于黏性阻尼模型，可分为比例阻尼系统和一般阻尼系统。通常阻尼比较小的结构可以认为是比例阻尼系统，反之，则要考虑选用一般阻尼系统来建模。

当结构定义为比例阻尼体系时，阻尼矩阵可表达为

$$[C]=\alpha[M]+\beta[K] \tag{4.53}$$

式中，$\alpha$和$\beta$均为比例常数。

由于振型的正交性，有

$$\mathrm{diag}(M_i)=[\Phi]^{\mathrm{T}}[M][\Phi]\mathrm{diag}(C_i)=[\Phi]^{\mathrm{T}}[C][\Phi]\mathrm{diag}(K_i)=[\Phi]^{\mathrm{T}}[K][\Phi] \tag{4.54}$$

其中，$[\Phi]=[\{\phi_1\}\{\phi_2\}\cdots\{\phi_N\}]$，$[\Phi]$为由结构各阶振型向量$\{\phi_i\}$ ($i$=1, 2, 3,⋯, $N$)组成的振型矩阵；$M_i$、$C_i$和$K_i$ ($i$=1, 2, 3,⋯, $N$)分别为结构的第$i$阶模态质量、模态阻尼和模态刚度；diag 表示对角矩阵。继而可得

$$\begin{aligned}[M]&=([\Phi]^{\mathrm{T}})^{-1}\mathrm{diag}(M_i)([\Phi])^{-1}\\ [C]&=([\Phi]^{\mathrm{T}})^{-1}\mathrm{diag}(C_i)([\Phi])^{-1}\\ [K]&=([\Phi]^{\mathrm{T}})^{-1}\mathrm{diag}(K_i)([\Phi])^{-1}\end{aligned} \tag{4.55}$$

将式（4.55）代入式（4.52）得

$$\begin{aligned}[H_{\mathrm{d}}(s)]&=[([\Phi]^{\mathrm{T}})^{-1}\mathrm{diag}(M_is^2+C_is+K_i)([\Phi])^{-1}]^{-1}\\ &=[\Phi]\mathrm{diag}[1/(M_is^2+C_is+K_i)][\Phi]^{\mathrm{T}}\\ &=\sum_{i=1}^{N}\frac{\{\phi_i\}\{\phi_i\}^{\mathrm{T}}}{M_is^2+C_is+K_i}=\sum_{i=1}^{N}\frac{\{\phi_i\}\{\phi_i\}^{\mathrm{T}}}{M_i(s^2+2\xi_i\omega_is+\omega_i^2)}\end{aligned} \tag{4.56}$$

式中，$\omega_i=\sqrt{\dfrac{K_i}{M_i}}$，$\xi_i=\dfrac{C_i}{2M_i\omega_i}$，其中$\omega_i$为结构的$i$阶模态圆频率；$\xi_i$为结构的$i$阶模态阻尼比。

同样，可由拉氏变换性质得到结构初态为静止时的结构加速度的传递函数矩阵为

$$[H_{\mathrm{a}}(s)]=\sum_{i=1}^{N}\frac{s^2\{\phi_i\}\{\phi_i\}^{\mathrm{T}}}{M_i(s^2+2\xi_i\omega_i\mathrm{s}+\omega_i^2)} \tag{4.57}$$

令$s=j\omega$ ($j=\sqrt{-1}$)，可得结构位移和加速度的频响函数矩阵分别为

$$[H_{\mathrm{d}}(\omega)]=\sum_{i=1}^{N}\frac{\{\phi_i\}\{\phi_i\}^{\mathrm{T}}}{M_i(\omega_i^2-\omega^2+2j\xi_i\omega_i\omega)} \tag{4.58}$$

$$[H_{\mathrm{a}}(\omega)]=\sum_{i=1}^{N}\frac{-\omega^2\{\phi_i\}\{\phi_i\}^{\mathrm{T}}}{M_i(\omega_i^2-\omega^2+2j\xi_i\omega_i\omega)} \tag{4.59}$$

加速度频响函数矩阵的任一元素$H_{\mathrm{a}}^{pq}(\omega)$表示：$q$点激励、$p$点加速度响应的频响函数，其

表达式为

$$H_{\mathrm{a}}^{pq}(\omega)=\sum_{i=1}^{N}\frac{-\omega^{2}\phi_{pi}\phi_{qi}}{M_{i}(\omega_{i}^{2}-\omega^{2}+2j\xi_{i}\omega_{i}\omega)} \tag{4.60}$$

以上频响函数方程是黏性比例阻尼系统模态参数模型。

将式（4.55）代入式（4.51）中，可得

$$[X(s)]=\sum_{i=1}^{N}\frac{\{\phi_{i}\}\{\phi_{i}\}^{\mathrm{T}}}{M_{i}(s^{2}+2\xi_{i}\omega_{i}s+\omega_{i}^{2})}[F(s)] \tag{4.61}$$

对于欧拉梁而言，

$$\frac{1}{\rho}=\frac{\partial^{2}\omega}{\partial x^{2}} \tag{4.62}$$

式中，$\frac{1}{\rho}$为梁的曲率，$\omega$为梁的挠度。又因为，

$$\varepsilon_{x}=\frac{z}{\rho}=\frac{\partial^{2}\omega}{\partial x^{2}}z \tag{4.63}$$

式中，$\varepsilon_x$为梁沿$x$方向的应变，$z$为测试点到梁中性轴的距离，此处只考虑了正应变。

$$[\varepsilon_{x}(s)]=\frac{\partial^{2}[X(s)]}{\partial x^{2}}z=\frac{\partial^{2}\left\{\sum_{i=1}^{N}\frac{\{\phi_{i}\}\{\phi_{i}\}^{\mathrm{T}}}{M_{i}(s^{2}+2\xi_{i}\omega_{i}s+\omega_{i}^{2})}[F(s)]\right\}}{\partial x^{2}}z \tag{4.64}$$

式中，$\{\phi_i\}^{\mathrm{T}}[F(s)]$代表的是结构从外界得到的能量，微分时作常量对待，对于等截面梁，由式（4.64）得：

$$[\varepsilon_{x}(s)]=\sum_{i=1}^{N}\frac{\frac{\partial^{2}\{\phi_{i}\}}{\partial x^{2}}z\{\phi_{i}\}^{\mathrm{T}}}{M_{i}(s^{2}+2\xi_{i}\omega_{i}\mathrm{s}+\omega_{i}^{2})}[F(s)] \tag{4.65}$$

其中，$\{\phi_i\}$为结构的位移模态振型，令$\frac{\partial^{2}\{\phi_{i}\}}{\partial x^{2}}z=\{\phi_{i}^{\varepsilon}\}$，$\{\phi_{i}^{\varepsilon}\}$为结构的应变模态振型。式（4.65）写为

$$[\varepsilon_{x}(s)]=\sum_{i=1}^{N}\frac{\{\phi_{i}^{\varepsilon}\}\{\phi_{i}\}^{\mathrm{T}}}{M_{i}(s^{2}+2\xi_{i}\omega_{i}\mathrm{s}+\omega_{i}^{2})}[F(s)] \tag{4.66}$$

因此，应变传递函数矩阵为

$$[H_{\varepsilon}(s)]=\sum_{i=1}^{N}\frac{\{\phi_{i}^{\varepsilon}\}\{\phi_{i}\}^{\mathrm{T}}}{M_{i}(s^{2}+2\xi_{i}\omega_{i}s+\omega_{i}^{2})} \tag{4.67}$$

令$s=j\omega$可以得到结构的应变频响函数矩阵

$$[H_{\varepsilon}(\omega)]=\sum_{i=1}^{N}\frac{\{\phi_{i}^{\varepsilon}\}\{\phi_{i}\}^{\mathrm{T}}}{M_{i}(\omega_{i}^{2}-\omega^{2}+2j\xi_{i}\omega_{i}\omega)} \tag{4.68}$$

### 4.2.2　长标距应变（宏应变）模态理论

点式应变计受结构局部信息影响明显，不适用与结构的宏观模态分析，这也是传统的应变模态理论没有得到较大发展的原因之一。如上所述，长标距应变具有同时反映结构局部和

宏观信息的特点，基于此作者团队历经多年来的研究创新性建立了长标距应变模态理论[108]。

1）长标距应变传递函数

以典型的欧拉梁为例，如图 4.22 所示，每个节点包括两个自由度（一个平移和一个转角）。假设一标距为 $L_m$ 的应变传感器安装在梁的底部，其连接的起点和终点的转角位移对应结构第 $i$ 和 $j$ 个自由度。

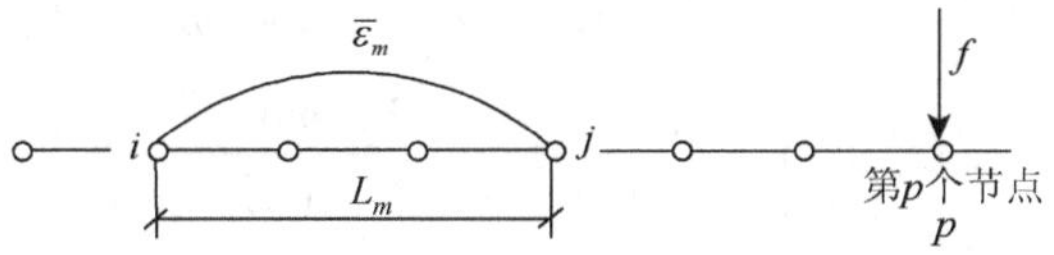


图 4.22　欧拉梁模型

则在时刻 $t$ 或频率 $\omega$，测量的长标距应变为

$$\bar{\varepsilon}_m(t)=\frac{h_m}{L_m}\cdot[v_i(t)-v_j(t)]=\eta_m\cdot[v_i(t)-v_j(t)] \tag{4.69}$$

$$\bar{\varepsilon}_m(\omega)=\frac{h_m}{L_m}\cdot[v_i(\omega)-v_j(\omega)]=\eta_m\cdot[v_i(\omega)-v_j(\omega)] \tag{4.70}$$

式中，$h_m$ 为传感器到中性轴的距离，$v$ 为各自由度上的位移。该长标距应变和作用在第 $p$ 个自由度上的激励之间的频响函数（FRF）可以写成：

$$H^{\bar{\varepsilon}}_{m,p}(\omega)=\frac{\bar{\varepsilon}_m(\omega)}{P_p(\omega)} \tag{4.71}$$

其中上标 $\bar{\varepsilon}$ 表示长标距应变。

将公式（4.71）用 $\eta_m=\dfrac{h_m}{L_m}$ 代入公式（4.69）中可得

$$H^{\bar{\varepsilon}}_{m,p}(\omega)=\eta_m\cdot\frac{[v_i(\omega)-v_j(\omega)]}{P_p(\omega)}=\eta_m\cdot[H^{\mathrm{d}}_{ip}(\omega)-H^{\mathrm{d}}_{jp}(\omega)] \tag{4.72}$$

这里 $H^{\mathrm{d}}_{ip}(\omega)$、$H^{\mathrm{d}}_{jp}(\omega)$ 是第 $i$ 个和第 $j$ 个自由度的位移 FRFs。代入公式（4.72）可以更进一步表示为

$$H^{\bar{\varepsilon}}_{m,p}(\omega)=\sum_{r=1}^{N}\frac{\eta_m(\phi_{ir}-\phi_{jr})\phi_{pr}}{M_r(\omega_r^2-\omega^2+2j\xi_r\omega_r\omega)}=\sum_{r=1}^{N}\frac{\eta_m({}_rA^{\mathrm{d}}_{ip}-{}_rA^{\mathrm{d}}_{jp})}{\omega_r^2-\omega^2+2j\xi_r\omega_r\omega}=\sum_{r=1}^{N}\frac{{}_rA^{\bar{\varepsilon}}_{mp}}{\omega_r^2-\omega^2+2j\xi_r\omega_r\omega} \tag{4.73}$$

其中长标距应变模态常量表示为

$${}_rA^{\bar{\varepsilon}}_{mp}=\eta_m({}_rA^{\mathrm{d}}_{ip}-{}_rA^{\mathrm{d}}_{jp})=\frac{\eta_m(\phi_{ir}-\phi_{jr})\phi_{pr}}{M_r}=\frac{\phi_{pr}}{M_r}\delta_{mp} \tag{4.74}$$

定义长标距应变模态为

$$\delta_{mp}=\eta_m(\phi_{ir}-\phi_{jr}) \tag{4.75}$$

比较式（4.69）和式（4.73）

$$\frac{{}_rH^{\mathrm{d}}_{lp}(\omega)}{{}_rH^{\bar{\varepsilon}}_{mp}(\omega)}=\frac{{}_rA^{\mathrm{d}}_{lp}}{{}_rA^{\bar{\varepsilon}}_{mp}}=\frac{\phi_{lr}}{\delta_{mr}}=\frac{\phi_{lr}}{\eta_m(\phi_{ir}-\phi_{jr})} \tag{4.76}$$

其中，下标 $r$ 是指第 $r$ 阶模态。可以发现位移和长标距应变 FRFs 的关系是荷载和频率独立但空间相关。

2）长标距应变频响函数

考虑第 $r$ 阶模态的长标距应变频率响应函数。从公式（4.73）中它可以写成

$$ {}_rH_{mp}^{\bar{\varepsilon}}(\omega) = {}_r^RH_{mp}^{\bar{\varepsilon}}(\omega) + j \cdot {}_r^IH_{mp}^{\bar{\varepsilon}}(\omega) \tag{4.77} $$

其中，实部和虚部分别表示为

$$ {}_r^{\mathrm{R}}H_{mp}^{\bar{\varepsilon}}(\omega) = A_{mp}^r\left[\frac{\omega_r^2-\omega^2}{(\omega_r^2-\omega^2)^2+(2\xi_r\omega_r\omega)^2}\right] \tag{4.78} $$

$$ {}_r^{\mathrm{I}}H_{mp}^{\bar{\varepsilon}}(\omega) = A_{mp}^r\left[\frac{-2\xi_r\omega_r\omega}{(\omega_r^2-\omega^2)^2+(2\xi_r\omega_r\omega)^2}\right] \tag{4.79} $$

FRF 的幅值和相位表示为

$$ \left|{}_rH_{mp}^{\bar{\varepsilon}}(\omega)\right| = \sqrt{\left[{}_r^{\mathrm{R}}H_{mp}^{\bar{\varepsilon}}(\omega)\right]^2+\left[{}_r^{\mathrm{I}}H_{mp}^{\bar{\varepsilon}}(\omega)\right]^2} = \frac{A_{mp}^r}{\sqrt{\left(\omega_r^2-\omega^2\right)^2+\left(2\xi_r\omega_r\omega\right)^2}} \tag{4.80} $$

$$ \phi_H = \arctan\frac{{}_r^{\mathrm{I}}H_{mp}^{\bar{\varepsilon}}(\omega)}{{}_r^{\mathrm{R}}H_{mp}^{\bar{\varepsilon}}(\omega)} = \arctan\left[\frac{-2\xi_r\omega_r\omega}{\omega_r^2-\omega^2}\right] \tag{4.81} $$

与位移 FRF 相比，长标距应变 FRF 实部、虚部的模态常量与之不同，但是相位相同。通过长标距应变FRF和加速度频响函数的比较会发现前者在低频范围内的特征更加明显，而且其幅值随着频率衰减严重，在绘图中往往不会显示较高的模态。当谐振频率比较小且当 $\omega \leqslant 1$ 时，长标距应变 FRF 比加速度 FRF 在峰值指标上更为敏感。因此长标距应变更适合于高柔度结构比如高层建筑和大跨桥梁的监测和模态识别。另外，长大桥缆索的索力测试也是健康监测领域的一个重要课题。在现有的索力测试方法中，主要采用索力的加速度测量然后求其第一阶频率进而计算索力。上述长标距应变频响函数的特点是基频更加明显，因此利用长标距传感技术测量索的振动特征进而估算索力将具有独特的优势。

3）多点激励情况

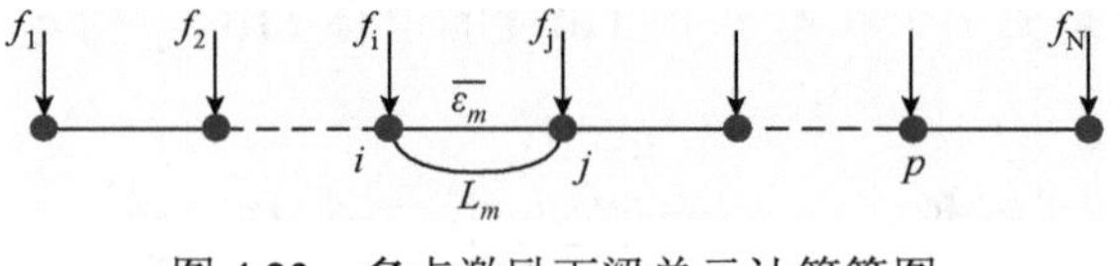


图 4.23　多点激励下梁单元计算简图

上述为单点激励情况下长标距应变模态理论的推导。这里将其扩展为更为普遍的多点激励情况。图 4.23 所示是在各单元节点上均有荷载激励，按照模态分析理论，不考虑初始条件下系统位移，系统的位移响应计算如下：

$$ \{X\} = \begin{Bmatrix} X_1 \\ X_2 \\ \vdots \\ X_N \end{Bmatrix} = \sum_{r=1}^{M}\frac{\{\phi_r\}\{\phi_r\}^{\mathrm{T}}}{M_r(\omega_r^2-\omega^2+2j\xi_r\omega_r\omega)}\begin{Bmatrix} f_1 \\ f_2 \\ \vdots \\ f_N \end{Bmatrix} \tag{4.82} $$

式中，$\{\phi_r\}$ 为第 $r$ 阶模态向量，它反应该阶模态的振动形状，$\{X_1\ X_2\cdots X_N\}'$ 为节点转角位移向量，$\{f_1\, f_2,\cdots,f_N\}^{\mathrm{T}}$ 为节点力向量。任意一点 $i$ 处的转角位移响应是

$$X_i = \sum_{r=1}^{M} \frac{\phi_{ir}[\phi_{1r}\ \phi_{2r}\ \cdots \phi_{Nr}]}{M_r(\omega_r^2 - \omega^2 + 2j\xi_r\omega_r\omega)} \cdot \{f\} \tag{4.83}$$

根据转角位移频响函数定义可得

$$\{X\} = \begin{Bmatrix} X_1 \\ X_2 \\ \vdots \\ X_N \end{Bmatrix} = \begin{bmatrix} H_{11}^{\alpha} & H_{12}^{\alpha} & \cdots & H_{1N}^{\alpha} \\ H_{21}^{\alpha} & H_{22}^{\alpha} & \cdots & H_{2N}^{\alpha} \\ \vdots & \vdots & & \vdots \\ H_{N1}^{\alpha} & H_{N2}^{\alpha} & \cdots & H_{NN}^{\alpha} \end{bmatrix} = \begin{Bmatrix} f_1 \\ f_2 \\ \vdots \\ f_N \end{Bmatrix} [H^{\alpha}]\{f\} \tag{4.84}$$

式中，$H_{ij}^{\alpha}$ 为 $j$ 节点的荷载激励对于 $i$ 点的频响函数，可用下式计算：

$$H_{ij}^{\alpha} = \sum_{r=1}^{M} \frac{\phi_{ir}\phi_{jr}}{M_r(\omega_r^2 - \omega^2 + 2j\xi_r\omega_r\omega)} \tag{4.85}$$

根据转角位移响应计算应变响应的公式（4.77），计算 $m$ 单元的平均应变响应：

$$\overline{\varepsilon}_m(\omega) = \eta_m(X_i - X_j) = \eta_{\mathrm{m}}[\mathrm{H}_{i1}^{\alpha} - \mathrm{H}_{j1}^{\alpha}\ \ \mathrm{H}_{i2}^{\alpha} - \mathrm{H}_{j2}^{\alpha}\ \ \cdots\ \ \mathrm{H}_{iN}^{\alpha} - \mathrm{H}_{jN}^{\alpha}] \cdot \begin{Bmatrix} f_1 \\ f_2 \\ \vdots \\ f_N \end{Bmatrix} \tag{4.86}$$

式（4.86）代入式（4.84）得：

$$\begin{aligned} \overline{\varepsilon}_m(\omega) &= \sum_{r=1}^{M} \frac{\eta_m(\phi_{ir} - \phi_{jr})}{M_r(\omega_r^2 - \omega^2 + 2j\xi_r\omega_r\omega)} \cdot [\phi_{1r}\ \phi_{2r}\ \cdots \phi_{Nr}] \cdot \begin{Bmatrix} f_1 \\ f_2 \\ \vdots \\ f_N \end{Bmatrix} \\ &= \sum_{r=1}^{M} \frac{\eta_m(\phi_{ir} - \phi_{jr})}{M_r(\omega_r^2 - \omega^2 + 2j\xi_r\omega_r\omega)} F_r \end{aligned} \tag{4.87}$$

式中，$F_r$ 指 $r$ 阶模态力，是三位空间的力向量在模态空间的表达形式，转换如下：

$$F_r = [\phi_{1r}\ \phi_{2r}\ \cdots \phi_{Nr}] \cdot \begin{Bmatrix} f_1 \\ f_2 \\ \vdots \\ f_N \end{Bmatrix} = \phi_{1r}f_1 + \phi_{2r}f_2 \cdots \phi_{Nr}f_N \tag{4.88}$$

考虑 $r$ 阶模态下 $m$ 单元的应变响应为

$$\overline{\varepsilon}_m(\omega) = \frac{\eta_m(\phi_{ir} - \phi_{jr})}{M_r(\omega_r^2 - \omega^2 + 2j\xi_r\omega_r\omega)} F_r \tag{4.89}$$

$m$ 单元对于所有激励荷载下的 $r$ 阶长标距应变频响计算公式：

$$H_{mr}(\omega) = \frac{\overline{\varepsilon}_{mr}(\omega)}{F_r} = \frac{\eta_m(\phi_{ir} - \phi_{jr})}{M_r(\omega_r^2 - \omega^2 + 2j\xi_r\omega_r\omega)} \tag{4.90}$$

因此当 $\omega=\omega_r$ 时，得到应变幅值响应：

$$H_{mr}(\omega_r) = \frac{\eta_m(\phi_{ir} - \phi_{jr})}{2M_r\xi_r\omega_r^2} \tag{4.91}$$

由以上分析可以看出：

（1）比较式单点激励的式（4.73）和多点激励的式（4.91），在线性系统中，多点激励下的 $r$ 阶应变频响相当于各个单点激励下应变频响的叠加，表示的是在 $r$ 阶模态下所有点的荷载激励对于 $m$ 单元的应变频率响应。实际测量中得到的应变，是结构单元的总应变响应，与上面论述一致。

（2）由式（4.91）看出，在同一阶模态响应下，模态向量 $\{\phi_{1r},\phi_{2r},\ldots,\phi_{Nr}\}^{\mathrm{T}}$ 保持不变，则模态力也是个不变量，且系数 $\dfrac{1}{2M_r\xi_r\omega_r^2}$ 是一个常数，因此应变响应仅跟长标距应变模态向量 $\delta_{mr}=\eta_m(\phi_{ir}-\phi_{jr})$ 有关。

4）谐振频率和阻尼比识别

在过去的几十年中，一系列基于加速度的模态参数识别方法，包括响应谐振频率、阻尼比和模态振型等，已经发展起来并被集成到商业软件。长标距应变模态理论中的参数识别与传统方法有着相似的过程，因此可以借助传统方法的思想进行分析。从式（4.58）和式（4.90）的对比可以得出结论：位移和长标距应变的频响函数的表达式分母相同，仅是分子不同。在许多模态分析的文献中也表示出谐振频率和阻尼比可以单独的由分母决定。换句话说，在识别谐振频率和阻尼比方面，位移和长标距应变 FRFs 是同等有效的。下面通过一个简单例子来说明通过长标距应变模态理论识别结构频率和阻尼的效果。当一个 20cm 标距的光纤传感器，分别粘贴在 6 个不同刚度的试件上进行动力测试。与此同时，一个加速度和一个应变计也安装在试件上用来做对比。利用冲击锤进行激振，所采用的采样频率为 500Hz。基于频谱分析可识别得出结构的频率，基于半功率法可以得到结构的阻尼比。通过三种传感器测量数据所识别得出的谐振频率和阻尼比基本相同，并且对于不同的工况，保持了较高的精度。同一模态测试下的长标距应变 FRF 和加速度 FRF 幅值谱如图 4.24 所示。可以看出，长标距应变频响函数对结构的低频敏感，因此在高柔性结构如长大桥和高耸结构的模态参数识别中有其独特优势。

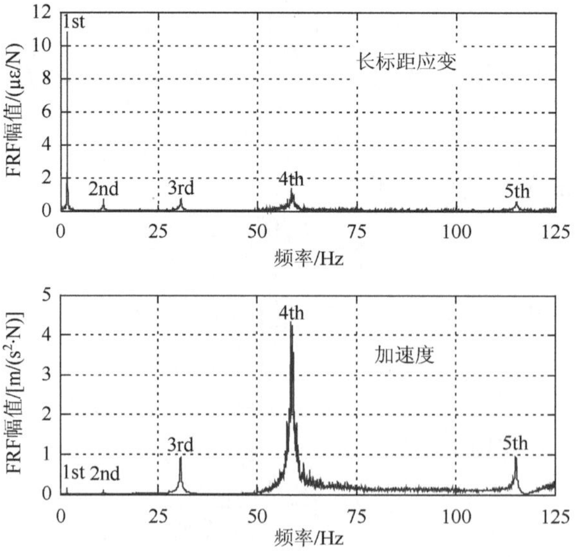


图 4.24　实测长标距应变 FRF 和加速度 FRF 比较

5）应变模态振型识别

当力作用在 $m$ 节点，引起单元 $q$ 的应变，计算得出的应变 FRF 是：

$$H_{\bar{\varepsilon}}^{qm}(\omega)=\sum_{r=1}^{N}\frac{\phi_{\bar{\varepsilon}}^{qr}\phi_{v}^{mr}}{M_r(\omega_r^2-\omega^2+2j\xi_r\omega_r\omega)} \tag{4.92}$$

式中，$\phi_{\bar{\varepsilon}}^{qr}$ 表示单元 $q$ 的第 $r$ 阶应变振型，$\phi_{v}^{mr}$ 表示 $m$ 节点的第 $r$ 阶竖向位移振型，可以发现，该应变 FRF 矩阵，每一列反映该结构的模态应变信息，而每行代表模态位移信息。

$$\begin{array}{c}\text{第}q\text{列}\\ \downarrow\end{array}$$

$$[H^{\varepsilon}(\omega)]=\begin{bmatrix} & \sum_{r=1}^{n}\phi_{1r}^{\varepsilon}\dfrac{\phi_{qr}^{v}}{C_r(\omega)} & \\ & \vdots & \\ \sum_{r=1}^{n}\dfrac{\phi_{qr}^{\varepsilon}}{C_r(\omega)}\phi_{1r}^{v}\cdots & \sum_{r=1}^{n}\phi_{qr}^{\varepsilon}\dfrac{1}{C_r(\omega)}\phi_{qr}^{v} & \cdots\sum_{r=1}^{n}\dfrac{\phi_{pr}^{\varepsilon}}{C_r(\omega)}\phi_{N_J r}^{v} \\ & \vdots & \\ & \sum_{r=1}^{n}\phi_{N_S r}^{\varepsilon}\dfrac{\phi_{qr}^{v}}{C_r(\omega)} & \end{bmatrix}\begin{array}{l} \\ \\ \leftarrow\text{第}p\text{行} \\ \\ \\ \end{array} \tag{4.93}$$

基于这一特性，应变模态振型拟由被选取的 FRF 的峰值识别如图 4.25 所示。同时，位移模态形状可以从连续的应变频响函数通过前述的共轭梁法计算得出。

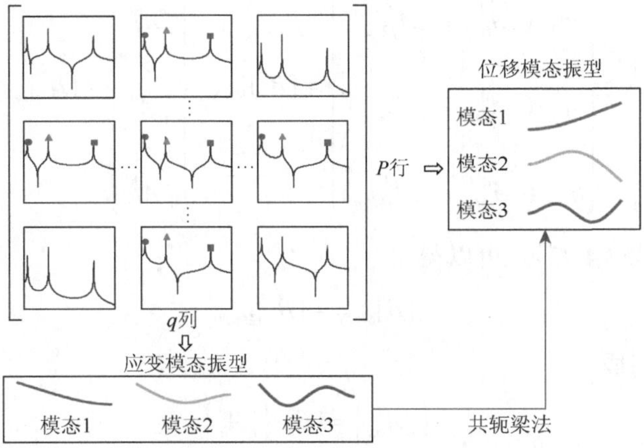


图 4.25　应变振型识别方法

6）应变模态向量

从式（4.76）中不难发现位移和长标距应变的模态常量间的关系，可以确定如从位移中获取模态振型一样，从长标距应变测量中也可以获得一个类似的参数。例如，在式（4.87）中基于量级长标距应变 FRF 绘制的直接识别方法，在每一个峰值处的值可以写成

$$\left|{}_{r}H_{mp}^{\bar{\varepsilon}}(\omega=\omega_r)\right|=\frac{A_{mp}^{r}}{2\xi_r\omega_r^2}=\frac{\phi_{pr}}{2M_r\xi_r\omega_r^2}\cdot\delta_{mr} \tag{4.94}$$

对于一个给定的模态，$\dfrac{\phi_{pr}}{2M_r\xi_r\omega_r^2}$是一个常量。忽略幅值，仅强调所有单元的相对比例，所有光纤传感器的长标距应变频响函数（macro-stain magnitude FRFs）可以组成一个向量如下：

$$\{\delta_{1r},\delta_{2r},\cdots,\delta_{mr},\cdots\}^{\mathrm{T}} \tag{4.95}$$

称为长标距应变模态向量（long gauge strain modal vector，LSMV）。

以下讨论 LSMV 的一个重要特性。假定 $M$ 个长标距传感器以分布的方式安装在 $N$ 个自由度的梁上。每个单元组成的 $M$ 维的长标距应变向量（MSV）可由位移向量上组合而成（包括竖向位移和转角），这需要左乘一个映射矩阵$[B]$：

$$\{\bar{\varepsilon}_m(t)\}=\begin{Bmatrix}\bar{\varepsilon}_1(t)\\ \bar{\varepsilon}_2(t)\\ \vdots\\ \bar{\varepsilon}_m(t)\\ \vdots\\ \bar{\varepsilon}_M(t)\end{Bmatrix}=\begin{Bmatrix}\eta_1\cdot[v_{i1}(t)-v_{j1}(t)]\\ \eta_2\cdot[v_{i2}(t)-v_{j2}(t)]\\ \vdots\\ \eta_m\cdot[v_{im}(t)-v_{jm}(t)]\\ \vdots\\ \eta_M\cdot[v_{iM}(t)-v_{jM}(t)]\end{Bmatrix}=[B]_{M\times N}\cdot\begin{Bmatrix}v_1(t)\\ v_2(t)\\ \vdots\\ v_l(t)\\ \vdots\\ v_N(t)\end{Bmatrix}=[B]_{M\times N}\cdot\{v_l(t)\} \tag{4.96}$$

另外，从公式（4.69）中得到的第 $r$ 阶模态的长标距应变模态常量可从下式中得到每个单元上的一组完整常量。

$$\left\{{}_rA_{mp}^{\bar{\varepsilon}}\right\}=\begin{Bmatrix}{}_rA_{1p}^{\bar{\varepsilon}}\\ {}_rA_{2p}^{\bar{\varepsilon}}\\ \vdots\\ {}_rA_{mp}^{\bar{\varepsilon}}\\ \vdots\\ {}_rA_{Mp}^{\bar{\varepsilon}}\end{Bmatrix}=\begin{Bmatrix}\eta_1\cdot({}_rA_{i1,p}^{\mathrm{d}}-{}_rA_{j1,p}^{\mathrm{d}})\\ \eta_2\cdot({}_rA_{i2,p}^{\mathrm{d}}-{}_rA_{j2,p}^{\mathrm{d}})\\ \vdots\\ \eta_m\cdot({}_rA_{im,p}^{\mathrm{d}}-{}_rA_{jm,p}^{\mathrm{d}})\\ \vdots\\ \eta_M\cdot({}_rA_{iM,p}^{\mathrm{d}}-{}_rA_{jM,p}^{\mathrm{d}})\end{Bmatrix}=[B^*]_{M\times N}\cdot\begin{Bmatrix}{}_rA_{1p}^{\mathrm{d}}\\ {}_rA_{2p}^{\mathrm{d}}\\ \vdots\\ {}_rA_{lp}^{\mathrm{d}}\\ \vdots\\ {}_rA_{Np}^{\mathrm{d}}\end{Bmatrix}=[B^*]_{M\times N}\cdot\left\{{}_rA_{lp}^{d}\right\} \tag{4.97}$$

对比式（4.96）和式（4.97），可以得出

$$[B]_{M\times N}=[B^*]_{M\times N} \tag{4.98}$$

式（4.97）也可以写成

$$\left\{{}_rA_{mp}^{\bar{\varepsilon}}\right\}=[B]\cdot\left\{{}_rA_{lp}^{\mathrm{d}}\right\} \tag{4.99}$$

将式（4.76）和式（4.82）带入式（4.94），可以最终得到 LSMV 的表达式：

$$\{\delta_{mr}\}_M=[B]_{M\times N}\cdot\{\phi_{lr}\}_N \tag{4.100}$$

因此，从式（4.95）、式（4.97）、式（4.98）中得出一条重要的结论：测量的长标距应变的时间序列和频率响应与位移响应对比和 LSMV 与模态振型作对比存在相同的映射关系$[B]$。然而，对照从加速度计中提取的模态振型，从长标距应变测量中得到的 LSMV 具有更高的灵敏度和准确度。该向量对识别结构损伤具有独特的优势，在后面的损伤识别部分将会具体介绍。

### 4.2.3　位移模态与长标距应变模态相互转换

根据模态分析理论，利用点式应变传感技术可以得到结构的点式应变模态。对点式应变模态进行二次积分理论上也可以得到结构的位移模态分布。然而，在点式应变模态二次积分过程中，某点的积分误差是由该点前所有积分点的应变模态误差累加而成，因此当监测点逐渐远离边界点时，误差累积将“淹没”真值，也即二次积分过程会导致误差累积。另外，当结构发生局部损伤时，点式应变模态往往很难反映结构的实际损伤分布，进而导致计算的位移模态误差会进一步地放大。而长标距应变模态在推导结构位移模态时，不存在上述问题，下面将详细叙述。

1）长标距应变模态推导位移模态理论[102]

假设两端简支结构的梁，长标距应变模态沿梁分布如图 4.26 所示，利用共轭梁原理，即原梁的位移（位移模态）等于其共轭梁在原梁的曲率（曲率模态）作为荷载作用下的弯矩，可以得到任意点处的位移模态（式 4.99），从式 4.99 可以看出，长标距应变模态和位移模态之间有显示线性关系，相比于二次积分方法，利用共轭梁方法可以避免二次积分过程中的测试误差累积，同时，式 4.99 仅和距离和中和轴高度相关，和刚度、激励大小及位置无关。值得注意的是此种方法可以推广到连续梁等其他形式的结构。

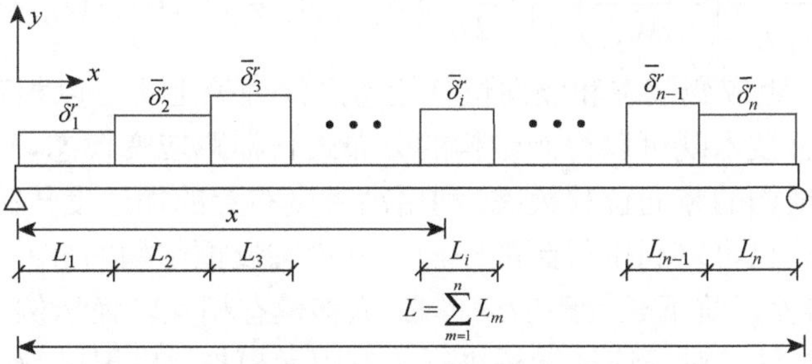


图 4.26　长标距应变模态反推位移模态原理图

$$\phi^r(x)=\frac{1}{2}\frac{\bar{\delta}_i^r}{h_i}\left(x-\sum_{m=1}^{i-1}L_m\right)^2+\sum_{m=1}^{i-1}\left[\frac{\bar{\delta}_m^r L_m}{h_m}\left(x-\sum_{k=1}^{m-1}L_k-\frac{1}{2}L_m\right)\right]-\frac{x}{L}\sum_{m=1}^{n}\left[\frac{\bar{\delta}_m^r L_m}{h_m}\left(L-\sum_{k=1}^{m-1}L_k-\frac{1}{2}L_m\right)\right] \quad (4.101)$$

式中，$\phi^r(x)$ 代表第 $r$ 阶位移模态，$x$ 为计算点坐标，$h_m$ 为中和轴高度，$L_m$ 为单元长度，如果 $\sum_{m=1}^{i-1}L_m < x \leqslant \sum_{m=1}^{i}L_m$，则 $x$ 位于第 $i$ 个传感器覆盖范围内，特别地，规定 $\sum_{m=1}^{0}L_m=0$。

2）位移模态推导长标距应变模态理论

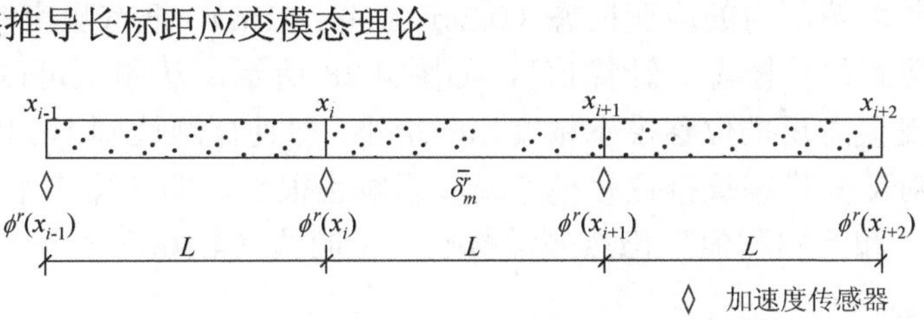


图 4.27　位移模态反推长标距应变模态原理图

假设沿梁长方向间隔长度 $L$ 布置加速度传感器（图 4.27），第 $i$ 个加速度传感器的坐标为 $x_i$，其测点对应的竖向位移模态值为 $\phi^r(x_i)$，把第 $i-1$ 和 $i+1$ 节点处竖向位移模态 $\phi^r(x_{i-1})$ 和 $\phi^r(x_{i+1})$ 进行二阶泰勒展开，分别得到式（4.102）和式（4.103）。

$$\phi^r(x_{i-1})=\phi^r(x_i)-L\left(\frac{\mathrm{d}\phi^r(x)}{\mathrm{d}x}\right)_i+\frac{L^2}{2}\left(\frac{\mathrm{d}^2\phi^r(x)}{\mathrm{d}x^2}\right)_i \tag{4.102}$$

$$\phi^r(x_{i+1})=\phi^r(x_i)+L\left(\frac{\mathrm{d}\phi^r(x)}{\mathrm{d}x}\right)_i+\frac{L^2}{2}\left(\frac{\mathrm{d}^2\phi^r(x)}{\mathrm{d}x^2}\right)_i \tag{4.103}$$

公式中 $\left(\frac{\mathrm{d}\phi^r(x)}{\mathrm{d}x}\right)_i$ 为第 $i$ 个节点的转角位移模态，$\left(\frac{\mathrm{d}^2\phi^r(x)}{\mathrm{d}x^2}\right)_i$ 为第 $i$ 个节点的曲率模态，利用公式（4.103）减去公式（4.102）可以得到公式（4.104），即中间节点处的转角位移模态可以用其相邻节点的竖向位移模态表示。

$$\left(\frac{\mathrm{d}\phi^r(x)}{\mathrm{d}x}\right)_i=\frac{\phi^r(x_{i+1})-\phi^r(x_{i-1})}{2L} \tag{4.104}$$

至此，每一个节点的转角位移模态都可以利用加速度传感器测试响应分析出来的竖向位移模态表示，根据长标距应变模态和转角位移模态的关系，进而得到标距为 $L$ 范围内的第 $m$ 个、第 $r$ 阶长标距应变模态 $\bar{\delta}_m^r$。

$$\bar{\delta}_m^r=\frac{h_m}{L}\cdot\left[\left(\frac{\mathrm{d}\phi^r(x)}{\mathrm{d}x}\right)_i-\left(\frac{\mathrm{d}\phi^r(x)}{\mathrm{d}x}\right)_{i+1}\right]=\frac{h_m}{2L^2}\cdot\left[\phi^r(x_{i+1})-\phi^r(x_{i-1})-\phi^r(x_{i+2})+\phi^r(x_i)\right] \tag{4.105}$$

综上所述，长标距应变模态和竖向位移模态之间理论上是可以相互转换的，即利用分布式长标距应变传感技术既可以得到结构的分布式长标距应变模态，也可以利用得到的长标距应变模态反推结构的竖向位移模态；利用高密度布置的加速度传感技术既可以得到结构的竖向位移模态，也可以利用得到的竖向位移模态反推结构的分布式长标距应变模态。

3）考虑测试误差影响下长标距应变模态-位移模态相互转换示例

为了验证上述方法，对一连续梁桥进行了有限元模拟，模拟梁为三跨，总长 60m，每跨 20m，截面类型为“工”字形，截面高度 500mm，截面宽度 250mm，翼缘厚度 40mm，腹板厚度 20mm，沿梁全长划分了 300 个单元（自左向右命名为单元 1～单元 300），每个单元长度 200mm。连续梁的材料参数：弹性模量 $E$=2×1011N/m$^2$；质量密度 $\rho$=7850kg/m$^3$。假设加速度传感器分布式布置于结构单元的节点处。以一定单元抗弯刚度折减 30%来模拟结构损伤工况。为了研究长标距应变模态反推位移模态方法的鲁棒性，以一阶模态为例，把应变模态“实测值”添加不同水平的噪声，噪声产生如式（4.101）所示，不失一般性，选取了不同标距长度范围内的应变模态（0.2m、0.4m、1m），把有噪声污染的数据代入到式（4.96）计算得到位移模态“计算值”，如图 4.28 所示，从图上可以得出 2 个结论：①标距长度对应变模态反推位移模态精度影响很小，即使标距达到 1m 也能得到比较精确的结果；②噪声对应变模态反推位移模态精度影响也很小，即使噪声水平达到 5%时，位移模态“计算值”和“实测值”仍然非常接近，说明式（4.106）对于应变模态反推位移模态抗噪声水平高。

$$\bar{\delta}_m^*=\bar{\delta}_m\times[1+\alpha\times randn\ (n,1)] \tag{4.106}$$

$$\phi^*(x_i) = \phi(x_i) \times [1 + \alpha \times randn\ (n,1)] \tag{4.107}$$

公式中 $\overline{\delta}_m^*$ 和 $\phi^*(x_i)$ 分别为有噪声下的应变模态“实测值”和位移模态“实测值”，$\phi(x_i)$ 和 $\overline{\delta}_m$ 分别为无噪声下的应变模态“实测值”和位移模态“实测值”，$\alpha$ 为噪声水平，*randn*（*n*，1）为产生满足均值为零、标准差为 1 的 *n* 个正态分布随机数。

在通过长标距应变模态计算位移模态的过程中，不管是完好结构还是损伤结构工况，在不同等级的噪音水平下，都能得出和实测值吻合的位移模态，如图 4.28 所示的结构完好工况下的位移模态的计算值和实测值比较。

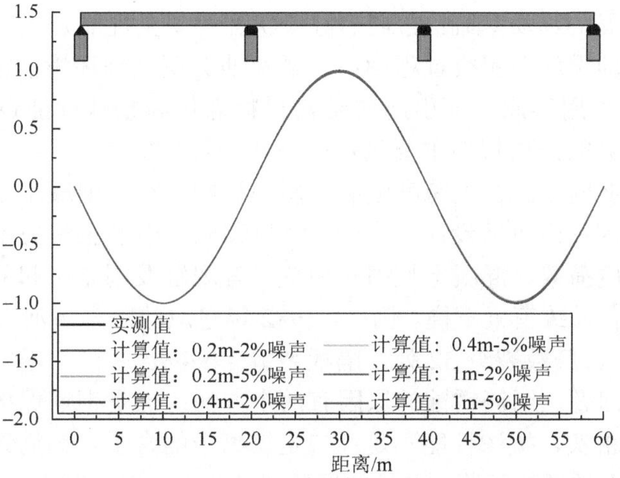


图 4.28　测试噪声对长标距应变模态反推位移模态精度影响

同理，在位移模态“实测中”加入不同程度的噪声（式（4.105）），可以得到长标距模态“计算值”（图 4.29），从图中可以看出，在噪声水平很小时（0.1%），无噪声和有噪声影响下的长标距应变模态“计算值”非常接近，但是当噪声水平达到 0.5%时，利用位移模态反推的长标距应变模态完全失真。这表明利用位移模态反推的应变模态仅适合应用在基本没有噪声影响的情况下，否则其受测试误差影响非常大，而实际工程中测试噪声

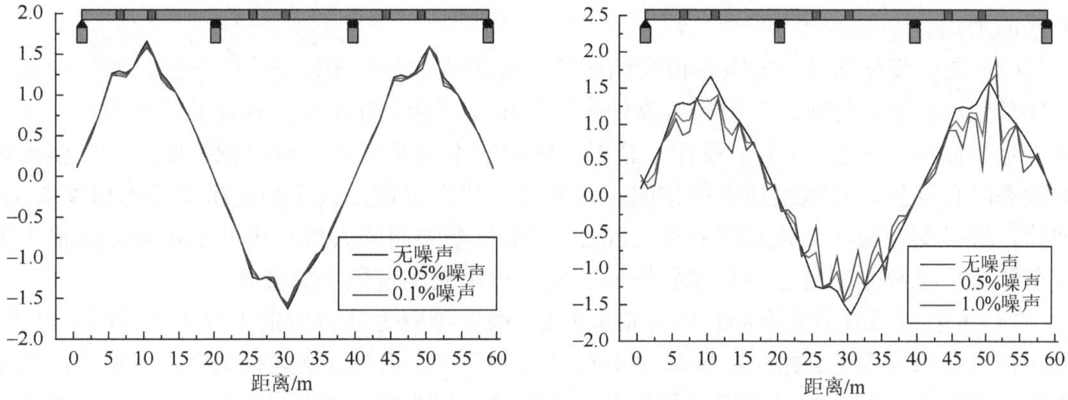


图 4.29　测试噪声影响下利用位移模态反推长标距应变模态结果

是不可避免的，所以很难应用于实际工程中。总的来说，本节介绍的结构应变模态和位移模态相互转换的结果表明，在噪音条件下，由应变模态可很好的得出结构的位移模态，反之不成立，这一结果展示了区域分布应变测量相较于传统的加速度测量具有其独特优势。

## 4.3 结构性能退化识别

重大土木工程结构如大跨桥梁、超高建筑、大型水利工程等基础设施是确保国民经济稳定和可持续发展的物质基础，它们的健康状况和安全性能是人民生命和财产安全的重要保障。这些基础设施在服役过程中不可避免地会遭受到环境侵蚀、交通超载、自然灾害以及荷载长期作用等原因而引起的结构材料老化和整体性能退化等不同类型的损伤。工程实际中常见的结构损伤主要包括以下几种类型：

（1）混凝土裂缝问题。在大跨度混凝土斜拉桥中，存在混凝土主梁开裂问题，一般可以归结为两大原因：由包括设计、构造、材料和施工中的主观失察因素引起的裂缝以及由包括超载、温度荷载、混凝土收缩和徐变等客观触发因素引起的裂缝。结构的裂缝会降低结构的刚度，导致箱梁下挠。例如，1982 年建成的济南黄河大桥，顶板裂缝 1386 处、底板裂缝 11 处、腹板裂缝 52 处、隔板裂缝 1794 处。

（2）钢筋腐蚀问题。钢筋锈蚀的原因有两个方面：一是钢筋保护层的碳化，其碳化的原因是混凝土不密实，抗渗性能不足；二是氯离子的含量。钢筋锈蚀，导致截面积减少，从而使钢筋的力学性能下降。大量的试验研究表明，对于截面积损失率达 5%～10%的钢筋，其屈服强度和抗拉强度及延伸率均开始下降，对于截面积损失率大于 10%但小于 60%的严重腐蚀，钢筋各项力学性能指标严重下降。钢筋锈蚀已成为导致钢筋混凝土建筑物耐久性不足，过早破坏的主要原因。钢筋混凝土结构已经成为一种被广泛应用的结构形式，然而由于不良的使用条件（海洋环境和工业环境）、环境污染（二氧化碳浓度增加和酸雨）、不当的使用方法（公路和桥梁路面撒化冰盐）等的影响，造成钢筋锈蚀。这已成为混凝土结构中的普遍现象，轻则影响结构的使用性，重则降低结构承载力，甚至导致结构失效，比如 1982 年柏林会议大厅的倒塌和 2000 年美国北卡罗来纳州高速公路的坍塌。

（3）支座变化问题。支座是桥梁结构的重要组成部分，是桥梁上、下部结构的传力和连接装置，将上部荷载的作用力可靠地传递到桥梁墩台，并平衡各种荷载、作用产生的变形（水平位移、转角）。由于设计、施工、维护的不当及支座质量问题等原因，支座损坏的状态时有发生，导致梁体不能按照正常的受力状态工作，甚至影响桥梁结构运营安全。因此，桥梁支座损坏必须及时更换。2012 年哈尔滨阳明滩大桥引桥发生坍塌，四辆大型货车坠桥，事故原因就包括桥墩和桥面之间的抗震支座铆固不够致使掉落。

（4）拉索或预应力筋索的预应力损失问题。根据预应力筋应力损失发生的时间可分为：瞬间损失和长期损失。张拉阶段瞬间损失包括孔道摩擦损失、锚固损失等；张拉以后长期损失包括预应力筋应力松弛损失和混凝土收缩徐变损失等。如先张法施工，有时还有热养护损失；如后张法施工，有时还有锚口摩擦损失、变角张拉损失等。如平卧重叠生产的构件，还有重叠摩阻损失等。上述原因导致的结构性能退化使得抵抗自然灾害、正常荷载以及环境作用的能力下降，一旦结构关键构件的损伤积累到一定程度，若不能被及时发现和处理，损伤将迅速扩展，从而导致整个结构的毁坏。因此，为了保障结构的安全性、完整性和耐久性，已建成使用的土木工程结构急需采用有效的手段来监测和评估其损伤程度及安全状态。

基于结构动力学基本知识，结构参数、荷载和响应三者之中知道任意两个，可以反推未知的第三个。结构的损伤识别是指结构自身特征发生的任何变化，因此，如果知道荷载和结构响应，即可进行结构的损伤识别。但问题是，结构的荷载一般也是未知的。针对该问题，结构健康监测领域已进行了仅利用结构响应的结构损伤识别研究。例如环境振动测试中，环境振动未知，但通过假设环境输入荷载为白噪声，可进行结构模态分析得出结构模态参数，进而可进行结构损伤识别。本节阐述的都是荷载未知条件下结构的损伤识别方法。通过结构的区域分布应变测量可以进行结构的性能退化实时监测与评估，其具体措施又可以分为两类，一是直接利用监测数据进行结构性能劣化评估，例如结构的裂纹监测与宽度识别[109]，二是开发各类型损伤指标进行基于监测数据的深层次结构损伤识别和性能劣化评估[110, 111]。

### 4.3.1　结构裂缝监测和宽度识别

1）方法推导

对于混凝土结构，裂缝的监测非常重要，但是传统的基于电阻法的裂缝计或伸缩计很难进行实时和连续监测。基于所研发的长标距光纤传感技术，作者开发了一种基于所测量长标距应变的裂纹监测及其宽度识别方法，它具有如下特点：①可进行在线实时监测；②监测具有高度的自动化，不需要过多人力参与；③监测具有良好的分布性，一根光纤可以对混凝土结构整体的裂缝出现和发展进行分布监测。

采用全面粘贴传感器时，裂缝宽度应用黏结滑移理论计算，计算中忽略混凝土的应变变化，公式如下：

$$\omega \approx \bar{\varepsilon}_s l = \frac{\int_l \varepsilon \cdot \mathrm{d}l}{l} \cdot l = \sum_{i=1}^{n} 1/2 \cdot (\varepsilon_i + \varepsilon_{i+1}) \cdot \Delta l \qquad (4.108)$$

式中，$\omega$ 为裂缝的宽度，$l$ 为影响区域的长度，$\varepsilon_i$ 为影响区域内第 $i$ 个采样点的应变，$\Delta l$ 为采样的空间间隔。

采用长标距传感器时，裂缝宽度 $\omega$ 的计算公式如下：

$$\omega \approx \varepsilon \cdot L \qquad (4.109)$$

式中，$\varepsilon$ 为长标距光纤传感器的平均应变，$L$ 为传感器的标距。

2）简支梁试验验证

对一简支钢筋混凝土梁进行试验，该试验梁总长为 2.1m，跨长为 1.8m。横截面为 150mm×200mm 的矩形截面。在梁底粘贴 4 个标距长度为 200mm 的 FBG 传感器。另外平行粘贴了两种 FBG 传感器，标距分别为 400mm 和 800mm；标距为 60mm 的传统应变片粘贴在梁的顶、底部以及侧面。标距长度为 200mm 的裂缝仪也用于做对比，细部传感器布置图如图 4.30 所示。

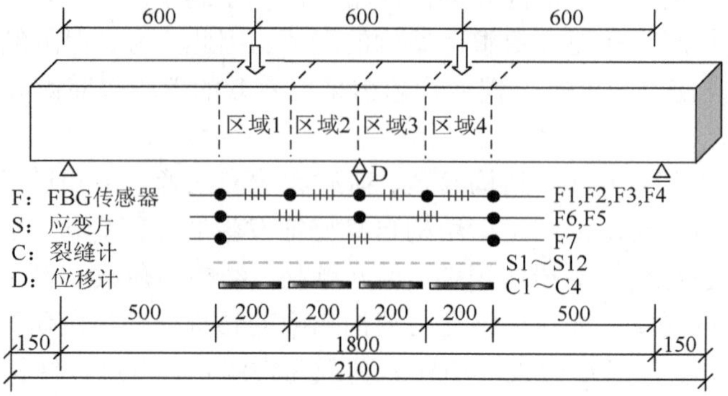


图 4.30　传感器布置（mm）

随着试件上荷载的不断增加，标距长度为 200mm 的 FBG 传感器测量的应变，如图 4.31 所示。裂缝计和应变片的数据也用来作为对比。对于每个区域，荷载和应变变化的整个过程可从图 4.31 中看出，在区域内的初始裂缝（①），采用 FBG 传感器，可以很容易被识别。同样地，一些后续的裂缝（②）也被发现，尽管变化的趋势不是很明显。

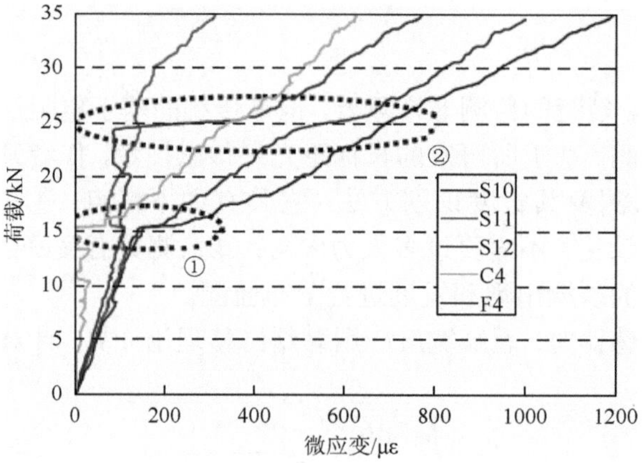


图 4.31　裂纹监测结果

平均裂缝宽度某个区域内的平均裂缝宽度近似等于增加的测量应变和传感器标距长度的乘积。由标距为 200mm 的 FBG 传感器和裂缝计分别得到的平均裂缝宽度如图 4.32 所示。结果表明两种不同的传感器结果吻合较好。

3）长标距长度对裂纹宽度监测的影响试验

下面通过几个例子对长标距传感器测量裂纹进行说明。首先是一个实验室例子，研究长标距传感器的不同标距长度对裂纹宽度识别结果的影响（图 4.33）。将分布式光纤分别锚固在两块可移动的钢板上，试验中逐渐移动钢板使缝宽不断增大。为了比较标距长度对测试结果的影响，采用标距长度依次是 10cm、15cm、20cm 和 30cm，锚固段长度 3cm。同时，设置了缝宽变化较小的工况 I 和相对较大的工况 II，分别比较评估性能。试验中，数据采集、解析系统采用的是 NBX-6050A，而每个传感器处的缝宽利用游标卡尺测量。

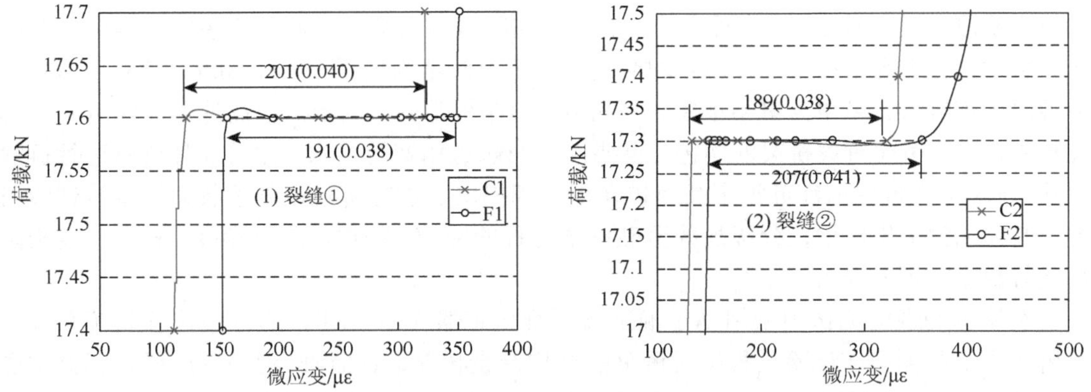


图 4.32　平均裂缝宽度

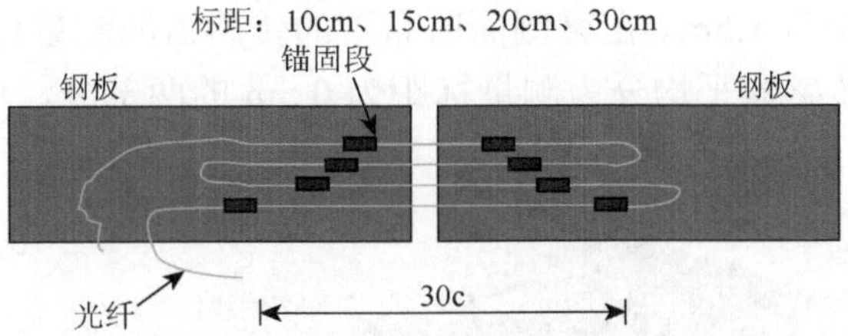


图 4.33　长标距法监测裂缝宽度的试验结果

图 4.34 和图 4.35 分别显示了两种工况的试验结果。从结果中可以发现，利用光纤测试的应变来计算的裂缝宽度与实测宽度之间存在良好的一一对应关系，其中在工况 I 中最大误差约为 0.007mm，工况 II 中的最大误差为 0.03mm 左右。两种工况下，误差随着缝宽的增大有增大的趋势；而标距越小，误差越小，主要原因是标距越小，相同缝宽下光纤的应变越大，则应变测量的相对误差就越小，故宽度评估精度越好。因此，在实际监测时，为了提高精度应采用标距较小的传感器。然而，标距越小，缝宽测试范围越窄，所以，实际中还应该考虑这个因素。

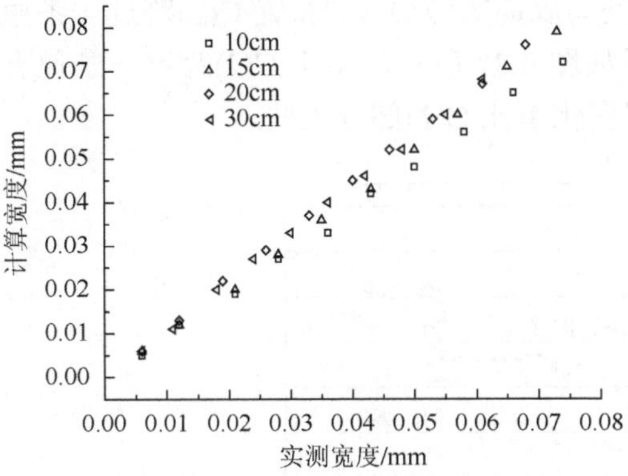


图 4.34　工况 I 的试验结果

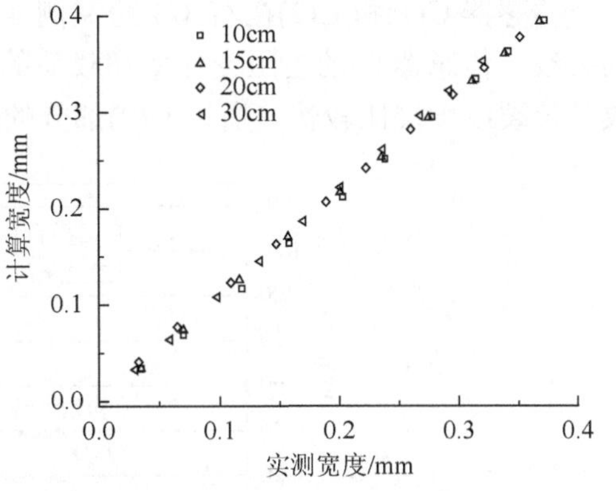


图 4.35　工况 II 的试验结果

4）实桥裂纹监测应用

通过实时监测的应变数据监测裂纹出现及识别裂纹宽度的方法已初步应用于新兴塘

大桥实桥测试的工程实际。该桥为沪宁高速公路跨越新兴塘河流和一条乡镇间四级公路的一座大桥，位于锡山市东亭乡新屯村附近。主桥上部结构采用 32m＋50m＋32m 三跨预应力混凝土连续梁，箱梁为单箱单室、等高度、斜腹板形式。由于沪宁高速公路江苏段扩建过程中，综合考虑有关桥梁的病害、重要性以及航道拓宽等要求，需对部分桥梁进行拆除重建。于是，在拆除前江苏沪宁高速扩建指挥部提出了进行桥梁极限承载力的实桥试验研究，通过试验采集桥梁在分级加载至破坏全过程的应力、挠度、裂缝宽度、长度以及极限荷载等数据（图 4.36）。

在该桥的现场测试中采用基于混杂碳纤维传感器（HCFRP）的分布传感系统布设在该桥的底部和侧面在试验过程中对桥梁的结构健康状况进行监测。混杂碳纤维传感器主要布置在箱梁的底部和侧面。在梁底部所布置的混杂碳纤维传感器的总长度是 36m，从中跨开始向两边布置，每边布置 18m，为了进行分布式监测，将混杂碳纤维传感器平均分为 24 段，每段的测量标距为 1.5m。在梁侧面所布置的传感器的测量标距为 1m，每根传感器上分布三个电极，将传感器平均分为测量标距为 0.5m 的两部分，该类传感器大部分与梁底面呈 45°方向粘贴。

图 4.36　桥梁的加载方式

传感器 C(1)和 C(2)在右 1/4 跨左侧 4.2m 处与底面大致成 45°布置 C(2)跨过一条原有的裂纹。传感器 C 的电阻变化率和载荷的关系如图 4.37 所示，由于 C(2)跨过一条原有裂纹且该裂纹发展比较快，所以 C(2)部分的电阻变化率比 C(1)部分大些。

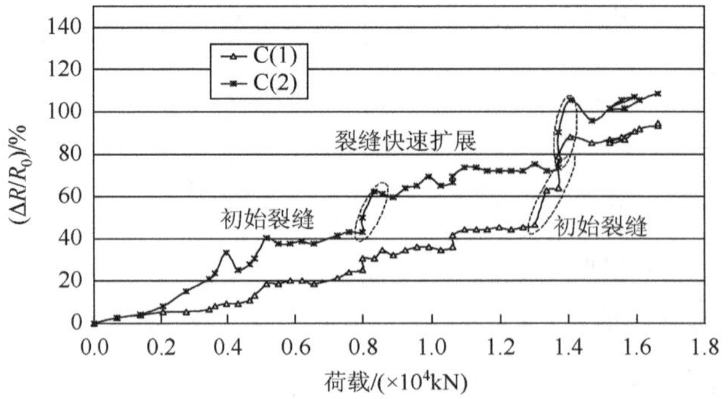


图 4.37　传感器 C 的监测结果

在载荷达到 1370 吨之前，电阻变化率随载荷大致呈线性增长，显示裂纹宽度突然增大或裂纹数目迅速增加。

为了验证 HCFRP 传感器在监测裂缝方面的正确性，在传感器 C 附近同时安装了正弦裂缝计（SCGs），如图 4.38 所示。可以发现，随着荷载的增加，裂缝的宽度总体呈逐渐增加的趋势，但也有部分加载点呈减小的趋势。这是由于在某些加载阶段，随着荷载的增加一些局部裂缝会出现闭合现象。图 4.38 表明，基于 HCFRP 传感器和结构裂缝宽度识别方法的裂缝监测结果和正弦式裂缝计的监测结果类似，验证了其在工程实际中的可行性与正确性。

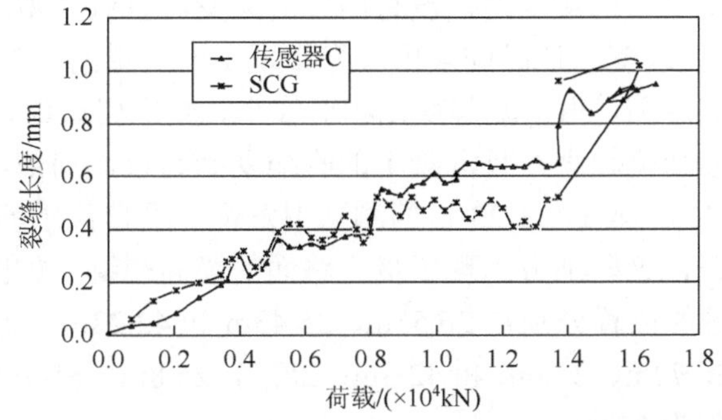


图 4.38　传感器 C 和 SCGs 在裂缝宽度测量方面

5）机场跑道裂纹监测应用

通过区域分布传感应用识别裂纹宽度的方法还应用于南京某机场的飞机辅助跑道的监测中。该跑道包含两幅路面，每幅宽 5m、长 70m、板厚 15cm。该跑道采用了连续配筋混凝土路面，也就是说在全长 70m 范围内不设置任何的温度缝，理论上希望通过配筋来控制裂缝的开展。混凝土强度等级为 C35，添加了膨胀剂以减少收缩。为及时了解和把握该机场跑道的服役性能，采用了基于自传感 BFRP 筋的监测方案。在前面的第 3 章曾详细介绍了自传感筋在机场跑道的施工方法。本次试验中，为了能了解混凝土的应力分布以及内部裂缝开展情况，布设了 2 根自传感 BFRP 筋，其中光纤与 BFRP 之间采用了全面粘贴的方式，纵向 BFRP 筋采用 $\phi$10mm@80mm，距底面距离为 120mm，每根 BFRP 筋的长度是 70m。BFRP 筋（1#和 2#）分别分布在截面的中间两个三分点处，其中 1#筋的实际长度大约为 66m，2#筋的长度为 69m 左右。

试验中对该试验路段实施长达 400 天的定期监测。在监测过程中，两根自传感筋通过法兰连成一个通路，与解调仪连接，具体如图 4.39 所示。在测量时，取一段埋在混凝土内部的自由光纤作为温补段。参考《普通混凝土长期性能和耐久性能试验方法（GBJ82—85）》中收缩试验的相关内容，确定了测量时间间隔：1、3、7、14、28、45、60、90、120、150、180 天。但在实际上，由于种种原因并没有完全按计划进行，其中 3、45、60 天时没能完成测试，在 400 天时只进行了一次测试。每次测量时反复测 5 次，试验中取 5 次的平均值。此外，为了尽量减少外部气温对结果的影响，选择同一时间（如下午 2 点到 4 点）段进行测量。试验时，需要小心用酒精擦干净连接头（APC/FC 接头），以减少光损，避免额外的精度损失。混凝土浇筑日期 2009 年 5 月 19 日，之后按计划进行测量，一直测到 2010 年 6 月 25 日。试验主要分为两个阶段，即混凝土固化期和混凝土固化后在环境作用下的应变监测。

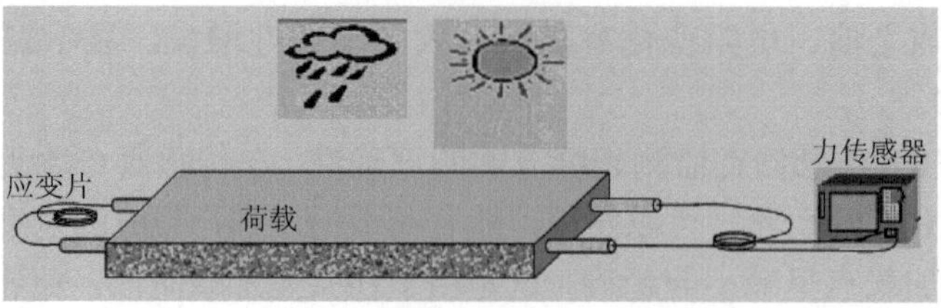


图 4.39　机场跑道的监测示意图

图 4.41 和图 4.42 显示了应变监测结果，该结果已经实施温度补偿。在混凝土 28 天龄期内，混凝土板的应变分布比较均匀，没有明显的突变。直到 2009 年 10 月 10 日（120 天），结构状况没有明显改变。该时间段内应变出现了一定量的整体波动，主要是温度导致的混凝土的整体热胀冷缩。由于温差变化相对较小，变形相对均匀。在进入 11 月份后，南京的气候转冷，温差变化较大，且混凝土的收缩受到约束，局部混凝土的拉应力增大，直至开裂。因此，在 2009 年 11 月 23 日的测试中发现，沿自传感筋的长度方向，出现了三个应变突起，经验证，这些地方出现了贯穿路面的横向裂缝，如图 4.40（a）所示。通过米尺测量，三条裂缝的位置分别是 26.55m、35.43m 和 42.23m。而从应变分布图上得到结果分别是：1#筋，26.72m、35.6m 和 42.3m；2#筋，26.8m、35.7m 和 42.1m。与米尺测量结果比较，最大误差为 25cm。

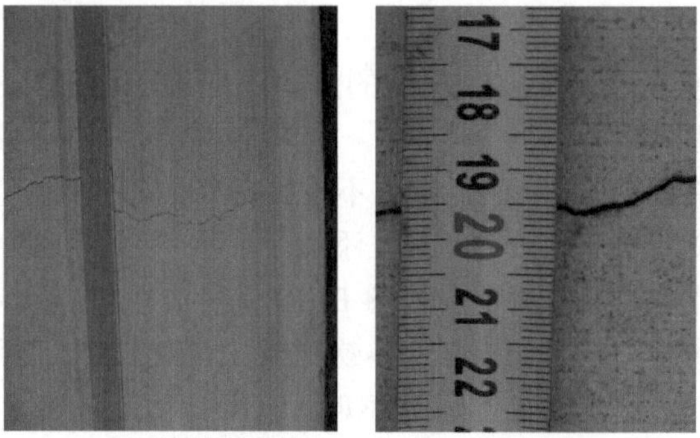

(a) 连接引线接头　　(b) 应变监测

图 4.40　路面裂缝

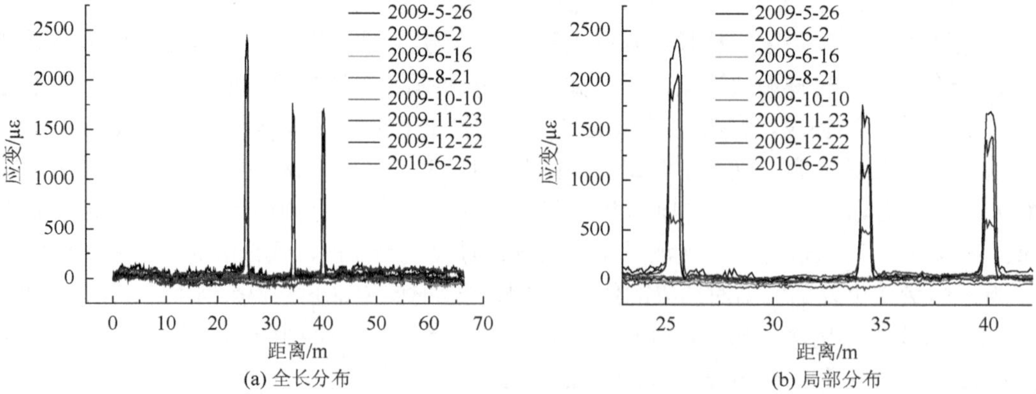


(a) 全长分布　　(b) 局部分布

图 4.41　1#自传感 BFRP 筋的监测结果

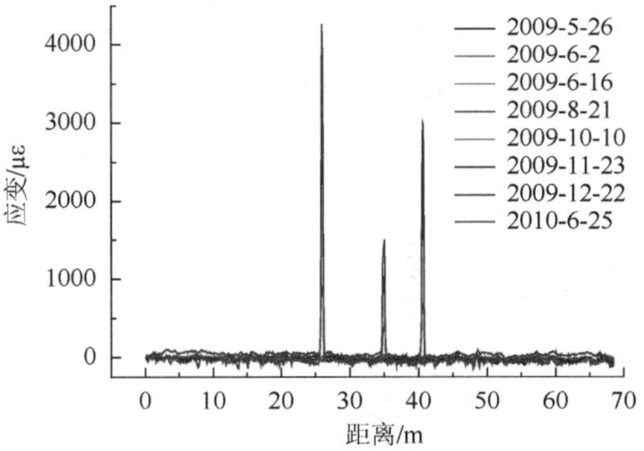

(a) 全长分布

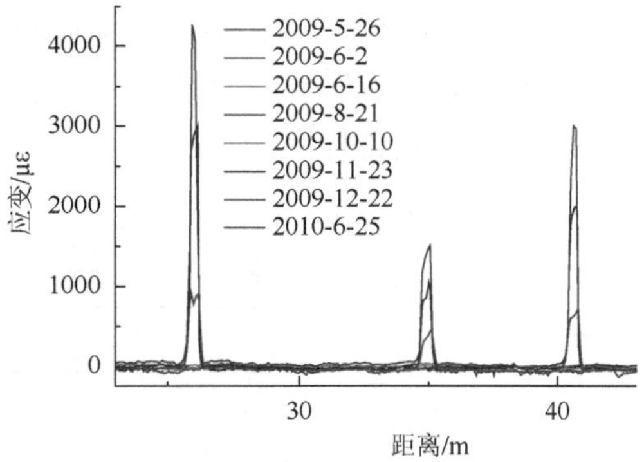

(b) 局部分布

图 4.42　2#自传感 BFRP 筋的监测结果

除了上面的结果，自传感 BFRP 筋在实际土木结构环境中的适应性也是重点关注的方面。在项目期间，自传感筋直接绑扎、浇筑进混凝土，经历了 40℃的高温及–3℃的低温，遭遇了暴雨、大雪，同时结构裂缝也对自传感筋本身施加了较大的应力。所布设的自传感筋的长期的良好状态显示其可以适应土木工程结构环境。

### 4.3.2　基于应变比值的结构损伤识别方法

1）应变变化识别损伤[112]

根据材料力学中，截面上某处的弯曲正应变弯曲正应变 $\varepsilon = \dfrac{My'}{EI}$，式中，$M$ 为弯矩、$I$ 为惯性矩、$y'$为该处到中性轴的距离、$E$ 为弹性模量，公式适用于多种截面形式的梁，而根据剪切应变的理论可以准确得到简单截面上剪切应变分布规律，对于一些复杂截面上剪切应变分布规律复杂。矩形截面最大剪切应变出现的中性轴上，如式（4.110）所示

$$\varepsilon_{\max} = \frac{3}{2}\frac{F_s}{Ebh} \tag{4.110}$$

式中，$F_s$ 为截面所受的剪力；$b$、$h$ 分别为截面的宽度和高度。一旦截面出现几何损伤导致惯性矩 $I$ 变化或材料损伤导致弹性模量 $E$ 变化，则对应的弯曲正应变、剪切应变就会发生变化。无论是简支梁、连续梁桥还是斜拉桥，在外加集中力作用下，主梁受的都是集中力作用（外荷载、若干支座反力和索力），在每个区域内，弯矩的分布都是线性的，剪力值是个常量。

考虑弯曲正应变指标：在结构完好的情况下，具有相等 $y'$值的各截面应变分布也应该是线性的。如果某处出现了损伤，则该处的应变将发生突变，不再符合线性规律，据此可很容易地发现损伤。因此，可在梁间距尽量小的各截面上 $y'$最大处（外边缘）布置应变传感器，对桥梁在某处施加一集中荷载，考察各集中力之间各区段内的正应变数据状况，如果没有损伤，则各区段内的应变数据应符合线性规律，如果某测点的数据不符合这一线性规律，则说明该处出现了损伤。

考虑剪切应变指标：如前所述，这一指标主要用于矩形截面。最大剪应力和剪切应变

一般都出现在中性轴上，因此可在该处布置传感器以监测剪切应变。同样可根据外荷载作用下某区段内某点剪切应变数据相比周围测点数据的突变来判断损伤。

2）应变比值指标[113]

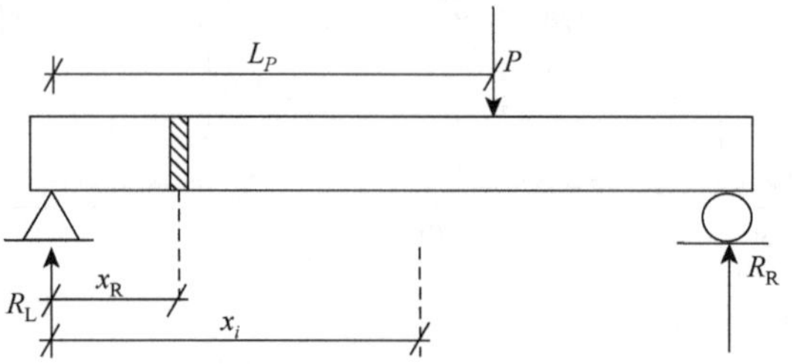


图 4.43　单点加载简支梁示意图

单点加载的简支梁模型如图 4.43 所示，假定无损伤发生时距离左端支座 $x_R$ 和 $x_i$ 处的梁底应变分别为 $\varepsilon_R$ 和 $\varepsilon_i$。则有

$$\varepsilon_{R,m}=\frac{R_L x_R z}{EI} \tag{4.111}$$

$$\varepsilon_{i,m}=\frac{R_L x_i z}{EI} \tag{4.112}$$

式中，$R_L$ 为左端支座反力，$z$ 为梁底到中性轴距离，$EI$ 为截面刚度，下标“m”表示实测值。

两式相除，得

$$\gamma_{i,m}=\frac{\varepsilon_{i,m}}{\varepsilon_{R,m}}=\frac{x_i}{x_R} \tag{4.113}$$

参考位置 $x_R$ 应选在应变较小处，该处在荷载 $P$ 作用下不会出现损伤或者损伤出现时刻远迟于其他位置。假定梁底除了参考位置 $x_R$ 布有应变传感器外，另有 $s$ 个可能发生损伤的位置布有应变传感器（包含位置 $x_i$），则可建立向量 $\{\gamma_{i,m}\}$：

$$\{\gamma_{i,m}\}=\{\gamma_1,\gamma_2,\cdots,\gamma_s\}=\left\{\frac{\varepsilon_{1,m}}{\varepsilon_{R,m}},\frac{\varepsilon_{2,m}}{\varepsilon_{R,m}},\cdots,\frac{\varepsilon_{s,m}}{\varepsilon_{R,m}}\right\} \tag{4.114}$$

假定第 $i$ 个位置发生了小损伤，则该点处的刚度降低至 $(1-\beta_i)EI$ （小损伤条件下 $z$ 的变化可以忽略，$\beta$ 为损伤指标），则式（4.112）、式（4.113）变化为

$$\varepsilon_{i,m}=\frac{R_L x_i y}{(1-\beta_i)EI} \tag{4.115}$$

$$\gamma_{i,m}=\frac{\varepsilon_{i,m}}{\varepsilon_{R,m}}=\frac{\chi_i}{1-\beta_i}=\frac{1}{1-\beta_i}\frac{x_i}{x_R} \tag{4.116}$$

式中，$\chi_i=x_i/x_R$，在应变比值指标中 $\chi_i$ 代表结构无损时应变比值。

可得到表征各点损伤程度的损伤向量 $\{\beta_i\}$：

$$\{\beta_i\}=\{\beta_1,\beta_2,\cdots,\beta_s\}=\left\{1-\frac{\chi_1}{\gamma_{1,m}},1-\frac{\chi_2}{\gamma_{2,m}},\cdots,1-\frac{\chi_s}{\gamma_{s,m}}\right\} \tag{4.117}$$

将式（4.117）单元化，即得基于长标距静态应变比值指标：

$$\{\overline{\beta}_i\}=\{\overline{\beta}_1,\overline{\beta}_2,\cdots,\overline{\beta}_s\}=\left\{1-\frac{\overline{\chi}_1}{\overline{\gamma}_{1,\mathrm{m}}},1-\frac{\overline{\chi}_2}{\overline{\gamma}_{2,\mathrm{m}}},\cdots,1-\frac{\overline{\chi}_s}{\overline{\gamma}_{s,\mathrm{m}}}\right\} \tag{4.118}$$

式中上划线“-”表示取单元的均值。若损伤位于荷载的右边，将参考位置移动到结构右端支座附近即可。如果单元无损伤，则 $\beta_i$ 恒等于 0，当 0< $\beta_i$ <1 时，该单元发生损伤。

上述两种损伤指标中，应变突变指标主要依靠人眼观察应变分布的突变位置，对于微小损伤，不易观察到；应变比值指标可以通过损伤向量来判断损伤位置和损伤程度。

与其他损伤识别指标相比，应变比值指标的优点如下：①不需要有限元模型，避免了有限元建模误差，计算收敛性等问题；②只需要单次单点加载，且识别结果与加载大小、加载点位置无关；③计算过程简单，适用于监测数据的快速实时识别。应变比值指标也有其局限性：①参考单元的应变变化一般较小，在实际结构监测中测量误差对其影响较大；②参量 $\chi_i$ 取值不易确定，上述的 $\chi_i$ 仅适用于简支梁情况，如结构为连续梁时，不同的加载位置与加载形式都会改变 $\chi_i$ 取值；③损伤较大时中性轴高度会发生变化，从而对应变比值指标识别损伤的有效性产生影响。

### 4.3.3　基于加速度模态的损伤识别方法

基于振动的结构识别方法在过去的几十年中得到充分研究，其中主要用到基于加速度测量的位移模态。最基本的方法包括频率法、模态振型方法，以及延伸出的模态曲率法、模态柔度法、应变能法等。下面对这些方法进行介绍，但它们在实际结构的损伤识别应用中有一定的局限性，后面将具体介绍。

1）振型曲率差

在未损伤的情况下，特征值方程可以表示为

$$([k]-\lambda_i[M])\{\phi_i\}=\{0\} \tag{4.119}$$

式中，$[k]$ 是刚度矩阵，$[M]$ 是质量矩阵，$\lambda_i$ 和 $\phi_i$ 分别表示第 $i$ 阶特征值与特征向量。模态曲率可以通过模态振型计算得到，数值计算方法如下：

$$\phi_i''=\frac{\phi_{i+1}-2\phi_i+\phi_{i-1}}{h^2} \tag{4.120}$$

式中，$h$ 表示相邻测点的间距。

基于振型曲率指标的公式可以表示为

$$DMSC_i=\sum_r \Delta\phi_{ir}''=\sum_r\left|\phi_{ir}''^{d}-\phi_{ir}''\right| \tag{4.121}$$

式中，$i$ 和 $r$ 分别表示为测点位置和模态阶数；$\phi_{ir}''^{d}$ 表示损伤结构的第 $r$ 阶模态的第 $i$ 点曲率；$\phi_{ir}''$ 表示完好结构的第 $r$ 阶模态的第 $i$ 点曲率；上标 d 表示损伤结构。

2）振型曲率平方差

在振型曲率差的基础上进一步改进，可以得到振型曲率平方差公式：

$$DMSCS_i=\sum_r \Delta\phi_{ir}''^{2}=\sum_r\left|(\phi_{ir}''^{d})^2-(\phi_{ir}'')^2\right| \tag{4.122}$$

式中，$i$ 和 $r$ 分别表示为测点位置和模态阶数；$\phi_{ir}''^{\mathrm{d}}$ 表示损伤结构的第 $r$ 阶模态的第 $i$ 点曲率；$\phi_{ir}''$ 表示完好结构的第 $r$ 阶模态的第 $i$ 点曲率。

3）模态应变能

模态应变能可以表示为

$$S_r=\int_0^L EI(x)[\phi_r''(x)]^2dx \tag{4.123}$$

式中，$L$ 表示梁的长度；$EI$ 表示抗弯刚度；$\phi''(x)$ 表示模态曲率。当某个单元发生损伤后，单元模态应变能在未发生损伤的单元处变化很小，而在发生损伤处的变化将会很大。那么第 $i$ 单元应变能在 $a$～$b$ 的分布可以表示为

$$S_{ir}=\int_a^b EI_i(x)[\phi_r''(x)]^2\mathrm{d}x \tag{4.124}$$

第 $i$ 单元占整个结构模态应变能的比重可以表示为

$$R_{ir}=\frac{S_{ir}}{S_r} \tag{4.125}$$

同样，损伤后的结构也可以表示为

$$S_r^d=\int_0^L EI^{\mathrm{d}}(x)[\phi_r''^{\mathrm{d}}(x)]^2\mathrm{d}x \tag{4.126}$$

$$S_{ir}^{\mathrm{d}}=\int_a^b EI_i^{\mathrm{d}}(x)[\phi_r''^{\mathrm{d}}(x)]^2\mathrm{d}x \tag{4.127}$$

$$R_{ir}^{\mathrm{d}}=\frac{S_{ir}^{\mathrm{d}}}{S_r^{\mathrm{d}}} \tag{4.128}$$

假定结构破坏主要发生在某一局部区域，在破坏前后该区域的模态应变能变化很小，即，假设结构损伤不会影响结构各段的应变能比率，则

$$R_{ir}^{\mathrm{d}}\approx R_{ir} \tag{4.129}$$

如果在梁的全长范围内，假设其弹性刚度 $EI$ 为常数，那么式（4.129）可以写成破坏区域的刚度的比值：

$$\beta_{ir}\approx\frac{EI_i}{EI_i^{\mathrm{d}}}=\frac{\int_a^b[\phi_{ir}''^{\mathrm{d}}(x)]^2\mathrm{d}x}{\int_0^L EI(x)[\phi_{ir}''^{\mathrm{d}}(x)]^2\mathrm{d}x}\cdot\frac{\int_0^L EI(x)[\phi_{ir}''(x)]^2\mathrm{d}x}{\int_a^b[\phi_{ir}''(x)]^2\mathrm{d}x} \tag{4.130}$$

模态应变能损伤指标可以表示为

$$DI_i=\sum_{r=1}^{nm}\beta_{ir}=\sum_{r=1}^{nm}\left\{\frac{(\phi_{ir}''^{\mathrm{d}^2}+\sum_{i=1}^{N}\phi_{ir}''^{\mathrm{d}^2})\sum_{i=1}^{N}\phi_{ir}''^2}{(\phi_{ir}''^2+\sum_{i=1}^{N}\phi_{ir}''^2)\sum_{i=1}^{N}\phi_{ir}''^{\mathrm{d}^2}}\right\}-nm \tag{4.131}$$

式中，$i$ 和 $r$ 分别表示为测点位置和模态阶数；$\phi_{ir}''^{d}$ 表示损伤结构的第 $r$ 阶模态的第 $i$ 点曲率；$\phi_{ir}''$ 表示完好结构的第 $r$ 阶模态的第 $i$ 点曲率；$nm$ 表示测得的模态阶数。

4）模态柔度

柔度矩阵就是刚度矩阵的逆。柔度矩阵可以表示为

$$[F]=[\Phi][\Lambda]^{-1}[\Phi]^{\mathrm{T}}=\sum_{r=1}^{m}\frac{1}{w_r^2}\phi_r\phi_r^{\mathrm{T}} \tag{4.132}$$

其中 $[\Phi]=[\phi_1\ \phi_2\ \cdots\ \phi_r]$ 是质量归一化振型；$\phi_r$ 是第 $r$ 阶模态；$[\Lambda]=\mathrm{diag}(w_r^2)$

$w_r$ 是第 $r$ 阶模态频率；$m$ 是模态数。

$$[\Delta F]=[F^{\mathrm{d}}]-[F^{\mathrm{u}}] \tag{4.133}$$

其中，$F^d$ 表示损伤结构的模态柔度；$F^u$ 表示完好结构的模态柔度。

5）模态柔度曲率

模态柔度曲率的公式可以表示为

$$\Delta F_v''=\sum_{i=1}^{n}\left|\{F_i^{\mathrm{d}}\}''-\{F_i^{\mathrm{u}}\}''\right| \tag{4.134}$$

其中，$n$ 表示结构的自由度。$\{F_i^{\mathrm{d}}\}''$ 表示损伤结构第 $i$ 点的模态柔度曲率；$\{F_i^{\mathrm{u}}\}''$ 表示完好结构第 $i$ 点的模态柔度曲率；

下面首先通过一个简支梁结构来验证上述基于加速度模态的损伤识别方法进行损伤识别的效果。用一根 50mm×20mm×2000mm 的简支梁进行数值模拟，等分为 40 个单元，如图 4.44 所示。每个中间节点都有 2 个自由度，竖直和转角位移，而两个支撑节点仅有转角自由度。在受影响的单元用折减抗弯刚度的方法模拟损伤。基于以下假设，弯矩越大的位置产生损伤的概率越大，10%的抗弯刚度折减在单元 20 和 23 上模拟，位于梁的中间位置；而 5%和 3%的刚度损伤在单元 10 和 35 中模拟。完好的结构是 C1，4 个损伤试件是：C2，C3，C4 和 C5。C2 仅在单元 20 处有损伤，而 C3，C4，C5 分别在单元 10，20，23，35 处有不同程度的损伤，具体列于表 4.1。前 5 个完好和损伤试件的自然频率列于表 4.2。

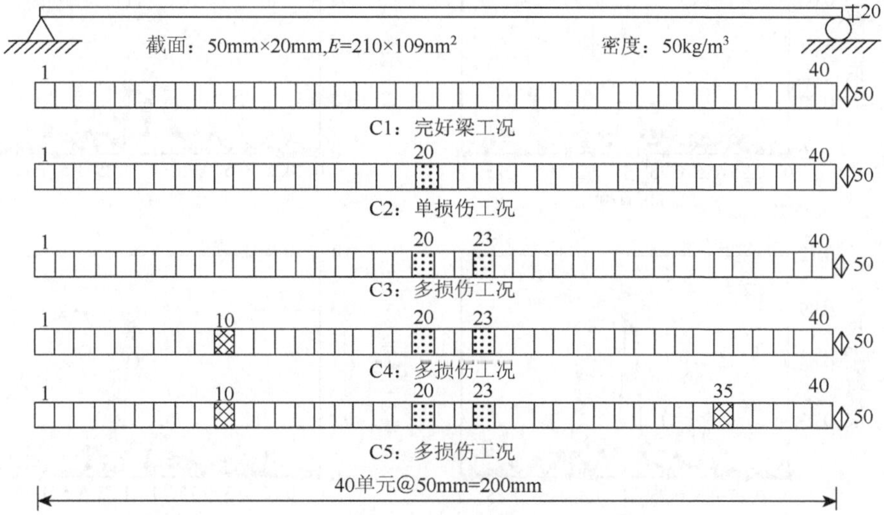


图 4.44　简支梁模型

**表 4.1　多损伤工况设计**

| 损伤工况 | 单元刚度降低 | | | |
|---|---|---|---|---|
| | 单元 10 | 单元 20 | 单元 23 | 单元 35 |
| C1 | — | — | — | — |
| C2 | — | 10% | — | — |
| C3 | — | 10% | 10% | — |
| C4 | 5% | 10% | 10% | — |
| C5 | 5% | 10% | 10% | 3% |

**表 4.2　完好工况和损伤工况的自然频率**

| 模态编号 | 自然频率/Hz | | | | | 变化率/% | | | |
|---|---|---|---|---|---|---|---|---|---|
| | C1 | C2 | C3 | C4 | C5 | C2 | C3 | C4 | C5 |
| 1 | 11.726 | 11.694 | 11.663 | 11.656 | 11.654 | 0.278 | 0.537 | 0.597 | 0.614 |
| 2 | 46.899 | 46.898 | 46.879 | 46.818 | 46.797 | 0.002 | 0.043 | 0.173 | 0.217 |
| 3 | 105.5 | 105.22 | 105.02 | 104.93 | 104.86 | 0.265 | 0.455 | 0.540 | 0.607 |
| 4 | 187.5 | 187.49 | 187.23 | 187.22 | 187.08 | 0.005 | 0.144 | 0.149 | 0.224 |
| 5 | 292.87 | 292.11 | 291.87 | 291.75 | 291.59 | 0.259 | 0.341 | 0.382 | 0.437 |

从前 5 阶模态频率可以明显看出来：模拟的损伤不能导致自然频率显著的改变。尽管结构条件的劣化趋势在整体意义上稍微明显，但是对于所有损伤情况下获得的模态频率的百分比变化（小于 1%）比较小，很难进行损伤识别。这个就说明了仅利用频率变化，没有更进一步的分析，是很难进行损伤定位的。首先，在不加入噪声的情况下，分别用曲率模态、曲率平方差、应变能、柔度曲率损伤识别指标对 C2 和 C3 工况进行损伤识别。识别结果如图 4.45 所示。

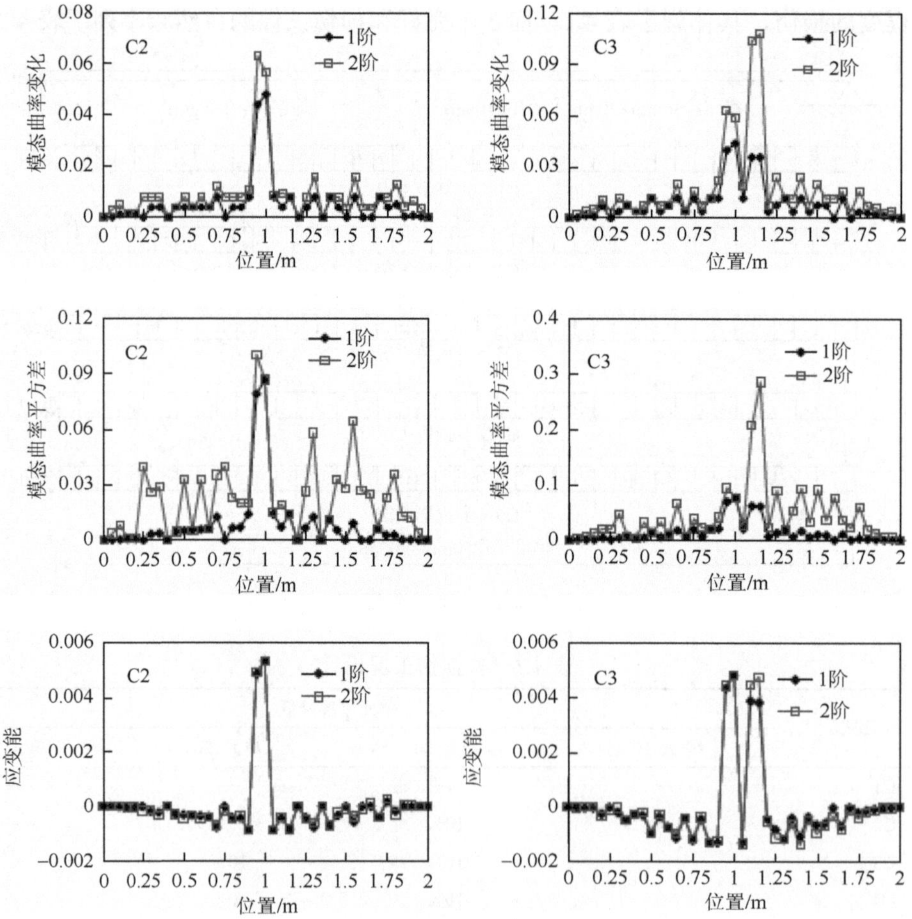

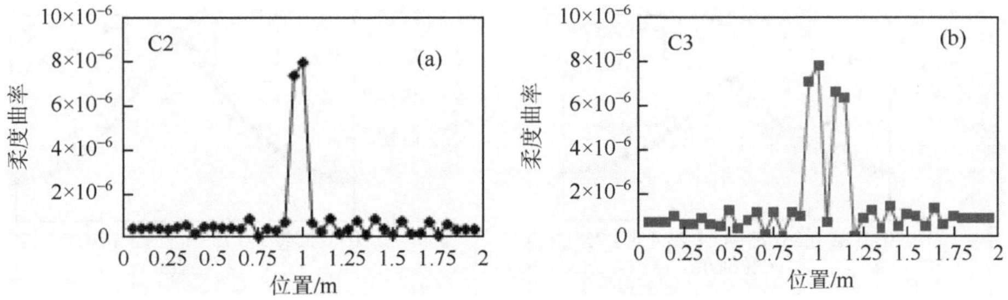


图 4.45　零噪声下结构损伤识别结果

曲率模态法、应变能法、柔度差法在无噪声干扰的情况，都可以准确的识别损伤位置；而模态曲线平方差法在识别损伤位置的时候可能发生误判。如图（曲率平方差），损伤位置的幅值并不是很明显，其他位置也发生了凸起。在这几种损伤指标中，应变能与柔度差的方法判断损伤位置结果较好。在实际结构测试当中，难免会有噪声干扰。为了进一步验证各种指标对噪声的抗干扰能力，在有限元模拟中加入 2%的白噪声。图 4.46 给出了 C2 和 C3 两种工况下损伤识别的情况。

从计算结果来看，基于加速度模态的五个损伤指标均无法判断结构的损伤位置。例如应变能指标在没有噪声干扰的情况能够准确的判断损伤位置，并且损伤位置的幅值更为明

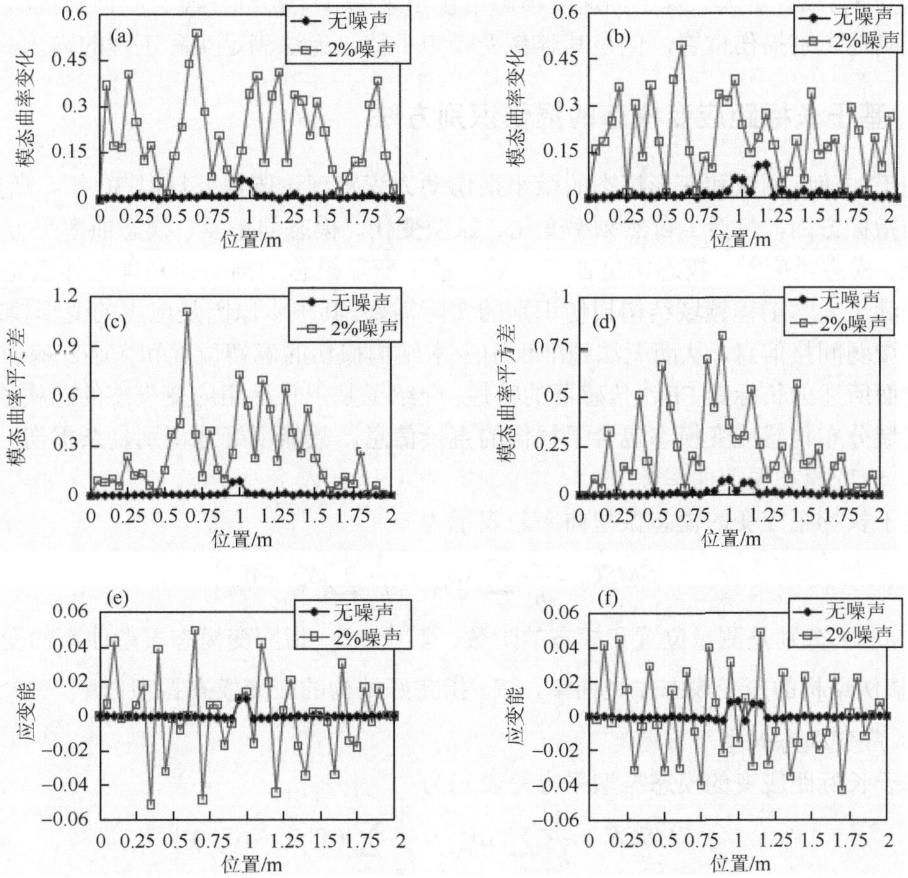

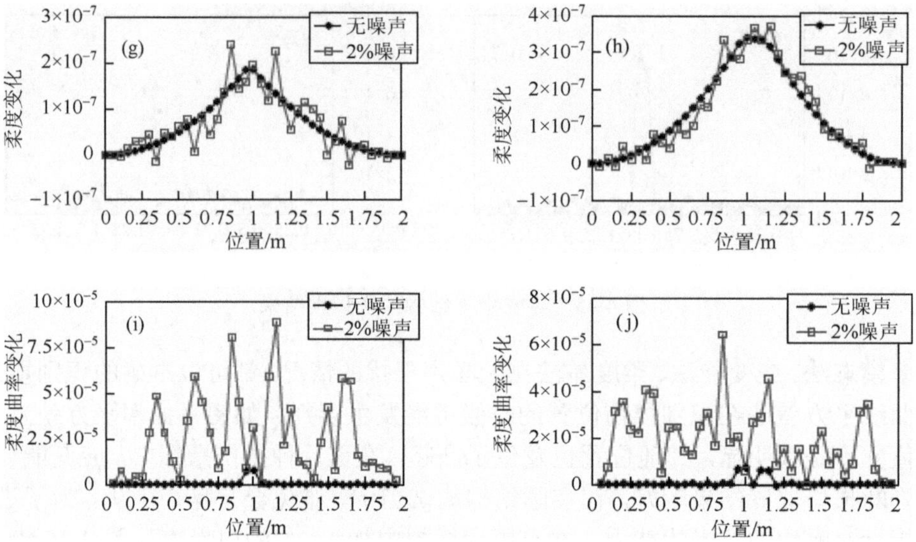


图 4.46　噪音条件下结构损伤识别结果

显，易于判断。但是加入 2%噪声后，应变能指标就无法判断损伤位置，噪声干扰严重影响了损伤判定。同样，柔度曲率指标也无法判断损伤位置。通常在实际测试当中，噪声干扰会达到 5%或者更大。基于加速度模态衍生出来的各个指标在没有噪声干扰的情况下都可以准确地识别损伤位置，但是其容易受噪声干扰，无法满足实际工程的需求。

### 4.3.4　基于长标距应变模态的损伤识别方法

基于加速度测量和变形模态的微小损伤动力识别理论国内外耗时 30 年，所建立的结构损伤指标方面，包括了自然频率变化、振型变化、模态曲率差、模态曲率平方差、模态应变能、模态柔度差、模态柔度曲率差等。基于变形模态的损伤识别理论体系完备，但它们无法满足土木工程领域结构损伤识别的实际需要。其根本原因是应用的变形模态仅包含损伤的微弱间接信息，从而无法精准识别土木结构损伤的确切位置和大小。基于此，本节根据前面所述的长标距 FBG 传感器的特性，介绍了基于长标距应变模态的结构损伤识别。基于区域分布传感应变模态包含了损伤的直接信息，故能很好地识别复杂损伤。

1）应变模态振型曲率差

基于长标距应变的模态振型曲率差表示为

$$SMSC_i = \frac{1}{h_m}\sum_r \Delta\delta_{m_{ir}} = \frac{1}{h_m}\sum_r \left|\delta^*_{m_{ir}} - \delta_{m_{ir}}\right| \tag{4.135}$$

式中，$i$ 和 $r$ 分别是测量位置和模态的阶数，其中 $\Delta\delta_{m_{ir}}$ 指应变模态振型曲率的变化值。$\delta^*_{m_{ir}}$ 指损伤结构的应变模态振型曲率，$\delta_{m_{ir}}$ 指完好结构的应变模态振型曲率。

2）应变模态振型平方差

基于长标距应变的模态振型平方差表示为

$$SMSCS_i = \frac{1}{h_m}\sum_r \Delta\delta^2_{m_{ir}} = \frac{1}{h_m}\sum_r \left|(\delta^{\mathrm{d}}_{m_{ir}})^2 - (\delta_{m_{ir}})^2\right| \tag{4.136}$$

式中，$i$ 和 $r$ 分别是测量位置和模态的阶数，上标“d”表示损伤结构。

3）应变能指标

一根伯努利-欧拉梁的基于弯曲应变能的损伤指标可以由应变矢量 $\delta_{m_i}$，标记长度 $l_{m_i}$ 和从惯性轴到传感器位置的距离 $h_{m_i}$ 表示

$$I_i=\sum_r\beta_{ir}=\sum_r\left\{\frac{\left[\left(\frac{\delta_{m_i}^{\mathrm{d}}}{h_{m_i}}\right)^2 l_{m_i}+\sum_{i=1}^{M}\left(\frac{\delta_{m_i}^{\mathrm{d}}}{h_{m_i}}\right)^2 l_{m_i}\right]\sum_{i=1}^{M}\left(\frac{\delta_{m_i}}{h_{m_i}}\right)^2 l_{m_i}}{\left[\left(\frac{\delta_{m_i}}{h_{m_i}}\right)^2 l_{m_i}+\sum_{i=1}^{M}\left(\frac{\delta_{m_i}}{h_{m_i}}\right)^2 l_{m_i}\right]\sum_{i=1}^{M}\left(\frac{\delta_{m_i}^{\mathrm{d}}}{h_{m_i}}\right)^2 l_{m_i}}\right\}-nm \tag{4.137}$$

当指标 $\beta_{ir}>0$ 时，存在一个损伤的迹象。对于等标距长度为 $l_{m_i}$，距离为 $h_{m_i}$，损伤指标 $SI_i$ 变成为

$$SI_i=\sum_{r=1}^{nm}\beta_{ir}=\sum_{r=1}^{nm}\left\{\frac{\left[(\delta_{m_{ir}}^{\mathrm{d}})^2+\sum_{i=1}^{M}(\delta_{m_{ir}}^{\mathrm{d}})^2\right]\sum_{i=1}^{M}(\delta_{m_{ir}})^2}{\left[(\delta_{m_{ir}})^2+\sum_{i=1}^{M}(\delta_{m_{ir}})^2\right]\sum_{i=1}^{M}(\delta_{m_{ir}}^{\mathrm{d}})^2}\right\}-nm \tag{4.138}$$

式中，$i$ 和 $r$ 分别是测量位置和模态的阶数，$nm$ 是测量的模态数，上标“d”表示损伤结构。

4）应变柔度指标

$$\Delta F_{\bar{\varepsilon}jj}''=\sum_{j=1}^{m}\left|\{F_{jj}^{\mathrm{d}}\}''-\{F_{jj}^{\mathrm{u}}\}''\right| \tag{4.139}$$

式中，$\{\Delta F''\}$ 是绝对柔度曲率变化，$m$ 是自由度的数量。$\{\Delta F''\}$ 的单元对于损伤位置有相对较大的值。其中，结构柔度可由下式得出

$$F_e=F_{\bar{\varepsilon}}=\sum_{r=1}^{nm}\frac{1}{w_r^2}\begin{Bmatrix}\delta_{1r}\\ \delta_{2r}\\ \vdots\\ \delta_{m-1,r}\\ \delta_{mr}\end{Bmatrix}\begin{Bmatrix}\delta_{1r}\\ \delta_{2r}\\ \vdots\\ \delta_{m-1,r}\\ \delta_{mr}\end{Bmatrix}^{\mathrm{T}}=\Phi^{\bar{\varepsilon}}\Omega^{-1}\Phi^{\bar{\varepsilon}^{\mathrm{T}}} \tag{4.140}$$

这里，$\Phi^{\bar{\varepsilon}}$ 和 $\Phi^{\bar{\varepsilon}^T}$ 分别是质量归一化 MMS 矩阵和它的转置，可由所测量的时程数据通过模态识别得出。$nm$ 是测量的模态数。可以看出上述的基于长标距应变模态的损伤识别指标和参考文献中基于加速度模态的损伤指标具有类似的形式，但因为长标距应变和损伤具有直接的关系，因此前者将具有更加明确和有效的损伤识别效果。

这里仍用图 4.44 所示的简支梁算例来验证基于长标距应变模态的损伤识别方法的有效性。在没有噪声的干扰下，各个损伤指标都是可以准确的判断损伤位置。无噪声情况的损伤识别工况就不再累赘。为了对比长标距应变在损伤识别上的优势，本节在有限元模型中加入 5%的噪声，利用曲线模态、曲率平方差和应变能三种损伤指标对 C5 工况进行了损伤判别。识别结果如图 4.47 所示：

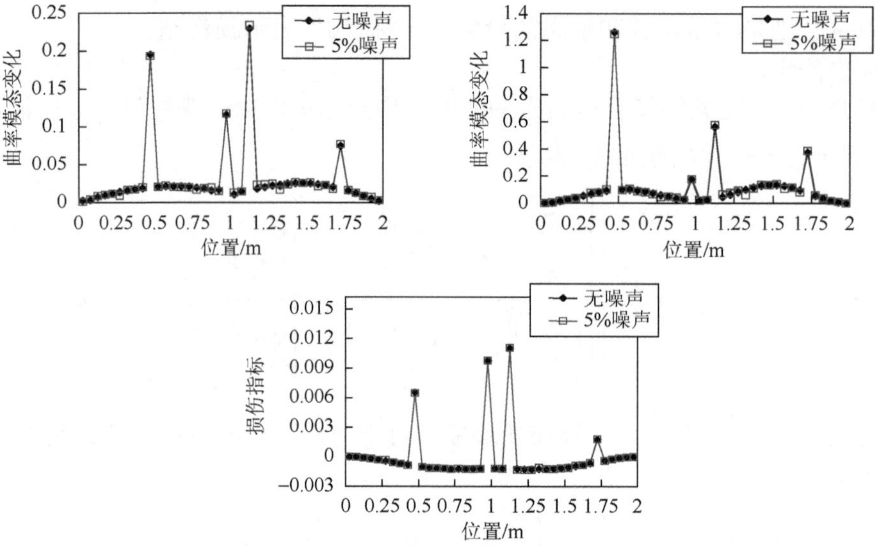


图 4.47　基于长标距应变模态的损伤识别结果

对于损伤工况 C5，利用上述三种基于长标距应变的损伤识别结果绘制于图 4.47 中。可以看出该三种损伤指标在 5%噪声条件下针对多损伤工况仍能准确识别得出结构损伤位置。更为重要的，损伤指标在损伤位置将会有更大的突变，易于损伤位置的判断，同时加入 5%的噪声后，对指标的影响的微乎其微的，从图中可以看出，加入噪声的曲线与不加入噪声的曲线基本上是重合的，进一步说明了基于长标距应变所衍生出的损伤指标具有很强的抗噪能力。形成鲜明对比的是当利用基于位移模态的损伤指标时，即使对于单损伤工况（C2），在 2%的噪声影响下，它们仍难以准确标示出损伤。

### 4.3.5　基于长标距应变模态向量的损伤指纹

除上节叙述的各种基于长标距应变的各类型损伤指标外，作者团队[110]还提出了基于长标距应变模态向量（long gauge strain modal vector，LSMV）的损伤识别方法，为了方便，下面简称为 LSMV 方法。取 LSMV 中的一个分量，假设第 $b$ 个 MMS（$\delta_{br}$）为基准，其他分量与该分量的比值构成另一向量：

$$\{\alpha_{1r},\alpha_{2r},\cdots,\alpha_{mr},\cdots,\alpha_{Nr}\}^{\mathrm{T}}_{(N-1)}=\left\{\frac{\delta_{1r}}{\delta_{br}},\frac{\delta_{2r}}{\delta_{br}},\cdots,\frac{\delta_{mr}}{\delta_{br}},\cdots,\frac{\delta_{Nr}}{\delta_{br}}\right\}^{\mathrm{T}}_{(N-1)} \tag{4.141}$$

定义目标特征向量，其中 $\alpha_{mr}$ 为第 $m$ 个传感器的目标特征。通过比较损伤前后结构的目标特征，可以定义损伤指纹向量为

$$\{\beta_{1r},\beta_{2r},\cdots,\beta_{mr},\cdots,\beta_{Nr}\}^{\mathrm{T}} \tag{4.142}$$

其中，

$$\beta_{mr}=\frac{\alpha^{*}_{mr}-\alpha_{mr}}{\alpha_{mr}}\times100\% \tag{4.143}$$

上标“*”代表损伤结构的参数。注意该方法理论上对采用结构的任意阶模态信息都适用。由于一般情况下，低阶测量精度高，因此采用第一阶测量结果比较合适，同时可参

考采用二阶或二阶以上信息进行损伤诊断的结果。

图 4.48 给出了基于分布式长标距应变动态测试的结构损伤识别方法的流程图，总体上分为四个步骤，具体说明如下：

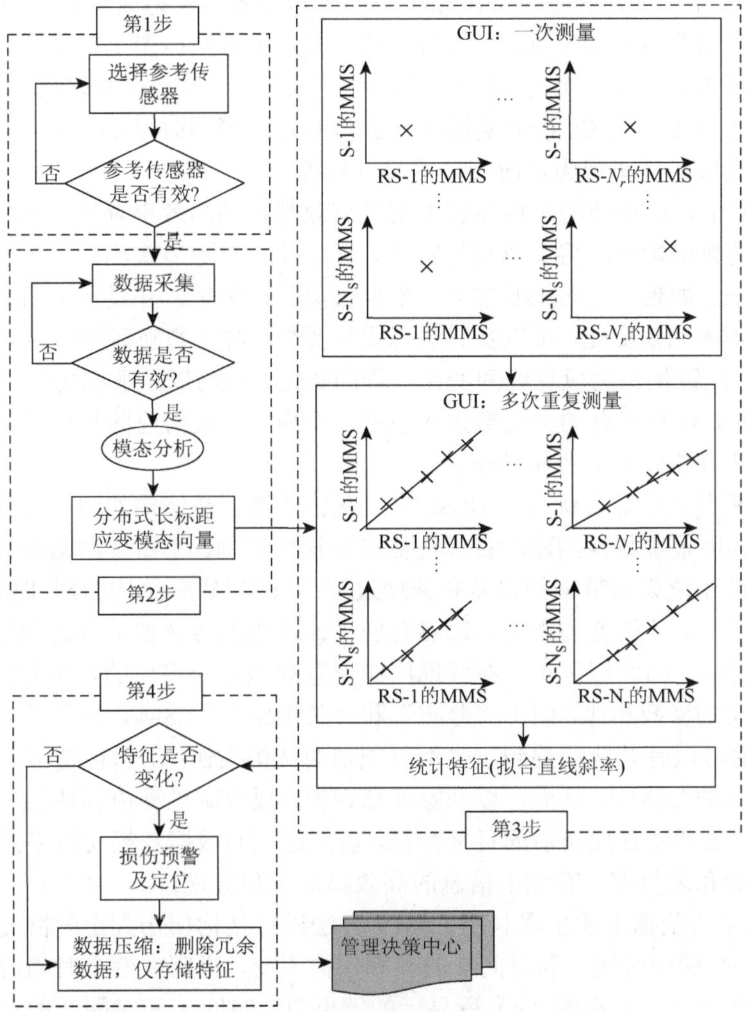


图 4.48　基于相对长标距应变模态向量统计数据的无模型损伤识别流程

第 1 步：选择参考传感器。分布式传感网络的 $N$ 个传感器分为两大类，一类是参考传感器，另一类是普通传感器，参考传感器的选择是本方法的关键。应该确保参考传感器安装在损伤发生概率最小的位置，如所受内力不大，远离结构薄弱部位且服役环境好的构件或区段。原则上至少选择一个参考传感器，最好考虑若干个，这样可以对比采用不同参考传感器所得的结果，也可防止某个参考传感器因所在位置发生损伤而无法提供“参考”的不利情况。

第 2 步：采集并初步处理数据，获得长标距应变模态向量（LSMV）这个重要参数。假设被监测结构上安装的分布式 FBG 传感网络包括 $N$ 个传感器，则基于上述硬件系统，$N$ 条长标距应变时程的原始数据被记录。根据测量数据处理的一般原则，初步判断数据的有效性，分析异常数据产生的原因。结合对动态激励形式的确定，按照试验模态分析求取特征向量的方法，构建分布式长标距应变模态向量。

第 3 步：参数的实时图形再现及目标特征的确定。假设考虑 $N_r$ 个参考传感器，则普通传感器有（$N$–$N_r$）个。设计一图形用户界面（GUI)，该界面可以直接或者经切换显示（($N$–$N_r$）·$N_r$）个坐标图，其中坐标图以某个参考传感器的模态向量分量为 $x$ 轴，某个普通传感器的模态向量分量为 $y$ 轴。每进行一次测量，所有坐标图上都显示一个对应点。以其中一个坐标图为例，在一个时间段内重复多次测量后，多个点被记录。若无损伤发生，这些点理论上应该线性相关。因此实际考虑测量噪音的影响时，可以对这些测量点进行线性拟合。所得直线的斜率记为该时间段的目标特征。

第 4 步：基于目标特征的结构损伤识别及有效数据的高效率存储。考虑一定的时间长度，如果测得的数据始终不偏离该目标特征，可以及时删除多次测量积累的数据，仅保留和存储目标特征。如果一定时间长度内，数据偏离目标特征，并显示了明显的规律性，即拟合后的直线斜率明显变化，可以及时进行损伤预警，对应的坐标图同时显示了损伤所在的位置。此外，注意保留两段直线间变化过程的数据，可用以了解损伤发生的瞬间和发展过程。由上可见，最后保存的历史数据应包括三个内容：损伤前的目标特征、损伤过程的数据及损伤发生并稳定后的目标特征。

这一方法具有以下显著优点：①LSMV 是模态参数，是结构的固有属性，与外部荷载无关；②直接利用采集数据构建的目标特征进行损伤识别，不需要结构的数学模型，可以避免模型更新或系统识别带来的误差和繁琐过程；③LSMV 跟结构的局部损伤有直接清晰的一一对应关系。一处位置的损伤只影响对应于该位置的传感器的模态向量分量，而不对其他分量产生影响，因此可以实时在线地用图形直观地显示损伤的发生和位置；④与基于“点”测试获得的参数相比，由于“分布”和“长标距”，LSMV 包含了覆盖较大范围的结构信息，从而可以有效地捕捉到事先不可预知的结构损伤；⑤目标特征本质上是具有统计意义的标准化的 LSMV，从而可以消除偶然误差，减少测量噪声和环境扰动带来的不利影响；⑥通过记录并保存损伤前的目标特征，损伤过程的数据及损伤发生并稳定后的目标特征，可以删除冗余数据，有利于信息的高效率储存和管理。

图 4.49 所示为依据上述步骤利用 LSMV 方法进行结构损伤判定的情况。可以看出在（d)（f)（g）三个图中时间 1 和时间 2 的斜率保持不变，说明在两个时间内结构状态保持一致，没有损伤发生。而在图（e）所显示的结果中，时间 1 和时间 2 的斜率发生变化，表示结果发生损伤。

为了检验 LMSV 在柱构件上对损伤识别的性能，通过混凝土试件上安装多组长标距应变传感器，识别地震激烈下应变响应。该试件尺寸为 150mm×150mm×1200mm 的预应力混凝

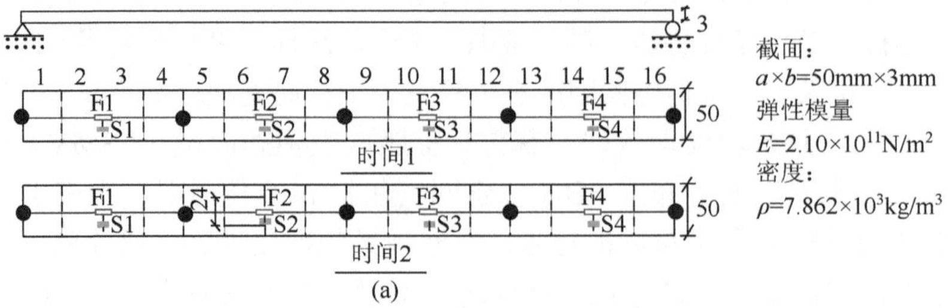


(a)

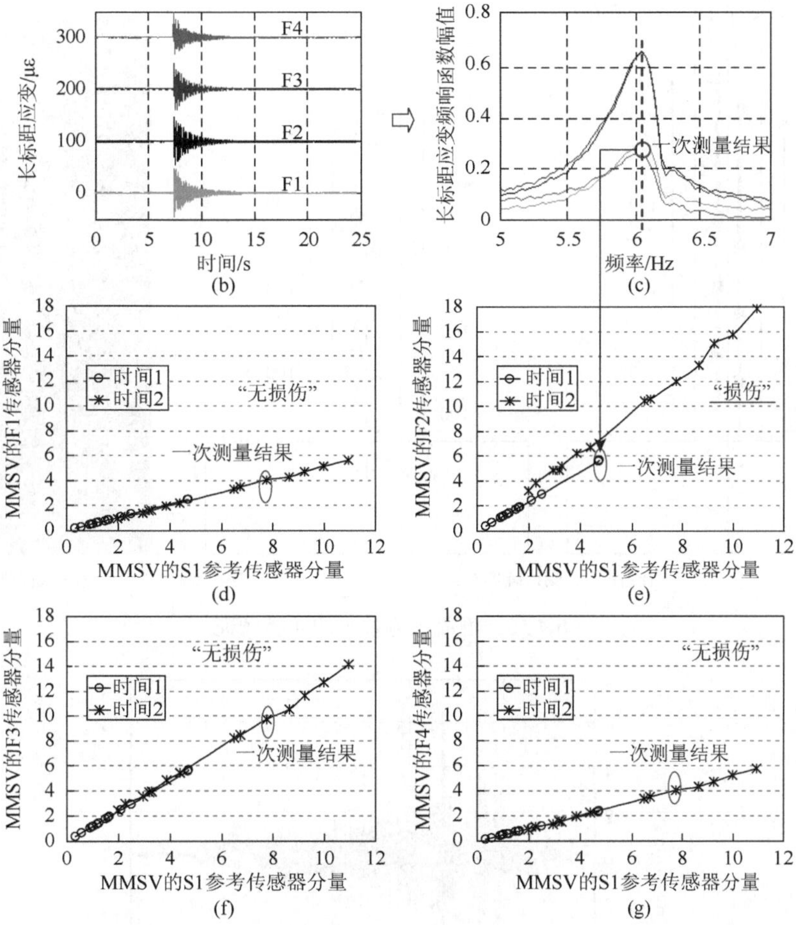


图 4.49　钢梁实验

土方柱，沿振动方向在柱左、右两侧各安装两组长标距 FBG 传感器。为保证微小裂缝的识别效果，两组长标距 FBG 传感器采用错落布设的方法。每组长标距 FBG 传感器包括 4 个传感单元，其中靠近柱底的 3 根标距长度 100mm，靠近柱端的传感单元标距长度为 200mm。另外在柱端部安装有加速度计作为激励条件的参考值，具体的传感器布设位置如图 4.50 所示。

地震激励条件使用地震模拟振动台，依次对试件施加三种工况的振动（工况 1：阪神地震/15 次、工况 2：正弦扫频振动/15 次、工况 3：正弦谐频振动/15 次）。在图 4.51 中对比三种工况下加速度计和长标距应变传感器的测量结果。

根据测量结果将柱端加速度作为激励条件，计算各组传感单元的 LSMV 比值，表 4.3 中列出了三种工况下试件一侧 4 组传感单元的 LSMV 比值。在工况 1 中，柱体并未出现明显的损伤，而 4 组传感单元相应的 LSMV 比值也保存了很高的线性关系（相关系数大于 0.99）。在工况 2 中，由于振幅和振动时间加长，在柱底部开始出现裂缝，其对应的 F1 的 LSMV 值亦明显增加，而柱体上部 F2～F4 的 LSMV 值无明显增减变化，说明此时裂缝主要集中于柱体底部 0～100mm 处。在工况 3 中，柱体损伤进一步加剧其裂缝高度延伸。此时柱体下部的 F1、F2 的 LSMV 值对比 F3、F4 明显增加，说明此时裂缝已经延伸至 200mm 处。通过以上例子说明，利用 LSMV 可以表征梁或柱构件结构损伤的位置及发展过程。

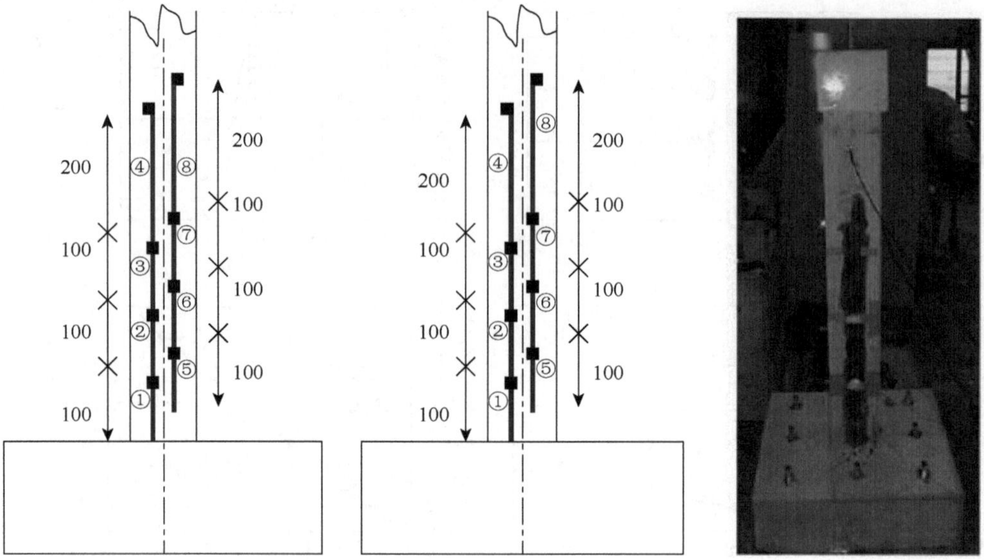


(a) 左、右侧传感器布点　　(b) 试件照片

图 4.50　混凝土方柱上的实验例证

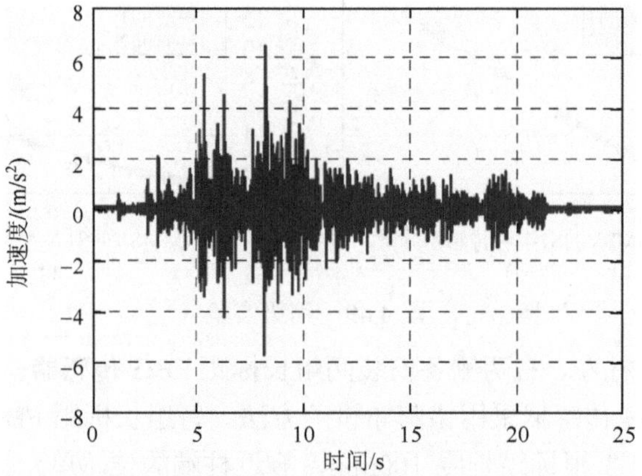


(a) 工况1

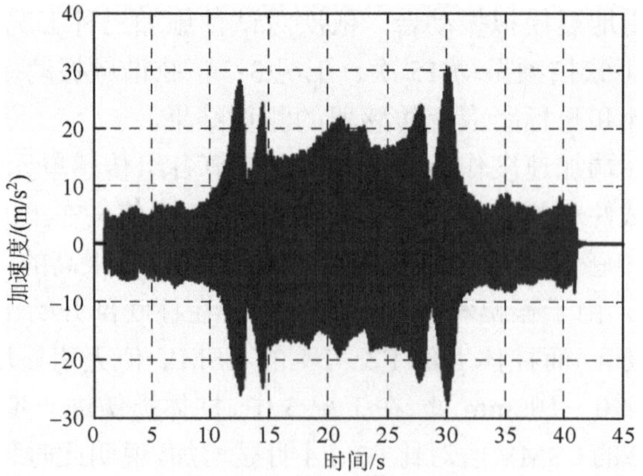


(b) 工况2

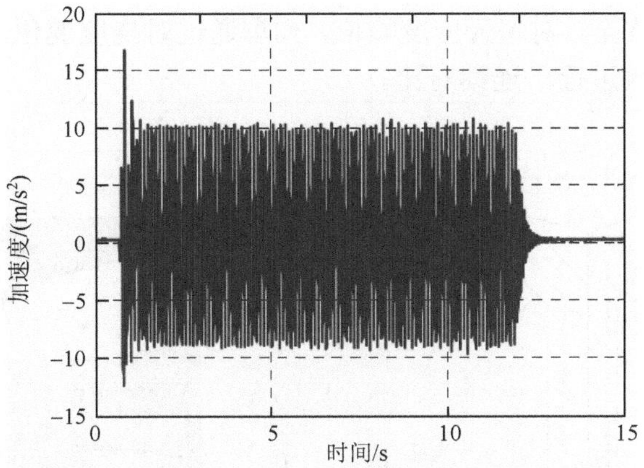

(c) 工况3

图 4.51 不同工况下应变时程

**表 4.3 地震激励下各单元 LSMV 值对比**

| | F1 | | F2 | | F3 | | F4 | |
|---|---|---|---|---|---|---|---|---|
| 工况 | LSMV | $R^2$ | LSMV | $R^2$ | LSMV | $R^2$ | LSMV | $R^2$ |
| 1 | 1.699 | 0.997 | 1.522 | 0.998 | 1.346 | 0.998 | 1.172 | 0.998 |
| 2 | 1.733 | 0.997 | 1.523 | 0.998 | 1.347 | 0.998 | 1.171 | 0.997 |
| 3 | 1.751 | 0.995 | 1.537 | 0.997 | 1.348 | 0.997 | 1.173 | 0.997 |

下面通过一座日本铁路桥的损伤识别来展示 LSMV 在结构中损伤识别效果。日本的高速铁路运输（新干线）在安全方面一直享有“最安全舒适的交通工具”的美誉。2011 年东日本大地震后，在日本东北地区多次发生震级 5 级以上的地震。为了满足安全运营、保障该地区的正常交通，实现突发事件后快速完成损伤识别、结构安全性能评估，以达到 30 分钟内对全线交通运营能力进行判断的目的，在东日本铁路公司的要求下，2012 年开始对东北新干线所在重要交通桥梁，实施了光纤传感器的监测工程。本案例中监测对象为一座钢筋混凝土连续梁刚桥，该桥段于 1982 年正式开始运营，其使用已经超过 30 年。

与公路交通桥相比，铁路交通桥具有柔度小、应变输出小的特点。当同时因为列车通行时间固定，相对激励稳定，适合固定时段的周期性监测以及连续监测的方案。另一方面，为了满足异常突发事件后快速安全评价的要求，提出了使用长标距 FBG 传感器，对桥体分别对桥梁和桥墩，按轴向和切向划分为 4 个传感区域，其布设情况如图 4.52 所示。为了保证长期监测的要求，传感器布设时依次按照：①定点临时布设；②全面封装；③外层封装的步骤进行布设。对于全线的监测，由各个监测站点分别进行。数据通过固定网络发往控制中心。

在该桥的连续监测中，采集列车通过时的应变输出。在监测过程中，并记录到了地震等异常事件发生时及其前后一段时间的应变响应。地震时有大应变发生（300 微应变以上），达到了混凝土微裂的程度。但地震前后的列车通行造成的应变值并未有明显变化。

为了进一步评价结构安全，对每天应变峰值，列车通过时挠度变化，及其通过时激励产生的频率等结构状态参数进行了连续对比。

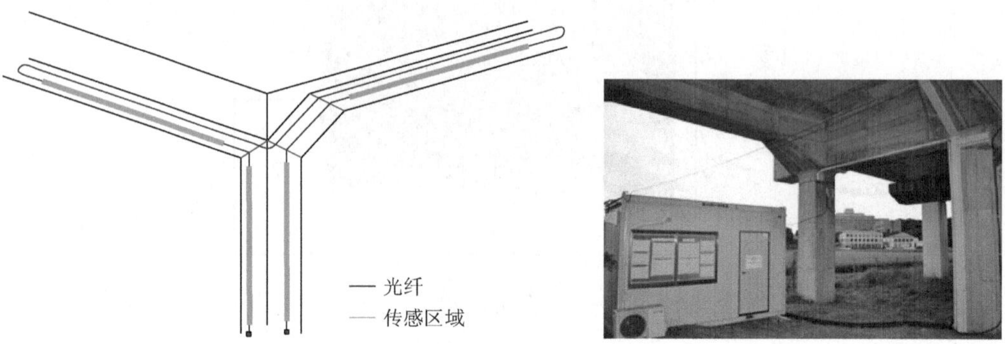


图 4.52　监测示意图

由于挠度和固有频率等结构状态参数是与结构刚度有关的整体性能，而出现微裂缝对结构整体刚度影响不大，因此它们无法用来精准识别结构裂纹等微小损伤。这里通过前述的 LSMV 方法来对结构各个区域进行损伤识别。图 4.53 所示的结果显示，虽然 8 月发生过多次地震，甚至震级达到 5 级，但 LSMV 的比值并未出现偏转，即结构未出现可识别损伤。但 11 月比值出现明显变化，即意味着损伤的出现。通过现场勘察。确认了在监测点上微裂缝的存在。由于该裂缝宽度小，受桥体自重影响，平时处于闭合状态。唯有当列车通过时，才能短时间观察。这次成功的微小损伤识别案例，再次说明了长标距应变区域传感具有重要的意义。

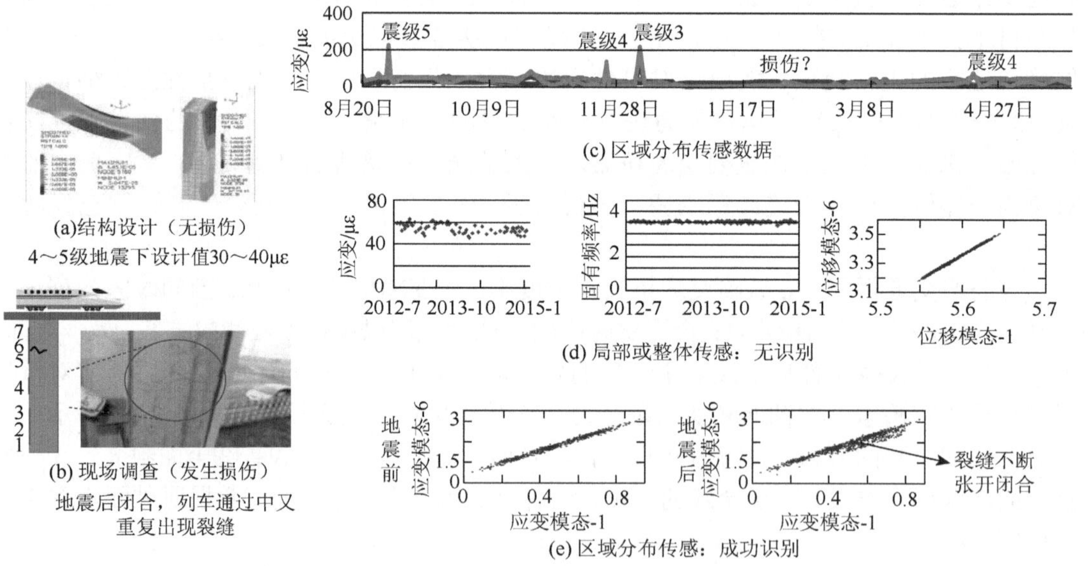


图 4.53　基于 LSMV 的微小损伤识别结果

### 4.3.6　结构中和轴高度变化识别

在土木工程结构中，尤其在桥梁结构中，梁、板受弯是非常普遍的结构形式，中和轴高度为结构构件的一个重要特征，在结构的平截面假定中，中和轴就是弯曲应力（应变）为零的位置。中和轴的位置仅由结构的截面物理特性决定，而与外部的荷载无关，从本质上将可以表征结构的损伤状况。因此，能够在实际中便捷、准确获取中和轴的信息，在结构评估中会起到重要作用。在工程实际中经常通过静力荷载下的应变测量来直接计算中和轴高度，但存在结果不稳定问题。这里将介绍基于长标距应变模态的中和轴识别方法[95]。

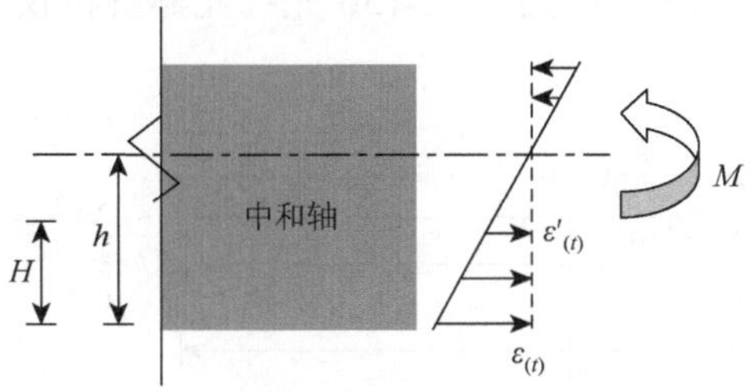


(a) 传感器在中和轴的同一侧

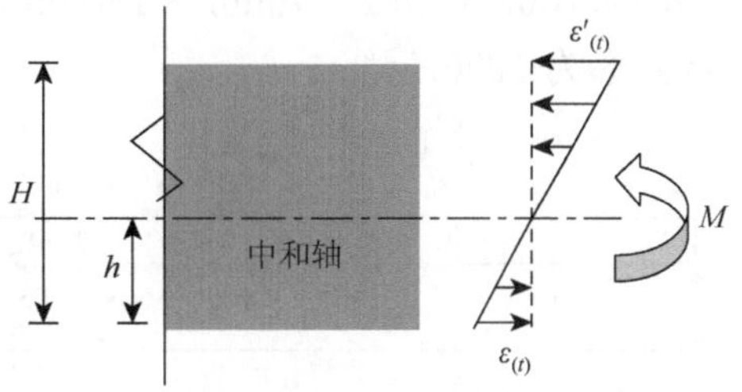


(b) 传感器在中和轴的不同侧

图 4.54　沿截面高度的应变分布

由平截面假定可知，沿截面高度应变成线性分布，如图 4.54 所示。图中，两个传感器所测试的应变分别为 $\varepsilon_{(t)}$ 和 $\varepsilon'_{(t)}$，两者之间可用一个系数 $\psi$ 表达它们的关系。

$$\varepsilon_{(t)}=\psi\varepsilon'_{(t)} \tag{4.144}$$

对于某固定特性的截面，$\psi$ 与传感器所处的位置以及中和轴的位置有关，即包含了中和轴的空间信息。如图 4.54 所示，两传感器间的距离为 $H$，则中和轴的高度可表示为公式（4.145）或公式（4.146），其中前者表示测试传感器在中和轴的不同侧，而后者表示在同一侧。

$$h=\frac{\psi}{\psi+1}H \tag{4.145}$$

$$h=\frac{\psi}{\psi-1}H \tag{4.146}$$

在时域内，通过公式（4.144）可以直接获得系数 $\psi$ 的值。然而，由于在实际中结构往往并不是单纯受弯的，还会包含剪切、扭转的影响，因此，直接利用时域数据结果离散大。在低阶的弯曲模态（如 1 阶竖向弯曲模态）中，结构以弯曲为主，基本可以忽略剪切那部分的影响，故利用低阶弯曲模态应变理论上能够更准确地提取中和轴。

对公式（4.144）的两边实施傅里叶变换，如下式：

$$\varepsilon_{(\omega)}=\int_{-\infty}^{+\infty}\varepsilon_{(t)}e^{-i\omega t}\mathrm{d}t=\int_{-\infty}^{+\infty}\psi\varepsilon'_{(t)}e^{-i\omega t}\mathrm{d}t=\psi\int_{-\infty}^{+\infty}\varepsilon'_{(t)}e^{-i\omega t}\mathrm{d}t=\psi\varepsilon'_{(\omega)} \tag{4.147}$$

在第 $r$ 阶模态时，可得出

$$\psi = \frac{\varepsilon(w_r)}{\varepsilon'(w_r)} \text{或} \psi = \frac{\overline{\varepsilon}(w_r)}{\overline{\varepsilon}'(w_r)} \tag{4.148}$$

其中，$\varepsilon(w_r)$ 和 $\varepsilon'(w_r')$ 分别为 $\varepsilon(t)$ 和 $\varepsilon'(t)$ 在第 $r$ 阶模态时的幅值，$\overline{\varepsilon}(w_r)$ 和 $\overline{\varepsilon}'(w_r')$ 则为采用单元应变时的模态幅值。

下面通过示例来展示如何利用长标距动应变来进行结构中和轴高度的识别。该示例中试验模型采用“H”形截面钢梁简支梁，为了验证平截面假定对模态应变的适用性，另外又在单元 E11、E13、E15 和 E17 的腹板上布设长标距 FBG，位置为梁高 1/4 处。除了采用单点和多次激励的动力方法提取中和轴，还进行了静载试验以获取中和轴的理论值，加载点的位置如图 4.55（b）所示，损伤模拟方式为切割梁下翼缘板，对 E13 按照切割量的大小分为 D1 到 D4 四个损伤工况，依次切割面积为 2×20mm×50mm、2×20mm×100mm、2×40mm×100mm 和 2×40mm×150mm。数据采集使用了 SM-130 光纤光栅解析仪，动态采样频率为 1000Hz。

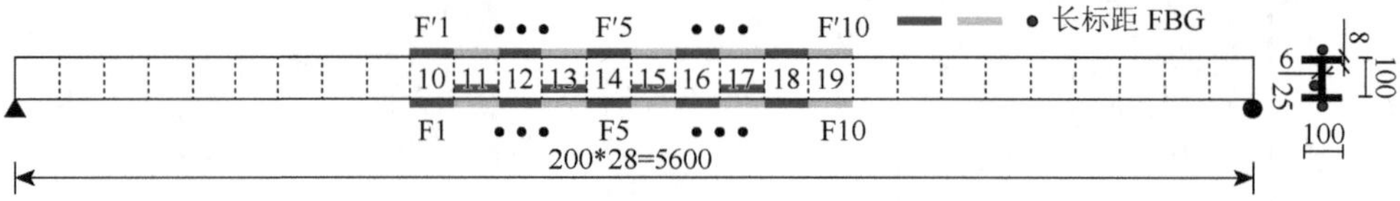


(a) 试验钢梁及传感器布置概况

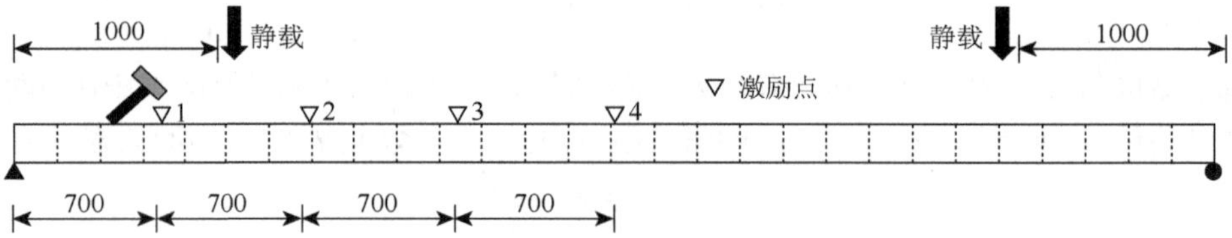


(b) 动力激励点及静载分布

图 4.55　试验概况

通过对应变时程进行频谱分析，获取模态应变，文中只提取了 1 阶模态的结果。然后，验证平截面假定、提取中和轴系数和中和轴高度。

1）平截面假定

图 4.56 显示了模态应变沿截面高度分布的典型结果，其中 E13 在工况 I 时为完好单元，在工况 D3 时为损伤单元。图中结果可以明显发现，两种工况下模态应变沿截面高度成线性分布，且不同荷载工况下拟合线均交与一点，该点对应的模态应变为零，纵坐标就是中和轴高度。其他单元在各种不同工况下也可以得到这样的结果。取各个工况的模态应变特征值（如平均值），对单元在不同工况下的模态应变的截面分布进行比较，典型结果如图 4.57 所示。对于非损伤单元（E11 和 E15），模态应变沿高度的分布线相交与一点，中和轴的高度没有明显变化；但是，对损伤单元（E13 和 E17）而言，分布线交点发生变化，即中和轴的高度有明显变化。但是在所有单元的所有工况中，平截面假定是显然成立的。

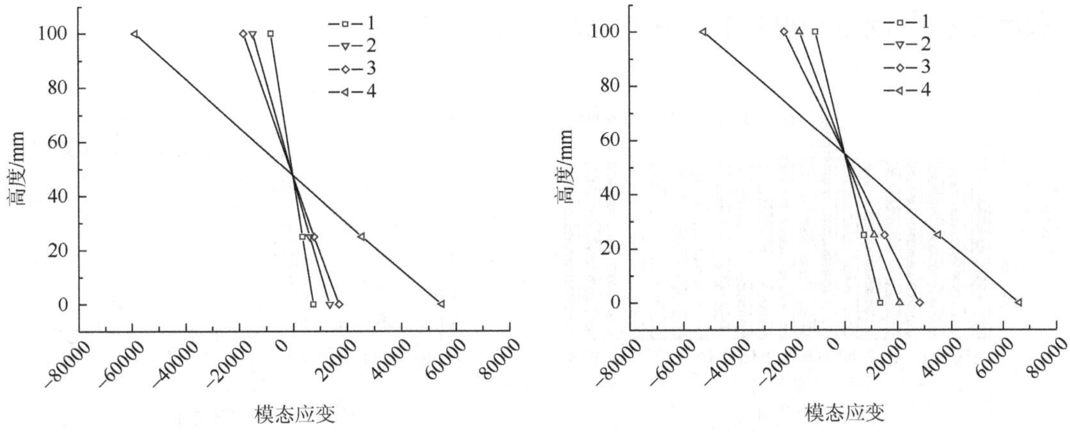


(a) E13-工况I　　(b) E13-工况D3

图 4.56　模态应变沿截面高度的典型分布

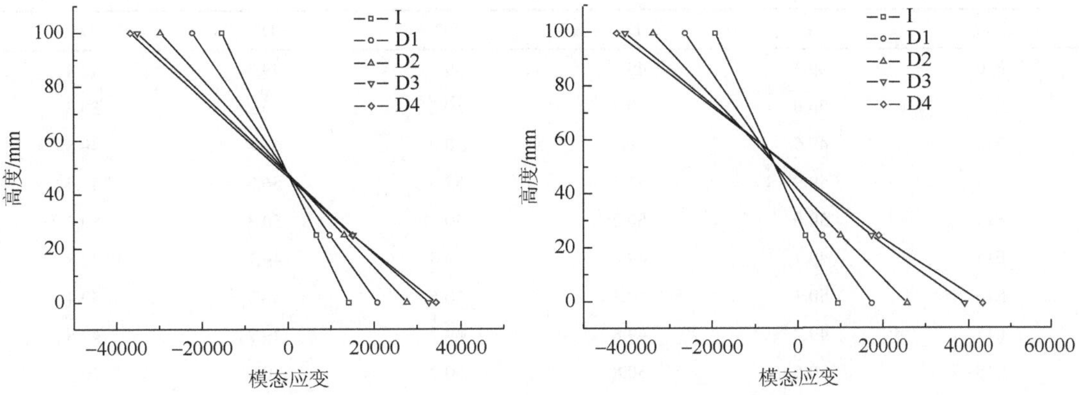


(a) E11　　(b) E13

图 4.57　模态应变沿截面高度的典型分布

2）中和轴系数

利用同一截面不同高度的模态应变可以提取中和轴系数，文中取梁顶、梁底的 1 阶模态应变。图 4.58 中列举了所有单元的各工况下中和轴系数，同时统计了其相对于完好状态时的变化。可以看出，中和轴系数在用来识别结构中和轴高度的同时，还具有结构损伤识别的良好效果。以工况 D1 为例，损伤单元 E13 的中和轴系数变化为 6.6%，而其他各单元的变化不大于 1%。在损伤量最大的工况 D4 中，损伤单元 E13 的中和轴系数变化分别为 33.7%，其他单元的变化最大为 E10 的 3.4%，而其他单元的变化小于 3%。有关基于区域传感应变测量的结构损伤识别，在下节将会具体介绍。

3）中和轴高度

将利用模态应变获取的中和轴系数 $\psi$ 带入公式（4.145），可以得到中和轴高度，其结果列于表 4.4 中。损伤单元（E13 和 E17）的中和轴高度随损伤发展而增大，即中和轴向梁顶方向移动；除了一些微小的波动外，非损伤单元的中和轴位置不变。同时，将其与静载试验获得的结果进行比较，结果显示，最大误差为 2.6%，发生在 E15 的工况 D4，即中和轴的动态评估方法的误差小于 3%，精度高。

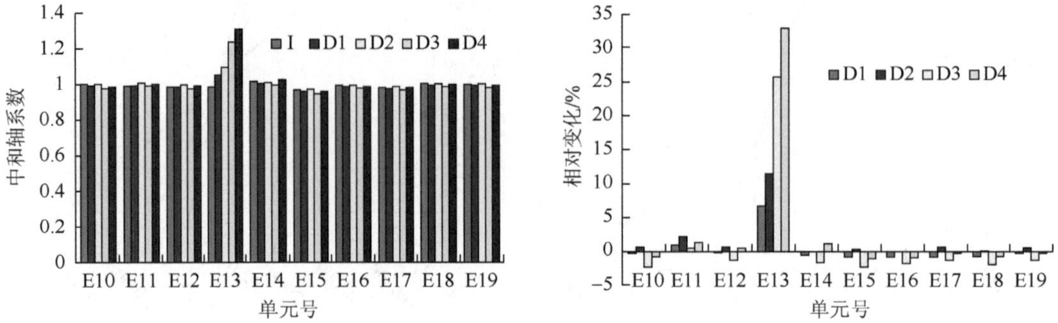


(a) 绝对值　　(b) 相对变化

图 4.58　中和轴系数 $\psi$ 的结果

**表 4.4　中和轴高度的结果**　　（单位：mm）

| 工况 | I | D1 | D2 | D3 | D4 |
| --- | --- | --- | --- | --- | --- |
| E10 | 49.3 | 49.5 | 49.7 | 49.3 | 49.4 |
| E11 | 50.0 | 50.2 | 50.2 | 50.2 | 50.3 |
| E12 | 49.5 | 49.7 | 50.0 | 49.8 | 49.8 |
| E13 | 49.9 | 51.5 | 52.3 | 56.3 | 57.4 |
| E14 | 50.0 | 50.2 | 50.3 | 50.3 | 50.7 |
| E15 | 49.7 | 49.8 | 49.8 | 49.7 | 49.8 |
| E16 | 50.1 | 50.3 | 50.5 | 50.3 | 50.4 |
| E17 | 49.7 | 49.8 | 49.7 | 49.7 | 49.8 |
| E18 | 50.6 | 50.8 | 50.7 | 50.8 | 50.9 |
| E19 | 50.0 | 50.1 | 50.0 | 50.1 | 50.2 |

上述中和轴识别方法在工程实际中已经得到应用。在 4.8 节中将结合一座钢-混凝土组合桥的健康监测实例对利用长标距动应变进行中和轴高度的识别工作进行具体介绍，并将和卡车静载试验得出的中和轴高度进行比对。

### 4.3.7　结构支座变化识别

结构服役过程中支座状况发生变化是结构损伤的一种类别。汶川地震灾后的统计数据表明桥梁支座破坏总数为 1092 组，占支座总数 6596 组的 16.6%。支座在地震中的主要功能是限制水平主梁位移并为主梁提供支承，主梁位移是支座破坏的派生震害，落梁是主梁位移的极端情况，因此支承破坏是可能导致简支梁桥丧失承载能力的关键因素。对于钢桥，由于金属支座在潮湿环境中容易受到腐蚀作用的影响，或由于螺栓脱落等原因造成的约束的改变，会改变结构的力学性能甚至会危害到桥梁的安全。主要的支座改变包括钢桥支承部位的异常变形或螺栓脱落（图 4.59）与钢桥支承部位部位受到严重腐蚀（图 4.60）等几种原因。

图 4.59　钢桥支承部位的异常变形或螺栓脱落

图 4.60　钢桥支承部位部位受到严重腐蚀

如何及时识别结构的支座损伤是结构健康监测领域迫切需要解决的一项工程问题。前述的基于长标距应变模态向量统计特征量的损伤指纹方法同样适用于结构的支座损伤识别。其主要思路是提取多次的应变模态振型，选取某个单元作为参考单元，其他单元作为目标单元，以参考单元的应变模态振型值为横坐标，目标单元的应变模态振型值为纵坐标描出多个散点图，用直线拟合散点图，观察拟合直线的斜率变化，若两个时间段的多次采集数据得到的拟合直线斜率有明显变化，从斜率变化的规律可判别结构支座是否存在损伤。

这里以一个钢筋混凝土组合梁桥的数值算例来说明通过长标距应变监测和模态宏应变斜率法来实现结构支座损伤识别的过程。该桥的有限元模型为如图 4.61 所示的通过组合梁单元和壳单元来模拟的钢梁与混凝土桥面。混凝土板厚为 24 厘米。混凝土材料的弹性模量的定义 $2.1\times10^4$MPa 和密度为 2400 $kg/m^3$ 。8 根梁均用与实桥尺寸相同的梁单元来建立，有限元模型为简支约束，它共包括 516 个节点，256 个框架单元和 512 个壳单元。对模型的梁单元进行编号分别为 1#～8#。3#梁的单元编号如图 4.61（b）所示。

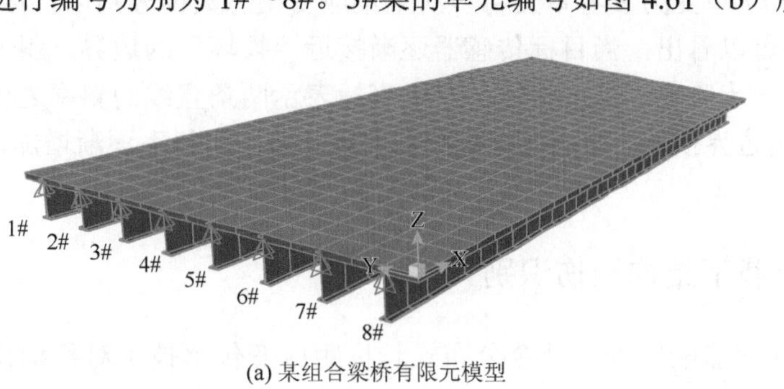


(a) 某组合梁桥有限元模型

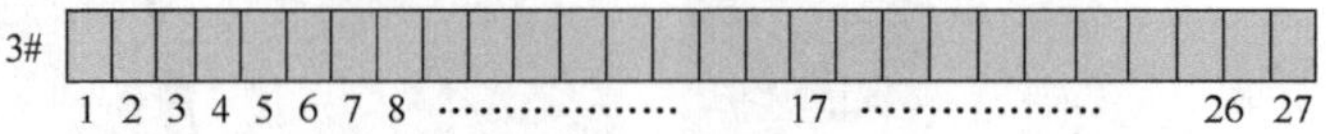


(b) 3#梁单元编号

图 4.61　基于 LSMV 的微小损伤识别结果

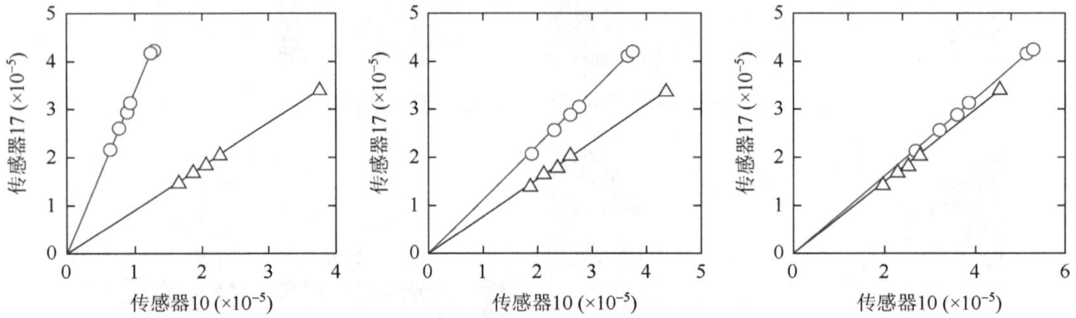


图 4.62　边界损伤状况下的损伤识别

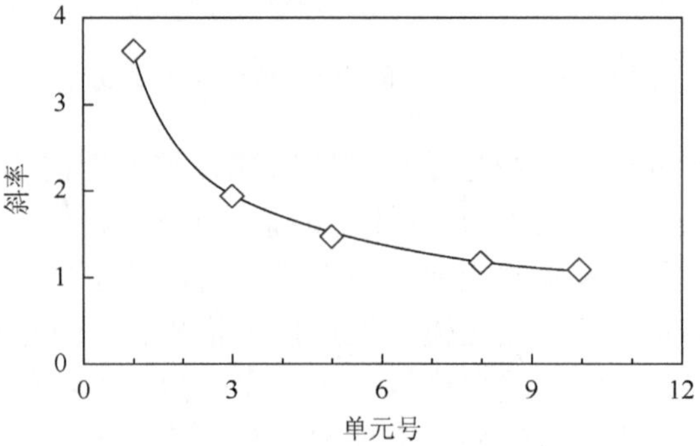


图 4.63　边界损伤状况下的斜率之比

该简支的钢桥，在销和摇杆轴承处梁是可以自由转动的。然而由于支座腐蚀的原因可能会改变桥梁的约束，从而改变了桥梁结构的力学性能甚至威胁到结构安全。为了模拟这种边界的损伤，使用有限元软件对 3#梁左下端边界条件改为固定端。在环境激励的作用下，输出结构的动态应变响应，并添加了 10%的噪声。利用前述的基于 LSMV 的损伤识别方法，以第 17 单元为参考单元，将多次采集的目标单元 1 的应变模态绘制于图 4.62 中。同样，以第 17 单元为参考单元将多次采集应变模态数据分别以目标单元 5 和 10 绘制于图 4.62 中。可以看出，当目标传感器逐渐接近“损坏”的边界，斜率的变化值逐渐增大。图 4.63 进一步验证了这一特征，其纵坐标表示两条直线的斜率之比。因此，这个特征可以用来识别边界损伤。即当目标传感器靠近边界，而斜率逐渐增加，它表明边界支座存在损坏。

### 4.3.8　移动荷载下结构损伤识别

本节利用应变影响线理论结合分布式长标距应变传感技术对移动荷载作用下的结构

进行损伤识别。对于如图 4.64 所示的梁式结构，坐标 $x_i$ 处的应变影响线方程为

$$f(x_i)=\frac{(L-x_i)yx}{EIL}\quad 0\leqslant x\leqslant x_i \tag{4.149}$$

$$f(x_i)=\frac{x_i y}{EI}\left(1-\frac{x}{L}\right)\quad x_i<x\leqslant L \tag{4.150}$$

其中，$x_i$ 为计算截面沿着结构长度方向的坐标，$EI$ 为计算截面的抗弯刚度，$y$ 为计算截面的中和轴高度，$L$ 为结构的长度。

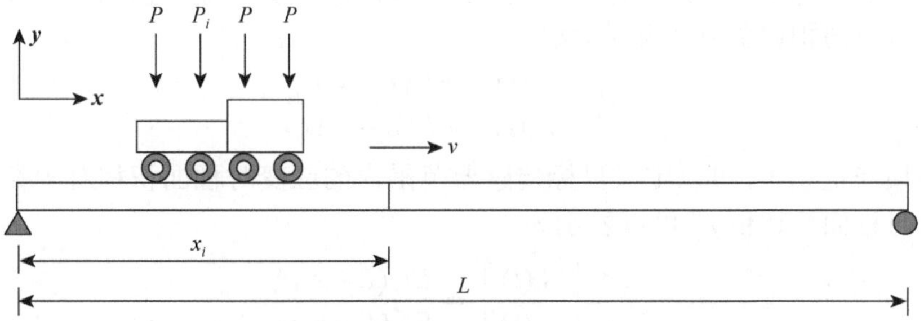


图 4.64　梁式结构在移动荷载作用下示意图

对于如图 4.64 所示的结构在移动荷载作用下坐标 $x_i$ 处的应变响应可以表示成

$$\varepsilon_i(x)=\sum_{k=1}^{n}P_k f(x-d_k) \tag{4.151}$$

式中，$d_k(k=1\sim n)$为第 $k$ 个车轴距第一个轴距的距离（其中 $d_1=0$），（桥长为 $L$，移动荷载一共有 $n$ 个轴，第 $i$ 个轴重为 $P_i$），$x$ 为第一个车轴距左边支座的距离，则式（4.151）沿着结构长度方向上的积分为

$$\int_0^{L+d_n}\varepsilon_i(x)\mathrm{d}x=\sum_{k=1}^{n}P_k\int_0^{L+d_n}f(x-\mathrm{d}_k)\mathrm{d}x=\sum_{k=1}^{n}P_k\int_0^{L}f(x)\mathrm{d}x \tag{4.152}$$

式中，$\int_0^L f(x)\mathrm{d}x$ 为坐标 $x_i$ 处的应变影响线的面积，可以得出

$$\int_0^L f(x)\mathrm{d}x=\frac{(L-x_i)yx_i}{2EI_i} \tag{4.153}$$

把公式（4.153）代入公式（4.152）可以得出

$$\int_0^{L+d_n}\varepsilon_i(x)\mathrm{d}x=v\int_{t_0}^{t_n}\varepsilon_i(t)\mathrm{d}t=vA_i(t)=\frac{(L-x_i)yx_i\sum\limits_{k=1}^{n}P_k}{2EI_i} \tag{4.154}$$

式中，$v$ 为移动荷载的速度，$t_0$ 为移动荷载的第 1 个轴刚进入结构的时刻，$t_n$ 为移动荷载的最后一个轴（第 $n$ 个轴）刚离开结构的时刻，$\int_{t_0}^{t_n}\varepsilon_i(t)\mathrm{d}t=A_i(t)$ 为坐标 $x_i$ 处的应变时程面积。

在实际应用中选取受力比较小的部位为参考点，则参考点的应变沿着结构长度方向上的积分可以表示成

$$\int_0^{L+d_n} \varepsilon_r(x)\mathrm{d}x = vA_r(t) = \frac{(L-x_r)yx_r\sum_{k=1}^{n}P_k}{2EI_r} \tag{4.155}$$

同理，则其余部位的应变沿着结构长度方向上的积分可以表示成

$$\int_0^{L+d_n} \varepsilon_t(x)\mathrm{d}x = vA_t(t) = \frac{(L-x_t)yx_t\sum_{k=1}^{n}P_k}{2EI_t} \tag{4.156}$$

在结构完好状态下，可以定义目标传感器范围内的应变时程面积相对于参考传感器范围内的应变时程面积比值 $\beta_t$ 可以表示为

$$\beta_t = \frac{A_t(t)}{A_r(t)} = \frac{EI_r(L-x_t)x_t}{EI_t(L-x_r)x_r} \tag{4.157}$$

在结构损伤状态下，可以定义目标传感器范围内的应变时程面积相对于参考传感器范围内的应变时程面积比值 $\beta_t^*$ 可以表示为

$$\beta_t^* = \left[\frac{A_t(t)}{A_r(t)}\right]^* = \frac{EI_r(L-x_t)x_t}{EI_t^*(L-x_r)x_r} \tag{4.158}$$

从式（4.157）和式（4.158）可以看出，目标传感器范围内的应变时程面积相对于参考传感器范围内的应变时程面积比值（正则化应变时程面积）只跟目标传感器和参考传感器范围内的刚度以及位置坐标相关，跟荷载大小无关，因此 $\beta_t$（正则化应变时程面积）可以用来进行损伤识别和结构性能评估。

下面通过如图 4.65 所示的结构来进行示例。该梁长 10m、宽 0.3m、高 0.6m，梁沿着长度方向划分为 50 个单元，每个单元长度 200mm，假设梁底共布置 10 个长标距应变传感器（F1～F10），每个传感器覆盖 5 个单元，即每个传感器的标距长度为 1m，通过在梁上部施加移动荷载，进行瞬态分析，提取每一个节点的转角时程响应，进而得到每个传感器的长标距应变时程响应。结构共四种分析工况，即完好工况、单损伤工况、两损伤工况，多损伤工况。单损伤工况：传感器 F6 范围内抗弯刚度折减 10%、20%、30%；两损伤工况：传感器 F4 和 F6 范围内抗弯刚度折减 10%、20%、30%；多损伤工况：传感器 F4、F6、F8 范围内抗弯刚度折减 10%、20%、30%。在每一种工况下施加单轴移动荷载（$P$=50000N），移动荷载的速度 $v$=36km/h。

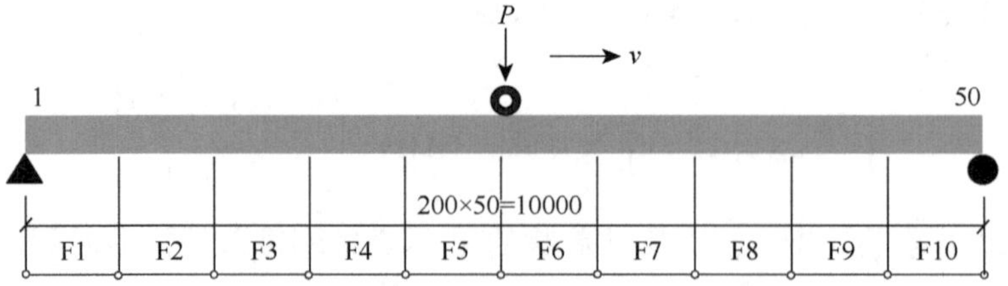


图 4.65　梁式结构在移动荷载作用下及传感器布置图

图 4.66 为单损伤工况下 F6 传感器范围内刚度分别折减 10%、20%、30%时得到的正则化应变时程面积，从图上可以看出，目标传感器相对于参考传感器的正则化应变时程面

积只跟目标传感器范围内的平均刚度相关，当 F6 传感器范围内平均刚度降低时（分别降低 10%、20%、30%），F6 所对应的正则化影响线面积逐渐增大（相对于完好状态），说明该方法可以进行损伤定位。同理，图 4.67 和图 4.68 分别为两损伤和多损伤状态下结构典型的正则化应变时程面积分布图，从图上可以看出，该方法成功识别得出结构的损伤位置，说明该方法不仅适用于单损伤状态，也适用于多损伤状态。

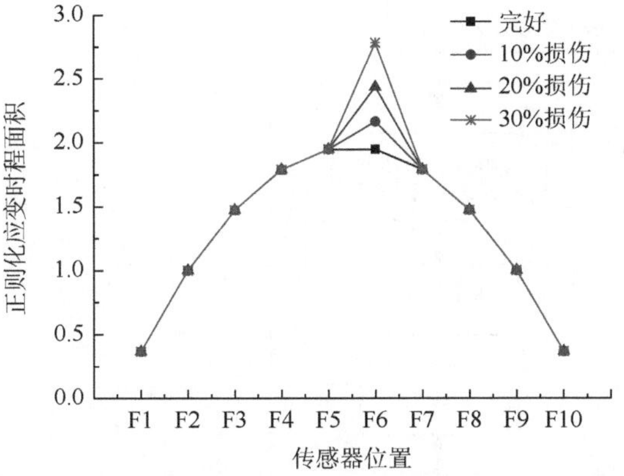


图 4.66　单损伤状态下正则化

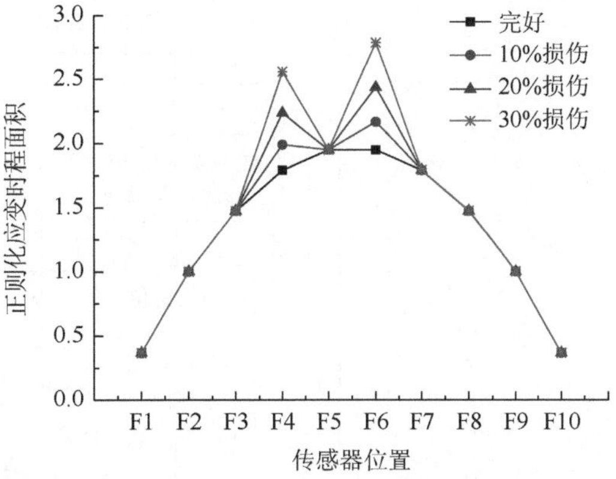


图 4.67　两损伤状态下正则化

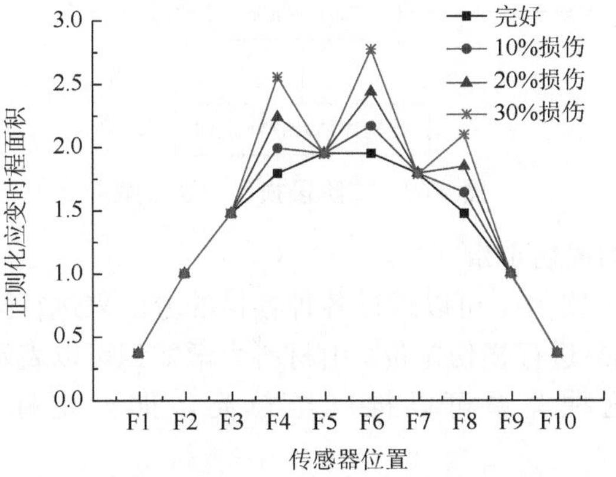


图 4.68　三损伤状态下正则化应变时程面积

## 4.3.9　基于区域分布传感的二阶段损伤识别

1）二阶段损伤识别的思想

前述的结构损伤识别侧重于结构损伤的发现和定位，在这一小节将介绍实现结构损伤定位和定量的二阶段损伤识别[18]。土木结构一般体积庞大体型复杂，基于结构数学模型的损伤诊断因待识别参数太多，逆算法或优化算法往往收敛困难，而且算法的有效性非常容易受实际测量噪声和随机误差的影响。考虑结构损伤的定位和定量是两个不同层面的损伤识别，作者提出结构的二阶段损伤识别方法，将两者分离，逐步实现是解决目前大型结构物损伤识别中未知参数多、优化解和逆解析不稳定的较有前景的有效手段。基于区域分布应变动态测试的二阶段损伤识别方法如图 4.69 所示，它首先利用前述的各种基于长标距应变的损伤指数进行结构损伤定位，然后利用下面叙述的各类方法进行更进一步的结构损伤定量。

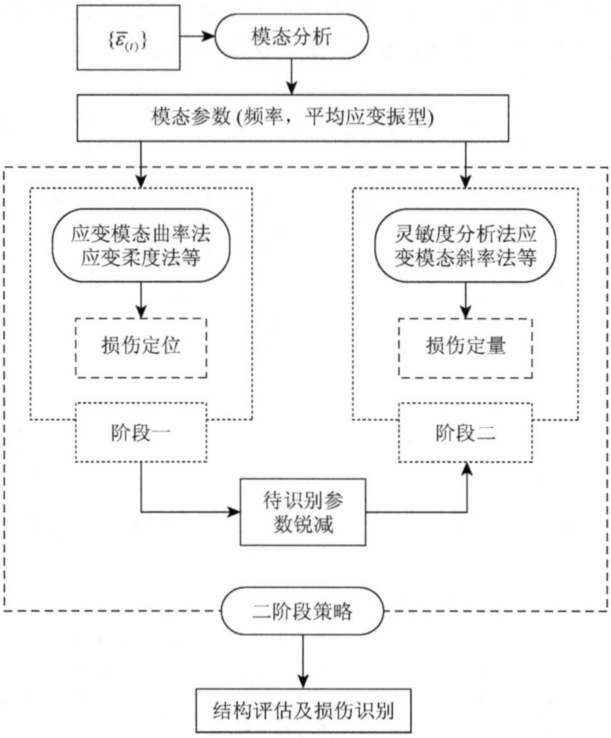


图 4.69　二阶段损伤识别方案

2）基于刚度识别的损伤定量

在结构二阶段损伤识别中，可以通过各种各样的方法来进行损伤定位和定量。这里介绍通过结构的刚度识别来进行损伤定位。由材料力学知识可以表示出截面弯矩与刚度、曲率的关系，同理，这种关系可以推广至单元，即一定标距长度范围内，可知 $M_i(t)=(EI)_i\dfrac{\overline{\varepsilon}_i(t)}{y_i}$，

其中，$M_i$（$t$）、（$EI$）$_i$、$y_i$ 和 $\overline{\varepsilon}_{i(t)}$ 分别表示第 $i$ 个监测单元的弯矩均值、抗弯刚度均值、传感器到中和轴的平均距离和单元的平均应变（应变）。对上式进行频谱分析，得到模态弯矩的表达式

$$M_{i(w)}=\int_{-\infty}^{+\infty}M_{i(t)}e^{-i\omega t}\mathrm{d}t=\frac{(EI)_i}{y_i}\int_{-\infty}^{+\infty}\overline{\varepsilon}_{i(t)}e^{-i\omega t}\mathrm{d}t=\frac{(EI)_i}{y_i}\overline{\varepsilon}_{i(\omega)} \tag{4.159}$$

选择第 $r$ 个单元作为参考单元，则归一化的模态弯矩可表示成

$$M_{ir(w)}=\frac{M_{i(w)}}{M_{r(w)}}=\frac{(EI)_i}{y_i}\frac{y_r}{(EI)_r}\frac{\overline{\varepsilon}_{i(w)}}{\overline{\varepsilon}_{r(w)}}=\lambda_{ir}\overline{\varepsilon}_{ir(w)} \tag{4.160}$$

$$\lambda_{ir}=\frac{(EI)_i}{y_i}\frac{y_r}{(EI)_r} \tag{4.161}$$

其中，$\lambda_{ir}$ 定义为刚度系数，仅与目标单元和参考单元的截面物理属性相关。一般情况下，选定的参考单元没有损伤发生，即参考单元的刚度特性没有变化，则 $\lambda_{ir}$ 可只表示目标单元的刚度变化。

由上面的公式推导发现，对于没有损伤发生的单元，其归一化的应变模态坐标 $\bar{\varepsilon}_{ir(w)}$ 是不会发生变化的。因此，对于式（4.160）易知，归一化的模态弯矩 $M_{ir(w)}$ 将保持常数。然而，对于损伤单元来说，需要进一步验证。在局部损伤发生前后，非损伤单元的弯矩没有发生变化，如果损伤单元的弯矩发生较大变化，必然是由于在损伤处出现了集中的力偶。但是，出现集中力偶的情况是不合理的。因此，可以假设在式（4.160）中归一化的模态弯矩是常数，与单元是否损伤无关。

对于损伤前后，式（4.160）可进一步表示成

$$\lambda_{irO}\bar{\varepsilon}_{irO(w)} = \lambda_{irD}\bar{\varepsilon}_{irD(w)} \tag{4.162}$$

或

$$\frac{(EI)_{iD}}{(EI)_{iO}} = \frac{y_{iD}}{y_{iO}}\frac{\bar{\varepsilon}_{irO(w)}}{\bar{\varepsilon}_{irD(w)}} \tag{4.163}$$

式中，下标“O”表示损伤前的状态，而下标“D”表示损伤后的状态。由此，式（4.163）可以实现单元刚度的量化评估，并且只和中和轴位置与应变模态的变化有关。对式（4.163）进一步简化如下，

$$\alpha = \frac{\bar{\varepsilon}_{irD(w)}}{\bar{\varepsilon}_{irO(w)}} - 1，\quad \beta = \frac{y_{iD}}{y_{iO}} - 1，\quad \phi = \frac{(EI)_{iD}}{(EI)_{iO}} - 1 \tag{4.164}$$

则式（4.163）表示成

$$\phi = \frac{1+\beta}{1+\alpha} - 1 \tag{4.165}$$

式中，$\alpha$、$\beta$ 分别表示应变模态坐标和中和轴高度的变化，而 $\phi$ 代表单元的抗弯刚度变化。

也可以用曲率模态来表达，即

$$\phi = \phi - 1 \tag{4.166}$$

其中，$\phi = \phi_{irD(w)}/\phi_{irO(w)} - 1$，表示损伤前后曲率模态坐标的变化。

3）基于灵敏度分析的损伤定量

损伤定量还可结合数学模型开展，其实质都是求解由模态参数和物理参数的变化向量构建的灵敏度方程组。经过第一阶段的损伤定位后，损伤定量的目标锁定在损伤定位后的局部区域，使得未知数数目锐减。由于结构的自振频率测量精度高，高速光纤解调系统能获得较大幅度的频谱，目前采用自振频率进行结构的损伤定量。特征值和结构刚度及质量之间的灵敏度方程组为[18]：

$$[S]_{M\times Nu}\cdot\{\Delta p\}_{Nu} = \{\Delta\lambda\}_M \tag{4.167}$$

$M$ 为测得的特征值阶数，$Nu$ 为待识别的未知量数目，$\{\Delta p\}$代表结构损伤亦即待识别参数向量，$\{\Delta\lambda\}$是测得的特征值变化向量，$[S]$是灵敏度矩阵，其中元素可以表示为

$$S_{ij} = \{\phi_0^i\}^{\mathrm{T}}\left[\frac{\partial[K_0]}{\partial p_j} - \lambda_0^i\frac{\partial[M_0]}{\partial p_j}\right]\{\phi_0^i\} \tag{4.168}$$

这里下标“0”代表结构损伤前的状态，$K$、$M$ 是刚度和质量矩阵，$\{\phi_0^i\}$ 是无损伤结构的第 $i$ 阶振型，$p_j$ 为待识别的第 $j$ 个参数。从以上等式可知，灵敏度矩阵仅与结构损伤

前的初始状态有关，只要结构的基准模型已知，根据式（4.167）即可进行参数识别，即基于数学模型的损伤定量诊断。具体流程如下：建立无损伤结构的有限元模型，比较实测数据与数值计算结果进行有限元模型更新，确立无损结构的基准模型，由此获得 $K_0$、$M_0$ 及 $\{\phi_0^i\}$，据式（4.168）构建灵敏度矩阵 $S$；经损伤定位后，待识别结构参数$\{\Delta p\}$的数目锐减，比较损伤前后结构的特征值求出$\{\Delta\lambda\}$，从而获得灵敏度方程组，求解即可定量识别损伤。

下面通过一长 0.96m、宽 50mm 和厚 3mm 悬臂梁作为实验试件来展示上述损伤定量方法的效果，详细尺寸及相关参数如图 4.70 所示。试件被划分为 16 个单元，结果损伤通过单元宽度减小来进行模拟。B1，B2 和 B3 分别代表梁无损伤、单处损伤和多处损伤三种状态。传感器布置如图 4.71 所示，考虑两种情况，一是四个标距为 0.24m 的 FBG 传感器分布，二是八个标距为 0.12m 的 FBG 传感器分布，分别用 S1 和 S2 表示，应变片和加速度计也同时布置以供比较。为了方便说明，以下采用标号的组合表示各工况，例如：S1-B2-F2 对应于传感器 S1 布置时试件梁发生单处损伤情况下 F2 传感器。

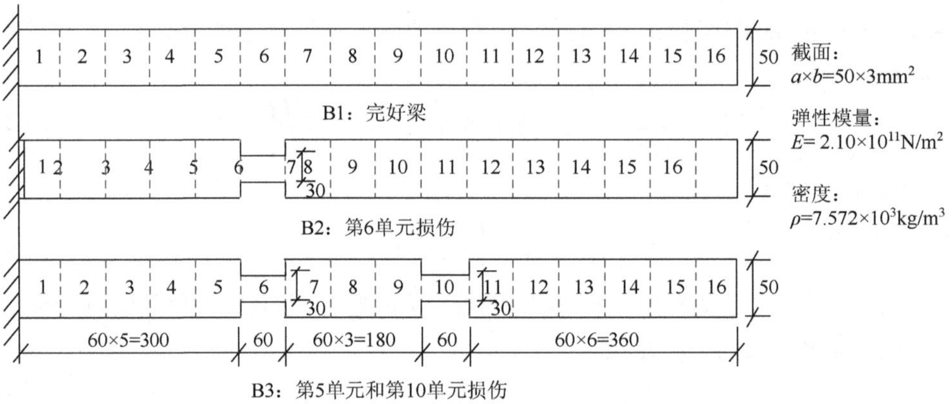


图 4.70　损伤前后的实验试件底部示意图

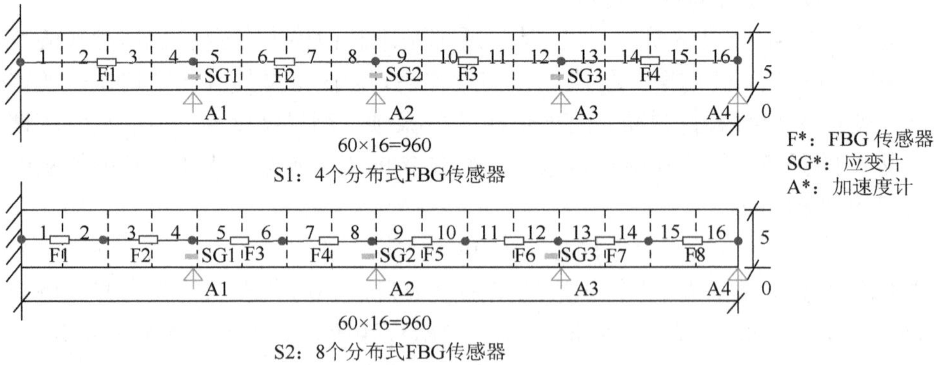


图 4.71　不同传感器布置图

考虑两种激励情况，一是施加初始位移的自由振动，损伤前后应变时程的变化可以直观显示；二是冲击锤作用下的被迫振动，可以激发多阶数的自振频率。由于当时实验采用的 FBG 信号采集系统只有四个通道，每个通道只允许对一个 FBG 信号进行动态采集，故在传感器 S1 布置时只有 F1～F4 四个传感器实现测量，在传感器 S2 布置时只有 F2～F5 四个传感器实现测量。

对各个工况下采集的长标距应变动态信号进行数据处理及模态分析，即可获得各阶自振频率和 LSMV，根据上节描述方法计算损伤指纹，即可进行损伤定位，结果如图 4.72 所示。显然，在传感器 S1 布置情况下，对应于 B2-F2、B3-F2 和 B3-F3 的损伤指纹都成功地定位了损伤，而在传感器 S2 布置情况下，对应于 B2-F3、B3-F3 和 B3-F5 的损伤指纹也实现了损伤定位。

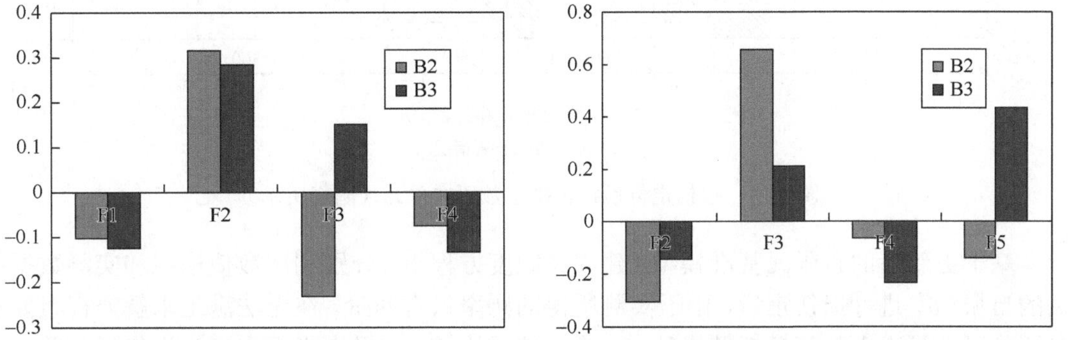


(a) 传感器S1布置时对应F1～F4的$\beta_k$　　(b) 传感器S2布置时对应F2～F5的$\beta_k$

图 4.72　基于损伤指纹 $\beta_k$ 的损伤定位

建立无损伤梁 B1 的有限元模型，计算自振频率，比较实测 B1 频率，由表 4.5 可知，实测与初始有限元模型的频率有较大差异，损伤定量识别之前必须进行有限元模型更新。这里选择试件梁的弹性模量 $E$、密度 $\rho$、宽度 $a$ 和厚度 $b$ 为调整参数，自振频率为目标进行无损梁的有限元模型更新，更新后的频率如表 4.5 所示，比较可见实测和更新模型的自振频率吻合较好。经过第一阶段的损伤定位后，在传感器 S1 布置情况下，未知参数由原来的 16 个单元宽度锐减为 B2 的 4 个（第 5～8 单元）和 B3 的 8 个（第 5～12 单元），在传感器 S2 布置情况下，未知参数由原来的 16 个单元宽度锐减为 B2 的 2 个（第 5、6 单元）和 B3 的 4 个（第 5、6、9、10 单元），如图 4.73 所示。

**表 4.5　无损伤梁 B1 的各阶自振频率**

| 频率/Hz | 一阶 | 二阶 | 三阶 | 四阶 |
|---|---|---|---|---|
| 实测 | 2.49 | 15.51 | 42.57 | 88.19 |
| 初始有限元模型 | 2.63 | 16.51 | 46.84 | 93.78 |
| 更新后的有限元基准模型 | 2.47 | 15.54 | 44.09 | 88.26 |

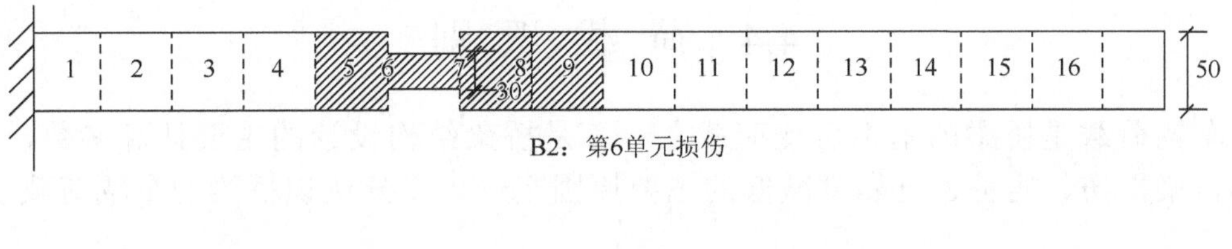


B2：第6单元损伤

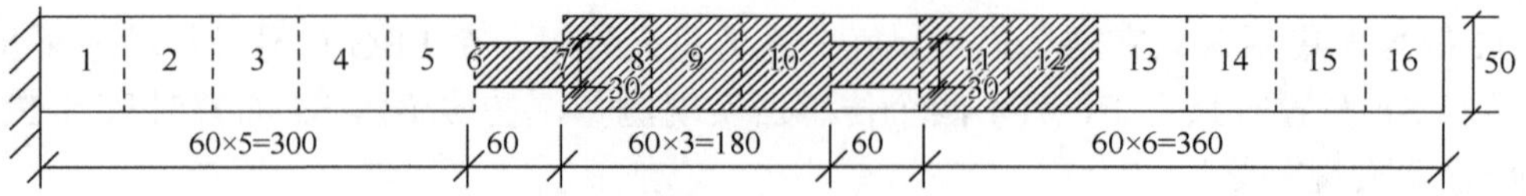


(a) 传感器S1布置情况

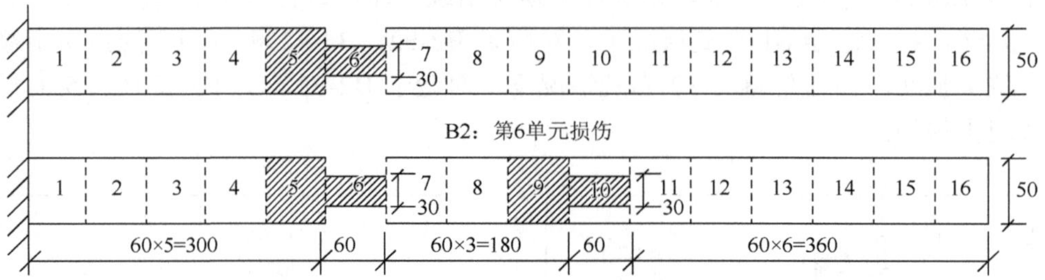


(b) 传感器S2布置情况

图 4.73　损伤定位后待识别参数所在单元（阴影所示）

基于更新后的有限元基准模型，建立灵敏度方程组。分别利用数值模拟和实测数据得到的自振频率进行损伤定量，由于实测所得的频率只有四阶，在无法满足求解方程组要求时四阶以上频率由数值模拟结果补充。为了便于比较，这里定义损伤率为损伤后前单元宽度的比值，显然预先设置的第 6、10 单元的损伤率为 0.6，识别结果如表 4.6 所示。由此可见，在 B2-S1、B2-S2 和 B3-S2 三种情况下，损伤程度都成功识别，B3-S1 由于待识别参数较多灵敏度方程组求解无法收敛。

**表 4.6　损伤定量识别结果**

| 工况 | | 基于更新后的有限元模型 | | | | 基于实测数据 | | | |
|---|---|---|---|---|---|---|---|---|---|
| B2-S1 | 采用模态阶数 | 7 | | | | 8 | | | |
| | 待识参数单元 | 5 | 6 | 7 | 8 | 5 | 6 | 7 | 8 |
| | 损伤率 | 0.841 | 0.548 | 0.948 | 0.841 | 0.907656 | 0.536311 | 0.863609 | 0.804599 |
| B3-S1 | * | * | * | * | * | * | * | * | * |
| B2-S2 | 采用模态阶数 | 5 | | | | 5 | | | |
| | 待识参数单元 | 5 | 6 | | | 5 | 6 | | |
| | 损伤率 | 0.950 | 0.589 | | | 1.000 | 0.602628 | | |
| B3-S2 | 采用模态阶数 | 6 | | | | 6 | | | |
| | 待识参数单元 | 5 | 6 | 9 | 10 | 5 | 6 | 9 | 10 |
| | 损伤率 | 0.987 | 0.615 | 1.000 | 0.585 | 1.000 | 0.620 | 1.000 | 0.581643 |

## 4.4　荷 载 识 别

车辆荷载是桥梁的基本可变荷载之一，是桥梁结构设计的主要计算参数，也是引起桥梁损伤、病害、可靠度减低的主要原因之一。充分认识桥梁的车辆荷载状况、建立较为准确的桥梁车辆荷载模型，为桥梁的设计、可靠度评估、加固提供依据，制定较为合理的桥梁养护管理对策，这对于延长桥梁的使用寿命，保证桥梁使用安全，提高桥梁运营管理技术现代化、信息化及科学化水平具有重要意义。基于货车调查数据或动态称重系统（weight-in-motion）实测数据上，可得到车辆荷载的具体参数，具有较高的精确度和真实性，在国内外均得到了普遍应用。但动态称重系统价格昂贵，且仅能测量局部区域的荷载，因此有必要开发方便快捷的移动荷载识别方法。本节通过移动荷载测试和区域分布应变得出动态广义影响线，进而推导得出荷载识别的创新方法[114]。

1）基于动态广义影响线的荷载识别理论

通常情况下，桥梁结构所受移动荷载为多轴车辆荷载，因此所测得的结构响应可看作是多个集中荷载的作用叠加。因此首先对车辆荷载作用下的结构量值曲线进行研究。如图 4.74 所示简支梁，其上作用一四轴车载，各轴间距离分别为 $d_1$、$d_2$、$d_3$，各轴轴重分别为 $P_1$、$P_2$、$P_3$、$P_4$，则在车辆荷载作用下，跨中截面的弯矩方程应为

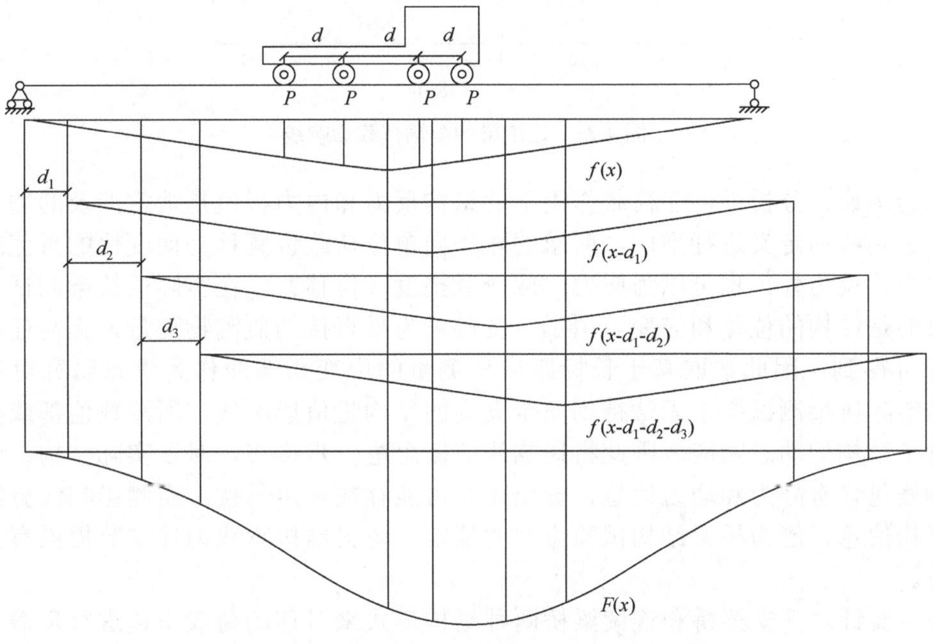


图 4.74　车辆荷载作用下跨中截面弯矩影响线

$$F(x)=P_1\cdot f(x)+P_2\cdot f(x-d_1)+P_3\cdot f(x-d_1-d_2)+P_4\cdot f(x-d_1-d_2-d_3) \tag{4.169}$$

$$f(x-d_1)=\begin{cases}0 & 0\leqslant x\leqslant d_1\\ f(x-d_1) & d_1<x\leqslant l+d_1\end{cases} \tag{4.170}$$

$$f(x-d_1-d_2)=\begin{cases}0 & 0\leqslant x\leqslant d_1+d_2\\ f(x-d_1-d_2) & d_1+d_2<x\leqslant l+d_1+d_2\end{cases} \tag{4.171}$$

$$f(x-d_1-d_2-d_3)=\begin{cases}0 & 0\leqslant x\leqslant d_1+d_2+d_3\\ f(x-d_1-d_2-d_3) & d_1+d_2+d_3<x\leqslant l+d_1+d_2+d_3\end{cases} \tag{4.172}$$

其中，$x$ 为第一个车轴距桥头的距离，$f(x)$为跨中截面弯矩影响线，称 $F(x)$为车辆荷载影响线函数。由于各车轴对于结构的作用时间并不一致，如式（4.172）所示，在该车轴还未在结构上时影响值为 0，而总的影响长度则为桥长与总轴距之和。观察图 4.75 中 $F(x)$的形状可知，在车辆各轴恰好作用在结构上，到达跨中、离开结构的各时刻，$F(x)$的斜率均会发生变化。因此在理想情况下，可以通过简支梁在车载作用下影响线的斜率变化次数来得到轴数。

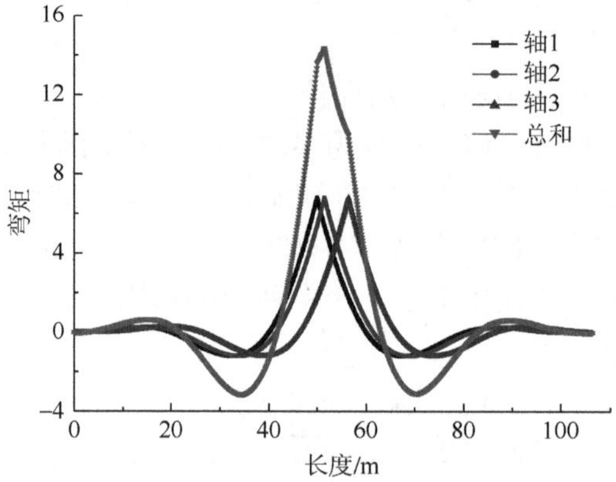


图 4.75　连续梁的车辆荷载影响线

在结构设计分析中，在荷载作用下的结构反力和内力极值是最常涉及的物理量。现在把影响线的定义进行推广，所求的随竖向单位荷载位置移动而变化的量值除了可以是内力、反力外，也可以为应力、应变或挠度（位移）。在实际的桥梁测试中，通常测量的是结构的位移和应变。由于应变测量为最直接的监测物理量，无需任何数学转化即可得到，因此选取基于长标距应变测量的应变影响线作为重点研究对象。然而，在实际桥梁测试中，无法得到完全真实的结构量值影响线，所测数值都或多或少的包含了结构的动态响应。因此将影响线的概念进一步推广，对于实际结构，所得到的影响线包含有静力和动力信息，甚至还有可能存在噪声干扰。实测影响线更能反映实际结构信息，能为桥梁结构试验方案的拟定、桥梁结构承载力评定等提供有力的数据支持。

现主要针对简支梁桥和连续梁桥两种结构形式来对移动荷载车速进行反演。观察图 4.72 所示的车辆荷载影响线可知，只要桥面受到荷载作用结构就会产生响应，而在荷载未经过桥面时以及离开桥面后结构是不会有响应的。因此，对简支梁桥而言，可考虑通过下式来获得车载速度：

$$v=\frac{d}{\Delta t}=\frac{d}{t_2-t_1} \tag{4.173}$$

$$D-d=L \tag{4.174}$$

式中，$d$ 对简支梁桥可取桥长，$D$ 为车载行驶的实际距离，为桥长与车长之和。当车长远小于桥长时，计算误差在允许范围内；$\Delta t$ 则为结构应变、位移等能反映结构响应的物理量出现明显变化的持续时间。

以五跨连续梁桥为例简要说明作用于连续梁桥的车载速度反演方法，其他跨数的连续梁桥与此类似。根据车辆荷载影响线可知，在移动荷载作用下，结构上某点的响应并不是一直都很明显，只有当荷载作用在该点附近时，长标距应变才会产生明显变化，而当车载作用下截面弯矩值为 0 时，车辆一定处于相邻两跨之间。因此对连续梁桥而言，仍可采用式（4.173）来获得车载速度，只是式中 $d$ 应取发生明显响应时的相应桥长，真实值 $D$ 与所取值 $d$ 相差值小于半个车长 $L$，如式（4.175），误差在允许范围内。$\Delta t$ 为监测处产生明显响应时相应的持续时间。对于结构各典型截面而言，$d$ 值和 $\Delta t$ 值可能并不相同。

$$|D-d| \leqslant \frac{1}{2}L \tag{4.175}$$

对车辆荷载影响线式（4.175）进行推广可得

$$\begin{aligned} F(x) = & P_1 \cdot f(x) + P_2 \cdot f(x-d_1) + P_3 \cdot f(x-d_1-d_2) + \cdots\cdots \\ & + P_n \cdot f(x-d_1-d_2-\cdots-d_{n-1}) \end{aligned} \tag{4.176}$$

式中，$x$ 为第一个车轴距桥头的距离，车辆荷载有 $n$ 个轴，每个轴间的轴距分别为 $d_1$, $d_2 \cdots d_n$，总轴距为1。由于车载影响线的影响范围为桥长 $L$ 与总轴距 $l$ 之和，因此在整个影响范围内积分可得

$$\begin{aligned} \int_0^{L+l} F(x)\mathrm{d}x = & \int_0^{L+l} P_1 \cdot f(x)\mathrm{d}x + \int_0^{L+l} P_2 \cdot f(x-d_1)\mathrm{d}x + \int_0^{L+l} P_3 \cdot f(x-d_1-d_2)\mathrm{d}x + \cdots \\ & + \int_0^{L+l} P_n \cdot f(x-d_1-d_2-\cdots-d_{n-1})\mathrm{d}x \end{aligned} \tag{4.177}$$

由图 4.71 可以看出，各轴对结构的影响范围并不一样，因此可进一步化为下式：

$$\begin{aligned} \int_0^{L+l} F(x)\mathrm{d}x = & \int_0^{L} P_1 \cdot f(x)\mathrm{d}x + \int_{d_1}^{L+d_1} P_2 \cdot f(x-d_1)\mathrm{d}(x-d_1) + \int_{d_1+d_2}^{L+d_1+d_2} P_3 \cdot f(x-d_1-d_2) \\ & \mathrm{d}(\mathrm{x}-d_1-d_2) + \cdots + \int_{l}^{L+l} P_n \cdot f(x-d_1-d_2-\cdots-d_{n-1})\mathrm{d}(x-d_1-d_2-\cdots-d_{n-1}) \end{aligned} \tag{4.178}$$

上式中，在各轴作用下，结构影响线函数在影响范围内的积分实际上就是各函数与 $x$ 轴围成的图形面积，因此有

$$\begin{aligned} \int_0^{L} f(x)\mathrm{d}x = & \int_{d_1}^{L+d_1} f(x-d_1)\mathrm{d}(x-d_1) = \int_{d_1+d_2}^{L+d_1+d_2} f(x-d_1-d_2)\mathrm{d}(\mathrm{x}-d_1-d_2) = \\ & \int_{l}^{L+l} P_n \cdot f(x-d_1-d_2-\cdots-d_{n-1})\mathrm{d}(x-d_1-d_2-\cdots-d_{n-1}) \end{aligned} \tag{4.179}$$

$$\int_0^{\mathrm{L+l}} F(x)\mathrm{d}x = (P_1+P_2+\cdots+P_n) \cdot \int_0^{\mathrm{L}} f(x)\mathrm{d}x \tag{4.180}$$

令 $P=P_1+P_2+\cdots+P_n$，则有

$$P = \frac{\int_0^{L+l} F(x)\mathrm{d}x}{\int_0^{L} f(x)\mathrm{d}x} \tag{4.181}$$

其中，$P$ 即为车辆荷载总重。车辆荷载影响线 $F(x)$ 可通过现场测试获得。

通过上述推导，可得到车辆的近似行驶速度和载重。由于动态广义影响线包含静动态信息，而影响线积分能避免单点取值时存在的信噪比低的问题，因此能获得包含最大静态信息量的稳定结果。下面将采用数值算例来验证这一结论。

2）数值算例验证

现以简支梁和连续梁两种结构简化形式建立数值模型，对上述理论正确性进行验证。如图 4.76（a）、（b）所示，取一截面尺寸为 200mm×500mm，跨径为 10m 的混凝土简支梁，在梁长方向上按两种工况进行加载：①集中力大小为 1，方向竖直向下，速度为 5m/s，运动方向为从左到右；②集中力大小为 1、0.8、0.4，各集中力间间隔均为 0.5m，方向竖直向下，速度为 5m/s，运动方向为从左到右。求得两种工况下梁跨中和 1/4 处截面的弯曲应变影响线，如图 4.76（c）、（d）所示。其中，工况 1 的影响长度为桥长 10m，工况 2 的影响长度为桥长和荷载长度的总和 11m。

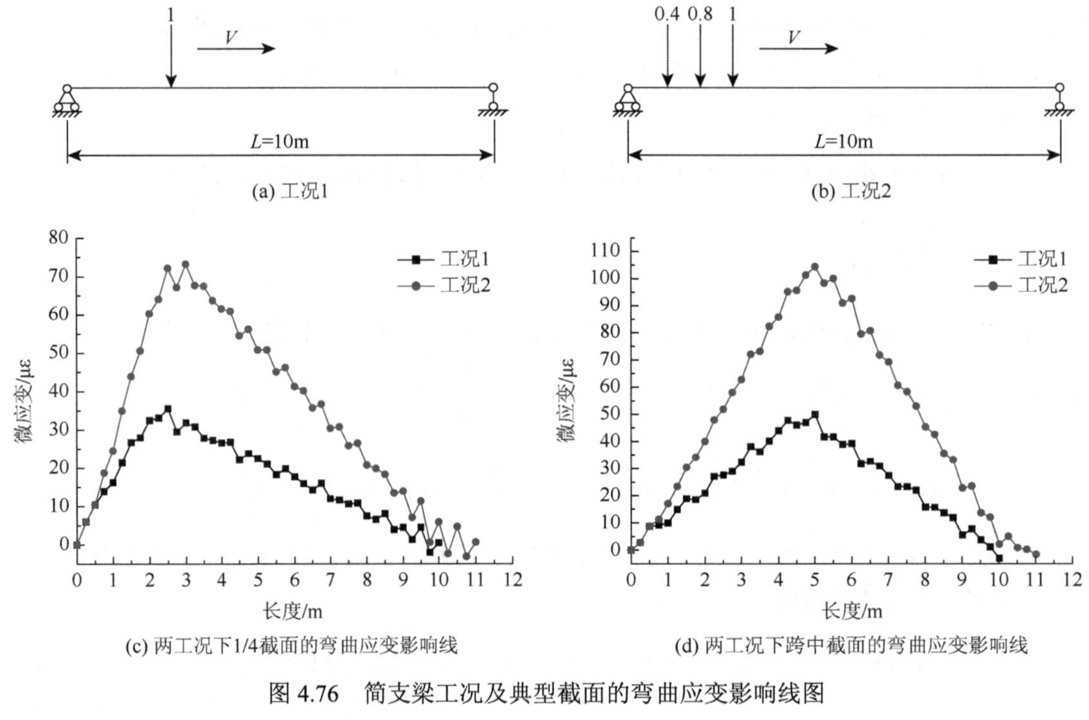


(a) 工况1　　(b) 工况2

(c) 两工况下1/4截面的弯曲应变影响线　　(d) 两工况下跨中截面的弯曲应变影响线

图 4.76　简支梁工况及典型截面的弯曲应变影响线图

以工况 1 结果为标准按上述理论对工况 2 中荷载进行反演，同时选取对应的典型截面的最大应变值，利用叠加原理对荷载进行反演作为对比，结果见表 4.7。由表中数据可知，影响线方法与最大值法比较而言，得到的荷载推导值与真实值更为接近，反演效果更好，因此可认为上述荷载识别方法对简支梁桥是适用的。同时，在速度已知的情况下，只要在应变变化范围内进行积分，识别精度不会受到荷载间距的影响，即识别精度和车长无关。

**表 4.7　车载反演结果表（简支梁）**

| 工况号 | 实际荷载值 | 1/4 截面应变积分值 | 反演荷载值 | 跨中截面应变积分值 | 反演荷载值 |
|---|---|---|---|---|---|
| 1 | 1 | 173.78 | — | 248.81 | — |
| 2 | 2.2 | 382.21 | 2.1994 | 547.29 | 2.1996 |
| 工况号 | 实际荷载值 | 1/4 截面应变最大值 | 反演荷载值 | 跨中截面应变最大值 | 反演荷载值 |
| 1 | 1 | 35.51 | — | 49.93 | — |
| 2 | 2.2 | 73.25 | 2.0628 | 104.34 | 2.0897 |

如图 4.77 所示，另取一截面尺寸为 200mm×500mm，跨径为 10m 的三跨混凝土连续梁，在梁长方向上按工况 1 和工况 2 中荷载模式进行加载作为工况 3 和工况 4，取第二跨跨中截面和 1/4 处截面的弯矩应变影响线，以工况 3 结果为标准按上述理论对工况 4 中荷载进行反演，仍以最大值法的反演结果作为对比。表 4.8 中所列反演结果可知对于两种工况而言，荷载的反演效果都非常理想，影响线方法的识别精度仍高于最大值法。反演荷载值与实际荷载值存在些许偏差，这是由于动态广义影响线并不是十分光滑，动态响应包含其中，对识别精度的影响是可接受的。总之可认为，上述荷载识别方法对连续梁同样适用。

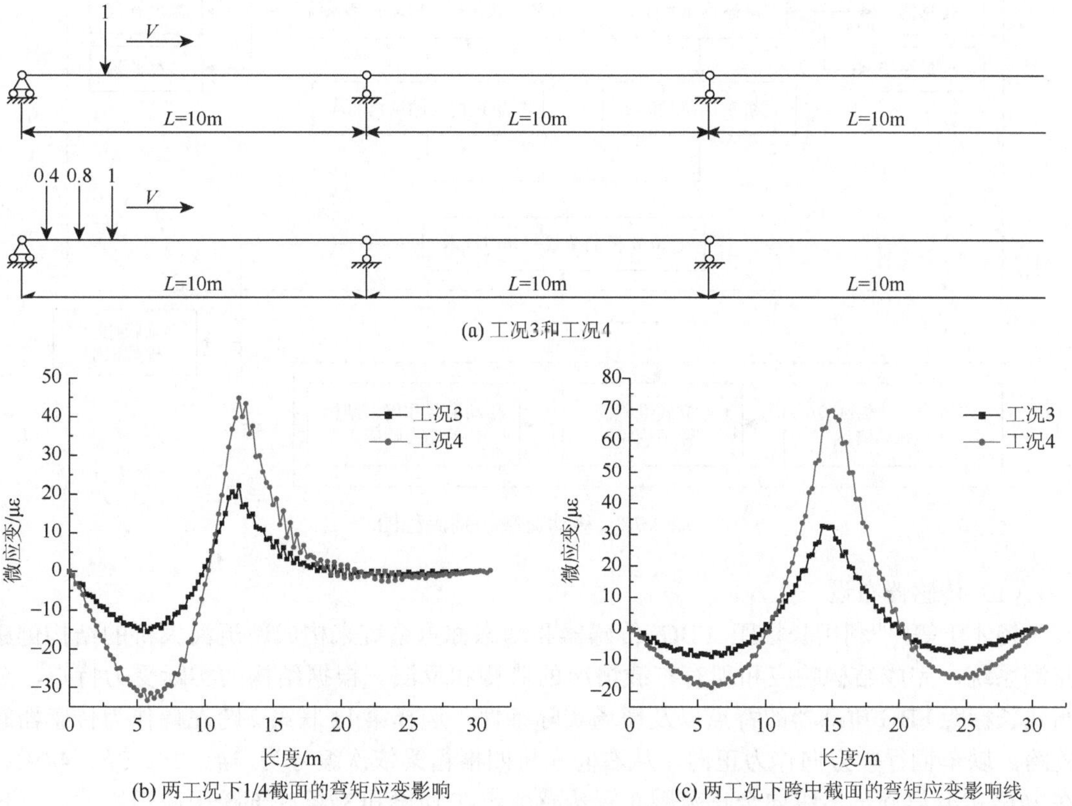


(a) 工况3和工况4

(b) 两工况下1/4截面的弯矩应变影响

(c) 两工况下跨中截面的弯矩应变影响线

图 4.77　连续梁工况及典型截面的弯矩应变影响线图

**表 4.8　车载反演结果表（连续梁）**

| 工况号 | 实际荷载值 | 1/4 截面应变积分值 | 反演荷载值 | 跨中截面应变积分值 | 反演荷载值 |
|---|---|---|---|---|---|
| 3 | 1 | −25.67 | — | 49.32 | — |
| 4 | 2.2 | −56.45 | 2.1990 | 108.64 | 2.2028 |
| 工况号 | 实际荷载值 | 1/4 截面应变最大值 | 反演荷载值 | 跨中截面应变最大值 | 反演荷载值 |
| 3 | 1 | 22.25 | — | 32.70 | — |
| 4 | 2.2 | 44.74 | 2.0108 | 69.52 | 2.1260 |

3）实桥荷载识别示例

新沂河大桥健康监测系统是由桥梁动态称重系统、长标距 FBG 传感系统等多个子硬件系统及各传输、分析软件系统组成的远程多参量监测系统，动态称重系统，可获得车辆通过时间、速度、车道、车重等参数。对于车辆荷载的研究，这里主要利用长标距 FBG 传感子系统所测数据来完成荷载识别功能，并利用动态称重系统数据作为参考对比。

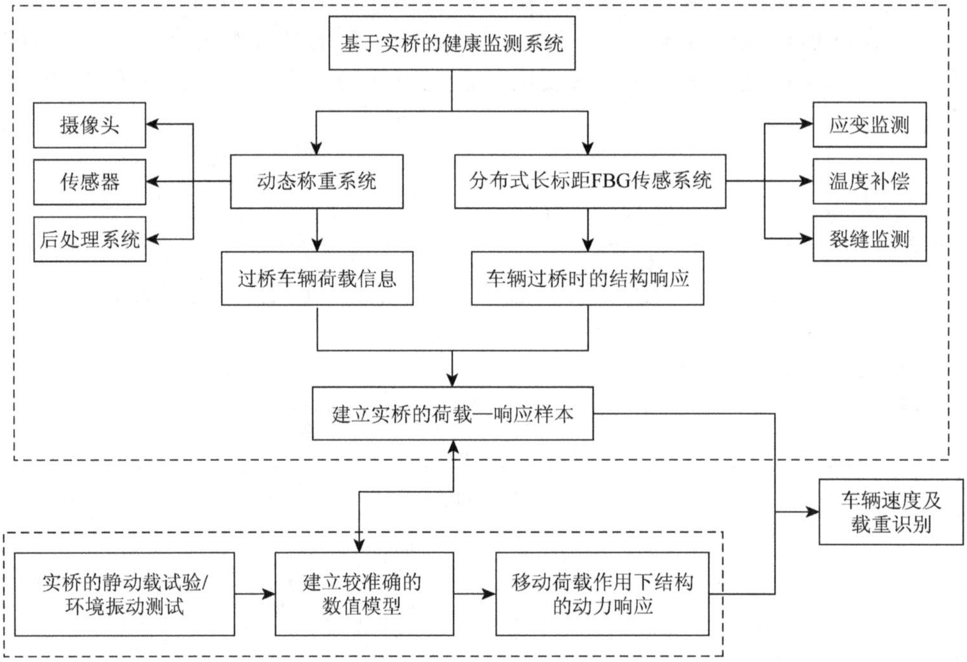


图 4.78　移动荷载识别流程图

（1）传感器布设

杨才千等[114]利用长标距 FBG 传感器和动态称重系统来构成新沂河大桥的结构健康监测系统，完成结构响应和现有车载情况的监测和反演。根据结构的实际受力特点、分布式长标距 FBG 传感器的特点以及现场实际条件，选择第 11 联第 2 跨左幅作为传感器布置跨。以车辆行驶方向作为正向，从右向左将四根箱梁依次编号为 1#、2#、3#、4#梁。在 2#梁和 4#梁底部沿纵向全长范围布置传感器，在 1#梁和 3#梁底部跨中段沿纵向布置传感器。

（2）长标距应变结果

在单车道车辆荷载激励下（图 4.79），3#梁跨中截面底部典型的应变时程图如图 4.80 所示。当上部荷载较大时应变波动也会增大，因此可以根据应变峰值高低定性的判断车辆荷载载重。当车辆处于监测跨的相邻跨时，监测截面底部处于受压状态，出现负应变，与图中两个波谷相对应；当车辆处于监测跨时，监测截面底部处于受拉状态且受力较大，出现正应变，与图中一个波峰相对应，且波峰绝对值大于波谷绝对值。当车辆不处于监测跨及相邻两跨时，监测跨受力较小，传感器波长值基本没有变化，应变值约为 0。对同一时段内监测跨的 1#梁至 4#梁跨中截面底部应变值进行比较可发现，4#梁的响应最大，其次依次为 3#梁，2#梁，1#梁，图 4.82 是由于在测试过程中仅容许超车道上有车辆通过，即 3#梁和 4#梁上桥面板间直接承受车载。在正常通车状态下，也可根据各个梁的相对应变大小来判断车辆处于哪个车道。

图 4.79　单车荷载

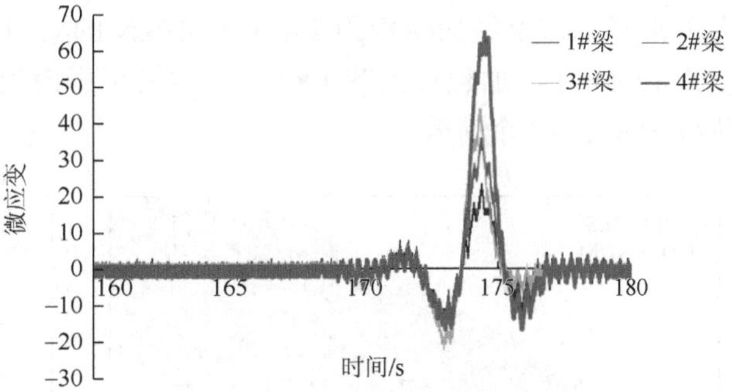


图 4.80　在单车荷载下的 1#梁至 4#梁跨中截面底部应变时程图

图 4.81　随机荷载

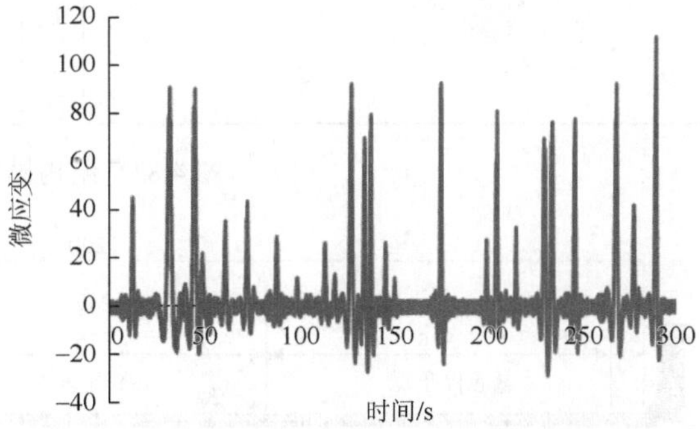


图 4.82　在随机荷载下 4#梁跨中截面底部应变时程图

对连续四个小时的测试数据进行统计发现，在绝大多数情况下，4#梁跨中截面底部响应最大；布置在梁底的传感器在有车辆通行时，负应变变化范围约为−52～−5με，正应变变化范围约为 5με～177με。对监测时间内的监测跨内出现的最大拉应变处传感器的波峰数及波峰值进行统计可得，峰值在 0～20με、20～40με、40～60με、60～80με、80～100με、100～120με、120～140με 的次数分别为 115 次、299 次、116 次、183 次、186 次、42 次、1 次。

（3）有限元模拟

本节拟采用ANSYS软件对新沂河大桥在移动荷载作用下的动态响应进行模拟。采用三维杆单元Link8模拟钢筋，实体单元Solid45模拟混凝土，弹簧单元combin14模拟支座约束。

根据相关设计资料和现场环境振动测试结果，拟定混凝土基本材料参数如下：整联箱梁弹性模量 $E$=3.3×$10^4$MPa，密度为 2550kg/$m^3$；泊松比 0.167；桥面板弹性模量 $E$=3.3×$10^4$MPa，密度为2550kg/$m^3$；泊松比0.167；桥面铺装层$E$=1.2×$10^3$MPa，密度为2200kg/$m^3$；泊松比 0.35。实桥预应力筋采用低松弛高强度预应力钢绞线，标准强度 $R_y^b$ 为1860MPa，取弹性模量$E$=1.95×$10^5$MPa，泊松比0.27，线膨胀系数为1.2×$10^{-5}$m/℃。根据降温法来施加预应力。

对几何模型进行单元划分，每个单元的纵向长度为1m，在铺装层根据加载要求对单元横向长度进行适当细分以便加载，共35 323个节点，23 224个单元，如图4.83所示。在正常开车道上施加两相距2.4米$F$=10kN的集中力模拟车辆荷载作用施加于节点上，速度为120km/h，加载点见图4.84中虚线箭头指向处。共设定194个荷载步进行加载，每个荷载步设定10个荷载子步。

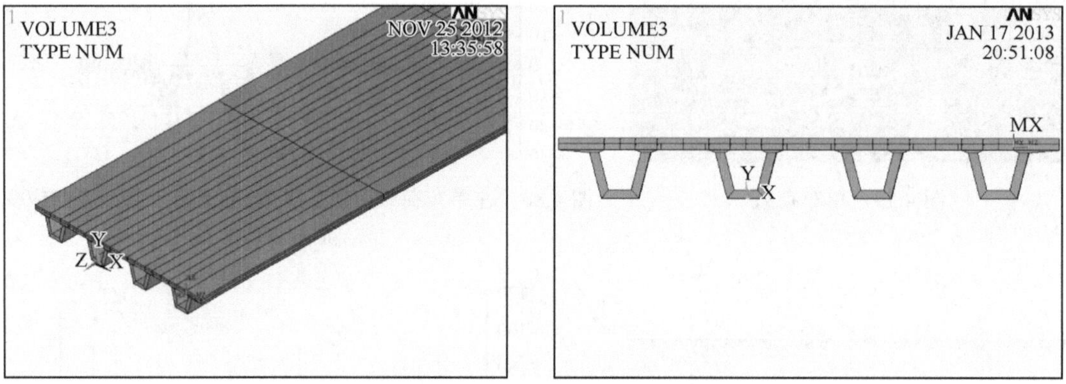


图4.83　结构模型的建立

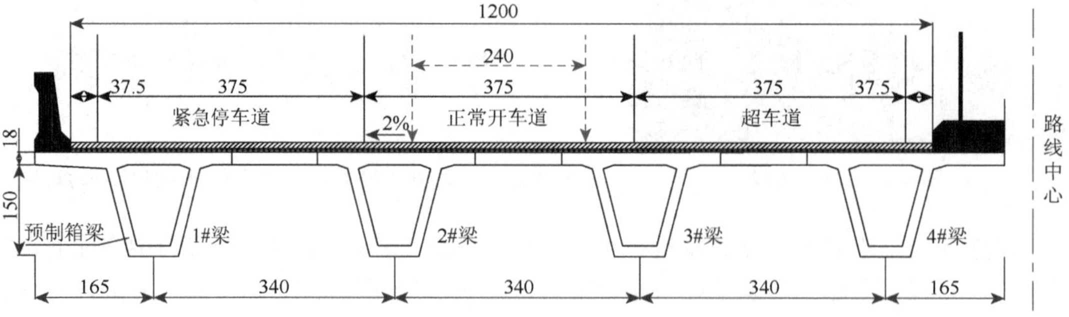


图4.84　车道设置及移动荷载加载示意图（cm）

施加速度分别为40km/h、60km/h、80km/h、100km/h、120km/h的集中荷载，并对所得广义动态应变影响线进行积分，结果列于表4.9。由表中数据可知，积分值随着速度的变化有所变化，但未呈现出随速度变化的明显规律，且积分变化值微小，在荷载识别过程中，先对车速进行识别，再根据表 4.9 采用对应的单位荷载（$F$=10kN）作用下相应截面应变时程曲线积分值或采用各积分值的平均值近似代入。车速处于列表中所列值之间时，可采用线性插值法获得结果。

**表 4.9　不同速度的车载作用下各传感器的应变时程曲线积分值**

| 应变时程曲线积分值 $\int_0^L \varepsilon(x)\mathrm{d}x$ | 40km/h | 60km/h | 80km/h | 100km/h | 120km/h |
|---|---|---|---|---|---|
| 2#梁跨中截面处 | 9.81 | 9.75 | 9.82 | 9.70 | 9.77 |
| 3#梁跨中截面处 | 8.07 | 8.01 | 8.08 | 7.93 | 8.03 |
| 2#梁跨中偏左 2m 截面处 | 9.15 | 9.11 | 9.16 | 9.03 | 8.37 |
| 3#梁跨中偏左 2m 截面处 | 7.51 | 7.47 | 7.52 | 7.37 | 7.47 |
| 2#梁跨中偏右 2m 截面处 | 8.74 | 8.66 | 8.74 | 8.62 | 9.10 |
| 3#梁跨中偏右 2m 截面处 | 7.11 | 7.04 | 7.11 | 6.97 | 7.20 |
| 2#梁左支座截面处 | −12.75 | −12.82 | −12.75 | −12.83 | −13 |
| 2#梁右支座截面处 | −10.83 | −10.83 | −10.82 | −10.89 | −11 |

（4）速度识别结果及分析

对一跨径 30 米的六跨连续梁作为研究对象。取第二跨的左端支座截面、1/4 跨截面、跨中截面、3/4 跨截面、右端支座截面，分别命为 A、B、C、D、E 截面，并根据结构力学的方法作出五个截面的弯矩影响线。假设截面刚度不变，则各截面应变影响线与该图对应曲线线形一致，仅在数值上有所不同。因此有：

$$v=\frac{d}{\Delta t}=\frac{d}{t_2-t_1}\quad |D-d|\leqslant\frac{1}{2}L \tag{4.182}$$

其中，$d$ 对跨中截面可取三跨桥的桥长 90 米，对于 1/4、3/4 跨截面可取两跨桥的桥长 60 米，真实值 $D$ 与所取值 $d$ 相差值小于半个车长 $L$，如式（4.182）所示，误差在允许范围内；Δt 对跨中截面可取最明显的两个波谷和一个波峰所占时间段，对于 1/4、3/4 跨截面可取出现明显应变变化的时间段。

根据以上推导，取其中一部分传感器的监测数据对某采集样本进行车速识别。上述方法能保证较高的精确度，且对传感器的位置无特别要求。对所取多个反演车速进行式（4.183）的处理作为理论标准车速值，利用各传感器数据进行车速反演的误差分布见图 4.85。

$$\mathrm{v}=\left[\sum_{i=1}^{n}v_i-\max(v_1,v_2\cdots v_n)-\min(v_1,v_2\cdots v_n)\right]/(n-2)(i=1,2,3\cdots,n>2) \tag{4.183}$$

由图 4.85 可知，采用影响线理论对采集的单车样本进行车速反演，理论值与 WIM 值吻合良好，共有 116 个样本的相对误差在±10%以内，剩下的 14 个样本的误差较大，最大甚至达到了 26.1%，而采集数据和对应的 WIM 数据也显示正常。对误差来源进行分析，应有如下几方面。首先是为了推导出荷载的车速，对公式中距离 $d$ 的取值进行简化处理，而实际精确距离却是未知的，这属于系统误差。其次是这些车辆在从动态称重系统布置区行驶至结构响应监测区时，速度发生了较大的变化，不符合匀速行驶这一假设条件。

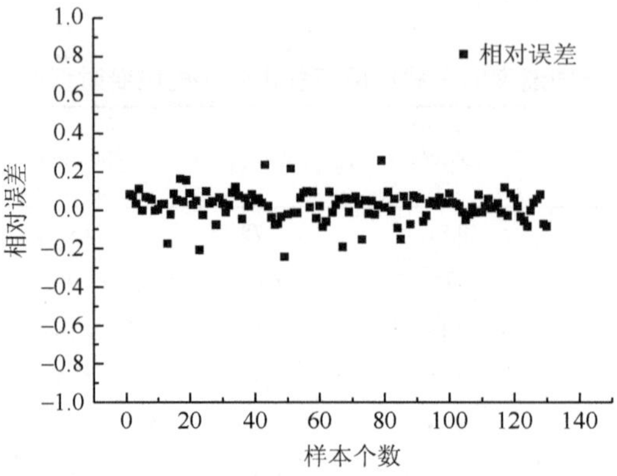


图 4.85　样本的车速相对误差图

（5）车重识别结果与分析

通过车速反演，可假定所得车速为真实值而将应变时程曲线转化为广义的动态应变影响线，进一步对车重进行识别。采用上述数值模拟结果以及对第一次采集到的 50 个样本数据进行处理。图 4.86 和图 4.87 分别为采用 2#梁跨中截面和 3#梁跨中截面数据反演得到的车重相对误差图。从图中可以较为直观地看出，两组数据所得结果都具有一定的精度，相对误差都能控制在±30%以内；但第一组结果更集中在±20%以内，数据在误差范围内分布均匀，而第二组的数据绝大部分分布在 0 以上，这表明 3#梁的模拟响应值偏大。

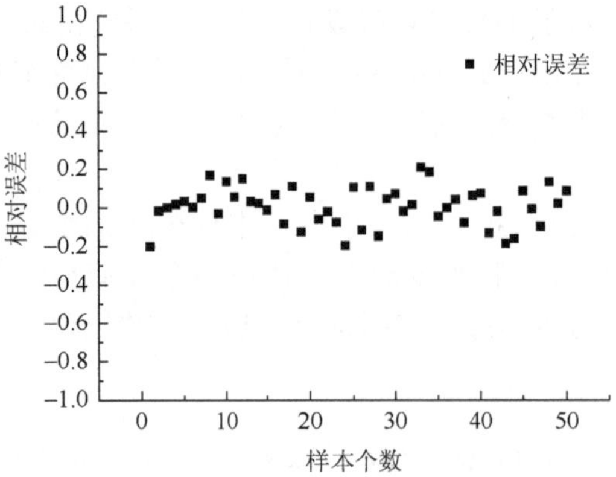


图 4.86　第一次样本的车重反演相对误差图（2#梁跨中截面处）

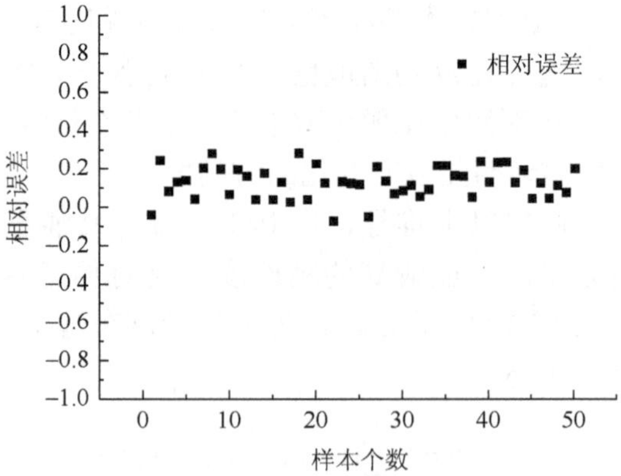


图 4.87　第一次样本的车重反演相对误差图（3#梁跨中截面处）

对所有传感器数据进行处理分析后发现，利用 2#梁跨中截面处传感器数据得到的车重识别结果最为理想，这是由于跨中截面处的应变响应最大，应变曲线积分值最大，相对而言受噪声影响较小。同时，车轴离 2#梁最近，力的传递路径最短且最直接，因此数值模型结果与实际值最为相近。可以看出所有的反演结果都能控制在一定误差范围内，能够在一定程度上反映真实结构的特性。

## 4.5　结构模型修正

基于监测数据的有限元修正（FE model updating）技术在参考文献中已研究较多，所得出的比较精确的有限元模型可以对结构进行定量化评估，并能够对结构进行精确分析（如疲劳分析等）和预测结构的响应。Mottershead 和 Friswell[115]等对现有的有限元模型修正方法进行了系统的分类和总结。在有限元模型修正方法中，最常用的是基于灵敏度分析的有限元模型修正方法，其方法的原理是通过基于灵敏度的迭代优化算法使实际测试数据和有限元模型计算的数据组合而成的目标函数最小化，进而进行参数识别和结构分析（响应预测等）。用来构成目标函数的特征量一般包括结构的自振频率、频响函数（FRF）、位移模态、位移模态推导（模态应变能、模态柔度等）。国内学者也对有限元模型修正方法进行了很多研究和工程应用，并对有限元模型修正的理论基础、修正方法、目标函数的构成、优化算法、工程应用等方面进行了系统研究。本节主要介绍基于区域分布传感数据的有限元模型修正技术[116]。

### 4.5.1　有限元模型修正的一般过程

有限元模型修正的一般过程如图 4.88 所示，首先根据结构的材料属性、几何尺寸、边界条件建立结构的初始有限元模型，通过灵敏度分析选择修正参数，通过有限元分析得到结构模态参数的理论值，把模态参数的理论值和实际振动测试得到的模态参数实测值进行相关性分析，接着构造目标函数和确定权重因子，最后通过优化迭代算法使目标函数最小化得到修正参数的最优值，其中选择适当的目标函数和修正参数至关重要。

在有限元修正中，一般采用灵敏度分析方法来选取修正参数。设 $f(p_n)$ 为待修正参数 $p_n$ 的多元函数，则一阶灵敏度可以定义为

$$S(f(p_n)) = \frac{\partial f}{\partial p_n} \approx \frac{\Delta f}{\Delta p_n} \tag{4.184}$$

其中，待修正参数 $p_n$ 一般为材料密度、刚度、弹性模量、截面面积等，$f(p_n)$ 一般为结构的动力特性，如结构自振频率、位移模态、应变模态及其推导（模态柔度等）和组合。在选择修正参数时，应该选择灵敏度比较大的参数作为修正参数，避免选择那些灵敏度比较小的参数对结构进行修正。

基于分布式长标距应变传感技术直接分析得到结构的动力特性有结构频率、长标距应变模态等；可以间接得到结构动力响应有位移模态及其推导（模态柔度等）。依据上述监测和测试所识别得出的结构特征，可以构建以下几种目标函数：

（1）结构固有频率变化准则

$$f_1(x) = \sum_{j=1}^{n} \alpha_j \left( \frac{\omega_{\mathrm{a},j} - \omega_{\mathrm{t},j}}{\omega_{\mathrm{t},j}} \right)^2 \tag{4.185}$$

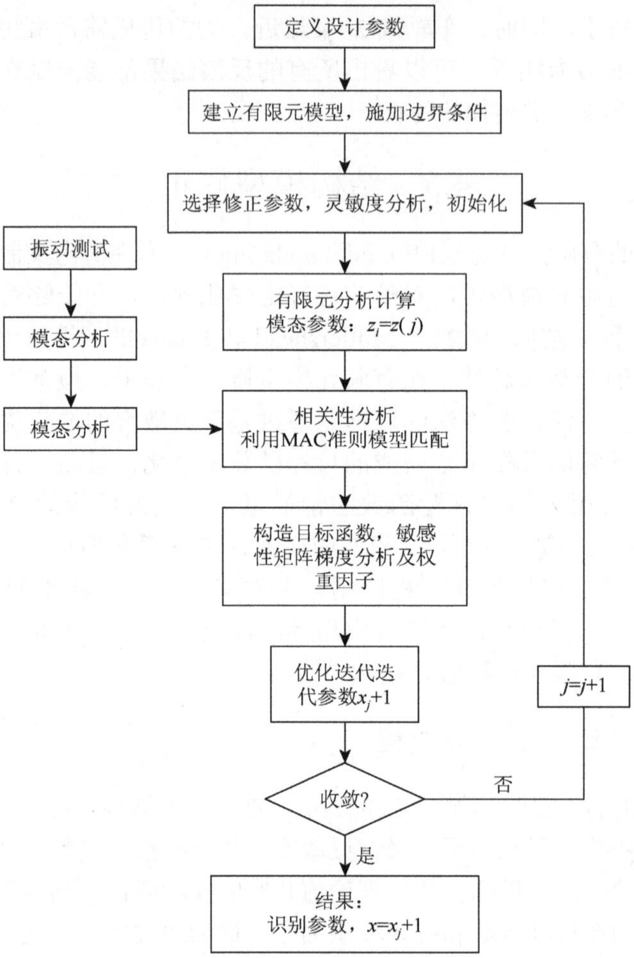


图 4.88　有限元模型修正的一般过程

（2）结构位移模态的模态置信准则

$$f_2(x)=\sum_{j=1}^{n}\alpha_j\left(\frac{1-\sqrt{MAC(\phi_{\mathrm{a}},\phi_{\mathrm{t}})_j}}{MAC(\phi_{\mathrm{a}},\phi_{\mathrm{t}})_j}\right)^2 \tag{4.186}$$

（3）结构长标距应变模态的模态置信准则

$$f_3(x)=\sum_{j=1}^{n}\alpha_j\left(\frac{1-\sqrt{MAC(\delta_{\mathrm{a}},\delta_{\mathrm{t}})_j}}{MAC(\delta_{\mathrm{a}},\delta_{\mathrm{t}})_j}\right)^2 \tag{4.187}$$

（4）结构长标距应变模态的欧氏范数变化准则

$$f_4(x)=\sum_{j=1}^{n}\alpha_j\frac{\left\|\delta_{\mathrm{a},j}-\delta_{\mathrm{t},j}\right\|}{\left\|\delta_{\mathrm{t},j}\right\|} \tag{4.188}$$

（5）模态柔度变化准则

$$f_5(x)=\sum_{j=1}^{n}\alpha_j\left\|\sum_{j=1}^{n}\frac{1}{\omega_j^2}\phi_{a,j}\phi_{a,j}^{T}-\sum_{j=1}^{n}\frac{1}{\omega_j^2}\phi_{t,j}\phi_{t,j}^{T}\right\| \tag{4.189}$$

（6）应变能变化准则

$$f_6(x)=\sum_{j=1}^{n}\alpha_j\left(\frac{\phi_{a,j}^{T}K\phi_{a,j}-\phi_{t,j}^{T}K\phi_{t,j}}{\phi_{t,j}^{T}K\phi_{t,j}}\right)^2 \tag{4.190}$$

在实际应用中目标函数可以采用上面的一种或几种函数的组合，如

$$f_7(x)=f_1(x)+f_2(x)=\sum_{j=1}^{n}\alpha_j\left(\frac{\omega_{a,j}-\omega_{t,j}}{\omega_{t,j}}\right)^2+\sum_{j=1}^{n}\gamma_j\left(\frac{1-\sqrt{MAC(\phi_a,\phi_t)}_j}{MAC(\phi_a,\phi_t)_j}\right)^2 \tag{4.191}$$

其中，$\omega_{a,j}$、$\omega_{t,j}$ 分别为结构第 $j$ 阶固有频率的分析值和实测值，$\phi_{a,j}$、$\phi_{t,j}$ 分别为结构第 $j$ 阶位移模态的分析值和实测值，$MAC$ 为模态置信准则，其定义如下面内容，$\delta_{a,j}$、$\delta_{t,j}$ 分别为结构第 $j$ 阶长标距应变模态的分析值和实测值，$K$ 为结构刚度矩阵，$\alpha_j$ 和 $\gamma_j$ 为权重因子，$\|\cdot\|$ 是向量的欧氏范数。

在判断目标结构是否需要进行有限元模型修正，一般通过实测数据和初始有限元模型的分析数据进行相关性分析，如果相关性好则不需要模型修正，如果相关性不好则需要有限元模型修正，本书是基于分布式长标距应变传感技术的有限元模型修正，可以采用实测数据分析的长标距应变模态和初始有限元模型分析的长标距应变模态的相关性进行判别。

$$MAC(\delta_a,\delta_t)=\frac{\left|\delta_a^{T}\delta_t\right|^2}{(\delta_a^{T}\delta_a)(\delta_t^{T}\delta_t)} \tag{4.192}$$

其中，$MAC$（modal assurance criterion）为模态置信准则，$\delta_a$ 为实测数据分析得到的长标距应变模态向量，$\delta_t$ 为初始有限元模型分析得到的长标距应变模态向量，如果实测模态和分析模态两者完全相关，则 $MAC$=1.0，如果实测模态和分析模态两者完全不相关，则 $MAC$=0。

### 4.5.2　基于区域分布传感的结构模型修正

1）方法概述

一个好的修正有限元模型可以产生更精确的结果，影响模型计算结果的因事主要有结构的刚度、边界条件、结构质量密度等，结构的刚度作为结构的局部特征，是影响结构安全性能的重要因素，同时边界条件和结构的质量密度对于结构响应预测同样意义重大，所以本书主要把结构的局部刚度、边界条件、结构的质量密度作为有限元模型修正过程中的设计参数（修正参数）。作者团队提出的利用长标距应变传感的结构模型修正的思路如图 4.89 所示，它不仅可以提取出反映结构整体性能的整体信息（结构自振频率等），同时可以提取出反映结构局部性能的局部信息（结构长标距应变模态向量）[117]。

结构的边界条件和质量密度主要和结构的自振频率相关，结构的刚度分布主要和结构长标距应变模态向量相关，所以这里选取结构长标距应变模态向量和结构自振频率组合而成的目标函数公式（4.193）。

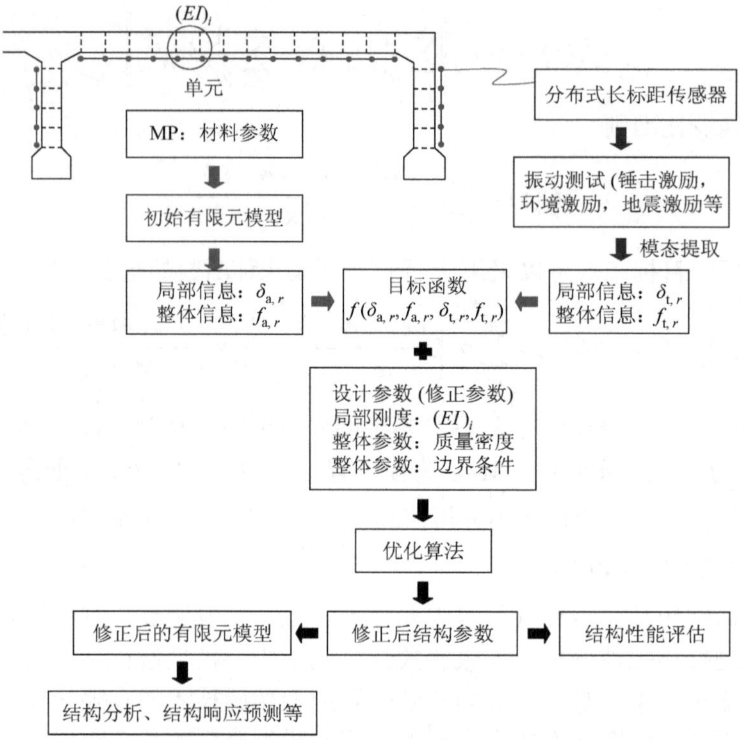


图 4.89　基于区域分布式测量的有限元模型修正策略

$$f(x)=\sum_{i=1}^{n}\gamma_i\frac{\left\|\delta_{a,i}-\delta_{t,i}\right\|}{\left\|\delta_{t,i}\right\|}+\sum_{j=1}^{m}\beta_j(1-f_{a,j}/f_{t,j})^2 \tag{4.193}$$

其中，$\delta_{a,i}$ 和 $f_{a,j}$ 分别表示利用有限元模型计算出来的第 $i$ 阶应变模型向量和第 $j$ 阶自振频率；$\delta_{t,i}$ 和 $f_{t,j}$ 分别表示利用实测得到的第 $i$ 阶应变模型向量和第 $j$ 阶自振频率。$\gamma_i$ 和 $\beta_j$ 是权重系数，确定权重系数的原则：这里选取的权重系数 $\gamma_1=1$，$\beta_1$ 和 $\beta_2$ 的取值满足（式（4.177））第一部分（应变模态余量）的值和第二部分（频率余量）的值在同一个量级上。$\|\cdot\|$ 是向量的欧氏范数，实际工程利用分布式传感技术进行有限元模型修正的过程中，结合上述分析，只需要低阶模态参数（应变模态、频率），而低阶模态参数在环境激励或者地震激励下是比较容易提取的。本节采用第一阶应变模态信息和前两阶频率信息对结构进行模型修正。

至此，有限元模型修正就转化为有约束条件下的优化求解过程（式（4.194）），即利用优化算法，通过不断迭代结构的设计参数，使目标函数最小化。

$$\begin{cases}\min f(x)=\min\sum_{i=1}^{n}\gamma_i\dfrac{\left\|\delta_{a,i}-\delta_{t,i}\right\|}{\left\|\delta_{t,i}\right\|}+\sum_{j=1}^{m}\beta_j(1-f_{a,j}/f_{t,j})^2\\ s.t.\qquad g_1\leqslant g_i\leqslant g_2\\ \qquad\quad h_1\leqslant h_i\leqslant h_2\\ \qquad\quad k_1\leqslant k_i\leqslant k_2\end{cases} \tag{4.194}$$

其中，$g$、$h$ 和 $k$ 是设计参数，分别表示单元平均刚度，质量密度，边界条件，在迭代过程中设计参数都根据实际情况选取上下限，让迭代过程更快收敛。

这里选取一阶优化算法进行迭代过程的计算，一阶优化算法通过引入罚函数使求解有约束问题转化为无约束问题的求解，基本思路是对原有目标函数添加罚函数组成新的目标函数，把原来约束条件引入到新的目标函数中去。一阶优化算法使用因变量（目标函数和状态变量）的一阶偏导数，相比于零阶算法，一阶算法计算精度更高，一阶算法通过在目标函数中添加惩罚函数的方法，把有约束问题转化为无约束问题，它使用因变量对设计变量的偏导数，在迭代过程中，通过梯度计算确定搜索方向，并使用线搜索法使无约束问题最小化。

在目标函数中添加惩罚函数后，原目标函数可以转化为

$$Q(x,q)=\frac{f}{f_0}+\sum_{i=1}^{n}P_x(x_i)+q\left[\sum_{i=1}^{m_1}p_g(g_i)+\sum_{i=1}^{m_2}p_h(h_i)+\sum_{i=1}^{m_3}p_k(k_i)\right] \tag{4.195}$$

其中，$Q(x,p)$ 为无约束的目标函数，$f_0$ 为参考目标函数，$P_x$ 为约束设计变量的惩罚函数，$p_g$、$p_h$、$p_k$ 为约束状态变量的混合惩罚函数。

对于第 $i$ 步优化迭代，引入优化搜索方向 $d^{(j)}$，则下一步即 $i$+1 步的设计变量为

$$x^{(j+1)}=x^{(j)}+s_j d^{(j)} \tag{4.196}$$

其中，$s_j$ 为线搜索参数（最优步长因子），对应于搜索方向 $d^{(j)}$ 上的最小步进值，其取值方法采用黄金分割比和局部的平方拟合技术，其范围限制如下式所示：

$$0\leqslant s_j\leqslant\frac{s_{\max}}{100\times s_j^*} \tag{4.197}$$

其中，$s_j^*$ 为最大可用步进值，而 $s_{\max}$ 为设定的最大步进缩放尺寸，在优化设计中，迭代的收敛条件为 $\left|f^{(j)}-f^{(j-1)}\right|\leqslant\tau$，$\left|f^{(j)}-f^{(m)}\right|\leqslant\tau$，其中 $f^{(j)}$，$f^{(j-1)}$ 分别为第 $j$ 步、第 $j$–1 步的目标函数值，$f^{(m)}$ 为最优步的目标函数值，$\tau$ 为目标函数的容许误差，一般根据目标函数的类型和计算精度、计算速度综合考虑。

2）简支梁结构示例

为了验证上述的基于分布式长标距应变响应的结构模型修正方法的有效性，对图 4.90 的 H 型钢梁进行数值仿真模拟。梁的截面尺寸：支座间的长度 5.6m，梁高 10cm，梁宽 10cm。初始有限元模型的材料参数属性：弹性模量 $E=2\times10^{11}\text{N/m}^2$，密度 $\rho$=7800kg/m3。初始有限元模型的支座约束：两端简支（梁端支座的转动刚度为 0，即转动不受限制）。假设梁底布置了长标距应变传感器：离梁左端 25cm 处依次布置 17 个标距为 30cm 的长标距 FBG 传感器，传感器编号依次为 F1～F17。

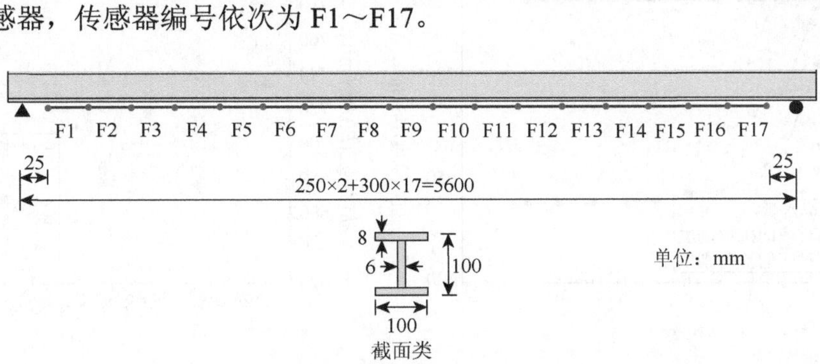


图 4.90　初始有限元模型（均匀刚度分布及简支边界条件）

实际有限元模型根据不同的边界条件及刚度分布共分为 3 种工况（C1～C3），利用实际有限元模型进行模态分析得到结构的频率和长标距应变模态作为“实测值”，此模拟中采用结构的第一阶长标距应变模态和前两阶频率构成目标函数。根据长标距应变模态和模态转角位移的一一对应关系可以依次得到每个单元在各种工况下的应变模态。

实际有限元模型（图 4.91～图 4.93）采用的梁单元，每个单元的长度为 5cm，每个长标距传感器覆盖 6 个单元。工况 1（图 4.91）中采用的材料密度为 $\rho$=7800kg/m$^3$，梁两端的边界条件同初始有限元模型中所采用的边界条件（即左支座转动刚度 $k_1$=0，右支座转动刚度 $k_2$=0），传感器 F8 覆盖范围内其中 4 个单元的刚度折减 10%，其余刚度分布同初始有限元中刚度分布；工况 2（图 4.92）中采用的材料密度为 $\rho$=8100kg/m$^3$，梁

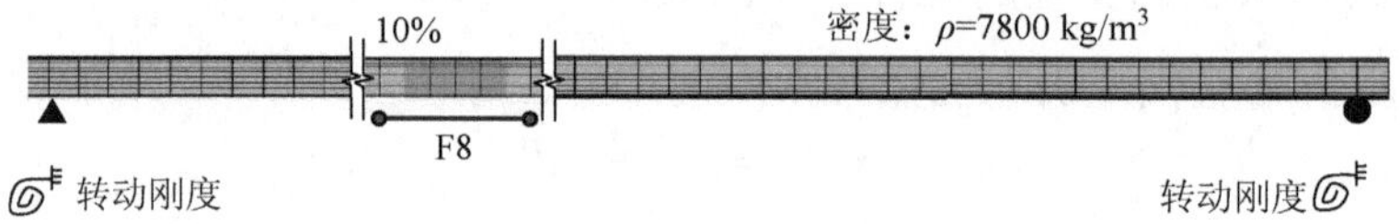


C1

图 4.91　实际有限元模型（工况 1）

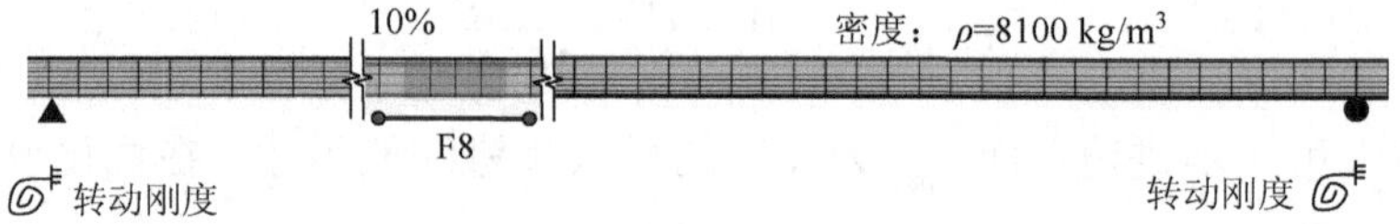


C2

图 4.92　实际有限元模型（工况 2）

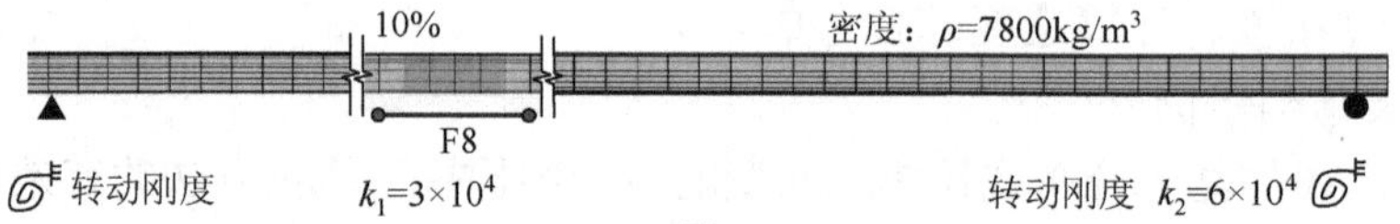


C3

图 4.93　实际有限元模型（工况 3）

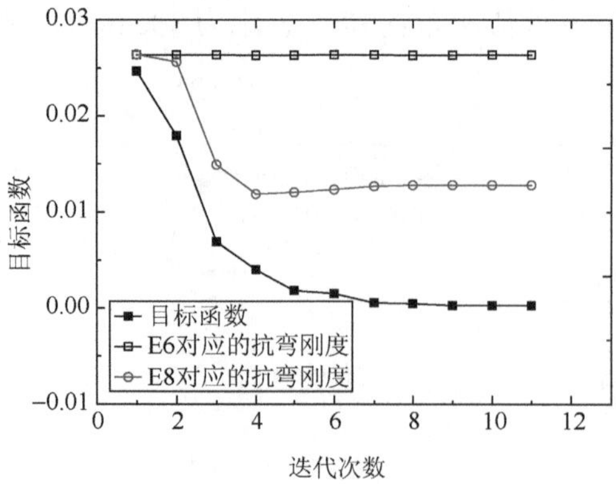


图 4.94　典型目标函数及设计参数收敛图图

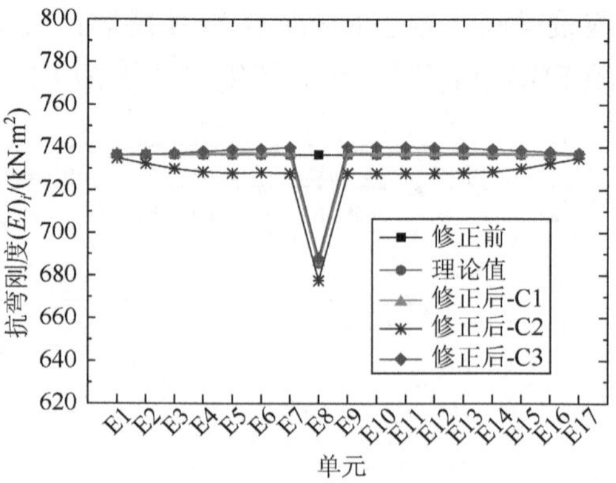


图 4.95 修正前后结构刚度分布对比图

两端的边界条件同初始有限元模型中所采用的边界条件（即左支座转动刚度 $k_1$=0，右支座转动刚度 $k_2$=0），传感器 F8 覆盖范围内其中 4 个单元的刚度折减 10%，其余刚度分布同初始有限元中刚度分布；工况 3（图 4.93）中采用的材料密度为 $\rho$=7800kg/m$^3$，梁两端的边界条件：竖向约束及横向约束同初始有限元模型中所采用的边界条件，左支座转动刚度 $k_1=3\times10^4$（N·m）/rad，右支座转动刚度 $k_2=6\times10^4$（N·m）/rad，传感器 F8 覆盖范围内其中 4 个单元的刚度折减 10%，其余刚度分布同初始有限元中刚度分布。工况 1～工况 3 模拟实际结构局部刚度降低（单损伤）以模拟实际结构中裂缝的产生、应力集中等因素对刚度的影响。

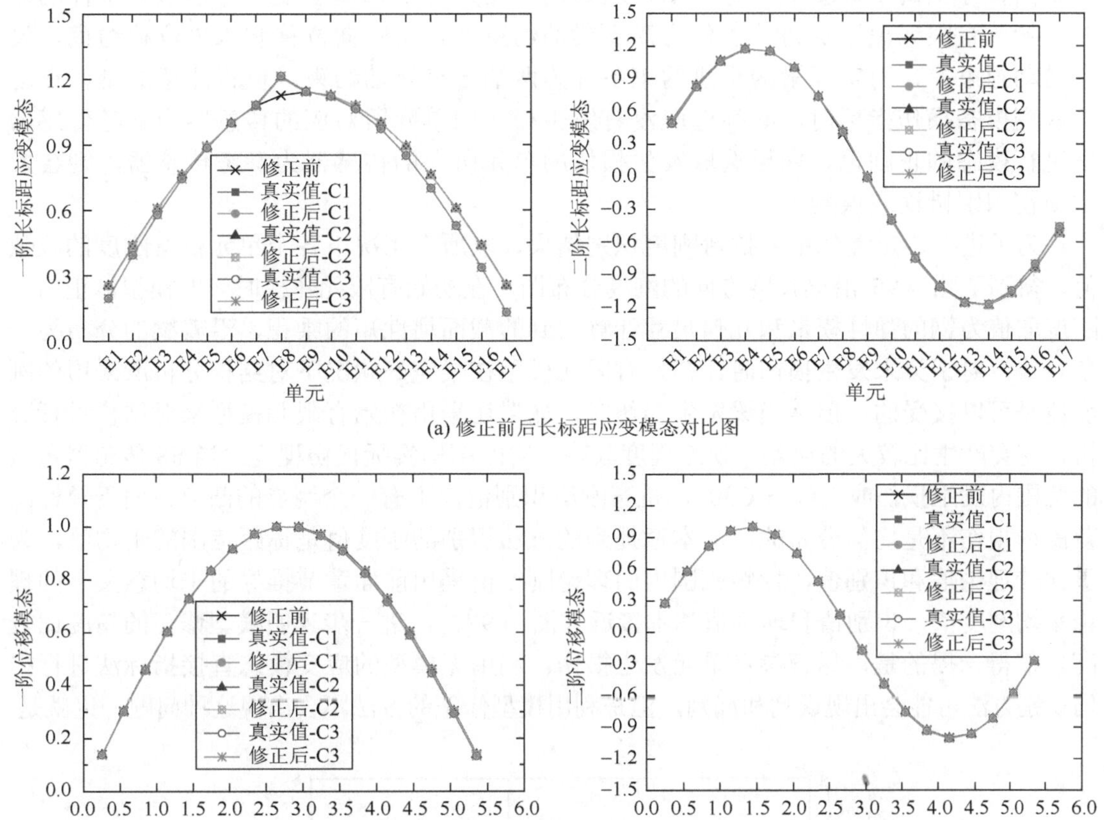


(a) 修正前后长标距应变模态对比图

(b) 修正前后位移模态对比图

图 4.96　修正前后长标距应变模态和位移模态对比

利用这里介绍的模型修正方法，计算 3 种工况下的目标函数并通过迭代运算使目标函数最小化来修正结构设计参数，目标函数为初始有限元模型和实际有限元模型计算的模态参数值差值形成的函数。图 4.94 为目标函数及设计参数在各种工况下的典型迭代收敛情况，从中可以看出，基于分布式长标距应变响应的模型修正过程非常易于收敛，在迭代 10 步之内结果基本趋于稳定，目标函数从初始值趋于 0，设计参数（单元抗弯刚度）趋于平稳。图 4.95 表明，在 C1～C3 工况下，仅在传感器 F8 覆盖范围内发生损伤（沿着单元长度方向发生局部损伤，图 4.91～图 4.93），而其余传感器覆盖范围内均未发生损伤，通过模型修正结果得到的刚度识别值定量地反映了这一点，如传感器 F6 覆盖范围内的刚度值 E6 在迭代过程中基本保持在 736kN·m$^2$（实际模型中理论刚度），而传感器 F8 覆盖范围内的刚度值 E8 在迭代过程中从初始值 736kN·m$^2$ 迅速降低直至趋于稳定在 680kN·m$^2$ 附近。

利用修正后的有限元模型计算得到的应变模态分布如图 4.96（a）所示，每一种工况下修正后有限元模型计算得到的应变模态跟实测值基本重合，对于 C3、C6、C9，对比初始有限元模型计算的应变模态和“实测”的应变模态结果，发现“实测值”的分布图整体偏离于计算值的分布图，这是由于初始有限元模型没有考虑边界条件的影响，初始有限元模型的边界条件为简支梁的约束（只有竖向位移和水平位移约束，没有转动约束），而实际梁的支座约束条件为两端各有转动约束。值得注意的是，在运用应变模态损伤指标时，必须选取没有发生损伤的单元所对应的传感器为参考传感器来进行模态的正则化，如果选取发生损伤的单元所在的传感器为参考传感器，则会发生损伤识别错误或误判。

为了进一步定量化单元抗弯刚度识别结果，取所有工况下各个单元抗弯刚度的收敛值，得到了图 4.95 沿梁长度方向的刚度分布图。在初始有限元建模时（即模型修正前）刚度取值为钢的弹性模量和几何尺寸计算得到的截面惯性矩的乘积，沿着梁的分布为一条直线，对于梁未发生损伤时，初始有限元模型在梁完好状况下对结构分析所采用的刚度值是可以接受的，但是当梁发生损伤时，如果还采用初始有限元模型来对结构进行分析，将会产生比较大的误差，误差程度取决于实际结构实际损伤程度。当 F8 传感器覆盖的范围内发生损伤时（C1～C3），抗弯刚度识别值向下有一个明显的凸点。由于长标距范围内损伤不是均匀分布的，而本章提到的方法识别的刚度值是标距范围的平均值，为了比较理论值和识别值，标距范围内的理论刚度值采用前面章节推导的平均意义上的理论平均刚度值，识别值和理论值基本接近（图 4.97），进一步表明模型修正的精度比较高。值得一提的是，尽管参考单元发生损伤，利用无模型的应变模态直接指标法进行损伤识别方法可能会出现误判和漏判，但是利用模型修正的方法不会出现这种问题。也就是

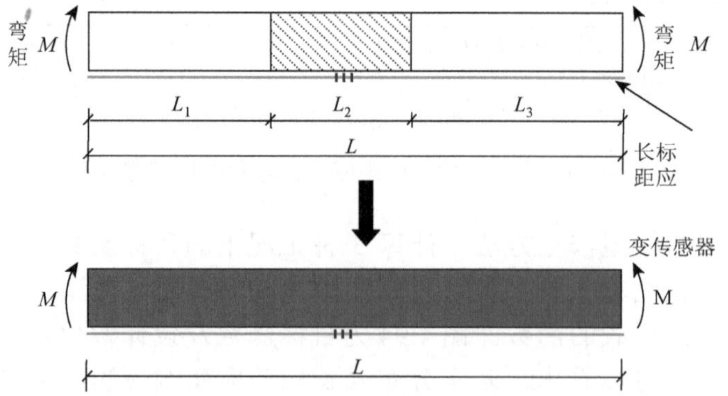


图 4.97　标距范围内的平均刚度模型

说，在模型修正过程中，正则化应变模态所使用的参考单元可以任意选取，这对于实际结构（损伤发生的随机性）的监测及性能评估有重要的意义。另外，上述有限元模型修正过程中，不需要结构的初始状态信息，即不需要比对结构“未发生损伤”状态和“已发生损伤”状态来对结构进行性能评估，在实际结构的性能评估中，由于实际结构已经发生损伤或者含有初始损伤（如混凝土浇筑过程中产生的整体损伤），通过本节的方法仅需一次测试就能对结构的性能进行定量评估。

$$\frac{ML}{(EI)_{\text{equ}}}=\frac{ML_1}{EI}+\frac{ML_2}{(1-\alpha)EI}+\frac{ML_3}{EI} \tag{4.198}$$

$$(EI)_{\text{equ}}=\frac{(1-\alpha)LEI}{(1-\alpha)(L-L_2)+L_2} \tag{4.199}$$

修正后的结构有限元模型除了可以进行上述的参数、损伤识别，可以利用修正后的有限元模型进行结构分析和响应预测，值得注意的是，基于分布式长标距应变传感技术的有限元模型修正方法除了可以进行结构整体响应预测（位移、频率、位移模态等），也可以进行结构局部响应预测（长标距应变、长标距应变模态等），下面以 C3 工况为例说明修正后的有限元模型在响应预测方面的有效性。在结构的跨中施加几种荷载，分别提取结构的位移响应和应变响应，图 4.98（a）为修正前后位移响应对比图，图 4.98（b）为修正前后应变响应对比图，从图上可以看出，相比初始有限元模型（为修正前模型），修正后的模型预测的结果与真实值更加接近。

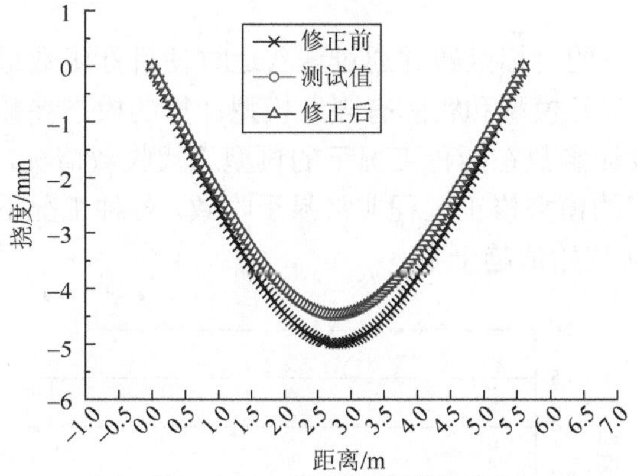

(a) 位移响应对比

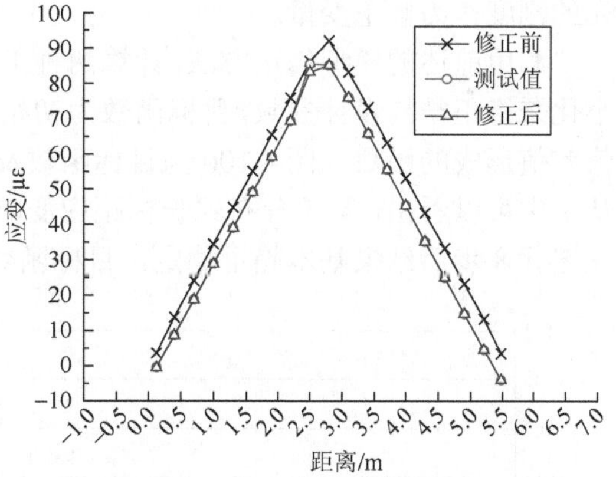

(b) 应变响应对比

图 4.98　修正前后位移响应与应变响应对比

3）某连续箱梁桥有限元模型修正

这里对一 3 跨连续箱梁桥（30m+30m+30m）进行有限元模型修正，连续梁桥的截面尺寸如图 4.99 所示。在有限元建模中采用 solid45 单元，沿梁长共划分 360 个单元，初始有限元模型的材料参数属性：弹性模量 $E$=3.45×1010N/m$^2$，密度 $\rho$=2500kg/m$^3$。沿梁底共布置 45 个长标距应变传感器（自左向右的编号依次为 LG1～LG45），即每个传感器覆盖 8 个单元，其标距长度为 2m。

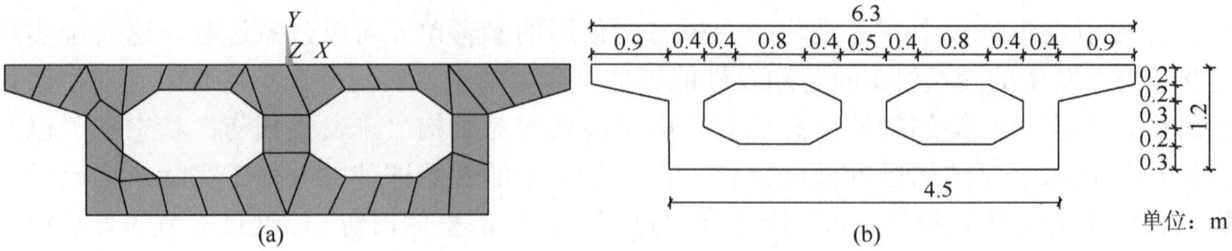


图 4.99　连续梁桥及一阶模态图

实际有限元模型根据不同的刚度分布共分为 2 种工况，工况 1 为传感器 LG8 和 LG38 覆盖范围内发生 30%的刚度损伤，传感器 LG23 覆盖范围内发生 40%的刚度损伤；工况 2 为传感器 LG7、LG19、LG39 覆盖范围内发生 20%的刚度损伤，传感器 LG8、LG21、LG23、LG38 覆盖范围内发生 30%的刚度损伤，传感器 LG23 覆盖范围内发生 40%的刚度损伤；利用实际有限元模型进行模态分析得到结构的频率和长标距应变模态作为“实测值”，采用结构的第一阶长标距应变模态和第一阶频率构成目标函数，如下式所示，

$$f(x)=\gamma_1\frac{\|\delta_{a1}-\delta_{t1}\|}{\|\delta_{t1}\|}+\beta_1(1-f_{a1}/f_{t1})^2 \tag{4.200}$$

其中，$\delta_{a1}$ 和 $f_{a1}$ 分别表示利用初始有限元模型计算出来的第 1 阶应变模型向量和第 1 阶自振频率；$\delta_{t1}$ 和 $f_{t1}$ 分别表示利用实测得到的第 1 阶应变模型向量和第 1 阶自振频率。$\gamma_1$ 和 $\beta_1$ 是权重系数，$\|\cdot\|$ 是向量的欧氏范数，选取一阶优化算法进行迭代过程的计算，采用单元的刚度作为修正变量。

利用前述的模型修正方法，计算两种工况下的目标函数并通过迭代运算使目标函数最小化来修正结构设计参数，目标函数为初始有限元模型和实际有限元模型计算的模态参数值差值形成的函数。图 4.100 为目标函数及设计参数在两种工况下的典型迭代收敛情况，从图中可以看出，基于分布式长标距应变响应的模型修正过程非常易于收敛，各种工况下在迭代 8 步后结果基本趋于稳定，目标函数从初始值趋于零。

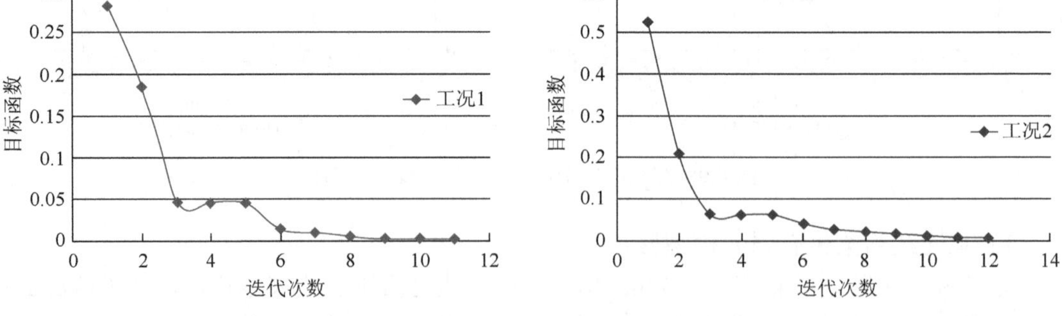


图 4.100　目标函数迭代收敛图

利用修正后的有限元模型计算得到的应变模态分布如图 4.101 所示，每一种工况下修正后有限元模型计算得到的应变模态和实测值基本重合，对比初始有限元模型（修正前）

计算的应变模态和“实测”的应变模态结果，发现“实测值”的分布图局部偏离于计算值的分布图，这是由于初始有限元模型没有刚度不均匀性的影响。

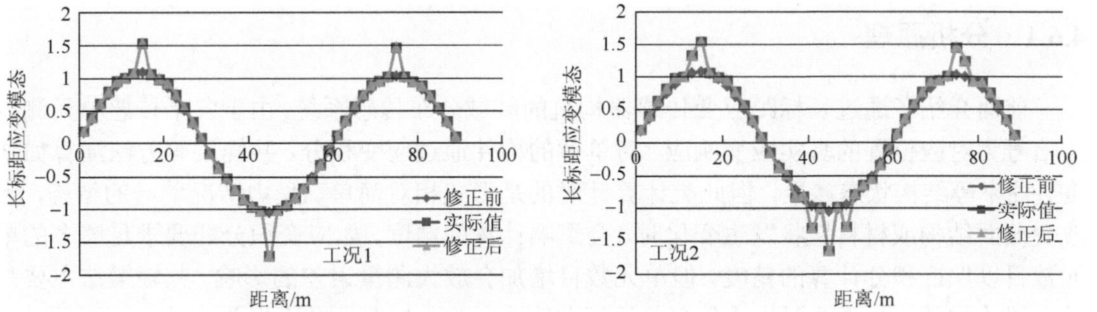


图 4.101　修正前后长标距应变模态

从前面的迭代过程中提取最优的结果（目标函数最小时的结果），可以得到结构的刚度分布（图 4.102），其中 $EI_0$ 为不考虑损伤情况下利用材料属性和几何尺寸计算出来的抗弯刚度，$EI_a$ 为实际识别出来的刚度，从图中可以看出，识别的刚度结果和预设的损伤基本一致。

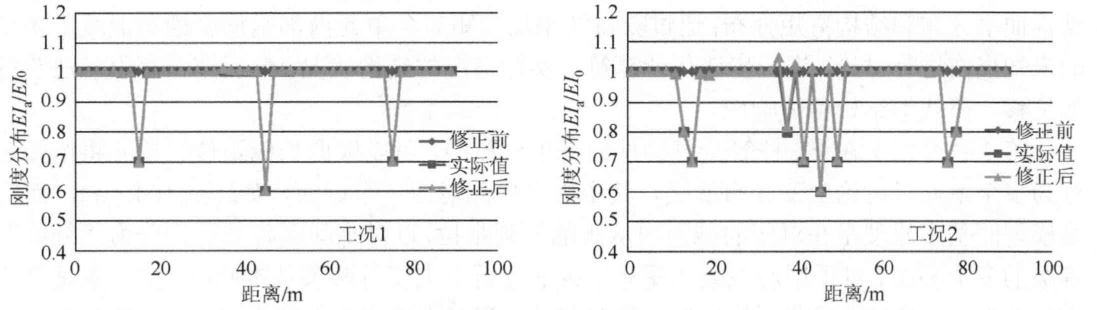


图 4.102　修正前后单元刚度分布

修正后的结构有限元模型除了可以进行上述的参数识别、损伤识别，可以利用修正后的有限元模型进行结构分析和响应预测，值得注意的是，在结构的跨中施加集中荷载，提取结构的挠度响应，图 4.103 为修正前后挠度响应对比图，从图上可以看出，相比初始有限元模型（为修正模型），修正后的模型预测的结果与真实值更加接近。

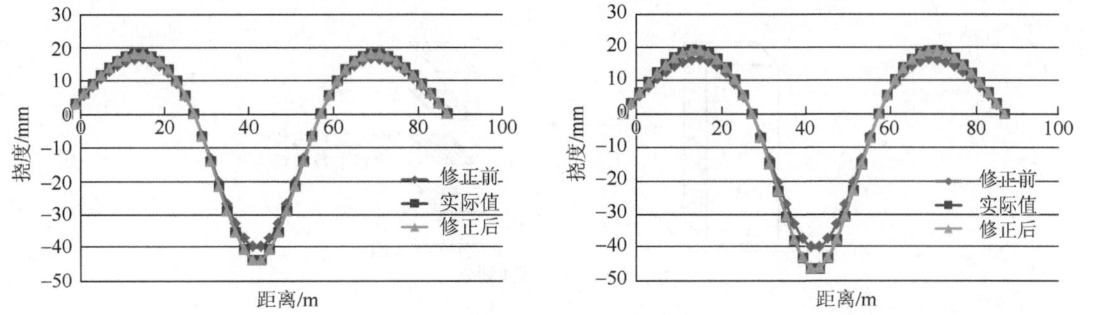


图 4.103　挠度预测

# 4.6　基于纤维模型有限元分析的结构状态参数及损伤识别

## 4.6.1　分析原理

前面介绍了通过长标距应变传感器构筑的区域分布传感系统，由于各个传感单元测得的信号为对应位置的真实应变响应，对单体的构件通过应变积分、共轭梁等方法演算如挠度、曲率等结构状态参数。但此类计算针对的是形式相对简单、受力情况单一的结构，当改变截面结构或材料性状发生变化时，会影响计算的精度。如应变积分法要求足够多的单元数目以保证积分计算的精度，但单元数目增加会放大测量误差的影响。共轭梁法主要是针对梁式构件，并要求划分的各个单元弯曲刚度一致。但对于截面发生变化，特别是对于未知的损伤导致单元刚度变化时，会使计算准确度的降低。虽然可以通过其他手段对损伤情况进行事前调查，并相应调整中性轴的位置能提高计算准确度，但缺乏普遍的适用性，不利于直接计算。针对以上问题，本节介绍一种基于实测的应变分布，通过纤维模型对结构的曲率、内力分析、位移和荷载识别的直接分析方法。该方法根据初期的结构材料和几何特性，基于实测应变分布迭代计算在无损状态下中性轴位置，并计算单元内应力分布、结构曲率分布和结构弯矩分布;通过获得的平均弯矩对各单元内部钢筋腐蚀和混凝土劣化的未知损伤进行讨论，进一步迭代计算符合实际情况的结构状况；最后结合有限元法获得如位移、荷载等结构整体响应。

第 3 章介绍了在梁、柱等受弯构件的变形分析中，可以根据长标距传感单元将结构划分为多个单元以讨论应变分布情况，其中每个单元对应一个截面，如图 4.104（a）。而纤维模型的基本原理是在对应的截面内从压缩侧到张拉，以微小间隔将截面划分为“纤维”等级的多个层次。对于钢筋混凝土受弯结构的分析中主要有两条基本原则。第一条是“几何协调”，也就是“平截面假定”。截面在受弯变形之后依然保持为平截面，受拉区和受压区的应变图是两个相似直角三角形，如图 4.104（b）所示。

另外一个原则就是合力平衡。将纤维模型用于弯式结构的分析，其基本概念是将结构的截面划分成若干纤维层，在已知结构材料特性和几何形状的情况下并假定某纤维条带的应变，再根据平截面假定，可计算各弯曲断面内单元级别的分析。根据各单元内部应力、应变及整体应变分布，可进一步评价各个单元可能的损伤状况，修正参数提高计算的精度。最后通过有限元法整合各个单元，计算结构整体的位移、荷载响应。

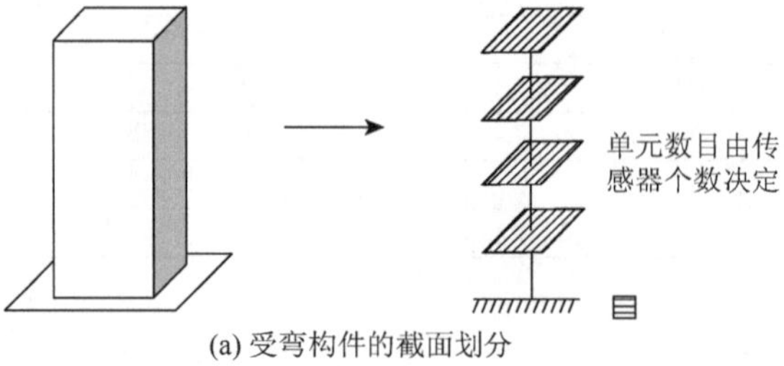


(a) 受弯构件的截面划分

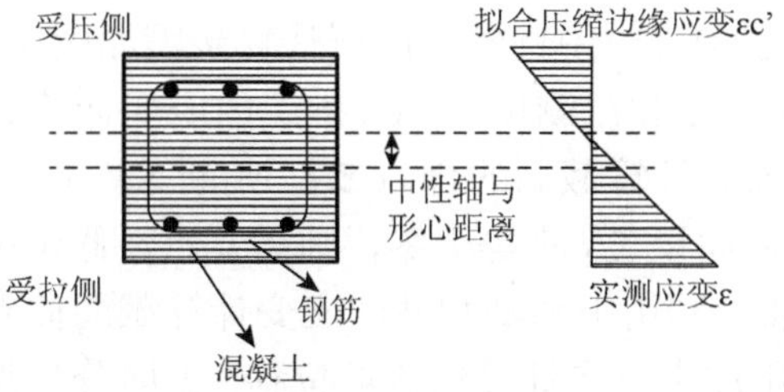


(b) 截面多种材料及应变分布

图 4.104　长标距传感对应的传感单元及截面内应变分布

### 4.6.2　单元的结构状态参数识别

1）中性轴位置及应变分布设定

上述的为外力作用下计算钢筋混凝土结构内在受力与变形等方面的分析方法为“正分析”。根据结构健康监测是利用监测数据进行结构反分析这一基本思路，通过测量结构的区域分布应变，依据上述纤维模型可进行结构的非线性反分析，深度剖析得出结构内在的曲率、转角、变形等各类参数。前文提到，根据平截面假定，弯曲断面内应满足所有作用力合力 $N$ 等于轴力 $P$ 的静力平衡条件，即 $\Sigma N=P$。也就是说，知道某纤维单元的应变，就可以计算整个截面的受力特性。因此，通过各单元的实测应变根据纤维模型演算各断面的弯矩、曲率、转角以及结构位移、荷载等参数。对于既存结构而言，其轴力等于上部结构的自重。由于既存结构上布设的传感器测得应变变化是外力作用下的响应，不涉及初期的轴力，即对于静止的既存结构各断面内力为 0，即 $\Sigma N=0$。

根据上述内容，可以对一个健康结构在已知材料特性和结构几何特性的情况下，通过测量的应变分布结合纤维模型获得各单元应力分布及弯矩分布，进一步通过有限元法进行结构解析计算，其基本步骤如图 4.105 所示：假定某初始中和轴高度 $h_0$，结合平截面假定和已测量的某纤维层的应变计算截面的应变分布，根据材料特性计算截面的应力分布，计算截面的合力 $\Sigma N$，判断 $\Sigma N$ 是否为零，如果 $\Sigma N$ 是零，则表示中和轴为真实中和轴，如果 $\Sigma N$ 不等于零，则需要重新假定中和轴高度，重复上述的计算过程，直到满足 $\Sigma N=0$；利用中和轴和截面应变计算截面曲率和转角，利用应力分布计算截面弯矩和荷载；利用曲率分布计算结构的位移。

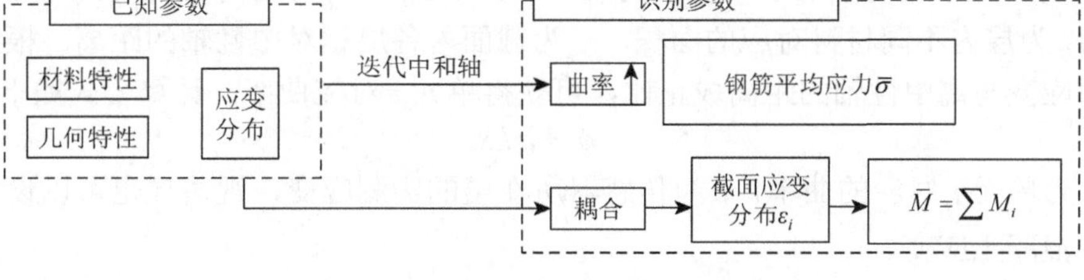


图 4.105　基于纤维模型反演结构参数的流程

利用纤维模型进行对于构件中中性轴的解析计算步骤如图 4.106 所示：假定某初始中和轴高度 $h_0$，结合平截面假定和已测量的某纤维层的应变计算截面的应变分布，根据材料特性计算截面的应力分布，计算截面的合力 $\Sigma N$，判断 $\Sigma N$ 是否为零，如果 $\Sigma N$ 是零，则表示中和轴为真实中和轴，如果 $\Sigma N$ 不等于零，则需要重新假定中和轴高度，重复上述的计算过程，直到满足 $\Sigma N=0$；利用中和轴和截面应变计算截面曲率和转角，利用应力分布计算截面弯矩和荷载；利用曲率分布计算结构的位移。下面分步骤具体说明如何进行基于非线性分析的结构识别。

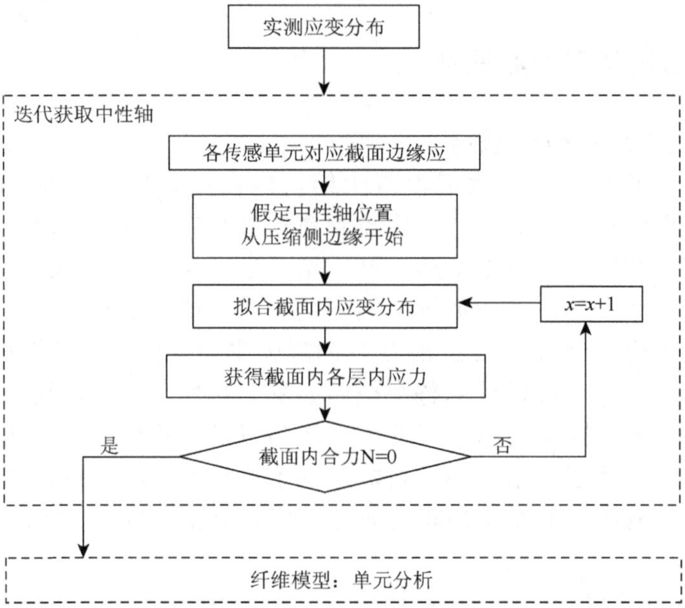


图 4.106　中性轴解析流程

2）曲率识别

由于静力平衡，也就是受压区的总压力要等于受拉区的总拉力。当假定的中性轴满足截面内合力为 0 的条件时，即对应单元的中性轴位置。由于拉力或者压力乘以内力臂要与外荷载的弯矩平衡，进而可通过下式获得截面内弯矩：

$$M_i = \sum_{j=1}^{n}\sigma_{1j}x_j\Delta A_{1j} + \sum_{j=1}^{n}\sigma_{2j}x_j\Delta A_{2j} + \ldots \tag{4.201}$$

其中，$M_i$ 为单元 $i$ 相对端部水平荷载的弯矩，其中 $\sigma_{1j}$、$\sigma_{2j}$ 为层内不同材料对应的应力，$\Delta A_{1j}$、$\Delta A_{2j}$ 为层内不同材料对应的面积，$X$ 为截面内各层相对中性轴的距离。根据平截面假定，即应变与离中性轴的距离成正比，可获得单元 $i$ 对应曲率，计算公式如下

$$\phi_i = \varepsilon / x \tag{4.202}$$

其中，$\phi_i$ 为单元 $i$ 对应的曲率，$\varepsilon$ 为传感器所在层的实测应变，视情况也可以设定为拟合的压缩侧混凝土应变。

3）内力识别

对应各个单元内沿轴法线方向将其 $n$ 等分，由于长标距传感器测得应变为截面边缘应

变值，故而通过假定中性轴位置获得截面内应变分布。在已知材料应力-应变关系及结构尺寸的情况下，可获得截面内应力分布。如图 4.107 所示，根据传感器测得应变以及计算的中性轴，拟合截面内应变分布，进而根据截面各层定义的不同材料计算对应的应力分布。

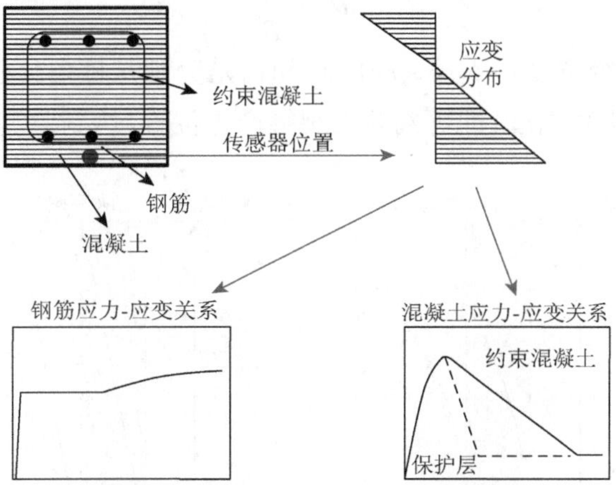


图 4.107　截面内各种材料对应应力

其截面内合力为

$$N_i = \sum_{j=1}^{n} \sigma_{1j} \Delta A_{1j} + \sum_{j=1}^{n} \sigma_{2j} \Delta A_{2j} + \ldots \tag{4.203}$$

其中，$\sigma_{1j}$、$\sigma_{2j}$ 为层内不同材料对应的应力，$\Delta A_{1j}$、$\Delta A_{2j}$ 为层内不同材料对应的面积。

4）荷载识别

参考前面的纤维截面模型，荷载识别框架列于图 4.113。假定结构物理参数，包括材料属性（简称 MP）和几何属性（简称 GP）已知。根据有限元分析在已知荷载模式的前提下，可建立结构荷载与各单元之间的理论关系式，一般可表示成与单元位置 $x_i$ 有关的函数：

$$F_i = f(M_i, x_i) \tag{4.204}$$

对于集中荷载作用，梁的剪应力峰值或突变值的位置就是荷载作用位置，即判断弯矩沿梁方向的斜率变化，判断集中荷载的数目，然后再根据弯矩可求解荷载。

$$k(x) = \frac{\mathrm{d}M}{\mathrm{d}x} \tag{4.205}$$

在实际中，对于多单元的监测结果与理论关系互比，进一步提高荷载计算精度。

$$F = \frac{\sum_{i=1}^{n} F_i}{n} \tag{4.206}$$

5）转角及水平位移识别

在水平地震荷载作用下，除了弯曲产生的转角外，柱角与底座之间的裂缝会导致柱身刚体位移，产生另一部分转角，如图 4.108 所示，因此，柱顶总的转角可表示成

$$\theta = \theta_1 + \theta_2 \tag{4.207}$$

其中，弯曲转角 $\Delta_1$ 可以累加各单元之间的相对转角获得。

$$\theta_1 = \sum_{i=1}^{n} \theta_i = \sum_{i=1}^{n} \phi_i L_i \tag{4.208}$$

其中，$\phi_i$是第 $i$ 单元的转角，$L_i$是第 $i$ 单元的长度。柱角裂缝产生的刚体位移转角为

$$\theta_2 = \frac{\Delta_c}{B} \tag{4.209}$$

其中，$\Delta_c$ 其是柱角裂缝宽度，$\Delta_c = \varepsilon_c l_c$，$\varepsilon_c$ 和 $l_c$ 是分别是柱角传感器的应变和标距。根据传感单位在构件上垂直高度，即可判断出裂缝产生位置，达到监测裂缝延伸过程的目的。

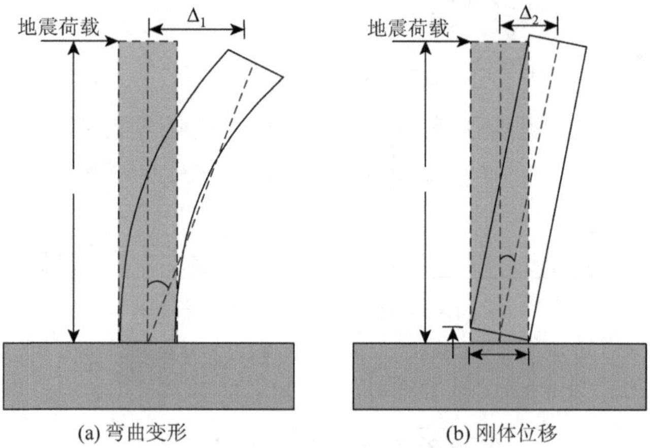


图 4.108　水平地震荷载下的弯矩分布

弯曲变形量与各单元的曲率成比例关系，由此可根据自监测的应变计算出的曲率分布进一步计算挠度。常用的方法就是曲率积分法，如式（4.210）所示，将曲率进行两次积分就可得到挠度分布。

$$\delta_b = \iint_L \phi(x)\mathrm{d}x\mathrm{d}x \tag{4.210}$$

另一种方法是本章第一节介绍的共轭梁法，只需要求解共轭梁的弯矩分布就得到原梁的挠度分布，这里不再赘述。顶位移由弯曲位移和刚体位移两部分组成。弯曲位移的计算方法与上述一致，而刚体位移可表示成

$$\Delta_2 = \frac{\Delta_c}{B} H \tag{4.211}$$

在 3.4 节中介绍了通过长标距传感器实现的自传感构件的相关技术。由于纤维模型的输入条件是截面边缘应变，在本节通过具体示例介绍如何根据截面内长标距应变传感器或智能筋的实测应变分布，反演算结构弹塑性弯曲变形过程中有关的结构状态参数。本示例的实验对象为钢筋混凝土柱，监测方案采用柱体近表面布设的智能筋对水平地震荷载作用下钢筋混凝土柱的典型受弯变形进行分析。本示例采用的加载方式是往复水平加载以评价钢筋混凝土柱的抗震性能，如图 4.109 所示。钢筋混凝土柱的截面尺寸是 0.2m×0.2m，柱身高 1m。从柱角向上 0.7m 的范围内，采用嵌入自传感 FRP 筋和包裹 FRP 的组合加固方法，其中自传感 FRP 内置长标距 FBG，标距为 100mm。

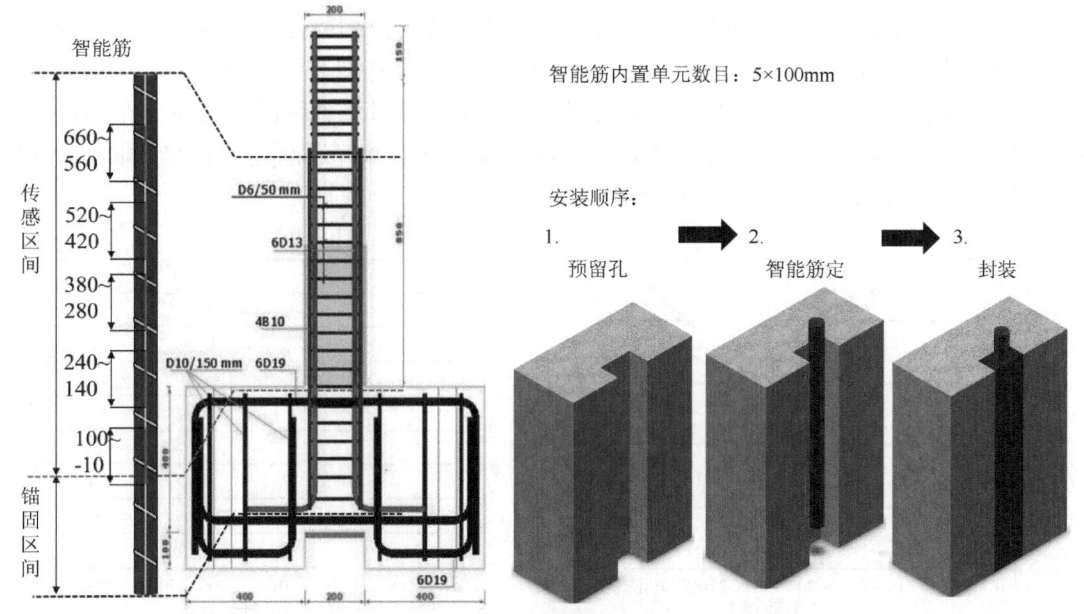


图 4.109　智能筋布设方案

合理选择材料模型是计算结构各参数的关键。RC 结构是一种典型的复合结构，其中作为基体材料的混凝土是各向异性材料，而钢筋则是各向同性材料，自传感 FRP 筋是典型的线弹性材料。各种材料的应力-应变本构关系模型的研究很多，本书选择其中应用较为广泛的模型作为计算解析的基础。在本算例中，混凝土的受压本构关系采用了经典的 Hognestad 模型，该模型的主要特点是在上升段中混凝土的模量逐渐减小，而下降段为一直线段，表达式为

$$
\begin{aligned}
&\sigma = f_c \frac{\varepsilon/\varepsilon_{co}}{2-\varepsilon/\varepsilon_{co}} && \varepsilon \leqslant \varepsilon_{co} \\
&\sigma = f_c \frac{1-0.15(\varepsilon/\varepsilon_{co})}{\varsigma_{cu}/\varsigma_{co}} && \varepsilon_{co} < \varepsilon < \varepsilon_{cu}
\end{aligned}
\tag{4.212}
$$

其中，$f_c$ 为 $0.8f_{cu}$，$f_{cu}$ 是混凝土轴心抗压强度，$\varepsilon_{co}$ 为达到最大压应力时的应变，大小为 $1.8f_c/E_c$，而$\varepsilon_{cu}$为极限压应变，取值为 0.0038。

利用前文介绍的基于纤维模型对结构状态参数识别的方法，首先根据实验对象的基本参数建立数字模型，通过模拟解析对不同传感单元数目下计算精度的影响进行讨论。图 4.110 为目标实验对象在 2、3、4、5、6、8、10、60 个单元划分工况下，荷载和位移计算结果收敛的情况，从图中可以看出，在基于纤维模型对结构状态参数识别过程中，在钢筋屈服前随着单元数目的增加位移的计算结果并没有太大的影响，在荷载识别中也可以看出同样的现象；在钢筋屈服后当单元数目小于 4 个情况下屈服位移的结果有较大的差异，当单元数目大于 4 个情况下位移的计算结果基本趋于稳定，同样在荷载识别过程中当单元数目从 4 增加到 60 个单元其结果并无明显差异。第 3 章中介绍了长标距传感器是对其传感区间平均应变的特征值反应，而传感区间内的应变分布是否能正确反应结构的非线性变形是决定计算精度的主要因素，基于纤维模型对结构状态参数识别正是反映了这一

点。在低应变阶段柱体的非线性变形不占主要因素，故而分割单元数目对计算结果影响不大，特别是位移的计算结果；当应变逐渐增加，柱底出现开裂甚至钢筋屈服后，当分割单元不足的情况下其塑性变形区间的高度小于传感区间，此时传感区间内应变分布不足以正确计算柱体的塑性变形，而当分割单元足够多的情况下其计算逐渐趋于稳定，即再增加单元数目亦不会对计算结果有太大的影响。

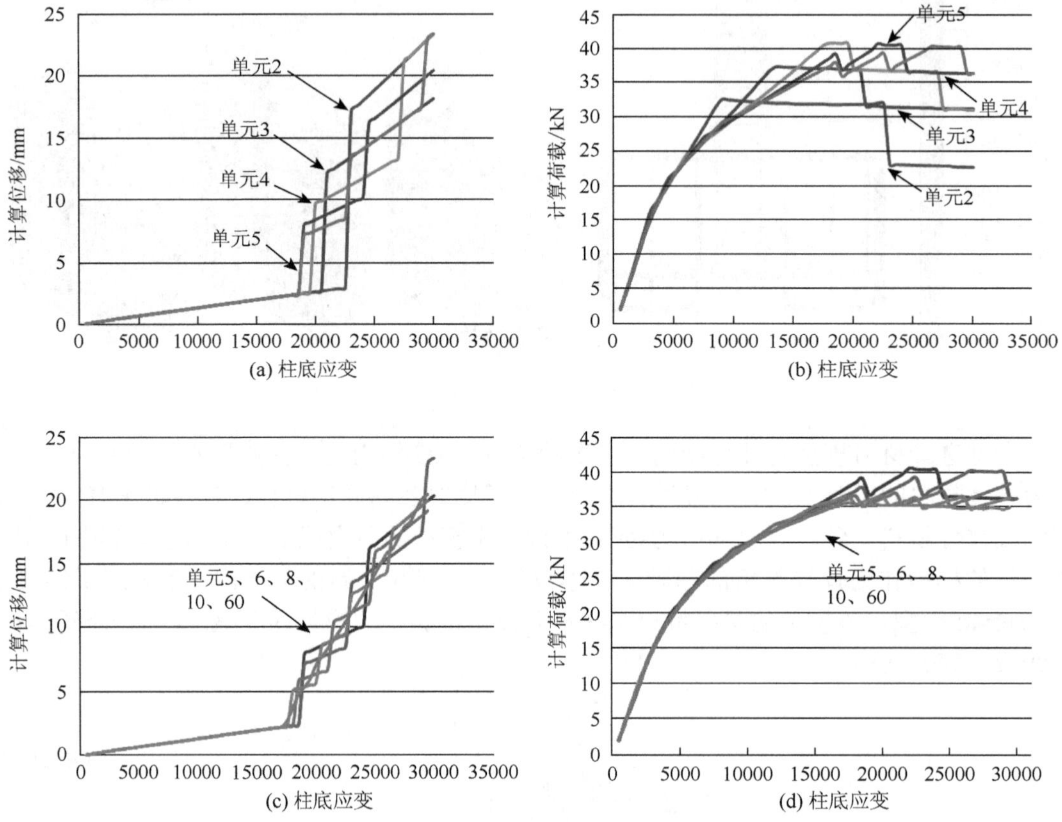


图 4.110　传感单元数目对解析结果的影响

其次，根据以上结论在实际实验中对预埋的自传感筋在往复加载过程中实施了监测。图 4.110（a）显示了在各个加载步骤中自传感筋内各传感单元的应变监测结果。从结果可以看出，在加载初期从柱底部至水平加载端，应变满足线性分布，柱体处于弹性变形阶段。随着荷载加大、应变增加开始在柱脚出现塑性变形，直至钢筋达到屈服阶段，其柱整体的应变分布明显指征出柱脚的塑性变形区域。当应变进一步加大，即柱底部塑性区域逐渐升高，以致柱角处曲率过大预埋的传感单元内光纤芯线折率超过了正常测量范围。值得注意的是，本示例中预埋的传感单元为长标距 FBG 传感器，第 3.3.1 节中介绍了由于长标距 FBG 传感器采用了玄武岩复合材料封装，该封装方法不但增加了传感器整体韧性，而且保证传感器在大应变测量时稳定的锚固效果。本示例中虽然在大变形阶段，但柱脚处传感单元在各个加载阶段的峰值点由于曲折率过大无法正常测量。然而，当荷载减小后传感器既恢复正常，在往复加载过程中自传感筋整体可以保证稳定的分布监测效果。结合长标距传感技术的自传感筋不但可以提供结构的应变分布监测，而且保证了大变形情况下传感单元的存活率和稳定性，这是普通裸光纤传感器、塑胶套管等柔性封装传感器以及钢管等刚性封装传感器难以达到的。

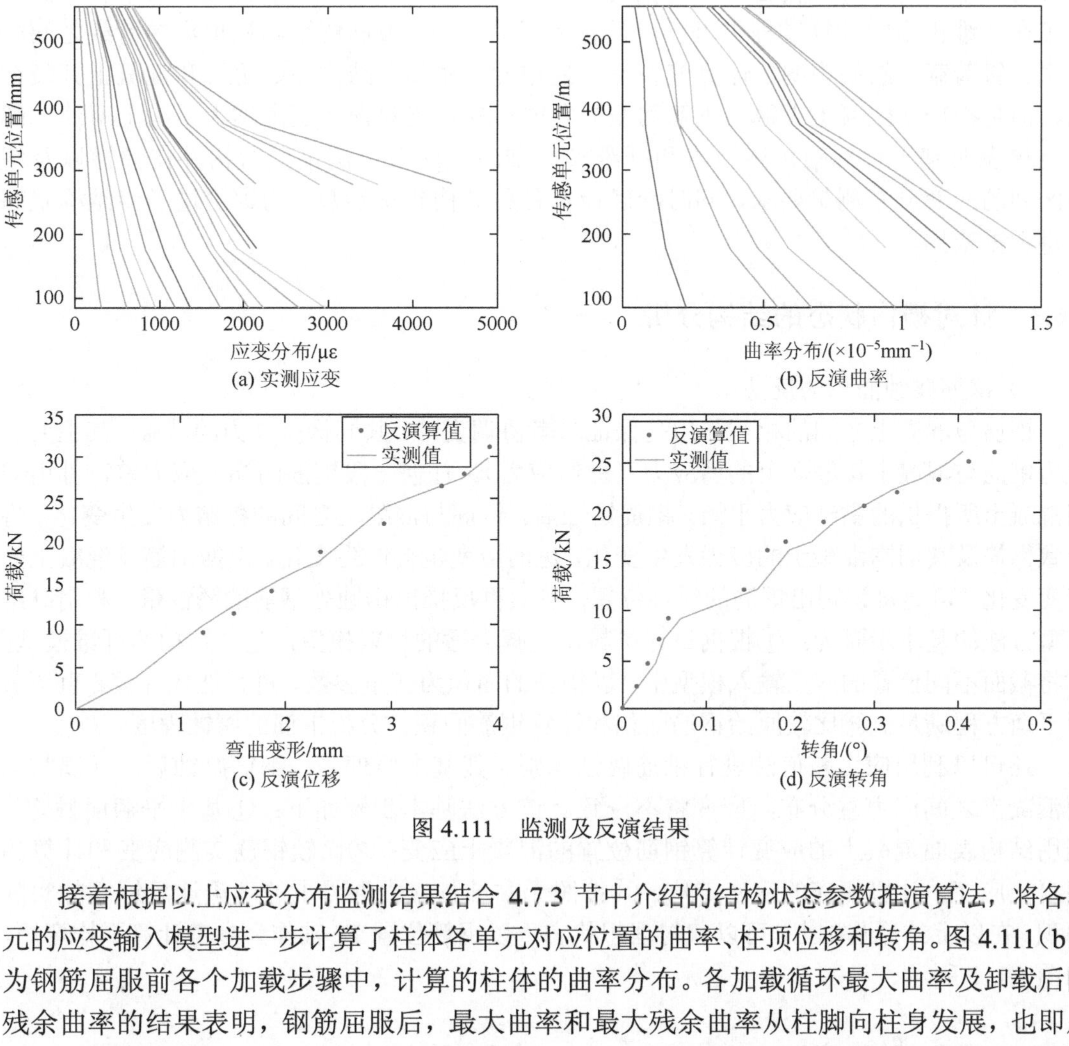


(a) 实测应变　(b) 反演曲率

(c) 反演位移　(d) 反演转角

图 4.111　监测及反演结果

接着根据以上应变分布监测结果结合 4.7.3 节中介绍的结构状态参数推演算法，将各单元的应变输入模型进一步计算了柱体各单元对应位置的曲率、柱顶位移和转角。图 4.111(b)，为钢筋屈服前各个加载步骤中，计算的柱体的曲率分布。各加载循环最大曲率及卸载后的残余曲率的结果表明，钢筋屈服后，最大曲率和最大残余曲率从柱脚向柱身发展，也即从 0m 处转移至 0.15m 处。在 0～0.45m 范围内，最大曲率和残余曲率沿柱身分布比例逐渐变大。在钢筋屈服前，结构近似为弹性的，而钢筋屈服后则近似为塑性的，进入塑性卸载后的残余变形将显著增加。因此，利用残余曲率能够判断钢筋混凝土柱的钢筋屈服以及屈服区域。位移是基于性能设计的重要指标，目前对柱式结构的评估也基本建立在位移指标的基础上。因此，对位移进行有效评估具有实际应用价值。利用纤维模型计算出的曲率分布计算柱顶位移，结果如 4.111（c）所示，在混凝土开裂前和开裂初期，计算值和实测值之间的差异较小；而裂缝开展一定程度之后，误差显著增大。分析原因，由于安装空间的限制，外贴传感器不能完全监测到柱底裂缝的变化，因此，柱底裂缝导致的柱身整体刚体位移无法计算。随着裂缝的扩展，该部分在整个柱顶位移中的比例增大，因此，导致计算误差增大。而自传感 FRP 筋在柱底布设传感标段，可以测量裂缝宽度并计算刚体位移，与弯曲位移叠加，计算柱顶位移的结果表明，即使柱底裂缝出现之后依然成功可以再现柱顶位移，位移计算误差不超过 10%左右。根据计算获得的柱身不同高度的弯曲位移，结合各传感单元对应的几何位置即可获得柱身的转角分布，如图 4.111（d）所示。前文介绍了在纤维模型的计算过程中可以获得各单元的弯矩，根据弯矩和柱顶集中荷载之间的关系计算荷载，结果表明，计算值和理论值相近，尤其在结构完好阶段和混凝土开裂初期，但是损伤（混凝土裂缝、钢筋屈服）发展后期，绝对误差逐渐增大。综上所述，解析结果表明基于长标距传感技术和纤维模型推演算法可以满足受弯构件在弹性以及塑性区间的应变分布测量要求，同时准确计算各种结构状态参数，为评价进一步结构状态提供数据依据。

### 4.6.3　针对损伤状态的结构分析

1）钢筋腐蚀面积的反演

钢筋与混凝土之间的相互作用是保证二者协调变形、共同抵抗外力的基础，其主要表现为钢筋与混凝土接触面上的剪应力（黏结应力）。任何一段钢筋两端的应力差，都由周围混凝土所提供的黏结应力平衡。钢筋锈蚀后，钢筋与混凝土之间的黏结力发生变化，将导致钢筋及其周围混凝土的应力发生变化，进而应变也会产生变化。根据钢筋及混凝土的应变变化，可直接识别出钢筋的锈蚀位置，然后再反推出锈蚀处钢筋的锈蚀量。利用纤维模型方法的基本步骤为：①根据设计资料，选择合适的材料模型，建立结构的纤维模型；②将截面不同位置的应变输入模型中，以钢筋的面积为变量参数，进行迭代计算，直至截面平衡方程满足；③比较原始钢筋面积和计算钢筋面积，分析钢筋的腐蚀程度。

还可以利用应力差值法进行钢筋腐蚀识别。其基本原理是：钢筋腐蚀后，钢筋与周围混凝土之间应力重分布，应变将不一致。该方法基本步骤如下：①基于平截面假定，利用结构表面混凝土的应变计算钢筋位置的混凝土应变；②比较钢筋实测应变和计算的混凝土应变，计算相应的应变差值；③按照无黏结预应力混凝土的理论计算钢筋的实际面积。在以上结论基础上，可以获得理想状态下以钢筋位置 $Y1$ 轴作为参考计算平均弯矩，如图 4.112 所示。

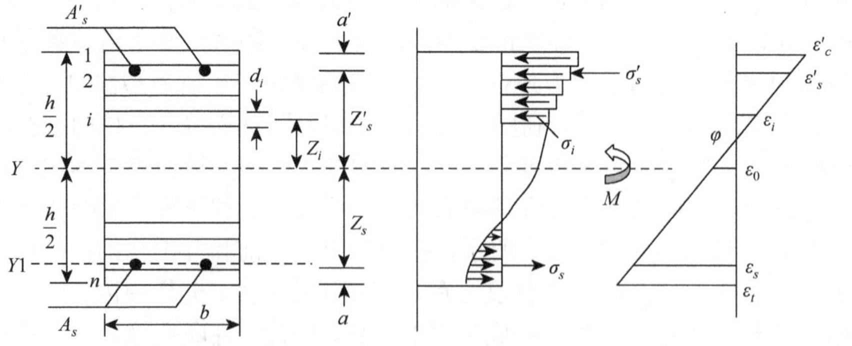


图 4.112　截面内应力/应变分布及钢筋位置

基于力的平衡理论，通过截面上钢筋位置的应变被计算出平均弯矩可以进一步作为参考值，获得结构其他参数，如钢筋的横截面和应力。因此通过添加退化系数 $f(s)$ 表示损伤结构中钢筋面积的腐蚀后面积对原有结构进行劣化假定，钢筋腐蚀后面积表达式如下：

$$S_s = f_s \cdot S_0$$

其中，$S_s$ 为钢筋腐蚀后面积，$f_s$ 为钢筋退化系数，$S_0$ 为初始钢筋面积。

其流程如图 4.113 所示。通过此计算修正获得的钢筋截面，对比结构初始的钢筋截面积设定即可获知钢筋腐蚀量。

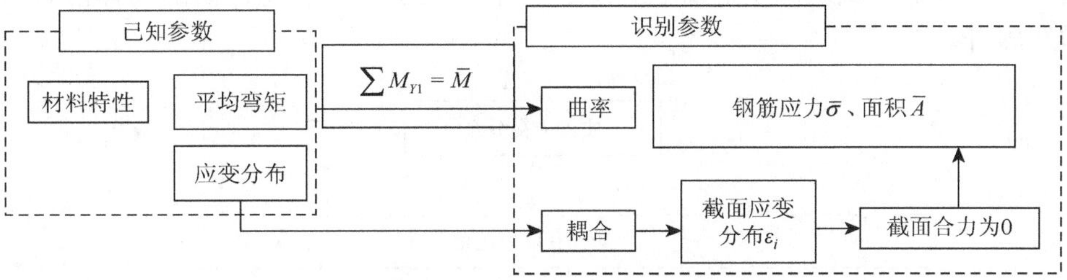


图 4.113　钢筋腐蚀面积的反演结构参数的流程

2）混凝土劣化的反演

另外对于损伤结构中当出现混凝土强度的劣化时，原先已知的材料特点发生变化。此时通过添加退化系数 $f(c)$，对原有材料进行劣化的假定，其表达式如下：

$$\sigma = f_c \cdot g(\varepsilon) \tag{4.213}$$

进而重新迭代中性轴位置，以计算假定的劣化情况下当截面上内力为零时中性轴位置，其内力判定标准如下：

$$\sum N = \sum_{i=1}^{n} f_c \cdot g[f(\phi, \bar{\varepsilon}, Z_i)]A_i + \sigma_s A_s + \sigma_s' A_s' = 0 \tag{4.214}$$

最后根据假定后的材料参数，重复 4.7.2 中介绍的纤维模型对各单元的分析方法，当假定的系数满足平均弯矩值时，说明此退化系数接近于结构实际情况，可以获得更精确的计算结果（图 4.114），其中弯矩与平均弯矩的判定标准如下：

$$\sum M = \sum_{i=1}^{n} f_c \cdot g[f(\phi, \bar{\varepsilon}, Z_i)]Z_i + \sigma_s' A_s' \left(\frac{h}{2} - a'\right) + \sigma_s A_s \left(\frac{h}{2} - a\right) = \bar{M} \tag{4.215}$$

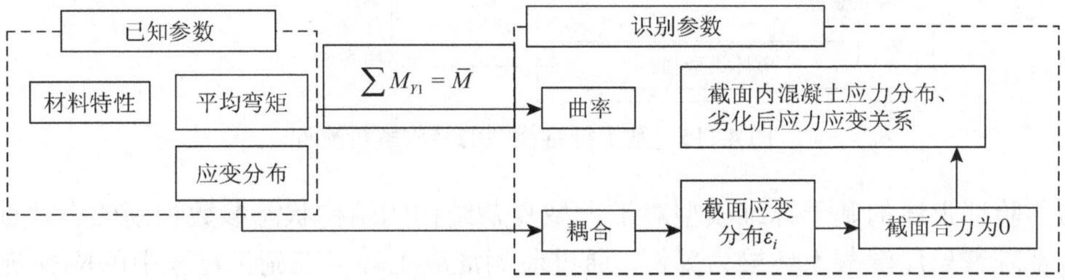


图 4.114　混凝土劣化的反演结构参数的流程

3）整体结构分析

根据以上内容可知对于一个完整的结构，通过长标距应变传感器进行分布式布设，获得结构由点至线到面的完整应变分布。对于各个传感单元对应结构的一个独立单元，在已知单元内各材料特性和几何特性的条件下，对各个单元进行单元级别的解析，以获得各单元的中性轴、曲率、应力分布等信息。由于已获得结构完整的应变分布，根据平均曲率计算获得结构的平均弯矩。此时平均弯矩作为一个与结构整体抗弯性能有关的参考值，可以评价各个单元内材料特性和几何条件的退化状况，并进一步修正参数。之后通过有限元法对各个单元进行整合，即可达到更精确计算结构实际状态参数的目的，并依此用于结构性能评估，其基本流程如图 4.115 所示。关于结构性能评估的具体内容将在第 5 章中详细展开。

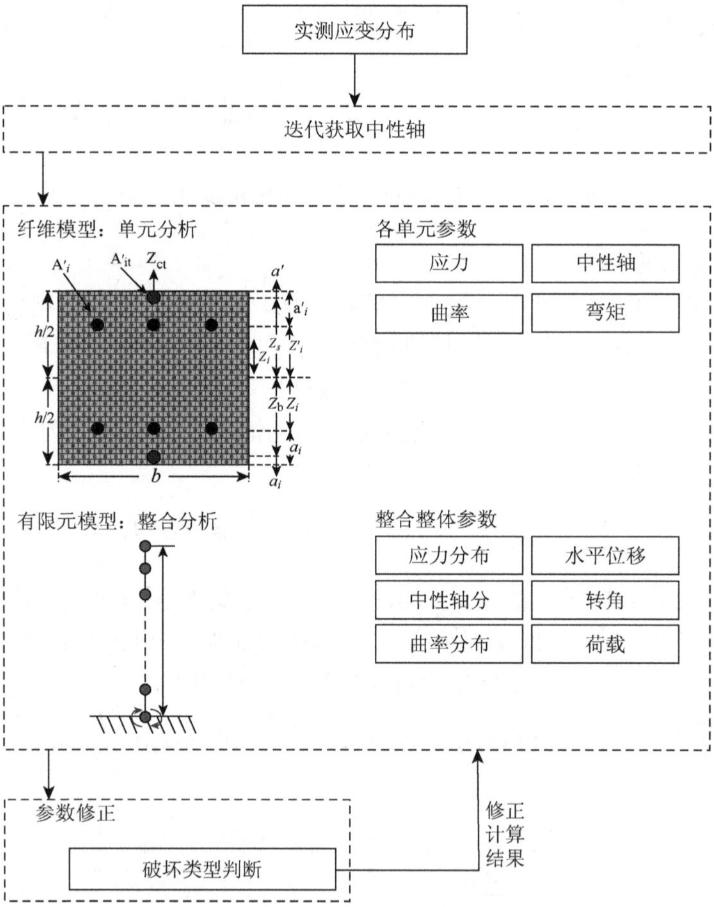


图 4.115　基于纤维模型的结构解析流程

为了验证上述的基于纤维模型对于大型复杂结构的结构状态参数识别的有效性，本节以某大剧院音乐厅混凝土环梁为算例，通过监测混凝土环梁在施工过程中的应变响应，分析环梁截面的内力分布情况。整个音乐厅混凝土环梁部分的传感器布置图，如图 4.116 所示。根据施工现场的施工工序，逐阶段监测混凝土环梁在各个施工阶段的应变响应，分析各个不同施工阶段对结构造成的影响。本节以分析第三跨上钢支撑拆卸前后的应变响应为主，研究该跨在钢支撑拆卸前后截面的内力分布。

图 4.116　某大剧院立面图

1）传感器的现场安装

现场传感器的安装布设是在底环梁的混凝土浇筑完成并达到养护龄期后，在底环梁表面粘贴长标距 FBG 传感器。现场传感器施工的第一步是防线，在各跨安装传感器前，首先根据这四跨传感器的布置方案，在底环梁上进行放线，确定出各跨传感器的传感器具体位置。进而在此工作上，各跨传感器的现场安装工作按序施工。在第三跨处，环梁的内外侧处粘贴 12 个 FBG 传感器，包括 10 个 FBG 应变传感器和 2 个温度补偿传感器。内外侧截面上各为 5 个长标距 FBG 应变传感器和 1 个温度传感器，5 个 FBG 应变传感器均匀分布在该跨环梁的内外侧截面上，施工工序如前所述，在已经放线的环梁上依次序安装传感器。

2）第三跨环梁监测数据分析

第三跨环梁监测位于轴线 3a-16 与 3a-15 位置处。将标距为 1m 的长标距 FBG 传感器粘贴在混凝土梁的内外侧，在梁内外侧对应的 5 个位置处各粘贴一个标距为 1m 的 FBG 传感器，并在梁的跨中截面内外侧位置各布设长标距 FBG 温度补偿传感器，如图 4.116 所示。

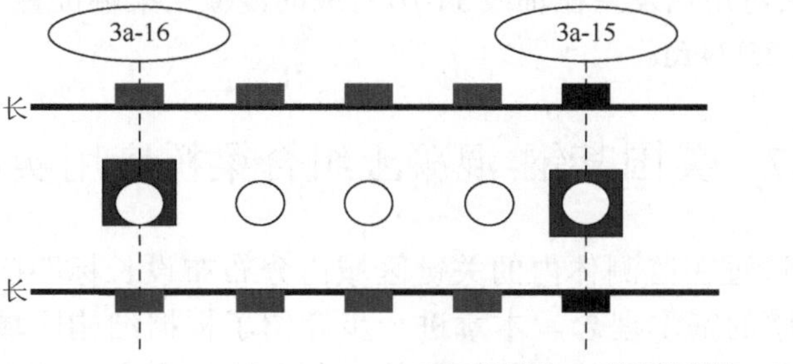


图 4.117　第三跨长标距 FBG 传感器布置图

以支架拆卸前 1 月 19 日第三跨采集的数据作为该跨卸载前的初始数据，1 月 31

日第三跨采集数据作为该跨卸载后数据。将支架拆卸前后采集的应变数据进行对比，考虑温度对长标距 FBG 应变传感器的影响，分析计算第三跨的应变响应数据。实测支撑卸载前后给出的传感器的波长是包含了温度影响的，在最后的微应变变化量的结果中，是将温度对传感器的影响剔除后的结果。根据实测结果发现，第三跨内侧的应变要大于外侧的应变，且最大值 124.462 发生在轴线 3a-16 对应的混凝土梁上，即柱顶节点的位置；外侧最大微应变–42.484 对应的同样是轴线 3a-16 处的柱顶节点的位置，而整跨结构最小微应变–2.825 发生在外侧梁的 $3L/4$ 处的截面位置。

3）内力识别

通过混凝土环梁上第三跨在钢支撑卸载前后的应变响应，基于前面所述的纤维模型法识别混凝土梁的截面内力。由于混凝土环梁在荷载作用下，环梁内产生了轴力和弯矩，考虑材料力学的叠加原理来分析混凝土环梁的受力。对于混凝土环梁来说，它是矩形截面，由于曲率半径较大，截面的中性轴近似在 1/2 截面高度处，但是在拉弯耦合作用下，截面的内、外边缘的拉压应变的绝对值不再相等。因此，考虑材料力学的叠加原理，由混凝土环梁截面内外的应变数据，可分别识别出截面的轴力和弯矩。基于纤维模型法，最终识别出第三跨截面的内力分布（图 4.118）。

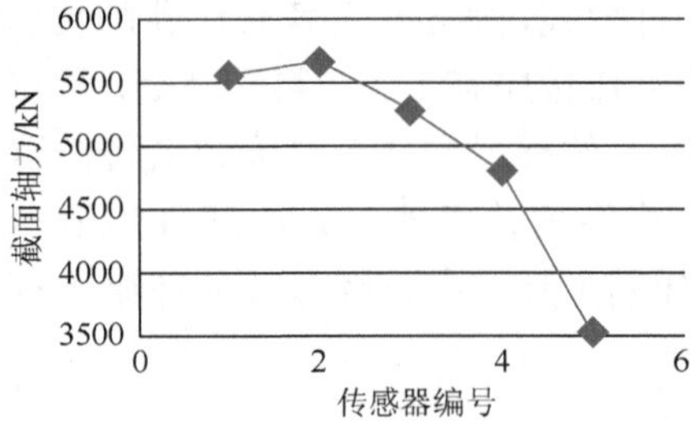

(a) 截面轴力分布

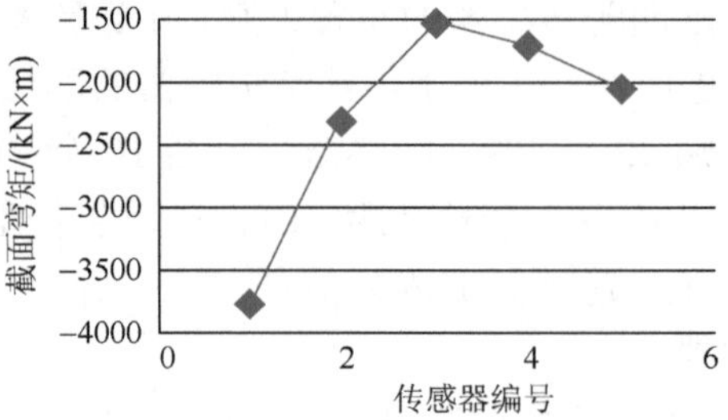

(b) 截面弯矩分布

图 4.118　第三跨识别的截面内力分布

从图 4.118（a）中可以看出，截面的轴力沿着跨长在不断变化，在支架卸载后，截面的最大轴力发生在轴线 3a-16 对应的混凝土梁端位置，最大轴力为 5547.94kN；同样的，第三跨内截面的最大弯矩也发生在轴线 3a-16 对应的混凝土梁端位置，即柱顶节点的位置，最大弯矩值为–3766.25kN·m。

## 4.7　美国某钢-混凝土组合梁桥应用实例

第 3 章介绍了通过在监测体内的关键区域内分布布设长标距应变传感器，从而建立结构区域分布传感的基本理念。本章进一步介绍了根据结构区域应变分布数据，结合材料属性、结构几何尺寸等基本结构参数，获取诸如挠度、转角、曲率、刚度、内部应力、荷载作用等各种结构状态参数的识别方法，以实现构件层次和复杂结构的性能评估。目前在现行规范方法中，基于检测数据的结构性能评估时主要包含两个层次，首先是通过定期对评价指标进行检测从而对结构使用状况和安全性能进行等级评估，然后针对等级评估差的结构进行承载能力评定，如桥梁结构通过不同荷载等级的荷载试验评定承载能力。此类方法只针对结构承载能力来评估结构基本性能，未考虑到结构损伤渐变到突变进而导致严重损伤的变化过程，因此难以实现真正意义上的结构性能评估。在结构区域应变分布传感理论中，不是单一针对一种评价指标进行测量，而是根据监测获得的应变分布计算获得多种结构状态参数，进而用于结构全数据分析。同时，在结构全寿命周期内，结构经历着长期缓慢的退化过程。以混凝土结构为例，在结构使用初期主要以混凝土中性化为主，此时结构局部刚度退化速度缓慢且不明显。当混凝土劣化到一定程度后，钢筋逐渐出现腐蚀，从而结构进入退化发展期。随着混凝土中性化和钢筋腐蚀程度加深，逐渐出现腐蚀裂缝进而加速钢筋腐蚀速率导致结构进入退化加速期。当裂缝宽度加剧导致钢筋与空气直接接触时，以致加快了结构劣化速率，导致出现钢筋外露、混凝土脱落等明显损伤。同样在长期连续监测过程中，由于长标距应变传感器具有高耐久性其适合长期应变监测的特点，其建立的区域分布传感系统可以实现分析材料劣化进程，以及定性、定量分析损伤（表 4.10）。如 4.2 节中介绍的基于应变模态分析，可以实现微小损伤识别与定位，以及支座退化等边界条件的分析。又如 4.6 节中介绍的基于纤维模型对混凝土劣化和钢筋腐蚀程度的分析等。基于此，可以进一步获知结构实时的参数从而修正结构解析模型，进而实现高精度的结构内部分析。

**表 4.10　混凝土结构中的腐蚀分析**

<table>
<tr><th>建模</th><th colspan="3">解析对象</th><th>解析方法</th></tr>
<tr><td rowspan="4">模型</td><td colspan="2">结构模型</td><td>劣化模型</td><td>3D 模型建立、劣化混凝土</td></tr>
<tr><td rowspan="2">单元</td><td>混凝土</td><td>剥离、剥落、开裂</td><td>混凝土单元的删除、黏结力下降</td></tr>
<tr><td>钢筋</td><td>配筋、保护层厚度</td><td>根据实际情况设定钢筋单元</td></tr>
<tr><td colspan="2">边界条件</td><td>支座、接合部、挠度</td><td>根据实际情况设定模型初期状态</td></tr>
<tr><td rowspan="8">材料</td><td colspan="2" rowspan="5">混凝土</td><td>强度、弹模</td><td>使用实测值、考虑离散及空间分布问题</td></tr>
<tr><td>张拉下应力应变关系</td><td>黏结的影响</td></tr>
<tr><td>压缩下应力应变关系</td><td>腐蚀裂缝的影响</td></tr>
<tr><td>剪应力传递特性</td><td>腐蚀裂缝的影响</td></tr>
<tr><td>裂缝</td><td>强度、刚度退化</td></tr>
<tr><td colspan="2" rowspan="2">钢筋</td><td>强度、弹模</td><td>使用设计值和实测值、<br>钢筋历史最大应变和时效的影响</td></tr>
<tr><td>腐蚀状况、断损</td><td>横截面积减少、应力应变关系</td></tr>
<tr><td colspan="2">黏结/锚固</td><td>黏结强度、锚固方式</td><td>腐蚀量对于黏结退化的影响</td></tr>
</table>

总体而言，从结构区域分布传感数据到结构性能识别的流程，如图 4.119 所示，包括以下几个主要步骤。首先在结构寿命周期中，混凝土、钢筋等材料性能的劣化是个缓慢渐

变的过程，通过结构现有参数进而获得各项结构状态参数用于结构预损分析。当结构出现异常时，一方面通过在长期连续的监测数据，获知材料渐变到突变的劣化进程。另一方面，通过区域分布传感发现损伤并确定损伤位置。在损伤定量分析中，通过迭代计算进一步获得混凝土劣化、钢筋腐蚀程度。最后将修正后参数导入有限元模型，以实现内部复杂应力分析，用于结构层次的结构性能评估和结构寿命预测。

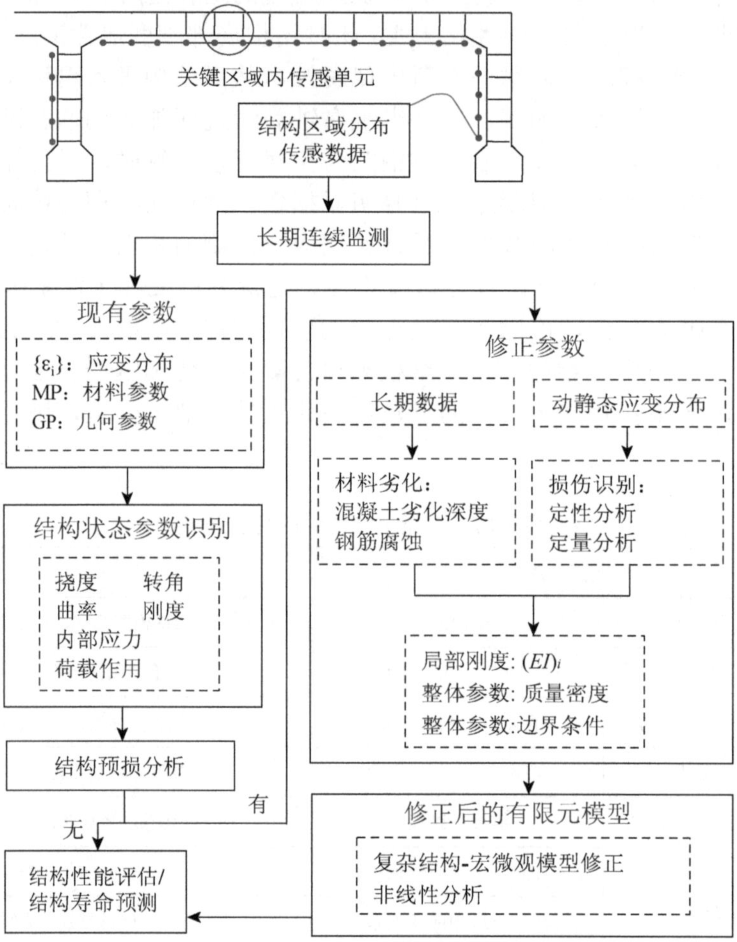


图 4.119　基于结构区域分布传感的结构性能识别流程

前面各节介绍了基于长标距应变监测的多种结构参数、损伤和荷载识别方法。它们各有特点、互为补充，构成了基于长标距应变的结构全面识别的成套理论，可系统地应用于实际桥梁的健康诊断工作。本节以一座钢-混凝土组合梁桥为例，介绍基于长标距应变监测及其结构识别成套理论的健康监测工作[118]。基于对桥梁不断老化和性能退化的关注，美国联邦公路部设计了桥梁长期性能（Long-term Bridge Performance，LTBP）项目，以发展一种对桥梁健康状况更准确、更及时的描述，增强对桥梁性能的理解，提高公路交通系统的安全性、服役期和可靠性。作为 LTBP 项目的一个子课题，国际化桥梁研究（International Bridge Study，IBS）项目的目的是提供一个最好的国际化实践平台，邀请国际知名团队对一座给定的桥梁进行测试和健康监测，以综合应用和比较评判各种进行桥梁评估和性能预测的先进技术。在 IBS 项目中按照一定的标准，选中了一座位于纽约州 US202/NJ23 公路上的钢-混凝土组合梁桥作为试验桥梁。该桥建于 1983～1984 年，下部为“I”形钢梁，上部为现浇混凝土板，是典型的钢-混凝土组合梁桥。该桥还出现了支座偏移、疲劳裂缝等常见病害，因此具有代表性。该桥为南北双向四跨简支梁桥，每跨有 8 根“I”形变截面钢梁，每幅桥面分为 3 条车道和 1 条人行道，具体概况可见图 4.120。考虑到现场条件的制约以及与其他研究团队的试验结果的比对需求，选取了南向行车方向的第二跨为试验跨，其中 3#和 6#梁为试验梁。

图 4.120　某钢-混凝土组合梁桥概况

## 4.7.1　长标距光纤传感布设

该试验为实桥试验，在交通随机车辆荷载下监测桥梁的动态响应并据此分析和评估结构性能。此次采用了上文中提及的长标距 FBG，标距为 1m，测试结构的动态宏应变，构建结构的弯曲应变模态，同时计算结构的中和轴高度和相应的损伤指标。考虑到跨中和 1/4 跨为结构的关键受力区域，同时也是在实际中破损概率最大的区域，因此将传感器布设在这些区域。在这些区域，采用了分布式布设传感的概念，即将传感器串联测量，从而实现区域的全面覆盖。针对此试验桥梁，在 1/4 跨处安装 4 个传感器，在 1/2 跨处安装 9 个传感器，同时还额外安装了 10 个传感器用来测试中和轴高度，两根梁（即 G3 和

G6）共安装 44 个传感器，其具体布设位置可见图 4.121。其中，安装在下翼缘板上的传感器的编号为 F1 至 F17，相应的监测单元编号为 E1～E17。而腹板上第一排的编号为 W10～W6，下一排为 W1～W5。

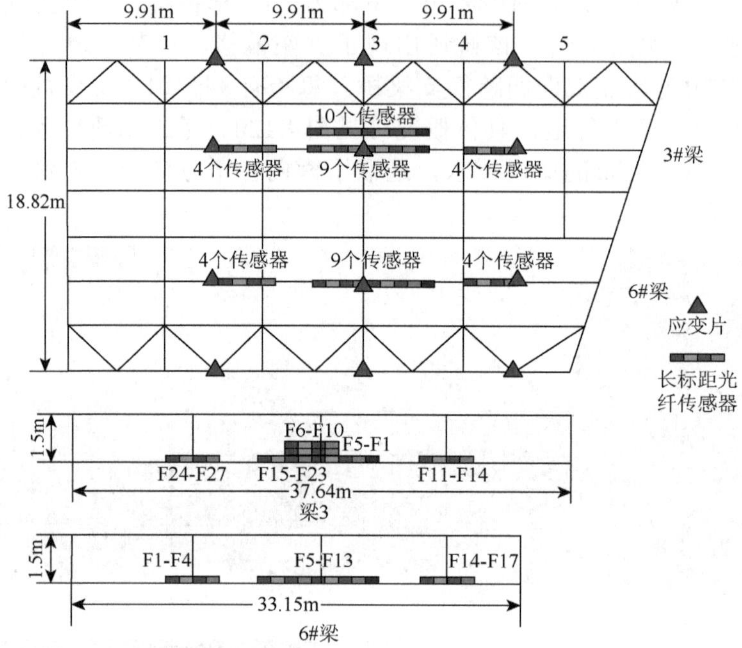


图 4.121　传感器布设方案

## 4.7.2　现场测试与结构识别

1）应变时程及频谱分析

现场试验中，采样频率为 500Hz，每次采集时间约为 5 分钟，从 2011 年 6 月 9 日上午 9 点到下午 5 点左右，共采集了 75 组数据[118]。图 4.122 显示了典型应变时程，并和同时安装的应变计测量数据进行比较。可以看出两种传感器测量的应变时程数据基本一致。通过快速傅里叶变换（FFT）对应变时程进行频谱分析，典型结果见图 4.123 所示。结果显示，布设梁底下翼缘和沿截面不同高度布设的传感器分析出的结构 1 阶频率相同，峰值显著。当然，利用长标距 FBG 的测量结果也可以分析出更高阶的模态，但在文中主要采用了 1 阶模态的结果。

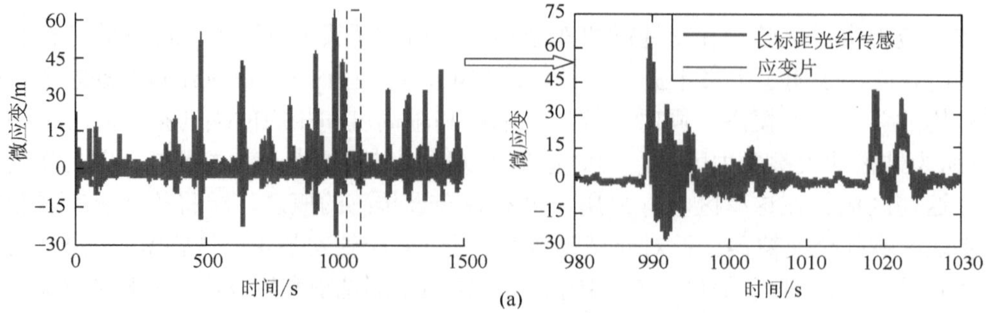


(a)

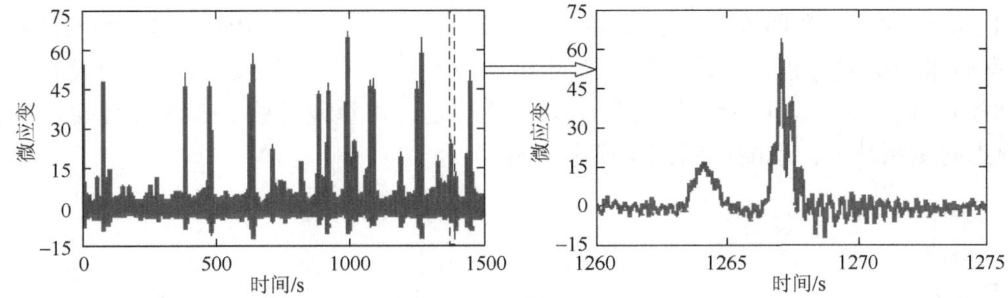


(b)

图 4.122　典型应变时程

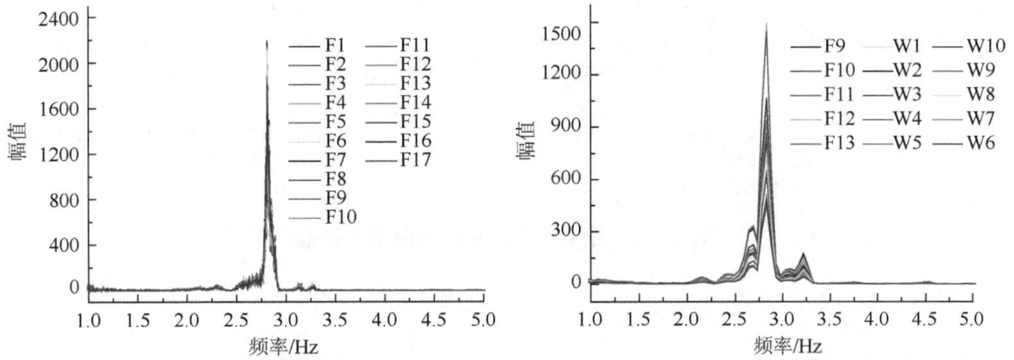


(a) 相同截面高度　(b) 不同截面高度

图 4.123　频谱分析

2）结构固有频率

结构固有频率是结构的一项基本的重要指标，同时也是动力测试中的必测项目。目前，加速度计具有较高的精度，能够完成对结构前 10 阶频率的准确评估。为了验证长标距 FBG 的动态测试性能，将其解析出的频率结果与加速度的评估值进行比较，结果见表 4.11。表中列举了前 7 阶模态的结果，发现两种测量方式的解析结果非常接近，最大的相对误差仅为 2.8%。结果表明，长标距 FBG 在完成基本动力测试项目时同样具备较高的精度。

**表 4.11　结构固有频率的监测结果**　（单位：Hz）

| 模态阶次 | 1 | 2 | 3 | 4 | 5 | 6 | 7 |
|---|---|---|---|---|---|---|---|
| 频率（长标距 FBG 测量） | 2.81 | 3.75 | 5.22 | 9.33 | 11.58 | 12.24 | 14.9 |
| 频率（加速度计测量*） | 2.89 | 3.79 | 5.23 | 9.47 | 11.61 | 12.25 | 15.12 |
| 相对误差/% | −2.8 | −1.1 | −0.2 | −1.5 | −0.3 | −0.1 | −1.5 |

3）应变模态向量

本书仅采用了 1 阶模态的信息进行分析，即 1 阶竖向弯曲模态。因为相对于其他阶次模态，1 阶模态的幅值更加显著和稳定。将频谱中 1 阶固有频率所对应的幅值或 PSD 谱中的幅值开方定义为该阶次的模态应变，按照上文所提到的方法，选取某传感器的模态应变为参考值，两者之间的比例就是归一化的应变模态向量。本试验中选取的参考传感器为 F13。图 4.124 和图 4.125 分别描述了两根试验梁上典型监测单元（E9 和 E17）的应变模态向量的提取过程。由图可见，在随机车载激励下，不同传感器之间的模态响应具有很好的线性关系，表明所应用的传感器性能稳定，可重复性强。提取线性拟合的斜率（即模态向量系数），就能得到应变模态向量。

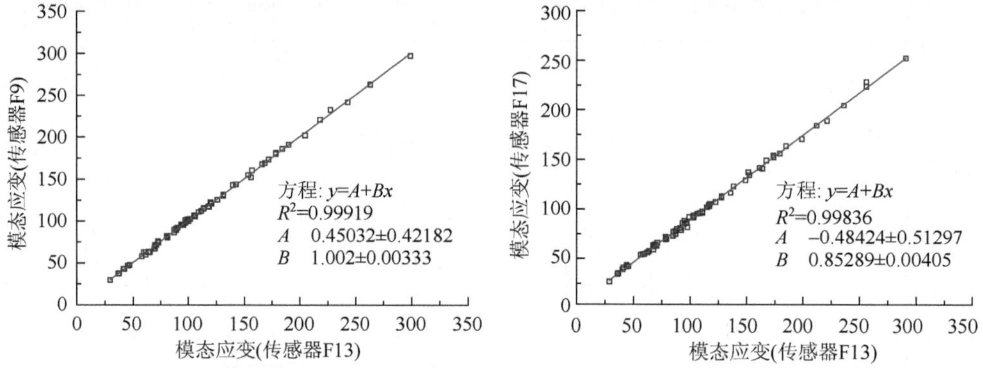

(a) 监测单元E9　　(b) 监测单元E17

图 4.124　梁 G3 的应变模态向量的提取

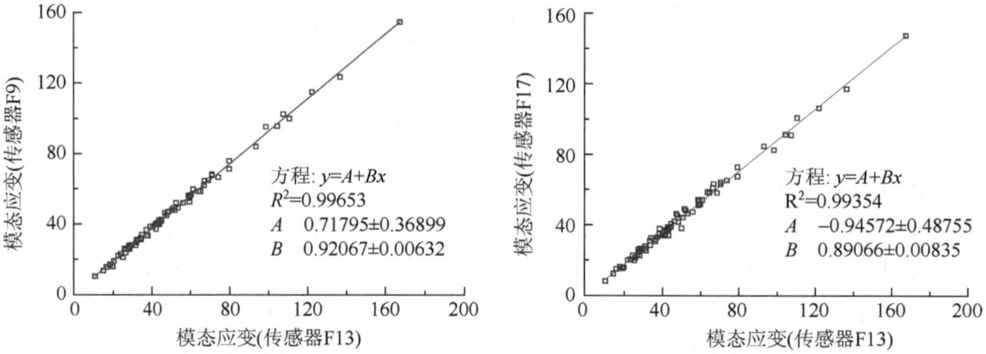

(a) 监测单元E9　　(b) 监测单元E17

图 4.125　梁 G6 的应变模态向量的提取

图 4.126（a）和图 4.127（a）展示了所有单元的模态向量系数按传感器所处的空间位置的分布，形状与 1 阶竖弯的理论形状比较相似。但是由于该桥为一端斜交一端直交，受力比较复杂，造成了局部模态的复杂。另一方面，测量信号的噪声会增加一些误差。因此，图中所示的模态向量出现了局部的突变。

图 4.126（b）和图 4.127（b）中的线性度值绝大部分大于 0.99，说明拟合的系数具有充分的可靠度。同时，图中还呈现出一种趋势：距离参考传感器的距离越远，线性拟合的线性度越差。这说明，在实际应用这种动态解析方法时应注意传感器布设的空间尺度。为了增强数据的可信度，对于大跨桥梁等大型结构，可采用“局部模态”的概念，即参考单元可在局部区域内的传感器列中选取。

4）中和轴系数及中和轴高度

平截面假定是解析中和轴的基础，首先利用同一单元内沿截面不同高度布设的三个传感器的结果验证平截面假定。为了能够让图片更清晰地显示结果，从 75 次测试中选取了部分（7 次）结果。如图 4.128 所示，在所监测的 4 个单元内，模态应变沿截面高度分布线性度高，同时不同拟合线的交点稳定，说明了平截面假定对模态应变的有效性。

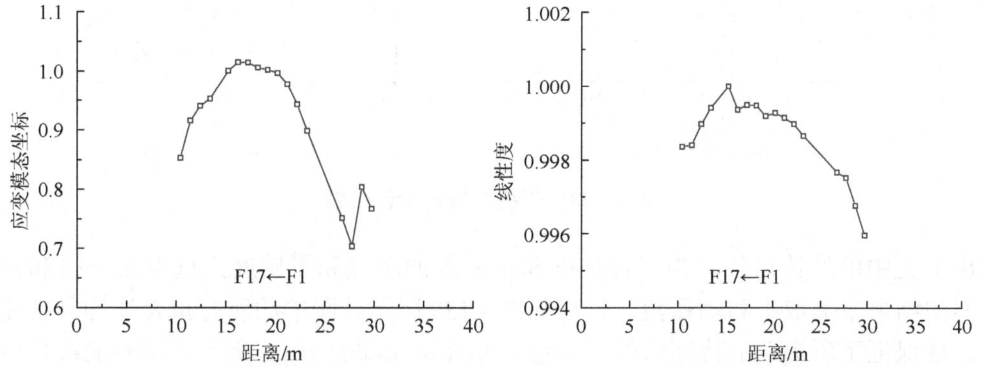


(a) 应变模态向量　(b) 应变模态向量提取的线性度

图 4.126　梁 G3 的应变模态向量

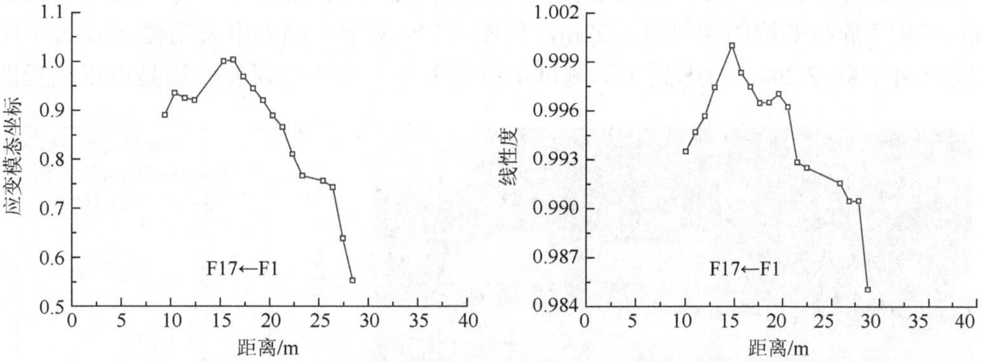


(a) 应变模态向量　(b) 应变模态向量提取的线性度

图 4.127　梁 G6 的应变模态向量

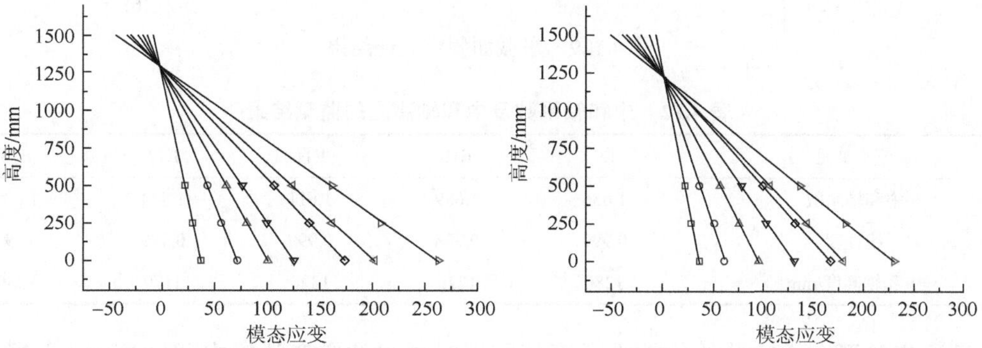


(a) 监测单元E9　(b) 监测单元E10

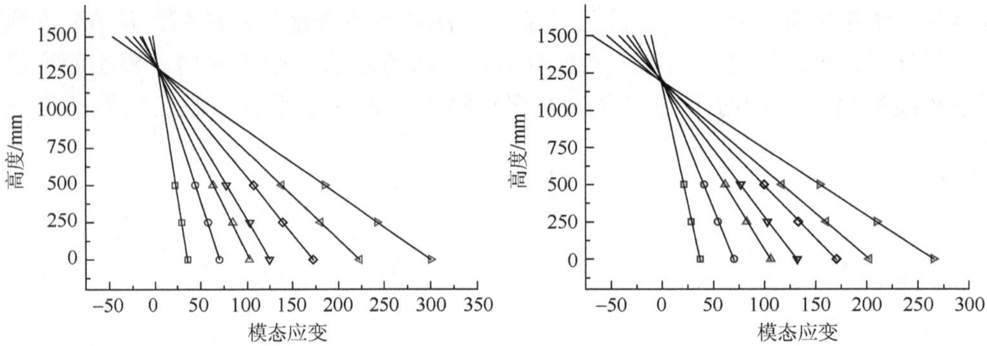


(c) 监测单元E11　　(d) 监测单元E12

图 4.128　平截面假定验证结果

由上文中的结论可知，为了保证中和轴系数的精度和灵敏度，选取第一排和第三排传感器的结果来提取中和轴系数，过程如图 4.129 所示。图中的所有拟合线均具有完美的线性，这保证了所提取的特征值的可靠性。具体结果如表 4.12 所示，所有的线性度都大于 0.99，接近 0.999。表中还列举了中和轴系数的结果，5 个单元的系数在 1.611～1.744，最大差异达到 6.6%，这种差异一方面是测量误差导致的，另一方面由于钢横隔的存在也会影响钢梁的局部特性。相应地计算出的中和轴高度（从梁底算起）在 1.17～1.32m，而 Weidner 等[119]静载实测的结果是 1.22m，如图 4.129 所示，则书中采用模态方法计算的误差范围为−4.1%～8.2%，考虑到实际测试部位的差异，这样的误差应该是可以接受的。

(a)　　(b)

图 4.129　平截面假定验证结果

**表 4.12　中和轴系数及中和轴高度的监测结果**

| 监测单元 | E9 | E10 | E11 | E12 | E13 |
|---|---|---|---|---|---|
| 中和轴系数 | 1.636 | 1.689 | 1.611 | 1.744 | 1.681 |
| 线性度 | 0.999 | 0.998 | 0.999 | 0.999 | 0.999 |
| 中和轴高度/mm | 1280 | 1220 | 1320 | 1170 | 1230 |

进一步验证文中方法的优越性，直接利用时域内的应变计算中和轴高度，计算时只取应变绝对值大于 20με 的数据参与，典型结果如图 4.130 所示。图中中和轴高度的分布

范围是 1～1.5m，具有明显的离散性，结果的有效性完全被污染了；而模态方法计算的结果是 1.28m，与静载实测值的误差只有 5%左右，优势显而易见。

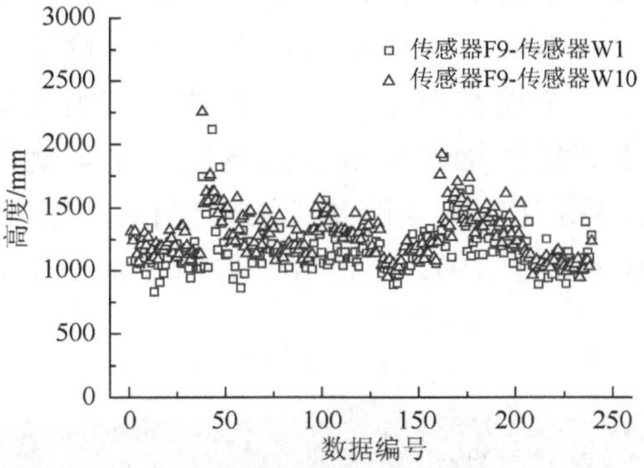


图 4.130　时域方法计算中和轴高度（E9）

5）交通荷载下的动挠度

利用监测的分布动应变可以计算梁的动态挠度分布，以某一随机车辆通过桥面时的应变时程为例，计算梁的跨中挠度。布设传感器的两根梁跨中传感器的应变如图 4.131 所示，其中 6#梁的最大应变达到了 30με。由于传感器没有在梁的全长度范围内全面布设，因此，需要对局部的应变进行插值处理。理论上，这样操作会导致误差的产生，但由于大部分区域内布设了传感器，应变的真实值可以测量，同时，相邻单元的应变也存在一定的相似性，因此，采用线性插值仍可以有效计算结构挠度。图 4.132 显示了梁的跨中挠度，与应变相比，具有类似的线型特征。同时，6#梁的挠度明显大于 3#梁，表明该车辆在桥面的位置比较接近 6#梁。6#梁的跨度是 34.73m，跨中最大挠度是 5.31mm，相当于跨度的 1/6500，远小于适用阶段的限值 1/500。

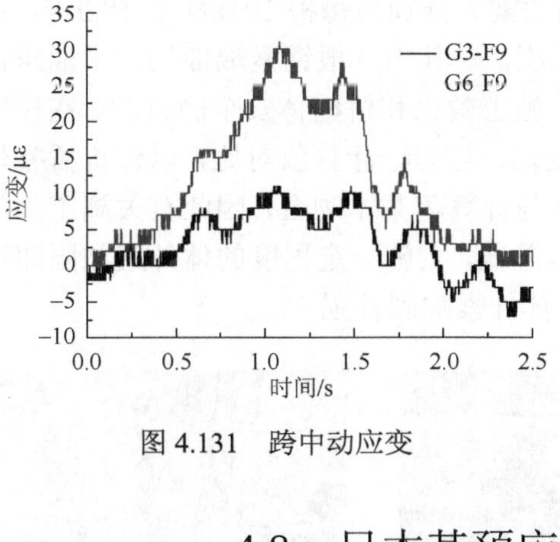


图 4.131　跨中动应变

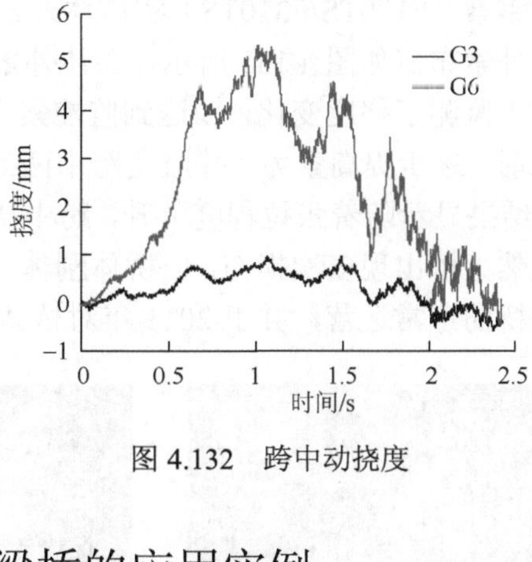


图 4.132　跨中动挠度

## 4.8　日本某预应力箱梁桥的应用实例

本节叙述基于结构区域分布传感技术的结构全面识别理论在日本某预应力箱梁桥的应用。日本在战后建筑业高速发展，由于当时房屋建筑需要量多，建造的房屋具有规模大、标准低的特点，致使现在大量建筑物接近或已达到设计使用年限。加之随着日本建筑和抗震标准的提高，大量如铁道交通、道路运输、水利电力等重要基础设施面临着性能再评估及整修、整改的课题。由于此类建筑物关系着经济命脉，短时间内停用大修势必会对国民生活造成严重影响。因此如何评价既有建筑的结构性能、重点设计加固补强方案，成了一个摆在日本土木工程师面前亟需解决的问题。本实例正是基于此问题开展的对一座既损桥梁的实桥监测案例。本案例的监测对象为日本中西部的 18 号国道上的一座公路用双车道 4 跨预应力箱梁桥，按照日本现行桥梁等级标准属于一等桥。该桥全长 300 米，于 1972 年建成，日通车量在 1 万 5 千辆左右，其概貌如图 4.133 所示。

图 4.133　监测桥体

2006 年大桥定期点检时，在桥桁下侧发现多处混凝土劣化其裂缝，在进一步的混凝土钻孔内窥镜检查，发现了严重钢筋腐蚀的现象。在之后的大桥的加固补强施工中，剥开混凝土外层确认了多处轴向预应力筋断裂的情况，其分布如图 4.134 所示。

鉴于桥体损伤严重，为了保证监测大桥的正常运营，该桥于 2009 年实施了主跨处体外索加固、置换桥墩钢筋和路面 FRP 加固等加固补强工程。其中主跨处的采用了 2 种截面的钢索（F170TS/F310TS）实施体外索，其施加索力分别为每根 101kN 及 182kN。主跨处体外索布点如图 4.135 所示。在体外索张拉过程，对其中 2 根钢索端部加置了油压计并在跨中监测了挠度变化，以达到监控索力、评价施工效果和桥整体安全的目的。在预应力植入前，逐步提高索力，并监测跨中两处挠度变化，与理论计算值对比，以评价桥整体安全。结果显示随着张拉程度上升，跨中挠度变化与计算值基本吻合，因此有关施工部门认为虽然大桥出现多次损伤，但桥体刚体并无明显降低，实施一定程度的体外索加固即可保证大桥的正常运营，并于 2011 年对桥体实施了体外索加固补强。

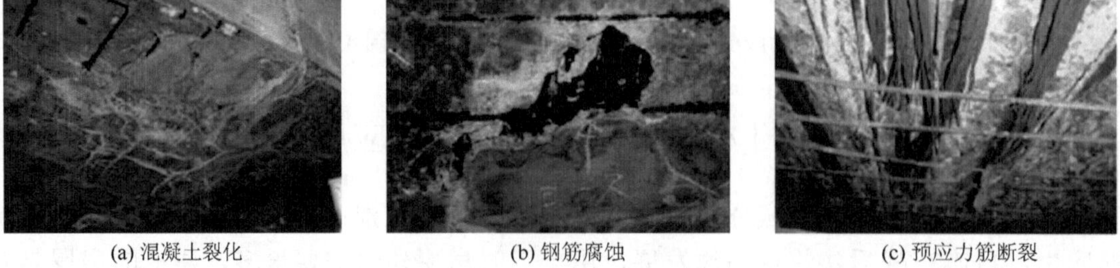

(a) 混凝土裂化　　(b) 钢筋腐蚀　　(c) 预应力筋断裂

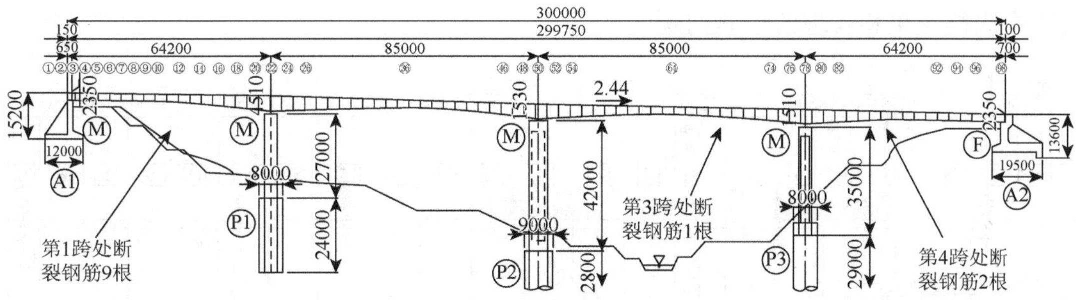


(d)

图 4.134　桥体损伤情况

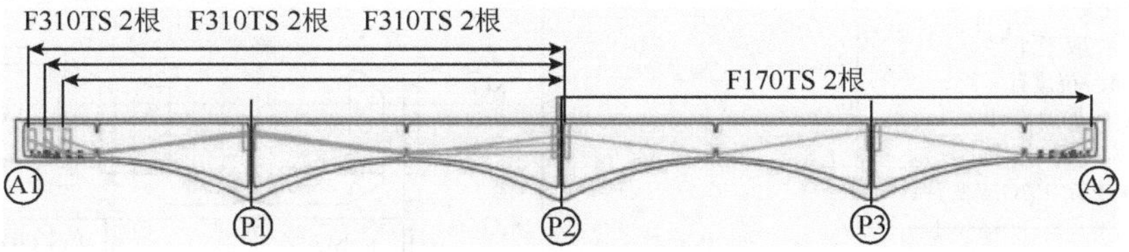


图 4.135　体外索布点

## 4.8.1　长标距光纤应变监测方案

为了进一步评价补强加固施工的效果和监测桥体工况及安全，该桥负责部门邀请了多家资深结构评估单位对桥体实时了定期检查和实时监测，作者团队亦是受邀的主要评估方之，所采用的监测方案是在加固工程开始前，分别在主桥第一跨及第四跨分布布设了长标距 FBG 应变传感器（图 4.136）。长标距 FBG 应变传感器的标距长度为 1 米，分别在桥体左、右侧（上游、下游）各布设了 12 根。长标距 FBG 及同时实施的其他监测方案的传感器布设示意图如下：

在图 4.137 中，对比了现场了几种传感方案的布设情况。第 3 章中讨论了传统电子传感器虽然常常应用于实验室内试验数据的采集，但在现场由于受采样方式和信号传输的限制，不适合于长期连续监测。在该示例中使用的电子类传感器同样采用了试验前布设、接线的采集方式。如挠度计、应变片（图 4.136（a）、图 4.136（b））为了采集数据，需加设延长线，容易数据损失、噪声大。传感点式传感方式，如位移计（图 4.136（c）），需增设脚架以满足测量要求，其临时布设工序繁琐、稳定性不高，难以满足快速测量的要求。反观长标距 FBG 监测方案（图 4.136（d）），由于一次性布设后无需后期管理，布设时采用整体外壳封装，不但具有良好的防水、防潮、防尘效果，而且不影响桥体外观。其外接跳线设置于桥台近旁的接线盒，接线简单，不但可以保证稳定的长期监测，而且适用于临时或灾后等特殊情况下快速检测的要求。在此示例中，为了满足获取桥体的整体信息，在每个跨内间隔 2～3 个箱桁布设一组长标距 FBG，每组传感器构成一个传感区域。另外对于损伤严重的第 8 和第 11 桁采取密集布设，即每间隔 1 米布设一个传感单元的方法，以获取更丰富的局部损伤信息。监测方案采用每年一次的固定车载的定期检查和实时应变监测系统。下面将主要讨论定期检查中取得结果和发现的一些问题。

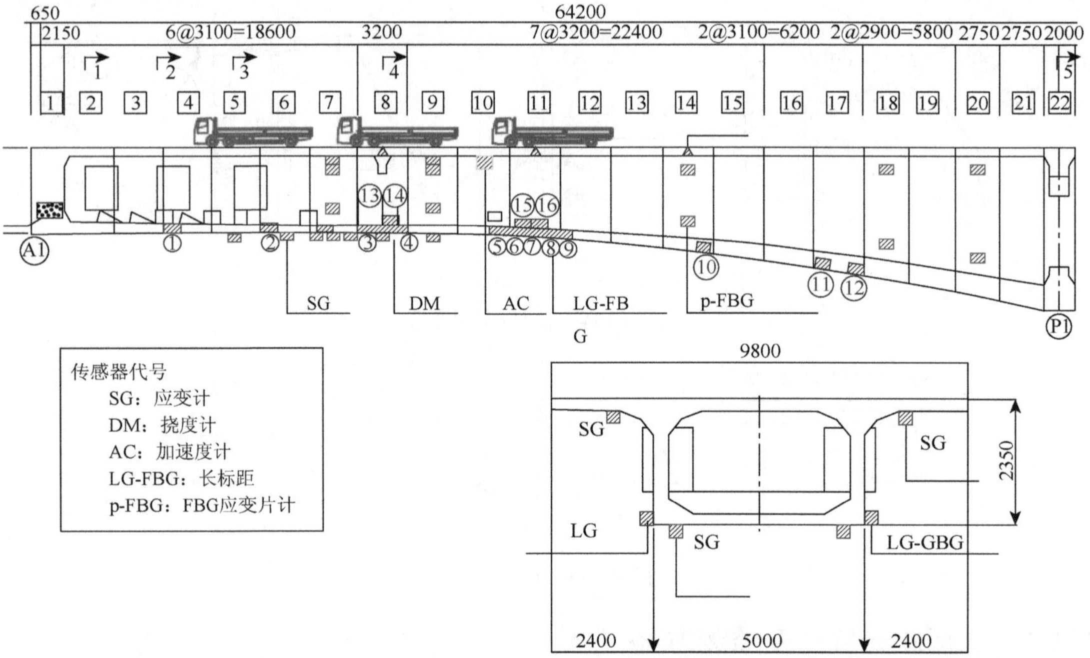


图 4.136　水平方向及截面传感器布点示意图

(a) 挠度计　　(b) 应变片

(c) 位移计　　(d) 长标距FBG

图 4.137　几种传感方案布设对比

## 4.8.2　定期车载试验的结果

1）实验内容

前文提到，为了检定桥体加固补强的施工效果以及长期监测桥体安全性和使用性能，从 2011 年起实施了连续监测和每年定期检定试验。在定期检定试验中，分别包括了在静态车载试验和行车动载试验。在静态车载试验中，由 6 辆重 20 吨重型卡车依次停在跨中附近。当车辆稳定后，测得桥体应变分布。在行车动载试验中，由 1 辆同重量的重型卡车以时速 60km 的速度通过桥体，并记录时程应变。图 4.138 中显示的是应变幅值最大的第 8 箱桁的测量结果，第 8 箱桁即发现主预应力筋断裂的位置。下面将按照前面章节介绍的结构状态参数识别方法，进一步对桥体工况做出评价。

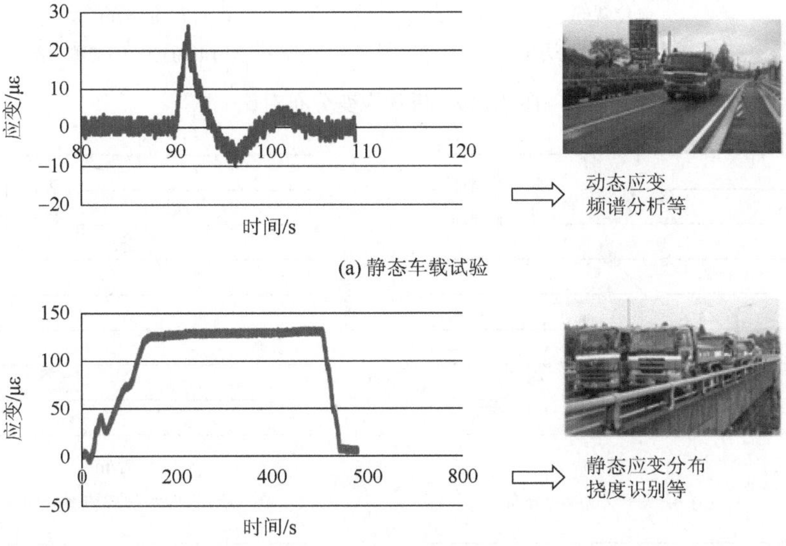


(a) 静态车载试验

(b) 行车动载试验

图 4.138　静态车载试验和行车动载试验的时程应变

2）静态应变评价

根据前文叙述的传感方案，首先根据静态车载试验评价桥体应变分布。在图 4.139 中对比了传统应变片和长标距 FBG 传感器在桥体第一跨左、右两侧的应变分布。两种传感器都在桥体 20 米附近（即原钢筋破断处）出现了应变激增点，初步指征出桥体该处的损伤位置。但由于应变片在布设时临时选点布设于桥箱接合处和裂缝位置，甚至出现了 400 微应变左右的结果。在同一位置应变片其结果离散，加之受安装条件限制只能获取桥体局部的应变信息。反之长标距 FBG 的监测体系完整了显示桥体应变，同时对于局部的多处损伤识别也有良好的指征效果。接下来将基于长标距应变分布测量的结果，对该示例的损伤情况进行逐步讨论。

图 4.140 显示了 2011 年在加固施工前后静态车载试验第一跨的长标距 FBG 应变传感器测量到的应变分布结果。通过实测结果（图 4.140（a））可以看出，在体外索加固施工后，桥体

的应变响应出现了上升的现象。此外在跨中原损伤处，出现了局部应变减少的现象。这说明加固施工后，桥桁的抗弯刚度反而出现了下降的现象，并且损伤导致局部刚度降低。相对于对比第四跨，在同等荷载条件下第一跨加固前后变化更加明显，其损伤程度更为复杂。

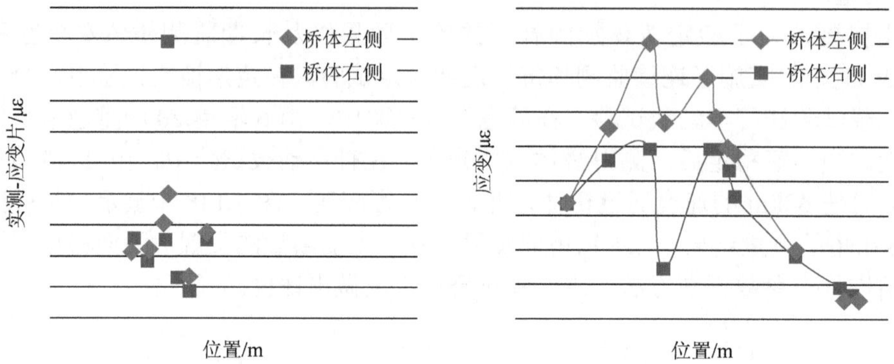


(a) 应变片监测方案　　(b) 长标距FBG监测方案

图 4.139　桥体应变分布对比

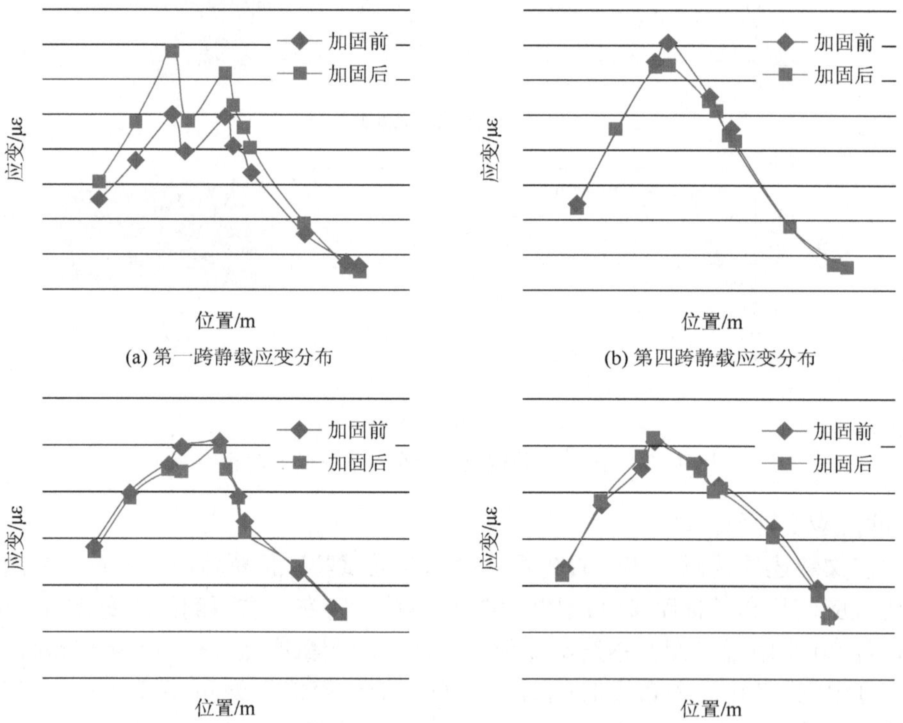


(a) 第一跨静载应变分布　　(b) 第四跨静载应变分布

(c) 第一跨动载应变分布　　(d) 第四跨动载应变分布

图 4.140　加固前后长标距应变分布对比

3）动态应变评价

为了进一步评价加固效果，通过行车动载试验，利用 4.2 节介绍的应变模态理论，提取结构激励后振动应变信号，获得峰值对应的频率值。在图 1.141 中，对比常用的加速度计可以发现，应变模态识别的频率，与加速度获得的频率值基本一致。在表 4.13 中列出了前 5 个峰值的频率，加速度计和应变模态都显示出加固前后并无明显的变化，即说明结构整体刚度变化不明显。值得注意的虽然识别的频率值变化不明显，但其频域谱值有明显变大的趋势，特别是与结构刚度关系密切的应变模态的低阶频率，这也是应变模态分析的特点之一。

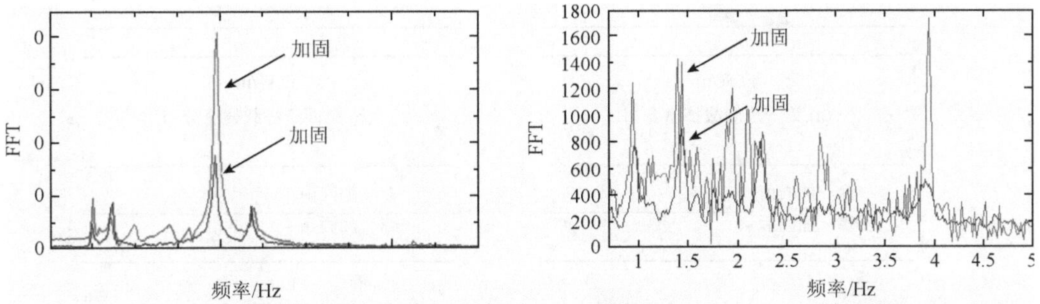

(a) 加速度针　　(b) 长标距FBG

图 1.141　加固前后频率变化对比

**表 4.13　长标距 FBG 应变传感器和加速度计提取的频率响应对比**

| 峰值编号 | 加固前 | | 加固后 | |
|---|---|---|---|---|
| | 长标距 FBG | 加速度计 | 长标距 FBG | 加速度计 |
| #1 | 0.97 | 0.98 | 0.97 | 0.99 |
| #2 | 1.49 | 1.47 | 1.44 | 1.46 |
| #3 | 1.98 | 1.96 | 1.95 | 1.97 |
| #4 | 2.19 | 2.22 | 2.18 | 2.27 |
| #5 | 3.81 | 3.87 | 3.91 | 3.94 |

4）基于挠度的评价

为了评价结构整体性能是否在设计使用的安全范围内，通过 4.1 节介绍的共轭梁法根据第一跨的应变分布，识别的挠度结果（图 4.142（a）：静载挠度分布；图 4.142（b）：动载挠度分布），同样显示出加固后反而刚度下降的趋势。在损伤不太显著的第四跨加固前后的应变变化并没有明显（图 4.142（c）：静载挠度分布；图 4.142（d）：动载挠度分布），其挠度的变化趋势显示原损伤处的刚度在加固后略有提高。实际监测的结果显示，在本示例中所采用的加固方案在没有调查清楚损伤程度和影响因素的条件下，施加了体外索加固。其结果导致原损伤处内力负载增加，其刚度相对原先呈减弱趋势。由于第一跨损伤情况相对更复杂，下文中将主要针对第一跨监测结果进行评价。

5）桥体行车工况的评价

作为交通工程结构，桥面的倾斜度是评价行车工况的重要参数。通过对比桥体两侧布设的应变分布式传感区域，识别第一跨桥面上、下游两侧的挠度差异，进而评价桥面倾斜度。在图 4.143（a）中，显示了静载试验时，桥面上下游两侧实测应变分布，可以明显看出上游（原预应力主筋断裂处）的应变值比下游要大很多。由于车载试验时，加载点位于桥截面中点处，故此得出桥体由于左右刚度不对称，桥体处于水平扭转状态。

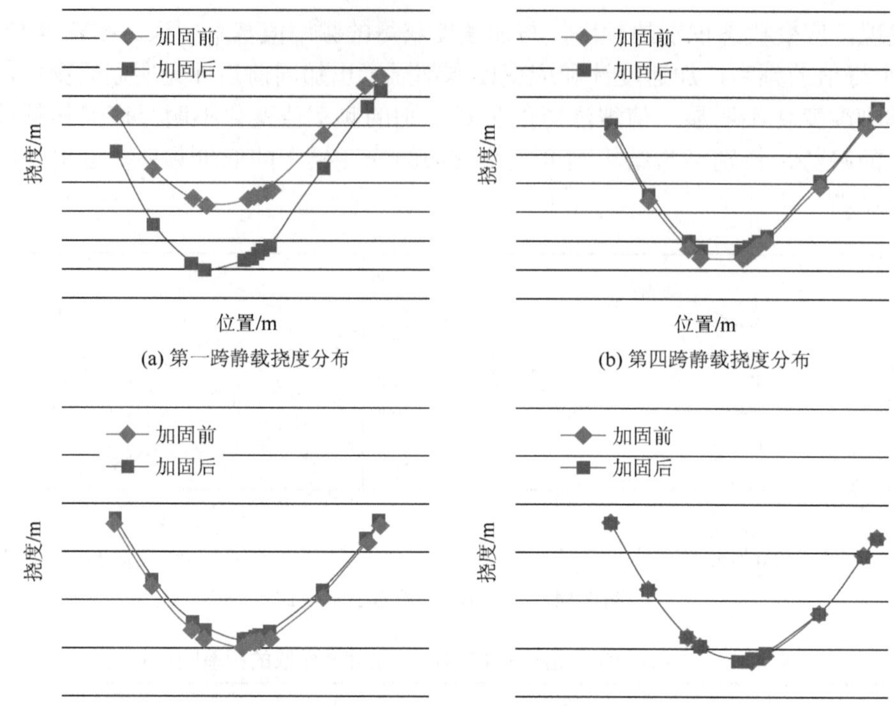

(a) 第一跨静载挠度分布　　(b) 第四跨静载挠度分布

(c) 第一跨动载挠度分布　　(d) 第四跨动载挠度分布

图 4.142　加固前后挠度演算对比

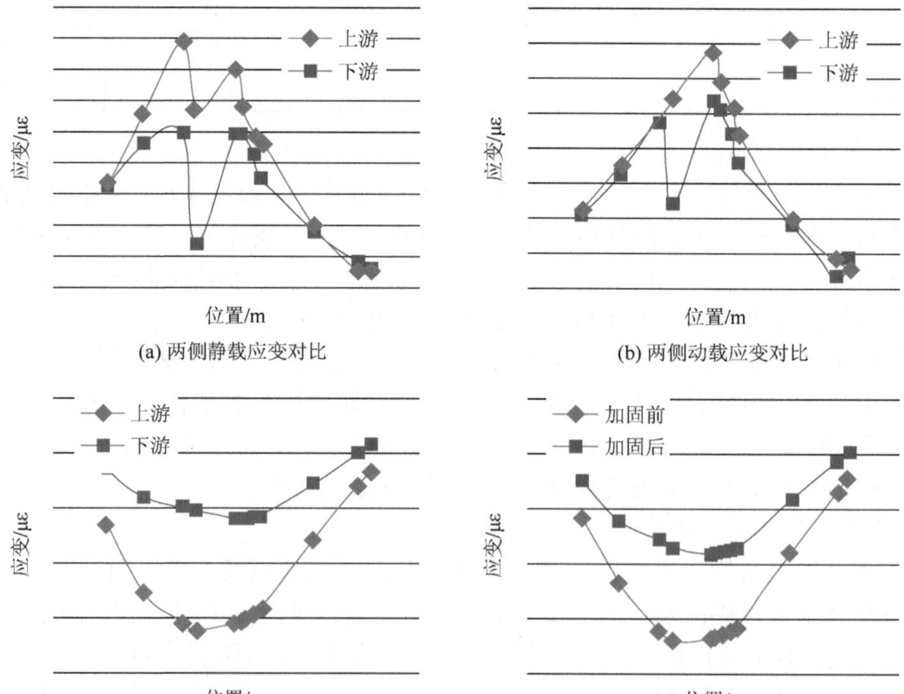

(a) 两侧静载应变对比　　(b) 两侧动载应变对比

(c) 两侧静载挠度对比　　(d) 两侧动载挠度对比

(e) 实测偏转示意图

图 4.143　桥桁两侧的偏转现象

此外，在动载试验结果中（图 4.143（b）），可以获得同样的现象。进而通过 4.1 节介绍的共轭梁方法演算获得静载（图 4.143（c））和动载（图 4.143（d））下的挠度，可以更加明显的发现上下游两侧存在扭转现象。为了核实该现象，在 2013 年的定期点检中增设了水准仪，对于应变差异最大的第 7 箱桁的水平高度进行测量（图 4.143（e）），发现桥面左右两侧确实存在 6mm 的偏转现象。

6）长期监测结果

为了进一步说明桥体使用性能的变化趋势及安全性，该监测体系每年实施一次，其监测结果如图 4.144（a）所示。可以看出在补强后，桥体在同样条件下荷载条件下，应变分布并无显著的改变。对比跨中应变峰值的变化趋势，可以看出加固后应变值按一定趋势逐年递增，但基本维持在一定范围内，由此判定桥体性能基本趋于稳定，但原损伤处刚度下降现象更加明显。结合前面章节提到的挠度计算方法，结合实测应变分布反算的挠度分布如图 4.144（b）所示。可以看出在加固前后，跨中弯曲最大点的挠度值呈现逐年递增的趋势，该现象于跨中位移计监测结果一致。

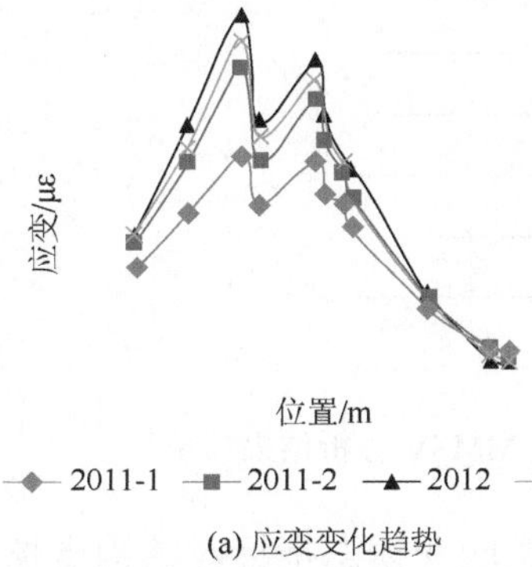


(a) 应变变化趋势

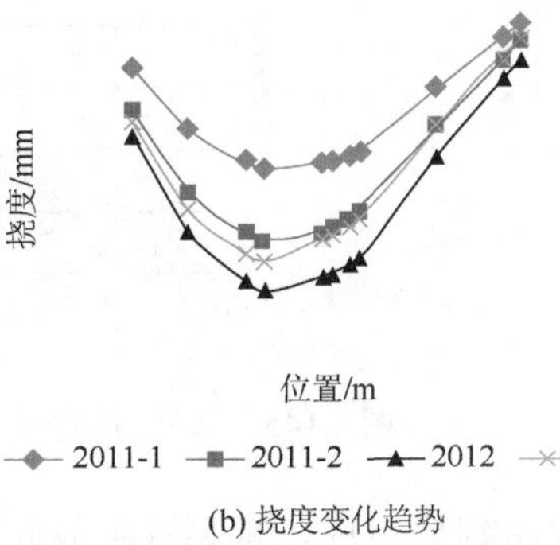


(b) 挠度变化趋势

图 4.144　长期监测结果

7）基于应变模态向量的评价

在前文的介绍中知道通过长标距分布式传感可以获得比点式传感更加完整的结构信

息，对于结构存在的损伤或本示例中不适当的补强方案等异常现象进行初步的评价。为了更深层次的获得评价结构性能的状态参数，需要进行诸如挠度、固有频率、模态参数等计算。下面将结合 4.4 节中介绍的应变模态方法，对验证加固后结构动态性能变化趋势。根据前文介绍的应变模态向量对结构已知损伤部位即传感单元对应的区域取为评价点，将靠近支撑的传感单元 2 作为基准点，对比加固前后应变模态向量变化趋势，其结果如图 4.145 所示。

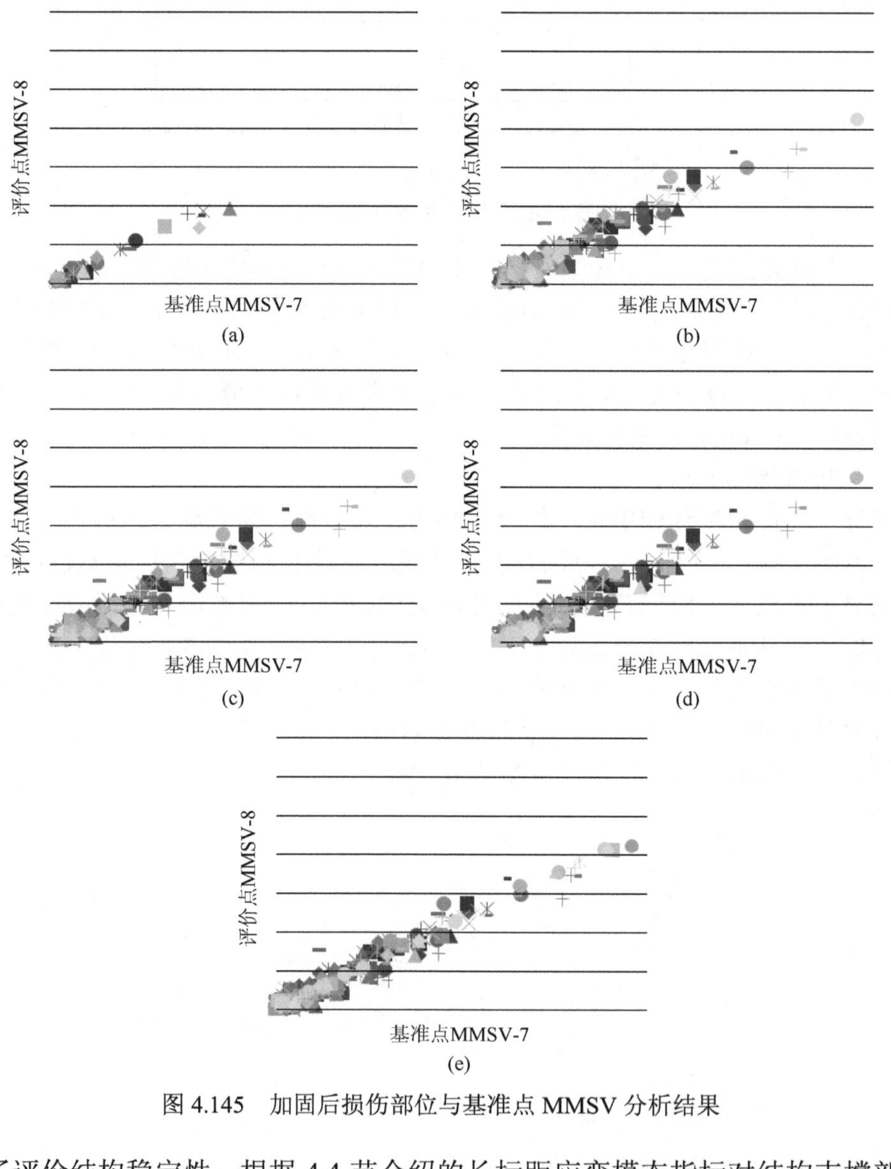


图 4.145　加固后损伤部位与基准点 MMSV 分析结果

为了评价结构稳定性，根据 4.4 节介绍的长标距应变模态指标对结构支撑部位进一步评价。与直接识别的频率值不同，受损区的应变模态向量在加固前后有明显的斜率变化，其结果与识别的挠度变化趋势一致，指征出在结构加固后桥体，特别是原损伤区域的刚度呈现下降趋势。在图 4.146 中，可以明显确认于桥台近旁 25 米处(即原预应力主筋断裂处）模态应变比值出现异常畸变，该突变指明了损伤位置。在监测大桥过去的基于传统的点式传感和人工点检的监测和检测过程中，并未及时地发现结构出现的损伤及破坏情况。只是通过人工点检开钻取样后才发现了主预应力筋断裂、钢筋锈蚀等结构损伤。虽然传统的点式应变传感难以发现损伤导致结构整体的刚度降低，但通过长标距应变传感可以实现真实反应结构整体及局部的响应，同时还发现了体外加固造成了结构局部刚度下降的趋势。基于分布式长标距应变传感技术布置的结构健康监测系统，不对结构进行破坏性检查，即可有效发现结构损伤，为结构性能评价提供有效论证方法。

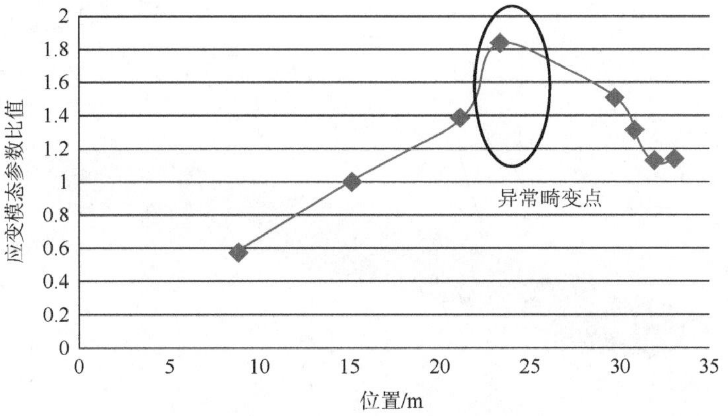


图 4.146　基于应变模态指标的损伤部位与基准点 MMSV 分析结果

## 4.8.3　桥体损伤的结果

结合近年的监测结果，通过应变片和位移计等传统点式传感器结构上布置连续监测方案，并不能及时的反映结构的劣化进程。其结果导致直至主预应力筋腐蚀断裂，才借由人工检查发现结构存在的严重损伤。另外在未对结构损伤进行综合评价的前提下，实施了体外索加固以致结构出现刚度降低、扭转等现象。反观通过长标距应变传感可以真实反应结构整体及局部的响应，同时还发现了体外索加固方式存在的不足，为进一步结构性能评估提供作证。根据以上内容针对该桥目前的主要问题总结如下：

（1）桥底部应变分布不均匀；

（2）加固后桥体出现扭转；

（3）施加体外索加固后，桥体刚度降低。

1）损伤对应变分布影响

为了评价桥体的损伤机理，以下将通过有限元分析，探讨桥体可能存在的损伤方式，并结合实测结果评价损伤对桥体受力状态的影响。按照桥体尺寸在有限元分析软件 Ansys 建模，从宏观变形及应变分布上，对结构损伤可能出现的情况进行分析。按实际设计值，桥体设为实体模型，弹性模量为 25 000MPa。本分析案例的荷载为 3 处集中荷载，大小分布为 20 吨，其中前轮 5 吨、后轮 15 吨。桥体尺寸、车载位置及模型，如图 4.147 所示。

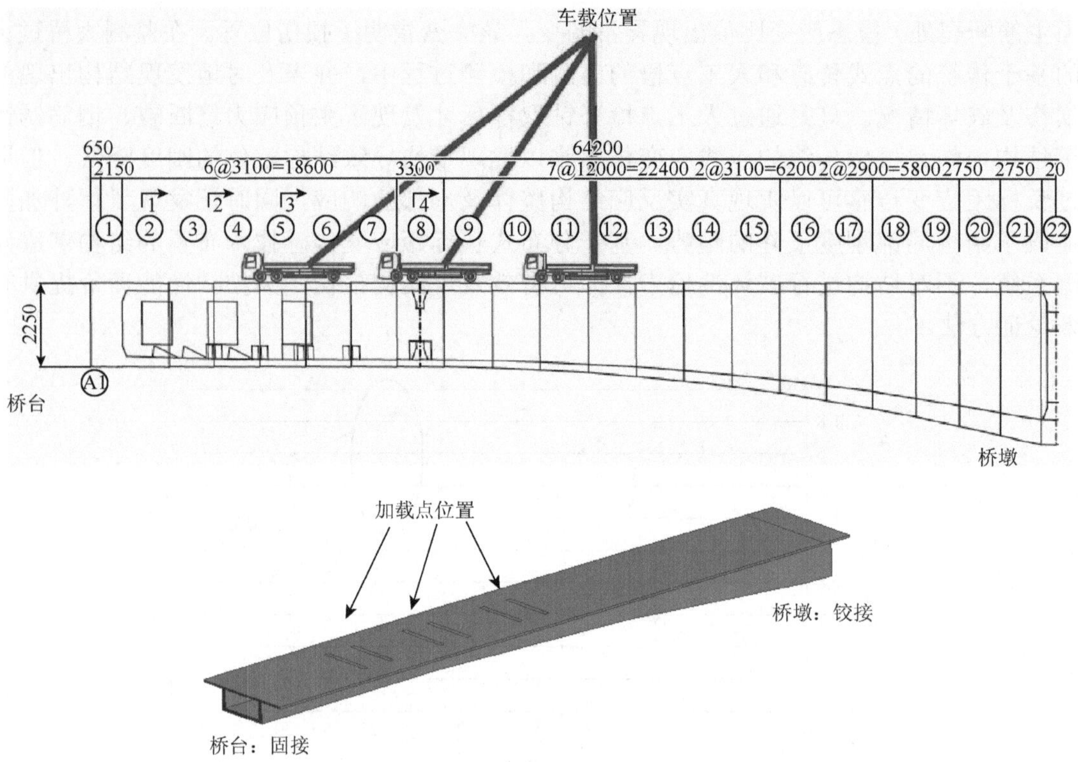


图 4.147　桥体模型及荷载设置

由于荷载加载点，靠近跨中，且跨中位置正好为桥体截面变化的拱顶处。首先针对无损的桥体模型分析挠度及应变分布，图 4.148 为分析结果。

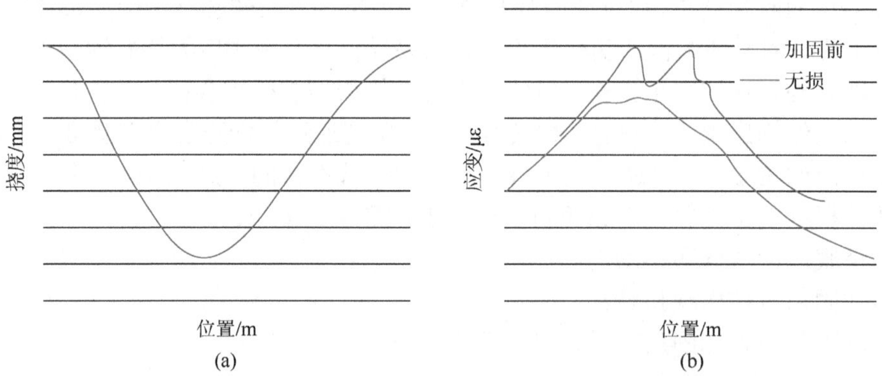


图 4.148　无损桥体模型的挠度分布及应变分布

由于已经知道桥体的损伤类型为主钢筋腐蚀断裂，由于实际腐蚀情况复杂，并不能完整掌握损伤的大小及位置。根据已判定的一处钢筋断裂位置，设置该点近旁单元的刚度呈梯度下降，并与对比解析的应变分布与长标距传感器的实测结果，以下为依次讨论损伤程度的结果对比。从图 4.149 可以得出长标距应变传感器是粘贴在结构表面，其测得应变真实反应结构轴向方向应变分布。但结构某处出现损伤，即局部刚度下降势必导致该处抗弯刚度下降，以致轴向变形变大。观察实测结果，发现在靠近桥体损伤处有 2 个应变的突变点，且两处突变点的间隔水平距离接近 20 米。根据长标距传感器的传感机理，可以认为桥体损伤应为多处才能满足实际的应变测量结果。刚度梯度递减的假定下，2 处损伤的解析结果。

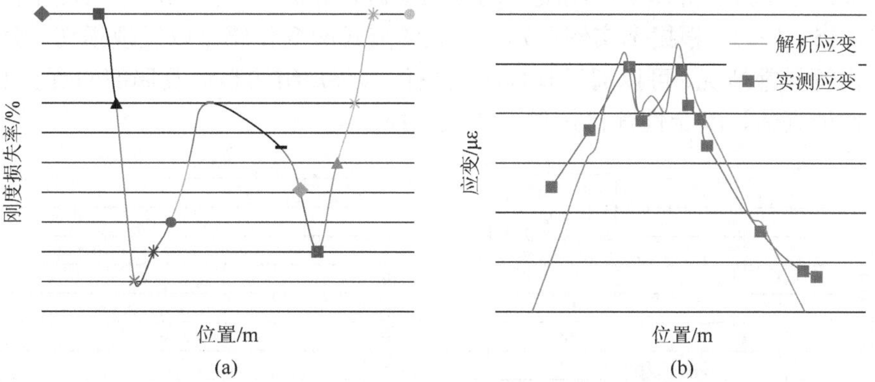


图 4.149　有损桥体模型的刚度损伤分布及应变分布

根据以上观点，对桥体模型修改为两处刚度递减的损伤，通过对比结果可以发现，虽然数值上吻合不高，但两处损伤模型的解析结果其应变分布趋势与实测结果接近，可以基于此模型进一步评价损伤对结构性能的影响。

2）体外索加固对既损结构的影响

由于在前文叙述的实测结果中提到，根据近几年的实测结果发现，在体外索加固后桥体出现了同样荷载条件下，挠度增加、刚度下降的趋势。基此根据两处刚度梯度递减的损伤模型，进一步对体外索加固对既损结构的影响进行分析。图 4.150 为体外索加固的解析设定。

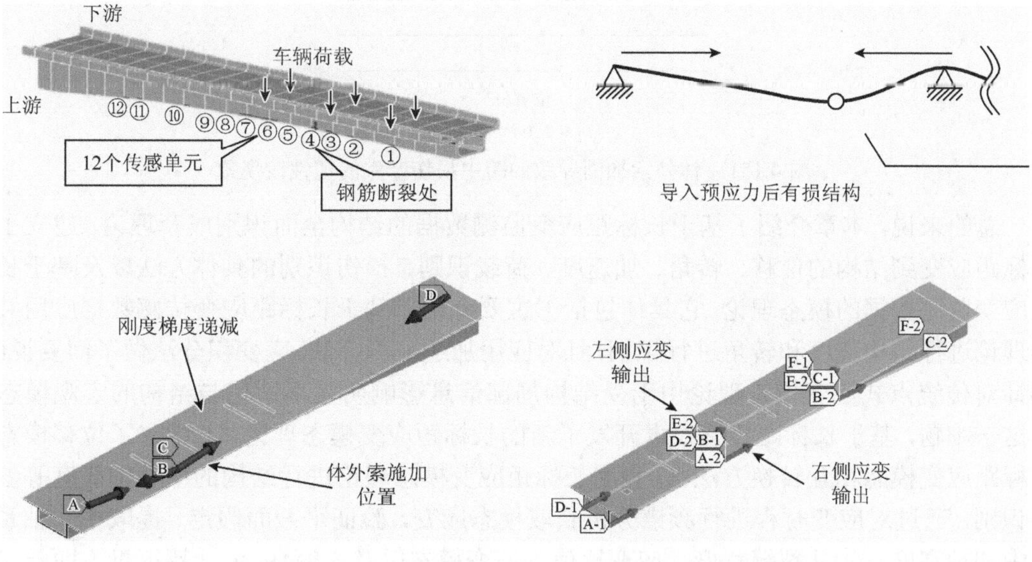


图 4.150　体外索加固与桥体左右两侧的解析设定

根据解析结果，可以发现根据两处损伤模型其挠度解析结果显示发现结构在加固后未对损伤进行很好处理，结构整体性不足，结构应变值更大，挠度也进一步加大。与实测结果（图 4.151（a））对比，虽然在数值上其吻合度尚且不够，但具有两处损伤的模型施加体外索加固后其解析结果（图 4.151（b））同样出现了加固前后挠度增加（即抗弯刚度下降）的现象。同样由于桥体两侧刚度不均衡的原因，解析结果亦显示了实测中出现的扭转现象（图 4.151（c））。根据本实例可知，传统的点式应变传感难以发现损伤导致结构整体的复杂损伤等异常情况，可以通过长标距应变传感获知结构整体及局部的真实响应，同时对于结构性能评估、安全性评价提供了数值支撑。

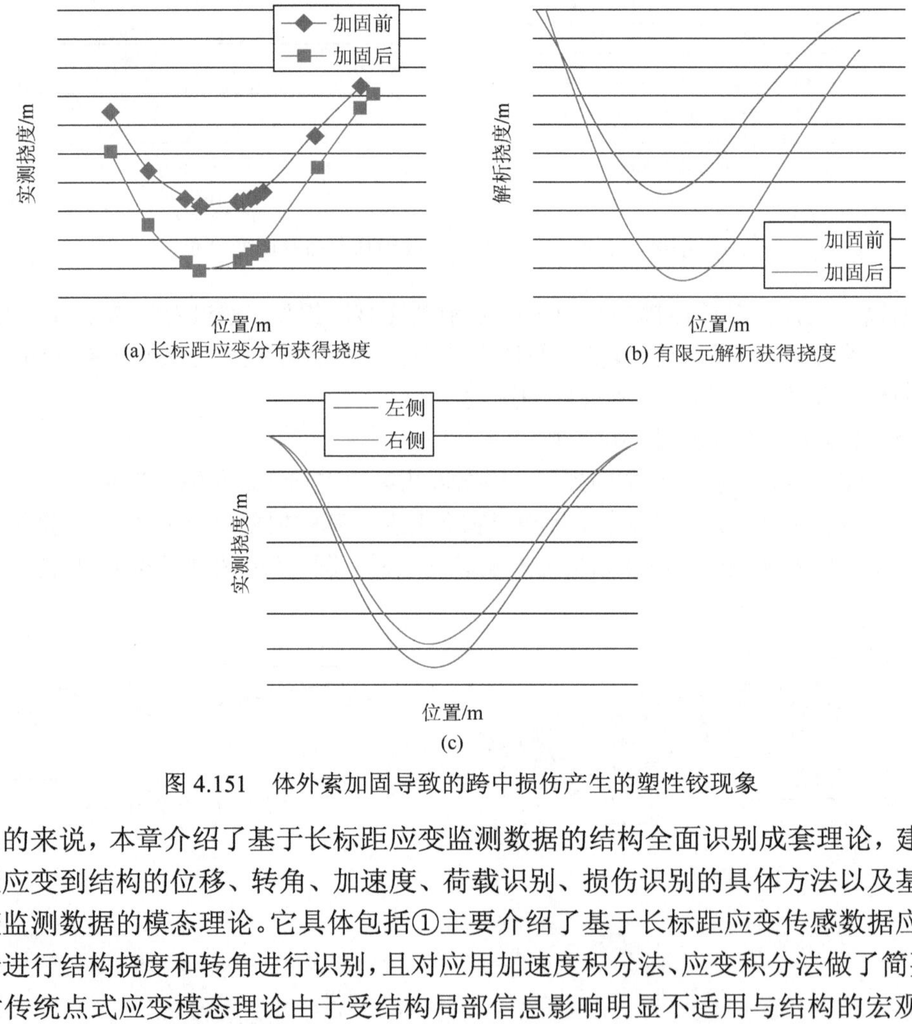


图 4.151　体外索加固导致的跨中损伤产生的塑性铰现象

总的来说，本章介绍了基于长标距应变监测数据的结构全面识别成套理论，建立了从长标距应变到结构的位移、转角、加速度、荷载识别、损伤识别的具体方法以及基于长标距应变监测数据的模态理论。它具体包括①主要介绍了基于长标距应变传感数据应用共轭梁理论进行结构挠度和转角进行识别，且对应用加速度积分法、应变积分法做了简要说明；②针对传统点式应变模态理论由于受结构局部信息影响明显不适用与结构的宏观模态分析这一难题，基于长标距传感技术开发了新的长标距应变模态理论，并建立了位移模态与长标距应变模态相互转换方法；③利用长标距应变模态理论进行结构的中和轴高度等参数的识别，通过对应变时程进行频谱分析获取模态应变，验证平截面假定、提取中和轴系数和中和轴高度；④从裂缝宽度、应变比值、应变模态以及 LSMV 统计特征量方面定义了损伤指标；利用应变影响线理论结合分布式长标距应变传感技术对移动荷载作用下的结构进行损伤识别，并进一步介绍了实现结构损伤定位和定量的二阶段损伤识别；⑤基于长标距应变介绍了动态广义影响线的荷载识别理论，实现了车重识别和车速识别；⑥基于传统的有限元修正方法提出了利用长标距应变传感的结构模型修正的思路；基于分布式长标距应变传感技术的有限元模型修正方法除了可以进行结构整体响应预测（位移、频率、位移模态等），还可以进行结构局部响应预测（长标距应变、长标距应变模态等）；⑦基于区域分布应变传感数据，利用基于截面纤维模型方法的非线性分析方法来进行结构状态参数的全面识别；⑧将相关理论应用于工程实际，以美国某钢-混凝土组合梁桥和日本某预应力箱梁桥为试验目标，对监测方案进行了详细介绍，并对监测结果利用本章相关理论进行了系统分析，论证了理论的正确性。除此之外，还有众多基于区域分布应变传感反推和识别结构参数的方法和应用因篇幅所限没有介绍。例如长标距区域分布传感技术在结构索力测试方面具有对低频敏感因而所识别索力精度更高等优点。再如作者团队在某铁路公路两用的钢桁梁长江大桥监测工作中，基于一定单元内所监测区域分布传感数据，可反演计算整个钢桁梁单元的应变和内力分布等。总的来说，基于区域分布应变监测数据所进行的结构全面识别方法的开发，为后面章节将要介绍的结构性能直接评估奠定了基础。

# 第 5 章 结构性能评估方法

## 5.1 结构性能评估概述及国内外研究现状

### 5.1.1 性能评估方法概述

结构性能（structural performance）指结构在外部荷载的作用下，结构的静态和动态的关于安全性、使用性和耐久性等方面的定性、定量的表现。性能评估（performance evaluation）指依据检测与监测数据及其分析结果，对结构的当前安全状态及其未来服役周期内性能进行分析评估和预测，并与其临界失效状态进行比较，评价其安全等级的活动。结构性能评估是实现桥梁有效管理和维护的重要组成部分，它可以准确把握结构的当前性能水平，以便及时进行合适的结构养护和管理，对于性能水平低下的结构需及时进行维修和加固。结构的性能评估除了考察当前的结构性能状态之外，还需综合考察结构性能下降的程度和速率，分析其性能退化规律，对结构性能的远期状态作出预测，并对结构的使用寿命作出评估。

具体来说，结构的性能评估包括结构的安全性能、使用性能、耐久性能、第三者影响性能及美观性能等几个方面。结构的安全性能（safety）是体现结构本身安全度的性能，由于直接牵涉到人民的财产甚至生命的安全，这是结构性能评估的重中之重。结构的使用性能（serviceability）是指结构实现其固有使用功能的特性，主要体现在舒适性和适用性两个方面。结构的耐久性（durability）是指结构抵抗其随时间而逐步劣化致使性能低下的能力。结构的第三者影响性（third party effect）主要是指由于结构的使用和一些意外事件而对第三方人员造成影响及其程度的性能指标。结构的景观性（landscape）是指结构外表等给使用者及社会第三方人士的美感和舒适感。对于土建交通工程的结构，结构的安全性能、使用性能、耐久性能通常被放在第一位，作为重点考察对象，但并不能忽视第三方影响性和景观性这两个性能。后面将介绍结构性能评价方法。

在现有规范方法中，桥梁结构的性能评估简单地说可以分为两个层次，首先基于各类型检测数据的桥梁技术状况，依据检测结果评价桥梁使用状况和安全性能并进行等级评定，然后对技术状况评定结果较差的（中国规范是四五类桥）进行承载能力评定，通过进行荷载试验来测试桥梁结构在不同荷载等级下的承载能力。随着结构健康监测技术发展的逐渐成熟和在工程实际中的推广应用，国内外逐渐认识到将结构健康监测技术融入结构性能评估规范的必要性，例如通过区域分布应变测量反推裂纹宽度，方便快捷地实现桥梁技术状况评定，进而利用基于监测数据的桥梁全面识别评估结果，如结构损伤状况和桥梁柔度特征等，来进行结构的安全性能评估乃至未来一段时期内结构的性能预测。需说明的是现有结构健康监测技术还无法完全输出进行性能评估的必要数据，相关研究在国内外广泛进行中。本章将首先对国内外结构性能评估的规范进行归纳和总结，由于篇幅关系，这里主要针对桥梁的性能评估规范进行重点叙述。

### 5.1.2　中国桥梁性能评估相关规范研究现状

1. 公路桥梁技术状况评定方法

目前我国现行的桥梁技术状况评定规范主要有建设部的《城市桥梁养护技术规范》(CJJ99—2003)、交通运输部的《公路桥涵养护规范》(JTG H21—2004)、和《公路桥梁技术状况评定标准》(JTG/T H21—2011)三本[10, 11, 25]。这三本规范推荐的评估方法的理论依据主要是桥梁构件缺损状况指数法、常规综合评估法和层次分析法。对于大桥的技术状况评定往往会采用多种方法相结合，通过常用方法的组合来实现优势互补以提高评估精度。桥梁技术状况评定流程大致由信息采集、评估分析和决策评定三个部分组成。桥梁评定普遍继承了层次分析的思想，桥梁评定的过程符合一个循序渐进、由低到高的过程。在评定的初级阶段，桥梁的实测数据比较容易获得，同时这个过程也是关系到评定结果是否准确的关键一步。将采集好的数据放入预定的评定模型中，如果对结果不信任则需要采集更多的数据或更加细化评定模型。这反映了层次分析原理在技术和经济上的双重考虑。桥梁技术状况反映了桥梁现状等级。桥梁技术状况评定的主要任务是通过桥梁存在的缺损状况，通过缺损状况研究桥梁退化的原因，确定维护维修方案，以使结构（或构件）维持在安全的状况。桥梁结构状况评定的另一任务是根据技术状况评定结果得到正确的维修措施，根据桥梁状况评定结果确定哪些桥梁破坏最严重和最迫切需要维修；将有限的资源作最优的分配，使桥梁最大的发挥它的效用。

从规范使用发展历史来看，《公路桥涵养护规范》(JTG H11—2004）是在《公路养护技术规范》(JTJ 073—96）版本的基础上颁布执行的，在指导我国公路养护管理工作中发挥了很大的作用，与其并行的是建设部的《城市桥梁养护技术规范》，主要针对于城市桥梁的养护工作。21 世纪以来，我国公路发展很快，为了适应新形势的要求，根据交通部公路工程标准规范体系的要求（图 5.1），在 2011 年将《公路桥涵养护规范》中的第 3 章第五节桥梁评定内容编写为《公路桥梁技术状况评定标准》，单独成册。《公路桥梁技术状况评定标准》(JTG/TH21—2011）的颁布实施给出了一套相对具体可行的桥梁技术状况评定方法。通过全面描述桥梁各部件的缺陷，评价桥梁技术状况，记录桥梁基本特征，建立健全桥梁技术档案，对营运的桥梁进行有效管理和健康监控，提供进行桥梁养护、维修和加固的决策依据，从而可以通过有效提高公路桥梁技术状况以及公路桥梁服务水平，确保公路桥梁的使用安全，延长桥梁寿命，提高养护效率，有效利用桥梁设施和资金。但是这一标准，目前尚未广泛应用到既有桥梁的评估中，而且本标准与《公路桥涵养护规范》(JTG H11—2004）和《城市桥梁养护技术规范》(CJJ99—2003）采用的桥梁评估标准同时适用于既有桥梁的评估。通过和长期从事桥梁检测工作的工程师沟通发现《公路桥梁技术状况评定标准》(JTG/TH21—2011）在应用到实际工作中也并没有取得很理想的效果，该规范虽然计算结构和评估流程严谨，但是在某些细节处存在操作性差的问题。这使桥梁技术状况评估方法比较混乱，也给桥梁技术状况评定工作带来了巨大的困难，从而影响了桥梁的管理和养护工作。

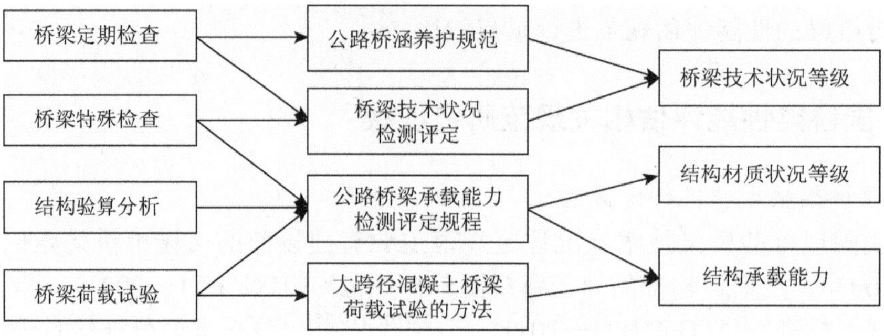


图 5.1　我国交通部公路工程标准规范体系的要求

总体来说，《公路桥涵养护规范》目前使用范围最广泛，《城市桥梁养护技术规范》运用范围较小，《公路桥梁技术状况评定标准》关于桥梁技术状况评定的内容融合前面两个规范的长处，同时给出了各种桥型的病害描述，同时也与桥梁养护管理系统中关于桥梁评定的算法类似，是目前为止国内桥梁技术状况评定最为完整的规范，但由于实行时间并不是很长且还有些许不足之处，所以工程采用并不是非常广泛。

1）《公路桥涵养护规范》（JTG H21—2004）

根据《公路桥涵养护规范》（JTG H21—2004）[11]中的规定，桥梁评定分为一般评定和适应性评定。一般评定是以桥梁的检测数据为依据，综合评价桥梁部件的状况，从而确定桥梁的等级，根据桥梁的运营现状制定对应的维修方法，然后定期进行检查。适应性评定则主要依据桥梁的特殊检查数据，将通行、抗震和承载力与结构的受力分析相结合，提出维护改造方案。

对桥梁进行一般评定时，将桥梁整体技术状况评定流程如下：

（1）确定桥梁部件的权重，将桥梁划分为 17 个固定权重值的部件，然后现场检测桥梁部件的缺损情况、缺损在结构使用过程中的影响因素大小以及桥梁缺损的变化趋势三个方面，通过累加每个部件的缺损得出桥梁整体标度，最后将各部件缺损状况评定标度和固定权值代入公式计算全桥结构技术状况评定。

（2）对桥梁部件技术状况评定时遵循重要部件以缺损最严重构件的评分作为部件的评定结果。这种按最不利因素评定的方法提高了安全性指标的影响。

（3）如表 5.1 所示，参考桥梁各部件权重，将各部件评分代入综合评定计算式中

$$D_{\mathrm{r}} = 100 - \sum_{i=1}^{n} R_i W_i / 5 \tag{5.1}$$

对比桥梁评估方法，以现场的实测数据为基础，对桥梁部件和整体技术状况作定量和定性评价，最后得到桥梁的运营状态。桥梁总体及部件技术状况评定等级均分为一类、二类、三类、四类、五类。

**表 5.1　桥梁各部件权重及综合评定方法**

| 部件 | 部件名称 | 权重 $W_i$ | 桥梁技术状况评定方法 |
|---|---|---|---|
| 1 | 翼墙、耳墙 | 1 | |
| 2 | 锥坡、护坡 | 1 | |

续表

| 部件 | 部件名称 | 权重 $W_i$ | 桥梁技术状况评定方法 |
|---|---|---|---|
| 3 | 桥台及基础 | 23 | |
| 4 | 桥墩及基础 | 24 | （1）综合评定采用下列计算式：<br>$D_r = 100 - \sum_{i=1}^{n} R_i W_i / 5$<br>式中，$R_i$ 为对各部件确定的评定标度（0～5）；<br>$W_i$ 为各部件权重，$\sum W_i = 100$；$D_r$ 为全桥结构技术状况评分（0～100）；评分高表示结构状况好，缺损少。 |
| 5 | 地基冲刷 | 8 | |
| 6 | 支座 | 3 | |
| 7 | 上部主要承重构件 | 20 | |
| 8 | 上部一般承重构件 | 5 | |
| 9 | 桥面铺装 | 1 | |
| 10 | 桥头与路堤连接部 | 3 | |
| 11 | 伸缩缝 | 3 | （2）评定分类采用下列界限：<br>$D_r \geqslant 88$ 一类；<br>$88 > D_r \geqslant 60$ 二类；<br>$60 > D_r \geqslant 40$ 三类；<br>$40 > D_r$ 四类、五类。<br>$D_r \geqslant 60$ 的桥梁，并不排除其中有评定标度 $R_i \geqslant 3$ 的部件，仍有维修的需要。 |
| 12 | 人行道 | 1 | |
| 13 | 栏杆、护栏 | 1 | |
| 14 | 灯具、标志 | 1 | |
| 15 | 排水设施 | 1 | |
| 16 | 调治构造物 | 3 | |
| 17 | 其他 | 1 | |

2）《城市桥梁养护技术规范》（CJJ99—2003）

根据城市桥梁在道路系统中的地位，城市桥梁养护类别宜分为以下五类：

Ⅰ类养护的城市桥梁——特大桥梁及特殊结构的桥梁；

Ⅱ类养护的城市桥梁——城市快速路网上的桥梁；

Ⅲ类养护的城市桥梁——城市主干路上的桥梁；

Ⅳ类养护的城市桥梁——城市次干路上的桥梁；

Ⅴ类养护的城市桥梁——城市支路和街坊路上的桥梁。

针对各种不同养护桥梁采用不同的评定方法，《城市桥梁养护技术规范》（CJJ99—2003）[10]采用先分部位再综合的办法评估。针对Ⅱ～Ⅴ类养护的城市桥梁的完好程度，采用桥梁状况指数 BCI 确定桥梁技术状况的评估指标。评定在役桥梁时，BCI 评分反映桥梁各部件状态，分类评定各部件的病害，运用分层次加权平均方法循序渐进得到整体技术状况。现场技术人员根据观测结果对细部构件扣分，通过将细部评定值加权计算得出桥梁的 BCI 状态，以 BCI 最终得分找出对应桥梁的等级（A、B、C、D、E 级，每级对应分值区间为[90，100]，[80，90），[66，80），[50，66），[0，50）），同时规定了可以直接评定为不合格或者 D 级桥的 14 种情况。

桥梁下部结构、上部结构和桥面系的技术状况评分，结合个单元的权重，可以得到桥梁整体技术指数 BCI，具体计算过程见下式：

$$\mathrm{BCI} = \mathrm{BCI}_m \cdot \omega_m + \mathrm{BCI}_s \cdot \omega_s + \mathrm{BCI}_x \cdot \omega_x \tag{5.2}$$

式中，$\omega_m$、$\omega_s$、$\omega_x$ 分别表示桥梁桥面系、上部结构和下部结构的权重值。

3）《公路桥梁技术状况评定标准》（JTG/T H21—2011）

《公路桥梁技术状况评定标准》（JTG/T H21—2011）[25]采用分层综合评定与单项指标控制相结合的方法。该规范将桥梁按 4 种桥型划分不同的评定指标和权重值，评定过程由低到高循序渐进，按照桥梁构件评定、桥梁部件评定、上部结构评定、下部结构评定、桥面系评定和全桥技术评定 6 个环节进行。在综合评定之外，规范给出 14 项单项指标，用于控制桥梁结构重要部位的严重损伤。具体评定指标和流程如图 5.2 所示：

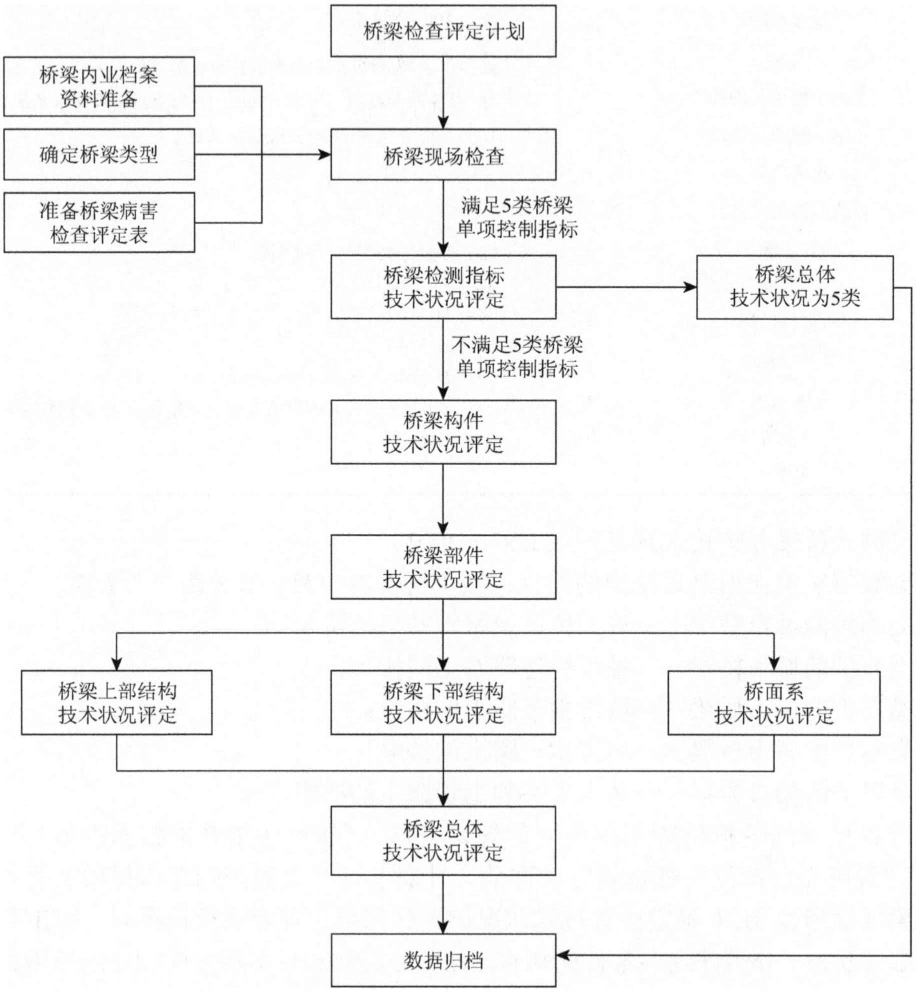


图 5.2　公路桥梁技术状况评定标准操作流程

该规范给出的技术状况得分等级划分标准为一类[95，100]，二类[80，95)，三类[60，80)，四类[40，60)，五类[0，40)。规范特别指出当上部结构和下部结构技术状况等级为三类，桥面系技术状况等级为四类，且桥梁总体技术状况评分为 $40 \leqslant D_r < 60$ 时，桥梁总体技术状况等级评定为三类。当实际中桥梁包含两种或多种不同结构形式时，可根据结构形式的分布情况采用划分评定单元的方式，逐一对各评定单元进行桥梁技术状况进行评定，并以评定结果最差的一个单元结果作为全桥的评定结果。该规范中还给出直接评判为五类桥梁的技术状况单项控制指标。

2. 公路桥梁承载能力评定方法

经桥梁技术状况评定方法评定为四、五类危桥的桥梁技术状况较低，承载能力明显降低，严重威胁桥梁的正常运营，给人民的生命财产安全造成了极大隐患。现在每年用于危、旧桥梁改造加固的费用在飞快增长。由于资金有限，全部予以更换不仅需要大量的资金而且要封闭交通，一般来说是不足取的一种方式，也不可能一次性全部进行加固改造，需要区分轻重缓急，需要对桥梁状态特别是承载力作出科学准确的评判，而既有桥梁的承载力评估和加固是建立和完善桥梁管理系统的重要环节。

在我国桥梁承载能力评定规范发展的历史上，最早是根据交通部颁布的《公路养护技术规范》的要求，对缺乏设计资料、施工质量低下、严重病害、需要通过特殊车辆荷载和提高承载能力的桥梁进行承载能力鉴定，并由此诞生了《公路旧桥承载能力鉴定方法》(1988试行版)。该方法主要采用由专家系统确定的旧桥检算系数 $Z_1$ 和荷载试验确定的检算系数 $Z_2$ 来修正抗力，从而进行承载能力评估。但随着方法的试行，多位专家反复验证，确定该方法并不能非常准确的评估桥梁承载能力，不能很好的应用桥梁检测结果。同时随着《公路桥涵养护规范》(JTG H11—2004)和《公路桥梁养护管理工作制度》的更新，要求对技术状况等级为四、五类桥梁，拟提高荷载等级的桥梁和需要通过特殊重型车辆的桥梁、遭受重大自然灾害的桥梁进行承载能力评估。由于原方法已经大大落后于桥梁工程行业发展需求，于是在2011年对原方法进行全面修正，推出了《公路桥梁承载能力检测评定规程》(JTG/T J121—2011)。在原先方法的基础上，依据桥梁结构材质状况检测结果、结构固有模态参数测定以及荷载调查分析情况等，确定引入检算系数、折减系数、恶化系数以及活载影响修正系数，通过结构检算分析进行桥梁承载能力评定[29]。

1）桥梁承载力验算评定方法

我国公路行业目前广泛采用的评定方法是交通部在1988年颁布的《公路旧桥承载能力鉴定方法》(试行)。该方法在原有设计规范承载力计算公式的基础上，引入了旧桥检算系数 $Z_1$，根据混凝土质量、裂缝宽度及结构的使用状况对承载力作出一定的折减，对抗力效应进行总体修正，即

$$S_d\left(r_g G; r_q \sum Q\right) \leqslant r_b r_d \cdot \left(\frac{R_c}{r_c}; \frac{R_s}{r_s}\right) \cdot Z_1 \tag{5.3}$$

如果旧桥各部分质量良好，无明显的病害，$Z_1$ 有可能达到1.1，而对于那些病害较严重的旧桥，$Z_1$ 也可能下降到0.9以下。

但《公路桥梁承载能力检测评定规程》(JTG/T J121—2011)[29]，所采用的方法是在桥梁现状检查的基础上，引入了引入检算系数($Z_1$)、折减系数($\xi_s$、$\xi_c$)、恶化系数($\xi_e$)以及活载影响修正系数($\delta_d$)，对验算公式进行修正，即

$$S_d\left(r_g G; r_q \sum Q\right) \leqslant r_b r_d \cdot \left(\xi_c \frac{R_c}{r_c}; \xi_s \frac{R_s}{r_s}\right) \cdot Z_1 \cdot (1-\xi_e) \tag{5.4}$$

用式(5.4)，从结构或者构件的强度、刚度、抗裂性和稳定性四个方面进行承载能力鉴定，看在静力条件下是否符合承载力标准。

2）基于荷载试验的桥梁承载能力评估方法

在进行静力验算之后，《公路旧桥承载能力鉴定方法》(1988 试行版)规定主要指标超限情况(30%以内)，确定是否需进一步采用荷载试验进行承载能力鉴定。对经荷载试

验的桥梁，则需根据荷载试验结果重新确定旧桥检算系数 $Z_2$，再进行结构强度和稳定性的校核。检算时用荷载试验后的旧桥检算系数 $Z_2$ 代替前述的旧桥检算系数 $Z_1$，对桥梁结构抗力效应予以提高或折减。

而对于最新标准《公路桥梁承载能力检测评定规程》(JTG/T J121—2011)，只有当采用上述基于检查和检测结果的、以检算分析为主的评定方法尚不足以评定桥梁承载能力时(如检算出的荷载效应高于抗力效率，但超出幅度又不太大时)，才可进一步用荷载试验的方法加以评定，也是采取根据荷载试验结果重新确定旧桥检算系数 $Z_2$ 进行结构强度和稳定性验算。

综上所述，我国桥梁承载能力评估流程在两套规范中运行的流程如图 5.3 所示：

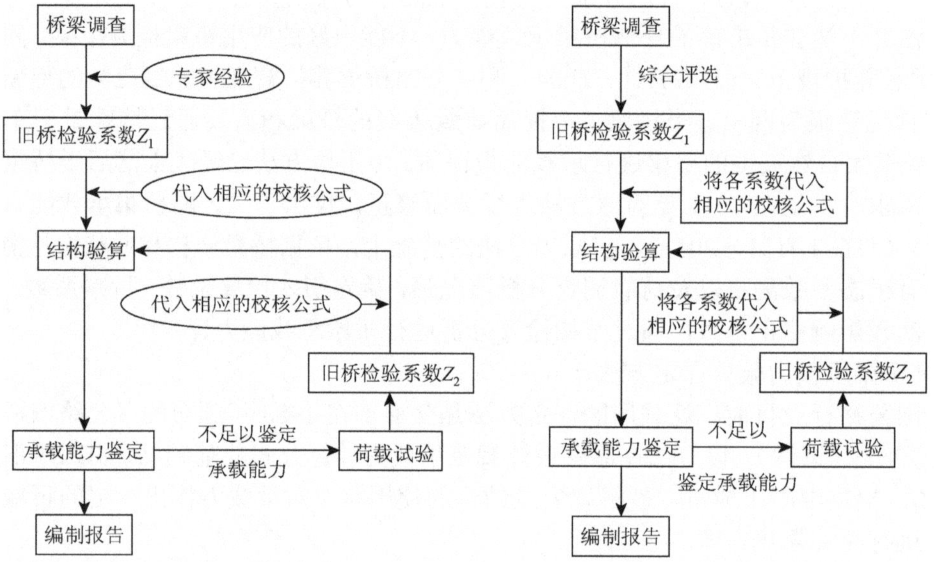


(a)《公路旧桥承载能力鉴定方法》 (b)《公路桥梁承载能力检测评定规程》

图 5.3 《公路旧桥承载能力鉴定方法》和《公路桥梁承载能力检测评定规程》工作流程示意图

由此可见，我国目前对于公路桥梁性能评估，主要依赖于不定期的人工检测，在桥梁技术状况评定达到四、五类时(状况很差的情况)，才对桥梁进行承载能力评估，并在此基础上对桥梁进行维护管理。这属于典型的事后维护型管理方式，并且耗时费力，如果有效的运用健康监测手段补充乃至代替人工检测，并有效评估桥梁性能个作出正确的管理养护决策，势必会比现行的方法更为行之有效，更加有利于延长桥梁的服役寿命。

### 5.1.3 美国桥梁性能评估相关规范研究现状

在公路桥梁系统非常发达的美国，桥梁性能评估一直是美国国家交通部门关注的重点。通过建立国家桥梁档案数据库(National Bridges Inventory，NBI)，收集全国跨度在 6.1m 以上桥梁的基本数据，美国联邦政府和地方政府相关管理部门可以实时掌握所辖范围内公路桥梁完整且准确的基本构成以及结构、功能、管理、维护现状等信息，从而为对桥梁的建设、运行、维护和安全等实施有效的管理提供了基础。NBI 由美国交通部下属的联邦高速公路管理局（FHWA）负责维护，收集保存每座美国公路桥梁多达 116 项的结构条件和基本构成信息，基本构成信息包括性能特点、桥址、几何参数、业主以及维护责任人等。美国国家交通部每两年按照国家桥梁检查标准（National Bridges Inspection Standard）进行一次检查，这些公路桥梁的安全性通过定期的人工检查以及核定诸如桥面、上部结构、基础结构等主要桥梁部件的状态等级的方法来保证。

面对公路老化系统中日渐增加的桥梁需求，运输部门必须平衡有限的资源。面对资金限制，单独考虑对各座桥梁施行最佳措施未必是对整个桥梁系统所进行的最佳措施。没有首先从整个系统的角度来确定命题，就不能确定对某一座桥梁要采取的最佳行动措施。桥梁的工程师、管理人员和政府工作人员已确认需要采用新的分析法和程序，来评估桥梁的当前及未来的状况，并在各种类型的桥梁养护、维修、修复和更换选项中，确定桥梁系统中最佳的、可能性资金分配。

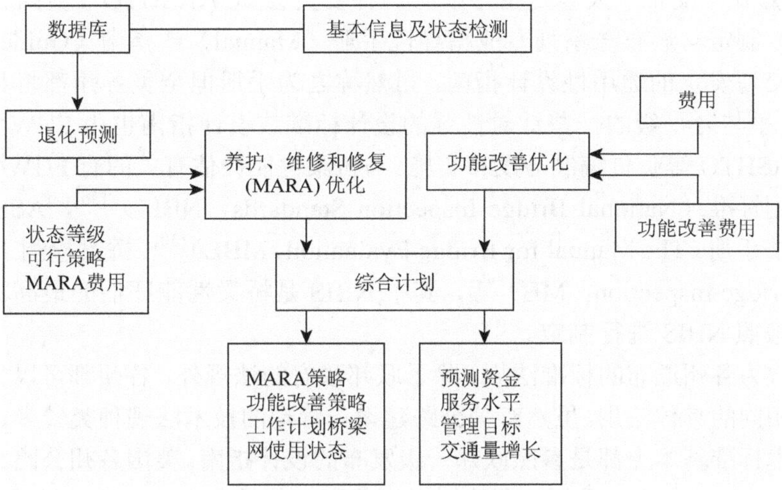


图 5.4 Pontis®系统工作流程示意图[37]

在此基础上，美国建立了桥梁管理系统 BMS（bridge manage system），对全国桥梁性能状况进行管理。任何桥梁管理系统，都是由数据库、数据分析、决策支持三个部分组成。其中数据库主要需要以下三类数据：①桥梁调查表、状况和评定数据；②成本数据；③维持和改进活动数据。因 NBI 中不提供此类数据，为满足 BMS 的要求，跟进开发了构件水平的状态评估系统。目前美国拥有两套国家桥梁构件评估系统：Pontis®系统和 BRIDGIT™系统。Pontis®运用从上而下的最优化方法（其工作流程如图 5.4 所示），在达到需求之前先最优化网络需求，本过程对网络预算和规划最有帮助，对每座桥梁推荐的最佳行动都是建立在网络等级的考虑基础上的。BRIDGIT™使用基于项目水平的最优化策略，提供网络等级的推荐方案，它推荐对每座桥梁的特殊行动，这些行动与综合网络策略一致。

1. 公路桥梁技术状况评定方法

在市场经济发达的美国，法律法规是调整各种关系的重要手段，依法管理已成为其公路与交通运输管理的一个特征。基于其联邦公路管理体制，逐步形成了其独具特色的标准规范体系，该体系分为三个层次。

第一层次为联邦法案（Federal Highway Act）。联邦法案是行业管理的基本法规，不同时期国会立法通过的公路联邦法案，具有综合性和时效长的特点，法规条文的修改也有严格的程序，同时需要较长的时间，以保证法规的稳定性。与桥梁状态性能评估有关的是1968年达成的美国宪法（United States Code）第23卷，第151节规定的国家桥梁检查项目（National Bridge Inspection Program）。

第二层次为联邦级的公路行业技术指南。美国联邦高速公路管理局（FHWA）和部分行业协会，如AASHTO（美国各州公路与运输管理协会）、ASTM（美国材料与试验协会）和TRB（美国运输研究委员会）等，依照联邦法案制定有关安全、环保等行政规章和行业技术标准。由于美国各州有很大的独立性，可以说美国没有全国统一的、联邦级的公路技术标准（Standard）和规范（Specifications），也就是说FHWA基本上不从事标准的编制与发布，大多是指导或协调各委员会如AASHTO（美国各州公路与运输管理协会）制定与颁布一系列专业指导性手册（Manual）或指南（Guide）。FHWA负责发布涉及交通安全的通用性设计指南，虽然称之为手册但全美各州都将其作为标准实施。另外，几乎与之平级的一些针对性强的设计标准或设计指南也由FHWA指导的专业委员会如AASHTO等负责编制与发布实施。与桥梁性能评估有关的有FHWA发布的美国国家桥梁检测标准（National Bridge Inspection Standards，NBIS）[36]、ASSHTO发布的桥梁性能评估手册（The Manual for Bridge Evaluation，MBE）[30]、桥梁检测工作手册（The Manual for Bridge Inspection，MB）等，其中NBIS是桥梁性能评估的最高标准，一切工作手册都要按照NBIS进行制定。

第三层次为各州颁布的标准法规。除了联邦政府的法规外，各州都可以自己制定与联邦法规不尽相同的具体法规。虽然有关公路建设与管理的技术法规种类较多、涉及面很广，但大部分技术标准基本上都是参照联邦一级发布的设计指南。美国各州公路与交通工作者协会（AASHTO）颁布的一系列的公路协会规范和一些具有规范性质的设计手册，内容详尽、规定明确，这些规范对各州而言起着指导性作用，各州可根据本州的实际情况对不适合本州的部分进行调整，对未涉及的内容可进行补充和完善，使其成为本州的技术标准规范，如纽约州交通部制定的桥梁检测工作手册（Bridge Inspection Manual 2014 of NewYork State of Department of Transpotation）[32]等。

整个美国桥梁检测工程体系，由美国国会通过的公路建设与管理法案构成美国公路交通建设与发展的纲领性文件；围绕各时期的公路建设法案，FHWA指导和资助AASHTO等专业协会制定公路行业的技术标准与法规，并通过设在全国9个地区、52个州办公室的管理人员，协调各州公路项目的实施管理。以联邦政府的技术法规为基础，各州都可根据本州的实际情况对联邦法规的部分内容进行调整或未涉及的内容进行补充完善，使其成为本州的技术标准规范。而FHWA对公路的管理，则借助于资助金的形式对项目进行宏观调控和管理，对于联邦政府项目，若达不到联邦级的标准规范要求，将无法得到联邦政府的资助。

纵观美国桥梁检测规范发展史，有以下几个推动型事件带动着桥梁性能评定方法的不断改变。1967 年，位于西弗吉尼亚州的俄亥俄河上的长达 2235 英尺的 Silver 桥倒塌引起了人们对于桥梁检测和维护管理方面的关注。1968 年通过立法成立了美国国家桥梁检测项目。1971 年，出台了美国国家桥梁检测标准，对检测流程、检测人员要求、检测频率、检测报告和维护国家桥梁数据库进行了一系列的规定。在 NBIS 的规定下，很快出台了三本操作手册[120-122]：第一本是由 FHWA 编写的《桥梁检测人员培训手册》（又称 70 手册），用来规范桥梁检测工作人员培训；第二本是由 AASHTO 编写的《桥梁管养检测手册》，用来统一规范化桥梁检测流程以及承载能力评估标准；第三本是由 FHWA 编写的《国家桥梁结构调查与评价的一记录与编码指南》，用来规范化检测数据的归档与管理工作。随着时间的推移，两个主要问题困扰着桥梁工作者，一个是桥梁的维修管理需要大量的资金，另一个是目前的桥梁检测规定仅仅局限在高速路网上。于是 1978 年再次立法，规定美国境内 20 英尺（6.1m 左右）以上的桥梁均要纳入检测范围内，才能够得到联邦政府的资金资助，桥梁检测行业得到空前的发展。随后规范不断地得到修正，1986 年在桥梁检测规范中增加了涵洞检测规范要求。1987 年，位于纽约州的 Schoharie Creek 桥的坍塌使得人们开始关注桥梁水下结构的检测。FHWA 很快编写了《桥梁水下部分冲刷》作为指导规范指导工程师去进行水下结构检测和设计。1990 年，桥梁管理系统概念提出，随后 Pontis®和 BRIDGIT™两大国家管理系统从不同的项目诞生。1991 年，人们发现桥梁维护、管理、修复、检测的花费已经逐步超过了政府资助的费用。1994 年，AASHTO 修改增进了《桥梁状态评估手册》（MCE）。2002 年，FHWA 对 90 手册进行的修订，形成了新的《桥梁检测者参考手册》，是目前最为权威性的参考手册。2004 年，修改过后的 NBIS 规则刊登在了联邦公报上。时至今日，每年仍旧有大量的投资进入桥梁检测行业。

目前美国国家桥梁检测规范有如下几本[30，36，122-125]：

最高准则：美国联邦法规规定的《国家桥梁检测标准》NBIS

设计准则：AASHTO 出台的《荷载抗力因子桥梁设计方法》LRFD

性能评估标准：FHWA 出台的《国家桥梁结构调查与评价的一记录与编码指南》

检测参考标准：FHWA 出台的《桥梁检测工作者参考手册》BIRM

承载能力评估标准：AASHTO 出台的《桥梁性能评估手册》MBE

标准构件性能评估标准：AASHTO 出台的《桥梁单元检测指导手册》MBEI

1）《国家桥梁结构调查与评价的记录与编码指南》[122]评定方法

根据美国的《国家桥梁结构调查与评价的一记录与编码指南》，桥梁的状况等级评价包括桥面、上部结构、下部结构、水道及水道保护四个构件组，它们涵盖了桥梁结构和水道及水道保护的所有构件，其中评估（包括下部结构、上部结构、桥面）用的状态级别，各构件的状况等级用 0～9 的自然数表示，其中“9”表示最佳的状况，见表 5.2：

**表 5.2　美国桥梁检测评估用的状态级别**

| 级别 | 状况 |
|---|---|
| 9 | 优越状态 |
| 8 | 甚好状态：未发现问题 |
| 7 | 良好状态：有一些小问题 |

续表

| 级别 | 状况 |
|---|---|
| 6 | 满意状态：结构杆件显示某些次要缺陷 |
| 5 | 尚好状态：所有主要结构构件完好但可能有次要截面损失（如退化、剥落或冲刷） |
| 4 | 不良状态：截面损失（如退化、剥落或冲刷）扩大 |
| 3 | 严重状态：截面的损失（如退化、剥落或冲刷）已经严重地影响到结构的主要部件。可能有局部破坏。钢构件中可能有疲劳裂缝。混凝土构件可能有剪切裂缝 |
| 2 | 临界状态：主要结构构件退化扩大，存在着钢构件中的疲劳裂缝，混凝土构件的剪切裂缝。冲刷已淘空下部结构的支承，除非密切监测，否则可能必须封闭桥梁，直到采取纠正措施 |
| 1 | 急迫的破坏状态：在关键结构部件上有重大破坏或截面损失，或者明显地垂直或水平位移，影响结构的稳定。桥梁须封闭交通。但经修整可恢复轻型交通服务 |
| 0 | 破坏状态：不能使用，无法修复 |

除了对每一构件给予评等外，还对组合构件综合评定，这种思路类似于我国《城市桥梁养护技术规范》中的分层加权法。但最终不进行加权综合来得到一个综合评分。相比而言美国桥梁评估结果的表述方法更容易突出桥梁各构件和组合部件的病害状况，便于引导养护人员对不同部位的病害的关注。

2. 公路桥梁承载能力评定方法

1）桥梁承载力验算评定方法

美国承载力评定中荷载一般只考虑永久荷载和交通活荷载，只在特殊情况下，才考虑环境荷载，如风载、雪载、温度荷载、水流荷载、地震荷载等等。其检算法评定分为 3 个水准评定：设计荷载评定、法定荷载评定和允许荷载评定，每种评定方法采用不同的荷载及荷载效应系数。

第 1 水准评定为设计荷载评定，又分为高等级的存量级评定（inventory rating）和低等级的运营层次评定（operating rating），荷载采用美国桥梁设计规范规定的 HL-93 荷载，极限状态考虑强度极限状态和正常使用极限状态。荷载效应系数取值根据采用的可靠度的不同而不同，存量级评定（inventory rating）采用与设计同一等级的可靠度，运营层次评定（operating rating）采用低于设计等级的可靠度水平。存量级评定（inventory rating）（评定系数 RF≥1）的桥梁，承载力满足 AASHTO（美国各州公路和运输工作者协会）和各州规定的法定荷载的要求；仅通过运营层次评定（operating rating）（评定系数 RF≥1）的桥梁，承载力满足 AASHTO 规定的法定荷载的要求，但不能够满足各州规定的法定荷载要求，尤其当州的法定荷载显著大于 AASHTO 规定的法定荷载时。

第 2 水准评定为法定荷载评定方法，荷载根据 AASHTO 规定的车辆和车道荷载取值，或者根据美国各州规定的法定荷载情况取值。需要考虑强度极限状态，正常使用极限状态为可选项。未通过设计荷载评定的桥梁需要进行法定荷载的评定，用来确定桥梁是否需要采取限制或加固补强。对于一给定的法定荷载可以给出一个桥梁的安全承载力数值。美国以前的法定荷载评定也分为高等级的存量级评定（inventory rating）和低等级的运营层次评定（operating rating），用于确定桥梁承载力的上限和下限。

第 3 水准评定为允许荷载评定，是在至少满足第 2 水准评定的前提下，评定桥梁通过特殊重车的安全性。荷载根据特殊重车的荷载取值。

检算评定因子（$RF$）计算公式为

$$RF = \frac{C - (\gamma_{DC})(DC) - (\gamma_{DW})(DW) \pm (\gamma_P)(P)}{(\gamma_L)(LL + IM)} \tag{5.5}$$

其评定流程如图 5.5 所示：

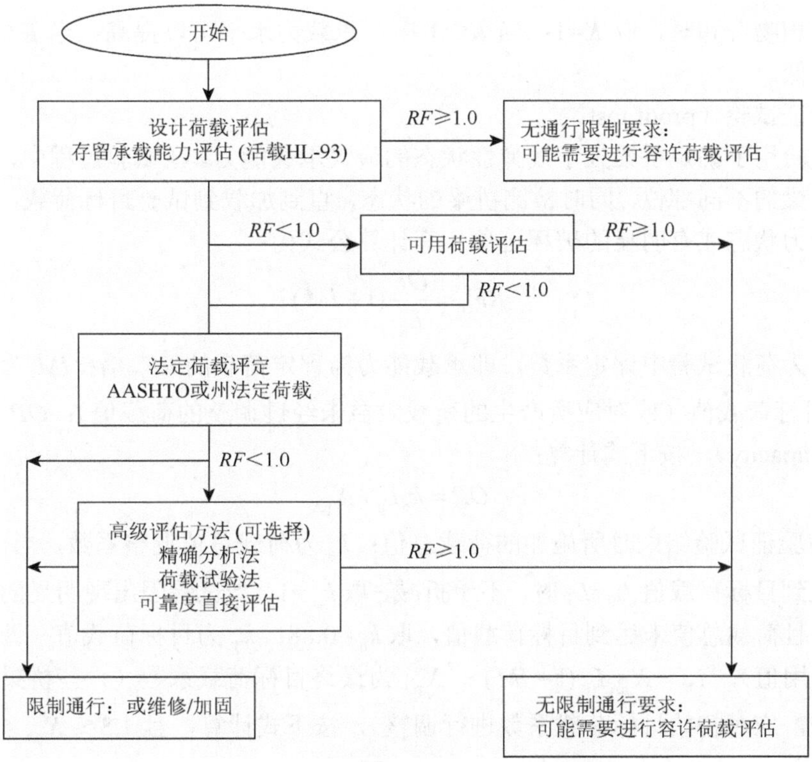


图 5.5　桥梁承载力验算评定方法流程

2）基于荷载试验的桥梁承载力评估方法

美国基于荷载试验的评定方法是在检算的基础上进行的，其荷载试验分为诊断试验（diagnostic test）和验证试验（proof test）。诊断试验可以是静载试验或动载试验，验证试验大部分为静载试验。利用诊断试验和验证试验进行承载力评定都适用于正常使用状态承载力的评定，其不同之处在于对抗力及活载效应的取值不同。

（1）诊断性试验（diagnostic test）

诊断试验用于了解桥梁现状，明确其受力状态，减少材料特性、边界条件等不确定性，了解加固效果、损伤的影响等。在开始诊断试验之前，承载力应先按检算公式得出其承载力理论值，然后根据试验测试结果比较，修改评定系数理论值。采用试验荷载施加在桥梁的不同位置，同时测量桥梁各重要构件的受力状况，若桥梁表现出良好的状态，则将理论承载力进行外推，其原则为：当理论值小于 1，但认为桥梁具有承载力提高的潜力，通过荷载试验对其进行修正，当修正后的计算值大于 1 时，可认为桥梁的承载力满足要求。评定公式如下：

$$RF_{\mathrm{T}} = RF_c \times K \tag{5.6}$$

式中，$RF_{\mathrm{T}}$ 为通过荷载试验得出评定系数；$RF_c$ 为评定系数理论计算值，是根据美国承载力检算方法得到的理论计算值；$K$ 为调整系数；$K=1+K_a \times K_b$，$K_a$ 为根据截面系数及其他对承载力的有利作用所做的调整，$K_b$ 为根据荷载试验结果与理论值的比较进行的调整，$K_a$、$K_b$ 的取值参见美国公路桥梁承载力评定手册。当不作荷载试验时，取 $K=1$；当试验值和理论值相吻合和时，取 $K=1$；当 $K\geqslant 1$ 时，承载力水平可以提高；当 $K\leqslant 1$ 时，承载力水平应降低。

（2）验证试验（proof test）

验证试验用于确定桥梁处于线弹性状态的最大承载能力。在试验过程中，试验荷载逐渐施加于桥梁的不同部位，同时检测桥梁的状态，直到加载到试验目标荷载，或桥梁表现出非线性受力状态或有明显的破坏迹象。其计算公式为：

$$RF_{\mathrm{O}} = \frac{OP}{L_{\mathrm{R}}}(1+IM) \tag{5.7}$$

式中，$RF_{\mathrm{O}}$ 为荷载试验中评定系数，即承载能力为评定荷载的 $RF_O$ 倍；$IM$ 为冲击系数；$L_{\mathrm{R}}$ 为初始目标荷载值（或对应所产生的荷载效益未经过调整的荷载值）；$OP$ 为承载能力（operating capacity），按下式计算：

$$OP = k_{\mathrm{o}} L_{\mathrm{p}} / X_{\mathrm{pA}} \tag{5.8}$$

式中，$L_{\mathrm{p}}$ 为验证试验结束时所施加的荷载总值；$k_{\mathrm{o}}$ 为荷载总值调整系数，当试验终止时，荷载总值达到目标荷载值 $L_{\mathrm{p}}=L_{\mathrm{T}}$ 时，不予折减，取 $k_{\mathrm{o}}=1$，当试验因出现明显的破坏迹象而终止时，并且荷载总值未达到目标荷载值，取 $k_{\mathrm{o}}=0.88$；$k_{\mathrm{T}}$ 为目标荷载值（调整过的荷载值，试验采用值），$L_{\mathrm{T}} = X_{\mathrm{pA}} L_{\mathrm{R}}(1+IM)$；$X_{\mathrm{pA}}$ 为最终目标荷载系数（一些桥梁状况会对评定产生影响，应对初始目标荷载系数进行调整），按下式计算，且 $1.3\leqslant X_{\mathrm{pA}} \leqslant 2.2$：

$$X_{\mathrm{pA}} = X_{\mathrm{P}}(1+\sum \% / 100) \tag{5.9}$$

可以看出，美国在桥梁性能评估上采取的措施大体与国内相似，依旧依赖于人工检测，进行分级评定，再利用静载实验、动载实验评定桥梁的承载能力状况。由于美国拥有两套体完善的桥梁管理系统，所有的人工检测数据都得到了非常好的管理与应用，桥梁管理系统 Pontis®和 BRIDGIT™在桥梁养护管理中扮演了非常重要的角色。但是大多数情况下，它的养护管理模式仍旧处于被动的事后维护型和初步的预防维护型状态。如若能够很好地引入健康监测数据，并辅助于先进的计算方法，定能实现当前状况下桥梁性能的评估以及归档，其累积数据便能很好的应用到性能状态预测，实现预知型维护管理。

### 5.1.4 日本桥梁性能评估相关规范研究现状

1）日本铁道构造物等维持管理标准

日本由于铁路交通运输的运营起步较早，在相关的土木工程结构上积累了比较多的经验。为了预防大型的灾害发生，实施积极有效的补强加固，日本国土交通铁路局和铁道综合技术研究所在 2007 年联合制定的《铁道构造物设计标准和解说-混凝土建筑物篇》中规定，在铁路交通结构的养护管理运营过程中主要是从初期检查、整体检查、局部检查和临时检查 4 个层次来区分结构健全度的检查级别。在该设计标准中对铁道交通结构的健全度从严重到健康划分为 A、B、C、S 这 4 个等级，并制定了对应了危害性和结构参数变化程度，其具体内容如表 5.3 所示。

**表 5.3　结构健全度级别[94]**

| 结构健全度 | | 对正常运营和公众安全的危害 | 变化程度 | 对应措施 |
|---|---|---|---|---|
| A | AA | 危害大 | 变化幅度明显 | 必须采取紧急措施 |
| | A1 | 危害风险大，异常情况容易导致大型危害 | 变化持续发展，结构性能不断低下 | 尽早采取对应措施 |
| | A2 | 将来会发展为大型危害 | 多个参数不断性能低下 | 定期内措施 |
| B | | 继续发展健全度降至 A | 继续发展健全度降至 A | 必要情况下实施监测 |
| C | | 目前无明显危害 | 缓慢变化 | 将来针对性精查 |
| S | | 无 | 无 | 无 |

初期检查是指以掌握结构初期性能为目的，从使用的初期开始对结构整体性能有全面的了解。整体检查是指对结构整体健全度调查的同时判断是否需要局部检查和对应措施的定期检查。整体检查包括，对结构变化进行调查的定期整体检查，以及根据结构种类和实际情况而实施的获得更好精度结构健全度的特殊整体精查。对于局部检查，是指当整体检查或临时检查后，出现健全度 A 的判断结果后，而需要进一步对结构构件或关键点等局部进行详细的检查。其检查的目的是通过详细的检查判定结构多个参数变化的原因，对结构参数变化进行预测。临时检查是指当遇到地震、暴雨、台风等大型自然灾害或者异常事故后，对结构性能进行调查。对于结构健全度的检查实施周期如图 5.6 所示。

由于整体检查涉及结构使用期间的健全度评价和安全性，下面将针对整体检查做出详细介绍。前文介绍到整体检查包括定期整体检查和特殊整体精查 2 个部分，定期整体检查是对结构参数是否存在变化或正在进一步发展为目的的定期检查，一般实施周期为 2 年。对于钢筋混凝土 RC 及 PC 桁梁，其检查的结构参数对象包括裂缝状况，混凝土剥离、脱落、空洞，钢筋露出，表面变色、游离石灰，混凝土劣化，渗水和漏水，支撑变形，预应力筋周边充填不足引起的不良 PC 梁反拱。对于刚体高架桥、拱桥、刚体桥台，检查的结构参数对象包括支点变形（沉降、偏移、旋转），欠缺处的裂缝，堆石以及桥台、台身破裂对于桥台和桥墩，检查的结构参数对象包括桁座情况，冲刷情况，沉降、偏移、旋转情况，底部裂缝，堆石以及结构破裂情况。针对以上项目，结合对应的检查技术，对结构健全度进行评价。

2）日本混凝土结构规范-维持管理篇（JSCE）[107]

日本混凝土规范-维持管理篇，于 2007 年首次发布，并在 2013 年得到了最新的修订，

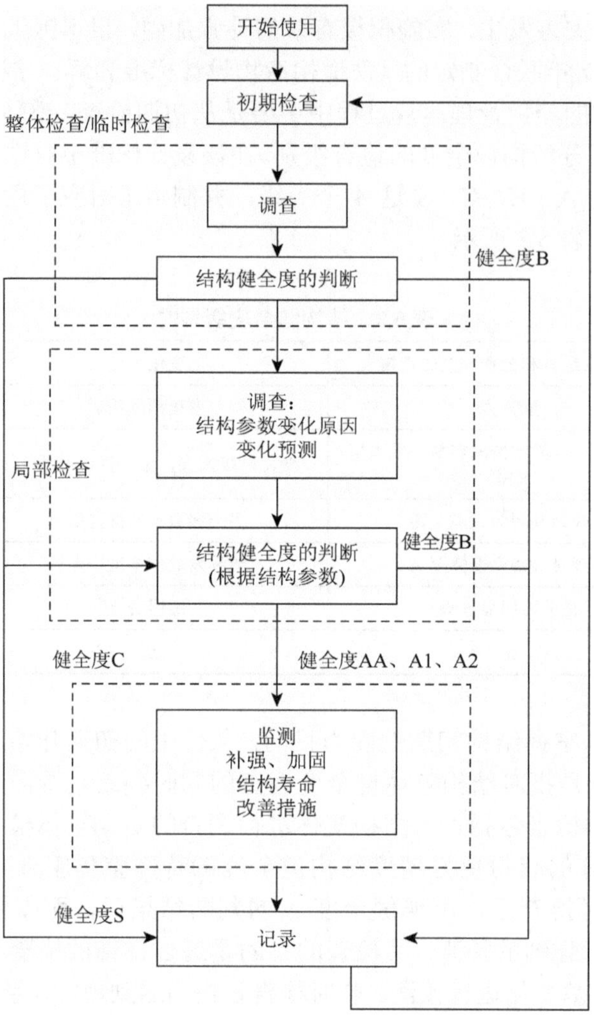


图 5.6　结构寿命期间标准化检测流程[94]

如图 5.7 所示，其基本思路是利用目视调查、计测与试验等手段对桥梁进行检测和评定，并根据非线性有限元分析定量预测结构性能的安全状况。该方法的局限性是进行的结构性能评定结果极大的依赖所建立的非线性有限元模型及其解析方法的精度和可靠程度。在日本 JSCE 学会的混凝土结构规范-维持管理篇中提议的性能评价流程中，它将结构在服役期间的性能评价划分为服役期间荷载的实测与评价、结构构造性能的评价、安全性的审核、使用性的评价以及环境适应性的评价等几方面。在改规范中，对于检测方法强调人工检测与健康监测方法并行，两者相辅相成，取长补短为混凝土结构性能评估提供依据。

从日本规范的综述可以看出，虽然目前状况下依旧依赖于人工检测来评定桥梁状态并提供修复管理意见，但在《日本混凝土结构规范-维持管理篇》中可以看到在建立有限元模型时已经考虑了时间因素并初步利用人工检测和健康监测数据，出现了基于健康监测数据进行预防性维护乃至预知性维护管理的萌芽。

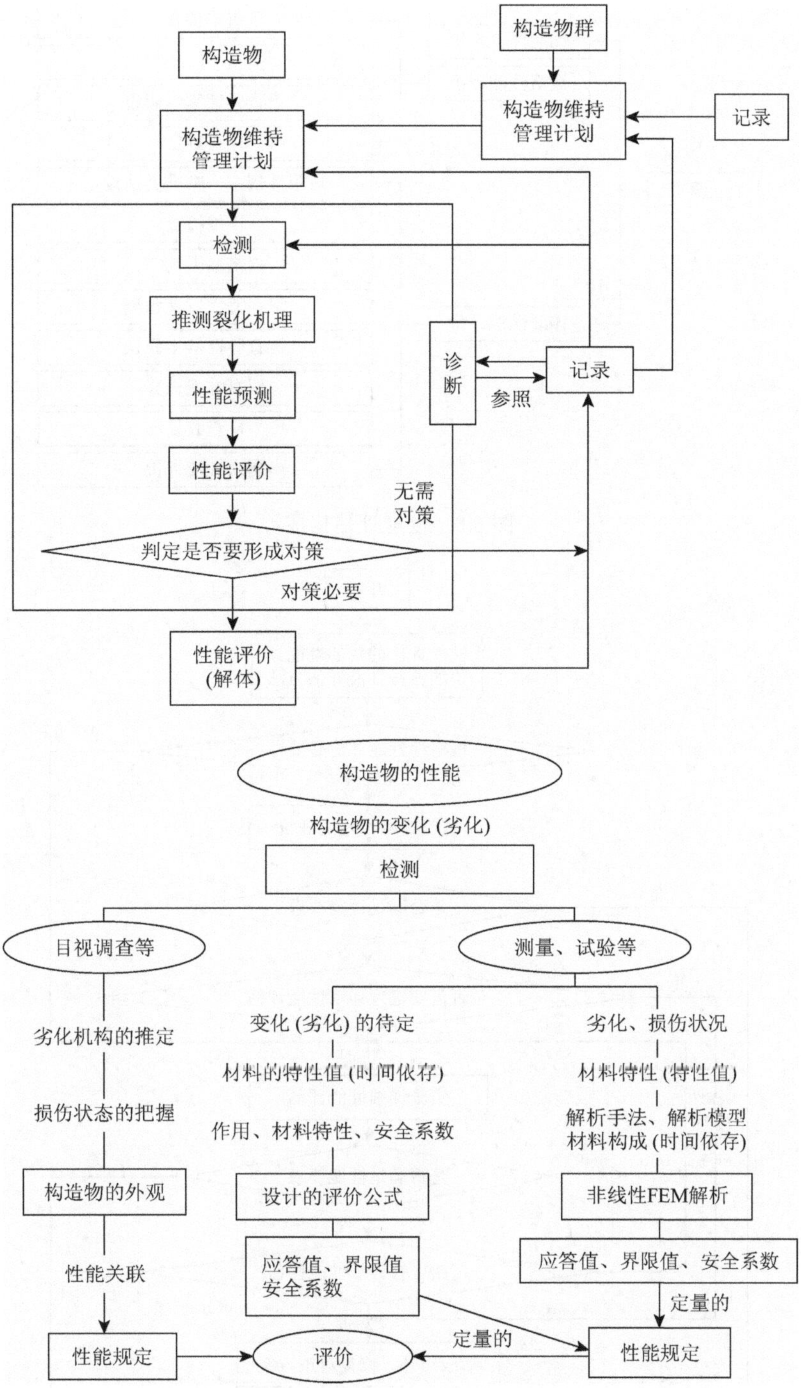


图 5.7　日本混凝土结构规范-维持管理篇检测方法[107]

3）既有混凝土构造物性能评价指南（JSCE）

目前可持续发展社会对于建筑构造物的要求，对于既有混凝土性能状态的评价、修补、加固以及长周期寿命成本维护等概念的关注程度越来越高。日本土木工程学会于 2014 年

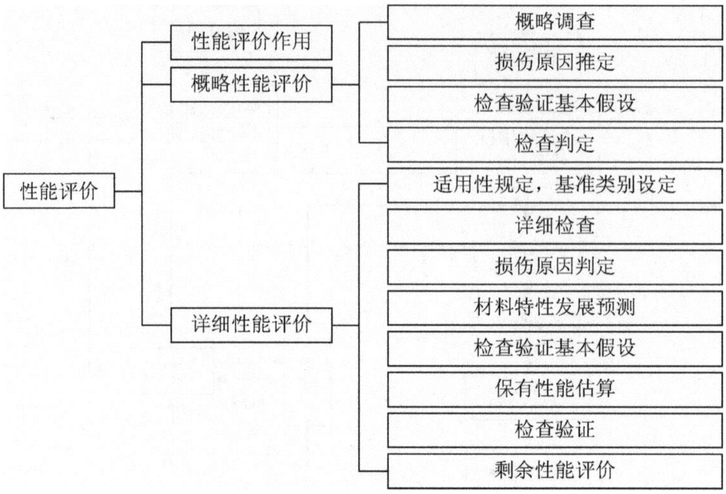


图 5.8　性能评估构成

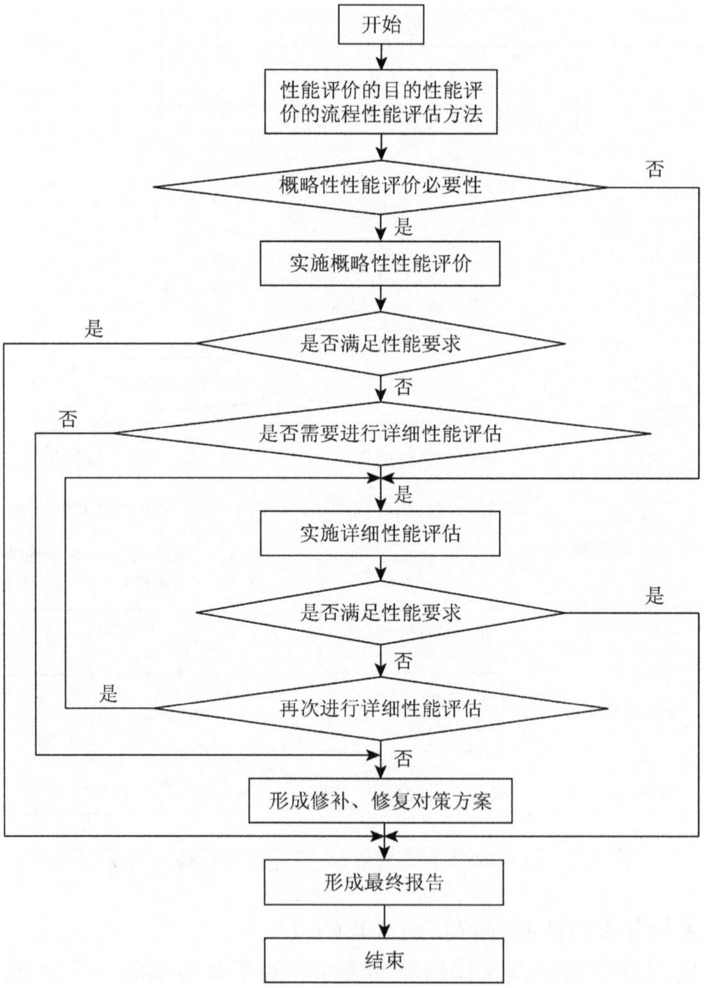


图 5.9　既有混凝土结构性能评估流程[126]

11 月出版了《既有混凝土构造物性能评价指南》[126]，对既有混凝土性能评估的一般流程和评价标准做了系统性规定。在该规范中，将既有混凝土结构性能评估分成两大部分，第一步是进行概略性性能评估，第二步进行详细性能评估。在概略性性能评估中，主要通过目测、人工检测等方法将混凝土结构的部件分成 1 类、2 类、3 类三种状况。在规范中对于每个部件如何分类进行了详细的阐述。概略性评估中，对于桥梁的性能状况进行初步评定，当性能无法满足使用需求时，再进行详细性能评估。在详细性能评估中，不仅仅对结构强度、钢筋保护层厚度、混凝土腐蚀、剥离状态等保有性能进行评估，还对冻融损伤、碳化程度、化学侵蚀等结构劣化程度进行评估，并从一定程度上推测结构性能将来发展状态（图 5.8，图 5.9）。

### 5.1.5　其他国家桥梁性能评估相关规范研究现状

5.1.2～5.1.4 节主要对中日美三国关于“桥梁性能评估方法”相关规范的简要综述，桥梁性能评估以及承载能力评估在全世界范围内逐步得到重视，其他国家也都出台了相关规范政策，在此不一一赘述，简要叙述一下欧洲代表国家德国、丹麦在桥梁性能评估方面所做的规定。

1）德国桥梁状况评价方法

桥梁结构的评价考虑了交通安全性、稳定性和耐久性。根据规范中结构检查技术的特点，是对单个病害和缺陷的详细记录和评价，但对病害和对状况等级的评价并没有唯一的联系，状况评价仅针对整个结构，没有与对病害的评价直接联系起来。该评价方法缺乏统一的评定模型，该方法最终的分析结果是基于检查者的经验得到的，对于桥梁检测工程师的专业水平要求相当高，进行技术状况评定花费也相对较高，需要发展新的技术状况评价方法。

2）德国病害和桥梁状况评价的新技术

德国的新技术是基于对单独病害细节评价。在结构检查中检测到的病害均应根据交通安全性、稳定性和耐久性的准则单独进行评价。另外，每个病害发生的范围必须用定性的文字如“少量、中等、大量”来标志。根据病害对结构稳定性、安全性和耐久性的影响，新技术定义了新的状况等级分类，共有 6 个等级，值域为 1.0～4.0，依次为 1.0～1.4，1.5～1.9，2.0～2.4，2.5～2.9，3.0～3.4，3.5～4.0，其中 1.0 代表最佳的结构状况。

整体结构的状况评价函数 $Z_{\text{ges}}$ 是一个三阶病害评价函数，并考虑了病害的总体范围和单独病害的数目影响，函数表达式如下：

$$Z_{\text{ges}} = f = (S^{\text{V}}, S^{\text{S}}, S^{\text{D}}, U, n) \tag{5.10}$$

式中，$S^{\text{V}}$ 表示交通安全性系数，$S^{\text{S}}$ 表示稳定性系数，$S^{\text{D}}$ 表示耐久性系数，$U$ 表示病害的总体范围，$n$ 表示单个出现的病害数量。

德国新的状况等级评价方法中，把结构物划分为 13 个构件组，每个构件组可再分为更细的结构构件。对每个构件组病害的评价，均有标准的病害评价等级分类，并有对病害的简单描述和对一些特征病害的再细分。每个病害类型均有对应的 $S^{\text{V}}$、$S^{\text{S}}$、$S^{\text{D}}$，再根据 $S^{\text{V}}$、$S^{\text{S}}$、$S^{\text{D}}$ 来查对应的状况评价值表，就可得到各构件组的状况等级评价值。

3）丹麦国家桥梁性能评估相关规范研究现状

丹麦的桥梁状况等级评价，首先评价桥梁结构的 15 个标准构件的状况。对每个构件均必须确定它们的病害类型。病害的范围一般在现场确定，若有可能，应根据调查得到的几何数据辅助确定。状况等级是个数值，值域为 0～5，它描述了被检查桥梁构件的状况。当完成对所有桥梁构件的状况评价之后，根据这些得到的数据进行整座桥梁的状况评价。构件中的最高（最不利）的状况等级并不一定是全桥的状况等级，最终的结构评价应能反映有病害的构件、类型、病害的范围、病害的预期发展和病害对交通安全性的影响等。总体原则是全桥的状况等级不能高于构件中最高的状况等级，也不能低于如桥台、桥墩、支座、桥面板、主梁等主要构件任一个的状况。

4）英国规范补充

英国干线公路养护实行三级管理体制，由运输部的公路管理养护局统一负责，全国下设了 9 个区公路局，9 个区公路局又共设置养护代理 90 个，它们直接负责干线公路与桥梁的养护管理。英国运输部技术规程 BA79/98 对次等级桥梁的养护管理给出了详尽的指南。次等级桥梁指根据有关标准和规程进行评价，承载能力不满足运输部标准 BD21 要求的桥梁。规程要求工程技术人员必须通过计算和分析确定哪些部位会出现缺损，以及用什么方法发现这些缺损。BA79/98 规程将次等级桥梁的评价分为 5 级。

第一级：这是最简单地评价，其目的是保守地评估桥梁的承载能力，依据是评价标准 BD21、BD44、BD56、BD61，以及技术规程 BA16。

第二级：本级评价应采用更精确的结构分析方法，包括格栅分析和有限元分析，甚至可考虑非线性和塑性分析。

第三级：本级评价应进行各种材料实验，以决定材料的各种强度参数（包括屈服应力）。对于大跨径（≥50m）桥梁，还应考虑采用“桥梁评价特殊车载”。

第四级：第一级至第三级评价主要基于过往桥梁的性能评估及其可靠度分析，因此难免出现偏差。第四级评价的特点是对可靠度和安全系数作出正确的判断，从而更准确地评价桥梁的承载能力。

第五级：本级评价应采用荷载和强度指标的概率数据进行更深入的可靠性分析。需要特殊专业人士的专业知识，因而只在极个别情形下才有考虑的必要。

运输部标准规定公路部门必须对所有桥梁和结构物进行基本的目测检查（基本检查），而检查的周期则在运输部标准 BD63 中有明确的规定。BA79/98 规程将次等级桥梁的监测分为以下三类：①基本检查；②详细检查；③深入调查（类似于我国的经常检查、定期检查与特殊检查）。

### 5.1.6　中国隧道性能评估相关规范研究现状

以前，我国没有专门的隧道养护技术规范，只是在《公路养护技术规范》（交通部，1996）中给出了公路隧道的养护方法，但是该养护方法只是给出了公路隧道的检查、保养、维修和加固方法，并未给出病害和公路隧道健康状态的判定方法。为了使我国公路隧道的养护管理与公路隧道建设相适应，我国于 2003 年发布了《公路隧道养护规范》（交通部，

2003）[127, 128]。由于我国公路隧道养护技术起步较晚，养护经验不多，因此，我国的《公路隧道养护规范》是在现有养护技术的基础上，采用和借鉴了国外公路隧道养护的成功经验和先进技术制定的。在《公路隧道养护规范》中，给出了公路隧道的清洁维护、结构检查检查、保养维修和病害处置的方法。对于公路隧道健康状态的判定，规范给出了公路隧道健康状态的定性判定标准和检查结果的定性或定量判定标准，但是并未给出定量评价健康状态的方法。

1）公路隧道养护规范

由于公路隧道健康状态是十分抽象的，难以具体操作，因此，为了能对公路隧道健康状态进行定量诊断，需要将公路隧道健康状态划分为若干可度量的等级，并对各等级加以说明。亦即构造一个健康等级的集合，并对集合中的每一个元素加以定义。

公路隧道健康等级的划分与公路隧道结构的养护、维修和更换等功能息息相关，它反映了隧道结构在服役周期内所处的各个阶段，决定了隧道结构所需的相关养护对策信息，而且不同的健康状态能够通过一定的养护措施予以保持或提高。

公路隧道健康等级划分的多少，是一个实践性很强的问题，它涉及相应规范、已有方法、实践经验等多方面因素。若划分的健康等级数目过少将过于简略，很可能在诊断结果中“淹没”某些重要信息。如果健康等级数目划分过多、过细，又会使相邻等级间的指标相似度太高，各等级区间界限不易确定，给操作者分级带来难度。在《公路隧道养护规范》中，我国在公路隧道日常检查、定期检查、特别检查中将结果等级划分为 S、B、A 三级，专项检查结果等级划分为 S、B、1A、2A、3A 五级，其相关评级标准如图 5.10 所示。

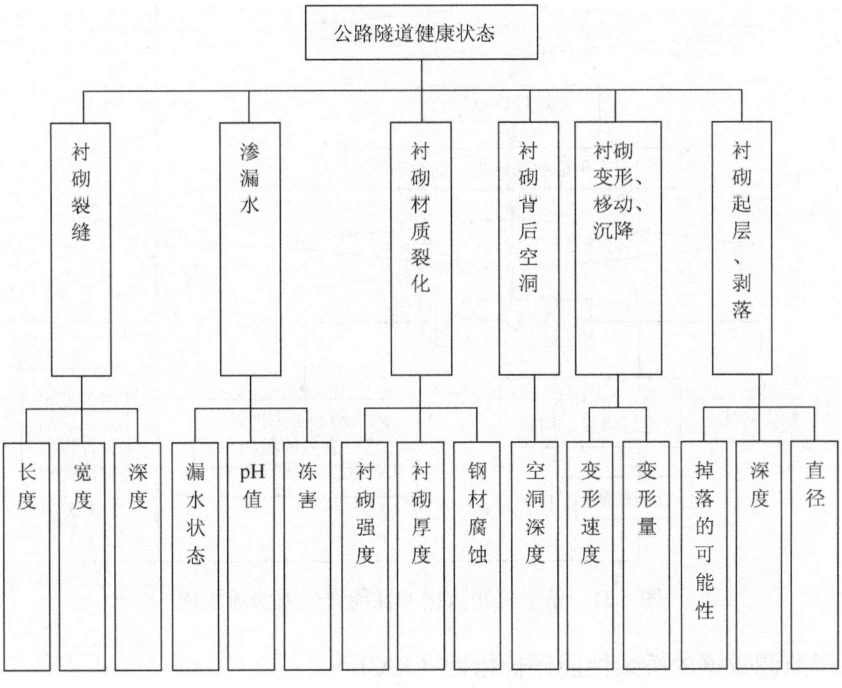


图 5.10　公路隧道健康状态诊断指标体系

### 5.1.7　性能评估发展趋势

当前各个国家关于桥梁性能评估的试行规范中，绝大多数都停留在人工检测状态，桥梁资产管理以及长寿命周期成本的概念并没有融入到规范中去。对于桥梁结构的维护管理受限制只能进行事后修补型管理，不利于桥梁服役寿命的延长。同时也可以发现，随着健康监测技术的不断发展与成熟，新兴的规范中已经出现了在桥梁性能评估中引入健康监测数据，用其代替费时费力的人工检测。健康监测技术作为一种新兴技术，其先天的优势是动态采集、长周期分析，非常有利于桥梁结构长寿命周期内的维护管理。在日本的相关规范中，已经出现了相关思想的初步表现。图 5.11 给出了基于监测数据的性能评估方法流程图。

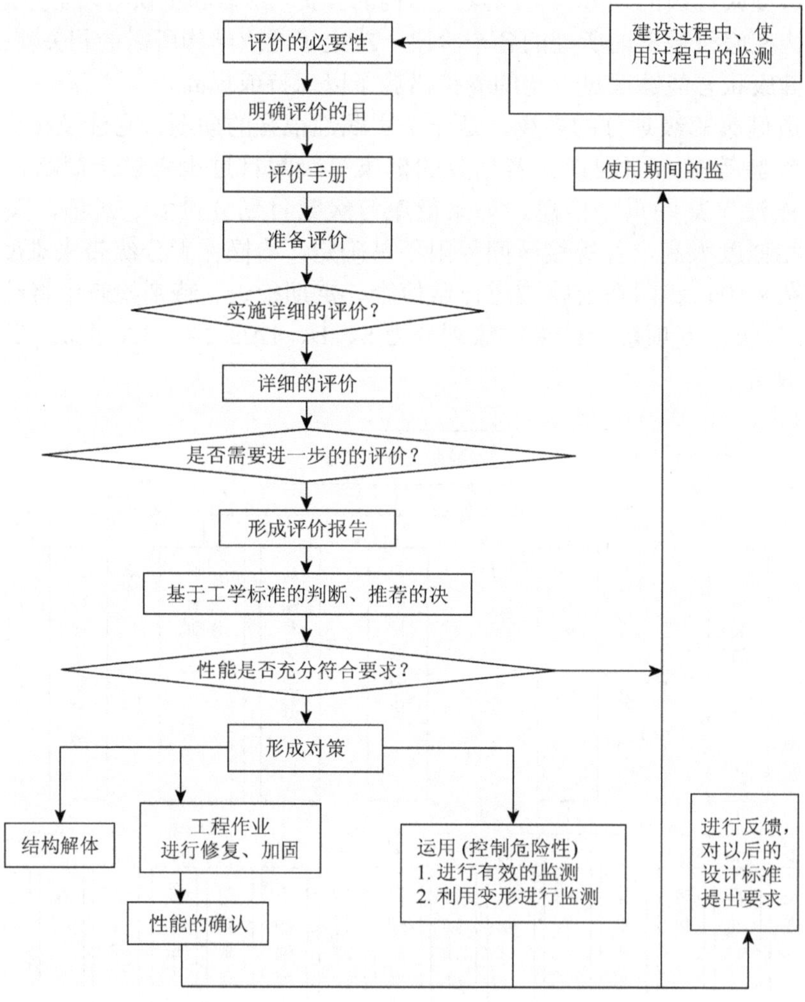


图 5.11　基于监测数据的性能评估方法流程图

1）基于监测数据的桥梁性能评价指针（JSCE）

2006 年日本土木工程学会推出基于监测数据的桥梁性能评价指南，专门针对于桥梁结构的性能评估进行了规定。在该规范中，强调了使用监测数据，包括建设过程中的监测数据、建设完成后的监测数据以及运营过程中的监测数据。并且用监测数据不断校核结构性能状态从而为是否需要修复、管养桥梁提供决策意见，同时不断累积数据为桥梁结构设计提供良好的依据。但在该规范中，尚未详细介绍监测数据的具体用法。

2）基于桥梁健康监测技术的安全评价手段

日本土木学会混凝土结构健康监测委员会提议以下两种基于桥梁健康监测技术的安全评价手段：即①综合监测方法（图5.12），②并用监测方法（图5.12和图5.13）[107]。

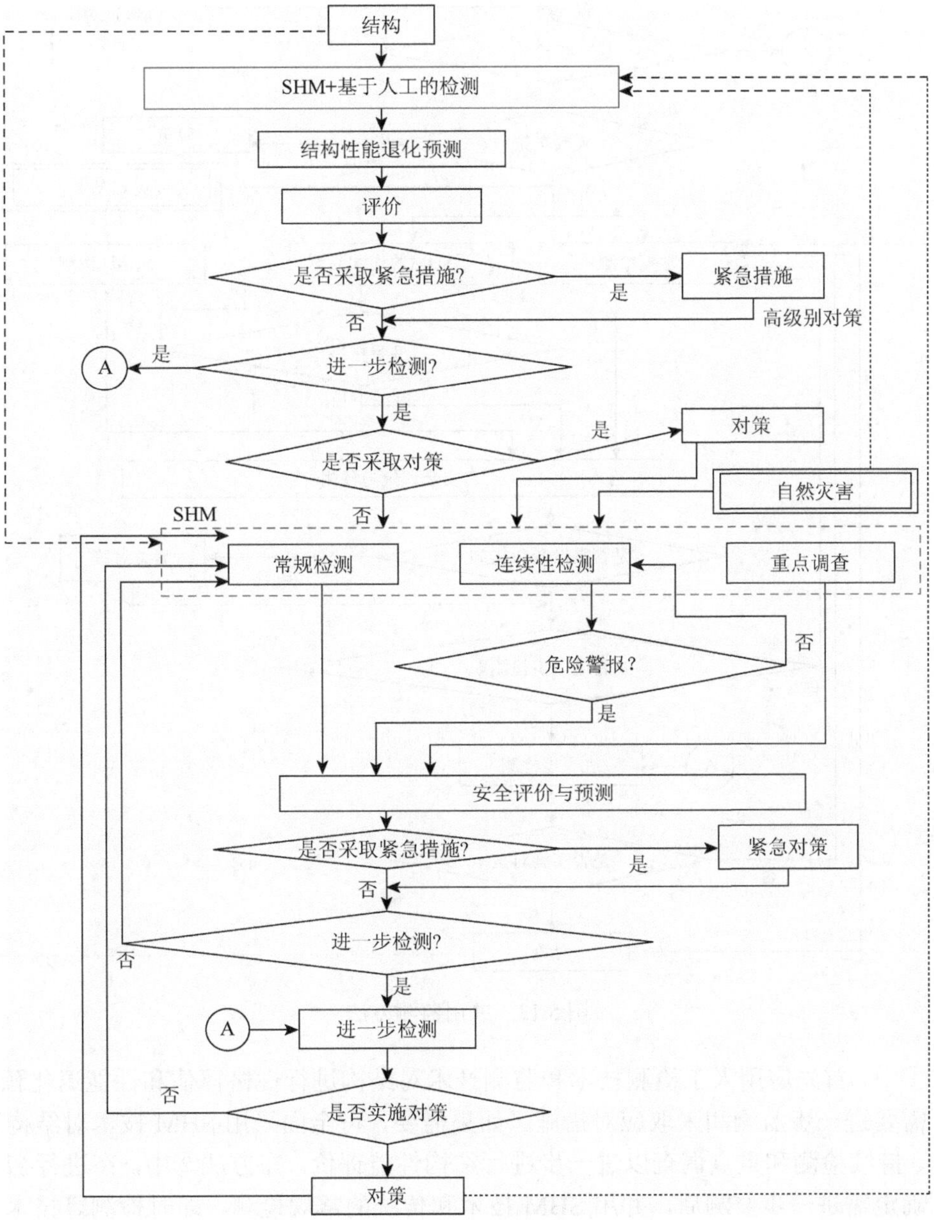


图5.12　综合监测方法

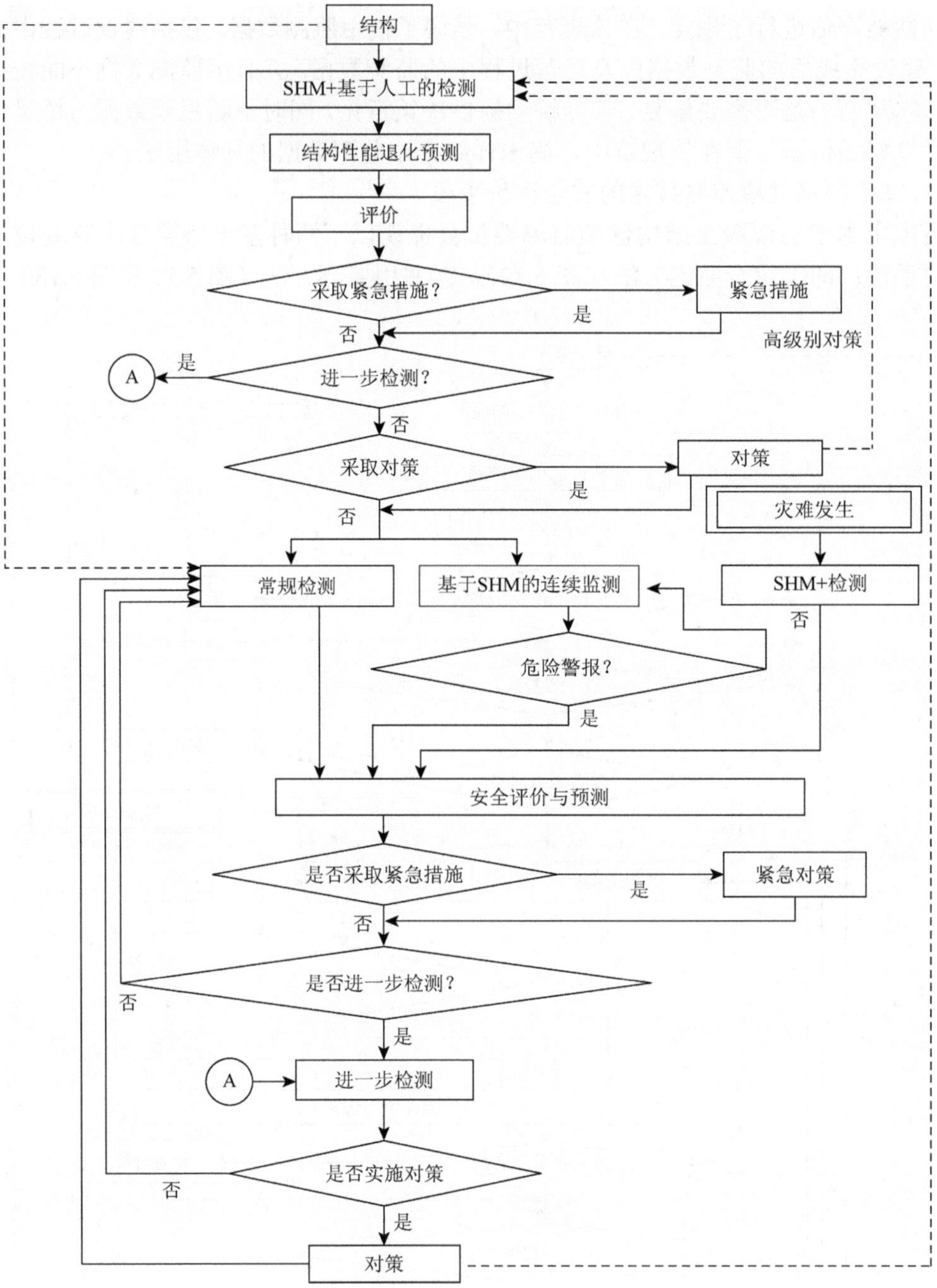


图 5.13　并用监测方法

在方法①中，首先应用人工检测技术和监测技术对结构进行性格评估和性能退化预测，判断是否需要进一步监测和采取应对措施。如果需要，可全面采用 SHM 技术对结构进行定期检测、持续检测和重点调查以进一步进行结构性能评价。在方法②中，在进行初步检测和监测确定需进一步监测后，并用 SHM 技术和传统的常规检测、即时检测等技术，进行进一步的结构性能评估。简单地说，方法①为理想的全面利用 SHM 技术进行结构的进一步评价，而在方法②中为结合结构 SHM 技术和常规检测技术综合利用来对结构进行进一步性能评价。

### 5.1.8　结构健康监测的规范化进程

前面主要简述了中国、美国、日本等国与结构性能评估相关的规范，其中以技术能力评定和承载能力评定规范为主。在这些规范中，主要依赖于人工巡检进行评定等级，在整个性能评估流程中较少用到健康监测数据。前面讲到结构健康监测融入性能评估规范目前处于萌芽阶段，并且被越来越多的学者认识到。专门针对结构健康监测的技术规范的制定也还在发展之中，这里对国内外结构健康监测的规范化进程进行综述。

随着结构健康监测技术的逐渐发展成熟和较为广发的应用，相关领域学者和工程技术人员逐渐认识到需要该领域相关的规范或技术指南来统一界定其在工程实践中的应用。在美国，Aktan 等与 2003 年向美国国家联邦公路局提交了主要桥梁健康监测发展指南[129]，在该指南中对结构健康监测做了详细定义，并对结构健康监测所需要的传感器、数据采集系统、网络系统、测试手段、数据管理系统进行了详细的归纳。美国土木工程学会结构识别委员会于 2012 年出版了结构识别最新进展报告，在全面介绍结构识别领域最新技术的基础上，详细叙述了国内外十数个建筑结构和桥梁结构健康监测的经典案例[130]。加拿大（ISIS Canada）于 2001 年主编了结构健康监测手册[131]，对结构健康监测系统组成、静态测试、动态测试、周期性测试进行了详细规范，并给出了具体的桥梁结构健康监测案例。在欧洲，国际结构混凝土协会（FIB）于 2002 年出版了混凝土结构健康监测和安全性能评估最新进展报告[132]，并以此为基础历经十余年的修改，编著欧洲混凝土结构健康监测规范，其中针对混凝土结果从人工检测方法、无损检测技术、测量方法、数据采集、结构可靠度方法等方面做了较为系统的总结。日本土木工程学会于 2006 年发布了《基于监测数据的桥梁性能评价指南》，提出了在桥梁结构性能评估中引入结构健康监测数据，并强调要在建设过程中、使用过程中关注监测数据进行性能评估。日本土木学会混凝土结构健康监测委员会于 2007 年提出了综合监测方法和并用监测方法，均将结构健康监测融入到性能评估流程中。在我国，欧进萍和张喜希刚等主编《公路桥梁结构安全监测系统技术条件》[133]行业标准由交通部发布，具体规定了公路桥梁结构安全监测系统的总体设计、监测内容与测点选择、传感器模块、数据采集、传输与管理模块、结构安全预警和评估以及系统集成与状态显示的技术要求。李宏男等主编了结构健康监测系统设计标准[134]。本书作者主编了光纤传感式桥隧结构健康监测系统设计、施工及维护规范[135]，规范了光纤传感技术在桥梁、隧道等交通工程结构健康监测系统中的应用，旨在提高其使用效率及结构健康监测系统设计、施工和维护管理水平，推动桥隧等交通工程结构的施工、运营及管养的智能化与科学化。

纵观结构健康监测领域规范发展历程，可以看出各国规范相对较为分散，世界各国还没有较好的统一标准来对结构健康监测系统进行规范。为此，国际智能结构健康监测协会专门成立了结构健康监测国际规范委员会，并由吴智深教授牵头主编国际结构健康监测协会标准，包括总则、定义和实施手段，以在国际范围内对结构健康监测在桥梁维护管理中的作用进行明确的定位，对结构健康监测系统、结构健康评估系统、结构健康等级评定系统、结构健康数据管理系统进行详细规定。可以看出，结构健康监测技术的规范化进程日益得到人们的重视，各国和国际相应的结构健康监测规范或指南也日益发展成熟。

### 5.1.9 结构区域分布传感方法与理论在规范方法中的应用

5.1.8 节讲到结构健康监测技术逐步应用于规范方法是当前进行结构性能评估研究的趋势，是实现结构管养信息化和智能化的发展方向。这里简要介绍如何将本章重点阐述的长标距传感技术和结构区域分布传感理论方法运用到有关结构性能评估和管养的规范方法当中。

一方面可直接应用本书重点阐述的长标距传感技术到结构的现场测试和承载能力评估当中。前文提到的多个规范都规定了静载试验为桥梁承载能力评估的标准方法。在桥梁静载试验中，需采用传感技术记录各层级静载下结构的应变和挠度，进而计算结构的应变校验系数和挠度校验系数，从而实现桥梁的承载能力评估。传统的点式应变计在测量结构应变时太过局部，这一局限性在第 1 章中已经详细介绍；而采用本书第 3 章介绍的长标距传感技术能够更准确的放映结构在静载作用下的区域分布应变反应特征，从而能够更为可靠的进行桥梁承载能力评估。另外，静载试验中的挠度测量一般采用全站仪等传统手段，精度和可操作性都有一定局限。如果在静载试验中采用长标距传感技术测量应变，那么在测量得出应变计算应变校验系数的同时，还能够通过第 4 章介绍的共轭梁法实现由应变测量到挠度分布的计算，从而不再需要专门的挠度测量传感器和设备，仅通过一种传感器同时测量应变和挠度，保证静载测试方便易行且所测量结果紧缺可靠。

另一方面，规范方法中多采用检测手段进行裂纹、挠度等指标的测量，进而根据规范方法实现结构的性能评估。这些指标的一部分可以通过监测系统中的长标距传感监测数据和分析结果来方便的代替。比如说，对于混凝土结构，裂缝的监测非常重要，但是传统的基于电阻法的裂缝计或伸缩计很难进行在线实时监测，而且也不能进行连续测量。作者团队开发了一种基于长标距区域分布传感技术的裂纹宽度识别技术，该技术具有如下特点：①可进行在线实时监测；②监测具有高度的自动化，不需要过多人力参与；③监测采用区域分布，一根光纤可以对混凝土结构重点区域的裂缝出现和发展进行分布监测。

采用全面粘贴传感器时，裂缝宽度应用黏结滑移理论计算，计算中忽略混凝土的应变变化，公式如下：

$$\omega = \frac{\int_l \varepsilon \mathrm{d}l}{l} \cdot l = \sum_{i=1}^{n} 1/2 \cdot (\varepsilon_i + \varepsilon_{i+1}) \cdot \Delta l \tag{5.11}$$

式中，$\omega$ 为裂缝的宽度，$l$ 为影响区域的长度，$\varepsilon_i$ 为影响区域内第 $i$ 个采样点的应变，$\Delta l$ 为采样的空间间隔。

采用长标距传感器时，裂缝宽度 $\omega$ 的计算公式如下：

$$\omega \approx \varepsilon \cdot L \tag{5.12}$$

式中，$\varepsilon$ 为长标距光纤传感器的平均应变，$L$ 为传感器的标距。

通过该公式，可以很好地将原本需要人工检测的裂缝宽度 $\omega$ 这个指标，转化成健康监测中的长标距光纤传感器的平均应变 $\varepsilon$，从而实现健康监测代替人工检测。有关更多的基于监测手段实现结构全面识别进而进行结构性能评估的更多例子可参见第 4 章。

由以上综述可以看出，结构健康监测以结构的现场检测与监测开始。结构检测手段已广泛应用于桥梁的现场检测和安全评价工作中。传统的桥梁检测以人工方法为主，通过定期或非定期的现场检测如材料参数测定、裂纹宽度测量等，获得现场实测数据，进而综合分析得出初步的桥梁性能评定结论。这种方法由于受测量条件、现场环境等因素的影响，所检测的数据不尽充分，而且数据采集相对不够及时，无法全面真实地反映桥梁的安全状况。随着智能传感技术的发展，结构监测技术在实际桥梁的安全评价中已经得到越来越多的应用，它通过安装传感器，实时或定期的监测结构在环境振动或人为激励下的反应，进而分析数据来实现结构的性能评估。各个国家规范在桥梁性能评估大多都停留在人工目测状态，与此同时，相关研究者与规范制定者已逐渐将健康监测的数据纳入规范评估流程。基于该思想，作者提出了基于监测数据的三层次结构性能评估方法，将在 5.2 节详细介绍。

## 5.2　基于区域分布传感的三层次结构性能评估方法

### 5.2.1　方法概述

尽管结构性能评估已经得到了较长时间的研究并已经在工程中得到了较大范围的应用，但现阶段的方法多依靠日常和定期检测数据进行初步的性能评估。基于健康监测数据的结构性能评估理论研究颇多，但在实际工程应用中还很有限。在大型土木工程结构的健康监测中，海量监测数据源源而来，基于监测数据的结构性能评估方法在现阶段还无法得出精准的结构状态，因此严重阻碍着结构健康检测技术的发展及其被桥梁工程师和管理者的认可程度。例如，已有超过五十年发展历史的结构模态识别理论能够较为准确的识别得出结构的模态参数，如频率、阻尼和振型等。但这些结构参数较为笼统，还无法直接应用于土木工程结构的维修与管理决策。前述的多个规范或准则中提到需借助结构的有限元分析来进行结构的维护管理决策，但在实际工程状况中要建立一个复杂结构的精准的有限元模型往往又非常困难，基于监测数据的有限元校正技术的也存在一定的应用限制。针对上述性能评估技术自身的发展的现状及其在实际工程应用中碰到的问题，作者提出了基于区域分布传感的三层次结构性能评估方法，其核心内容包括三个环节，即①基于检测与监测数据的结构异常分析与预警，②基于结构参数全面识别的结构当前性能状况评估，③基于历史监测数据的结构劣化分析与寿命预测。

基于上述三个环节的结构性能评估及预测的总体流程如图 5.14 所示，在该工作流程中，首先将监测系统得到的数据进行异常分析，如果发现重大异常状况（包括结构破坏突

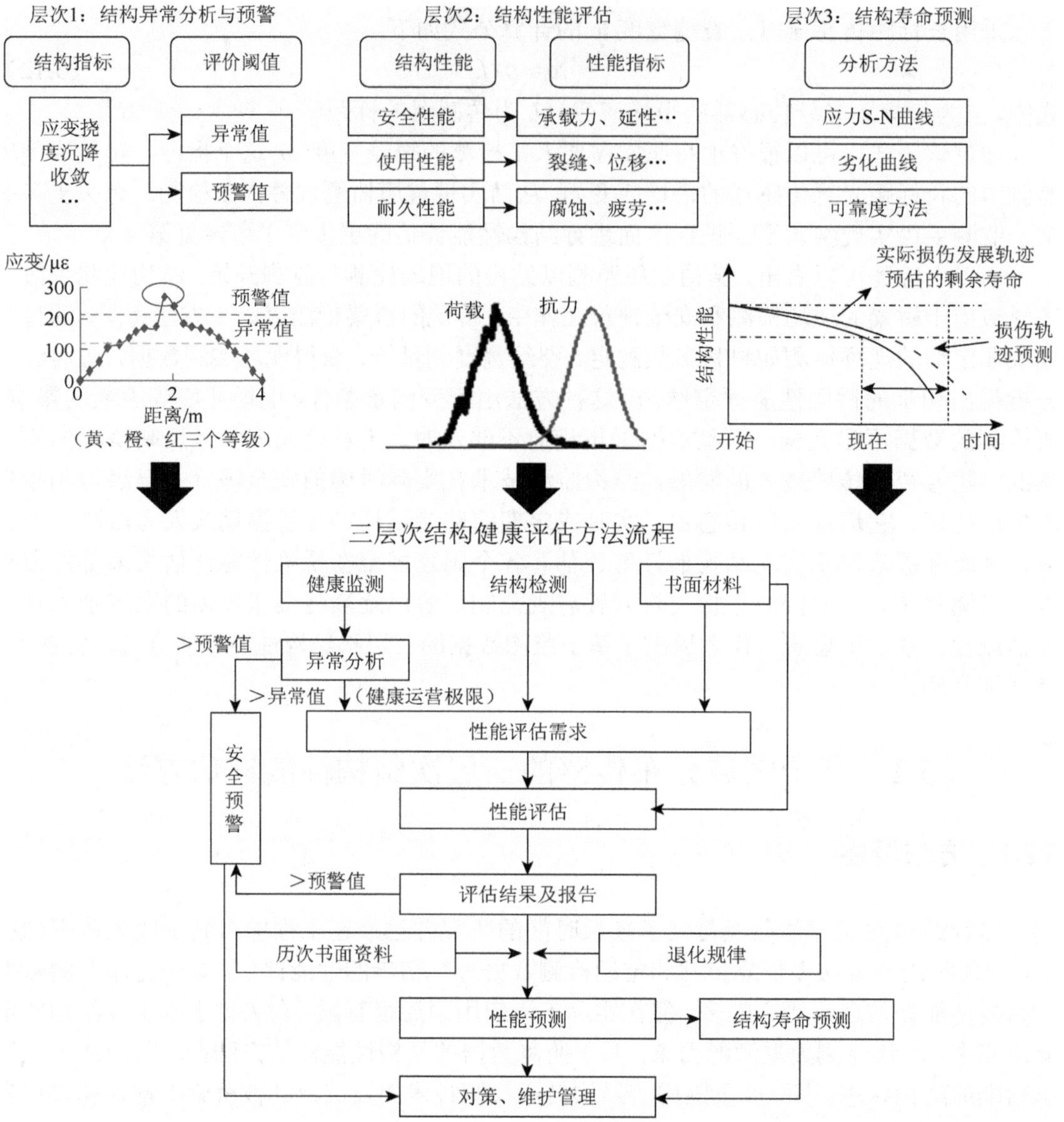


图 5.14　基于分布区域传感的三层次桥梁结构性能评估方法及其流程图

然发生和外部荷载如船撞突然出现）则及时发出预警避免或减小灾害事故发生。如果发现结构异常状况但还不至于立即引起事故，则进入第二层次即结构当前性能评估，基于结构的检测与监测数据进行结构参数的全面识别从而对结构进行更为细致和详细的评估活动。根据结构性能评估的结果可确定是否进行结构功能预警。在第一层次的数据分析过程中没有发现结构异常状况，也可通过程序设定定期（如每 3 个月）进入第二层次进行结构的详细评估，以应对结构缓慢性能退化引起的可能破坏。在第二层次的评估中，如发现结构的安全性能总体基本满足，没有出现明显性能低下，或是虽然发现了一定程度的性能低下，但是并不严重的情况，一般可不进行功能预警。在第三层次，针对特别重要或某些特殊需要的结构，可进行基于历史监测数据的更深层次的结构性能劣化与剩余寿命预测。

在前述各章中已充分介绍了各类先进传感技术、结构传感布置与监测方法以及基于监测数据的结构信息反演方法，它们是进行结构性能评估的前提和重要基础。如何利用结构检测数据、现场 SHM 数据与结构反演分析结果进行工程结构的异常分与与预警、当前状态评估以及劣化与剩余寿命预测 3 个层次的结构性能评估将在下文具体介绍。

### 5.2.2 第一层次——结构异常分析与功能预警

1）基本概念

大型工程结构在环境侵蚀、材料老化和日常荷载的长期效应以及突发的自然灾害如地震台风等因素共同作用下，将不可避免地发生结构构件和整体性能的缓慢退化甚至突发破坏。前面各章介绍的健康监测系统建立后监测得到的结构反应数据将首先应用于结构异常分析与功能预警。桥梁结构的功能预警（functional warning）是指通过对健康监测系统采集的结构响应数据进行处理与分析，实时掌握、评估桥梁结构的运营状态，当桥梁结构状态出现异常时及时进行报警，根据异常情况发出相应的指令。一般来说，桥梁结构数据异常的原因可以分为两类：①突发性事故，指由于地震、撞船、台风等突发性事件造成的数据异常。比如，在船撞时间发生后，靠近撞击区域的结构加速度或位移传感器会记录得出明显的不同于平常的信号，根据该数据异常的程度可确定是否发出功能预警。②结构内部损伤，指其在长期运营条件下由于环境（如腐蚀）侵害与日常荷载（如卡车超载）引起损伤发展累积直至该结构构件承载能力发生较大减小，如在该构件布置有局部应变或位移传感系统，仔细查看和统计该处监测数据也能发现数据变化异常，从而确定是否需要进行预警。

进行结构功能预警可分为以下两种情况，一是直接根据结构的异常数据进行预警，它指监测数据的异常程度严重，已明确显示结构进入到危险状况，这种情况可称为异常报警。第二种情况是指根据监测数据发现数据异常但还无法完全确定结构的当前性能状况及危险程度，因此需进入到性能评估阶段通过信息反演与分析等综合手段判断结构真实性能，如果评价得出的结论是结构性能退化严重，则进行功能预警，这种情况称为性能报警。也就是说，结构的功能报警包括异常报警和性能报警两类，异常报警（event warning）主要是由监测系统发现结构某监测指标超过限值而对其异常情况进行报警，而性能报警（performance warning）是指对结构性能综合评估后判断性能水平低下至某一程度而发出的报警。在第 1 章中曾介绍结构监测与结构健康监测两个概念的差别。结构的监测指仅仅进行监测和直观的利用监测数据粗略地判定结构是否异常，没有通过具体手段深层次的分析结构的健康状况。而结构健康监测是指不但通过传感系统进行监测，还通过结构信息反演与性能评估等手段进行结构是否安全和是否健康的判断。这里结构功能预警的第一层次即异常预警对应着结构监测概念，也就是说还没有进入到结构健康监测的层次，而功能预警的第二层次即性能预警对应着结构健康监测概念。现有的工程应用中的结构预警多指功能预警的第一种情况既异常预警，即仅进行直观的结构监测数据的异常分析，还没有进行结构的全面性能评估。

图 5.14 所示的结构性能评估的整体流程图中，首先根据所监测的结构数据进行异常

分析和确定是否进行预警。如果结构异常超过极限指标，则进行异常预警。在大多数情况下，仅发现数据一定程度的异常，但并不清楚其具体原因和其对结构性能到底具有怎样的影响，这个时候需进入图 5.14 所示的第二层次，即通过结构参数的全面识别和性能评估来具体分析数据异常的原因和当前状况下结构的真实状况，进而根据结果确定是否进行性能预警。这就像日常生活中人体的监测与诊断一样，当一个人自我感知或通过监测设备监测到异常状况发生时，比如心脏跳动急剧加速或身体某器官急剧疼痛（类比于结构自身发生变化状况），或者一个人自身健康良好但遇到突发事故如交通事故（类比于结构的外部荷载发生变化），这个时候这个人一般根据环境或自身状况迅速做出决定，在严重受伤或身体急剧疼痛的情况下立即呼叫救护车紧急治疗（类比于结构功能预警），或者当前身体没有大的伤害但身体具体性能不清楚的情况下可到医院进行细致的检查(类比于进入结构的性能评估阶段进行具体的评判)。

上面介绍了结构异常分析和功能预警的基本概念。下面将具体介绍如何通过监测指标来实现结构的异常分析和功能预警，即通过何种指标、运用怎样的评价准则来进行预警。

2）预警指标及其评价准则

结构的功能预警和性能评价指标针对各类型构造物并不完全相同。比如，通常的混凝土构造物由各种构件（主梁、楼板、混凝土衬砖等）构成，如何评价这些构件的整体性能、各构件个体的性能或构件的材料性能，其性能指标并不完全相同。针对材料劣化影响，具体包括盐害、冻害、化学侵蚀等，可通过适当方法监测其随时间的性能变化，进行劣化预测，评价时间轴上的各要求性能。与构造物整体或局部相关的性能指标包括断面强度（弯矩、轴向力、剪力、扭矩等）、截面强度、疲劳强度、结构稳定性等。对于一般的桥隧工程结构，其性能可具体落实到一些具体的指标上来体现，例如结构挠度、裂缝宽度、应力、应变、沉降等。对于安装有结构健康监测系统的结构，应充分利用健康监测系统所提供的数据作为结构预警指标，并通过合理选择传感技术和布设方式，保证数据的稳定性、可靠性，以及获取指标的可靠性。比如第 4 章介绍的应变模态比值法中的应变模态比值可以用来评定结构损伤状况，也可以作为一种指标来评价结构安全状况和进行功能预警。

基于结构健康监测数据的功能报警可通过相应的评价基准来评估判断，其具体的实施方法可根据评价基准的不同分为以下四大类，在结构的功能报警与性能评估活动中，可以使用其中一类或几类监测数据对结构进行功能性报警与性能评估。

（1）基于阈值评估。当监测指标存在阈值的时候，可根据监测数据是否超过阈值来判别结构是否正常，同时，通过监测数据与阈值之间的差也能反映结构在此性能上的富裕余地。

（2）基于合理值或合理范围评估。通过监测数据同该结构相应的合理值或者合理范围进行比较，从而进行评估。

（3）基于某基准时点（如建成初期）数据的评估。通过当前监测数据与基准时点的监测相应数据（或是计算值）进行比较，从而进行评估。通常基准时点选用结构刚建设完成的时间点，或者监测系统搭设完成时。

以上监测评估的方法可用表 5.4 表示：

表 5.4　基于监测数据的异常分析方法

| 分类 | 比较基准 | 结构参数及损伤指标 $D_m$ 与比较基准的关系 | 异常判断 |
|---|---|---|---|
| 一 | 阈值：[$D$] | $D_m$<[$D$] | 监测值不应超过相应阈值，监测值与阀值间的距离 |
| 二 | 合理值：$P$<br>合理范围：$P_1$～$P_2$ | $\|D_m - P\| < P_d$<br>$P_1 < D_m < P_2$ | 监测值是否在合理值附近，监测值是否在合理范围之内 |
| 三 | 基准时点的监测值：$I_m$<br>基准时点的状态计算值：$I_c$ | $D_m/I_m$<br>$D_m/I_c$ | 当前监测值与基准时点的监测值或状态计算值进行比较 |

结构的异常报警主要采用设定阈值来实现，阈值应根据工程实际情况，通过有限元模拟分析和现场试验测试等方法确定，当某项指标（或综合指标）超过所设定的阈值，则发出预警信息。结构的功能报警可设多级预警，根据结构性能退化规律，设定不同阈值，从而实现结构性能退化由轻到重的分级预警。比如我国桥梁公路桥梁技术状况评定标准中明确规定了各类桥梁的各类构件的裂缝宽度限值，在采用裂缝宽度作为指标时可参考该表中的裂缝宽度限值来进行预警。

3）结构预警示例

通过某长江大桥监测数据的异常分析与可阐明如何通过监测指标来实现结构的异常分析和预警。该桥体型庞大结构复杂，其主桥的跨度达 1385m，其结构安全直接影响到大桥的运营和管理，影响到过往车辆的行驶安全。该桥结构健康监测系统针对特大型悬索支承桥梁结构的特点，对桥梁结构的响应（内力、位移、振动、温度等）信号进行长期在线采集与管理。在该桥预警及安全评估系统的设计与构建中，通过对历史数据进行分析处理，从 6 个方面进行结构的预警及安全评估功能，即：构件疲劳寿命预测、基于可靠度的安全指标确定、基于频率的系统报警、基于最大值的系统报警、大桥伸缩装置状态评价和桥址环境监测评价。图 5.15 所示为基于关键部位结构挠度监测指标最大值的报警示意图。其基本步骤是利用传感器测试结构关键部位在运行状态下的反应与规范规定或由经验得出的阈值做对比，如果测量或者反演数据超过了使用阈值，则应该立即封闭交通，禁止车辆运行，避免交通事故的发生；如果测量或者反演数据超过了极限阈值，则应该采取相关措施进行加固维修。

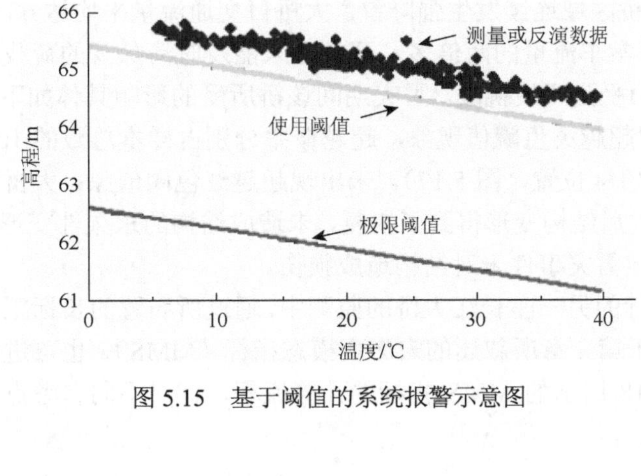


图 5.15　基于阈值的系统报警示意图

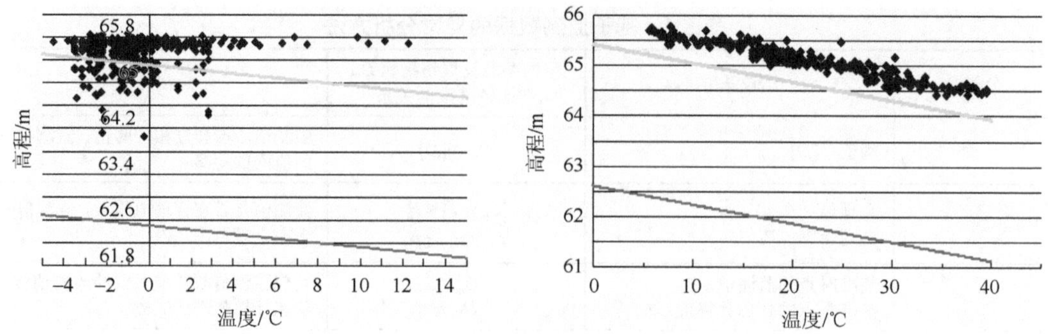


图 5.16　主跨跨中雪灾报警结果

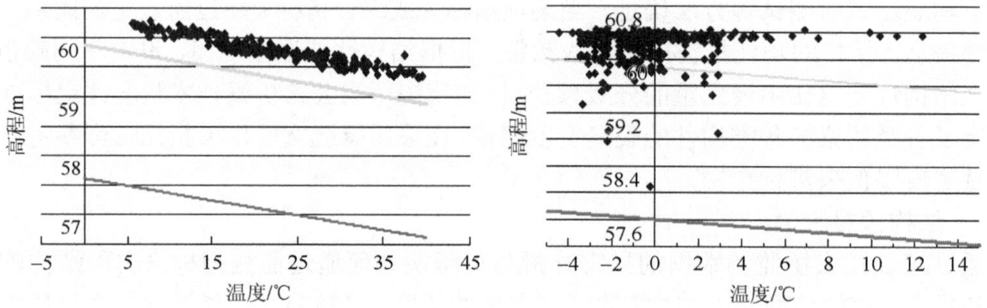


图 5.17　主梁 1/4 位置雪灾报警结果

该桥的基于阈值的系统报警设计中，采用主桥跨中结构竖向变形为观测指标。根据实际桥梁测试数据和数据分析发现，环境温度上升，结构竖向变形增大；环境温度下降，结构竖向变形减小；二者有一定的滞后现象（可解释为结构吸热和散热的过程）。当工程结构受到不利载荷的影响时，需要及时发出警报，以预防安全事故的发生。那么，在发出安全隐患警告前应该设定一个阈值。根据系统实测数据分析以及大桥成桥期间荷载试验，设定结构整体变形报警阈值，并根据一定的置信区间设置不同层级的预警，根据图 5.15 设定阈值和极限阈值。比如使用阈值可定义为日常观测到的结构正常状态下的不同温度下的结构变形最大值，极限阈值可定义为计算最不利荷载组合（已考虑温度、交通荷载、荷载试验等多种因素）下的结构变形值。

2008 年初，该桥区域连续发生强降雪，大桥日交通流量平均达 68 571 辆/日，最大达 92 329 辆/日，是日常车流量的两倍多，再加上未能及时清除雪的荷载，造成大桥荷载量骤增，结构承载能力受到严峻挑战。雪灾期间该桥所受的影响具体如下：雪灾期间大桥跨中、1/4 位置均出现超越黄色阈值现象，超越概率分别占样本总数的 10.47%（跨中位置，图 5.16）和 5.98%（1/4 位置，图 5.17），未出现超越红色阈值象；大桥竖向变形的监测数据进一步表明，雪灾后结构变形得到了恢复，未造成结构的永久性变形，大桥恢复正常弹性工作状态，可判定雪灾事件未对结构造成损伤。

在作者团队进行的另一座长江大桥的监测中，通过所布置的长标距光纤传感系统所测量的应变数据，基于第 4 章所叙述的宏应变模态指标（MMS），也可进行结构的异常分析和预警。通过图 5.18 所示的 MMS 指标的计算流程，针对不同参考点与观测点的该结构的目标特征线，若不同时间测试数据得出的统计数据明显偏离损伤前的目标特征线，说明所布置传感器的区段出现了损伤（例如疲劳损伤、钢结构的锈蚀、节点螺栓的松动等），且损伤程度可以通过偏离特征曲线的大小来识别。如图 5.18 所示的第二次的测试结果表明，目标传感器相对参考传感器的长标距应变模态基本没有偏离第一次目标特征，个别点偏离此直线是由于车桥之间的相互影响以及测试噪声的影响，图 5.18 的分析结果表明，该桥传感器布设范围内没有出现损伤，因此不需要进行预警，也无需进入到后续的性能评估阶段。如果需要更加详尽的评估是否对桥梁结构的性能造成不利影响，可进入到下节叙述的基于结构参数全面识别的结构性能评估阶段。

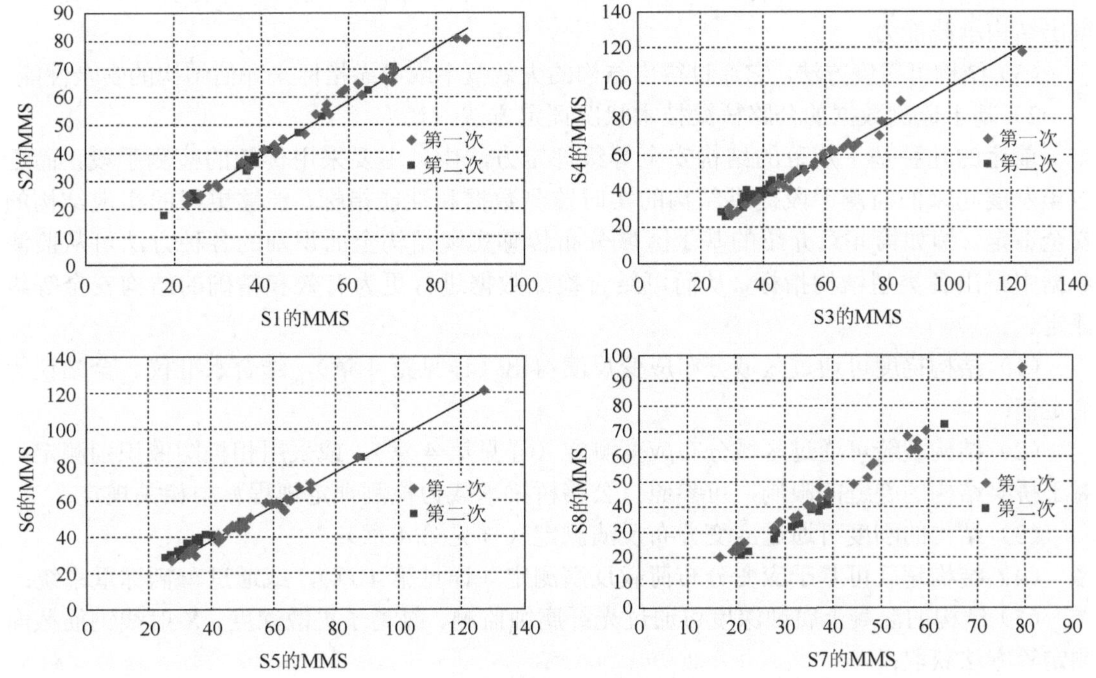


图 5.18　长标距应变模态损伤指标

## 5.2.3　第二层次——结构深层次性能评估方法

1）性能评估方法

在经过基于数据的结构异常分析与预警后，出现数据异常但无法直接判定结构是否进入危险状况的情况下，需根据图 5.14 所示的流程进入的性能评估环节，通过适当的测试手段和具体分析方法来详细评估结构实际安全状况。粗略地说，结构性能评估方法可分为基于检测数据的等级评定方法、基于现场测试及监测数据的性能评估方法，基于可靠性理论的性能评估方法等几种[136, 137]。

（1）在基于检测数据的等级评定方法中，通过各种检测数据，对结构进行系统调查，然后建立整体结构的评分系统进行安全评估。这类方法已经建立了规范的软件对既有桥梁进行综合评估，并已经建立了具有知识处理、表达、利用和推理能力的专家系统，利用计算机模拟有经验专家的决策机理，根据经验可进行适当的外延和推理。

（2）在基于现场测试与监测数据的性能评估方法中，首先是直接利用专门的测试进行结构性能评估，例如通过利用卡车作为静载观测结构应力、应变和位移等直接进行结构的承载能力评估。另外，利用现场的监测数据如环境振动下的数据来进行结构性能评估，这些现场数据能够真实地反映结构的真实状况，但需要有效的数据处理方法精准得挖掘出隐藏在监测数据内的真实结构信息，从而进行有效的结构性能评估，这就是利用监测数据进行信息反演进而进行结构性能评估的方法，第 4 章详细介绍了从区域分布传感全面识别结构参数的各类算法，这些结构识别的结果可用来进行结构的性能评估。再如通过利用冲击振动试验数据反演得出结构位移柔度和应变柔度，可预测结构在静载下的挠度和应变最终得出结构承载能力。

（3）结构可靠度方法，它通过得出结构的失效概率或可靠指标来评估结构的安全性能。

2）基于监测数据的公路桥梁技术状况评定方法

前述的几种基于规范的结构安全等级评定方法中，主要采用传统的检测手段，而近些年发展起来的监测手段提供结构的实时监测数据和性能指标，能够更好的实现结构的安全评定。例如第 4 章介绍的基于区域分布传感实现结构全面识别的各种方法可从监测数据中得出各类型结构指标，从而可结合检测数据进行更为有效和精确的结构安全等级评定。

（1）结构挠度可通过区域分布应变反演得出（详见第 4 章），结合水准仪、全站仪等测定值；

（2）结构裂缝可通过区域分布应变测定（详见第 4 章），或采用相机图像识别测定；对于桥梁结构的裂缝的限制，可参照《公路桥梁承载力检测评定规程》中相关规定；

（3）结构的刚度可通过应变分布反演测定（详见第 4 章）；

（4）结构超载可基于应变分布荷载反演测定（详见第 4 章），或通过车辆称重系统；

（5）结构的混凝土腐蚀深度可通过光纤腐蚀监测、氯离子扩散深度、X 射线钢筋截面测定等方法获取；

（6）结构的应力、应变可通过光纤、光栅传感器、应变片、应变计等测定；

（7）结构沉降可通过应变分布反演推算或使用水准仪、全站仪等测定；

（8）结构断面的收敛变形可通过光纤应变反演或使用水准仪、全站仪等测定；

（9）结构的其他动、静态分析指标和结构状态参数等。

3）基于现场测试的承载能力评估方法

除基于现场调查和检测的桥梁安全性能分级评定方法，还可通过现场测试来进行桥梁性能评估，例如基于卡车静载试验可进行桥梁的承载能力评估。我国交通部《公路旧桥承载能力鉴定方法》对卡车静载试验方法进行了详细的规定和说明。美国高速公路桥梁状态评估手册（AASHTO）对卡车静载试验也作了类似的说明。卡车静载试验通过对所测试桥梁进行不同等级加载并观测相应的位移和应变数据有效的评估桥梁的承载能力。

在卡车静载试验前，需首先进行桥梁的现场调查与检测，其主要包括有关技术资料的搜集、现状检查和承载能力检算。当通过检算分析后仍无法明确评定桥梁承载能力时，通过对桥梁施加静力荷载作用，测定桥梁结构在试验荷载作用下的结构响应，并据此确定检算系数重新进行承载能力检算评定或直接判定桥梁承载能力是否满足要求。桥梁承载力评定最常见的方法就是卡车试验，包括静载试验、跑车试验、刹车试验、跳车试验。一般只需要进行卡车静载实验即可。

在卡车静载试验的方案设计中，首先确定加载方案。加载方案的确定与实施包括加载项目的确定、截面内力的控制、分级控制、设备选择、加载物称量等环节。在满足鉴定桥梁承载能力的前提下，加载的项目应抓住重点。一般只做静力试验，必要时增做动力试验。静力荷载试验控制截面应选择荷载效应较大而抗力效应较小的部位。根据桥型的不同，选择一两个主要内力控制截面，必要时可增设附加内力控制截面。为了满足鉴定桥梁承载能力的要求，试验荷载工况应反映桥梁结构的最不利状态，对于简单结构可选1～2个工况，复杂结构可适当多选几个工况。进行各荷载工况布置时，参照截面内力（和变形）影响线进行，一般设两三个主要荷载工况，同时根据实际情况设若干个附加荷载工况。若使用车辆进行静力加载而未安排动载试验时，可在静载实验后，将加载车沿桥长慢速行驶，以了解荷载作用于桥梁各部位时的内力情况。

对试验桥跨的控制截面进行应力（应变）和挠度等测试，测试内容应满足相关试验规范要求。对于存在重大病害的桥梁，在进行静载试验时，除常规测试项目外，增加针对病害部位的专项测试，检验病害部位的应变（应变）和挠度以及病害（例如裂缝等）的变化情况等。加载设备一般采用可行式车辆或直接加载的重物。可行式车辆一般采用能载重物的汽车或平板车，装载重物时应避免因车辆行驶而造成的重物晃动。当加载分级较少时，在每级加载时，车辆应缓慢驶入加载位置，必要时应对控制测点进行读数以保证安全。卸载可以在每级进行，也可以加到最大荷载后逐级卸载。

加载过程中应主要对结构承受较大拉力的部位和已有较长、较宽裂缝的地方进行观测，重点对裂缝的宽度、长度和走向进行记录。裂缝情况可以记录在专门表格上，也可以直接标记在混凝土表面。加载至最不利荷载和卸载后，对结构进行全面检查，检查是否有新裂缝产生，并做记录。试验指挥人员在试验过程中应对加载做好控制，既取得所需数据，又保证人员、仪器和桥梁结构的安全。加载时，应当严格按加载程序进行，并能保证加卸载能随时停止。对测点的控制，重在对数据的检查。加载过程中还要时刻注意新裂缝的产生，避免安全问题的发生。当发生下列情况时，应当停止加载：①测点应力达到或超过按弹性理论检算的控制应力值；②测点挠度或变位超过规范允许值；③裂缝发展迅速，对结构造成较大影响；④拱桥沿跨长方向的实测挠度曲线与计算值相差过大。

静载试验效率系数的计算公式为

$$\eta_{\mathrm{q}}=\frac{S_{\mathrm{s}}}{S\cdot(1+\mu)} \tag{5.13}$$

式中，$S_{\mathrm{s}}$为静力试验荷载作用下，某一加载试验项目对应的加载控制截面内力、应力或变位的最大计算效应值；$S$为检算荷载产生的同一加载控制截面内力、应力或变位的最不利效应计算值；$\mu$为按规范采用的冲击系数；$\eta_{\mathrm{q}}$为静力荷载试验系数。

静力荷载试验效率$\eta_{\mathrm{q}}$是某一控制截面在试验荷载作用下的计算效应与该截面对应的设计控制效应的比值。对于在用桥梁，其使用荷载变化情况复杂且长期处于各种荷载作用之下，为使荷载试验能充分反映结构的受力特点，一般要求采用较高的荷载试验效率，其取值范围宜介于 0.8～1.05。当调查和检算工作较完善而设备加载能力有限时，$\eta_q$ 应取低限；当调查和检算工作不充分时，$\eta_q$ 应取高限。一般 $\eta_q$ 不应小于 0.95。

由上述步骤可以看出，通过卡车重量分级加载并测试桥梁结构的应变和变形，进而和理论值作对比计算静载试验效率系数，可有效评估桥梁的现有承载能力。基于卡车静载试验的中小桥梁承载能力评估方法是规范中规定的方法，在工程中已被广为采用。

4）基于结构可靠度分析的评估方法

结构的性能评估方法还包括其他方法如基于概率统计的可靠度分析及评估。结构可靠度（structural reliability）是指结构在规定的时间内，在规定的条件下，完成预定功能的概率，桥梁的可靠度是其结构可靠性的概率量度。因为实际的桥隧工程结构存在诸多随机因素，利用基于概率理论分析其可靠度更为合理，桥梁结构的性能评价可通过结构可靠度分析进行评估。结构的不确定性主要包括结构的各相关状态、参数的不确定性、模糊性和知识不完备性。结构的可靠性分析应根据结构构件的可靠度和体系可靠度这两个方面进行分析和评估。

结构设计的原则是抗力 $R$ 不小于荷载效应 $S$，但是抗力、荷载效应以及计算模式等总是存在着不确定性，因此在实际中，抗力、荷载效应为随机变量，而抗力 $R$ 小于荷载效应 $S$ 的概率就是失效概率。结构功能的极限状态用方程表示为

$$Z = g(R,S) = R - S \tag{5.14}$$

显然，当 $Z>0$，表示结构可靠；$Z<0$，表示结构失效；而 $Z=0$，表示达到极限状态。求解结构的可靠度即为求解 $Z<0$ 的概率。式中，抗力 $R$ 和荷载效应 $S$ 都是随机变量的函数，例如在桥梁结构中：抗力 $R$ 与结构的截面尺寸、材料性能有关；荷载效应与桥梁的自重，车辆荷载、人群荷载等的荷载分布有关。

从结构可靠度理论分析的基本理论框架中可以看出，选择合适的结构状态方程，建立符合实际的抗力 $R$ 和荷载效应 $S$ 的概率模型十分重要。而在利用结构健康监测技术进行桥梁的监测过程中，得到了大量的监测资料。对这些一手的监测资料进行统计分析，可以建立抗力 $R$ 和荷载效应 $S$ 的统计模型。有了 $R$ 和 $S$ 的统计模型，使用可靠度理论的各种计算方法可以求得桥梁将结构的可靠度。这些传统计算方法主要包括一次二阶矩法、改进一次二阶矩法、JC 法（验算点法），蒙特卡洛法等。前面这些计算方法都是基于构件的可靠度计算方法，当计算结构体系的可靠度时，将这些构件考虑为串联或者并联的系统，进而进行桥梁结构的可靠度分析。

在对桥梁进行基于可靠度的性能评估时，可以考虑分别建立结构的抗力概率模型和荷载效应概率模型。在建立抗力概率模型的过程中，考虑混凝土截面折减系数、钢筋锈蚀率、锈蚀钢筋强度降低系数等作为抗力模型的随机变量；建立荷载效应概率模型过程中，考虑恒载、车辆荷载、人群荷载等作为随机变量。在确定各随机变量的统计特性时，考虑桥梁健康监测数据的作用，利用监测数据对随机变量进行统计分析。例如，对钢筋的锈蚀、车辆荷载概率模型等可利用实际的监测数据替代假设方案对参数进行统计计算。由于利用了监测数据，可靠度计算更加准确。

除了利用传统的可靠度计算理论进行桥梁结构的可靠度分析外，现在开发了大量不需

要写出结构的极限状态方程的新的计算桥梁结构可靠度方法。这类方法主要是利用蒙特卡洛抽样的原始思想，开发各种高级的抽样统计算法，结合桥梁健康监测的数据，得到结构的可靠度分析结果。在这种思路指导下，不是通过数学精确描述的方法构件桥梁结构的极限状态方程，而是利用桥梁监测直接或者间接得到结构参数的统计概率直方图，进而进行桥梁结构的可靠度分析。这些高级的抽样统计方法包括贝叶斯理论、马尔科夫链蒙特卡洛方法，遗传基因算法等等。例如，可以将对结构的认识作为先验的知识，将健康监测数据作为结构现在真实的状态，利用贝叶斯理论修正对结构先验的认识。进一步将贝叶斯理论和抽样理论（马尔科夫链蒙特卡洛法等）结合，对桥梁结构的状态方程进行抽样，得到结构参数的统计概率直方图。利用上述方法对四层的刚框架结构模型进行处理，以结构最大应力不超过容许应力为安全准则，结构可靠度分析结果如图 5.19 所示。结构的荷载效应 $S$ 是由结构的健康监测数据，利用结构的具有代表性的多个有限元模型预测得到，将其与结构抗力 $R$ 进行对比，可到基于健康监测的可靠度分析结果。

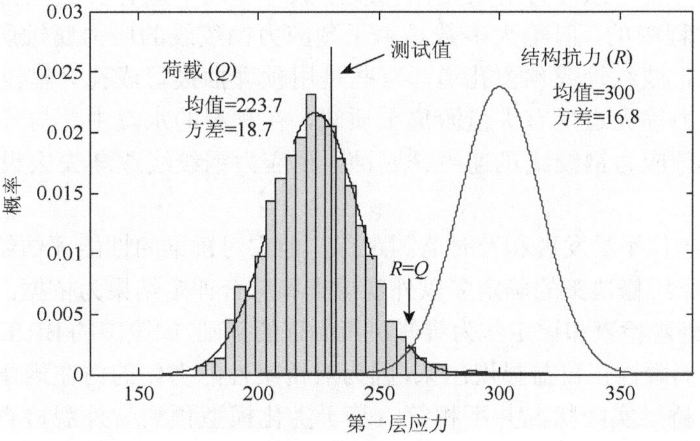


图 5.19　可靠度分析理论示意图

### 5.2.4　第三层次——结构性能寿命预测

1）劣化机理及劣化过程预测

现役桥梁结构的劣化评定及其剩余寿命预测是国内外桥梁工程界持续研究的一个关键问题。这一问题牵涉到结构的时变特性，经常需要运用时变可靠度理论，对现役桥梁结构时变可靠性分析，对现役桥梁结构进行现状评估，并根据结构的衰减规律，对现役桥梁结构进行剩余寿命预测。在桥梁结构的时变特征和剩余寿命预估前，有必要首先研究清楚结构的性能劣化机理。

桥梁结构性能劣化的首要起因是结构材料的劣化。对于钢筋混凝土结构来说，砂石与水泥浆凝结成混凝土，它完整的组成结构承担着传递应力、保护钢筋的作用。混凝土的劣化作用分为冻融破坏、化学物质腐蚀、碱集料反应、内部硫酸盐腐蚀。环境因素的长期作用破坏混凝土的组成结构，会造成混凝土的损伤甚至使其脱离工作。另外，钢筋表面因脱钝而变成活化态时，在有水分存在的情况下，就发生电化学反应而生成红锈与黑锈。混凝土中钢筋表面生成铁锈及其体积膨胀，对周围的混凝土产生压力从而使混凝土保护层顺筋胀裂，达到一定程度后就会使保护层脱落，继而引起混凝土结构性能的劣化，如钢筋与混凝土之间的黏结力下降、钢筋截面损失、保护层混凝土脱落等。

材料退化引起的耐久性损伤及外部作用引起的结构性损伤不可避免的导致桥梁的上部结构发生劣化病害。除此之外，结构设计、施工及其服役期间的各类问题都有可能引起或加速桥梁的结构劣化，这些问题包括桥梁设计标准偏低、基础不均匀沉陷、支座老化疲劳破坏、梁体裂缝、空心板端部应力集中、伸缩缝失效、空心板间铰缝连接不利、预支空心板心模上浮、预应力钢绞线劣化、施工质量的影响等。例如，由于普通干线公路不计重收费或不收费，导致超重超限车辆大部分涌上一级路或二级路，导致设计标准偏低的二级路上的中小桥梁劣化加快。再如，伸缩缝由于破损等原因导致桥梁在冬季热胀冷缩功能失效，致使空心板端部受挤压破碎，普通钢筋及预应力钢筋（钢绞线）裸露于空气中，尤其是后张板一旦锚固预应力筋的锚垫板失去锚固预应力筋的能力，将对空心板产生破坏性。预应力混凝土结构发生破坏事故，既有发生在施工过程中的，也有发生在使用过程中的，但绝大多数是由于预应力钢绞线的应力腐蚀所致。究其根本原因就是野蛮施工，波纹管或预留孔道（有些是用预埋抽拔管成孔）里没有灌浆或灌浆不饱满，导致预应力筋孔道里有大量游离单质氧，在潮湿的水汽中，与预应力钢绞线发生电化反应，导致预应力钢绞线迅速生锈腐蚀，预应力钢绞线逐渐失去设计期望可承受的抗拉应力。

桥梁的性能劣化不易发现和及时监测跟踪，但它对桥梁的性能评估结果的影响不容忽视。我国现有桥梁维修决策的确定多以外观检查和综合评定结果为依据。很多国家的桥梁管理系统也是以外观检查和评定作为维修决策制订的基础，如美国的 BRIDGIT 和 PONTIS。然而这种做法的局限性正日益显现出来，因为对桥梁性能劣化的内在规律性掌握不足导致有时评定结果与桥梁实际状况并不相符。基于劣化模型预测与外观检查相结合的方法，将有利于确定桥梁所处的真实状态，在此基础上进行维修决策，将使维修加固更具科学性、合理性。例如美国的 BMS 系统根据桥梁检测和监测等数据，在桥梁性能评估的同时考虑桥梁的劣化预测，能够更加准确的把握桥梁的服役性能规律和制定更加主动的维护计划。

考虑到劣化过程的随机性及结构劣化模型的重要性，文献中对结构的劣化模型和预测方法进行了分析研究。例如可用马尔可夫过程（Markov process）来进行结构劣化过程的分析和预测。土木工程结构在荷载、环境、材料不确定性因素作用下，劣化是动态的随机变化过程，如果假定结构未来劣化状态只与现在状态有关而与历史状态无关的话，则广泛应用于各种领域的随机过程——马尔可夫过程更适用于结构劣化过程的分析和预测。Markov 模型的实质是将结构整个寿命周期划分为不同的劣化状态，通过计算结构在劣化状态间的转移概率来分析预测结构的劣化过程，考虑到结构所处劣化状态的模糊性，采用模糊向量刻画结构状态，同时，基于劣化状态的转移过程与所处的时间段有关这一事实，提出了分阶段计算的 Markov 过程。需要指出的是，不同结构类型、材料性能及环境条件下的混凝土构件的劣化过程有较大的差异，需要建立不同条件下的劣化过程的 Markov 预测模型。随着人们对劣化过程的进一步研究以及监测数据的不断完善，该方法将会得到更广泛的应用。在参考文献中还有基于可靠度劣化模型等的研究，在此不再赘述。可靠度劣化模型在桥梁维修决策中的应用。还有方法通过时变可靠度理论，建立了影响结构抗力的因素的时变规律，包括混凝土强度的时变规律、钢筋强度的时变规律、计算模式不确定性对抗力的影响规律，同时建立了结构抗力的时变规律；根据结构荷载的“统计规律及其时变规律”建立了极限状态方程，进而计算结构时变可靠指标，来实现结构劣化过程的识别和劣化规律的探寻。

2）累积疲劳损伤与剩余寿命评估

在既有工程结构寿命周期成本分析过程中不仅需要对结构当前劣化状态进行评估，还需要对结构未来状态进行预测。建立结构在寿命期内的劣化模型是预测结构剩余寿命、制定维修管理计划以及结构风险分析的基础。结构损伤发展轨迹和剩余寿命密切相关，如图 5.20 所示。因此在弄清楚结构的性能劣化规律后，可进行结构的剩余寿命分析（图 5-21）。

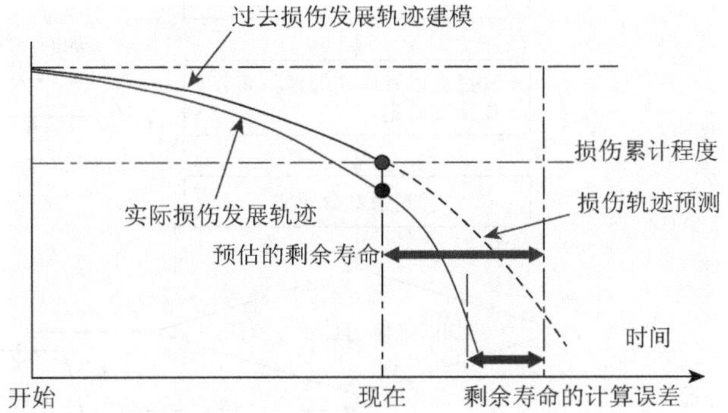


图 5.20　损伤轨迹和剩余寿命预测

一般来说，结构剩余寿命评估方法可分为以下几类：

（1）基于经验的预测方法：主要针对预测新建结构的寿命，根据试验室和现场大量试验结果与以往经验的积累，对使用寿命作半定量的预测，其中包含了经验知识和推理。目前的一些混凝土标准实际也是这样来估计寿命的，认为如果能够按照标准提出的原则和工法，混凝土就将具有所需的寿命。预测的结果具有人为主观性，且结果的可靠性与专家具有的知识水平和积累经验的丰富程度直接有关。

（2）基于类比的预测方法：如假定混凝土在某一期限内是耐久的，则相似环境下的相似混凝土也将有同样的寿命。这种方法通常很少使用，往往只作为专家评估的辅助手段。类比法只能定性判断结构使用寿命，且由于建筑材料、结构形式、施工质量、使用荷载和周边环境的变异性，实际上很难找到这种“相似环境中的相似结构”，因此将过去的经验直接用来作比较是不甚合理的。

（3）基于加速试验的预测方法：混凝土结构的耐久性试验多采用加速试验，如采用较高的侵蚀物质浓度、较高的温度或湿度以加速劣化过程。应用该方法的重要前提是“加速试验的退化机理是相同于实际使用的退化机理”，但是由于两退化规律间数学关系的固有误差，会造成预测结果之间存在差异。

（4）基于数学理论模型的预测方法：对所评估的结构研究得比较透彻，通过建立计算

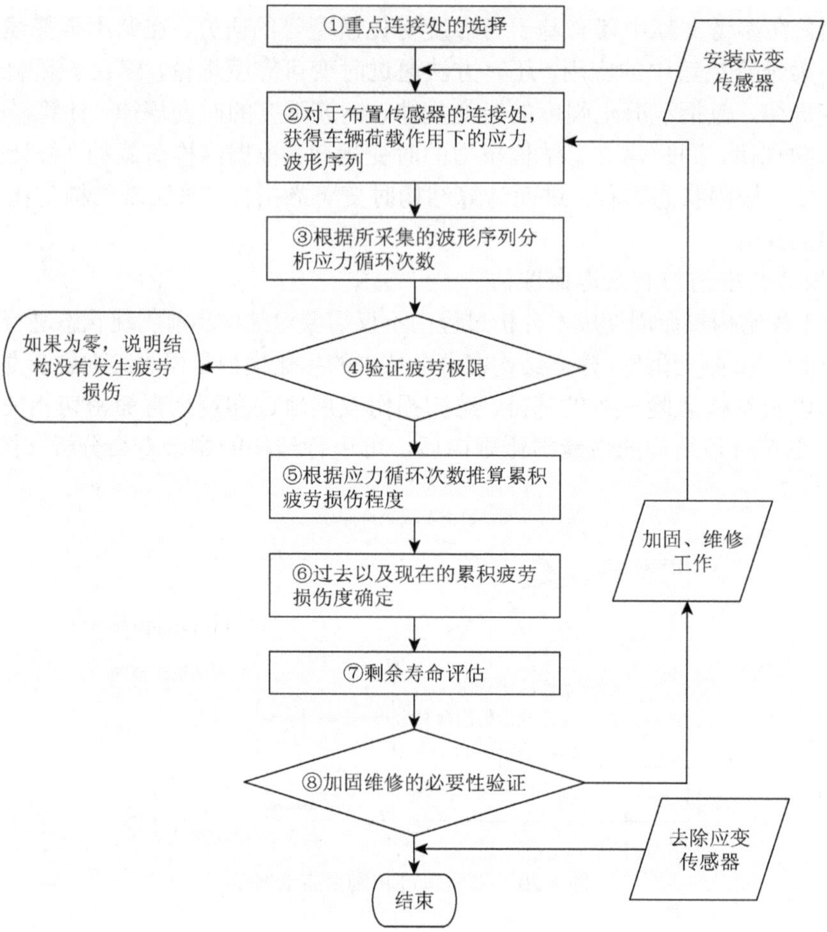


图 5.21　结构疲劳损伤与剩余寿命评估

寿命的模型，并结合测试数据进行计算，可以推断其剩余寿命。其预测的可靠程度与模型的合理性以及材料与环境参数选取的准确性等有关。利用数学模型预测使用寿命是目前较多使用的方法，其预测的可靠程度与模型的合理性以及材料与环境参数选取的准确性有关，同时数学模型法也是可靠度法的基础。

（5）基于力学理论模型的预测方法：包括基于损伤力学的方法和基于断裂力学的方法，基于损伤力学的方法是采用 Mincr 线性累计损伤理论的方法即 *S-N* 曲线法确定桥梁结构的疲劳寿命，基于断裂力学的方法主要以断裂临界裂纹为研究对象，综合采用断裂力学方法和统计理论等确定结构的安全度和剩余使用寿命。

（6）基于概率分析的预测方法：又称为数理统计方法，根据大量实测数据确定结构使用寿命的分布特征或通过对数学模型中参数的统计分析，从而建立概率分析模型。这种方法的精度取决于样本空间的大小，结果具有普遍性。

（7）基于结构可靠度理论的预测方法：可靠度方法是一种评估结构使用寿命的理想方法。该方法建立在可靠度-时间关系的基础上，认为结构可靠度衰减到可接受的最小值或者失效概率增大到可接受的最大值的时间为使用寿命。

针对结构疲劳问题进行的结构剩余寿命分析在近几十年来得到飞速发展，较为实用。桥梁结构在服役期间，承受车辆交变荷载作用而引起细节附件的疲劳累积是桥梁破坏的主要根源。由美国土木工程学会（ASCE）完成的一项调查显示，80%～90%的钢桥破坏均与疲劳和断裂问题有关。对于混凝土桥，随着混凝土结构设计逐步采用高强混凝土和高强钢筋，以及采用充分利用材料强度的极限状态设计理论，导致结构中的许多部位处于高应力工作状态；同时随着结构自重减轻，循环动载所占的比例相对增大，这使得混凝土结构的疲劳成为一个不可忽视的问题。

由于传统应变传感器点式布设和对桥梁疲劳短期监测等缺陷，长标距 FBG 传感器能实现区域分布测量和长期测量，在应用于针对桥梁疲劳损伤的监测时具有其独特的优势。基于应变测量的疲劳监测与累积疲劳损伤度确定以及剩余寿命诊断的流程如图 5.22 所示。该流程不是由应力循环的设计值计算得来，而是在实际桥梁的接合部附近布置了应变传感器，从而基于车辆经过时监测的实际数据计算得出。

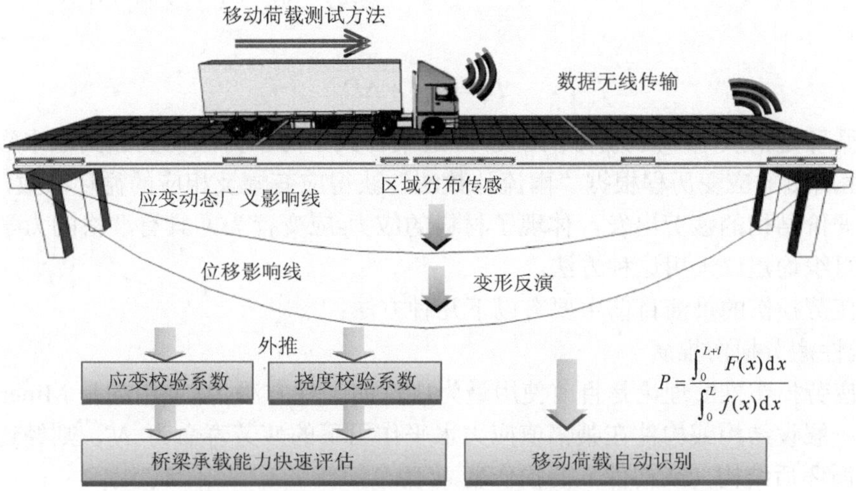


图 5.22 基于区域分布传感技术的桥梁快速评估法示意图

目前国内外采用的疲劳损伤寿命评估方法主要包括：基于 *S-N* 曲线的疲劳寿命评估、基于线弹性断裂力学的疲劳寿命评估、基于损伤力学的疲劳寿命评估。疲劳累计损伤理论主要包括：线性疲劳累积损伤理论、双线性疲劳累积损伤理论、非线性累积损伤理论等。工程界大多采用基于国外规范的 *S-N* 曲线和 Miner 线性疲劳累积理论的疲劳寿命评估。为了评价和估算疲劳寿命或疲劳强度，需要建立外荷载与疲劳寿命之间的关系，反映外加应力幅 $S$ 和疲劳寿命 $N$ 之间关系的曲线叫做 *S-N* 曲线。在英国规范 BS5400、美国规范 AASHTO、欧洲规范 EN1993 等规范中，将结构抗疲劳能力按各种构造细节进行了分类。进行疲劳评估时，首先判断桥梁细部类型，然后确定对应 *S-N* 曲线。最后通过 Miner 线性疲劳累积损伤理论对疲劳损伤进行叠加，推算桥梁危险构件的剩余寿命。

工程中广泛应用 Palmgren-Miner 线性累积损伤理论叙述如下[109]：

$$D(t)=\sum_i \frac{n_i}{N_i}=\frac{n_{\mathrm{tc}}}{N} \tag{5.15}$$

式中，$n_i$ 表示在应力水平 $S_{ri}$ 作用下经历的循环次数；$N_i$ 表示对应应力水平 $S_{ri}$ 的疲劳破坏循环次数；$n_{tc}$ 表示应力循环总次数；$N$ 表示在相应等效常幅应力 $S_{re}$ 作用的疲劳破坏循环次数：

$$N = A \cdot S_{re}^{-m} \tag{5.16}$$

其中，$A$ 为常数，等效常幅应力 $S_{re}$ 为

$$S_{re} = (\sum_{i=1}^{n} \alpha_i \cdot S_{ri}^{m})^{1/m} \tag{5.17}$$

式中，$\alpha_i$ 表示应力水平 $S_{ri}$ 的发生频率；$n$ 表示构件承受 $n$ 个不同应力水平的作用；$m$ 表示疲劳材料常数，通常取 3。采用雨流计数法计算出不同应力幅水平下的应力循环次数从而得到疲劳损伤的增量。

当疲劳损伤变量达到 1 时疲劳破坏发生。在概率方法中，极限状态方程表示如下：

$$g(X) = D_f - D_i \tag{5.18}$$

$D_f$ 表示平均值为 1 的随机变量，当 $g<0$ 时破坏发生。第 $i$ 次应力循环结束后的累积疲劳损伤为：

$$D_i = D_{i-1} + \Delta D_i \tag{5.19}$$

应力循环是指从某一应力水平出发，经过某种大小的应力波动又回到原来应力水平的变化幅。由所测的应变历程根据“雨流计数法”获得应变幅及相应的循环次数，“雨流计数法”从评价结构的疲劳出发，体现了材料的应力-应变行为，具有严格的力学基础，国际标准化组织均建议采用这种方法。

累积疲劳损伤的推演目前主要有以下几种方法：

1）线性疲劳损伤推演

线性疲劳损伤推演理论是目前使用最为广泛的一种方法，其使用的是 Miner 线性累积损伤准则。假设结构或构件在某幅值应力水平作用下的疲劳寿命为 $N_i$，则经过相应应力幅值 $n_i$ 次循环后结构（或构件）的损伤度 $M$ 为

$$M = \sum (\mathrm{n}_i / \mathrm{N}_i) \tag{5.20}$$

因此运用 Miner 准则进行疲劳累积损伤分析时，可采用以下步骤进行：

（1）获取结构（或构件）的荷载（或应力）谱，选取合适的荷载（或应力）水平；

（2）确定与结构（或构件）对应的 $S$-$N$ 曲线；

（3）对荷载（或应力）循环进行计数，并计算损伤程度。

2）双线性疲劳累积损伤推演

考虑疲劳过程中的裂缝产生和裂缝扩展这两个发展阶段的不同特性，通过对这两个阶段分别采用线性累积损伤准则进行分析，形成双线性疲劳累积损伤准则。其特点是考虑了裂缝发展的阶段性，比单线性分析更加合理。

3）非线性疲劳累积损伤推演

线性或双线性的疲劳累积损伤理论假设在其线性段每个应力水平的每次循环对结构（或构件）的损伤量是一致的、相同的，且不随加载时间顺序的不同而改变，但实际上疲劳损伤的累积过程并非是一个线性过程，为充分客观而准确地体现结构的疲劳损伤累积程

度，可采用非线性的疲劳累积损伤准则进行分析评估。比较常用的方法可采用 Macro-Starkey 准则或 Carten-Dolan 准则。

4）基于概率的疲劳累积损伤推演

考虑结构疲劳产生和发展的不确定性，可采用基于概率的疲劳累积损伤理论进行分析，常用的方法是基于概率 Miner 理论的损伤累积推演。概率 Miner 理论采用随机变量进行分析，用各因素的概率分布来计算累积。

三层次评估理论已成功应用于南京长江隧道、杭州庆春路过江隧道、日本新干线隧道等国内外隧道监测，解决了隧道变形控制管理难题，如图 5.23 所示。

以南京纬七路长江隧道为例，根据盾构隧道纵向和横向变形控制标准研究成果，考虑最不利因素，建立了纬七路南京长江隧道健康等级表，如表 5.5 所示。将纬长江隧道的结构健康状态从优到差依此分为 4 级，1 级表示结构健康状态健康优良、安全等级高，4 级表示结构达到承载能力极限状态、濒临破坏。各级具体含义如下：

1 级-健康运营极限，以渗漏、防渗等运营控制指标作为阈值计算依据，此阶段采用异常分析方法；

2 级-正常使用极限，以裂缝、变形等正常使用指标作为阈值计算依据，此阶段的阈值为报警值，报警等级为黄色；

3 级- 80%承载力，以设计值作为阈值计算依据，此阶段的阈值为报警值，报警等级为橙色；

4 级-承载力极限，以标准值作为阈值计算依据，此阶段的阈值为报警值，报警等级为红色。

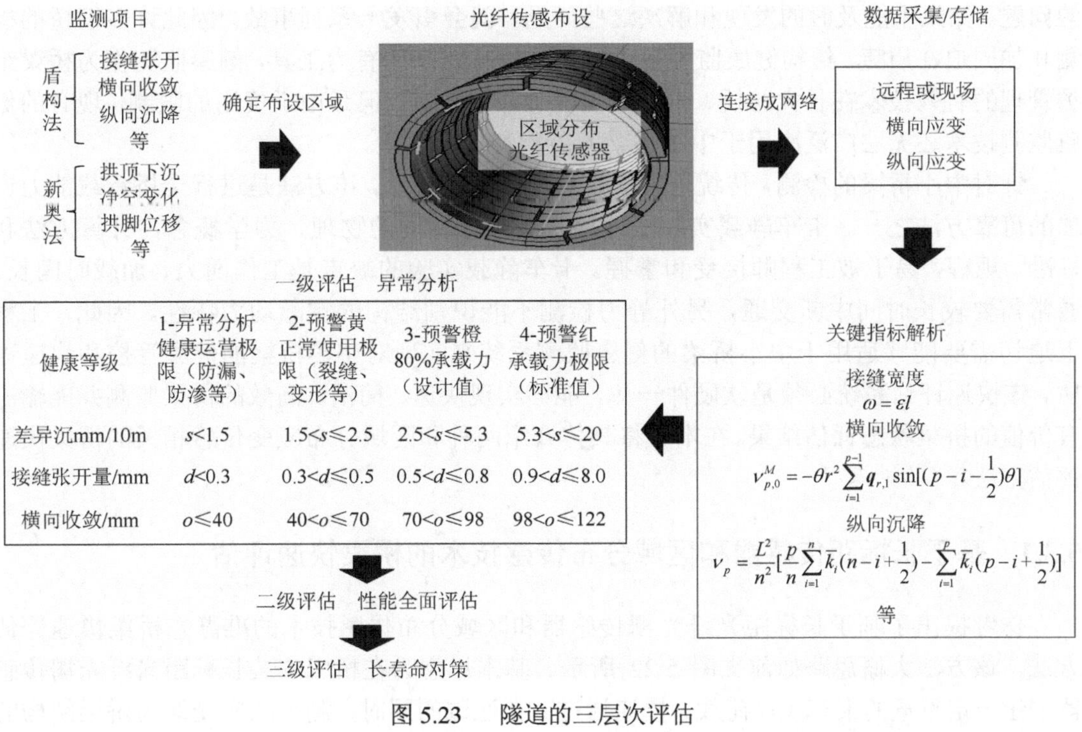


图 5.23　隧道的三层次评估

**表 5.5　长江隧道结构健康评估等级**

| 健康等级 | | 1 | 2 | 3 | 4 |
|---|---|---|---|---|---|
| 差异沉降/（mm/10m） | | s≤1.5 | 1.5<s≤2.5 | 2.5<s≤5.3 | 5.3<s≤20.0 |
| 曲率半径/m | | ρ>25000 | 20000<ρ≤25000 | 9500<ρ≤20000 | 2500<ρ≤9500 |
| 接缝张开量/mm | | d≤0.3 | 0.3<d≤0.5 | 0.5<d≤0.8 | 0.8<d≤8.0 |
| 纵向弯矩/（kN·m） | | $M\leq1.3\times10^7$ | $1.3\times10^7<M\leq2.1\times10^7$ | $2.1\times10^7<M\leq4.6\times10^7$ | $4.6\times10^7<M\leq1.7\times10^8$ |
| 横向收敛/mm | 浅埋 | δ≤22 | 22<δ≤36 | 36<δ≤78 | 78<δ≤102 |
| | 中埋 | δ≤32 | 32<δ≤54 | 54<δ≤96 | 96<δ≤118 |
| | 深埋 | δ≤42 | 42<δ≤70 | 70<δ≤98 | 98<δ≤122 |
| 横向轴力/kN | 浅埋 | N≤777 | 777<N≤1295 | 1295<N≤1885 | 1885<N≤2355 |
| | 中埋 | N≤1884 | 1884<N≤3140 | 3140<N≤4410 | 4410<N≤5515 |
| | 深埋 | N≤2124 | 2124<N≤3540 | 3540<N≤4720 | 4720<N≤5900 |
| 横向弯矩/（kN·m） | 浅埋 | M≤447 | 447<M≤745 | 745<M≤1050 | 1050<M≤1150 |
| | 中埋 | M≤630 | 630<M≤1050 | 1050<M≤1480 | 1480<M≤1850 |
| | 深埋 | M≤774 | 774<M≤1290 | 1560<M≤1740 | 1740<M≤1980 |

## 5.3　中小桥梁快速测试与评估

国家公路网上中小桥梁数目众多，这些桥梁大部分建于 20 世纪 70 年代至 90 年代末，由于环境因素逐渐恶化、交通运输量逐年增长等原因，这些桥梁在寿命期内就出现了诸多的问题。如果不能及时的发现和解决这些问题，就会引发一系列事故，因此许多旧桥的检测和加固迫在眉睫。结构健康监测是了解结构运行状态的有力工具，健康监测作为桥梁维护管理的有效技术在长大跨桥、生命线工程上应用较多，但是由于费用的限制，现有的健康监测技术还无法广泛应用于中小桥梁的监测和安全评估。

针对中小桥梁的检测，传统的方法是卡车静载实验法，该方法是进行全桥承载能力评估的可靠方法之一。卡车静载实验法使用常规设计相同的物理、力学概念，计算方法和标准、规程，易于被工程师接受和掌握。卡车静载实验的缺点是工作面大、加载时间长，通常需要较长时间中断交通，另外静力检测不能识别结构的实际动力特性。因此，工程上迫切需要能够适用于中小桥梁的健康监测系统来实现对中小桥梁的健康管控和快速评估。该快速评估系统必须是软硬件一体，能够实现快速、简洁、高效的桥梁监测并能输出有价值的桥梁状态评估结果。在本节将具体介绍两种和区域分布应变传感相关的桥梁快速评估方法。

### 5.3.1　基于长标距传感器和区域分布传感技术的桥梁快速评估

作者提出了基于长标距光纤光栅传感器和区域分布传感技术的准静态桥梁快速评估方法，该方法大概思路如前文图 5.22 所示。基本思想为在桥上安装长标距光纤光栅传感器，让一定重量的卡车（轻荷载）慢速通过。在通过的同时，测量的应变即为桥梁结构的应变影响线，通过第 4 章叙述的共轭梁法得到挠度的影响线。在第 4 章已经介绍了如何利用广义影响线进行结构的移动荷载自动识别，不再赘述；同时，利用动态广义影响线，通过线性外推可得出和卡车静载实验类似的应变校验系数和挠度校验系数，从而进行桥梁承载能力评估。下面具体介绍如何利用影响线进行桥梁的承载能力快速评估。

步骤一：轻荷载准静态实验得出桥梁应变的影响线；

步骤二：根据第 4 章的共轭梁法计算出位移的影响线；

步骤三：将影响线上离散的测点通过拟合得到连续的影响线曲线；

步骤四：将连续的影响线曲线进行分解得到单点集中荷载作用下的影响线。

步骤五：利用线性外推得到试验荷载作用下的应变和挠度值，从而计算校验系数。

步骤一、二在第 4 章移动荷载自动识别小节中已经详细介绍，这里不再赘述。步骤三是将测量的离散的广义影响线通过拟合的方法得到连续的广义影响线，较为简单，关键是步骤四和五。下面将详细介绍如何利用测量的广义影响线得到单点集中荷载作用下的影响线（步骤四），从而进行通过线性外推（步骤五）进行桥梁承载能力快速评估的。图 5.24 是以位移影响线为例，介绍如何进行进行步骤四和步骤五的。

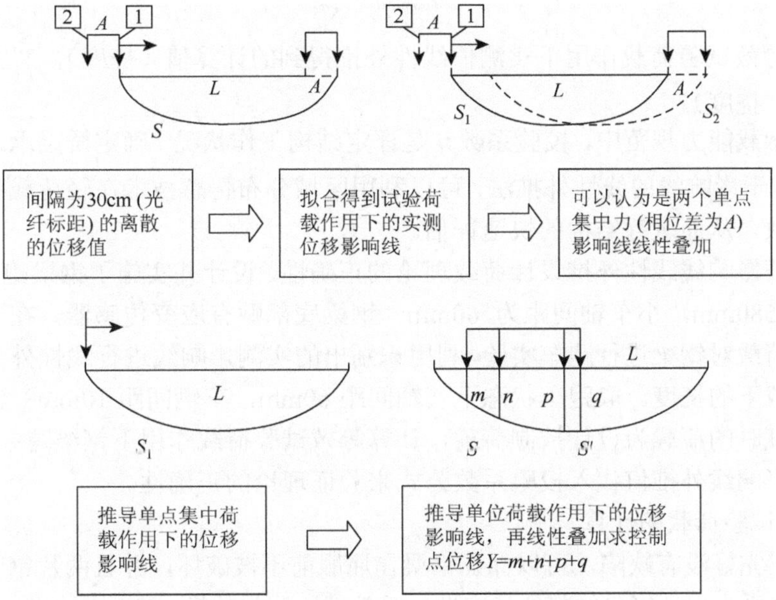


图 5.24　通过影响线求控制点位移图

通过间距为光纤标距的离散的位移值拟合，得到控制点在试验荷载（单辆车轻荷载）作用下的实测位移影响线（步骤一至三）。$S$ 与 $S_1$、$S_2$ 方程的形式相同，只是系数不同，并且 $S$ 是由 $S_1$ 和 $S_2$ 线性叠加得到，而 $S_1$ 和 $S_2$ 不仅方程的形式相同，系数也相同，仅仅是在相位上相差 $A$（试验车辆前后车轮间距），可以认为 $S_2$ 是由 $S_1$ 向前移动了 $A$ 后得到的。先假设 $S$ 为 $y_2 = ax^2 + bx^2 + cx + d$，由于 $S$ 是由 $S_1$ 和 $S_2$ 线性叠加得到，所以 $S_1$ 和 $S_2$ 方程的形式与 S 相同，仅仅在相位上相差 $A$，可以设为 $y_1 = a'X^3 + b'X^2 + c'X + d'$，$y_2 = a'(X-A)^3 + b'(X-A)^2 + c'(X-A) + d'$。要求解曲线 $S_1$，方程中有四个未知数，需要四个方程。

已知条件包括边界条件：$y_1(0)=0, y_1(L)=0$；线性叠加条件：$y_1(x)+y_2(x)=y(x)$。选取两个距离拟合曲线最近的 $X$ 带入方程。这样就得到了四个方程，可以求解出 $S_1$。而 $S'=\dfrac{S_1}{F}$，$F$ 为集中力的大小，这样便得到单位集中荷载作用下的位移影响线 $S'$，在影响线上根据设计荷载进行布置荷载，就可得到在设计正常使用荷载（或等效试验荷载）作用下的位移 $Y=m+n+p+q$。

在静荷载试验中，根据实测值与理论计算值比较，得到结构的校验系数 $\eta$：

$$\eta=\frac{S_\mathrm{e}}{S_\mathrm{t}} \tag{5.21}$$

式中，$S_\mathrm{e}$ 为试验荷载作用下实测值（挠度、位移、应变或力），$S_\mathrm{t}$ 为试验荷载作用下理论值（挠度、位移、应变或力）。

用线性外推设计荷载 $S_\mathrm{e}'$ 代替公式中的 $S_\mathrm{e}$，得到在满足名义荷载效率要求前提下的名义校验系数 $\eta_{\mathrm{nominal}}$：

$$\eta_{\mathrm{nominal}}=\frac{S_\mathrm{e}'}{S_\mathrm{t}'} \tag{5.22}$$

式中，$S_\mathrm{e}'$ 为等效试验荷载作用下实测值线性外推得到的计算值（挠度），$S_\mathrm{t}'$ 为设计荷载作用下理论值（挠度）。

在桥梁承载能力规范中，校验系数 $\eta$ 是评定结构工作状况，确定桥梁承载能力的重要指标。通过基于影响线的线性外推法，可以利用区域分布传感技术在轻荷载状态下计算结构的校验系数，从而进行结构的快速评估。

为了验证影响线线性外推设计荷载理论的正确性，设计并实施了钢梁跑车实验。实验室钢梁全长 580mm，小车轴间距为 60mm，钢梁底部贴有应变传感器。在试验中，利用小车作为轻荷载对钢梁进行跑车实验，利用识别出的实测影响线进行线性外推得到结构在等效试验荷载下的挠度。取跑车状态下（轴间距 60mm，车辆间距 10mm）钢梁最大应力达到屈服强度时的荷载为设计控制荷载，计算等效试验荷载作用下钢梁跨中的最大挠度。将理论值和影响线外推值代入校验系数公式来验证理论的正确性。

1）等效试验荷载的计算

由于钢梁完好没有缺陷，可以保证钢梁在屈服前不被破坏，并且两片钢梁之间有足够可靠地横向联系来保证钢梁的整体稳定性。等效试验荷载的纵向布置图如图 5.25 所示，利用 Midas 计算得到此等效荷载作用下钢梁跨中最大应变为 234MPa，$\eta_q=234/235=0.996$（不计冲击系数）。

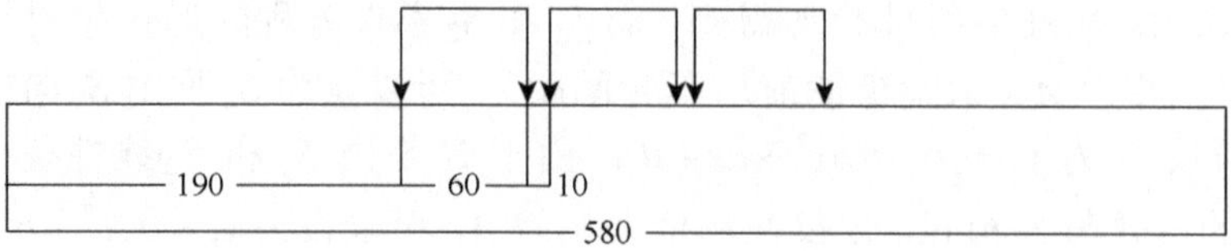


图 5.25　等效试验荷载纵向布置图

2）影响线线性外推跨中挠度计算

实验轻荷载为 1000kg。通过区域分布式传感器测得的应变场求得钢梁在 1000kg 荷载作用下的挠度影响线如表 5.6 所示。在 1000kg 荷载作用下，钢梁的最大应力约 20MPa，远小于 Q235 钢材的屈服强度，故钢梁处于弹性状态，符合线性叠加条件。

**表 5.6　由区域分布应变计算跨中的挠度**

| 荷载位置/m | 0.36 | 1.325 | 2.05 | 2.775 | 3.5 | 4.225 | 4.95 | 6.4 |
|---|---|---|---|---|---|---|---|---|
| 跨中挠度（e-3cm） | −326 | −1028 | −1600 | −1959 | −2020 | −1650 | −1175 | −387 |

将跨中挠度在 1000kg 荷载在作用下的挠度影响线采用 Spss 软件进行拟合。得出拟合的 $y=186x^2-1273x+298$，曲线的拟合度为 0.945。

所以可以设 $y_1=ax^2+bx+c$，$y_2=a(x-0.6)^2+b(x-0.6)+c$。三个未知数需要三个方程求解。两个边界条件加一个已知挠度点，挠度点取在曲线上的（1.325，−1028），三个方程如下：

$$\begin{cases} y_1(0)=0 \\ y_2(5.8)=0 \\ y_1(2.05)+y_2(2.05)=y(2.05) \end{cases} \tag{5.23}$$

解方程组得到 $y_1=107x^2-621x$，此方程为轮压为 0.25 吨时的曲线，轮压为 1kN 时曲线方程为

$$y_3=\frac{107}{0.25\times 9.8}x^2-\frac{621}{0.25\times 9.8}x=43.7x^2-253x \tag{5.24}$$

在曲线 $y_3$ 上布置等效试验荷载，如图 5.26 所示。由钢梁跨中实测挠度影响线式（5.24）求得跨中挠度 $y$=3.07cm。

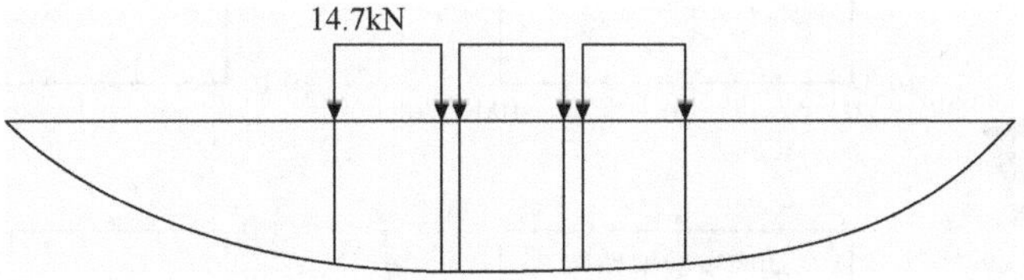


图 5.26　影响线上等效荷载布置图

3）挠度理论值计算

采用 Midas 软件钢梁采用模型进行有限元分析，建立单梁模型，考虑角钢导轨对截面刚度的增强作用，而忽略横向联系对截面刚度的影响，截面采用 Midas 推荐的标准工字梁截面。钢梁在等效试验荷载作用下跨中挠度为 $y$=3.02cm。

4）跨中挠度校验系数分析

通过上面线性外推的计算值与理论值的对比，得出校验系数 $\eta_{\text{nominal}}=3.07/3.02=1.02$。

在钢梁跑车实验中，利用了小车模拟轻荷载进行跑车实验。通过对挠度时程曲线分解得到挠度影响线，利用挠度影响线外推得到结构在等效试验荷载下跨中的挠度。该挠

度（3.07mm）与理论值（3.02mm）相当。这说明了影响线线性外推设计荷载理论是可信的。

### 5.3.2　基于冲击振动的结构快速评估

冲击振动测试有望综合环境振动测试和卡车静载试验的优点,发展成为方便快捷的桥梁快速评估方法[116, 118, 136]。多参考点冲击振动测试为可控振动测试的一种，近年来其理论体系逐渐发展成熟并开始应用于工程实际。它利用捶击或其他激振器冲击桥梁一个或多个参考点，同时观测冲击力和冲击作用下结构反应。它和环境振动的根本区别在于有无荷载激励的观测。由冲击振动测试数据（冲击力和结构反应）所估算的结构频率响应函数为真实的频响函数（即其幅值和理论值保持一致），而环境振动中荷载激励未知，所估算的频响函数为缩放过的值（其幅值和理论值不同）。作者提出的基于冲击振动的结构快速评估的思路如图 5.27 所示。它通过所开发的移动式测试系统，可以自由移动至桥面每个测试点，停稳后在很短的时间内产生冲击荷载激励桥梁并记录冲击力和子结构反应。待完成整个桥面的测试后，通过所开发理论方法识别整体结构的位移柔度和应变柔度，进而可预测结构在静载下的挠度和应变，从而可借鉴规范方法实现中小桥梁的承载能力评定。

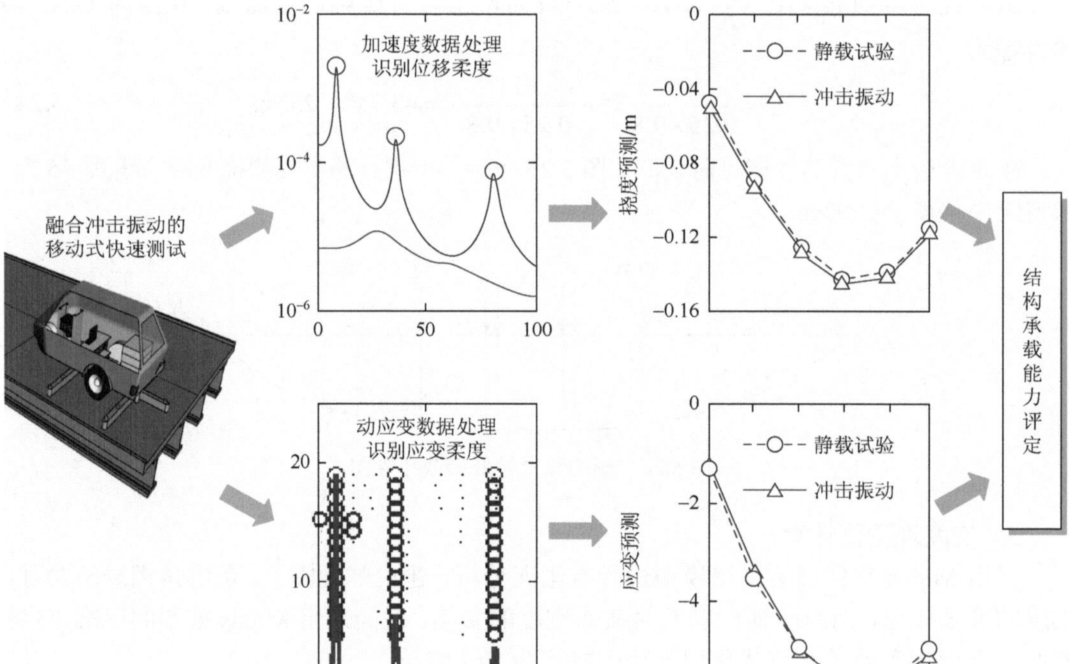

图 5.27　中小桥梁快速测试与诊断的思路

该方法的技术核心是，冲击振动测试通过冲击力的测量，可得出真实的频响函数，因而有望识别出更详尽的结构特征如结构柔度矩阵。下面将介绍一种最新的结构柔度识别理论，子空间识别柔度理论。不像时域内的方法，基于时域的子空间识别方法对结构激振力的形式没有任何要求，大大降低了基于人工激励的桥梁健康监测结构识别的实施难度。子空间理论识别桥梁柔度矩阵的方法是：

步骤一：建立包含结构特征的状态矩阵的关系式并计算结构状态矩阵：

$$x_{k+1} = Ax_k + Bu_k + w_k \tag{5.25}$$

$$y_k = Cx_k + Du_k + v_k \tag{5.26}$$

其中，已知量 $u$ 为所测量的力的时程数据，$y$ 为所测量的桥梁加速度反应数据；未知量 $x$ 为结构状态向量，为结构响应中的过程量；$k$ 为代表时间步长个数；$w$ 为输入白噪声项；$v$ 为输出白噪声；$A$、$B$、$C$、$D$ 为包含结构特征的状态矩阵；

步骤二：利用结构状态矩阵 $A$、$C$ 中得出结构的频率和振型动力特征：
对 $A$ 进行特征值分解：

$$A\Psi = \Psi\Lambda \tag{5.27}$$

其中，$\Lambda = diag(\lambda_i)$ 为对角矩阵，对角线上的元素 $\lambda_i$ 为矩阵 $A$ 的特征值；$\Psi$ 为对应的特征向量组成的矩阵。则结构的频率和阻尼比为

$$\omega_{\text{udi}} = \sqrt{\lambda_{ci,\text{R}}^2 + \lambda_{ci,\text{I}}^2} \tag{5.28}$$

$$\xi_i = \frac{\left|\lambda_{ci,\text{R}}\right|}{\sqrt{\lambda_{ci,\text{R}}^2 + \lambda_{ci,\text{I}}^2}} \tag{5.29}$$

其中，$\lambda_{ci} = \ln\lambda_i / \Delta t$，$\lambda_{ci,\text{R}}$、$\lambda_{ci,\text{I}}$ 分别是 $\lambda_{ci}$ 的实部和虚部；$\omega_{\text{udi}}$ 为结构的频率，$\xi_i$ 为结构的阻尼。结合识别的矩阵 $C$，则结构的模态阵形为

$$\phi_i = C\Psi \tag{5.30}$$

步骤三：求解得出结构的加速度频响函数：

$$H(w) = C(zI - A)^{-1}B + D, z = e^{jw\Delta t} \tag{5.31}$$

其中，$w$ 代表频率，$\Delta t$ 代表离散的时间间隔；
由结构状态矩阵 $A$，$B$，$C$，$D$ 表达的加速度频响函数解耦为

$$H(w) = \sum\nolimits_{i=1}^{n} \frac{(z-1)\phi_i b_i^m}{(\lambda_i - 1)(z - \lambda_i)}, z = e^{jw\Delta t} \tag{5.32}$$

其中 $\phi_i$ 代表模态阵形，$\lambda_i$ 为矩阵 $A$ 的特征值，$b_i^m$ 是与 $B$ 有关的向量；根据识别的加速度频响函数式（11）求得结构的模态缩放系数：

$$-\frac{w^2 q_i \phi_i \phi_i^{\text{T}}}{jw - \lambda_{ci}} = \frac{(z-1)\phi_i b_i^m}{(\lambda_i - 1)(z - \lambda_i)}, z = e^{jw\Delta t} \tag{5.33}$$

其中，$q_i$ 为第 $i$ 阶模态阵形所对应的模态缩放系数；

模态缩放系数 $q_i$ 可以由上式解得

$$q_i = -\frac{(z-1)\phi_i b_i^m (jw - \lambda_{ci})}{(\lambda_i - 1)(z - \lambda_i) w^2 \phi_i \phi_i^{\text{T}}}, z = e^{jw\Delta t} \tag{5.34}$$

步骤四：计算结构的位移柔度矩阵：

$$f = H_d(0) = \sum_{i=1}^{n/2} \left( \frac{q_i \phi_i \phi_i^{\mathrm{T}}}{-\lambda_{ci}} + \frac{\overline{q}_i \overline{\phi}_i \overline{\phi}_i^{\mathrm{T}}}{-\overline{\lambda}_{ci}} \right) \tag{5.35}$$

步骤五：计算结构在任意荷载 $F$ 作用下的位移反应 Disp：

$$Disp = f \cdot F \tag{5.36}$$

在通过冲击振动测试数据反演得出结构位移柔度和应变柔度后，可预测任何静力作用下的结构挠度和应变，进而可比照 5.4.1 节计算校验系数，从而进行有效的桥梁承载能力评估。

下面以一座 3 跨钢筋混凝土 T 梁桥梁为例说明如何通过基于测试数据的信息反演进行结构的承载能力快速评估。该结构类型为简支混凝土结构，每跨跨长为 14.6m，桥梁宽度也为 14.6m。桥梁原型和有限元模型如图 5.28 所示。

(a) 桥梁原型　　(b) 有限元模型

图 5.28　桥梁模型

对该桥梁进行冲击振动试验。冲击振动测试的数据由有限元模拟数据得出，并加入 10%的白噪声以模拟测量噪声。图 5.29 所示为典型的冲击力和加速度反应的时程数据以及所估算的频响函数。按照上述所提供的子空间方法进行结构信息反演可得出结构的柔度矩阵，进而可进行静载条件下的结构挠度预测[137-140]。

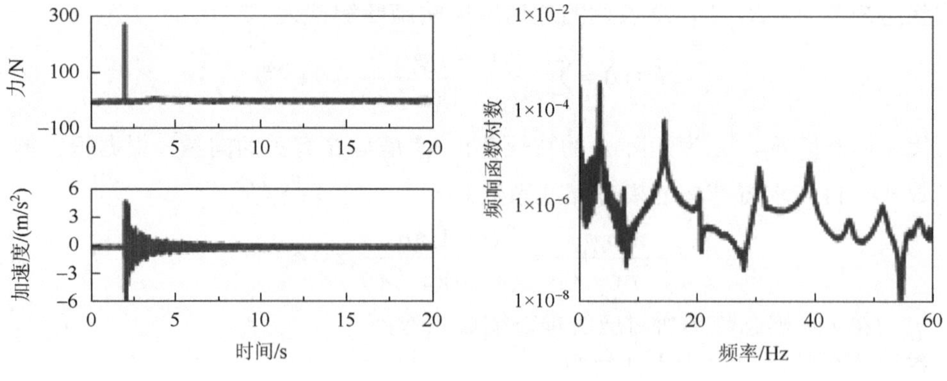


图 5.29　典型冲击力和加速度时程

从图 5.30 所示的挠度预测结果可以看出，当结构选用前 6 阶模态参数进行柔度识别时，识别结果与真实结果非常接近。上述结果的吻合证明了所示范的柔度识别方法的有效性。进而，根据所预测的挠度值与桥梁设计的理论挠度只进行比较，就可以对当前桥梁的运行状态进行评估。

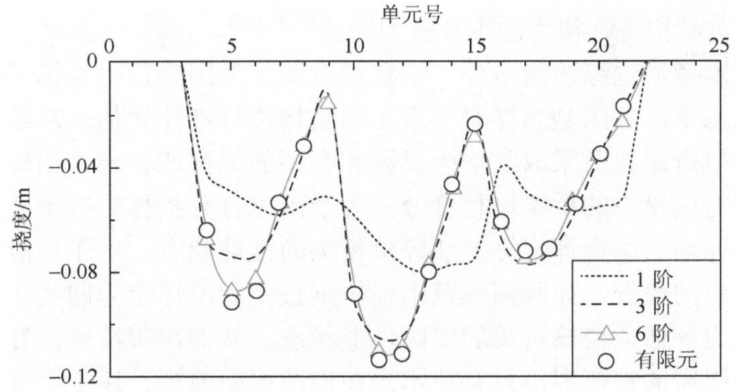


图 5.30　静力荷载下结构的挠度预测

在卡车静载试验中，同时测量结构挠度和应变来校验桥梁的承载能力。因此，类似于上述的位移柔度识别和挠度预测，也有必要研究结构的应变柔度识别和应变预测。最近发展起来的长标距 FBG 传感器对于宏应变模态分析理论提供了一个很好的机会，因为通过测量的标距长度范围内的平均应变不仅能够识别结构的局部特征而且能够识别结构的整体信息。长标距传感器也能够连接成一系列形成传感器网络，从而实现区域分布式测量。根据长标距传感器所提供的契机，通过处理多参考点冲击振动测试中测得动态宏应变数据进行应变柔度识别，从而可进行静载作用下结构的应变预测。例如图 5.31 所示为某桥的基于冲击振动测试与应变柔度识别的应变预测值。可以看出当足够的模态特征识别得出后所预测得出的应变值与静载试验中得出的测试值吻合，说明基于冲击振动测试的应变预测方法结果可靠精确。

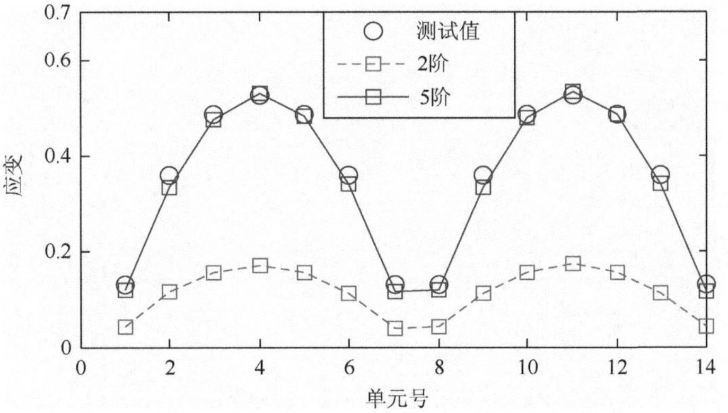


图 5.31　静力荷载下结构的应变预测

上述的基于冲击振动测试的桥梁承载能力方法识别得出的位移柔度和应变柔度结果

互相补充，进一步预测结构在一定静载作用下的挠度和应变，从而可比照规范规定方法分别计算结构的挠度校验系数和应变校验系数以进行结构的承载能力识别。静载试验中的加载效率系数和多级加载等概念也已在上述开发系统进行过研究，此不再赘述。至此可以看出，快速测试系统不仅具有方便快捷的优点，还能够依据所开发理论识别得出较为详尽的结构参数，从而对结构进行初步的承载能力评估[139, 140]。

总的来说，本章通过综述国内外（主要是中国、美国、日本三国）桥梁性能评估规范，了解当前状态下，各国是怎样对土木工程结构进行性能评估。从综述的内容来看，各个国家在桥梁检查层次所采取的均为目测和必要的无损或者半破损检查方法。在日常状况下，动态的对服役中的桥梁进行打分，各个国家打分指标略有不同。在日常评分的基础上通过分层评估、综合评定等方法评价桥梁的性能状态。对于性能状态较为低下的结构进行更深一步的检查，如我国规范中在桥梁技术状况评定为四类、五类桥梁时，对桥梁进行承载能力评估，校核桥梁的实际性能状态，从而决策桥梁修补方法或者决议是否拆除。在各个国家的规范中，只有日本走在规范更新前列，逐步出现了用健康监测数据去替代人工检测流程，并出台了一些规范，规定检测数据应用方法。而本章在综述各国规范的基础上，提出了三层次性能评估方法，其中第一层次为利用监测数据发现结构的异常完成异常状况功能报警；第二层次进行结构深层次参数的全面推演，从而契合规范对结构进行性能评估；在常规评估的基础上进行桥梁结构的性能的长周期寿命预测，也即为第三层次性能评估。在前面四章的基础上，作者已经详细阐述利用长标距光纤传感技术可以有效地推演桥梁结构诸多有效参数，本章更加强调该参数的使用，用监测手段技术逐步替代人工检测方法，从而真正地将健康监测技术应用在实际工程中。在本章的最后一节还具体介绍了桥梁的快速测试与评估方法。

# 第 6 章　基于结构（群）区域分布传感的结构健康监测系统

结构健康监测系统（structural health monitoring system）是一种集传感、数据采集与传输、结构状态参数与损伤识别、性能评估与预测技术为一体的自动化、信息化监测系统，主要由传感器及采集设备等硬件系统和数据分析及结构分析等软件系统构成，通过对结构进行连续性（包括实时（全时）或不同频度）测试，实现对结构当前及未来服役状况及潜在风险进行分析和评估。如前面各章所述，区域分布传感技术在结构或结构群的健康监测中具有众多优势。本章将对基于结构（群）区域分布传感的结构健康监测系统的总体设计方法及各个环节的软硬件设计与实施（传感器网络优化和实施、海量数据采集和处理、远程通信传输、分析模型和算法优化、系统运管和维护等）进行系统介绍，同时通过隧道和桥梁健康监测系统的构建实例来介绍其在实际工程应用的难点及解决方案。

## 6.1　结构健康监测系统概述

### 6.1.1　系统的组成架构

结构或结构群的健康监测包含数据的采集、传输、处理等多个环节，需要各类型软硬件组成系统才能有效工作和被一般桥梁工作人员使用。图 6.1 为某中小桥梁的结构健康监测系统的示意图。一般来说，结构健康监测系统包含三个子系统：①传感子系统；②数据子系统（数据采集子系统、数据处理子系统、数据传输子系统、数据存储管理子系统）；③结构分析子系统（结构状态参数识别及损伤识别子系统、结构性能评估与预

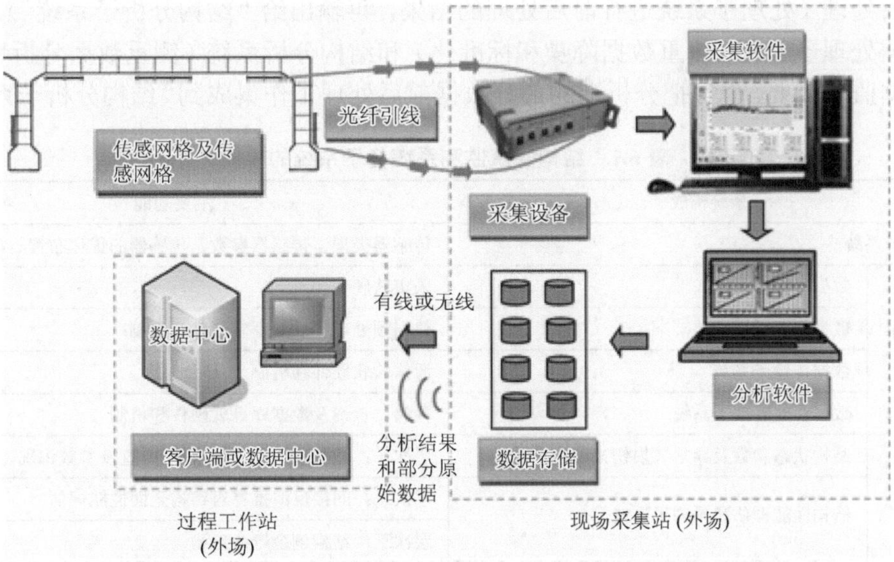


图 6.1　某典型中小桥梁区域分布传感结构健康监测系统示意

测子系统、管养与决策子系统）。需要指出，有时根据实际需求也可以将某个子系统再细分成更下级的若干子系统，或者是将某几个子系统集成整合成一个子系统来进行设计，图 6.2 即一般意义上健康监测系统的组成架构。各子系统的具体构成及其需实现的主要功能如表 6.1 所示。

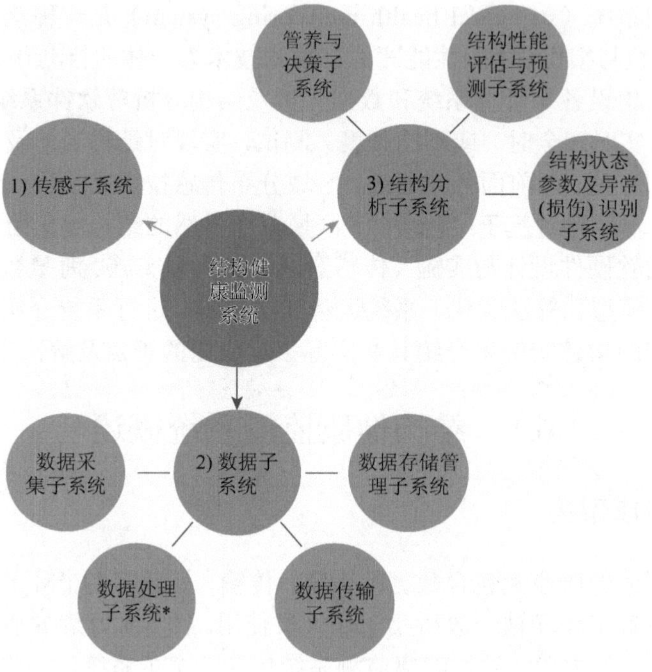


图 6.2　结构健康监测系统的一般组成架构

图 6.2 中，需要注意，“数据处理子系统”包括采集端和分析端这两端的数据前（预）处理和后处理（处理子系统进行前后处理的结果，再输出给“结构分析子系统”），应注意区别数据处理子系统（侧重数据降噪和标准化）和结构分析系统（侧重数据分析和演算）。有时根据监测需要，也可把分析端的部分数据前后处理工作集成到“结构分析子系统”中。

**表 6.1　结构健康监测系统各子系统的功能**

<table>
<tr><th colspan="2">子系统构成</th><th>主要功能</th></tr>
<tr><td colspan="2">1）传感子系统</td><td>传感器类型、传感器参数、传感器的优化布置、测点位置</td></tr>
<tr><td rowspan="4">2）数据子系统</td><td>数据采集子系统</td><td>采集软硬件和机制</td></tr>
<tr><td>数据处理子系统</td><td>数据预处理和后处理软硬件和机制</td></tr>
<tr><td>数据传输子系统</td><td>通信的软硬件和机制</td></tr>
<tr><td>数据存储管理子系统</td><td>存储、查询及数据库等软硬件和机制</td></tr>
<tr><td rowspan="4">3）结构分析子系统</td><td>结构状态参数及异常（损伤）识别子系统</td><td>层次一：数据预处理（分析端）、直接参数识别、异常告警</td></tr>
<tr><td rowspan="2">结构性能评估和预测子系统</td><td>层次二：间接反演推算对结构全面性能评估</td></tr>
<tr><td>层次三：结构剩余寿命预测</td></tr>
<tr><td>管养与决策子系统</td><td>多方联动，给出维护管理建议和措施</td></tr>
</table>

如表 6.1 所示，具体来说，结构健康监测系统中各子系统一般需具备如下的功能：

（1）传感子系统需要根据监测目的、结构类型、受力特点、荷载形式选择合适的应变传感器，在制定传感器布置方案时，应根据监测目的对传感器进行优化。

（2）数据采集、数据传输子系统应根据监测目的、监测内容、结构荷载形式选择合适的采样频率，数据传输应结合现场的条件，选择有线或无线的传输方式。

（3）数据存储管理子系统中，数据库设计是系统正常运行的重要基础，应遵循数据库系统的可靠性、先进性、开放性、可扩展性、标准化和经济性的基本原则。

（4）结构状态参数及异常（损伤）识别子系统，主要基于第 4 章介绍的结构数据处理方法，实现对数据子系统所提供的监测数据（可能在采集端经过信号调理等预处理），在分析端进行降噪和滤波等预处理；对结构状态的指标、参数（荷载、变形、动力特性、刚度等）进行全面识别，并计算结构异常（损伤）识别指标，对结构进行损伤定位和损伤定量，必要时还应设计“层次一”的异常（损伤）的告警（预警）机制。

（5）结构性能评估子系统，主要基于第 5 章介绍性能评估方法，实现作者所提出的三层次结构性能评估方法中“层次二”和“层次三”所涉及的功能：根据“层次一”中结构状态参数及异常（损伤）识别子系统的输出结果（参数识别、损伤识别结果），通过反演、推算等手段，对结构进行性能评估（安全性能、使用性能、耐久性能），以及利用各种方法诸如应力 S-N 曲线法、劣化曲线法、可靠度评估法等分析结构未来可能出现的损伤，对结构剩余寿命进行预测。

### 6.1.2　系统监测对象和监测内容

第 3 章 3.1.4 节介绍了结构群区域分布传感的概念，本节将具体从监测系统的组建角度进行探讨。如图 6.3 所示，基于结构（群）区域分布传感的结构健康监测系统，其具体监测对象微观上可以是区域分布传感的结构单体，或者是结构子群（若干关键结构的集合）中被选定的监测体；宏观上可以是整个由结构子群所组成的、广阔地域的、城际间的大型结构群。对结构群监测系统在总体上就需要从组网的角度进行子单元的划分，每个子单元属于一个决策层并设置决策节点进行通信和管理。子单元内的结构组合同样是灵活的：若干子群、若干监测体、若干结构单体、若干更次级的子单元等，根据监测需要和通信条件寻找最优的组合。本书 3.1.4 节以日本新干线有关监测为例，沿着城际间轨道的方向将整个结构群分为依次联系的若干结构子群（各地市内的轨道交通结构组为一个子群，子群里有若干值得研究的监测体），群的监测系统就可以按每个子群划为一个子单元，沿新干线轨道方向依次连接各子单元进行监测组网。这里引入子单元、决策层、决策的“级别”的概念，一般当子单元间能满足：①地理和物理上紧密联系；②具备同类功能；③具备同等重要程度；④可互相控制或位于同一决策控制层中，就认为这些子单元为“同一级别”。可见子单元是否属同级别并不仅以地理空间角度去认定。第 3 章将结构群分为“连续结构群”和“分散结构群”两种类型。在实际工程中，连续结构群监测系统和分散结构群监测系统往往如图 6.4 所示，其子单元间属于同一个级别；分散结构群监测系统其子单元往往不便纳入同一决策层中因而很难同属

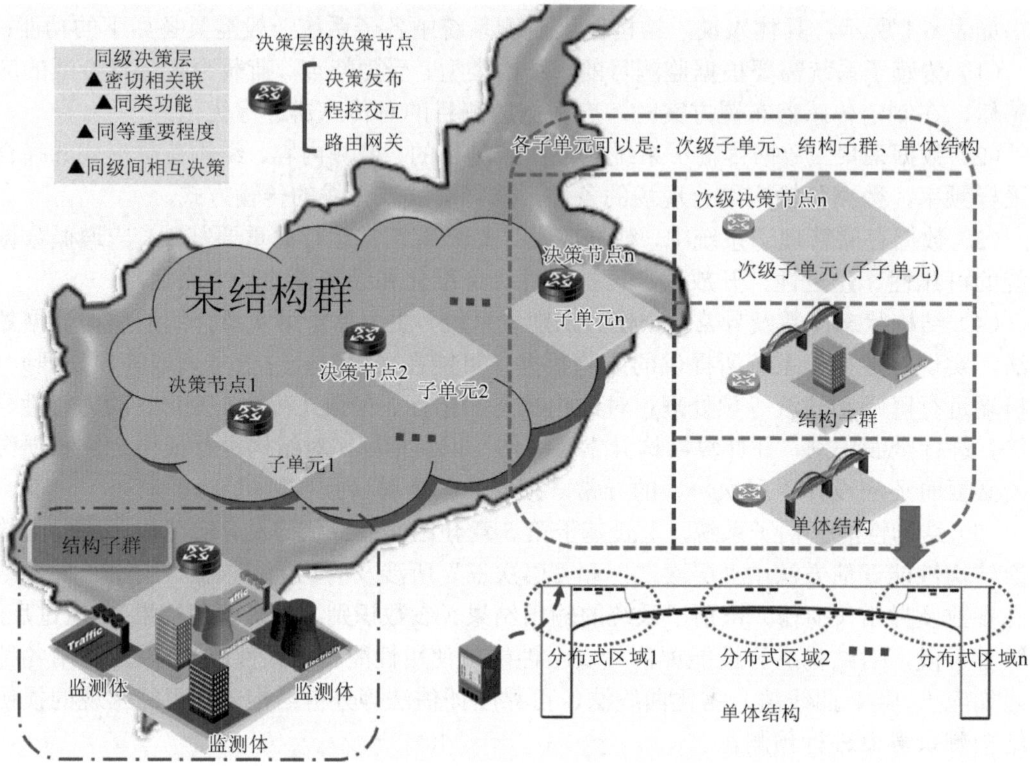


图 6.3　子单元、结构子群、监测体等示意

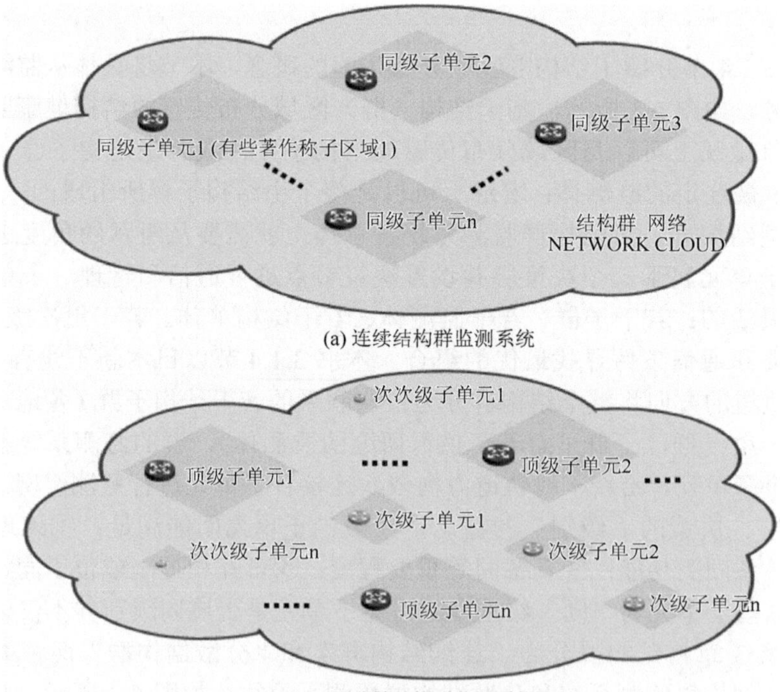


(a) 连续结构群监测系统

(b) 分散结构群监测系统

图 6.4　两种结构群监测系统子单元特点

同一级别。在 6.2.4 节还会详细绘制两种结构群监测系统的组网拓扑图。注意“连续结构群”和“分散结构群”都是结构群理论特定概念，不要在不涉及结构群理论的场合混淆使用。对结构群的监测划分子单元是根据监测目的和条件等综合考虑的，基本原则是因地制宜、最合适最高效的原则：①地理相近思路：监测体在地理上较相近，从系统便于实施和管养的角度出发，将这些监测体纳入同一子群，并纳入同一决策层中构成结构群监测系统的一个子单元。比如监测目标是需要对北京市所有的建筑结构进行监测，按地理相近思路把北京各个行政区内的建筑划分为一个子单元。②类别相近思路：有些场合各子单元不按照地理位置来划分，而按相同功能和类别来划分。比如要对北京市内所有的桥梁和隧道结构进行监测，可以如前文所述把每个地理行政区内的桥隧监测体划为一个子单元；但也可以从另一角度划分，考虑到桥梁管养部门和隧道管养部门相互独立，对北京所有桥隧这个结构群按类别划分，市内所有桥梁划为一个子单元，所有隧道划为一个子单元。③相互关联思路：有些场合，子单元划分既不按地理空间也不按类别，而以相互关联的程度和功能需要为准：比如监测目标是对北京市内所有的大型特种结构这个结构群，按类别分有起重机、储油罐等，可如前面按地理或是按类型划分子单元，但考虑到特种设备有军用和民用两种，现行制度军民特种设备有相互独立的管养体系，从最合适的角度，把军用特种设备划为一个子单元，民用的特种设备划为一个子单元。各子单元划分后，进而需组建通信网。各子单元组网的拓扑形式很多种，但实际工程中较典型的无外乎两种：往往子单元间地理空间相距较近的场合（一般＜15km），可以用有线同步技术如局域网依次连接各结构群子单元，纳入同一工作站的网关路由集中管理，连续结构群监测系统多如此建设；各子单元位于较广阔区域如省际、城际、乃至国家间距离较远时，受限于传输条件，难以纳入同一级别的决策控制层（如难以连接到同一局域网关），结构群的各子单元更容易被设置在不同层次的决策控制层中，各通信节点也往往分布在广阔地域范围呈现出分散特性，分散结构群监测系统多是这样建设的。

监测内容方面一般指的是各类被监测的结构指标参数、物理量等，根据工程的监测目的、监测目标、结构性能评估和预测的具体需要来选择合适的监测具体内容。比如对桥梁来说，结构安全性能的反映指标是承载力、抗疲劳、连续倒塌、延性、稳定性等，需要监测的具体参数（待测物理量）有位移、变形、刚度、应力、活荷载、材料物理特性、截面构成等；对桥梁使用性能来说，通行性和舒适度是其反映指标，需要监测具体参数（待测物理量）是位移、变形、转角、裂缝、应力、自然频率等；对桥梁耐久性能来说，各种能反映耐久性的长期性能指标如钢构件及钢筋腐蚀、混凝土碳化、裂缝、位移、应力等需要监测。特别在需要评价结构抗震特性的场合，结构的延性和耗能是其反映指标，需要针对性监测的具体参数（待测物理量）是位移、变形、转角、刚度、应力、活荷载、自然频率、阻尼等。同时，在设计系统时，还要考虑到系统的通用性。可以根据不同外部荷载形式（静载测试、锤击激励测试、环境振动激励测试、移动荷载激励下测试等），选择合适的数据采集的方式（静态监测、动态监测）及结构性能评价指标；对于不同类型的结构形式，表 6.2 为所建议的一般结构的监测内容，有时根据实际需要还应适当增删表中的监测指标。

**表 6.2 结构监测内容（★为可选监测内容）**

| 监测内容类别 | | 监测内容 | 监测内容选择 | | | | | | | |
|---|---|---|---|---|---|---|---|---|---|---|
| | | | 梁桥 | 刚构桥 | 拱桥 | 桁架桥 | 斜拉桥 | 悬索桥 | 隧道 | |
| | | | | | | | | | 盾构法 | 新奥法 |
| 温度、荷载与内力 | 温度 | 主梁内外温度 | ★ | ★ | | | ★ | ★ | | |
| | | 主拱温度 | | | ★ | | | | | |
| | | 桁架杆件温度 | | | | ★ | | | | |
| | 荷载 | 车重、轴数、轴重、车速 | ★ | ★ | ★ | ★ | ★ | ★ | | |
| | 土压力 | 隧道管片压力 | | | | | | | ★ | |
| | 锚杆应力 | 隧道锚杆应力 | | | | | | | | ★ |
| | 索力 | 斜拉索索力 | | | | | ★ | | | |
| | | 吊杆索力 | | | ★ | | | ★ | | |
| | | 系杆内力 | | | ★ | | | | | |
| 结构整体状态参数（响应） | 变形 | 主梁挠度 | ★ | ★ | | | ★ | ★ | | |
| | | 桁架挠度 | | | | ★ | | | | |
| | | 主拱及桥面板（主梁）挠度 | | | ★ | | | | | |
| | | 隧道纵向沉降 | | | | | | | ★ | ★ |
| | | 隧道环向变形 | | | | | | | ★ | ★ |
| | 动力特性 | 自振频率 | ★ | ★ | ★ | ★ | ★ | ★ | | |
| | | 阻尼比 | ★ | ★ | ★ | ★ | ★ | ★ | | |
| 结构局部状态参数（响应） | 应变（应力） | 主梁应变 | ★ | ★ | | | ★ | ★ | | |
| | | 桥塔应变 | | | | | ★ | ★ | | |
| | | 主缆应变 | | | | | | ★ | | |
| | | 主拱应变 | | | ★ | | | | | |
| | | 桁架杆件应变 | | | | ★ | | | | |
| | | 预应力筋应变 | ★ | ★ | | | | | | |
| | | 隧道管片应变 | | | | | | | ★ | |
| | | 隧道衬砌应变 | | | | | | | | ★ |
| | 动力特性 | 主梁应变模态 | ★ | ★ | | | ★ | ★ | | |
| | | 主拱应变模态 | | | ★ | | | | | |
| | | 桁架应变模态 | | | | ★ | | | | |
| | 裂缝 | 混凝土结构裂缝 | ★ | ★ | ★ | | ★ | ★ | | |
| | 接缝 | 隧道管片接缝 | | | | | | | ★ | |
| | 腐蚀 | 钢筋腐蚀 | ★ | ★ | ★ | | ★ | ★ | | |
| | | 钢构件腐蚀 | | | | ★ | | | | |
| | | 钢连接件腐蚀 | ★ | ★ | ★ | ★ | ★ | ★ | ★ | ★ |

### 6.1.3　结构健康监测系统分类

在实际工程中，需要综合考虑结构的监测目的、监测需求、结构类型、重要性、现场条件、监测频度、采集硬件的分布方式、数据传输方式、监测指标、各子系统具体功能等多种因素来建立合适的结构健康监测系统。表 6.3 为作者所建议的针对不同结构类型和不同监测目的的结构健康监测系统的典型类别。读者可以根据实际情况从表中选择相应类别，根据此系统类别的建设思路进行设计和实施。

**表 6.3　结构健康监测系统典型类别**

| 结构类型 | 监测类型 | 系统类别 | 传感器要求 | 监测频度 | 采集设备位置 | 采集硬件的分布方式 |
|---|---|---|---|---|---|---|
| 单体结构A | 长期监测 | A1 | 传感器寿命满足长期监测要求 | 实时在线监测 | 采集设备在现场或附近采集站 | 集中采集 |
| | | A2 | | 周期性监测（一天数次至一年数次） | 采集设备在现场或附近采集站 | |
| | | A3 | | 定期或不定期巡检（一个月数次至一年数次） | 自带采集设备 | |
| | 短期监测 | A4 | 传感器寿命满足短期监测要求 | 实时在线监测 | 采集设备在现场或附近采集站 | |
| | | A5 | | 定期或不定期监测 | 自带采集设备 | |
| 连续结构群 B | 长期监测 | B1 | 传感器寿命满足长期监测要求 | 实时在线监测 | 采集设备在区域工作站 | 分散采集或混合采集 |
| | | B2 | | 周期性监测（一天数次至一年数次） | 采集设备在区域工作站 | |
| | | B3 | | 定期或不定期巡检（一个月数次至一年数次） | 自带采集设备 | |
| | 短期监测 | B4 | 传感器寿命满足短期监测要求 | 实时在线监测 | 采集设备在区域工作站 | |
| | | B5 | | 定期或不定期监测 | 自带采集设备 | |
| 分散结构群 C | 长期监测 | C1 | 传感器寿命满足长期监测要求 | 实时在线监测 | 采集设备在现场或附近采集站 | 分散采集或混合采集 |
| | | C2 | | 周期性监测（一天数次至一年数次） | 采集设备在现场或附近采集站 | |
| | | C3 | | 定期或不定期巡检（一个月数次至一年数次） | 自带采集设备 | |
| | 短期监测 | C4 | 传感器寿命满足短期监测要求 | 实时在线监测 | 采集设备在现场或附近采集站 | |
| | | C5 | | 定期或不定期监测 | 自带采集设备 | |

在表 6.3 中，分别针对单体结构、分散结构群、连续结构群给出典型结构健康监测系统类型：按监测时长目标分成长期监测与短期监测；传感器则根据结构的测量目的进

行选择设计；按照监测时间频度可采取实时（全时）监测、周期性监测、定期或不定期（按时）巡检等不同类型；采集设备位置可选择安置于现场或附近采集站、自带采集设备（一般采集后撤除）；采集硬件的分布方式为集中采集与分散采集，数据解析场所可分为现场或附近的采集站、区域工作站等。这些细节将在下节的系统设计和实施中具体介绍。

需要说明的是，结构健康监测系统的在线监测、离线监测两种在线模式下，再按在线的时间频度（频次）可进一步细分成更多的频度类别，每种类别中系统各组成部分的连接和控制方法也不同，比如有时候为减轻监测系统的传输硬件设备、采集解析与存储设备的压力，还会适时设计触发式在线的频度类别，即自动化、智能化的实现传感网络或分析机制触发某个条件，监测系统才上线监测或切换到更高等级的监测模式（如从分时切换到全时监测）。监测系统每种在线模式的详细示意可参见江苏省技术规范《光纤传感式桥隧结构健康监测系统设计、施工及维护规范》中有关内容，工程中根据监测需求设计和选用最合适的在线模式。

### 6.1.4 系统的一般构建流程

结构健康监测系统的构建应根据监测系统功能和监测系统类别进行各系统集成。针对单体结构，构建流程有两种方式：

（1）当工程现场有监控中心（工作站）及宽带网络（如有线局域网）时，硬件上在被测结构的传感器网络附近设置采集站（也被称为“内场”或“现场”），使数据采集在现场或附近采集站完成，而数据解析、数据存储在监控中心（工作站）完成（现场采集站也存储原始采集数据，形成双备份机制保障数据安全），系统框图如图 6.5（a）所示，监测系统可同时处于自动托管状态和人工管理状态，所有原始数据及数据分析结果均可由宽带网络发送至远程客户端，同时为了提高管理效率，一般也会为现场采集站预留远程控制的通道，比如利用 3G/GPRS 和广域网技术作为备选控制手段，分担现场工作站的管理压力。

（2）当工程现场不具有监测中心（工作站）以及宽带网络（如有线局域网）时，数据采集、数据解析、数据存储需在现场或附近采集站自动完成，一般使系统处于“自动托管状态”，数据分析结果及部分原始数据可通过无线方式发送至客户端，尽可能实现远程监测与控制，对数据采集子系统（如现场设置的采集站等硬件）要求较高，系统框图如图 6.5（b）所示。

某些特别重要的结构，或者结构在某些关键监测时期，还会要求监测系统全时在线监测，并能随时响应，为避免诸如网络掉线等突发故障导致监测中断，往往还会设计“多重保险”的保护机制，从采集设备到组网方法，再到存储手段，都会针对性的设计多重防护和备份。

对于连续型结构群，最常见的方法是从地理上沿着结构群通信传输的方向，分为若干个子单元（有些著作中把各子单元称作“子区域”，注意在本书中“区域”是单体结构分布式传感区域的特定概念），每个子单元的监测系统构建方式与单体结构类似，同时设立

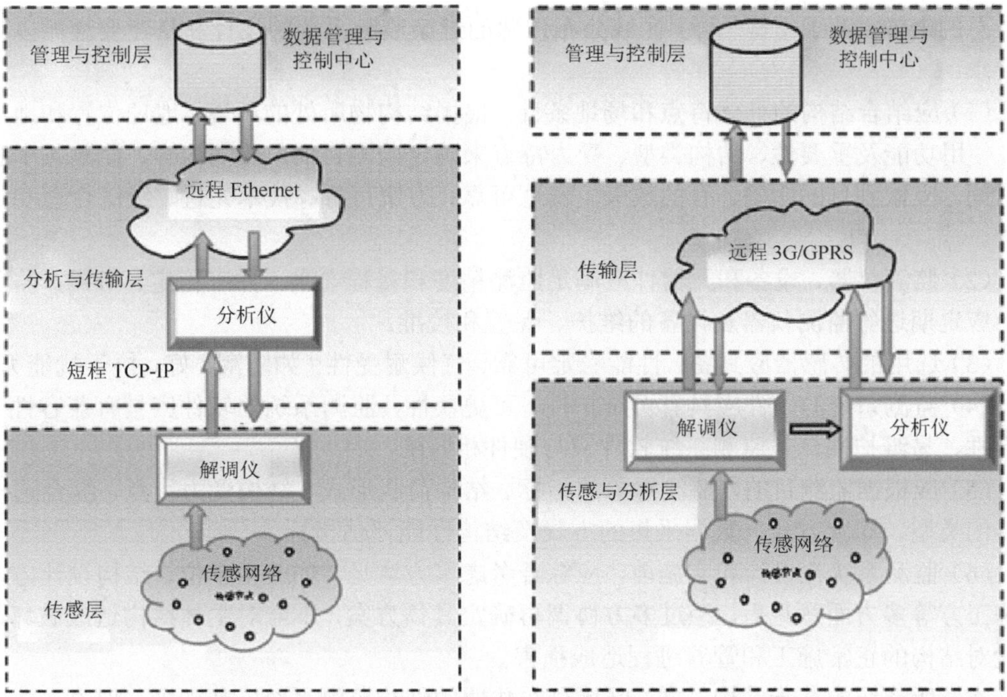


(a) 方式1 (b) 方式2

图 6.5 结构健康监测系统框图

若干分布的子单元工作站（也可以所有子单元集中使用同一中心工作站），每个子单元工作站覆盖几个子单元，实现集总管理。采集站-工作站-监控中心之间组网多采用总线型或树型拓扑形式，如图 6.6（a）所示。对于分散型结构群，按结构群的分布情况分为若干个子单元，其监测系统构建方式同样与单体结构类似，在各子单元设置有工作站，分散结构群往往传输距离远（远近的标准视传输硬件的条件而定）、传输质量差，各子单元的工作站之间很难相互决策和控制，且多使用城际广域网络通信，采集站-监控中心之间组网较多采用星型拓扑形式，如图 6.6（b）所示。

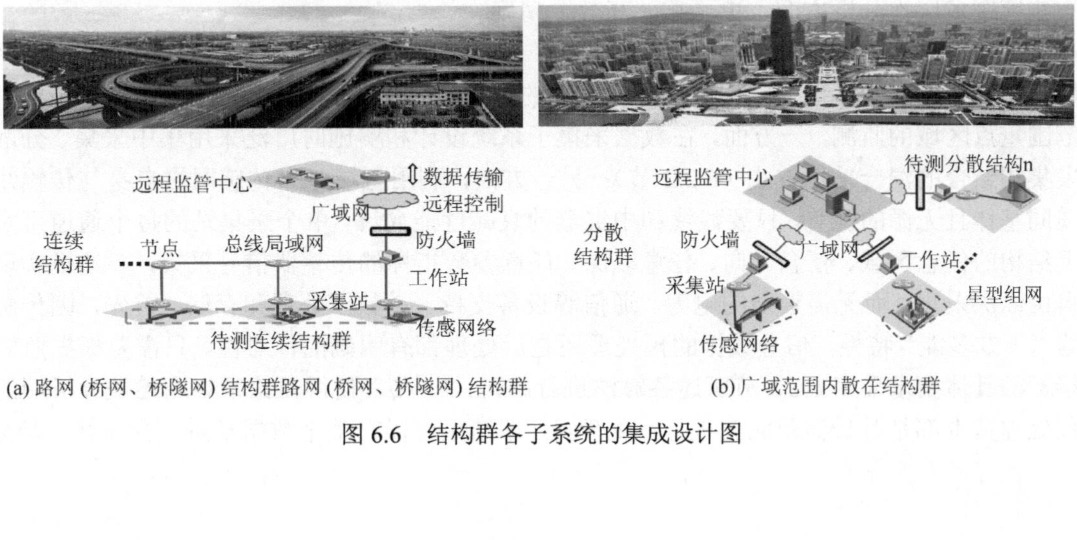


(a) 路网 (桥网、桥隧网) 结构群路网 (桥网、桥隧网) 结构群 (b) 广域范围内散在结构群

图 6.6 结构群各子系统的集成设计图

总的来说，基于结构（群）区域分布传感的健康监测系统的设计和搭建要遵循以下具体要求：

（1）应结合结构的具体特点和场地条件，根据结构物所处的环境、地理位置和地质条件、使用功能及重要性、结构类型、受力特点来确定监测目的、监测内容、监测频率和持续时间。应做到目的明确，有的放矢、安全可靠、方案可行、技术先进、经济合理和便于维护。

（2）监测仪器、设备和元器件应满足监测精度和量程要求，并应稳定、可靠，监测过程中应定期进行监测仪器及设备的维护、保养和校准。

（3）选用的传感器应具备：性能稳定可靠、气候耐受性（如防潮）好、抗干扰能力强。

（4）监测系统的硬件应具有可维护性、可更换性，监测系统的软件应具有兼容性、可扩展性、易维护性，且监测系统软件应与硬件相匹配。

（5）应根据监测目的、监测对象的指标、结构荷载形式、结构受力特点，综合选择传感器的类型、布置方式、数据采集的方式及结构性能评估指标。

（6）监测系统在设计和实施前，应综合考虑多方意见，如业主单位、结构设计方、建造施工方等多方面意见后，经过多方协调再确定具体方案，不能对主体结构造成破坏，也不能对结构的正常施工和管养进程造成损害。

本章所介绍的基于结构（群）区域分布传感的结构监测系统，从理念、理论、技术体系上都取得了创新性的突破，本书第三、四、五章从理论体系的角度详述过，这里主要从监测系统的角度，谈谈监测系统的“区域分布”特色和系统技术体系的先进性。三个子系统都相较传统技术具有区域分布特色：

（1）传感子系统：主要采用的是光纤传感器，其相较于传统“点式”传感技术，具有无源、无零漂、抗干扰、耐气候性强、易实施、易组网、传输距离远、寿命长等优点，在国内外已被广泛证明是最适合土木交通结构的传感器，无论钢等金属结构，还是混凝土等复合材料结构，无论是在环境条件良好的局部还是在环境恶劣的局部，都能被较好的应用，这就为结构区域的分布传感提供了硬件基础；其次，前面章节中已经详述过，长标距分布式传感技术具有独特的高性能和“一专多能”的优势，分布传感的信号数据宏观、信息量大、容错率高、几乎可满足结构所有类别指标的监测需要。子系统获取的结构各区域的分布响应在多层次分析方面，更可靠、高效、精确。

（2）数据子系统（图 6.7）：①数据采集：相较于传统“点式”传感技术，以长标距区域分布应变传感为基础的结构健康监测系统的数据子系统，因其区域分布特点得以进行大范围重点区域的监测，一方面，在数据采集子系统设计和实施时广泛采用集中采集、分散采集相结合的混合采集方式（6.2.2 节）；另一方面，利用区域分布传感网络自身与传输线缆同基体且无源的优势，只要线缆和中继器的衰减性能允许，单个采集站的每个通道可实现结构的任意区域、任意方向、任意纵深、任意参数指标的传感器信号采集，多通道实现自由纵深采集，而无需繁杂的电力、通信等设备支持。②数据处理和存储：首先，因传感器“一专多能”特性，信号数据的预处理还是后处理都有明确的针对性，只需要根据监测指标的具体要求采用 6.2.3 节所述各算法进行即可，“一专”使得无论采集端还是分析端的预处理基本都是对长标距应变进行预处理，处理结果可以在整个数据子系统内流转，无论是在集中采集的中央采集站，还是分散采集的各子站，或是各分析终端和工作站；也无论是在预处理阶段，还是结构分析前的后处理阶段，都能保证处理数据匹配分析需求，真正做到“一次处理全程受用”，无论效率还是数据利用率都高于传统技术；其次，区域分布的数据子系统因传感器的“多能”特色，数据处理子系统的输出结果可以直接应用于结构各类指标参数的分析演算，并且对各类指标数据接口和流程都是通用的，在通信条件允许时灵活集成到监测系统各级的任意终端（采集（子）站（仪）、分析工作（子）站（仪）)，集成到采集子系统或分析子系统的上位机软件的任意模块中，数据集中融合与数据分散计算相结合，可靠且高效；第三，区域分布传感的数据处理结果是可以互相决策影响的，各个局部的数据处理结果是相互联系、决策的，比如当结构有 10 个传感区域，系统智能化判断 1 个区域的处理结果已经可以说明结构某个指标，就可以自动暂停其他 9 个区域的数据处理过程。又比如 10 个区域数据处理结果进行数据融合时，系统智能化运用标准化技术比对 10 个区域的数据，便可判断哪个局部的数据冗余度过高、传输效率过低、数据信息重复、数据信息量不足等，也可以灵活调节系统预设的各类控制参数和阈值。再比如结构区域 1 有个采集站进行本区域的信号数据处理后发现有些传感器已损坏，那么区域 1 的采集分析终端可以立刻对相邻的结构区域 2 的信号数据处理结果进行筛选，必要时可以临时自动“借用”区域 2 的处理结果来间接修复区域 1 缺失的信息，并发出告警信号给上级工作站启动修复进程；第四，由于传感器“一专多能”，标准化的数据结果通用性好，利于运行先进的信息融合技术进行数据存储和管理，可以轻松建立各型数据库，对数据进行标识，设置各类挖掘条件和交互条件，而不必为每种传感数据设置特定的存储硬件、数据库软件和工作机制，耗费大量的人工管理成本。③数据通信传输：首先，得益于传感器基体材料特性和无源特性与输出信号的特质，系统通信组网变得十分简单，因为长标距传感器输出的信号是光缆中入射光激励而产生的模拟光信号，这种信号虽原始但是便于高速远距离传输，且数据处理十分简单，不需要传统技术的通信组网一样在传感器现场进行模数转换后再传输，电力和通信要求很低。我国工程结构有关技术标准明确规定结构施工必须预埋光缆，因此可以认为无论范围多么广阔，监测区域多么分散，都可直接利用已有光缆直接串接传感器并通信，不加中继不设路由的局域网就能覆盖直径 15km 的监测范围，即使通信条件极端恶劣，也仅需增加简易中继。第二，区域分布传感的通信系统中的任何节点，都可以任意拆分再组合，通信光缆的路由、中继、无线收发器等器件在通信信号收发过程经过质量校验和标准化后是国标通用信号，任意的路由和中继既可以拆分，也可以串接，使得组网设计非常灵活。比如桥隧某些区域施工不易，也许能安装传感器，但是却无法安装长期工作的网络通信设备，一般传统技术便无法组建数据传输网络节点了，但是区域分布传感技术可以取消这个通信节点，将节点装在其他利于管养的区域，也丝毫不影响通信的效果。又比如有时候需要在大范围的城市间进行城际通信，传统技术的传感器处理结果属于非国标通信信号，不可能利用现有的城际广域网络，而分布传感技术节点是国标的，这时可以直接使用城际网络的各型网络适配接口，轻松进行超大范围的远程通信；第三，区域分布传感组网时，由于传感器输出信号、数据信号、控制信号都采用光信号形式传输，其数据处理后具有相同的帧包结构（数据起止位、数据内容和控制信息位），使得通信传输节点同时具备路由网关、数据信息传输、控制指令传输的三种功能，互相之间还可相互影响相互决策，进行程控交互，提高了通信和控制效率，减轻了设计施工管养人工负担。

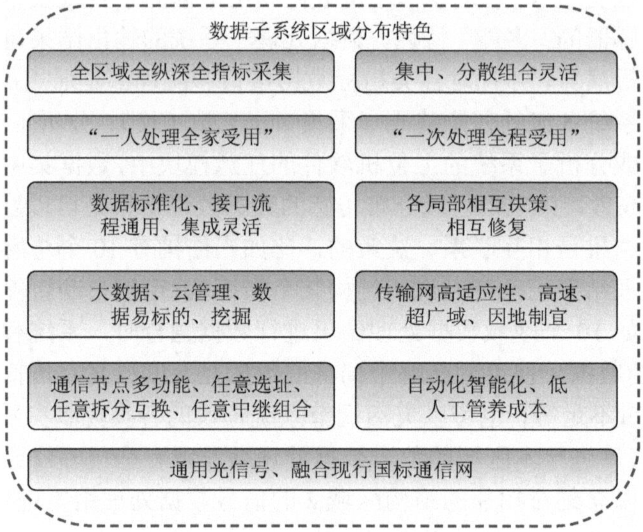


图 6.7　数据子系统区域分布特色

（3）结构分析子系统：区域分布传感的结构分析子系统获取的是结构关键区域的应变信号，可设置若干子模块来集成适宜的结构分析的算法，比如传感结果汇总子模块、结构模型修正模块，结构长标距应变处理模块，相较于传统方法它们具有如表 6.4 所示的鲜明特色，该部分在第 4 章和第 5 章基于区域分布传感应变的结构全面识别和直接评估部分已经详细介绍。

**表 6.4　结构识别与评估理论的特色**

<table>
<tr><th colspan="2">对比项目</th><th>分布式长标距技术</th><th>传统“点式”技术</th></tr>
<tr><td rowspan="3">结构反演理论</td><td>动力分析理论</td><td>突破微小损伤识别瓶颈<br>（同时反映宏观和局部特征）</td><td>无法实现微小损伤识别<br>（仅反映宏观信息）</td></tr>
<tr><td>直接计算方法</td><td>因果关系直接，无累积误差；<br>一专多能</td><td>各类传感因果关系复杂，累计误差大，难以实用</td></tr>
<tr><td>有限元反演方法</td><td>因果关系直接，能应用于复杂结构</td><td>因果关系间接，很难实用化</td></tr>
<tr><td>性能评估与预测理论</td><td>三层次评价方法</td><td>实现了应用反演结果直接评估的突破</td><td>海量数据却难以支撑性能评估</td></tr>
</table>

## 6.1.5　基于物联网技术的结构群健康监测系统

1）背景和目标

物联网技术是新一代信息技术的重要组成部分，顾名思义，物联网就是物物相连的互联网。这有两层意思：其一，物联网的核心和基础仍是互联网；其二，其连接端是物体与物体间，进行交互和通信，也就是物物相息。对结构健康监测系统而言，物联网通过智能感知、识别、自动化控制技术和计算机通信技术，设置若干节点（有著作称活点），用局部网络或广域网等把传感器、硬件设备、人员等通过全新方式联在一起，形成人与结构、结构与结构相连，构成信息化、远程管理控制、智能化的网络。物联网是互联网的延伸，它包括互联网及互联网上所有资源，兼容互联网所有应用，但物联网中所有节点又极具个性化、专业化、私密化。区域分布传感的结构（群）得益于其分布式技术的若干优势，十分利于运用物联网技术进行结构与结构间的通信交互、物物相控，其基于物联网的监测系统也具有先进的技术特性。

第 3 章中介绍了结构群区域分布传感的理念和方法，这里将具体介绍如何在广域城际间诸多结构子群的监测系统和基于区域分布传感的监测系统和传统监测系统之间，运用先进物联网技术进行组网通信、决策控制和健康监测系统的搭建。

2）一般设计流程

当面对一个广泛区域的结构群监测目标时，监测系统需要先从宏观上进行设计。如图 6.8 所示是基于物联网技术的结构（群）的结构健康监测系统的技术思路，核心是“物物联素”和“物人联系”的组网设计和机制设计。

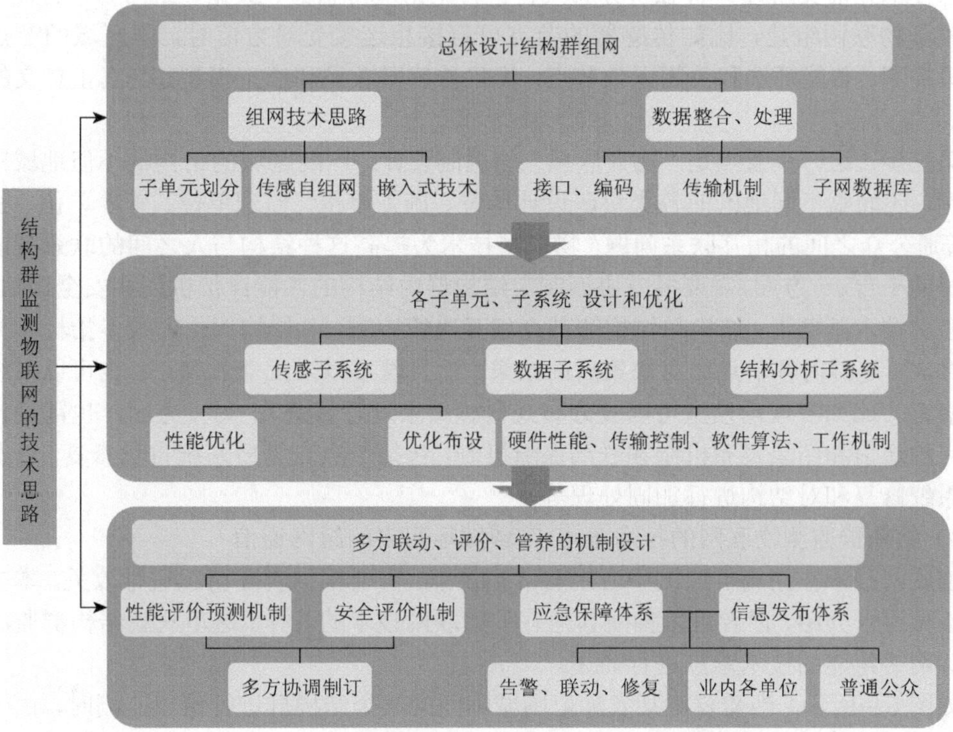


图 6.8　物联网技术运用于结构群监测的技术思路

第一步，面对一个跨省的、城际间的大范围的结构群，在运用物联网技术时，先从监测目的宏观着手总体规划组网思路和信息融合方案。包括：组网中子单元（有些著作称“子区域”）划分的问题，监测目标细化后，子单元是从地理位置划分、同等类型划分还是利于控制划分，每个结构子群内结构的数量、类型、排列是怎么样的；传感器网络的自组网问题，结构的关键区域的传感器是否需自组网，是否需要节点，群内需要多少节点，怎么布设；节点间相互怎么联系和控制，物物直联还是设置工作站间接联系并被人管理。子单元内不一定都采用区域分布传感技术，传统技术和区域分布技术之间的节点间怎么联系，嵌入式技术如何运用等，这些都是组网思路的宏观内容要首先考虑的。然后是数据融合和处理的总体设计，包括：各采用分布传感技术的子单元其节点数据接口怎么统一，又怎么和传统技术的子单元统一，通信网络内数据编码怎么设计，多功能节点的总体数据帧包规定和流程是怎么样；数据通信传输的机制、各节点的相互控制和联系机制是如何，物物相连的控制原理和反馈数据是怎么定义的，物人联系怎么介入等；总体上规定数据是怎么存储和管理的，数据库采用中心库“云管理”还是子群网络分散建库，结构群内数据库总体数据结构是怎样的等，都是在结构群宏观层面首先就要设计的内容。

第二步，具体到每个子单元，子单元可以是若干子子单元所组成，也可以是结构子群、单体结构。根据监测具体的需求和条件，对各子单元分别进行传感子系统、数据子系统、结构分析子系统的设计，制定设计、实施、优化的方案，本章后面部分会结合实例，详细介绍这些子系统的构建过程。物联网技术在这里得到了充分使用，特别是区域分布传感技术如前文所述具有独特分布式特色，无论从传感器、数据、组网哪个方面看，都非常利于物联网组建，比如传感器的节点可直接相连接受对方信号，子区域的节点互相可决策控制，智能筛选和关闭无效节点，优化传感器布设和修正模型，是真正意义的物物通信。

第三步，这一步重点是“物人联系”的机制设计。广阔区域的结构群不但地域覆盖范围广阔，还面临不同地区的各类科研设计单位、施工单位、监理单位、管养单位、业主单位、普通公众之间的相互联系问题，物联网技术为提高这种结构与人之间的联系效能提供了良好的平台。一方面，需要多方协调制定结构群内结构的性能评价机制和安全评估机制，在物联网技术基础上，结构与结构的节点相互决策控制，对结构评估的很多指标不再是理论估算，而是群内各节点比对决策后的结果，而且既可以人工介入修正，也可以系统智能自动修正（比如各理论模型可以被分布式传感结果进行修正）；另一方面，也需设计群内各节点的通信和结果发布机制和联动保障机制，包括节点告警后系统自我修复，以及人工介入系统修复和对结构进行加固处理等。

3）结构群监测物联网的技术难点-广域城际网络的组网通信

物联网技术在结构群监测中应用有诸多难点，需要根据实际情况进行攻关，本书限于篇幅不做逐一介绍，读者可以参阅其他有关物联网技术的著作。这里只就结构群监测系统的城际网络组建的技术难点进行简述。

如图 6.9 所示，当需要对某省际范围城际间的某个结构群进行健康监测时，由于分布式系统组网非常灵活，这里只选取典型范例来介绍组网思路。用江苏省内所有的建筑、桥梁、压力罐来举例，省内所有的这三种结构根据监测需求，设为一个结构群，既可以按地理位置扬州市、苏州市、徐州市来划分子单元如图 6.9（a）所示，也可以按所有桥梁、所有建筑、所有压力罐划分为三个子单元如图 6.9（b）所示，即根据实际需求按最合适、因地制宜的原则来选择子单元的划分方法。考虑到图 6.9（a）较利于各地市管养部门管理而图 6.9（b）需要城际间的超长光缆连接各城市的结构进行自传感组网，从通信条件考虑，会较多采用图 6.9（a）的子单元（有著作把各子单元称“子区域”）划分。既而是各子单元内传感器网络的自组网问题。本章介绍过区域分布传感技术有个重要分布式特色就是便于自组网，如图 6.10（a）所示，结构群中有 3 个单体结构都进行了区域分布传感网络的布设，如果它们相距较近（＜15km），可以不采用中间节点，直接用光缆依次串接这三个单体的传感网纳入到一个集中节点去管理，利用区域分布技术的优势进行结构的自组网。有时这三个单体结构相距较远（＞15km）或者监测需求和管养要求等需要各单体结构也具有功能节点（中继、路由、决策、控制）时（图 6.10（b）），得益于区域分布传感的分布式特色，可以按需求灵活给各单体传感器网络增加节点，节点的数量以系统最低冗余度为原则。需要注意的是功能节点的加入使物联网灵活运用各种嵌入式技术，使人体神经一般的光纤分布式传感网具备了智能决策和控制的功能，模拟光信号输出的传感器进行嵌入式开发，模数转换和数字化嵌入后就变成有思考能力的站点，物联网技术中的数据流带有控制信息，区域分布传感即通过节点这种形式给结构群赋予了生命。设置节点的意义还在于，当需要在监测系统中将基于区域分布传感的结构同基于传统电传感技术的结构相连接时，节点起到了数据接口标准化的作用。节点在物联网中还起到路由网关的作用，可以充当网关、防火墙、路由器、服务器等传统互联网中重要的网络器件，控制着各个数据通信的交叉路口，有些著作把物联网中的节点称作“活点”，形容节点就如同人体中控制神经工作的神经元，给物物相连的结构群赋予了生命。

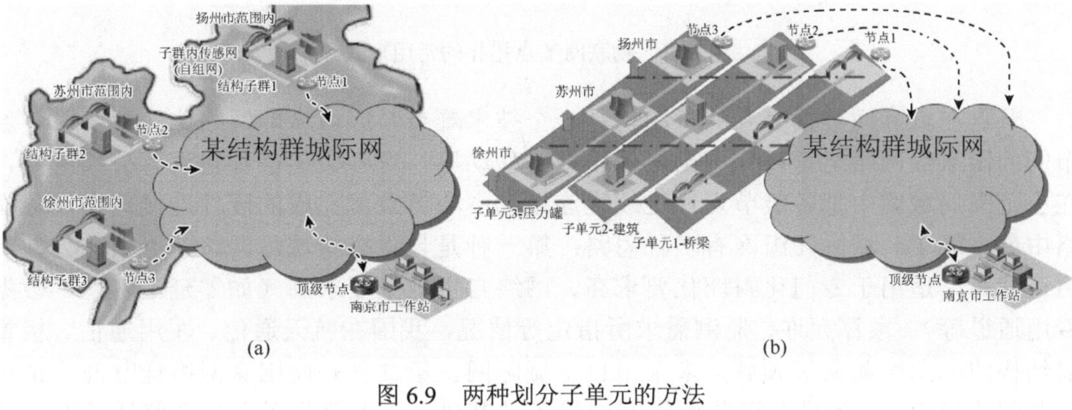


图 6.9　两种划分子单元的方法

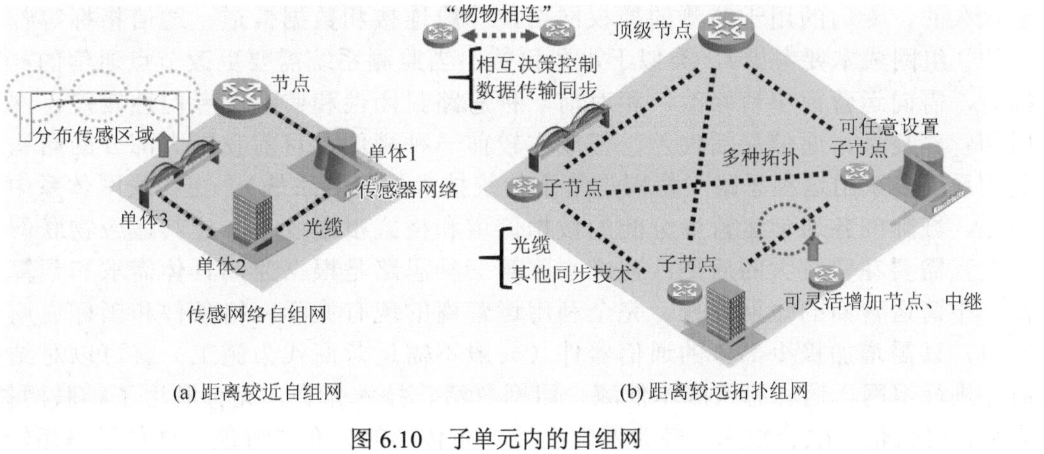


(a) 距离较近自组网　　(b) 距离较远拓扑组网

图 6.10　子单元内的自组网

各节点的组网拓扑有很多种，城际间网络的拓扑非常复杂，涉及国家通信网的系统知识，在 6.2.4 节中会选取 6 种较易组网的拓扑形式做详细介绍，结构健康监测主要运用如图 6.11 所示的这四种拓扑，为便于叙述，本书中其他组网示意图不加说明多采用总线型拓扑。

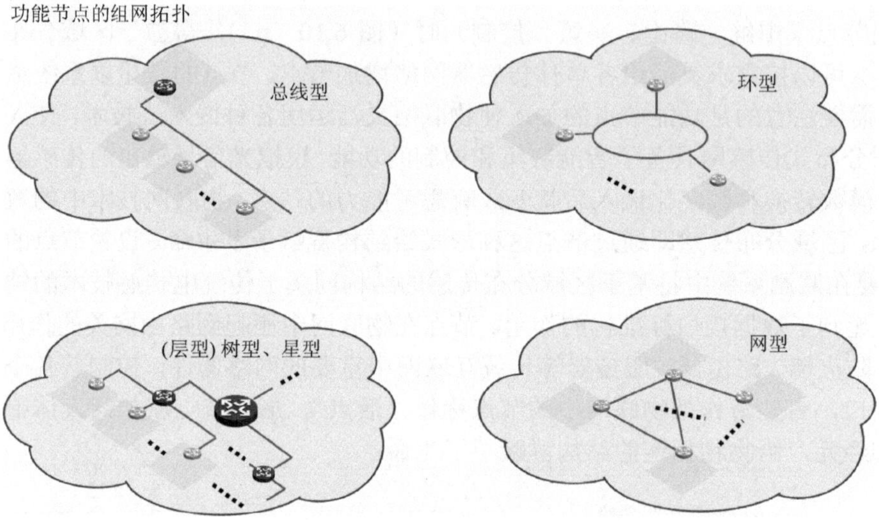


图 6.11　物联网节点拓扑的常用形式

节点在城际间数据交互的机制也是一个技术难点，广域城际网络比较复杂，各城市间的国家级网络运营商（中国电信、中国移动等）对各类通信都建设有公共网络，在小范围局域网中把各级节点通过线缆连接到中心节点就完成的硬件连接，在城际网络中就不能了。城际间组网有三种思路：第一种是自主搭建城际网络，不依赖公共网络运营商，适用于专门化封闭化要求高、网络自主定义要求高（如零延迟容忍、数据专用通道等）、预算允许、监测需求所指定等情况，我国在航天通信、军用通信、极重要结构的应急监测网等领域，多采用自主城际网。第二种是向国家网络运营商申请用于监测的专门网，就是在运营商现有网络条件基础上，由运营商实施管养的长期的甚至永久的、专门的用于监测的授权网络，一般连接和数据信道、通信指标等都是固定的（组网成本要考虑），类似于永久租赁，当监测系统需要更改节点通信的一些指标时，需向运营商申请修改。相对前一种思路封闭性和监测的专门性较差，网络使用和管养复杂，通信灵活性差，但成本较前一种稍低，目前我国大部分的结构健康监测系统多采用这种思路（特别是基于传统技术的监测系统）。在物联网体系中缺点明显，城际间各通信运营商分配的数据信道和格式很难统一，让其适应物联网的节点交互需要花费较大的后期改建成本。第三种思路是根据监测具体需求和预算等条件，申请运营商的短期授权，完全利用运营商的现有城际网络条件和国标通用信道接口，只需增加极少部分的通信器件（一般不需运营商代为施工）就可以对结构群监测进行组网，这种思路成本低廉、组网灵活、技术先进，充分利用了物联网技术、大数据时代信息融合技术，较为匹配区域分布传感的分布式特色。这种思路相较前二种的缺点是专门化程度稍低、封闭性稍差，但完全可以通过先进的通信技术如“云服务器”、“云防火墙”、公共安全数据代理等服务来克服，图 6.12 即这种专门监测网的构建逻辑（也称“专门监测 SR 平面”），图中在中国电信公网的基础上，不需要对其进行高成本的专门化改造，只需要申请短期授权购买公网运营商的服务，将自主已组建成的集成国标通信数据接口的运用物联网技术进行过 IP 标识转化（RFID 域名解析等技术）的专门监测网接入公网运营商的核心路由中即可。前文分布式特色中介绍过，区域分布传感技术的节点和传感器都采用国标通信信号，因此监测专门网和国家公网数据是通用的，经过简单的授权购买，监测网信息就可以纳入公网的公共信息进行传输和控制了。

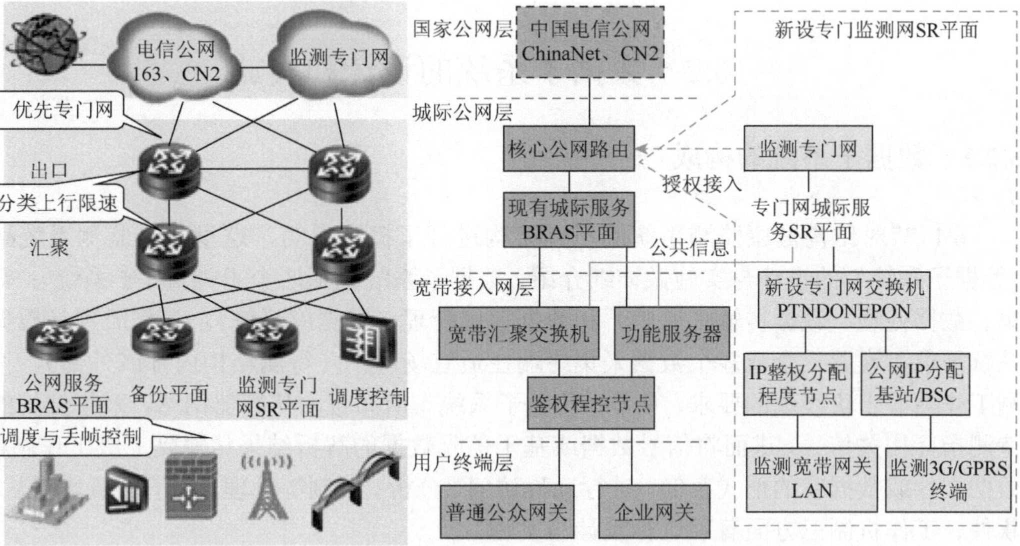


图 6.12　申请短期授权接入公共网的城际网思路

这种思路的优点是接入授权是短期购买的，可以随时根据需要取消，换异地再接入，数据通信参数是在自主监测网内由各级节点自由设置的，因而灵活性强，采用公网通信使得管养简单。需要指出，这种思路的组网要想完全替代前两种思路的组网，还必须根据监测需求从多个角度进行专门监测网内的优化设计，这部分内容十分丰富和复杂，读者可以参阅通信网络相关的著作，这里只提四点较典型的优化角度：①节点间数据备份；②设备内部端口数据备份；③可靠性传输设计；④传输保护自切换设计。优化时也是从硬件、软件和机制着手的。如图 6.13 所示是节点间针对高可靠度通信的优化设计，这种利用物联网节点智能判断决策的优化方法是比较常见的，节点通信优先从图中从右往左的 PE→P 有线光缆局域网中传输，物联节点对每包传输数据进行质量校验，发现故障就会自动切换到次优路径，并反馈信号给上级节点（最右边 PE）进行智能检查判断，启动路径修复和路径切换程序，并判断有线和无线数据帧包的优劣，以最快响应将新的通信帧包传输出去。这种可靠传输的设计方法，在 6.5 节的物联网工程实例中也会有体现。

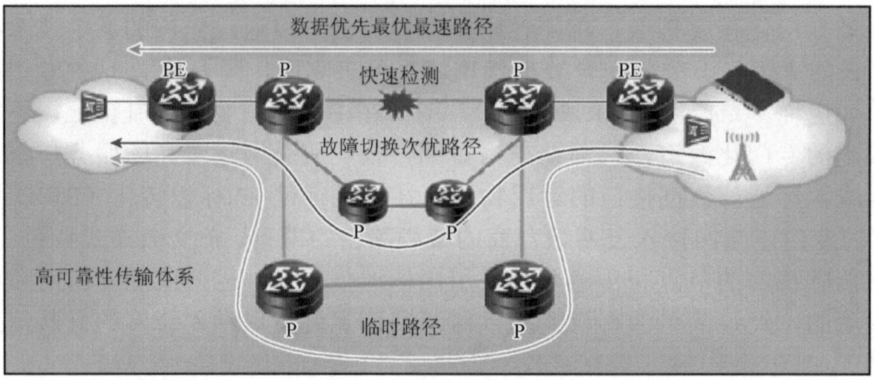


图 6.13　物联网节点间通信的可靠性优化设计

# 6.2　数据子系统的设计和实施

## 6.2.1　数据子系统的构成

6.1 节对结构健康监测系统的整体架构进行了概括说明，这里将对监测系统架构中“数据子系统”的设计与实施做详细介绍。数据子系统包括四个子类目（子系统）：数据采集、数据处理、数据传输（通信）和数据存储管理（数据库系统）。工作流程是根据监测系统需求，设置一个或多个数据采集终端在适宜场所中（待测结构内部或外部），按照监测工作站等上级终端的要求，依靠“传感子系统”所布设的传感器网络，采集结构的各类待测指标相关信号，进而将信号数据或基于信号数据的解析结果传输到上级工作站，并以数据文件或数据库的形式存储，进行远程访问、分析、控制等管理。各子类目均需从硬件、软件、工作机制三方面着手进行设计与实施。

数据子系统收集传感子系统所输出的信号数据，而传感器种类和数量繁多，数据子系统面对的是海量数据，如何运用信息融合技术，对监测信号数据进行提取、分离、压缩、分析处理、传输、存储，都是本章节研究学习的内容。表 6.5 给出了数据子系统的 4 个子类目（子系统）需设计、开发和安装的内容。具体到每个子类目，根据监测需求、结构特点、监测条件等，需要从多个方面着手，一般应按照表 6.5 中的内容，进行各子系统的设计。

**表 6.5　数据子系统的 4 个子类目（子系统）**

<table>
<tr><th rowspan="2">内容<br>子类目（系统）</th><th colspan="3">应进行设计、开发和安装的内容</th></tr>
<tr><th>硬件（设备）</th><th>软件</th><th>工作机制</th></tr>
<tr><td>数据的采集</td><td colspan="2" rowspan="3">（1）设计与选型应保证及时获得高质量的数据<br>（2）硬件的耐久性和技术指标应满足国家相关规范、标准的要求</td><td>包括：①采集模式；②采集频率；③频次；④触发阈值；⑤分布关系</td></tr>
<tr><td>数据的处理</td><td>应能纠正或剔除异常数据，提高数据质量</td></tr>
<tr><td>数据的传输（通信）</td><td>应能高质量的传输数据，应具备传输质量校验机制</td></tr>
<tr><td>数据存储管理</td><td colspan="3">应具备标准化的读取、存储接口，应能保证监测数据的结构化、安全性、可靠性、共享性以及对应用软件的友好性等</td></tr>
</table>

## 6.2.2　数据的采集

1）数据采集的硬件设计

采集硬件（设备）与传感器之间应有明确的空间分布关系。如图 6.14 所示，根据被测结构的特征、监测需求、传感器布设位置和数量、硬件设备条件、现场施工条件等，可选择数据集中采集、分散采集（分布式采集）和混合采集三种方法。需要注意采集站（仪）应安置于能保证采集信号质量的位置，其与传感器间的最远传输距离应由传感器的信号衰减传输性能确定。

（1）集中采集：传感器系统空间分布较集中、传感器网络与采集站的距离较近（一般≤10km）时宜采用此方法，即仅设置单一的中心采集站（仪），根据实际情况，中心采集站（仪）可安置于被测结构外，也可以安置于被测结构内达到安置条件的区域；

（2）分散采集（分布式采集）：传感器系统空间分布较分散时，或集中采集方案传感器和采集站（仪）的连接距离超过传感器信号衰减传输性能所允许的最远距离时（一般＞10km），宜设置多个子采集站（仪），各子采集站（仪）与中心采集站（仪）直接或通过中继相连，其中需注意子采集站（仪）必须置于具备设备安置条件的区域，传感器与采集站（仪），子采集站（仪）与中心采集站（仪）的连接须可靠、稳定；

（3）混合采集：指的是集中采集和分布式采集混合使用的方式。在同一桥隧结构的健康监测中，在传感器空间分布较为分散时，总体上可以设置多个子采集站（仪）进行分布式采集，而在特定局部可以另光纤传感网络直接连接中心采集站（仪）而采用集中采集。

一般来说，对中小桥隧等的全区域或特大、大跨径桥梁的特定部位和区域常用总体集中采集，而对结构群、特大、大跨径桥梁全区域监测常采用总体分散采集或混合采集。

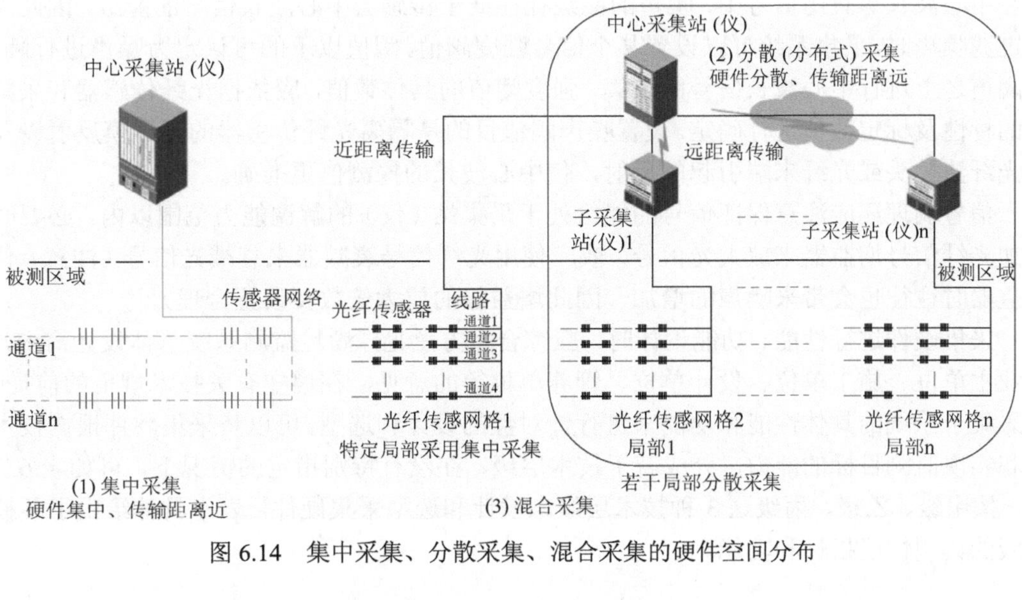


图 6.14　集中采集、分散采集、混合采集的硬件空间分布

数据采集硬件（设备）所收集的信号应进行信号调理，有效进行信噪分离，提高数据采集的质量。采集硬件（设备）所收集的传感器输出信号，有电信号和光信号，其中电信号主要是各类电压信号，光信号则来源于光纤传感器和通信光缆的通信信号。应根据所布设的传感器的种类、数量、信号特征及系统对信号调理的要求等具体条件，设计、开发或选用合适的信号调理设备，并应保持和后续的数据传输和存储管理等接口兼容，如表 6.6 所示：

**表 6.6　数据采集的信号调理内容**

<table>
<tr><th colspan="2">信号调理要求<br>信号类型</th><th colspan="3">信号隔离、消除</th><th>信号滤波、降噪</th><th>信号放大、衰减</th><th>通道设置</th></tr>
<tr><td rowspan="2">电信号</td><td>传感器输出模电信号</td><td rowspan="2">自然干扰</td><td rowspan="2">人为干扰</td><td rowspan="2">不明脉冲干扰</td><td rowspan="5">应采用针对性的滤波器（电信号中动态信号宜采用抗混滤波器）</td><td rowspan="2">（功率、电流、电压等）放大器调理</td><td rowspan="5">设置多路通道开关，实现多路巡回采集</td></tr>
<tr><td>传感器输出数电信号</td></tr>
<tr><td rowspan="3">光信号</td><td rowspan="2">光纤传感器（不带光电转换功能）输出光信号</td><td colspan="3">设置噪声阈值（noise threshold）</td><td rowspan="3">光强放大（增益）器、衰减器调理</td></tr>
<tr><td rowspan="2">信号强度量级异常</td><td colspan="2" rowspan="2">不明的异常趋势项信号</td></tr>
<tr><td>通信传输光信号</td></tr>
</table>

当采用光纤传感器时，它以光信号直接输出，由采集站（仪）或采集站（仪）中的光纤光信号解调仪（模块）来对光信号进行解调和采集，将模拟信号的光信号进行数字电信号的转换（A/D 转换），从而实现数字化采集；但有时根据采集的实际需求，光纤传感器也可设计成自带光电 A/D 转换功能的形式，传感器自身可直接进行电信号的输出，采集站（仪）不再进行光信号解调，而直接对数字化电信号进行采集。此类设计的传感器在传输条件允许前提下，可用于采集站（仪）与传感器间不便布设光缆的场合，进行无线发射连接。

光纤传感器输出光信号时，一般在采集端设置噪声阈值（noise threshold）来进行信号调理。采集站（仪）主要获取光纤传感器的中心波长（DUT peak）和光信号的能级（level），以及其他在中心波长基础上进行演算后的各物理量（比如应变值），而噪声信号往往也混杂在中心波长等有用信号中，噪声的能级往往低于传感器中心波长信号的能级，因此当希望过滤噪声时，采集系统可以设置某个信号强度阈值，阈值以下的可认定为噪声进行隔离，在阈值之上进行中心波长信号的采集，强度阈值的具体数值，应依据光纤传感器和采集硬件的特性及标定数值进行确定。设置噪声阈值目的是隔离光纤传感器的强边模反射以及由于光纤法兰头或光纤末端引起的反射，使中心波长的探测值更准确。

信号调理还应注意保证信号的能级处于采集站（仪）的解调能力范围以内，必要时应增加光纤信号增益器来放大光信号，或应使用光纤信号衰减器来衰减光信号（注意，使用增益器时往往也会带来噪声的增加，因此增益器的放大倍数要设置合理）。

采集硬件进行性能、功能设计时，应综合多方意见，满足监测系统总体设计需求，听取业主单位、施工单位、设计单位、管养单位等的意见，在遵守有关技术规范的前提下，对采集子系统的具体性能和功能来进行针对性的设计和选型，可以将采集硬件根据技术水平和实现监测目标的能力，分成若干技术层级，在没有特别指定的情况下，可如表 6.7 所示，按甲级、乙级、丙级这 3 种技术层级来设计和选型采集硬件，表中具体给出了各技术层级的典型性能指标和功能。

**表 6.7　采集硬件（设备）的甲、乙、丙 3 种技术层级的性能指标和功能**

| 信号类型 | | | 电信号 | | | 光信号 | | | |
|---|---|---|---|---|---|---|---|---|---|
| | | | 模拟电压信号 | 外场采集数字信号 | | 光纤传感器输出光信号 | | | 通信光信号 |
| | | | 集中式的基于 PCI、PXI、USB 等接口的采集板卡 | CAN、Lonworks、PCMCIA、IEEE 等总线设备 | | 专用光纤光栅解调仪（模块） | | | 符合国家通信相关标准的通信设备 |
| 技术层级 | | | 甲 | 乙 | 丙 | 甲 | 乙 | 丙 | |
| 性能设计 | 主要考察指标、规格 | 接口标准 | | | | 光：全兼容；数： | 光：指定；数： | 指定 | 符合国家通信相关标准 |
| | | 输入范围 | | | | 波长范围≥75nm | 波长范围≥40nm | 波长范围≥40nm | |
| | | 动态范围 | ≥90db | ≥70db | ≥50db | 40db | 25db | 最低需求 | |
| | | 采样频率 | | | | 动态 0～1kHz；静态 | 动态 0～500Hz；静态 | 最低需求 | |
| | | 通道状况 | 各通道独立、同步、无道间干扰 | | | 通道数不限；各通道独立、同步；可智能配置 | 通道数：0～8；各通道独立、同步；无智能配置 | 最低需求 | |
| | | 数据容量 | 采用非易失 CMOS、SRAM、SSD 做介质 | | | 传感器数≥40 时，在线实时≥365 天 | 传感器数≥40 时，在线实时≥90 天 | 传感器数≥40 时，在线实时≥1 天 | |
| | | 分辨率 | A/D 分辨率≥16 位 | | | 波长：≤0.2pm；A/D：≥16 位 | ≤0.5pm；A/D：≥16 位 | 最低需求 | |
| | | 精度 | 转换 16 位，同步 μs 级 | 转换 16 位，同步 ms 级 | 最低需求 | 0.5pm 级 | 2pm 级 | 最低需求 | |
| | | 重复性 | | | | 2pm | 2pm | 最低需求 | |
| | | 传输率 | ≥250Mbps | ≥100Mbps | 最低需求 | ≥250Mbps | ≥100Mbps | 最低需求 | |
| | | 传输距离 | 全域无中继 | 需中继 | 最低需求 | | | | |
| | | 通信方式 | 甲级 | 有线、全速无线，支持无线设备 | | | | | |
| | | | 乙级 | 有线、低速无线或预留无线设备端口 | | | | | |
| | | | 丙级 | 有线 | | | | | |
| | | 扩展能力 | 甲级 | 成套标准化扩展卡 | | | | | |
| | | | 乙级 | 预留接口，需专门开发 | | | | | |
| | | | 丙级 | 不具备 | | | | | |
| | | 触发方式 | 甲级 | 可智能自动触发 | | | | | |
| | | | 乙级 | 手工、程序、阈值触发 | | | | | |
| | | | 丙级 | 手工触发 | | | | | |
| | | 在线模式 | 甲级 | 硬件层支持全时在线、远程硬件指令 | | | | | |
| | | | 乙级 | 至少分时在线，远程由上位机软件层实现 | | | | | |
| | | | 丙级 | 不在线、远程由上位机远程桌面实现 | | | | | |
| | | 信号调理能力 | 智能高、低、带通硬件 | 人工、软件滤波和放大 | 最低需求 | 智能自调理 | 需人工配置 | 最低要求 | |

续表

<table>
<tr><td rowspan="6">可靠性设计</td><td rowspan="3">校准功能</td><td rowspan="2">自校准</td><td>甲级</td><td>智能实时自校准</td><td rowspan="20">符合国家通信相关标准</td></tr>
<tr><td>乙级</td><td>分时自校准</td></tr>
<tr><td>外校准</td><td>丙级</td><td>定时外校准</td></tr>
<tr><td colspan="2" rowspan="2">抗电磁干扰</td><td colspan="2">串模干扰抑制</td></tr>
<tr><td colspan="2">共模干扰抑制</td></tr>
<tr><td colspan="2">使用寿命</td><td colspan="2">符合监测系统具体要求</td></tr>
<tr><td rowspan="9">人性化设计</td><td colspan="2" rowspan="3">便携性</td><td>甲级</td><td>支持手持操作或配套手持模块</td></tr>
<tr><td>乙级</td><td>预留手持操作接口</td></tr>
<tr><td>丙级</td><td>现场采集最低需求</td></tr>
<tr><td colspan="2" rowspan="3">采集报警</td><td>甲级</td><td>设备状态、采集阈值</td></tr>
<tr><td>乙级</td><td>设备状态</td></tr>
<tr><td>丙级</td><td>无报警</td></tr>
<tr><td colspan="2" rowspan="3">数据分析辅助</td><td>甲级</td><td>自带部分数据处理分析功能</td></tr>
<tr><td>乙级</td><td>可扩展实现数据分析前处理</td></tr>
<tr><td>丙级</td><td>无辅助功能</td></tr>
<tr><td rowspan="5">环境适应性</td><td colspan="2" rowspan="3">防护功能</td><td colspan="2">高低温保护</td></tr>
<tr><td colspan="2">抗冲击和振动</td></tr>
<tr><td colspan="2">防潮湿和盐雾</td></tr>
<tr><td colspan="2">工作温度</td><td colspan="2">符合监测系统具体要求</td></tr>
<tr><td colspan="2">安全</td><td colspan="2">必要安全防护：防火、防雷、防辐射、防侵入、防对人员伤害</td></tr>
</table>

采集硬件（设备）的防护和安置，是采集子系统设计实施过程中较为关键但容易被忽视的环节，处理不当会导致数据子系统无法获得高质量的监测数据，从而造成结构分析错误，甚至导致采集设备故障、系统失效，遇到采集硬件存在维护困难的情形，后期系统的运维成本大幅增加。因此不仅要求采集硬件（设备）应匹配安置场所的具体条件，也要求安置场所应具备符合有关技术规范、满足监测需要的基本条件。例如采集硬件（设备）安置场所应满足硬件的：①位置；②安全；③环境；④电力；⑤通信五个方面基本要求，对采集硬件（设备）自身应按照国家电气、仪器设备、机械及通信领域的有关规范进行防护设计。

2）数据采集的软件设计

在数据采集部分还需要进行能控制采集硬件（设备）工作的采集软件，一般要求采集软件从通信、控制、数据逻辑、处理性能等多方面进行设计，采集软件的功能和性能，既要符合国家规范，又要满足监测需求和用户要求。

采集软件有时被要求不间断全时在线采集，或使用较高频率采集较长时间，采集的监测数据容量巨大。采集软件对海量数据的处理能力，直接关系监测系统能否正确识别和分析结构特征。长期处理和存储海量的监测数据，既增加系统硬件设备的压力，也增加用户抽取数据进行结构分析时的工作量。因此在采集软件设计时，要注意优化数据算法，优化缓存、内存处理，以及优化采集策略，可采取如下办法来解决海量数据存储的问题：设置采集阈值来进行触发采集或存储，如应变等被测量波动较小接近噪声，软件可以设置不采集或不存储、不发送，同时也可设置分时和定时触发采集的机制：如根据被测结构特点和监测需求，不进行连续性实时（全时）的采集和存储，而是分不同时段来确定采集、存储和发送的策略。前文的监测系统频次分类表中，采集设备虽然在线，但是却可以被控制采用全时、分时、定时、触发、混合的采集策略，就是这种思路的体现。采集软件还应保证存储设备的安全性和保密性，对设备的操作应形成历史记录备查。表 6.8 是数据采集软件的一般设计内容：

**表 6.8 数据采集软件的设计内容**

| 设计类目 | | 基本要求 | 说明 |
|---|---|---|---|
| （1）连接和通信 | | 应能连接到各级采集硬件 | 开启/关闭采集硬件，各级间可互相 |
| | | 应能连接到各级传感器网络 | 正确收集传感器信号信息 |
| | | 应能连接到本地/远程的数据分析软件和监测中心 | 正确传送采集数据和指令 |
| （2）电源管理 | | 开关上下级采集硬件电源 | 当远程的采集硬件（设备）和上位机电源不支持软件开关时，可对远程的供电或配电系统设置软件控制开关 |
| | | 开关各级数据分析终端电源 | |
| | | 开关上下级上位机的电源 | |
| | | 开关自光电转换和发射信号光纤传感器的电源 | |
| （3）质量检查 | 时间状态 | 应可进行时钟校验 | 保证各级采集硬件数据同步性要求，能保证数据实时性 |
| | 网络状态 | 应可进行传输质量校验 | 保证各级硬件间通信准确和可靠 |
| | 传感器状态 | 应可检查传感器生存和数据 | 保证光纤传感网络正常工作 |
| | 各设备状态 | 应可进行上下级本地/远程的各采集设备进行状态检查 | 保证采集硬件正常工作 |
| | 上位机状态 | 宜可进行上下级本地/远程的上位机工作状态检查 | 保证软硬件环境的正常工作 |
| （4）软件性能 | 硬件数据接口适应性 | 宜可对各层级设备的硬件层应设计指令控制模式 | 应满足监测系统对采集设备自动化、批处理等层次的要求 |
| | | 宜各层级设备数据接口进行匹配自适应 | 应开发针对各级设备的数据接口的自适应能力 |
| | 参数配置 | 宜可对各层级设备进行采集模式、阈值、频率等参数的设置 | 应符合监测系统对采集数据的具体要求 |
| | | 各级采集硬件应可通过配置文件、配置信息数据库实现传感器和设备参数设置的共同配置 | 参数配置信息应可在各级设备间共享或同步配置，可方便的导入和导出 |
| | | 参数设置应包括采集设备远行、关闭以及阈值、定时等触发方式的设置 | 应能适应非全时采集方式的需求 |
| | | 应可针对传感器进行适应性的传感器参数配置 | 应保证匹配传感器自身特征和布设特征并可进行适应性修改 |
| | | 采集和传感器信号按参数配置进行 A/D 转换后其输出应符合监测系统要求 | 传感器配置应包括如类别、位置、标距、标定系数等 |

续表

| 设计类目 | | 基本要求 | 说明 |
|---|---|---|---|
| （5）存储管理 | 缓存管理 | 应设计合理的缓存机制，保证数据采集、预处理和传输的正常 | 应预留足够的容量的冗余度，并及时清理 |
| | 数据库管理 | 应对采集数据建立可共享数据库，各级上位机应可对数据进行存储、备份、导出、打印和管理等操作 | |
| | | 应建立历史数据库，记录传感器设置、采集参数配置、信号数据、传感器状态、设备状态、上位机状态、操作记录和报警记录等 | |
| （6）告警管理 | 传感器状态 | 应根据监测系统需求和评估，预设合理的告警模式 | 可采用告警阈值法，阈值应按系监测需求和评估设立，并可根据实际情况进行调整，同时应保证告警能送达用户 |
| | 数据异常 | | |
| | 设备、上位机状态 | | |
| （7）安全管理 | 权限管理 | 应对各项配置和操作进行权限设置，应对本地/远程的各级访问进行鉴权 | 应防止越权操作造成监测系统的安全隐患 |
| （8）易用性 | 人机交互 | 应设计简便高效的人机交互方式，且应对用户的操作有适应的提醒和容错机制 | 建议针对不同用户设计多版本的终端软件 |
| | 数据分析前处理功能 | 宜具备部分后端数据分析处理系统的功能，或留出便利的数据接口 | 建议集成数据分析系统的如前处理、除错、粗略判断等功能 |
| （9）兼容性 | 硬件兼容性 | 应匹配监测系统所采用上位机的硬件条件 | 应按照对上位机配置要求最低化的原则设计 |
| | 软件兼容性 | 应匹配监测系统所采用上位机的软件环境 | 应保证与监测系统中的操作系统和应用软件匹配 |

3）数据采集的工作机制设计

采集硬件（设备）按照其采集的时间频度、频次和时间间隔等内容，应分为全（实）时采集、定时采集、触发采集和混合采集四种模式。应依照不同被测结构的类型特点和被测物理量对采集数据的具体需求，选择合适的采集模式。针对设置在被测结构的不同区域的传感器，宜视具体情况选择相同或不同数据采集频率，如表 6.9 所示：

**表 6.9　采集模式分类**

| 采集模式 | | 模式说明 | 与表 6.3 中监测系统类别的关系 |
|---|---|---|---|
| 全时（实时）采集 | | 采集设备进行全时（实时）连续的采集 | 可匹配表 6.3 健康监测系统各类别中“实时在线监测”情形 |
| 定时采集 | 周期性连续采集 | 采集设备进行非全时工作，仅在指定某时间内全时（实时）连续采集，既可以是周期性的，也可以是非周期性的 | 可匹配表 6.3 健康监测系统各类别中“周期监测”“巡检”情形 |
| | 定期或不定期巡采 | | |
| 触发采集 | | 采集数据触发预设阈值时采集设备进行全时（实时）连续采集 | 可匹配表 6.3 健康监测系统各类别中的其他情形 |
| 混合采集 | | 采集数据未触发预设阈值时采用定时采集，触发阈值时采用触发采集 | |

采集的时间同步性和时间长度是数据采集子系统设计中的重要参数。所谓同步，就是要求通信的收发双方在时间基准上要保持一致。数据采集的时间同步性包括时间同步采集

和时间异步采集，同步采集又包括时间同步误差较小的（一般≤1ms）严格同步采集，以及时间同步误差虽较大但能达到或接近严格同步采集的同等效果的伪同步采集。伪同步采集模式，也称为模拟同步采样模式或分组采集模式，适合应用在对某组采集的组内时差要求尽量小，但组和组之间的时间间隔较大的监测场合。比如某监测需求是采集桥隧结构的四个不同区域传感器数据某 1 秒内的最大值，假设采集频率是 10Hz，传感器按四个区域分别连接到采集设备的四个通道。由于仅采集最大值，采集设备既可采用严格的同步采集模式，即每 0.1 秒内都严格的以≤1ms 的时间同步误差同时采集四个通道的数据，然后求最大值；也可以采用伪同步采集模式，即根据信号通道开关的能力，每 0.1 秒内轮流对四个通道进行分别采集（每通道先单独采集 0.025s，再进行下一通道的采集），然后求最大值，如此时间同步误差虽然远大于严格同步采集模式的误差，但在实际监测中也能达到监测需求。伪同步采集和异步采集在满足监测需求的前提下，可大幅降低监测系统对采集硬件的性能要求。

需要注意的是，在对重要工程结构、结构的关键部位、结构被评估为异常或危重的部位，以及重要军事设施、核工业设施、航天航空和其他危险领域的设施进行监测系统设计时，应对数据采集的同步性进行高要求设计，应既保证严格的数据响应同步性，也保证严格的数据时间同步性。数据采集的时间同步性包括：①严格的同步采集；②伪同步采集；③异步采集。应按照各级采集设备、数据分析处理的具体需求，设计时间同步性和时间长度，宜参考表 6.10：

**表 6.10　数据采集时间同步性和时间长度的设计内容**

| 时间的同步性建议 | | 同步采集 | | ③异步采集 |
| --- | --- | --- | --- | --- |
| | | ①严格同步采集 | ②伪同步采集 | |
| 时间同步误差应满足 | 同桥隧的同类型待测物理量 | ≤0.1ms | 应满足监测需求 | |
| | 同桥隧的不同类型待测物理量 | ≤1ms | | |
| 时间长度 | 任何采集模式都应保证符合监测需求的连续采集时间长度 | | | |
| 时间参考点说明 | 数据采集应选取共同的时间参考点。当测点较多而传感器数日不足时，可分批采集，但每批采集时应至少保留一个共同的时间参考点 | | | |
| 时间码体系 | 建议同时输出以“公元 1 年 1 月 1 日 1 分 1 秒”为“1”，以每隔一秒增量为“1”的时间码体系；如有必要采用更高精度，时间码精度应同时提高 | | | |

## 6.2.3　数据的预处理

数据处理子系统的作用是对采集的数据应进行适当的数据处理，设计和实施也是从硬件、软件、工作机制这三方面着手的。数据处理包括数据的前（预）处理和后处理。数据处理既可以是数据采集端的，也可以是数据分析端的。需要注意的是，读者容易混淆“数据处理”和“数据（结构）分析”的概念。数据处理子系统和结构（数据）分析子系统有所区别：数据处理子系统侧重于降噪和数据标准化，而结构（数据）分析子系统侧重于数据的分析和演算。一般数据处理子系统将监测数据进行前后处理的结果，输出到结构（数据）分析子系统中进行分析和计算。虽然广义上结构（数据）分析和演算也是一种“数据处理”，但应注意这里的“数据处理”是有关规范中的特定概念。当然，有时根据实际监测需求也可把数据处理子系统的部分工作，集成到结构（数据）分析子系统中。数据处理的基本原则应是有效过滤噪声，减轻数据存储的负担，保留监测需要的信号数据。对桥隧等结构进行静态项目的监测所采集的数据，求平均值降噪的方法是采集一定时间内的平稳信号片段，以该信号片段的平均值作为代表值；进行动态项目的监测所采集的数据，应通过在数据采集设备自身硬件中、数据采集终端或数据分析处理终端的软件中加入数字滤波器的方式对信号进行滤波降噪处理，数字滤波器的设置可以依据监测系统的现实条件而确定。

应采用模拟滤波器和数字滤波器相结合对噪声进行抑制，其中模拟滤波器主要是硬件层面的，通过设计和选用带有硬件滤波功能的设备（可嵌入各级采集设备、数据处理设备的终端硬件或额外扩展专门的滤波设备）来实现；而数字滤波器多以各级设备终端、上位机中的软件预置来实现。在软件设置中可通过改变数字滤波器的滤波流程和相应的参数，即可实现不同的滤波效果。数字滤波器可包括但不限于：平均值滤波器、中值滤波器、低通数字滤波器、高通数字滤波器、带通数字滤波器等，还可将典型的模拟滤波器的原理进行数字化处理，集成到软件中供用户选择。可集成的典型滤波器包括但不限于：巴特沃斯（Butterworth）滤波器、切比雪夫（Chebyshev）滤波器、贝塞尔（Bessel）滤波器、椭圆（Ellipse）滤波器等。应根据监测系统对数据处理的具体需求来进行滤波器设计。

数据预处理应进行滤波降噪。方法一般包含：低通滤波、带通滤波、高通滤波、数据平均处理等。根据实际监测需求，数据采集子系统和数据处理子系统的硬件设备可以有多种组合形式：有的监测系统将数据采集设备、数据处理（预处理、后处理）设备进行上下级布置，各级间通过网络传输连接；而有的监测系统会将数据采集、数据处理的功能都集中在本地同一个终端中（有时还把结构分析的功能也集成进来）。同样在滤波器的软件和工作机制设计上，有的监测系统会分别对数据采集、数据处理有单独的滤波器设计和配置；而有的监测系统会将数据采集、数据处理都进行统一的综合设计和配置；有的监测系统甚至还把数据采集、数据处理、结构（数据）分析都集成到一起来设计和配置。所以集成方法是灵活的，应根据监测具体需求来对滤波器进行设计和选用，其原则是应遵循最大限度滤除噪声和最大限度保留有用信号。特别的，采集数据中的噪声多属于高频信号时，此类信号宜在数据预处理阶段就采用低通或带通类型的数字滤波器进行滤波；对于振动模态分析的监测场合，应在数据的分析处理阶段对结构的振动信号进行分析，应对其结构静态成分（趋势项）利用处理软件的频谱分析滤波功能进行消除（即去趋势项处理）。需要注意所采集的海量数据和结构所受载荷的关系，如桥隧等交通工程结构一般以车辆荷载为主要激励形式，监测系统所采集到的含噪数据信息一般混杂了三类数据信息：一类是车辆荷载产生的静态应变效应（即趋势项）；二类是车辆速度效应及路面不平顺引起的结构振动效应（即振动信号）；三类是由各级硬件设备等产生的噪声信号。应针对被测结构不同的监测目的和不同被测物理量的特性，采用不同的滤波方法。例如对高频噪声信息，应选用低通或带通类型的滤波器去除高频噪声；进行桥隧等结构的模态提取时，应消除趋势项和噪声信号，仅保留结构的振动响应信号；在利用应变影响线理论进行结构性能评估时，应消除桥梁结构振动信号和噪声信号，仅保留结构的应变趋势项成分。其中应变趋势项的提取或去除主要有两个方法：一是利用三种信号的频谱特征（趋势项的频率成分接近 0，振动信号的频率成分属于低频特征，噪声信号的频率成分属于高频特征）进行滤波分析；二是采用黄-希尔伯特变换（HHT）原理进行动静态分离，其核心方法即经验模态分解（EMD），能使复杂信号分解为有限个固有模态函数（IMF），相对于其他滤波方法而言，其最大的优势是便于处理非平稳信号。在实际应用中可根据具体应用范围，综合应用上述两种方法和近年来发展起来的其他方法如各类小波分析方法进行滤波。

### 6.2.4　数据的传输（通信）

1）数据传输（通信）的硬件设计

数据通信与传输按照功能分，可以分为内场（传感器现场）传输和外场（远程）传输。数据通信与传输应按硬件、软件和工作机制的内容进行设计和实施。坚持“因地制宜”的原则，尽量利用现有的网络条件搭建传输线路，数据应在内外场的整个传输网络间实现传输和共享，应匹配各设备终端的数据接口，传输宜采用成熟的数据接口和协议（如 TCP/IP 协议），数据传输故障时还应有告警和修复机制，传输的同步应匹配时间基准和数据传输速度的需求，满足实时性要求。传输硬件应注意各级设备间的软硬件兼容匹配，应考虑对传输硬件提供足够防护，尽量选用户外型工业级的设备和线缆，优先采用有线形式的电缆和光纤/光缆连接，条件允许时可建立专人专管的线路和结构健康数据监控中心，否则可利用现有的如桥隧维护管养部门等各类监控中心，当传输距离较远布线困难时，可采用无线通信的传输形式。基于结构区域分布传感的健康监测系统中，数据传输（通信）的硬件应能保证监测系统各（级）组成部分间的物理连接，应提供足够的带宽和数据冗余度，保证传输的安全、可靠、高质量和便于维护。硬件物理连接按形式分为有线连接和无线连接，连接介质和线路的设计应符合表 6.11 中的基本要求：

**表 6.11　硬件物理连接的基本要求**

<table>
<tr><th>连接形式</th><th>传输信号</th><th>距离<br>协议<br>类型</th><th>连接介质</th><th colspan="4">设备间物理连接路径</th><th>线路衰减</th><th>最低带宽</th></tr>
<tr><td rowspan="6">有线</td><td rowspan="4">电信号</td><td rowspan="3">传感器电输出</td><td rowspan="3">屏蔽电缆</td><td>传感器→信号调理设备</td><td colspan="2">信号调理设备→采集站（仪）</td><td>采集站（仪）→上级设备</td><td rowspan="3">应＜1db/30m</td><td rowspan="6">应满足监测的传输需求</td></tr>
<tr><td rowspan="2">线长应≤2m</td><td>无中继/增益时</td><td>线长应≤150m</td><td rowspan="2">应依据传输距离采用相应传输协议</td></tr>
<tr><td>增加中继/增益</td><td>线长可＞150m</td></tr>
<tr><td>通信电信号</td><td>屏蔽网线</td><td colspan="4">（1）宜优先采用数电传输；<br>（2）数电信号电缆传输距离＞10km 时，宜采用 RS-485 协议；<br>（3）数电信号电缆连接双方均要求主动发送数据时，宜采用 RS-422 协议；<br>（4）通信电信号宜优先采用基于 TCP/IP 协议的工业以太网传输，应符合 ISO 和国家有关标准</td><td rowspan="3">符合国家标准</td></tr>
<tr><td rowspan="2">光信号</td><td>光纤传感器输出</td><td rowspan="2">光缆</td><td colspan="4" rowspan="2">短距离（一般≤2km）时宜直接以光信号/模拟信号形式传输；长距离（＞2km）时最大传输距离应根据传感器的信号衰减传输性能确定，必要时应增加信号中继/增益</td></tr>
<tr><td>通信光信号</td></tr>
</table>

续表

| 连接形式 | 传输信号 | 距离 协议 类型 | 连接介质 | 设备间物理连接路径 | 线路衰减 | 最低带宽 |
|---|---|---|---|---|---|---|
| 无线 | 电信号 | | 无线电波 | （1）内场（设备场所内）覆盖范围宜＞10m；<br>（2）外场（设备场所外）覆盖范围宜＞500m；<br>（3）远程传输距离宜＞10km；应保持无线覆盖范围内足够开阔，传输受阻时应增加中继/增益，传输质量无法保证时应改选有线传输形式 | | 应＞2Mhz |
| | | | 微波 | | | |
| | 光信号 | | 红外线 | | | |
| | | | 激光 | | | |
| 线路建议 | | | 线路方案（★代表建议使用，★越多代表被建议的程度越高） | | | |
| | | | 利用 | 同类监测系统传输线路★★★ | | |
| | | | 已有 | 计算机/监控/网络线路★★ | | |
| | | | 线路 | 电力/消防控制线路★ | | |
| | | | 新设专用线路 | ★★★ | | |
| | | | 临时线路 | 按需设计和选用 | | |
| | | | （1）宜利用已有传输线路，设计和选用与已有线路相匹配的数据接口 | | | |
| | | | （2）应采用中继/转发设备来匹配各级传输设备的不同数据接口，中继/转发设备应符合数量最少化的原则 | | | |

传输（通信）的组网布设拓扑形式应依据监测系统具体需求、传感器类型和其传输距离衰减性能、各级采集设备的传输能力、各场所和通信网络的现有条件以及施工现场条件等进行综合性的设计。传输线路的拓扑结构应符合国际和国家相关标准，这些技术规范为组网布线提供了详尽的工程指导。拓扑设计应考虑结构健康监测系统和各结构、电气、机电、通信、安全等多方面的协调，需按相关标准设计安全可靠、高效便利的传输子系统。监测系统的通信传输组网，可以采用多种拓扑结构，这种拓扑可以是结构群与结构群间、结构群与单体结构间、传感器网络与采集站（仪）间或各采集站（仪）间、同级的数据处理终端间或结构（数据）分析中心和上级设备间的。典型的拓扑结构有 6 种，如图 6.15 所示。

通信与传输网内部的各结构群，各单体结构，单体结构内的各采集/处理站（仪）、各类数据终端、甚至网络交换机，都可以称为节点。从上图的传输网拓扑结构来看，6 种拓扑结构为：

（a）总线结构通常采用广播式的信道，即网上的一个节点（主机）发信时，其他节点均能接收总线上的信息；

（b）环型结构采用点到点通信，即一个节点将信号沿一定方向传送到下一个节点在环内依次高速传输。为了可靠运行也常使用双环结构；

（c）星型结构中有一中心节点（集线器），执行数据交换网络控制功能。这种结构易于实现故障隔离和定位，但它存在瓶颈问题，一旦中心节点出现故障，将导致网络失效。为了增强网络可靠性，应采用容错系统，设置备用的中心节点；

（d）树型结构的连接方法，也称层型结构，像树一样从顶部开始向下逐步分层分叉。

这种结构中执行控制功能的节点常处于树的顶点，在树枝上很容易增加节点，扩大网络，但同样存在瓶颈问题；

（e）网状结构的特点是节点的用户数据可以选择多条路径通过传输网络，通信网的可靠性高，但网络结构和协议复杂。目前大多数复杂交换网都采用这种结构；

（f）当网络节点为交换中心时，常将交换中心互连成全连通的网状结构，如图中（f）所示。

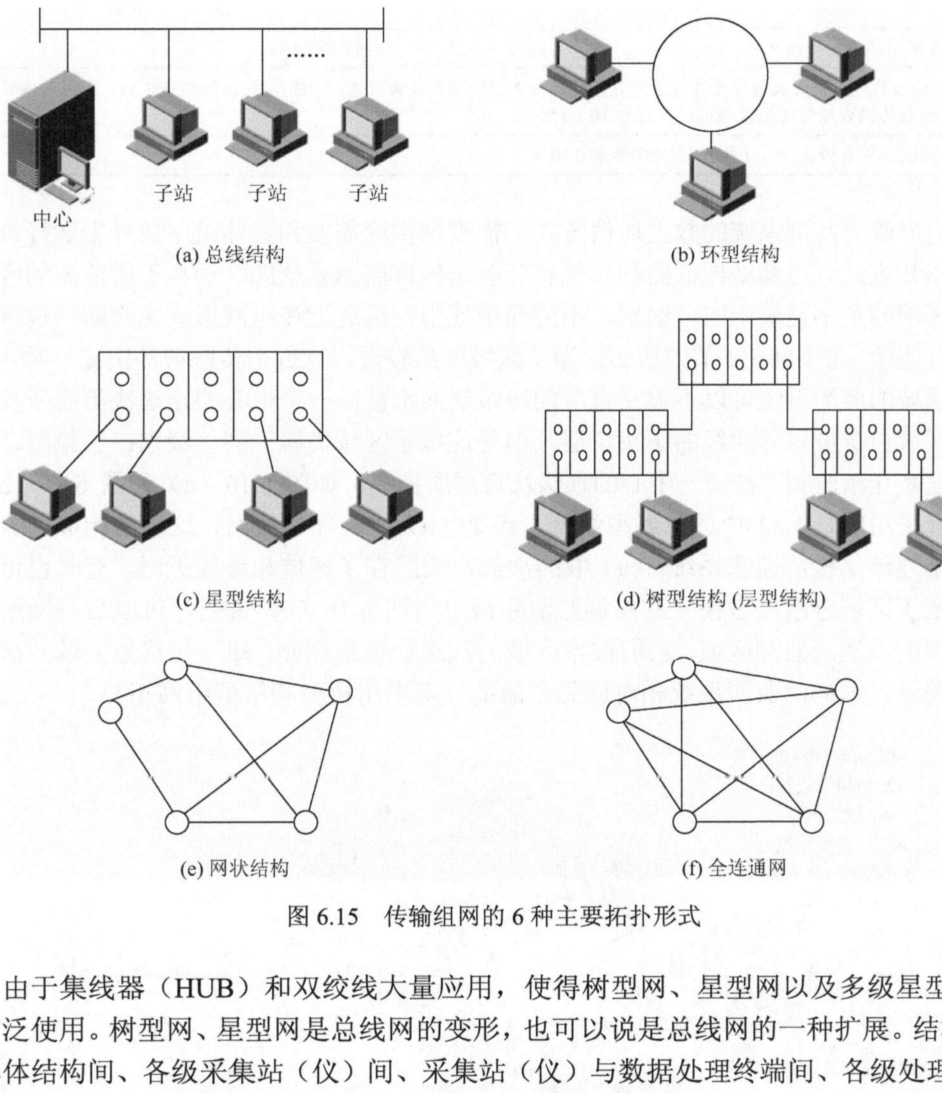


图 6.15　传输组网的 6 种主要拓扑形式

由于集线器（HUB）和双绞线大量应用，使得树型网、星型网以及多级星型网获得了广泛使用。树型网、星型网是总线网的变形，也可以说是总线网的一种扩展。结构群间、各单体结构间、各级采集站（仪）间、采集站（仪）与数据处理终端间、各级处理终端与监测中心间、各网络通信设备间连接，在其拓扑结构条件允许时，应优先采用单模的光纤/光缆作为传输介质，采取有线连接，以环型的拓扑结构组建传输网络，按照通信领域的国际和国家标准进行网络设计和布设。

对单体结构的健康监测系统，宜采用局域网，对结构群等传输距离远、测点多的场合，宜采用城域网或广域网将各个单体结构的局域网连接起来（表 6.12）。

**表 6.12　传输组网的拓扑形式的选择建议**

<table>
<tr><td colspan="3" rowspan="3">节点类型<br>传输距离<br>拓扑形式</td><td colspan="7">连接节点类型</td></tr>
<tr><td colspan="2">结构群→结构群</td><td colspan="2">单体结构→单体结构</td><td colspan="3">单体结构内各节点（设备终端）间</td></tr>
<tr><td>距离近</td><td>距离远</td><td>距离近</td><td>距离远</td><td colspan="2">距离近</td><td>距离远</td></tr>
<tr><td colspan="3">环型结构</td><td colspan="7">★★★</td></tr>
<tr><td>总线结构</td><td>星型结构</td><td>树型结构</td><td>★★</td><td>★</td><td>★★</td><td>★</td><td colspan="2">★★★</td><td>★★</td></tr>
<tr><td rowspan="2">网状结构</td><td colspan="2" rowspan="2">全网连通</td><td colspan="2" rowspan="2">★★★</td><td colspan="2" rowspan="2">★★</td><td>测点少</td><td>测点多</td><td rowspan="2">★★</td></tr>
<tr><td>★</td><td>★★</td></tr>
<tr><td colspan="3">混合采用各类拓扑结构</td><td colspan="7">按需/被指定</td></tr>
<tr><td colspan="10">“★”代表建议程度：★★★条件允许时应优先采用；★★建议采用；★可选用；距离近/远的判断依据，应以传输硬件的性能及传感器传输衰减性能综合确定，宜定为 10～15km</td></tr>
<tr><td colspan="10">条件允许时应采用有线连接，采用光纤/光缆传输和组网</td></tr>
</table>

结构群健康监测系统的数据通信方式，需根据实际需要和具体组网条件来选择最合适的组网拓扑方式。连续结构群监测系统和分散结构群监测系统的区别在于所监测的区域内部各子区域间是不是属于同一级别，不能简单地用距离远近和组网形式来判断结构群监测系统是否连续。正如 6.1.2 节中所述，当子区域距离较近（远近由传输条件决定）时，往往这些子区域的监测系统可以不设立自身的决策层而都被同一个中心的顶级决策层所控制；或者子区域自身虽设有次级的子决策层，但是这些子区域仍属于同一级别：决策层之间可以互相联系互相控制，被同一中心的顶级决策层所控制。如图 6.16（a）和图 6.16（b）所示，不管采用的是（a）中的总线型组网，还是（b）中的环型组网，这种结构群的监测系统都属于连续结构群监测系统，（a）中的次级决策层在子区域相距较近时，有时也可以不设置。至于区域分散（散在）结构群监测系统可用图 6.16（c）说明，可以看到网络中有更低级别的次次级监测区域，它们被本区域的次级决策层控制，却不与其他区域的次级决策层相关联，这样的监测系统相对就是分散的，多采用树型和星型组网拓扑。

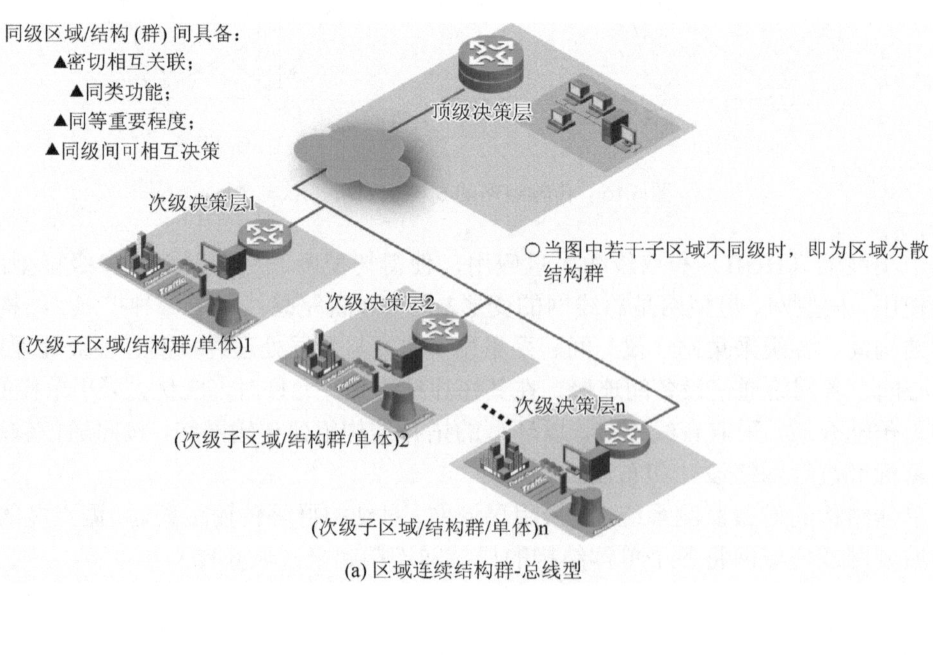


(a) 区域连续结构群-总线型

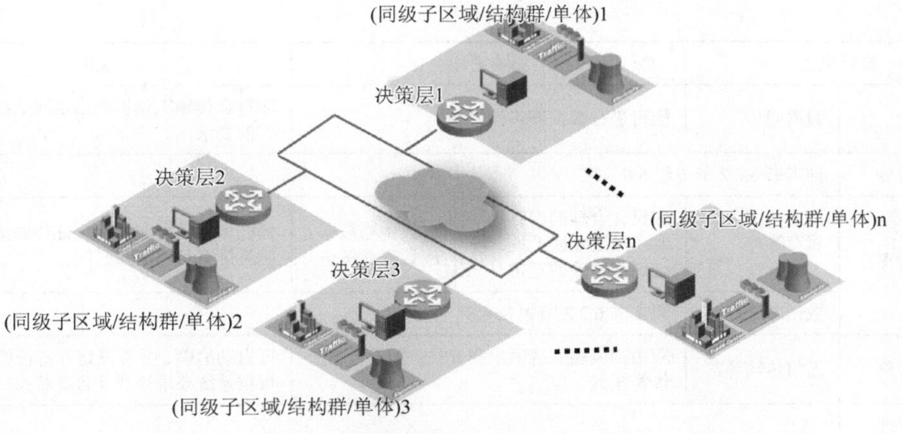


(b) 区域连续结构群-环型

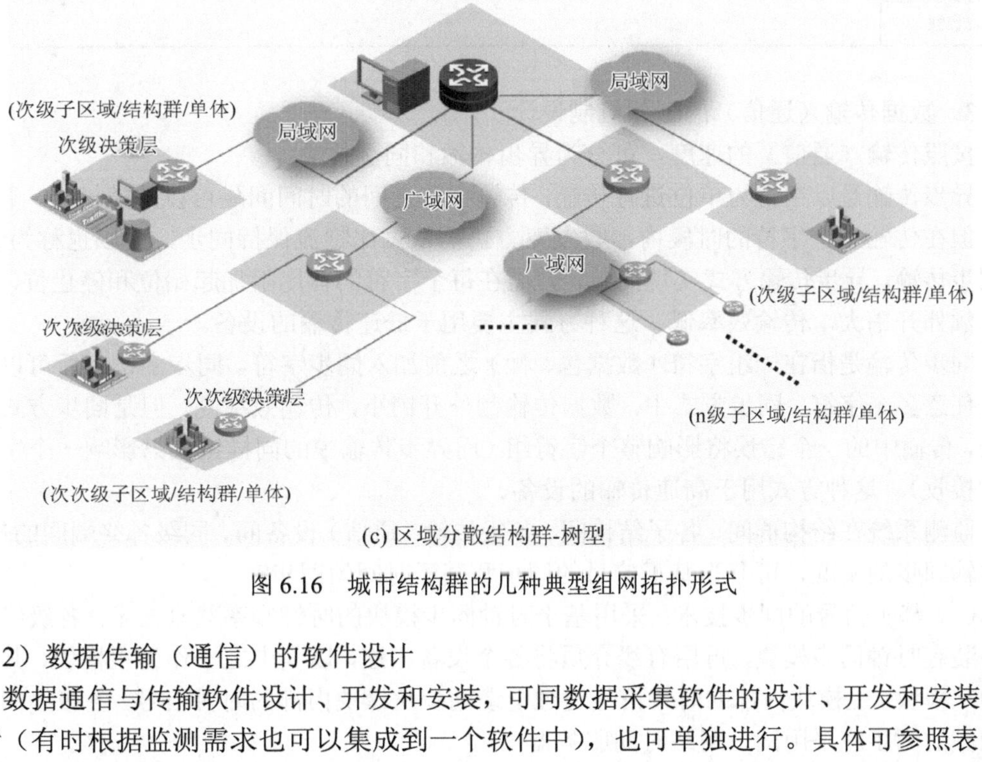


(c) 区域分散结构群-树型

图 6.16　城市结构群的几种典型组网拓扑形式

2）数据传输（通信）的软件设计

数据通信与传输软件设计、开发和安装，可同数据采集软件的设计、开发和安装同时进行（有时根据监测需求也可以集成到一个软件中），也可单独进行。具体可参照表 6.13 的基本要求：

**表 6.13　通信与传输软件的基本要求**

<table>
<tr><th colspan="2">设计类目</th><th colspan="2">基本要求</th><th>说明</th></tr>
<tr><td colspan="2">连接和通信</td><td colspan="3" rowspan="2">同 6.2.2 节中表 6.8</td></tr>
<tr><td colspan="2">电源管理</td></tr>
<tr><td rowspan="2">质量检查</td><td rowspan="2">传输帧（包）校验和应答</td><td rowspan="2">数据传输时应在发射端和接收端双边均进行数据校验</td><td>CRC 校验</td><td rowspan="2">应建立传输数据的帧、包结构体系，数据按包发送，包内含标识位、控制指令等信息，软件应有校验-重发-补发机制</td></tr>
<tr><td>奇偶校验</td></tr>
</table>

续表

| 设计类目 | | 基本要求 | | 说明 |
| --- | --- | --- | --- | --- |
| | 数据同步 | 应可进行数据同步性检查 | | 应符合传输工作机制指定的数据同步形式的要求 |
| 软件性能 | 同本书 6.2.2 节中表 6.8 | | | |
| 存储管理 | 缓存管理 | 应设计合理的缓存机制，保证数据采集、预处理和传输的正常 | 对被传输数据应做寄存备份 | 最低寄存数据容量应保证传输故障发生时系统有足够清障时间 |
| | 数据库管理 | 同本书 6.2.2 节中表 6.8 | | |
| 告警管理 | 通信传输异常 | 应根据监测系统需求和评估，预设合理的告警模式 | | 可自动清障、并补发寄存备份的数据，并可按系统要求恢成非告警状态 |
| 安全管理 | 同本书 6.2.2 节中表 6.8 | | | |
| 易用性 | | | | |
| 兼容性 | | | | |

3）数据传输（通信）的工作机制设计

按照传输（通信）的速度，可分为异步传输和同步传输。

异步传输是以字符为单位进行传输，传输字符之间的时间间隔可以是随机的、不同步的。但在传输一个字符的时段内，收发双方仍需依据比特流保持同步，所以也称为起-止式同步传输。异步传输方式实现简单，但需在每个字符的首尾附加起始位和停止位，因而它的额外开销大，传输效率低。这种方式主要用于低速传输的设备。

同步传输是指在一组字符（数据包、帧）之前加入同步字符，同步字符之后可以连续发送任意多个字符。同步方式中，数据传输额外开销小，传输效率高。但是同步方式实现复杂，传输中的一个错误将影响整个字符组（而异步传输中的同样错误只影响一个字符的正确接收）。这种方式用于高速传输的设备。

监测系统在结构群间、各子结构间、各级传输（通信）设备间、同级各终端间的传输，按传输同步的基准，可分为基于信号的同步和基于时间的同步。

（1）基于信号的同步技术：采用基于时钟同步模块的时钟频率共享技术，各级终端设备中装有时钟同步模块，再用有线介质将各个设备相连，以其中之一作为主模块，其余的作为从模块。主模块内部的时钟信号通过电缆同步从模块内部的时钟信号。各级终端设备时间戳的同步应采用同一网络时间服务器；

（2）基于时间的同步技术：系统各部分具有一个公共的时间基准作为参考，可以基于该基准时间生成事件、触发和时钟。对于长距离传输，可以利用包括 GPS、NTP、IEEE 1588 和 IRIG-B 等各种时间的参考基准，借助绝对定时，实现传输数据的关联与同步。

数据传输可采取有线传输和无线传输。有线传输是指两个通信设备之间使用物理连接，将信号从一方传到另一方。常用的介质有双绞线、同轴电缆和光缆等，常用的接口有 RS232、RS422、RS485 和 RJ45 等；无线传输是指两个通信设备之间不使用任何物理连接，将信号通过空间传输的一种技术。通常可分为无线广域通信网（无线公网）和无线局域通信网两种方式。无线广域通信网络可采用 GPRS 和 CDMA 等方式；无线局域通信网可采用如 TCP/IP、ZIGBEE、蓝牙等传输协议。有线与无线两种传输的设计和选择，应坚持“因地制宜”的原则，综合考虑多种因素，灵活选取合适的数据传输连接方式，条件允许时应优先采用有线连接。

通信设备之间任何实际应用信息总是伴随着一些控制信息的传递，其按照既定的通信协议工作，将应用信息安全、可靠、高效地传送到目的地。系统应根据前端传感器单位时间采集的数据量大小，结合设计的传输实际通信能力，对数据进行分包处理，以包为单位实施传输。在通信中，“包”（packet）和“帧”（frame）的概念相同，均指通信中的一个数据块。串行通信的数据格式有面向字符型的数据格式，如单同步、双同步、外同步；以“包”、“帧”为单位传输的机制，每包根据需要可全部或部分采用以下六个部分组成，分别是标志区、地址区、控制区、信息区、帧校验区和标志区。采用“包”为单位传输机制后，为避免数据传输过程中因电源、信号中断或干扰造成的“包”丢失现象，相应的数据传输硬件/软件设计中应使用应答模式，即引入检校-重发-补发机制进行误码控制。校验方法有奇偶校验和循环冗余校验（cyclic redundancy check），接收端将计算得到的奇偶校验/循环冗余校验校验码与数据包包含的校验码进行比较，二者一致，接收端给发送端确认信息，继续发送下一数据包；若校验不合格，接收端发送相应信息，要求发送端重新发送该数据包。两种校验方法可根据结构健康监测系统所进行的监测项目的具体数据要求，进行选用：

（1）对传输数据质量要求不高或数据传输量较小的场合宜采用奇偶校验。奇偶校验是在传送字符的各位之外，再传送 1 位奇校验位或偶校验位，分别为奇校验方式或偶校验方式。奇偶校验不能纠错，但发现错误后可以要求重发；

（2）对数据质量要求较高或数据传输量较大的场合，宜采用循环冗余校验校验（cyclic redundancy check，CRC），采用除法及余数的原理进行错误侦测。常用的循环冗余校验码位数有 8、16、32 位，大型结构健康监测系统的数据通信设计时，宜采用 16 位的循环冗余校验校验。校验过程可简单描述为：在发送端根据要传送的 $k$ 位二进制码序列，以一定的规则产生一个校验用的 $r$ 位监督码（CRC 码），附在原始信息后边，构成一个新的二进制码序列数共 $k+r$ 位，然后发送出去；在接收端，根据信息码和 CRC 码之间所遵循的规则进行检验，以确定传送中是否出错。

4）无线传感技术与多类型信号传输技术

早在 20 世纪 70 年代就出现了将传统传感器采用点对点电缆传输，连接传感控制器而构成传感网络雏形，它被归为第一代传感器网络；随着科技进步，传感器网络开始具有获取多种信号的综合处理能力，并通过与传感控制的相连，组成具有信息综合处理能力的传感器网络，这是第二代传感器网络。而 20 世纪末开始，随着现场总线技术、嵌入式技术等开始应用于传感器网络，海量多功能传感器被混合运用，并使用无线技术连接，智能化无线传感器网络逐渐形成。这里需要指出，虽然本书前面章节介绍的基于区域分布传感的光纤传感器主要采用光信号传播采用有线光缆做传输介质，但根据需求也可以用现场总线技术、嵌入式技术等将光纤传感器的信号转化为数电信号再无线输出，融入使用无线技术连接的诸多种类的传感器网络中。

以汽车为例，仅靠一个仪表盘就能同时显示诸如速度、载油量、车灯工作状态等多项决定行车安全的重要参数指标，于是考虑通过无线传感网络，结合多种类信号传输方式，对建筑、桥梁、隧道等重要的基础设施布设多个传感点，采用区域分布传感光缆通信的有线方式和其他传感器的无线方式相结合，在现场（内场）预设的工作终端对可能反映结构安全状态（人们感兴趣的）传感器信号进行采集和预处理，并传输到控制中心对整体结构参数和性能进行评估，如图 6.17 所示。

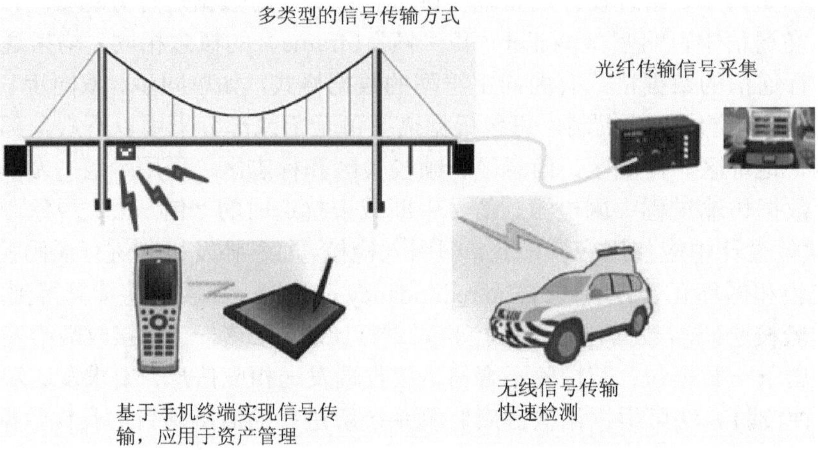


图 6.17　结构健康监测中的多类型信号传输方式

无线传感器网络（wireless sensor network，WSN）可以看成是由数据获取网络、数据颁布网络和控制管理中心三部分组成的。其主要组成部分是集成有传感器、处理单元和通信模块的（传感）节点，各节点通过数据协议自组成一个分布式网络，再将采集来的数据通过优化后经无线信号传输给信息处理中心。其工程应用中需注意：①硬件资源有限。WSN 的节点采用嵌入式处理器和存储器，计算能力和存储能力有限。工程应用中需要解决如何在有限计算能力的条件下进行协作颁布式信息处理的问题。②电源容量有限。为了测量结构的各具体指标，各个传感节点会密集地分布于待测区域（往往电力条件差），人工无法逐一补充电力。③无中心。在无线传感器网络中，所有节点的地位都是平等的，没有预先指定的中心，是一个“对等式网络”。各节点通过颁布算法来相互协调，人工不介入，节点也能自动组织起一个测量网络。④自组织。网络的布设和展开无需依赖任何预设的网络设施，节点通过分层协议和分布式算法协调各自的行为，节点开机后就可以快速、自动地组成一个独立的网络。⑤多跳路由。WSN 节点通信能力有限，覆盖范围只有几十到几百米，节点只能与它的邻居直接通信。⑥动态拓扑。WSP 是一个动态的网络，节点可以随处移动；一个节点可能会因为电池能量耗尽或其他故障，退出网络运行；也可能由于工作的需要而被添加到网络中。⑦节点数量众多，分布密集。WSN 节点数量大、分布范围广，难于维护甚至不可维护。所以需要解决如何提高传感器网络的软、硬件健壮和容错性。⑧传输能力的有限性。无线传感器网络通过无线电信号进行数据传输，虽然省去了布线的烦恼，但是相对于有线网络，低带宽则成为它的天生缺陷。同时，信号之间还存在相互干扰，信号自身也在不断地衰减，诸如此类问题。⑨安全性问题。无线信道、有限的能量，分布式控制都使得无线传感器网络更容易受到攻击。被动窃听、主动入侵、拒绝服务则是这些攻击的常见方式。因此，安全性在网络中至关重要。

### 6.2.5 数据存储管理

数据的存储管理子系统在整个监测系统中起着承前启后的作用。数据存储管理子系统为种类繁多且复杂的采集、处理、分析的各类数据提供集中的存储手段，直接或间接地为结构评估系统的评估需求及结构管养部门的决策提供依据；同时子系统还存储反映结构各结构参数的“历史”演变记录，这些“历史”记录对于深入了解结构的质量演变规律，进而验证结构的设计参数、改进设计和施工的方法、提高设计和施工水平，具有极好的参考价值。

数据存储管理子系统在工程中的软硬件实现方式，主要靠各类数据文件阵列、数据动态链接库、数据库系统等。本书主要介绍数据库系统的设计和实施方法。数据库的设计基本要求是在使用时能支持在线实时数据处理分析、离线数据处理分析以及两种工作方式的混合模式。在线实时数据处理分析指对实时采集的数据进行处理和分析，用户处于在线工作状态。离线数据处理分析则主要是对某一时段以前的存档数据进行处理和分析。

数据库系统应是一个实时运行的，集数据存储、查询、维护和分析于一体的软件系统，应是存储介质、处理对象和管理系统的集合体。数据库系统应由软件、数据库和管理员组成，其软件应主要包括操作系统、应用程序以及数据库管理系统。数据库应由数据库管理系统统一管理：数据的导入、修改和检索均要通过数据库管理系统进行操作。管理员应负责创建、监控和维护整个数据库，使数据能被授权用户有效使用。应将采集系统所采集到的实时数据和历史数据提供给数据处理系统进行处理，并供评估系统对数据进行分析，最终将处理及分析结果进行保存以便查询。

数据库功能应包括：

（1）监测设备管理：监测设备应包括对环境信息、荷载信息、结构反应信息和结构形态信息进行监测的传感器以及采集子站和采集总站设备；监测设备管理应包括传感器及采集设备（包括采集子站和总站）的添加、更换、状态查询以及故障检测等功能。传感器设备宜按照监测信息内容和功能进行分类管理。故障检测包括定时轮询检测及报警，用户可根据实际设定检测及报警周期。

（2）监测信息管理：应包括监测信息的自动导入，即将采集的数据通过传输模块进行预处理后导入到数据库中，再以图形或文件形式导出数据和历史监测信息的查询。数据导出的目的是便于为专业分析软件工具进行进一步的数据分析，宜具备监测信息的可视化功能。

（3）结构模型信息管理：应提供结构的基本参数和评估分析所需要的计算机数值模型，结构模型信息描述了进行评估分析时所需要的模型。当分析模型有所改进时，系统应支持利用新的评估模型进行分析的机制。

（4）评估分析信息管理：应提供评估准则、保存评估结果并供查询统计。评估分析模块依据监测数据和结构模型对结构进行定量或定性的分析，并依据一定的准则评估结构的性能。评估准则本身应可以添加、修改或删除。

（5）数据转储管理：应支持海量数据的归档以及相应的元数据管理。归档的数据可以存储在大容量存储设备中并应支持使用时的可访问性。数据转储主要利用数据库管理系统自身提供的归档功能进行数据归档。归档使用的大容量存储设备应包括大容量磁盘、光盘、磁带等二级存储设备。

（6）用户管理：应支持用户权限的定义和分配功能。系统根据用户的权限来操作不同模块，提供基于角色的用户组管理、用户授权、注册账号和认证管理等。

（7）系统安全管理：应提供系统运行环境的网络安全管理和安全保护、数据库的容灾备份机制、敏感信息标记以及用户使用日志审计等功能。数据库系统安全管理应有相应的硬件、软件和人员来支持。系统安全包含两层含义：第一层是指系统运行安全，系统运行通常受到的威胁包括一些网络不法分子通过网络入侵计算机系统使系统无法正常启动，或让系统超负荷运行以及其他损坏系统硬件设备的破坏性活动。第二层是指系统信息安全，系统信息通常受到的威胁包括黑客对数据库入侵，修改或窃取系统内的资料。因此系统安全既要考虑对数据库管理系统的安全保护，也要考虑对数据库管理系统中数据信息的保护（包括以库结构形式存储的用户数据信息和以其他形式存储的由数据库管理系统使用的数据信息）。

数据库的组成应与数据库的功能相对应。数据库按主题宜划分为监测设备数据库、监测信息数据库、结构模型信息数据库、评估分析信息数据库和用户数据库等。一般按照“四库四功能”的体系来进行设计，四库包括数据库、模型库、方法库和知识库。四功能包括信息管理子模块、分析评价子模块、综合评价子模块、辅助决策子模块。其中综合评价子模块是具有运用知识库能力的、能进行结构反演评估和推理的智能化专家模块。数据存储管理软件再结合结构分析软件，能全面的为结构健康监测系统提供技术支持。图 6.18 是典型的数据库软件架构示意图。

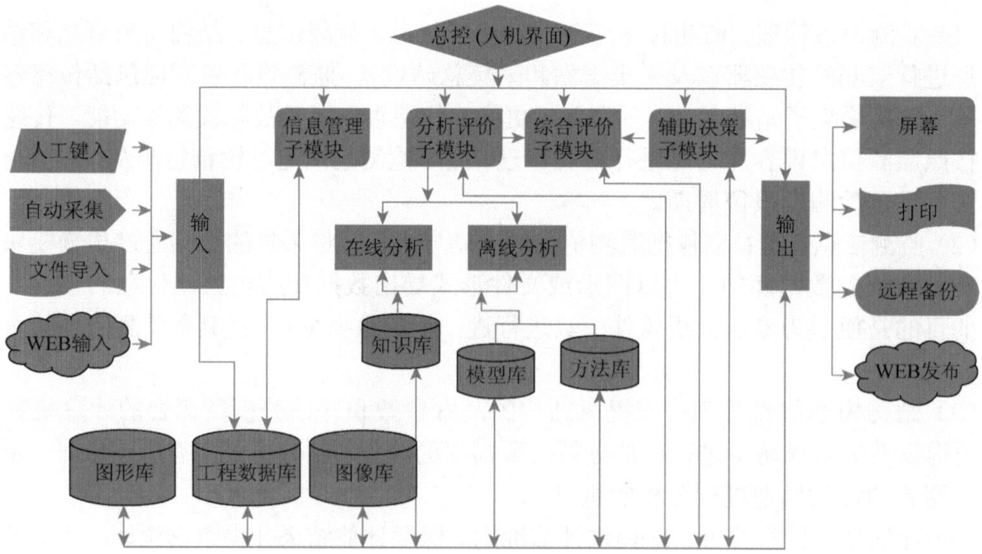


图 6.18　典型的数据库软件的架构

### 6.2.6 数据子系统的实施

数据子系统进行硬件、软件、工作机制的三方面设计并经多方论证和协调后，应按照有关规范的指导流程和要求，按数据的采集、处理、传输、存储管理四个类目实施。工程中应查阅有关领域的实施规范，严格遵照规范操作和执行，实践中所遇到的监测系统故障很多都是实施过程中的违规操作导致。不具体枚举规范条文，而是介绍典型的系统实施方法供读者参考。

实际监测中数据子系统的实施，主要是数据采集站和数据传输（通信）网络的实施。

数据采集站的实施一般按照如下顺序进行：设计控制箱（机柜）→安装控制箱→安装控制箱内设备→设备接线→检查→通电测试→固定设备。控制箱（机柜）的设计应符合国家相关设计规范。

当结构健康监测系统采用光纤应变传感器时，光纤传感器和光缆拥有同样的基体，且光纤线缆通信具有串扰小速度高丢帧率低的特点，因此传感器之间，传感器和采集站之间，最可靠和高效的连接介质是光纤线缆，使用光缆进行通信传输的技术较为成熟可靠，国家已出台多部相关的技术规范，在配套产品上，光纤传感器和基于光缆的网络通信传输有较丰富的选择，因此一般只要条件允许，都应优先采用光缆通信作为网络通信的基本方案。建议是在临时场合、数据质量要求不高的场合、线缆布设条件不足的场合和被监测系统有特别要求的场合下，才考虑选择如同步技术传输通信或无线网络通信。

数据采集软件与传输（通信）软件，应根据数据采集和传输需要，选择安装在各采集单元（终端）或控制中心的计算机服务器、工作站内。软件还应对被测结构的不同区域、不同位置、不同监测指标的传感器进行针对性的设计。数据采集与传输软件应根据需求，灵活设置其运行方式。数据采集软件和数据传输软件，既可以设计运行在同一终端，也可以设计成不同在不同终端运行。有些场合网络条件较好，在结构附件有专门的监测控制中心，预留有性能强大的计算机服务器、工作站，且控制中心有专人负责总体观测和运维，则可将数据采集和传输软件设计实施在控制中心的计算机站中便于集中操作；而有些场合，各传感器的采集单元采集的数据量较大，网络传输质量却很低，或结构附件不具备专门的监测控制中心设置条件，或监测控制中心不具备高性能计算机服务器、工作站、管养人员等条件，则应在各采集单元（终端）针对性的设计实施数据采集和传输软件，各单元独立将自身采集数据先行计算分拣后，再行传输，将匹配网络通信条件的有用结果数据，传给监测控制中心以减轻通信传输的负担。某些区域无法布设光缆时，可采用无线通信方式组网，数据采集单元应设计对应无线通信的传输软件。有时根据实际情况，甚至要在通信设备安装过程中依据现场的条件临时进行软件的编写。

数据采集与传输软件在通信设备施工时应进行相应的配置，至少应采取如下措施：①连续全时在线采集的数据应同时存储在本地数据采集单元（终端）和控制中心的计算机服务器、工作站（存储管理终端）内；②对采集的信号数据进行结构分析有实时性要求的情形，应采用边采集，边存储的双工方式；③对监测有多个终端同时采集和传输的情形，如振动、线形等信号监测时，应注意不同区域的终端中采集和传输软件应进行同步采集，采用中心工作站统一命令的控制方式。数据采集与传输软件在整个结构健康监测系统中十分关键，监测数据为结构状态的分析提供直接依据，因此软件实施时，对精确度、运行速度、传输质量、数据库配置、数据文件存取质量等都有严格的要求，应采取有效措施，科学而规范的保证数据采集和传输软件的可靠性、实时性及同步性。

## 6.3 结构分析子系统的设计与实施

结构分析子系统在数据子系统输出结果的支撑下，运用本书第 5 章介绍的“三层次”性能评估方法，全面而深入的对结构进行分析和评估，让用户能获知结构的状态参数、异常、性能、未知损伤、寿命、未来趋势等关键信息，既能按国家有关规范给出可靠的评估指标，又能为结构提供各类安全预警从而辅助管养决策，还能为验证结构设计方案和修正结构设计理论提供必要依据。本书中的结构分析子系统是先进结构健康监测系统的核心部分，是先进健康监测技术创新理论和核心算法的集中体现。

### 6.3.1 结构分析子系统的软件设计

1）软件开发语言的选择（LabVIEW 语言）

实际监测的结构类型、结构材料，传感器类型和布设方式和监测条件等千差万别，目前尚未有一种完美的通用软件能够满足所有工程的需求，目前结构分析软件常用的开发语言主要有 C++，MATLAB，Delphi，LabVIEW 等，它们各有特点。

C++是一种面向对象的编程语言，于 20 世纪 80 年代末期兴起，它将人们在日常生活中习惯的思维模式和表达方式应用在软件开发中，使软件开发从过分专业化的方法、规则和技巧中回到客观世界，从而设计出可靠性更高、维护性更好的软件。Visual C++作为 C++开发工具，整合了便利的除错工具以及微软视窗程式设计（Windows API），三维动画 DirectX，Microsoft. NET 框架，使 C++程序的编写更加容易。

MATLAB 在交互的视窗环境下，为用户提供解决方案。在数值分析，矩阵计算，科学数据可视化，非线性动力学系统的建模与仿真等领域有不俗的表现。尤其是 MATLAB 的强大的科学计算机数据处理能力（包含大量计算算法的集合，拥有 600 多个工程中要用到的数学运算函数）和出色的图形处理功能（二维和三维的可视化、图像处理、动画和表达式作图，并且可以对图形进行标注和打印）使得 MATLAB 深受工程计算分析编程的青睐。

Delphi 也是一种可视化编程环境，可以用来方便、快捷的开发 Windows 应用程序。它以 Microsoft Windows 图形用户界面为基础，是面向对象的程序语言、并且集成了先进的数据库技术。它提供了 500 多个的组件供开发人员快速构建应用程序。Delphi 具有强大的数据存取功能，能与 Sybase、SQLServer 等大型数据库连接；而且拥有强大的网络开发能力，能够快速的开发 B/S 应用，适合大型联网数据采集和监测系统的开发。

虽然 C++，MATLAB，Delphi 语言都各有优势，但是它们都属于文本化的编程语言，需要编程人员花费较长的时间学习，记住大量的函数信息，程序的调试也相对困难。而图形化的语言 LabVIEW 却易学易用，软件开发的速度比其他语言快 4～10 倍。LabVIEW 全称为 Laboratory Virtual Instrument Engineering Workbench，是美国国家仪器（NI）公司开发的一种图形化编程语言，跟传统文本编程语言不同的是，其采用数据流编程方式，是用图标代替文本行创建应用程序的图形化编程语言，其开发环境大大简化的编程工作量。LabVIEW 程序又称虚拟仪器，即 VI，每个 VI 都使用函数从用户界面或其他渠道获取信息输入，然后将信息显示或传输至其他文件或计算机。用户界面在 LabVIEW 中被称为前面板。前面板创建完毕后，便可使用图形化的函数添加源代码来控制前面板上的对象。在程序框图上添加图形化代码，即 G 代码或程序框图代码。因此又被称作程序框图代码。

与传统文本编程语言根据语句和指令的先后顺序决定程序执行顺序不同，LabVIEW 采用数据流驱动的方式，程序框图中节点之间的数据流向决定了 VI 及函数的执行顺序[141]。自 1986 年第一个版本的 LabVIEW 诞生以来，每次版本的更新都有功能上的飞跃和令人惊喜的改进[141]。LabVIEW 5 中实现了多线程运行；LabVIEW 6 中添加了立体效果的控件和对事件响应的支持；LabVIEW 8 中增加了工程库和面向对象编程等等。最新的版本的 LabVIEW 2011 已经发布，新版本进一步加强了与硬件的无缝集成和兼容多种开发方式，包括了全新的 UI 控件，新增的数学与信号处理函数及高级应用 API，并能更好地连接网络工具资源，以及同本地用户社区进行交互。LabVIEW 的不断改进，使得其开发效率不断提升，因此也受到越来越多的开发人员的欢迎，并在越来越多的领域得以运用。LabVIEW 在测试测量，控制，仿真等领域有显著的优势，也非常适合于教学，快速开发等场合。

LabVIEW 的主要优势在于：①提供大量的图形控件，用于用户操作界面的编写，并以图形化的代码形式使编程本身变得简单有趣；②内置丰富的工具包，尤其数学，信号处理等工具包提供了 600 多个分析函数为桥梁监测系统中数据的处理提供了相当人的便利；③提供了 CLN、CIN 节点、MATLAB 脚本节点、DLL 加载方式，ActiveX、NET 等众多外接技术，使调用其他语言程序和混合编程变得容易；④内建的编译器在用户编程时就已经完成编译，语法错误会立即显示，并给出提示，此外还提供了探针，条件禁止等方便调试的工具，是调试过程迅速而轻松；⑤提供了大量驱动和专用模块，能与各种采集卡和硬件轻松连接；⑥良好的学习环境，LabVIEW 有着强大的帮助文档，平台内置了丰富的范例，形象化的展示各种函数的功能，此外互联网也提供了大量的资源。

LabVIEW 语言凭借着上述优势，在结构健康监测领域的得到广泛认可，本书认为其是开发结构健康监测分析软件的首选语言之一。以 LabVIEW 语言为底层，“指挥”用和驱动各个子系统的运行和数据的交互与通信的集成技术也是业内的研究热点。

结构分析软件是整个监测系统的“大脑”，它负责对所收集的错综复杂信息进行梳理和分析、降噪和滤波，并结合结构自身特征及各种损伤识别理论对结构的健康状况进行分析和评价，给出实时预警信息。结构分析软件的功能还包括：辅助决策者进行传感器的优化布设；利用日渐成熟的数据库技术，实现对监测数据的管理，为海量数据的处理和分析提供了可能；将结构的变形等参数可视化，为决策者提供直观的判断依据等。

结构的监测软件的设计要有针对性，但是编写过程也要注意遵循通用的原则。除了要遵守软件编写的一般原则——适用性、实用性、友好性、易扩展性、通用性、完整性外，结构软件还应具备智能化（smart）、实时在线化（on-line）、自动化（automatic）、网络化（internet）的要求。实时在线化要求软件具有较高的数据处理效率，常常需要软件进行快速的多线程的并行处理；自动化则需要软件自动完成对数据处理条件的自动判别，舍弃或记录监测数据，以满足对海量数据的处理要求；网络化可以实现监测数据的共享，以便各地专家对结构状态进行分析。

开发语言的选用直接影响到系统开发的效率，本节主要介绍使用 LabVIEW 语言编写结构健康监测分析软件的详细过程。

2）软件的模式化设计

LabVIEW 设计模式，是指 LabVIEW 开发语言针对某特定问题的解决方案及所集成的语言架构和技术。所谓模式化设计，就是将结构分析中所面对的各种反演计算，集成为 LabVIEW 开发语言中的若干个设计模式，将核心算法和操作流程等内容集成到设计模式中，让结构分析软件在设计和实施过程中可以灵活调用与配置这些设计模式，从而提高结构分析软件的针对性和开发效率。

软件模式化设计被广泛使用，是由于实际工程需求虽千差万别，造成应用程序复杂多样，但对特定工程需求的解决方案，其应用软件的设计思想往往是一致的，软件架构设计也是通用的。因此开发语言的编译工作者们通过多年总结，在开发语言中提供了针对各类复杂问题的软件基本设计框架，通过借鉴这些开发语言中预设的程序设计模式，可达到节省编程时间和增强系统稳定性的目的。LabVIEW 语言的设计模式简单易读、可维护性强、可有效减少编程工作量。同时，基于模式化开发的应用程序，便于其他用户阅读和按各自工程需求加以修改和配置。设计模式决定了软件总体架构，选择合适的设计模式很重要。设计模式的选择是一个全局问题，一旦选定了设计模式，后续的程序设计将围绕设计模式展开。

LabVIEW 语言集成了大量程序设计模式，为用户提供了用户界面事件处理器、标准状态机、队列消息处理器、生产者/消费者设计模式、主/从设计模式等几种模式的框架模板。其中，结构分析软件常用的模式有生产者/消费者设计模式、主/从设计模式、队列状态机等。

其中生产者/消费者设计模式常用于数据采集和结构(数据)分析两个子模块的集成，通过并行循环分为生产者和消费者两类循环，循环间采用队列进行数据通信。在生产者循环中，数据采集、（预）处理后输出的数据存入队列，这一过程耗时极短，队列的缓冲作用可以保证数据不会丢失。在消费者循环中，则不停地从列队中取出数据，对其进行分析、演算、显示及保存等。软件架构图如图 6.19 所示。这样的结构保证了数据采集、数据处理、结构（数据）分析之间数据互通，又不产生干涉。如此节省了硬件资源，避免了耗时过长的分析过程，使数据采集、处理、分析可同时高频率工作，并可高效利用已存数据。

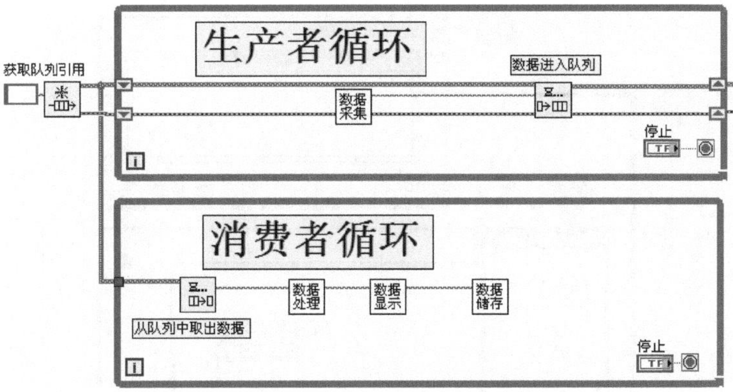


图6.19　生产者/消费者设计模式[1]

主/从设计模式也是常用的并行处理模式，适用于多任务的应用程序，能有效的控制程序中各任务的同时运行。通常，主循环负责发布数据，并控制从循环的响应：主循环没有发布新数据时，从循环处于等待状态，一旦主循环发布数据，所有的从循环立即被唤醒并响应，处理后转入休眠状态。主从循环间通过全局变量、局部变量、共享变量等进行通信，保证每个从循环都互不影响，并且由用户界面产生的延迟也不会影响从循环的运行。主/从设计模式与生产者/消费者设计模式的区别就是队列与通知器之间的区别，队列的数据为一对一模式，不会造成数据丢失，通知器为一对多模式，有可能会丢失数据。

生产者/消费者设计模式和主/从设计模式，结构简单、清晰，易于掌握，但往往不适合于处理复杂的用户界面事件或多状态的复杂事件。结构健康监测分析软件，需要同时实现数据采集，数据实时处理、存储管理，远程传输通信，评估分析预警等多重功能。不仅要保证数据的可靠完整，数据的实时显示，各模块的并行运行，还需要实时响应用户界面事件，这就要求选用和设计一种能处理人机交互并实现多线程并行处理的软件模式架构。

队列状态机是改进的状态机设计模式，与古典状态机相比更为灵活，适用于状态非常复杂的情况。列队可以保存多个状态，并且可以根据需要在队列的前后插入状态，更加方便的处理紧急状态。状态机通过自定义枚举数据类型定义各种状态，在自定义枚举变量中增加状态项可以方便地对软件进行功能的扩展。有科学家对传统的列队状态机进行了改进，提出了列队状态机-生产者/消费者（queued state machine-producer consumer，QSM-PC）结构，如图6.20所示，有效解决了事件结构中用户界面的“死锁”问题。通过多个并行VI的使用，可以实现如数据采集、处理、分析、预警等多功能的高效并行。该模式主要由以下几个部分组成：①队列引用；②用户事件结构；③状态机结构；④一个或多个并行子VI结构。

图6.20中的1.2处表示通过元素出队列函数获取队列中的元素，数据接触捆绑后获得的状态名和数据，其中状态名与状态选择器相连，决定接下来进行的状态。在消费者循环中，每次循环末尾都要队列都要经过队列管理子VI。其主要功能为将单个或是状态序列根据需要添加到队列的前面、后面或者替换掉队列里的元素，以实现事件的逐项运行逻辑；处理错误，当有系统有错误产生时，“ERROR”状态会添加到队列的首部，确保主程序会优先进入“ERROR”状态。

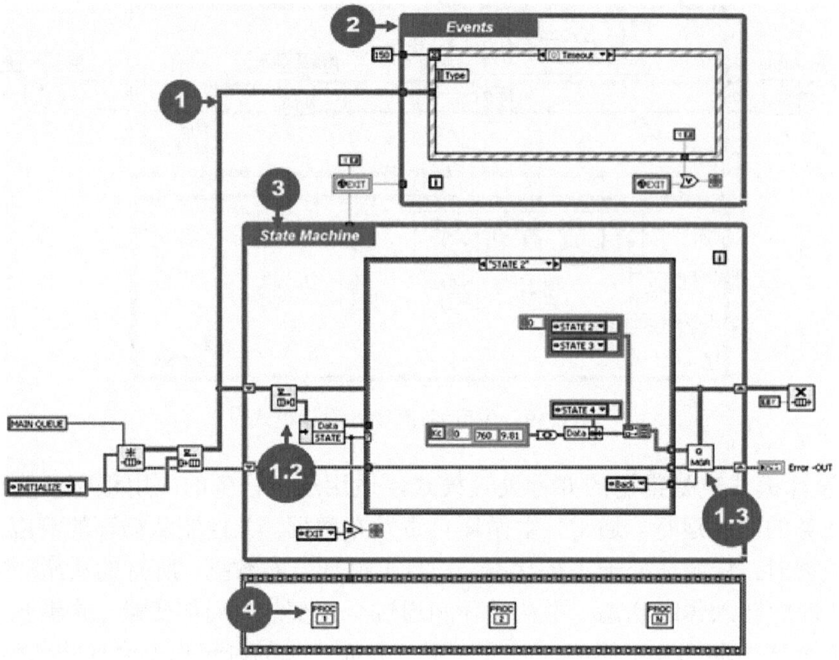


图 6.20　队列状态机-生产者/消费者设计模式的程序框图[2]

这种 QSM-PC 的软件架构有以下特点：

（1）能够进行并行处理：通过队列引用作为数据实时交换的通道，可以实现数据采集、分析、预警的同时进行。

（2）属于多生产者和单一消费者模式。队列的元素可以由多点（生产点）输入，而只在一点（消费点）进行输出。

（3）事件结构与状态机的联合运用，使程序能够很好地响应前面板的动作和外部事件，前面板不会“锁死”同时在“空闲”状态下不会过多占用 CPU。

（4）多个并行的子 VI 本身也可采用列队状态机结构，可以实现通过一个并行结构控制多个并行结构的目的。

（5）具有容错能力。特有队列管理子 VI 保证程序发生错误时自动进入“ERROR”状态，在该状态下进行错误处理。

（6）易于实现功能的添加和修改。通过在自定义枚举变量中增加或改变状态项以及增加或改变并行的子 VI，可以方便地对软件进行功能的扩展或更改。

以上特点说明 QSM-PC 架构的设计模式，具有很好的人机交互处理能力以及多线程并行处理能力，可用于桥梁健康监测软件的开发。本书将采用 QSM-PC 结构模式作为软件的设计模式。

## 6.3.2　结构分析软件工作机制（子模块设计实施）

本节将结合实例，探讨如何使用 LabVIEW 语言，设计实施某型结构健康监测分析软件。首先根据监测需求和将运用的核心算法，绘制 LabVIEW 软件的核心程序框图。

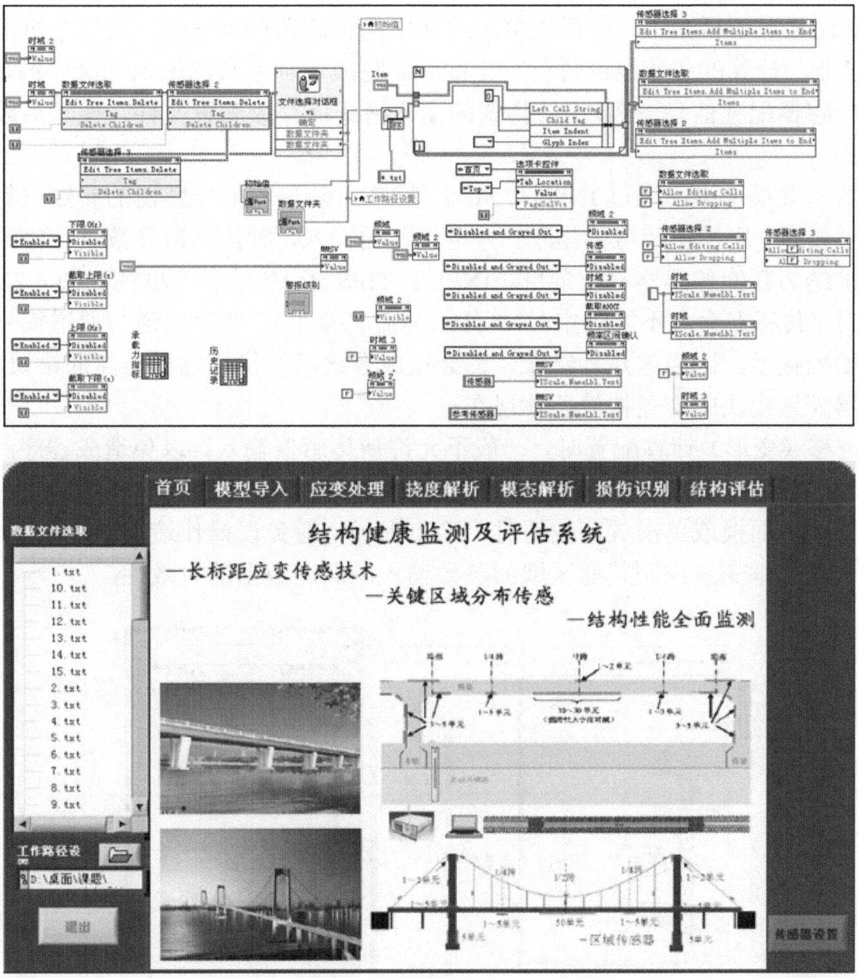


图 6.21　典型分布式长标距应变传感技术的结构健康监测分析软件页面

在进行软件工作机制设计和实施前，应先如图 6.21 所示，总体规划好结构分析软件的各个子模块的页面布局、功能、数据逻辑、数据流程等内容。

1）传感器配置模块

传感器参数（类型、位置、系数等）的正确配置是进行结构分析工作的前提，实践中发现，传感器配置是复杂且易出错的工作，尤其当结构分析软件的用户是缺乏经验的工程实施人员时。因此，传感器参数配置页面需要软件提供合适的指导和交互。LabVIEW 中的“事件结构”便能很好设计用户交互界面：通过编辑事件分支，可以使程序根据前面板的不同操作进行响应。因此，可以把传感器参数配置模块独立为一个 VI（虚拟仪器），使用事件结构进行编写，以完成传感器参数的交互输入。

在传感器参数配置模块，一般第一个页面要完成对应变传感器的通用参数的输入，包括所属通道、通道中的编号、标距、标定系数等，以及是否参与位移（变形）计算。通用参数设置完毕后，则要对参与位移（变形）计算的传感器的排列顺序进行调整，以保证位移（变形）计算的正确进行。有时会对传感器适当分组，目的在于实现结构多区域位移（变形）计算，比如对于桥梁，一般桥梁每个跨区中的传感器归为一组。第二个页面中仅对参与位移（变形）计算的传感器的进行特定配置，完成各项系数的输入和顺序的调整。设置完毕后，传感器配置信息一般以.txt 格式的文本格式保存成配置文件，便于后续的读取与修改。

传感器配置模块中，通过 INPUT TIPS 子 VI 对新输入的传感器的参数进行管理，若输入不符合要求，则给出相应的提示，并拒绝新的输入，对传感器参数进行修改并符合要求后，则采纳为新的传感器参数条目。INPUT TIPS 子 VI 的程序框图如图 6.22 所示，图中的程序对“传感器命名不能为空！”，“分组与命名有重复！”，“通道与通道编号有重复！”几种状态给出提示，因为这几种错误，都会造成系统后续模块输出信息的错误。

传感器配置模块的交互特性还体现在：

（1）位移（变形）计算配置时，一般不允许新传感器输入，以免造成程序的混乱，当编辑区域超出限定范围时，表格变灰并禁止输入。

（2）关闭前面板或单击关闭按钮时，给出提示，避免误操作造成的损失。

（3）采用枚举变量控制某些区域的参数输入，保证数据的有效性。

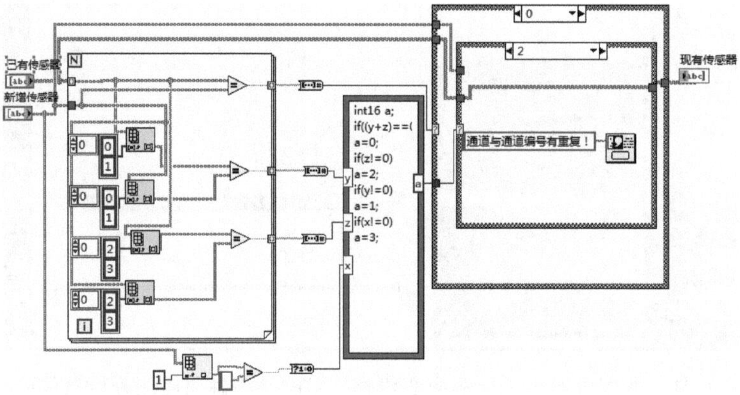


图 6.22　INPUT TIPS 子 VI 的程序框图

2）分析模块

本节实例的结构分软件，其分析子模块集成了数据的预处理、后处理的处理阶段和全面提取结构参数并分析反演的分析阶段（如 6.2.3 节所述，结构分析子系统有时也可集成数据处理子系统的部分处理工作）。处理阶段把长标距光纤应变传感器被采集到的波长信号数据先换算为应变（温度）信号数据，对数据进行降噪等预处理，对应变时域信号进行时频变换等后处理。对静态监测场合，信号数据的预处理主要是降噪，以求平均值的手段进行：采集一定时间内的平稳信号片段，以该信号片段的平均值作为代表值；对于动态监测场合，信号数据预处理则主要通过在结构分析软件中加入各种数字滤波器的方式对进行滤波降噪，同时进行后处理：如使用 6.2.3 节提及的 EMD 经验模态分解法，对信号进行消除趋势项处理。

6.2.3 节中提到，在结构的健康监测中，传感器被采集的信号叠加不可避免的有噪声，使所获得的数据难以反映结构的真实信息，甚至淹没真实信息。需要将所采集的数据进行预（前）处理、后处理，尽量消除干扰信号，提高信噪比，恢复数据所包含的真实信息。工程中是从采集端和分析端的软硬件、工作机制几方面着手处理的。而数据预（前）处理最常用的方法是采用滤波器对噪声进行抑制。滤波器可以分为模拟滤波器与数字滤波器两大类，其中数字滤波器是各类集成在软件中的算法，结构分析软件的设计实施，主要采用的也是数字滤波器。相对模拟滤波器而言，数字滤波器具有诸多优势：低成本——以软件实现，不需要增加硬件设备；灵活性高——只要改变滤波器的滤波程序或相应的参数，就可以实现不同的滤波效果；可靠性高——不存在阻抗匹配的问题等诸多优势，在信号数据处理领域得到广泛的运用。数字滤波器的设计方法有很多，如平均值滤波，中值滤波，低通数字滤波，高通数字滤波，带通数字滤波等。典型的模拟滤波器有巴特沃斯（Butterworth）滤波器、切比雪夫（Chebyshev）滤波器、贝塞尔（Bessel）滤波器、椭圆（Ellipse）滤波器等，LabVIEW 开发语言的信号处理主题中均提供了相应的函数，在结构分析软件开发中，可以根据需求，灵活的调用这些函数。本书主要介绍采用 Chebyshev 数字滤波器对长标距应变传感器的输出信号数据进行滤波消噪处理。

对于桥梁结构来说，通常需要进行频域分析来提取桥梁的自振频率，模态等频域信息以及找出能量集中的频域，对有关量进行相干分析等。响应的功率谱分析正是从频域方面来描述振动的统计特性，基于长标距应变 FRF 和基于位移 FRF 提取结构固有频率和阻尼比等价有效，因此，长标距应变模态的自功率谱密度函数同样适用于结构的频域分析。自功率谱密度为自相关函数的傅里叶变换，故自功率谱密度包含着自相关函数中的全部信息。而且自功率谱密度所反映的是信号幅值的平方，与幅值谱相比，所反映的信号的频域结构特征更为明显。本系统采用 LabVIEW 的 Express 信号分析中的频谱测量 VI 计算时域长标距应变的自功率谱密度。

本系统的数据分析方法，对于静态系统主要为结构位移分布的获得，其算法来源于前面章节所介绍的共轭梁法，在此不再赘述。而对于动态系统，结构参数的提取包括获得结构的频率以及长标距应变模态，与静态系统相同，动态系统也集成了提取结构位移分布的算法。结构频率的根据长标距应变的功率谱密度峰值进行提取，对于结构损伤识别及海量数据处理，系统重点应用了第 4 章介绍的基于长标距应变模态统计数据的无模型损伤识别方法。

（1）选择参考传感器：可以把分布式 FBG 传感网络的传感器分为参考传感器和普通传感器两大类，在本方法中参考传感器的选择是保证损伤识别正确性的前提。参考传感器应选择安装在损伤发生概率最小的位置，如所受内力不大，远离结构薄弱部位且服役环境好的构件或区段。原则上至少选择一个参考传感器，最好考虑若干个，这样可以对比采用不同参考传感器所得的结果，也可防止某个参考传感器因所在位置发生损伤而无法提供“参考”的不利情况。

（2）采集并初步处理数据，获得长标距应变模态向量（MMSV）：假设被监测结构上安装的分布式 FBG 传感网络包括 $N$ 个传感器，$N$ 条长标距应变时程的原始数据被记录。确认数据有效后，结合频域分析方法提取 MMSV。

（3）参数的实时图形再现及目标特征的确定：参考传感器的应变模态（MMS）为 $x$ 轴，某个普通传感器的 MMS 为 $y$ 轴，以图形方式显示应变模态比值，假设参考传感器固定，则每个普通传感器对应一个比值图。每进行一次测量，图上就显示一个对应点。在一个时间段内重复多次测量后，多个点被记录。若无损伤发生，这些点理论上应该线性相关。因此，实际考虑测量噪声的影响时，可以对这些测量点进行线性拟合。所得直线的斜率记为该时间段的目标特征。

（4）基于目标特征的结构损伤识别及有效数据的高效率存储：考虑一定的时间长度，如果测得的数据始终不偏离该目标特征，可以及时删除多次测量积累的数据，仅保留和存储目标特征。如果一定时间长度内，数据偏离目标特征，并显示了明显的规律性，即拟合后的直线斜率明显变化，可以及时进行损伤预警，对应的坐标图同时显示了损伤所在的位置。此外，选择性地保留两段直线间变化过程的数据，可用于了解损伤发生的瞬间和发展过程。

## 6.4 隧道健康监测系统设计与实施

本书多次介绍了区域分布传感技术在桥梁结构健康监测的应用，本节将介绍基于区域分布传感的结构健康监测系统在隧道结构上的应用。这里首先介绍区域分布式光纤传感技术的盾构隧道监测系统的通用设计方法，随后将结合对某隧道的健康监测实例进行进一步的说明。

### 6.4.1 监测系统总体设计思路

1）组成架构

盾构隧道结构健康监测系统的组成架构如图 6.23 所示，现场（内场）设置：用于盾构隧道监测的传感器网络、采集仪器设备、现场分析处理设备、现场数据库和网络交换机。远程子系统包括监控中心、远程数据库和网络交换机。硬件组成的核心和关键点是盾构隧道内布设的传感器网络。

2）典型结构监测软件设计（数据子系统、结构分析子系统相互集成设计）

本章前面各节介绍了结构健康系统按传感子系统、数据子系统、结构分析子系统依次进行设计和实施的工作流程，各子系统又依据硬件、软件、工作机制进行设计实施。在实际工程中，这个过程是灵活的，如可以把数据子系统和结构分析子系统全部集成到一起，或单独把数据子系统中的数据采集软件和结构分析子系统中的结构分析软件集成到一起等，设计以监测需求和实际条件为导向，本书限于篇幅不逐一枚举各类集成组合，也不可能把各子系统软硬件和机制的设计实施又再次重复，鉴于结构监测分析软件是监测核心算法集成最密集的部分，下面结合实例介绍某种典型的把数据采集软件和结构分析软件集成到同一个结构监测软件中的设计方法。

监测软件及其功能示意图如图 6.24 所示。软件架构可分为四个子模块：数据采集与传输子模块，结构指标监控子模块，异常识别、性能评估、健康诊断子模块和数据管理子模块（数据库子模块），其中数据管理子模块兼有数据存管和阈值告警、专家模块的功能。

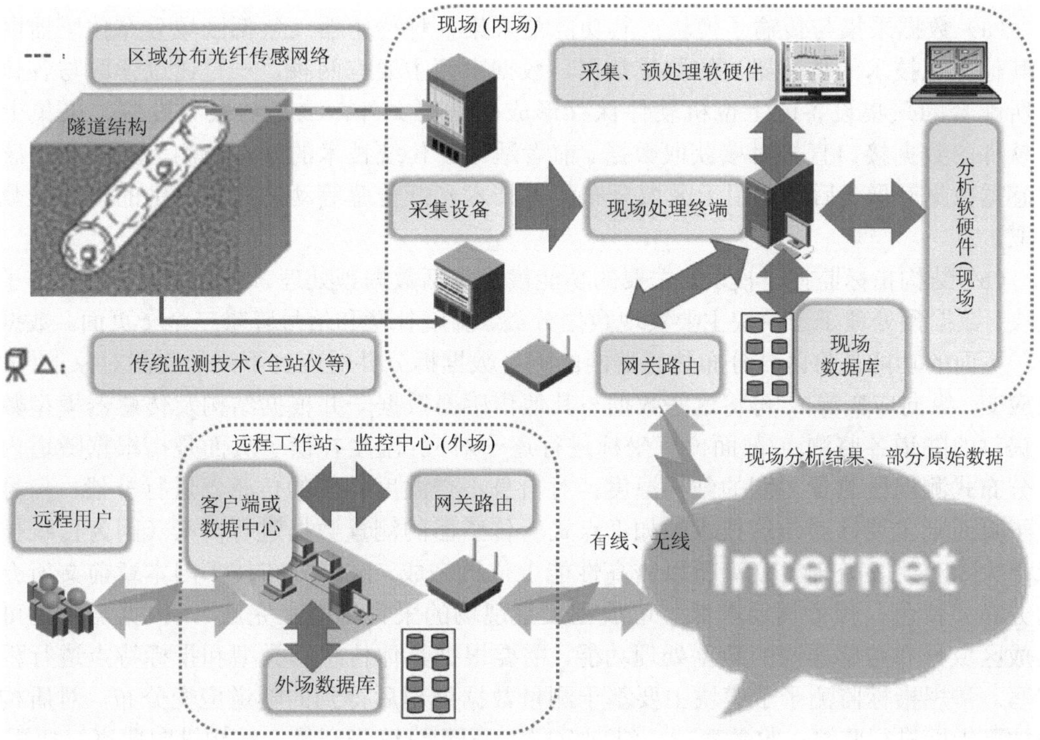


图 6.23　隧道健康监测系统的一般组成架构

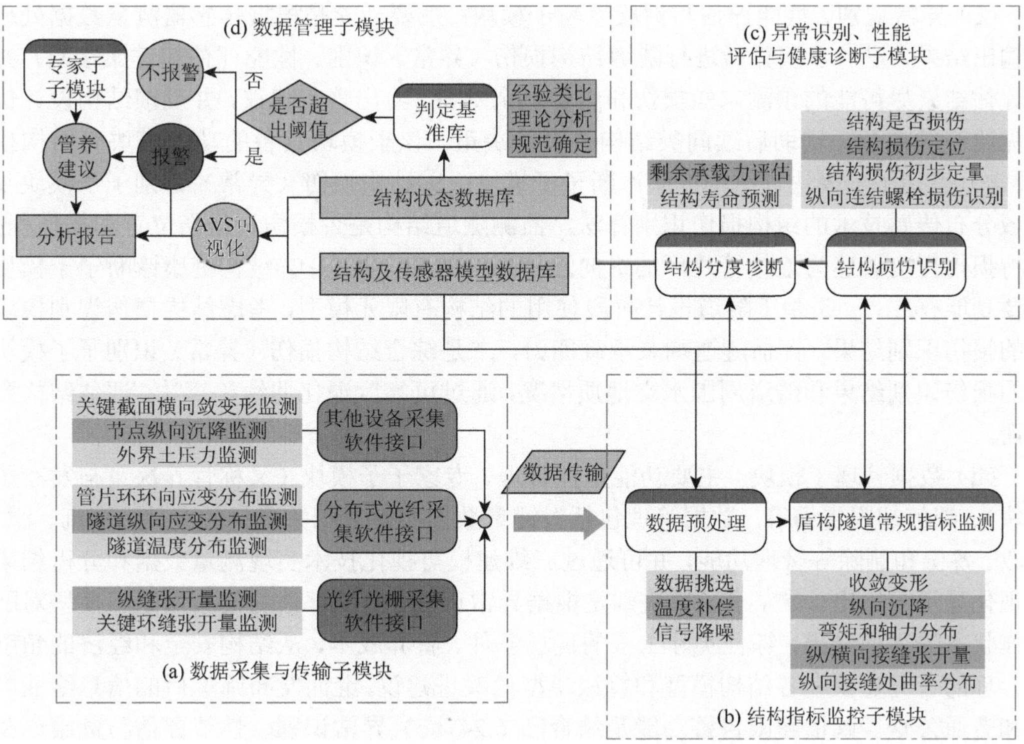


图 6.24　隧道结构健康监测系统软的功能示意图[4]

（a）数据采集与传输子模块：其功能是采集各种传感器（包括区域分布传感器网以及其他传统技术的传感器）的测量数据，数据来源主要有两种，一是通过读取与各传感器所配套的采集设备的上位机软件保存形成的数据文件，二是与采集设备、采集上位机软件的数据接口直接对接获取数据。前者适用于传统技术的静态监测为主的电传感类传感器数据获取，后者适用于区域分布传感技术光纤传感等动态监测为主的传感器数据获取。

（b）结构指标监控子模块：主要的功能模块包括数据预处理、常规指标监测两个子子模块。数据预处理子子模块主要实现数据分类、温度补偿和信号降噪三个子页面。数据分类子页面的功能是将区域分布传感器网的测量数据拆分并对应到不同的监测对象上（如环向应变、纵向应变等），再将这些数据与其他传感器数据一并根据结构及传感器模型数据库提供的隧道各监测点/截面位置坐标进行逐一对应；温度补偿子页面是指根据隧道内各处分布式测温段测量得到的结构温度，对自身不带温度补偿的传感器进行补偿；信号降噪子页面则主要针对传统技术的如“点式”传感器的测量数据进行降噪（因为传统技术噪声大零漂明显处理难度高所以需高性能上位机完成，区域分布技术因本章前文所介绍的分布式特色，预处理要求低，可放在采集现场的采集终端上完成），根据需要也可以集成区域分布传感器网的数据处理功能，需要根据具体传感器类型和指标特点进行程序编写。常规指标监测子子模块主要基于测量数据处理后得到的隧道应变分布，对盾构隧道如下指标进行监测：收敛变形、纵向沉降、环缝/纵缝张开量、结构纵向曲率，弯矩/轴力分布等。

（c）异常识别、性能评估与健康诊断子模块：主要功能是根据传感器测量数据处理后的输出结果，进一步演算后进行隧道结构损伤（异常）识别、性能评估和健康诊断，并根据评估结果尽可能的预测未知损伤和结构剩余寿命，给出管养建议，并反馈结构设计优化意见给有关单位，辅助后续同类结构的设计决策。该子模块具备的功能模块有结构损伤（异常）识别子子模块、结构健康诊断子子模块：①结构损伤（异常）识别子子模块基于区域分布传感技术的结构损伤识别算法，监测隧道结构是否损伤、损伤位置和损伤程度，并将损伤程度表述为连接管片环的纵向连接螺栓的应力状态；②结构健康诊断子子模块的主要功能有二：一是基于隧道设计阶段使用的结构有限元模型，考虑结构损伤识别模块给出的损伤识别结果，评估隧道剩余承载能力，二是综合结构损伤（异常）识别子子模块给出的损伤识别结果和隧道周围水文地质情况，通过可靠度退化曲线等算法，评估结构剩余寿命。

（d）数据管理子模块：主要功能数据管理、专家子子模块（又称管养决策与发布子子模块）、阈值超限告警等。数据管理包括对测量数据和隧道相关资料的存储、查询、添加、修改、备份和删除等管理功能，并可通过三维建模可视化技术实现测量数据和分析结果的可视化显示与输出。专家子子模块则是根据异常识别、性能评估与健康诊断子模块对隧道工作状态的评估结果，综合实际工程的现场条件、管养成本，从结构安全和经济的角度给出合理的管养建议和各结构模型和算法模型的改进建议，继而发布筛选后的信息给业内用户和普通公众。阈值超限告警功能是结合图 6.24（c）异常识别、性能评估与健康诊断子模块的输出结果，以及本子模块的专家子子模块对数据库内数据的标识和挖掘，对超过预设阈值限值的结果数据进行告警，其阈值的来源主要有三：同类工程经验类比、根据数学与力学模型进行理论解析、国内外相关规范的限值。应结合软件各子模块的输出结果，与多方充分协调（科研设计单位、施工单位、监理单位、业主单位、管养单位、普通公众等），制订最告警阈值和机制。

### 6.4.2　某盾构隧道监测系统示例

某过江盾构隧道工程于 2010 年 7 月完成结构部分施工。隧道分为西线和东线，西线隧道长度为 1766.924m，共 883 环，东线长度为 1765.478m，共 882 环。管片环外直径 11.3m，内直径 10.3m，内周长 32.4m。每环纵向长 2m，横向分为 9 块，各块所对圆心角均为 40°，混凝土等级为 C50。隧道的环境地质不佳。隧道穿越粉砂夹粉土、淤泥质粉质黏土、粉砂土、圆砾层等多种地层，力学性质差异较大，且隧道最大埋深可达水下 30 多米，地下承压水压力较高，另有钱塘江大潮作用，总体而言，隧道周边土体稳定性较差，荷载较为复杂，容易诱发不均匀纵向沉降，不利于隧道长期安全运营。为了及时有效的掌握隧道的工作状态以保证隧道结构安全，本书作者团队与隧道管理方共同立项，建立了区域分布传感和传统技术结合的庆春路隧道健康监测系统，对于隧道长期运营条件下的各项关键指标进行长期监测。

1）监测内容参数指标选择

盾构隧道监测的常规监测指标主要有：结构横向收敛变形、纵向沉降、管片内部环向钢筋应变、外部环向混凝土应变、环缝/纵缝张开量、结构纵向曲率，弯矩/轴力分布、关键截面土压力分布。根据隧道实际情况，由于周边地质条件复杂，且受潮水影响，因此结构的纵向沉降以及短期荷载突变时关键截面处的收敛变形在上述指标中最为重要。同时，由于此隧道属越江隧道，对于防止隧道渗漏具有很高的要求，因此准确监测纵向接缝和关键截面处的环向接缝张开量，也有重要的意义。另外，外部环向混凝土应变可由传感器直接测量得到，管片内部环向钢筋应变可近似等于外部环向混凝土应变，弯矩/轴力分布也可由传感器应变推算而得。考虑到传感器布设较为困难，关键截面土压力分布暂不测量。

2）传感子系统和数据采集子系统的设计和实施

本监测系统设置结构横向和纵向两个监测断面。横向监测断面设置于隧道由南向北 411 环处（此处接近结构最大弯矩点），纵向监测断面设置于隧道由南向北 303～327 环，全断面共 24 环，总长度为 48m。根据监测指标的重要性以及是否具有分布性特点进行传感器选型。横向监测断面中，监测纵缝张开量较为重要，且呈现出关键区域的分布式特色，传感器优化设计后所需数量较少，故选用区域分布的长标距 FBG 传感器，由于管片环向应变变化监测需要传感器沿环向布设一圈，数量较多，故也选用增敏光纤。隧道纵向监测断面中，仅需要对结构环缝张开量进行监测，且断面较长需用较多传感器，故也选用增敏光纤。由于传感器布设与管片拼装完毕间隔时间较长，增敏光纤应主要根据越江盾构隧道在结构横向应变和纵向应变随时间变化幅度，确定传感器设计所需参数。

传感器具体布设位置如图 6.25 右半部所示，传感器子系统由三个传感器子网组成：①区域分布的监测管片内弧面纵缝张开量的长标距光纤 FBG 传感器网络（图 6.26）。隧道横向每环有 9 条纵缝，每条纵缝处均布设区域分布长标距 FBG 传感器，标距长度统一设为 0.25m。考虑到接头内侧可能受压也可能受拉，传感器预拉应变设定为 600με 左右。共计 9 个传感器；②监测管片环内弧面环向区域分布应变的区域长标距传感器网络（图 6.27）。可将隧道横断面等分为 26 个单元，单元长度为 1.2m。采用增敏系数为 4 的增敏光纤进行监测，传感器标距长度也均为 1.2m，传感器预拉应变设定为 300με，共计 26 个传感器。③监测环缝张开量的传感器网络（图 6.28）。隧道环缝采用增敏光纤和区域分布的长标距 FBG 传感器共同监测。增敏光纤预设增敏系数为 3，传感器标距长度均设为 1m，布设位置为隧道顶部和底部，传感器预拉应变设定为 500με。在相同位置布设标距为 1m 的区域分布长标距 FBG 传感器，传感器预拉应变设定为 500με。增敏光纤共计 48 个，区域分布长标距 FBG 传感器共计 48 个，二者互为冗余算提升传感可靠度。

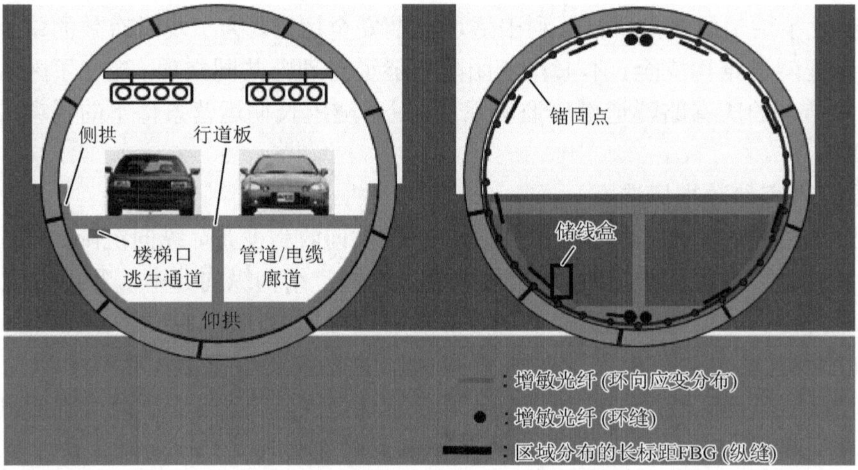


图 6.25　某盾构隧道的传感器布设示意图

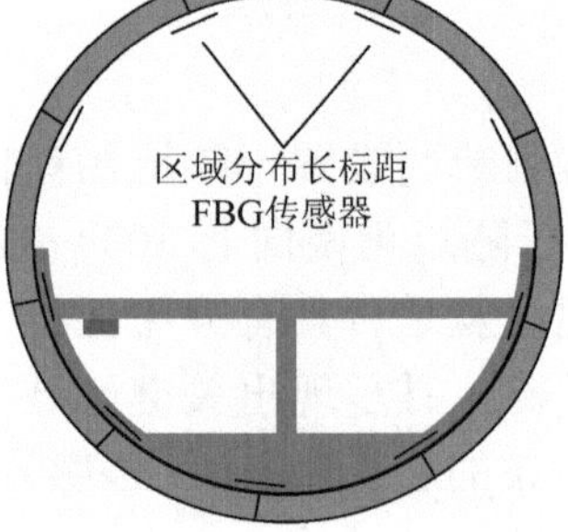


图 6.26　监测纵缝张开量的传感器

图 6.27　监测环向区域分布的传感器

图 6.28　监测环缝张开量的传感器

传感器子网实施的主要内容就是对传感器进行合理分组并引出。隧道纵向断面传感器连接设计如图 6.29 所示。每 6 个单元为 1 组，每组单元内有 6 条接缝，各组传感器两端均通过连接光纤引出至埋设在逃生通道侧壁的储线盒内，结构顶部和底部的传感器采用不同连接光纤连接。一旦某段光纤发生损坏，即可采用冗余传感器替换之。隧道横向断面传感器连接设计篇幅所限在此不再赘述。桥梁、房屋结构内传感器布设既可以在结构施工期进行，也可在施工完毕后进行，但对于盾构隧道而言，由于前文设计的传感器布设位置往往在结构施工后期被混凝土封闭或是防火材料覆盖而无法布设，因此传感器布设必须在结构施工期进行，而且需要根据结构施工进度确定合理的施工工序与工法。另外，由于传感器布设与结构施工并行，施工中众多不确定因素有可能导致已布设传感器发生一处或多处损坏，从而使相邻一系列传感器全部失效，因此盾构隧道中传感器布设就对现场保护提出了更高的要求。根据隧道结构施工顺序和结构横向、纵向传感器连接设计，可将传感器布设分为行道板以上和行道板以下两部分（行道板位置接近隧道水平直径）。由于传感器需要紧贴管片内表面，显然行道板以下传感器布设必须在仰拱钢筋网架设之前布设完毕。储线盒需要绑扎在仰拱钢筋网上防止混凝土浇筑时冲刷移位，因此连接光纤和储线盒布设要在仰拱钢筋网架设之后、仰拱混凝土浇筑之前布设完毕。行道板以上传感器需在行道板浇筑完毕、顶部防火板安装之前布设完毕。考虑到管道/电缆廊道一般不对外开放，所有传感器用连接光纤均需要引出至行道板逃生通道一侧，再由预埋管道引入储线盒以便必要时取出维修。横向传感器与纵向传感器布设的典型图片如图 6.30 所示。

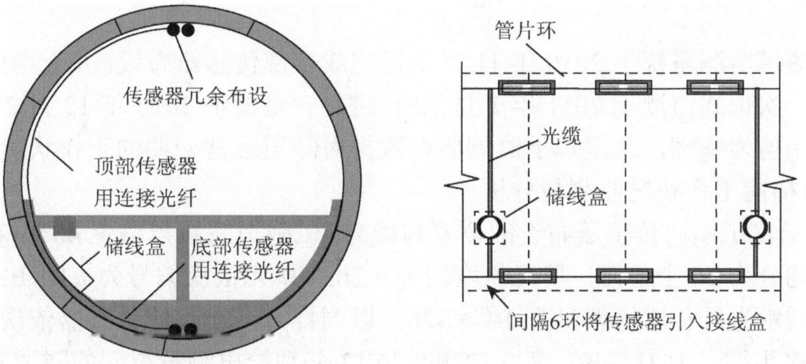


图 6.29　隧道纵向断面传感器连接设计示意图

(a) 上半环横向传感器　　(b) 上半环纵向传感器

图 6.30　隧道现场施工照片

3）隧道结构健康监测软件设计

主界面主要由 3 个功能页面（窗口）组成，分别是位于界面上侧的菜单栏，位于界面左侧的控制窗口，位于界面右侧的视图窗口。另外，每次软件启动，都会启动一个工作目录制定对话框，避免不同项目之间数据干扰。软件主要操作集中在控制窗口区域，分为前处理、数据处理和后处理三个子模块。相应的对话框和输出结果在视图窗口。显示菜单窗口的主要功能则是输入参数的查询与修改，可查询和修改的参数有如下四种：模型参数、首环配置参数、横向监测位置参数和纵向监测位置参数。前处理子模块的主要功能是基于实际地理信息建立隧道地理信息模型和已确定传感器布设方案，并将传感器布设位置与隧道地理信息模型中位置一一对应，以便将传感器测量数据迅速分类并归属到隧道地理信息模型的相应位置上。本子模块对应的功能区域是建立数据库中的隧道地理信息数据库，以及根据信息数据库对海量测量数据进行数据预处理中数据分类操作。数据处理子模块的主要功能是根据相应监测算法，通过输入的结构应变分布数据计算各种隧道常规监测指标，并将计算结果与预设阈值进行比较以确定是否需要报警。后处理子模块的主要功能是将测量数据与计算结果以三维图形的方式在视图窗口中予以显示。图形绘制可通过调用外部程序的方式实现，如 Matlab、AVS/Express 等。AVS/Express 是一个可在各种操作系统下开发可视化应用程序的平台，可以快速建立具有交互式可视化和图形功能的科学和商业应用程序。

### 6.4.3　隧道运营初期监测数据及分析

该盾构隧道监测系统于 2010 年 11 月 7 日完成全部传感器布设，并于当日进行了初始值测量。第一次正式监测于 2011 年 1 月 18 日进行。隧道于 2010 年 12 月 28 日正式通车运营，以初始值为基础，这里基于监测所得数据对隧道运营初期的工作状况进行分析。

1）隧道横向工作状况监测与分析

图 6.31 给出了横向传感器布设的位置与编号，以隧道左端点偏上 40°左右为起始点逆时针将隧道均分为 26 个单元，单元长度均为 1.2m，单元依次编号为 E1～E26，各单元内侧面布设的增敏光纤传感器编号为 S1～S26，以同样方向布设的传感器依次编号为 B1～B9，对应的接头编号为 J1～J9。表 6.12 和表 6.13 分别给出测量得到的隧道各单元和接头应变变化量，所示数据均已经过温度补偿。

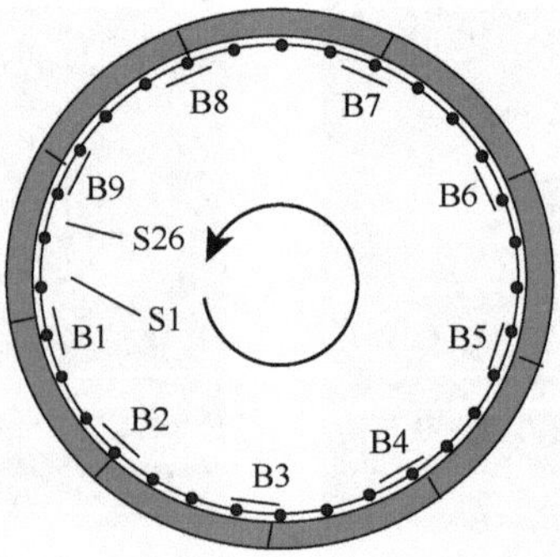


图 6.31　横向布设传感器的位置与编号

表 6.14　各单元内侧面增敏光纤测量得到的应变变化量　（单位：με）

| 单元编号 | E1 | E2 | E3 | E4 | E5 | E6 | E7 | E8 | E9 | E10 | E11 | E12 | E13 |
|---|---|---|---|---|---|---|---|---|---|---|---|---|---|
| 应变变化 | −7 | −47 | −109 | −78 | −18 | −35 | −36 | −56 | −52 | −38 | −94 | −117 | −97 |
| 单元编号 | E14 | E15 | E16 | E17 | E18 | E19 | E20 | E21 | E22 | E23 | E24 | E25 | E26 |
| 应变变化 | −74 | −79 | −86 | −52 | −26 | −24 | −81 | −101 | −31 | −76 | −141 | −144 | −160 |

表 6.15　各接头长标距 FBG 测量得到的应变变化量　（单位：με）

| 接头编号 | | J1 | J2 | J3 | J4 | J5 | J6 | J7 | J8 | J9 |
|---|---|---|---|---|---|---|---|---|---|---|
| 圆心角位置坐标 | $t_j$ | 3 | 6 | 8 | 11 | 14 | 17 | 20 | 23 | 26 |
| | $\beta_j$ | 0.16 | 0.05 | 0.93 | 0.81 | 0.70 | 0.58 | 0.47 | 0.35 | 0.24 |
| 平均应变变化 | | −68 | −35 | −48 | −37 | −51 | −76 | −127 | −101 | −179 |

图 6.32 给出隧道环向各点相对于坐标原点收敛变形的监测结果，根据图示结果可以计算得到水平直径（40°～220°）变化量为向内收缩−0.09mm、竖直直径（130°～310°）向外膨胀 0.61mm。根据第三方监测结果，水平直径的变化量为−0.03mm，与光纤监测系统得到的监测结果吻合程度较好。基于监测数据还计算了隧道环向弯矩分布和轴力分布。计算时混凝土弹性模量 $E_c$=35GPa，横向刚度有效率 $\eta$ 取为 0.7。计算结果显示沿环向轴力分布基本保持一致，这说明与压缩应变分量相比，隧道环向弯曲应变分量较小，符合隧道正常工作状态时的情况。

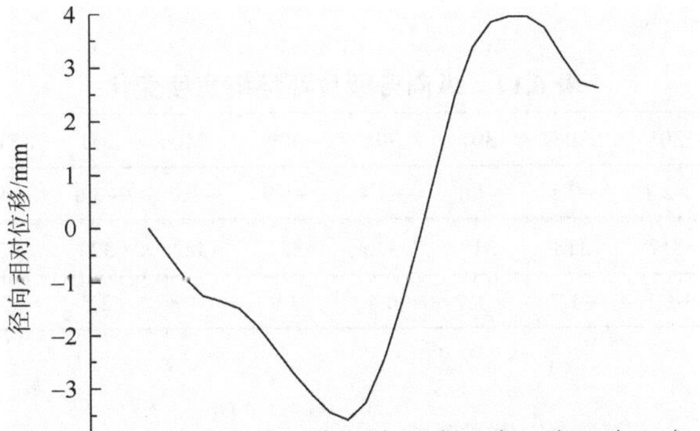


图 6.32　隧道环向收敛变形

2）隧道纵向工作状况监测与分析

表 6.16 给出了由长标距 FBG 和增敏光纤监测得到的隧道纵向应变变化，所有数据均为经过温度补偿后应变，其中增敏光纤封装材料的温度系数取为 5.1με/℃，FBG 的温度灵敏度系数取为 10.3pm/℃。对比 FBG 和增敏光纤的监测数据可以发现，两种传感器监测得到的数据趋势基本一致，数据差距较小。分析各管片环顶部和底部的测量数据可以看出，二者基本同号，这说明管片环由于温度影响产生一定收缩变形。

**表 6.16　长标距 FBG 和长标距增敏光纤监测得到的隧道纵向应变变化**　　（单位：με）

| | 环号 | 304 | 305 | 306 | 307 | 308 | 309 | 310 | 311 | 312 | 313 | 314 | 315 |
|---|---|---|---|---|---|---|---|---|---|---|---|---|---|
| 顶部 | FBG | −27 | −22 | −2 | 10 | −2 | −27 | 0 | 19 | −5 | −9 | 0 | −6 |
| | 增敏光纤 | −24 | −29 | −19 | 0 | −9 | −6 | — | — | — | — | — | — |
| 底部 | FBG | −22 | −10 | −16 | −18 | −19 | −2 | - | −49 | −37 | −31 | −34 | −33 |
| | 增敏光纤 | — | — | — | — | — | — | −66 | −57 | −33 | −27 | −41 | −41 |
| | 环号 | 316 | 317 | 318 | 319 | 320 | 321 | 322 | 323 | 324 | 325 | 326 | 327 |
| 顶部 | FBG | −16 | −29 | −16 | −13 | −42 | −15 | −23 | 41 | −38 | −25 | −10 | −12 |
| | 增敏光纤 | — | — | — | — | — | — | — | — | — | — | — | — |
| 底部 | FBG | −37 | −32 | −33 | — | — | 24 | 5 | −13 | −16 | −13 | −12 | −17 |
| | 增敏光纤 | −45 | −18 | −14 | −4 | 47 | 3 | — | — | — | — | — | — |

基于监测数据，表 6.17 给出了隧道在 2010 年 11 月 7 日至 2011 年 1 月 18 日期间纵向各环缝宽度的变化。可见由于温度下降，管片环在纵向整体呈收缩趋势，24 环管片总收缩量为 0.667mm。隧道第三方沉降监测采用的是二级水准测量，所用仪器为徕卡 DNA03 型电子水准仪，纵向监测断面两端管片环沉降由水准测量给出：304 环为−0.02mm，328 环为−0.06mm。图 6.33 给出了计算得到隧道的纵向沉降分布与 309 环、314 环、319 环、324 环由水准测量得到的沉降值。二者对比可知，309 环、314 环数据较为接近，319 环、324 环数据则有一定差异，误差约为 0.1mm，小于二级水准测量的误差限。因此可以认为，分布式光纤监测系统得到的隧道沉降与真实沉降是大致吻合的。图 6.34 给出了隧道的纵向平均曲率分布。

**表 6.17　纵向各管片环环缝宽度变化**　　（单位：$10^{-2}$mm）

| 管片环编号 | 304 | 305 | 306 | 307 | 308 | 309 | 310 | 311 | 312 | 313 | 314 | 315 |
|---|---|---|---|---|---|---|---|---|---|---|---|---|
| 缝宽变化 | −8.6 | −2.7 | −7.1 | −1.1 | −2.4 | −1.9 | −6.6 | −3.0 | −4.2 | −4.0 | −3.4 | −3.9 |
| 管片环编号 | 316 | 317 | 318 | 319 | 320 | 321 | 322 | 323 | 324 | 325 | 326 | 327 |
| 缝宽变化 | −5.3 | −6.1 | −1.7 | −1.7 | 6.4 | 3.9 | −1.8 | 2.8 | −5.4 | −3.8 | −2.2 | −2.9 |

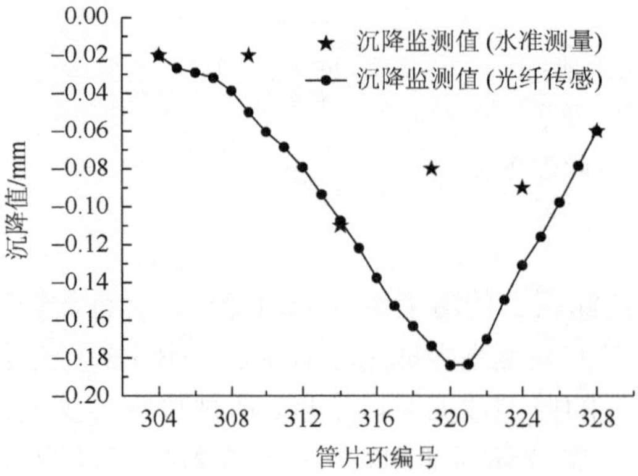


图 6.33　304 环～328 环纵向沉降分布

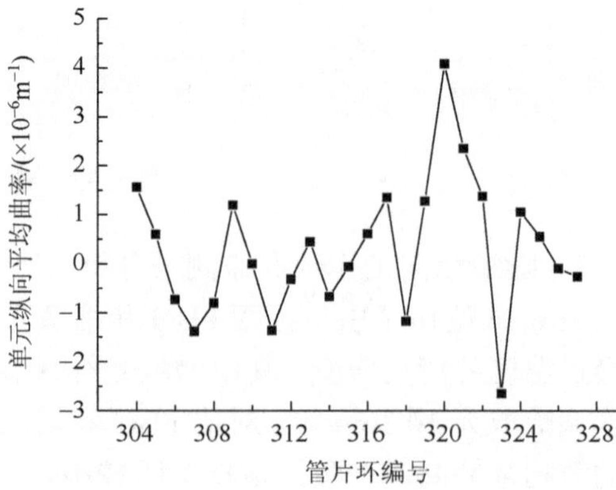


图 6.34　304 环～328 环纵向平均曲率分布

总的来说，将此隧道区域分布光纤监测系统得到的结构收敛变形和沉降的监测结果与第三方监测结果进行对比，二者较为接近，说明基于本文所提传感器与算法指标建立的隧道健康监测系统对于实际隧道运营期监测的具有较好的可靠性和实用性。

## 6.5　苏通大桥监测实例

苏通大桥航道桥的概况在本书的 3.1 节中已经具体介绍。它为预应力混凝土连续刚构桥，其三跨长度分别为 140 米、268 米和 140 米。主墩为普通钢筋混凝土双薄壁矩形空心墩。针对我国大跨径预应力混凝土连续刚构桥梁的调查显示，该类桥的主要病害是箱梁裂缝（顶板纵向、腹板斜向、底板横向和底板纵向）和主跨跨中下挠过大。针对该类桥梁常见病害，作者针对该桥建立了基于“区域传感”理念的健康监测系统，具体将在本节进行阐述。

### 6.5.1　传感子系统

在对苏通大桥航道桥有限元分析的基础上，区域分布应变传感网络的总体方案（主要采用长标距光纤传感器）如图 6.35 所示，传感器网络分为 4 个通道，传感器的标距长度为 1.0m，共布设长标距光纤 FBG 传感器 42 个，其中温度补偿传感器 7 个，以对苏通大桥航道桥的应力应变、挠度及动态性能进行实时监测。

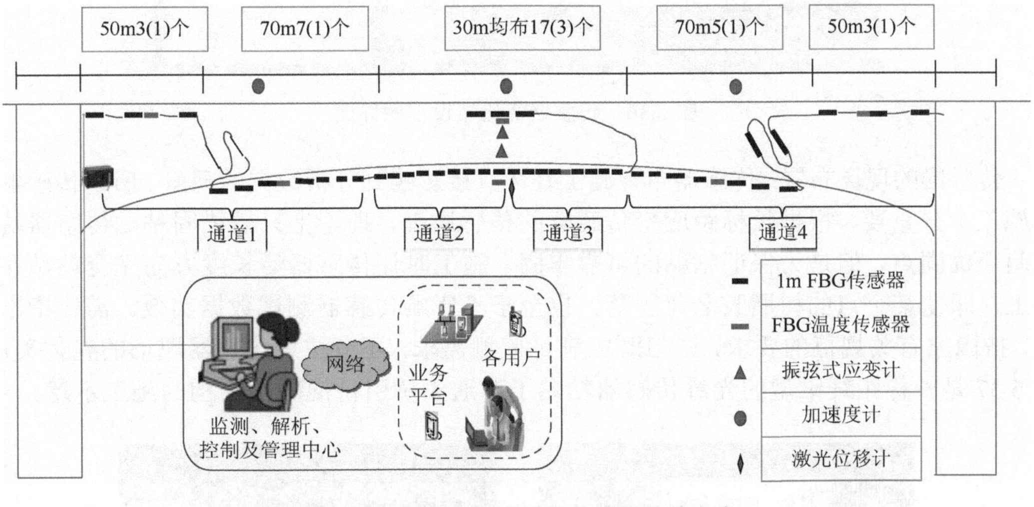


图 6.35　苏通大桥引桥的传感器总体方案

针对传感网的总体方案，主要是从三个方面着手设计和实施：传感器的选择、传感器的优化设计、传感器的现场布置。

传感器的选择：应根据实际结构的尺寸和监测内容选择传感器的标距长度，对于实验室的结构试验，传感器标距长度一般为 10～50cm，在实际工程中，传感器的标距长度一般为 1～2m；传感器优化设计原则：由前面的章节可知，在间接监测结构的动静态挠度指标时，传感器应该均匀分散地布置于结构上；在进行结构损伤识别时，传感器应在结构的关键区域分布式布置，由于结构损伤发生的随机性，虽然不知道损伤具体发生在结构某个部位上，但是通过力学分析，可以大致判断结构的损伤发生在某些关键区域，在这些关键区域分布式布置长标距应变传感器，则不论损伤发生在这些关键区域的哪些部位，都能被这些分布式传感器覆盖；

传感器的优化设计：在实施布设之前，采用以静力最大位移的识别误差最小为目标的数学模型，可采用遗传算法和 Grefenstette 编码算法等优化算法对 FBG 传感器进行优化布设的设计，通过优化组合使 FBG 传感器推导的位移最大值与结构有限元计算的真实值的误差最小，从而得到传感器的优化布设方案，并编成软件方便调用。如图 6.36 所示：

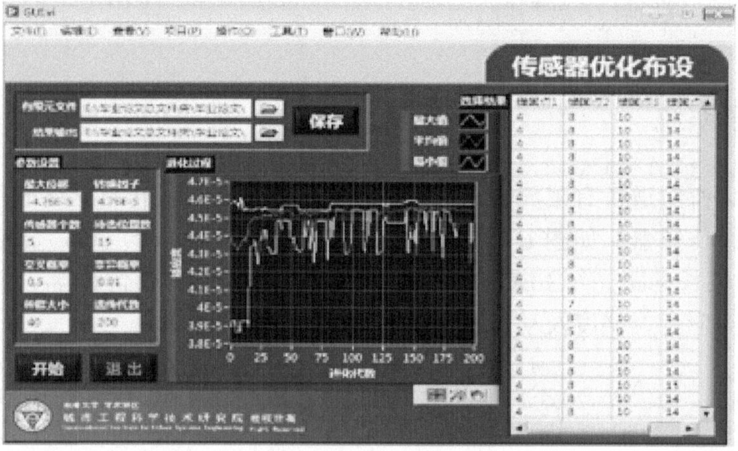


图 6.36　传感器优化布设程序界面

传感器的现场布置：传感器布置施工好坏直接影响到分析数据的质量，所以传感器布置施工十分重要，根据长标距应变传感器的传感原理，理论上只需锚固粘贴传感器端部的两个锚固点，但是为保证粘贴的可靠牢固，施工时让传感器沿长度方向完全粘贴在结构上，即使某个点的树脂胶老化脱落，也至于不影响传感器测试数据实效。需要指出的是，按国家有关规范的要求，施工既应满足监测需求，还应注意传感器现场的整体美观。图 6.37 是长标距纤维型的光纤传感器粘贴于苏通大桥引桥混凝土结构的施工示意。

(a)　　(b)

(c)

(d)

图 6.37　苏通大桥航道桥箱梁内部长标距应变传感器布置

## 6.5.2　数据采集、传输、存储子系统

设计数据采集子系统和数据传输子系统时，当工作站（控制中心）距离被测结构很近（光缆传输衰减性能允许范围内，无中继器一般 2～5km），可以通过光缆直接把光纤传感器连到控制中心，即采集子系统和分析子系统都可以在控制中心实施；当工作站距被测结构比较远，这就需要在监测现场（内场）安置采集子系统硬件，然后通过无线网络、广域网或局域网把现场采集数据传输到控制中心，苏通大桥引桥属于控制中心离监测结构比较远（15km）的情况，且采集现场环境恶劣、管养不便，因此首先在引桥箱梁内设置采集站，并采用可靠等级较高的设备，组网上采用多重保险，与距桥 10km 的工作站组建有线局域网（LAN），与距桥 300km 的远程工作站实施无线广域网（WWAN），通过双网络模式工作进行传输和控制。工作模式上也做了自检测设计，传输条件良好时优先采用有线局域网传输大容量的传感器原始信号数据到工作中再处理和分析，传输条件恶劣时工作模式自动切换为现场采集站直接处理分析数据，只把小容量的分析结果传输给工作站终端。采集频率的设置上，根据奈奎斯特定理，当采样频率大于测试信号中包含的最高频率的 2 倍时，采样之后的信号就能完整地保留原有信号，一般工程监测中都设定采样频率为被测结构指标频率的 5～10 倍，土木结构属低频结构，一般采用 200～500Hz 的采集频率便能满足全部监测指标的需求。数据存储子系统主要以网络数据库形式实施，采用双备份机制，现场采集站设置带有双磁盘阵列的网络数据库，现场控制中心里也设置有存储服务器，即使某终端数据因故障灭失，子系统也能从其他备份库中复原灭失的数据（图 6.38）。

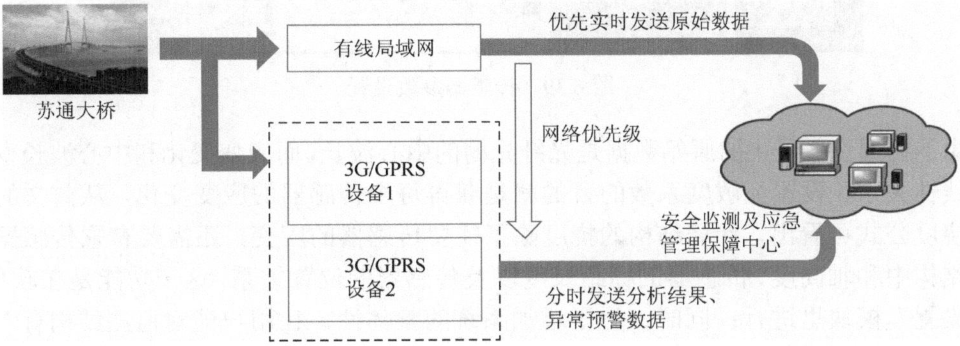


(a)

(b)　　(c)

图 6.38　苏通大桥航道桥数据采集及传输系统

### 6.5.3　数据预处理子系统

如 6.1.1 节和 6.2.3 节所述，可以把数据处理子系统中的部分内容，比如数据预处理集成到结构分析端进行。本范例采用的就是将数据预处理工作分成两部分，一部分在数据采集子系统中进行，另一部分则在结构分析端进行。在数据预处理之前，需要设置传感器的参数，设计的传感器参数大体包括：传感器命名、传感器灵敏度系数（标定系数）、计算位移点的编号、标距长度、传感器对应位置的结构中和轴高度等（图 6.39）。

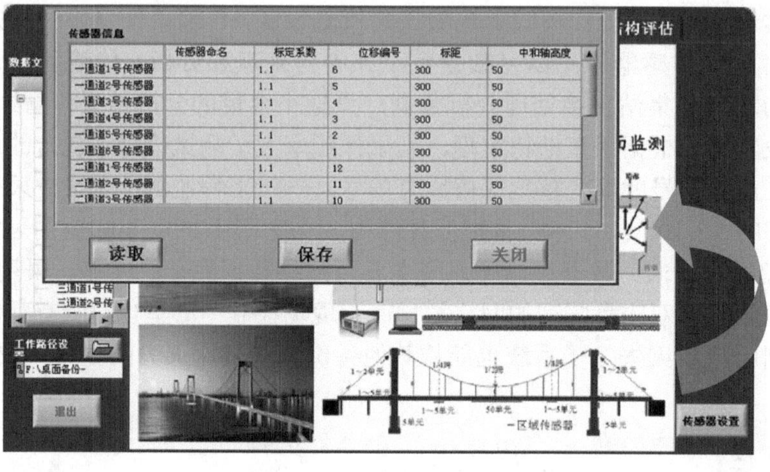


图 6.39　传感器参数设置

由于解调设备采集的原始数据是光纤光栅的中心波长，而应变变化和中心波长变化之间有线性关系，设置灵敏度系数的目的就是获得每个传感器的应变变化，从前文的应变反算挠度公式可看出，计算结构的挠度除了需要传感器的应变，还需要布置传感器对应点的结构中和轴高度、传感器的标距长度以及传感器的位置关系，这一功能是在软件“传感器设置”模块里进行；同时，为了增加系统的整体性，让用户能对监测结构有一个整体的认识需要导入结构的模型，这一功能是在软件“模型导入”模块里进行（图 6.40）。

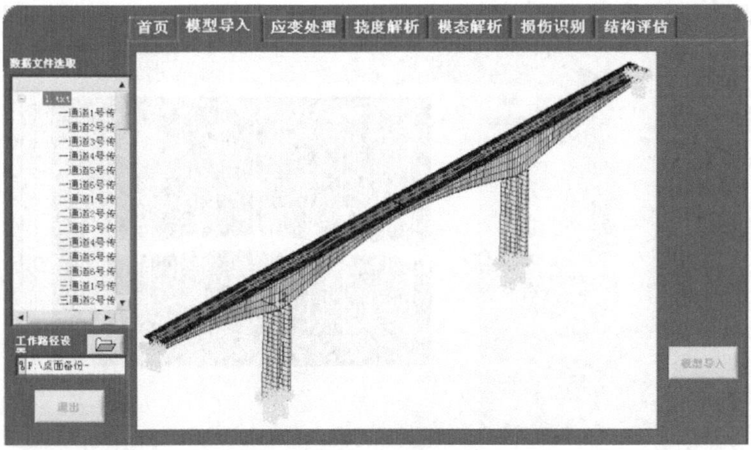


图 6.40　结构模型导入

由于测试误差（系统误差、随机误差）的影响，使得换算的原始应变数据（真实信号和噪声信号之和）里面带有噪声，在数据的进一步分析前需要通过信号处理方法把噪声信号去除而仅保留真实信号，应变去噪方法主要包含：低通滤波、带通滤波、高通滤波、数据平均处理，实际工程中，由于噪声属于高频信号，所以一般采用低通或带通滤波，同时对于振动模态分析只对结构的振动信号进行分析，结构静态成分（趋势项）在这频谱分析中可以进行消除掉（即去趋势项处理）。

图 6.41 是某一实桥的长标距应变的实际监测数据（去噪前），从图上可以看出原始应变中除了包含能反映结构实际产生的应变也包括仪器等自身产生的随机噪声噪声信号，而仪器产生的随机信号具有高频特征，一般土木结构产生的应变信号具有低频特性，可以用低通滤波器只保留低频信号特征去除高频信号特征，原始应变信号经过低通滤波器后的应变信号如图 6.42 所示，从图上可以看出，滤波后的应变更加光滑，大部分“毛刺”信号被滤除，这为进一步的分析提供了基础，这一功能是在软件“应变处理-时域”模块里进行。

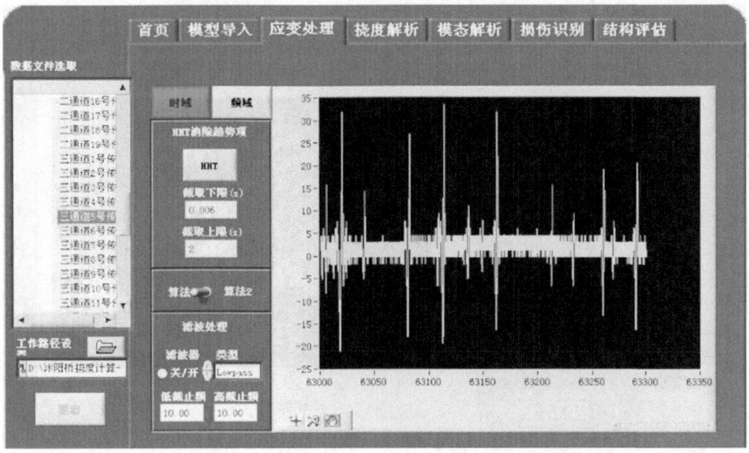


图 6.41　数据预处理-原始应变时程

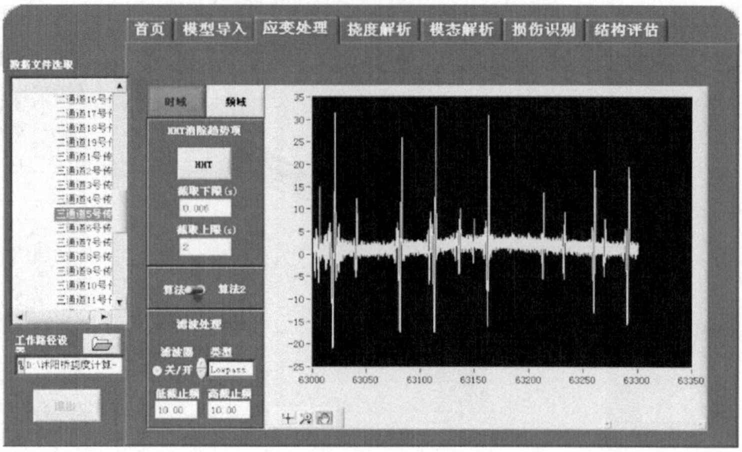


图 6.42　数据预处理-去噪后应变时程

对于以车辆荷载为主要激励形式的结构（如桥梁结构），其产生的信号包含三个部分：第一，车辆荷载产生的静态应变效应（即趋势项）；第二，车辆速度效应及路面不平顺引起的结构振动效应（即振动信号）；第三，由仪器等产生的噪声信号。针对不同的分析目的，采用不同的数据类型，如在模态提取方面，应该消除趋势项和噪声信号，仅保留结构的振动响应信号；在利用应变影响线理论进行结构性能评估时，应该消除结构振动信号和噪声信号，仅保留结构的应变趋势项成分。应变趋势项的提取或去除主要有两个方法，第一，利用三种信号的频谱特征（趋势项的频率成分接近 0，振动信号的频率成分属于低频特征，噪声信号的频率成分属于高频特征）进行滤波分析；第二，采用黄-希尔伯特变换（HHT）原理进行动静态分离。另外，根据具体应用范围，可以综合应用上述两种方法和近年来发展起来的小波分析方法。图 6.43 是某一实桥在实际车辆荷载下的原始长标距应变信号，其趋势项信号如图 6.44 所示，比较原始信号和趋势项信号发现，原始信号“毛刺突变点”比较多，趋势项信号非常平滑，只包含结构的静态信号，这一功能在软件“应变处理-时域”模块里进行。

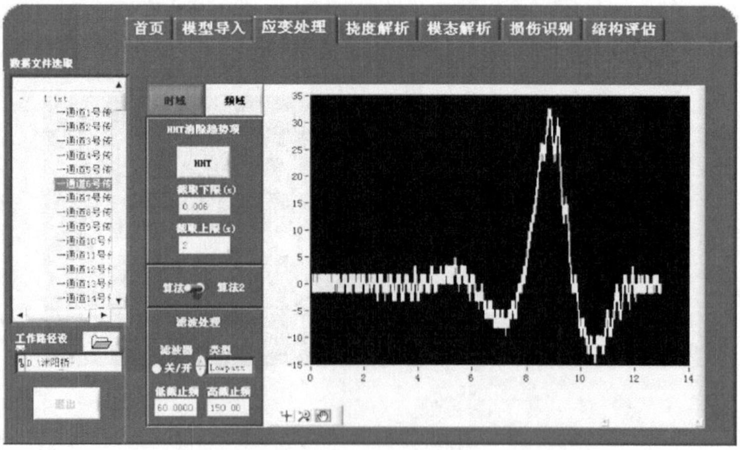


图 6.43　数据预处理-去趋势项前应变时程

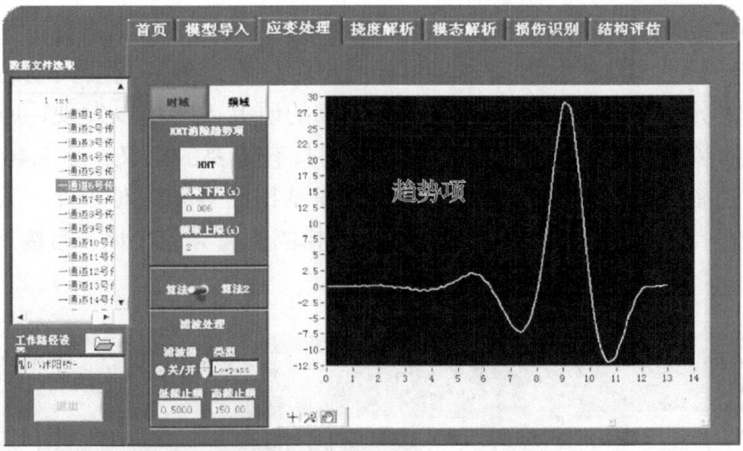


图 6.44　数据预处理-静态应变时程（趋势项）

## 6.5.4　结构（数据）分析子系统

数据分析系统是整个健康监测系统的核心内容，在软件中，大概包含以下几部分内容：①结构长标距应变处理；②结构的挠度解析；③应变响应的频谱解析；④应变模态解析；⑤结构损伤识别；根据第 2 章的分布式应变反推分布式挠度的公式可以看出，任何坐标点的挠度都可以得出，在软件里对于挠度就两个窗口（图 6.45），一是某个坐标点的挠度随时间变化，二是某一时刻结构的整体变形情况。图 6.45 是某一实桥的挠度监测情况，某一时刻的挠度分布呈现明显“抛物线”形状，即两个支座点的挠度值为 0，中间挠度最大，同时可以捕捉某一时刻的挠度最大值，这一功能在软件的“挠度解析”里进行，同时在“挠度解析”里提供了两种常用的结构形式，即一端具有固定支承点的悬臂类结构和两端具有支承点结构（如简支梁结构，连续梁结构中的某一跨等），由于悬臂结构和两端具有支承点的结构的共轭梁形式不同，进而在应变反推挠度的算法上有所区别，软件中“算法 1”代表悬臂类结构的计算方法，“算法 2”代表两端具有支承点结构的计算方法。

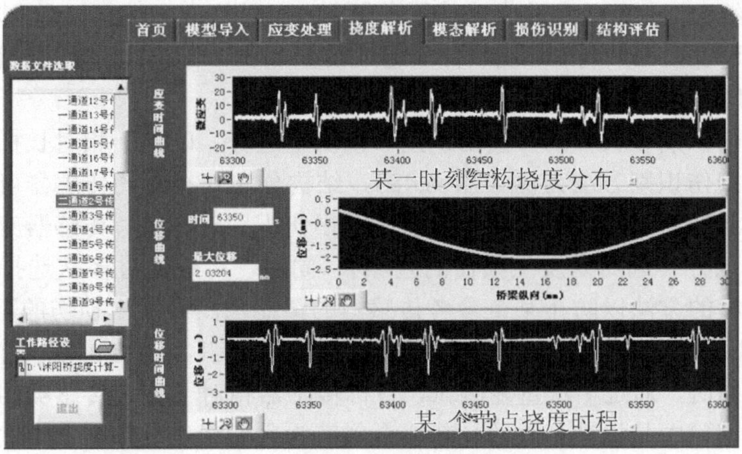


图 6.45　挠度计算、显示窗口

结构应变响应的频谱分析在软件的“应变处理-频域”模块里进行，每个传感器的应变响应的频谱响应都可以在此窗口中显示，用户可以通过选择需要关注的传感器编号进而观察其频谱情况，在环境激励下，通过第 3 章的研究内容可以发现，应变响应的功率谱密度对结构的频率分析、模态分析、损伤识别具有重要的意义，图 6.46 为某一实际测试应变信号的功率谱密度，从图上可以看出，在结构固有频率对应处，其功率谱密度值会出现峰值现象，通过这一特征可以大致判断结构的固有频率范围，为接下来的模态分析提供基础。

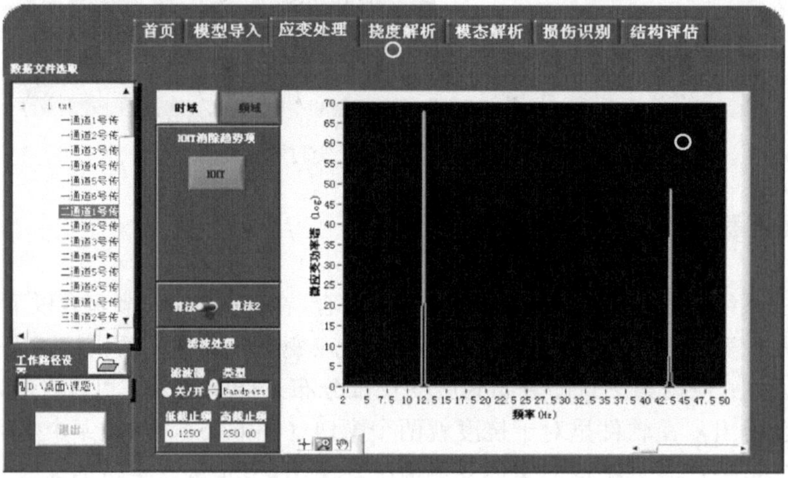


图 6.46　频谱分析、显示窗口

结构的模态振型在软件的“模态解析”模块里实现（图 6.47），由于模态是相对的概念，在进行模态分析前，需要选择参考单元，即模态是每一个目标单元相对于参考单元的相对值，所以在“模态解析”里需要有选择“参考传感器”这一选项，不同的参考传感器，应变模态振型是不一样的，同时由上一部分的频谱分析可知，在结构应变响应的频谱图出现峰值点的地方有可能是结构固有频率点也可能是伪频率点，判断原则可以通过峰值点的振型分布同时结合工程师的经验来选择固有频率点及结构应变模态振型的阶数，同时振型的正负号可以通过相位来判断，在软件里通过设置“下限”和“上限”来确定提取某一阶固有频率点处应变模态的峰值。

结构的损伤识别在软件的“损伤识别”模块里进行，以基于相对长标距应变模态向量统计数据的损伤识别方法为例（图 6.48），结构分布式布置的传感器可以分为目标传感器和参考传感器两大类，在利用此方法进行损伤识别时，参考传感器应选择在发生损伤概率最小的地方（远离易发生损伤的区域），同时，可以通过多次选择不同参考传感器进行相互校核的方法以防止某个参考传感器的覆盖范围内发生损伤的不利情况，在某一次测试中，目标传感器范围内的应变模态相对值在 GUI 图上会出现一个特征点，在结构没有发生损伤时，通过多次重复测试，目标传感器相对于参考传感器的相对应变模态会始终在软件窗口中是线性相关的，其拟合斜率为判断损伤的依据，当发生损伤时其拟合的斜率会偏离完好状态下的斜率值，基于统计斜率的损伤识别方法有利于数据的高效

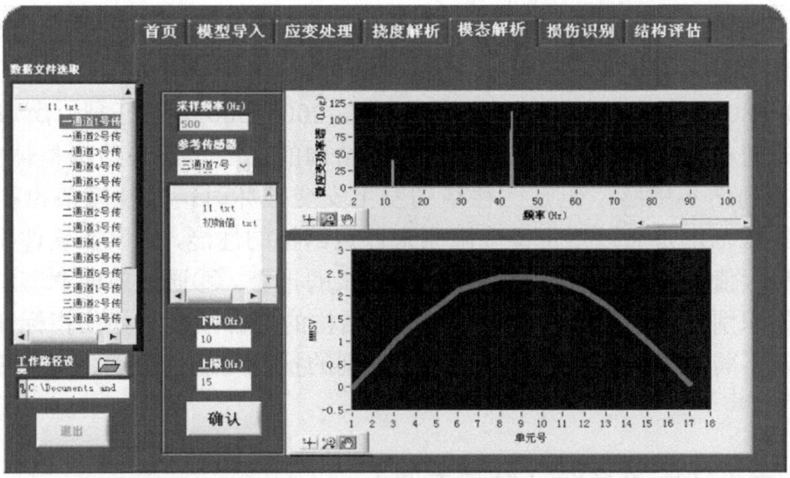


图 6.47　模态分析、显示窗口

率存储和数据的管理，经过一定的时间跨度，当发现统计特征点基本没有变化，则可以删除多此测量的原始数据，只保留其统计特征点，这样大大提高了数据管理效率和内存存储效率，当发现统计点发生明显变化时，只需要保存损伤前、发生损伤时、损伤稳定后的数据。在软件中选择“目标传感器”和“参考传感器”后，其统计特征点会自动在呈现在窗口中，尽管理论上只需要一阶长标距应变模态就可以完成对结构进行损伤识别，但是实际结构有可能被激发出多阶应变模态，在实际操作中，可以运用相互校核的方法进行相互补充。

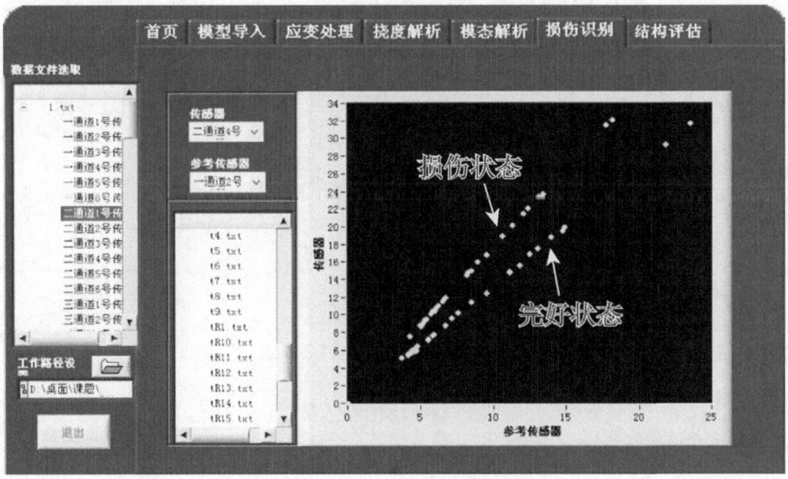


图 6.48　损伤识别窗口

## 6.5.5　结构评估子系统

结构评估系统主要是用来通过上述提及的各种静动态指标对结构性能进行综合评估，基于分布式长标距应变传感技术的结构性能评估方法大致可以分为几种：①由于是区域分布监测的特点，其原始数据是每个传感器覆盖内的长标距应变，应变本身就是结构性能的直观反映，在实际桥梁中，正常车辆荷载下根据荷载大小的不同其结构的应变大致在 20～80με 变化，而混凝土结构大致在 200～300με 时开裂，所以可以通过设定应变阀值来进行定性判断和初步的报警。②结构的挠度是反映结构整体性能的指标，尽管其对局部损伤不敏感，但是往往结构发生安全破坏时，其挠度值也往往比较大，目前大部分的规范都是通过规定挠度限制来评定结构的性能，所以在软件系统中可以通过设定挠度最大值的阈值来进行定性判断和初步的报警。③通过前面章节叙述的基于应变模态的损伤识别指标进行定量化评估，建立结构的局部刚度和损伤指标变化的对应关系，通过设定不同的阀值等级进行不同警戒类别的报警（蓝色级别、黄色级别、红色级别等）。

## 6.5.6　结构管养决策子系统（结果发布）

本例主要是指分析结果发送给不同等级、不同地域的远程终端的发布系统。如图 6.49 所示，根据不同用户管养和决策需要，用符合国家数据安全规范的方法，发布各等级用户所需的分析结果数据。

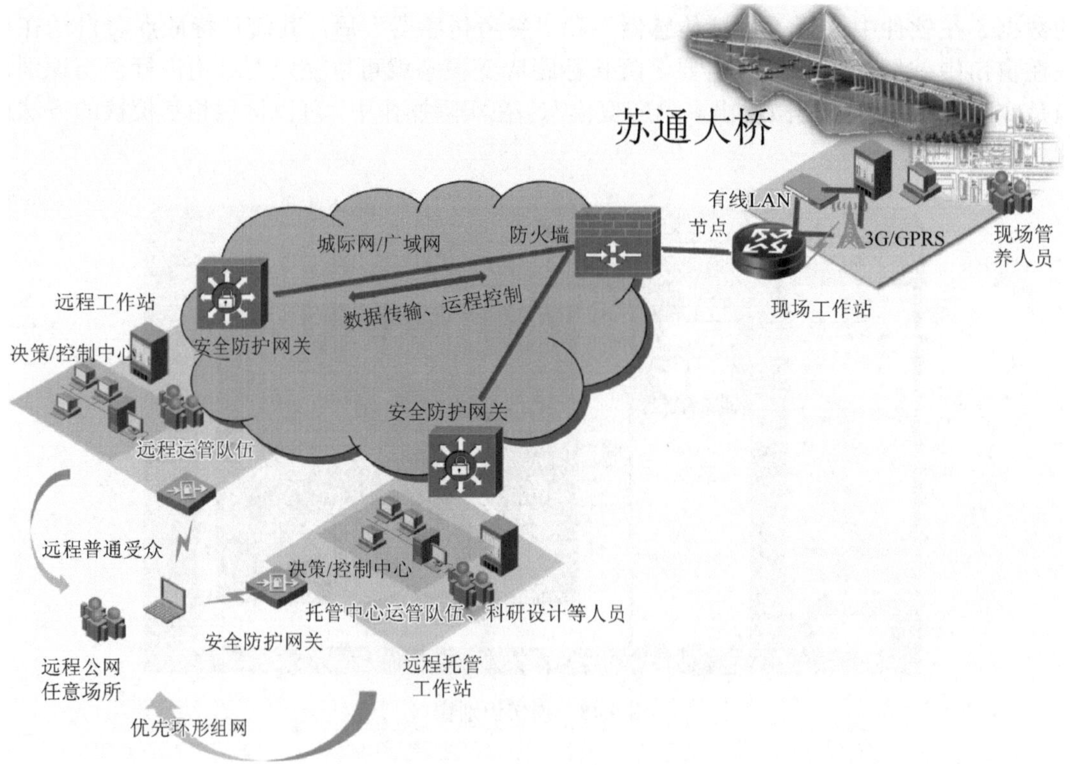


图 6.49　管养与决策子系统的示意（结果发布子系统）

结构分析的结果主要是发布给如下人员：结构现场管养人员、结构设计、施工、监理等人员、结构托管单位人员、科研人员以及普通公众。不同受众需要不同的信息种类，不同受众也有不同的安全等级要求；同时，受众的意见和决策、控制指令，也应可以反馈给结构健康监测系统并起作用。先进的管养决策子系统具备大数据时代的特征，决策基于海量融合的云端信息数据，根据实际条件，从软件、硬件、工作机制这三个方面着手，建设一整套数据筛选、安全鉴权、远程控制的管养与决策子系统。多种方式和频次把控制中心的结构数据分析、评估结果发送给结构的管养人员；另外在监测产生告警时，也会及时地把信息发送给远程各工作终端，管养与决策子系统所发布的分析结果内容主要包括：①施工期、灾害期等关键的特殊时期可能影响结构安全的告警信息；②正常运营期内定时地发送应变极值，应变极值超过安全阈值则发送告警信息；③正常运营期内定时地发送挠度极值，极值超过阈值发送告警信息；④正常运营期内定时地发送结构的实测频率值；⑤正常运营期内定时地发送结构的损伤识别指标。图 6.49 是管养和决策子系统（远程发布系统）的示意图。

## 6.6　结构群健康监测物联网监测实例

在 6.1.5 节介绍过结构群健康监测物联网的一般技术思路。下面结合具体实例简要展开。6.5 节介绍了苏通大桥引桥的监测实例，从总体设计、传感子系统、数据子系统、结构分析子系统按顺序依次进行了设计和实施。本节将介绍包含北京四惠桥、北京红寺桥、苏通大桥这三个结构的结构群健康监测系统的构建（图 6.50）。根据 6.1.5 节，基于物联网技术的结构群监测第一步应该是对监测目标和信息融合方案进行总体设计，从子单元划分、关键区域制定、传感子网、通信组网、数据处理存储几个角度开始，先从总体上进行设计；第二步是进入到各个子单元中按照本章介绍的方法对传感子系统、数据子系统、结构分析子系统进行设计实施，运用先进物联网技术和信息技术建设物联网的各个节点（有著作称“活点”），解决结构与结构间，人与结构间的“物物相连”、“物物相息”、“物人相连”等问题；第三步就是重点建立各类结构信息响应和发布的决策管养机制，重点就是“物人相连”、“物人相息”的问题。实际工程中城际间结构群是十分大型而复杂的，如上述的三个桥组成的结构群，为了让读者便于理解做了很大程度的简化，实际示范结构群的监测目标结构群包括若干省市间的多座桥梁、多座轨道交通结构、多座城市道路基础设施结构等很多种类的结构，数量远不止三个，相互距离也远不止江苏到北京的距离，所以目标结构群实际是分若干结构子群如桥梁结构子群、城市道路结构子群、轨道交通结构子群等，并且实际在北京市内的四惠桥和红寺桥相距不到 15km，根据区域分布传感技术自组网的分布式特色，可以不设置物联网节点而用光缆将两桥的传感器网络直接连接。各子单元都需要组建通信子网设置物联网节点，再把多个级别的控制层和子网融合起来。需要指出的是，越是广阔的范围、越是复杂的网络，本书所介绍的基于物联网技术和区域分布传感技术的结构群监测系统，其优势和特色会表现得越是明显。

1）总体层面的设计

被监测的这三座桥是一个广域城际间的结构群，从通信便利性角度把苏通大桥、北京四惠桥、北京红寺桥分布划分为结构群的三个子单元（有著作称子区域，注意不要混淆本书中的区域分布传感的特定概念），每个子单元都组建子网络建立节点，再通过城际广域网络进行互相融合通信，为了便于读者理解，虽然北京的两座桥距离不远可以采用有线局域网进行连接，这里仍然用城际网络形式通信（图 6.50）。总体上对数据信道和接口进行设计，发现北京的两座桥梁基本不具备有线网络条件，因此无线通信现场采用无线信道的网关；发现苏通大桥同时有不定时上线的桥梁管养有线网络和无线传输广域网可利用，由于通信信号不够稳定，为保证数据容量和传输可靠，现场采用智能判断最优信道的网关，按 6.1.5 节所述建设了自切换最优信号路径的传输机制，使用有线和无线相融合的自由网关。

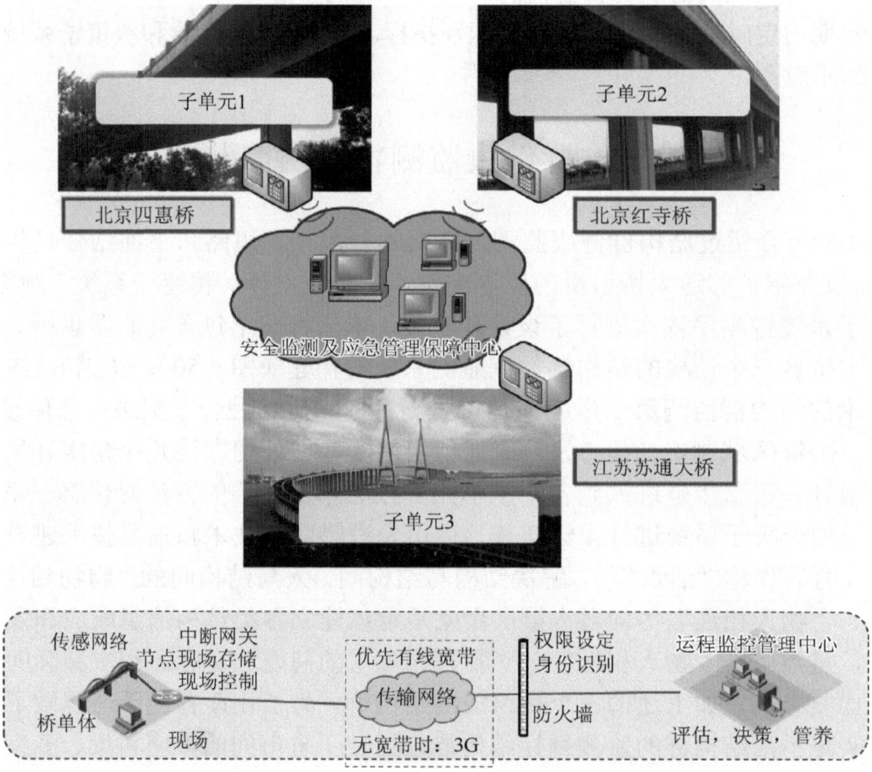


图 6.50　结构群的三个子单元划分

总体上还要在数据信息融合机制上进行设计，划分子单元后，对每个子单元里的关键区域进行了评估判断，为每个关键区域进行了相应区域分布传感器网的总体安排，决定采用本书所介绍过的多种类的光纤传感器相结合。在某些节点为满足业主特别要求，还使用传统技术的无线加速度测量传感器与光纤传感器相融合，图 6.51 即各种信号进行数据融合的执行流程。

物联网节点的软硬件和机制的总体设计从现场终端着手，如图 6.52 所示，由于每座桥都采用了多种传感器相结合，都要求现场设置物联网节点，且要求节点同时要具备传感信号采集、数据接口标准化、现场处理和存管、通信控制、路由网关多种功能，需从功能需求出发总体设计。由于物联网的节点设计十分复杂，限于篇幅只介绍了现场工作终端的软硬件设计思路，并且也只能选取一些读者接触较多的典型设计内容进行说明。

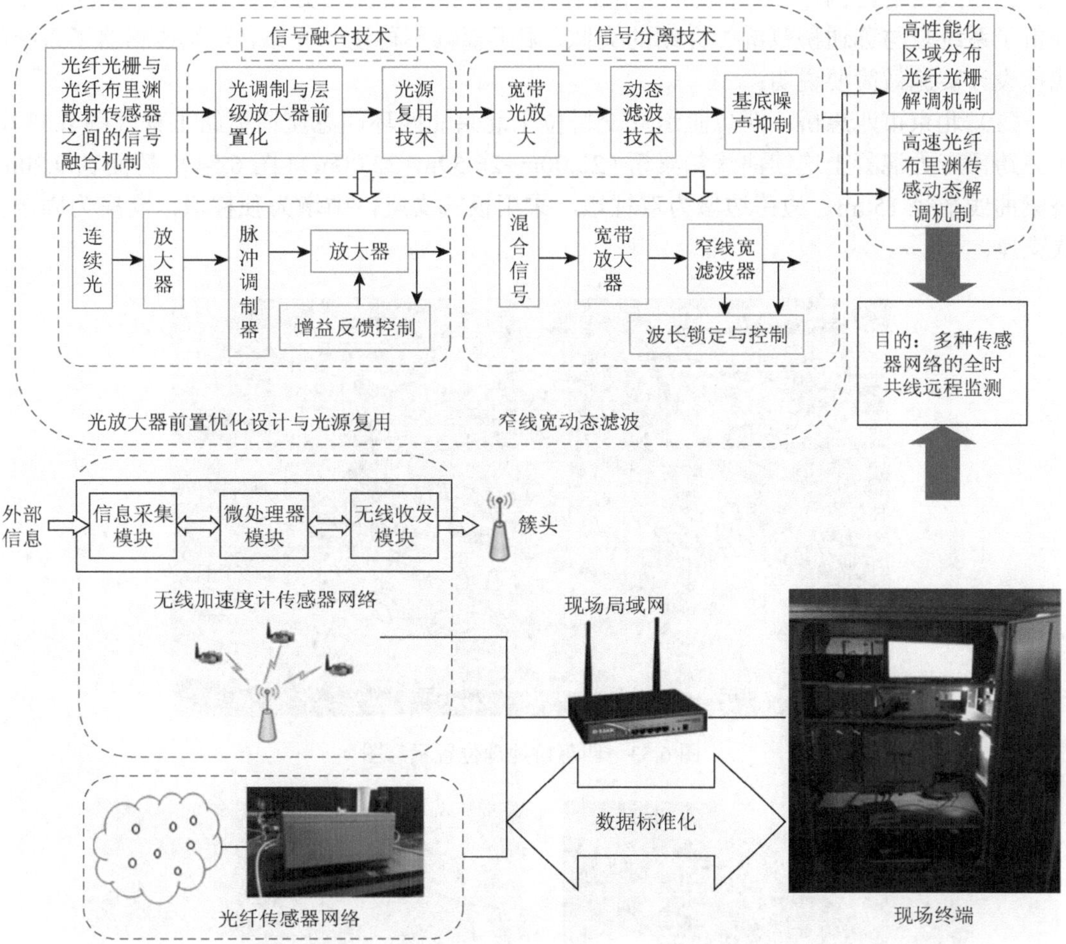


图 6.51　传感器数据融合的总体设计架构

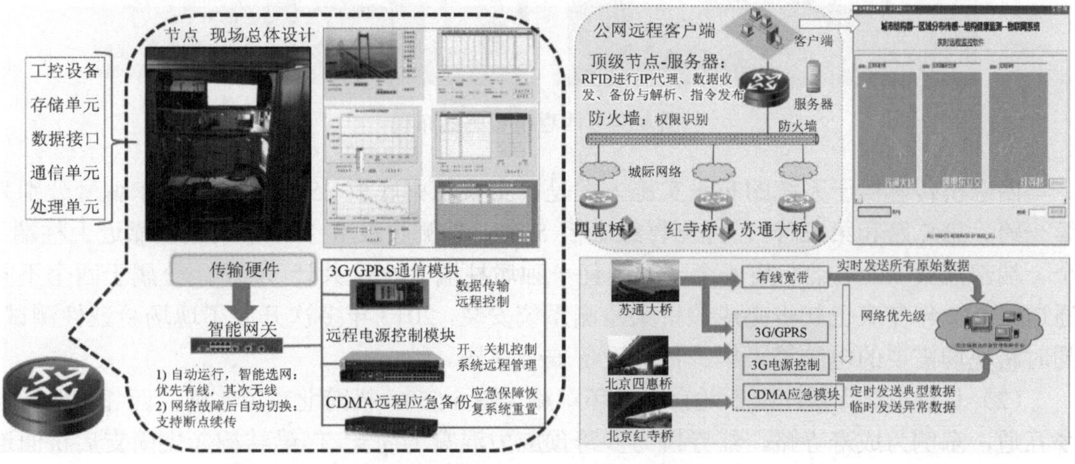


图 6.52　总体层面的通信节点功能设计

2）各子单元的各子系统的设计实施

苏通大桥的范例在 6.5 节已经介绍过，北京市的两座桥的现场数据采集子系统和结构分析子系统也与苏通桥范例中介绍的类似，限于篇幅不再逐一介绍，只就传感器子系统的现场设计实施做简要说明：

（1）北京市四惠桥：四惠匝道立交桥位于北京北四环四惠交通枢纽工程（图 6.53），为三跨预应力混凝土连续曲线箱梁桥（22.00m+26.59m+22.00m）（图 6.54）。桥面宽 9.20m，桥梁曲线半径 150m。边跨边墩为双柱墩，采用板式支座，中墩为独柱墩，支座为固定盆式支座。

图 6.53　四惠桥地理位置示意图

图 6.54　四惠桥传感器布设

四惠桥传感器子系统的布设实施方案是：主梁箱梁底板 25 个（至西向东编号分别为第一跨、第二跨和第三跨）、外侧翼缘底板 5 个，外侧腹板 8 个，箱梁底板靠近上柱端 2 个、端部盖梁（2 根梁）共 4 个，中间任一独墩柱端 6 个，共计 50 个。分属于四个不同通道。2012 年年底已初步完成该桥梁监测系统安装，2013 年多次开展了现场验证性测试，同时将现场需要的电脑等采集、传输设备安装完毕。

（2）北京市红寺桥：位于北京南四环东路（图 6.55），横跨北京凉水河，西邻南四环榴乡互通，东侧为成寿寺路。红寺桥为多跨预应力混凝土简支 T 梁结构（先简支后桥面连续）。本次示范工程选取红寺桥第 5 跨为实施对象，该跨设计跨径为 27m，宽 35.7m，双向 6 车道。全桥布置 18 片简支 T 梁，梁片为 C45 混凝土预制梁。梁高 1.8m。下部结构为有盖梁桩柱式桥墩，盖梁长 33.5m，高 2m。桥墩直径 1.5m。桥墩承台为圆柱式，直径 3.5m。

图 6.55　北京红寺桥现场

传感子系统的实施布点方案（图 6.56）：在桥梁跨中各片 T 梁梁底及左侧边 T 梁通长位置布设传感器，其中左侧边 T 梁共布设 9 个光纤光栅应变传感器（通道 1，本桥共 2 个通道）。跨中位置共设 8 个光纤光栅应变传感器和 1 个温度补偿传感器（通道 2），应变传感器各片 T 梁跨中底部位置，温度补偿传感位于边跨 T 梁内侧面。2014 年 5 月已完成该桥桥梁健康监测系统传感器（光纤光栅应变传感器、温度补偿传感器）及现场采集设备安装（图 6.57），相关数据采集、分析软件开发和验证性测试也在同步推进实施。

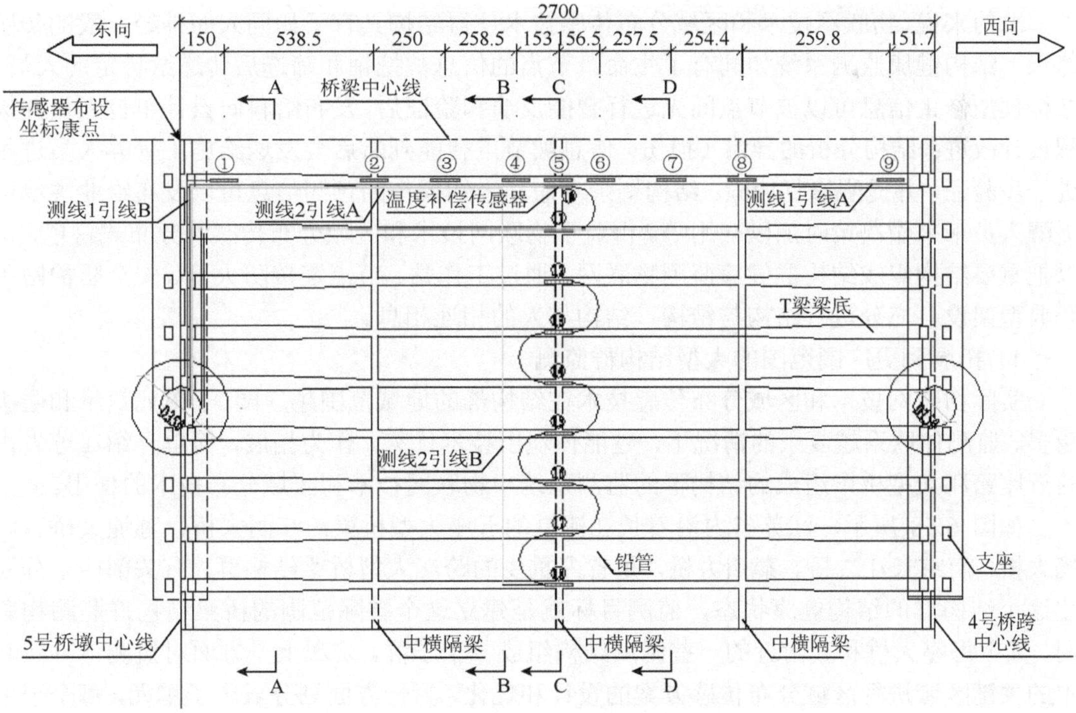


图 6.56　北京红寺桥传感器布点方案

图 6.57 北京红寺桥传感器实施现场图

3）多方联动的评价与管养机制

物联网技术的内涵就是“物物相连”、“物物相息”、“物人相连”、“物人相息”，用本节的技术思路，完成结构群所有子单元设计后，还需考虑怎么让各子单元的信息能与人进行互相通信和影响，在 6.1.4 关于分布式特色的介绍里曾介绍过，各子单元的节点很灵活，具有多种表现形式，多种响应方式，可以人工介入管理比如建设一个现场人员工作站，也可以不设置工作站采用信号智能化处理的功能节点，也可以两者混用。各节点既可以分别接入防火墙被远程工作站进行人工鉴权管理，也可以节点中设置一个领袖顶级节点，人工通过防火墙鉴权只管理顶级节点，其他的次级节点由顶级节点管理或次级节点间互相管理，如此便可节约现场管养的人工成本。这些技术都是业内的前沿课题，本书不逐一详述。

总的来说，物联网技术和区域分布传感技术使得结构具有了如同人的神经一般的传感体系，结构健康监测系统如同有了生命。节点的信息被挖掘和筛选后传递给特定的人员：结构模型修正信息可以被节点间先进行智能反演和验证后，发布给科研设计单位人员并提醒设计改进；结构分析的异常（损伤）信息被节点智能判断后会发送给施工管养人员进行进一步验证，并提醒修复加固；结构剩余寿命和未知损伤的预测信息可以发布给业主单位提醒人员未来做决策时加以应用等。得益于物联网技术和区域分布传感的分布式特色，可以把重要结构组成结构群健康监测物联网，通过工作站、节点连接防火墙、安全防护网关等典型架设，充分进行结构与结构、结构与人的相连相息。

4）拓展到更广阔范围的大型结构群监测

实际物联网技术和区域分布传感技术在结构群的地域范围越广阔、子单元数量和层级越多、监测体联系越复杂的情况下，越能体现出技术优势。作为拓展，简单介绍江苏省内的五座跨江大型桥梁组成的结构群的监测系统中物联网技术和区域分布技术的使用。

如图 6.58 所示，江苏省内沿着长江流域的五座大型桥梁：江阴大桥、苏通大桥、润扬大桥、南京长江二桥、泰州大桥，是省内重要的跨江大型桥梁结构群。有关部门十分关注这个结构群的结构健康状态，监测目标就是建立这个省际范围的桥梁结构群监测物联网，其中每座大桥和其附近的一些附属结构组成一个子群。宏观上一方面对监测体寻找其中的关键区域进行区域分布传感方案的设计和优化，另一方面划分五个子单元，每个子单元出于现场管养需要建设一个现场工作站，工作站有通信的节点，便于现场管养人员管理。

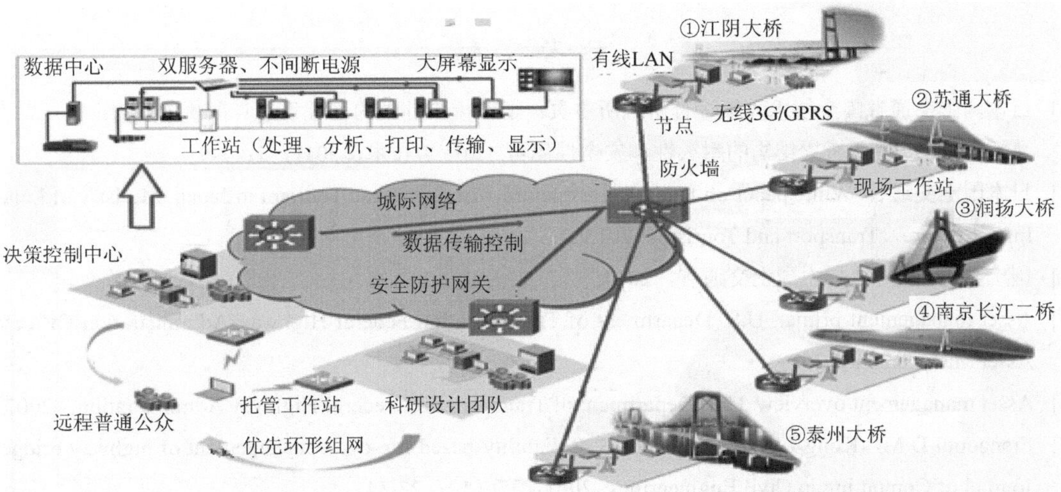


图 6.58　江苏省大型桥梁结构群健康监测物联网示意

现场对远程的通信采用双口网关，一口连接有线 LAN 方式，一口连接无线网络方式。网关进行数据可靠度保障机制的软件开发，保证通信水平。各子单元通过城际网络联系，在城际网的另一端设置两个远程工作站，一个是相对于现场工作站的上级工作站称为决策中心，如图中左上部分红框中所示，其一般来说也是现场管养单位的上级单位，在监测系统中发布的决策可以被现场的人员执行；另一个是托管工作站，具有和决策中心几乎一样的功能，并被科研设计人员管理，其作用是对整个监测系统做一个有益的补充，其权限可能低于决策中心站，但可以根据结构信息提供结构改进建议，物联网技术使得结构信息在各个节点间、各个人员间、各个站点间无障碍的流转并互相影响决策，充分进行结构与结构、结构与人的相连相息。图中给出工作站、节点连接防火墙、安全防护网关等典型架设方法，读者参照此图，举一反三就可以将图中的结构群监测物联网推广到更多类型的结构群和更加广阔的地域范围。

## 参 考 文 献


[1] 日本国土交通省国土技术政策综合研究所主页：道路橋の計画的管理手法に関する検討.

[2] 葛耀君，项海帆. 桥梁结构的耐久性和安全性思考. 预应力技术，2011，1：3-9.

[3] 日本国土交通省. White paper on land，Infrastructure，Transport and Tourism in Japan. Ministry of Land，Infrastructure，Transport and Tourism，2013.

[4] 国土交通白皮书. 日本国土交通省，2014.

[5] Asset management primer. U.S. Department of Transportation Federal Highway Administration Office of Asset Management，1999.

[6] Asset management overview. U.S. Department of Transportation Federal Highway Administration，2007.

[7] Frangopol D M，Kong J S，Gharaibeh E S. Reliability-based life-cycle management of highway bridges. Journal of Computing in Civil Engineering，2001，15（1）：27-34.

[8] 吴智深，李素贞，Adewuyi A P. 基于应变分布响应的模态分析理论与应用. 科技导报，2010，08：94-103.

[9] 欧进萍，关新春. 土木工程智能结构体系的研究与发展. 地震工程与工程振动，1999，19（2）：21-28.

[10] 城市桥梁养护技术规范（CJJ99—2003）. 北京：中国建筑工业出版社，2003.

[11] 公路桥涵养护规范（JTGH11—2004）. 北京：人民交通出版社，2004.

[12] 日本プレストレストコンクリート工学会. 構造物の非破壊検査技術に関するアンケート. プレストレストコンクリート，2014，56（6）：75-83.

[13] Chopra A K. Dynamics of Structures. 4th Edition. Englewood Cliff：Prentice Hall，2011.

[14] Farrar C R，Baker W E，Bell T M，et al. Dynamic characterization and damage detection in the I-40 bridge over the Rio Grande. Materialsence，1994.

[15] Hart G C，Yao J T P. System identification in structural dynamics. American Society of Civil Engineers，2014，103（6）：1089-1104.

[16] Abdel-Ghaffar A M，Housner GW. An analysis of the dynamic characteristics of a suspension bridge by ambient vibration measurements. Technical Rep. No. EERL 77-01，Pasadena：California Institute of Technology，1977.

[17] Doebling S W，Farrar C R，Prime M B，et al. A review of damage identification methods that examine changes in dynamic properties. Shock and Vibration Digest，1998，30（2）：91-105.

[18] Wu Z S，Li S Z. Two-level damage detection strategy based on modal parameters from distributed dynamic macro-strain measurements. Journal of Intelligent Material Systems and Structures，2007，18（7）：667-676.

[19] Li S Z，Wu Z S. Modal analysis on macro-strain measurements from distributed long-gage fiber optic sensors. Journal of Intelligent Material Systems & Structures，2008，19（8）：937-946.

[20] Hong W，Wu Z S，Yang C Q，et al. Condition assessment of reinforced concrete beams using dynamic data measured with distributed long-gage macro-strain sensors. Journal of Sound and Vibration，2012，331（12）：2764-2782.

[21] Zhang J，Zhou Y，Li P J. Practical issues in signal processing for structural flexibility identification. Smart

Structures and Systems，2015，15（1）：209-225.

[22] Xu B，Wu Z S，Chen G D，et al. Direct identification of structural parameters from dynamic responses with neural networks. Engineering Applications of Artificial Intelligence，2004，17（8）：931-943.

[23] Wu Z S，Xu B，Yokoyama K. Decentralized parametric damage detection based on neural networks. Computer-Aided Civil and Infrastructure Engineering，2002，17（3）：175-184.

[24] Siringoringo D M，Fujino Y. Dynamic characteristics of a curved cable-stayed bridge identified from strong motion records. Engineering Structures，2007，29（8）：2001-2017.

[25] 公路桥梁技术状况评定标准（JTG/T H21—2011）. 北京：人民交通出版社，2011.

[26] 公路养护安全作业规程（JTG H30—2004）. 北京：中华人民共和国交通部，2004.

[27] Bridge inspection practices. Washington D.C.：Transportation Research Board，2007.

[28] Standard specifications for concrete structures maintenance. Japan Society of Civil Engineers，2001.

[29] 公路桥梁承载能力检测评定规程（JTG/T J21—2011）. 北京：人民交通出版社，2011.

[30] The manual for bridge evaluation. American Association of State Highway and Transportation officials，2011.

[31] Bridge deck evaluation manual. New York State Department of Transportation，1992.

[32] Bridge inspection manual. New York State Department of Transportation，2014.

[33] Bridge inspection safety manual. New York State Department of Transportation，2008.

[34] Nakajima A. Guidelines for assessment of bridge structures by using monitoring data. Task Committee on Monitoring of Bridge Vibration and its Standardization Committee of Structural Engineering，Japan Society of Civil Engineers，Structural Engineering Series 16，2006.

[35] Oshima T. Guidelines for bridge vibration monitoring. Subcommittee on Bridge Vibration Monitoring，Committee of Structural Engineering，Japan Society of Civil Engineers，Yotsuya 1-chome，Shinjuku-ku，Structural Engineering Series 10，2000.

[36] National bridge inspection standard. Washington D.C.：Department of Transportation，2004.

[37] Thompson P D，Small E P，Johnson M，et al. The Pontis bridge management system. Structural Engineering International，1998，8（4）：303-308.

[38] Miyamoto A. Development of a bridge management system（J-BMS）in Japan. Life Cycle Cost Analysis and Design of Civil Infrastructure Systems，2001：179-222.

[39] 王家耀. 智慧让城市更美好. 自然杂志，2012，34（3）：139-142.

[40] Van Oosterhout G P C. Recent Dutch experiences in developing structural monitoring systems for shield driven tunnels. Heron，2003，48（1）：65-78.

[41] Metje N，Chapman D N，Rogers C D F，et al. Optical fibre sensors for remote monitoring of tunnel displacements- Prototype tests in the laboratory. Tunnelling and Underground Space Technology，2006，21（3）：417.

[42] 吴中如. 中国大坝的安全和管理. 中国工程科学，2000，2（6）：36-39.

[43] Liu C，DeWolf J T. Effect of temperature on modal variability of a curved concrete bridge under ambient loads. Journal of structural engineering，2007，133（12）：1742-1751.

[44] 沈圣，吴智深，杨才千，等. 基于分布式光纤应变传感技术的改进共轭梁法监测结构变形分布研究.

土木工程学报，2010，43（7）：63-70.

[45] Döhler M，Hille F，Mevel L，et al. Structural health monitoring with statistical methods during progressive damage test of S101 Bridge. Engineering Structures，2014，69（9）：183-193.

[46] Siringoringo D M，Fujino Y，Nagayama T. Dynamic characteristics of an overpass bridge in a full-scale destructive test. Journal of Engineering Mechanics，2014，139（6）：691-701.

[47] Adewuyi A P，Wu Z S，Serker N H M K. Assessment of vibration-based damage identification methods using displacement and distributed strain measurements. Structural Health Monitoring，2009，8（6）：443-461.

[48] Anderson G R，Demko P，Hoffman K，et al. Falling Down City. Retrieved August 29，2007.

[49] Kunishima M，Ishihara Y. Concrete flaking in a Shinkansen tunnel of West Japan Railway Co. Failure Knowledge Database/ 100 Selected Cases. Fukuoka Prefecture，June 27，1999.

[50] Saitama Prefecture，Japan：Ministry of Land，Infrastructure，Transport and Tourism，Kanto Regional Development Bureau. 2012.

[51] 青木伸之，藤原鉄朗，森充広. CCD およびサーモグラフィ連続画像計測システムの開発と適用事例. こうえいフォ-ラム，2007，(15)：37-44.

[52] 出水享，松田浩，伊藤幸広，等. デジタル画像相関法を用いた撤去 PCT 桁橋の載荷試験時における変位，ひずみ，ひび割れ計測. コンクリート工学年次論文集，2012：34（2），1411-1416.

[53] 計測リサーチコンサルタント，HP. 水中 3 D スキャナを用いた水中構造物および周辺地形の 3 次元計測. 2013.

[54] 日本国土交通省 HP. 老朽化対策に資する点検等技術の公募等について.

[55] Nippon Avionics Co.，Ltd. HP. 赤外線サーモグラフィ.

[56] 豊福俊泰，尼崎省二，中村一平. 入門維持管理工学. 2009.

[57] 日本土木研究所. 土木コンクリート構造物の品質確保について--テストハンマーによる強度推定調査の 6 つのポイント.

[58] 日本プレストレストコンクリート工学会. 構造物の非破壊検査技術に関するアンケート. プレストレストコンクリート，2014，56（6）：75-83.

[59] Leelalerkiet V，Kyung J W，Ohtsu M，et al. Analysis of half-cell potential measurement for corrosion of reinforced concrete. Construction and Building Materials，2004，18（3）：155-162.

[60] Sensor Land HP. A brief history of the Strain Gauge.

[61] Stein P K. Strain gage history and the end of the twentieth century. Experimental Techniques，2001，25（2）：15-16.

[62] A fundamentally new strain-gauge. FLIGHT，1952，19th Sep.，389.

[63] Wu Z S，Yokoyama K. Sensors and bridge monitoring system. Bridge Engineering Workshop，2006.

[64] Sumitro S，Jarosevic A，Wang M L. Elasto-magnetic sensor utilization on steel cable stress measurement // The First fib Congress，Concrete Structures in the 21th Century，Osaka. 2002，13-19.

[65] Meltz G，Morey W W，Glenn W H. Formation of Bragg gratings in optical fibers by a transverse holographic method. Optics letters，1989，14（15）：823-825.

[66] Ourmazd A，Varnham M P，Birch R D，et al. Thermal properties of highly birefringent optical fibers and

preforms. Applied optics，1983，22（15）：2374-2379.

[67] Lee C E，Atkins R A，Taylor H F. Performance of a fiber-optic temperature sensor from− 200 to 1050 C. Optics letters，1988，13（11）：1038-1040.

[68] Hill K O，Fujii Y，Johnson D C，et al. Photosensitivity in optical fiber waveguides：Application to reflection filter fabrication. Applied Physics Letters，1978，32（10）：647-649.

[69] Hill K O，Malo B，Bilodeau F，et al. Bragg gratings fabricated in monomode photosensitive optical fiber by UV exposure through a phase mask. Applied Physics Letters，1993，62（10）：1035-1037.

[70] Lee B. Review of the present status of optical fiber sensors. Optical Fiber Technology，2003，9（2）：57-79.

[71] Barnoski M K，Jensen S M. Fiber waveguides：a novel technique for investigating attenuation characteristics. Appl Opt，1976，15（9）：2112-2115.

[72] Horiguchi T，Kurashima T，Tateda M. Tensile strain dependence of Brillouin frequency shift in silica optical fibers. IEEE Photonics Technology Letters，1989，1（5）：107-108.

[73] Kurashima T，Horiguchi T，Yoshizawa N，et al. Measurement of distributed strain due to laying and recovery of submarine optical fiber cable. Applied Optics，1991，30（3）：334-337.

[74] Bao X，Webb D J，Jackson D A. 32-km distributed temperature sensor based on Brillouin loss in an optical fiber. Optics Letters，1993，18（18）：1561-1563.

[75] Ansari F. Theory and application of integrated optic fiber sensors in structures. // Intelligent Civil Engineering Material and Structures，ASCE Special publication，1997，2-28.

[76] Hotate K，Abe K，Song K Y. Suppression of signal fluctuation in Brillouin optical correlation domain analysis system using polarization diversity scheme. Photonics Technology Letters，IEEE，2006，18（24）：2653-2655.

[77] Neubert H，Schulte K，Harig A. Evaluation of the fatigue behaviour by monitoring continuously temperature development in CFRP-laminates. ASTM-STP，1990，1059：435-453.

[78] Muto N，Yanagida H，Miyayama M，et al. Foreseeing of fracture in CFGFRP composites by the measurement of residual change in electrical resistance. Nippon seramikkusu kyokai gakujutsu ronbunshi，1992，100（4）：585-588.

[79] Bakis C E，Nanni A，Terosky J A，et al. Self-monitoring，pseudo-ductile，hybrid FRP reinforcement rods for concrete applications. Composites science and technology，2001，61（6）：815-823.

[80] Grosse C U，Krüger M. Inspection and monitoring of structures in civil engineering. NDT. net，2006，11（1）.

[81] Seismometer. https://en.wikipedia.org/wiki/Seismometer[2015-10-13].

[82] Walter P L. The history of the accelerometer. Sound and vibration，1997，31（3）：16-23.

[83] Wang W，Zhao W，Huang L，et al. Applications of terrestrial laser scanning for tunnels：a review. Journal of Traffic and Transportation Engineering（English Edition），2014，1（5）：325-337.

[84] 松田浩．光学的非接触全視野計測法による建設構造物のマルチスケール損傷診断法の開発．Database of Grants-in-Aid for Scientific Research. FY2008 Annual Research Report，2008.

[85] Zhao C，Matsuda H，Lou S，et al. Visualization of buckling on thin-walled cylindrical shell by digital image correlation method. Applied Mathematics & Information Sciences，2013，7（3）：999-1004.

[86] 西村正三，木本啓介，松岡のどか. 橋梁維持管理における遠隔測定法の開発と評価[J]. 応用測量論文集，2013，52-61.

[87] GPS.govHP. http：//www.gps.gov/systems/gps/modernization/sa/data/[2015-8-18]

[88] Nikon-Trimble HP. Datasheet-trimble R10 GNSS system

[89] Kaloop M R，Hui L. Sensitivity and analysis GPS signals based bridge damage using GPS observations and wavelet transform. Measurement，2011，44（5）：927-937.

[90] 道路桥示方书-同解说 V 耐震设计篇. 日本道路协会，2002.

[91] 吕大刚，王光远. 基于可靠度和灵敏度的结构局部地震易损性分析. 自然灾害学报，2006，15（4）：157-162.

[92] 災害に対する脆弱性評価システム開発に向けた基礎調査. 光防災センシング振興協会，2009.

[93] 構造物の脆弱性評価システム開発に向けた提言の検討. 光防災センシング振興協会，2010.

[94] 光防災センサシステムの鉄道構造物設置に関する検討報告書. 光防災センシング振興協会，2011.

[95] 吴智深，唐永圣，黄璜. 利用自传感 FRP 筋实现结构性能全面监测和自诊断研究. 建筑结构，2013，43（19）：5-9.

[96] Wu Z，Xu B，Hayashi K，et al. Distributed optic fiber sensing for a full-scale PC girder strengthened with prestressed PBO sheets. Engineering Structures，2006，28（7）：1049-1059.

[97] 周智，欧进萍. 用于土木工程的自传感监测传感材料性能及比较研究. 建筑技术，2002，33（4）：270-272.

[98] Pierre Marc Johnson，et al. Commission of Inquiry into the Collapse of a Portion of de la Concorde Overpass，REPORT，October 3，2006-October 15，2007.

[99] Ashkenazi V，Roberts G W. Experimental monitoring of the Humber Bridge using GPS // Proceedings of the ICE-Civil Engineering. Thomas Telford，1997，120（4）：177-182.

[100] Yau M H，Chan T H T，Thambiratnam D P，et al. Static vertical displacement measurement of bridges using fiber Bragg grating（FBG）sensors. Advances in Structural Engineering，2013，16（1）：165-176.

[101] Zhang J，Zhang X，Tian Y D，et al. Vibration and deformation monitoring of Sutong Yangtze River Highway Bridge with distributed long-gauge sensors. ASCE Journal of Aerospace Engineering（Submitted）.

[102] Hong W，Zhang J，Wu G，et al. Comprehensive comparison of macro-strain mode and displacement mode based on different sensing technologies. Mechanical Systems & Signal Processing，2015，50：563-579.

[103] Wu Z S，Iwashita K，Xue S，et al. Experimental Study on Crack Monitoring of PC Structures with Pulse-prepump BOTDA-based Distributed Fiber Optic Sensors. Concrete Research & Technology Japan Concrete Institute，2007，18（2）：49-57.

[104] Wu Z S，Xu B，Takahashi T，et al. Performance of a BOTDR optical fibre sensing technique for crack detection in concrete structures. Structures and Infrastructure Engineering，2008，4（4）：311-323.

[105] Li S Z，Wu Z S. A model-free method for damage locating and quantifying in a beam-like structure based on dynamic distributed strain measurements. Computer-Aided Civil and Infrastructure Engineering，2008，23（5）：404-413.

[106] Adewuyi A P，Wu Z S. Modal macro-strain flexibility methods for damage localization in flexural

structures using long-gage FBG sensors. Structural Control and Health Monitoring, 2011, 18(3): 341-360.

[107] コンクリート構造物のヘルスモニタリング研究小委員会. コンクリート構造物のヘルスモニタリング技術, コンクリート技術シリーズ 76. 東京：日本土木学会，2007.

[108] Li S Z，Wu Z S. A non-baseline algorithm for damage locating in flexural structures using dynamic distributed macro-strain responses. Earthquake Engineering and Structural Dynamics，2007，36（9）：1109-1125.

[109] Zhang H，Wu Z. Performance Evaluation of PPP-BOTDA-Based Distributed Optical Fiber Sensors. International Journal of Distributed Sensor Networks，2012，11（5）：1497-1500.

[110] Hong W，Yang C Q，Wu Z S，et al. Identification of modal macro-strain vector based on distributedlong-gage FBG sensors under ambient vibration，Sensors and Smart Structures Technologies for Civil. Mechanical and Aerospace Systems，2010，7647：36-44.

[111] Hong W，Wu Z S，Yang C Q，et al. Investigation on the damage identification of bridges using distributed long-gauge dynamic macro-strain response under ambient excitation. Journal of Intelligent Material Systems and Structures，2012，23（1）：85-103.

[112] 王艺霖，刘西拉，方从启. 基于应变指标的桥梁损伤识别方法. 建筑科学与工程学报，2011，28（2）：62-68.

[113] Serker N K，Wu Z S，Li S Z. A non physics-based approach for vibration-based structural health monitoring under changing environmental conditions. Structural Health Monitoring，2009.

[114] Yang C Q，Yang D，He Y，et al. Moving Load Identification of Small and Medium-Sized Bridges Based on Distributed Optical Fiber Sensing[J]. International Journal of Structural Stability and Dynamics，2015.

[115] Mottershead J E，Friswell M I. Model updating in structural dynamics：a survey. Journal of sound and vibration，1993，167（2）：347-375.

[116] Zhang J，Li P J，Wu Z S. A new flexibility-based damage index for structural damage detection. Smart Materials and Structures，2013，22（2）：025-037.

[117] Hong W，Wu Z S，Yang C Q，et al. Finite element model updating of flexural structures based on modal parameters extracted from dynamic distributed macro-strain responses. Journal of Intelligent Material Systems and Structures，2014，26（2）：201-218.

[118] Zhang J，Hong W，Tang Y S，et al. Structural health monitoring of a steel stringer bridge with area sensing. Structure and Infrastructure Engineering，2014，10（8）：1049-1058.

[119] Weidner J，Prader J，Moon F，et al. Static ，crawl，ambient and forced vibration testing （Technical report）. Philadelphia：Drexel University，2011.

[120] Bridge inspector's training manual 70. Federal Highway Administration，1970.

[121] Manual for maintenance inspection of bridges. Washington D.C.：American Association of State Highway and Transportation Officials，1970.

[122] Recording and coding guide for the structure inventory and appraisal of the nation's bridges. Washington D.C.：U.S. Department of Transportation，1970.

[123] LRFD bridge design specifications. $2^{nd}$ Ed.. Washington D.C.：American Association of State Highway and Transportation Officials，1998.

[124] Bridge inspector's reference manual. Washington D.C.：U.S Department of Transportation Federal Highway Administration，2012.

[125] Guide manual for bridge element inspection. Washington D.C.：American Association of State Highway and Transportation Officials，2011.

[126] 既存のコンクリート構造、ガイドの性能評価. 社団法人土木学会，2014.

[127] 公路隧道养护技术规范（JTG H12—2005）. 北京：人民交通出版社，2005.

[128] 公路养护技术规范（JTG H10—2009）. 北京：人民交通出版社，2009.

[129] Aktan E A. Development of a model health monitoring guide for major bridge. Federal Highway Administration Research and Development，2003

[130] Structural identification of constructed facilities：Approaches，methods，and technologies for effective practice of St-Id. A state-of-the-art report. ASCE SEI Committee on Structural Identification of Constructed Systems，2012.

[131] FIB task group. Monitoring and safety evaluation of existing concrete structures state of the art report. International Federation for Structural Concrete，2002

[132] ISIS Canada. Manual No.2——Guidelines for structural health monitoring. Winnipeg：ISIS Design Manuals For Instructional Purposes，2001.

[133] Frangopol D，Strauss A，Kim S. 2008. Bridge reliability assessment based on monitoring. J. Bridge Eng.，13（3）：258-270.

[134] 李宏男. 结构健康监测系统设计标准. 北京：中国建筑工业出版社，2012.

[135] 吴智深. 光纤传感式桥隧结构健康监测系统设计、施工及维护规范. 江苏省质量技术监督局，2015.

[136] Zhang J，Xu J C，Guo S L，et al. Flexibility-based structural damage detection with unknown mass for IASC-ASCE Benchmark Studies. Engineering Structures，2012，48：486-496.

[137] Zhang J，Prader J，Grimmelsman K A，et al. Experimental vibration analysis for structural identification of a long-span suspension bridge. Journal of Engineering Mechanics，2013，139（6）：748-759.

[138] Zhang J，Guo S L，Zhang Q Q. Mobile impact testing for structural flexibility identification with only a single reference. Computer-aided Civil & Infrastructure Engineering，2014，30：703-714.

[139] Zhang J，Cheng YY，Xia Q，Wu ZS. Change Localization of a Steel Stringer Bridge through Long-Gauge Strain Measurements. ASCE Journal of Bridge Engineering，In Press.

[140] Zhang J，Xu J C，Guo S L，et al. Flexibility-based structural damage detection with unknown mass for IASC-ASCE benchmark studies. Engineering Structures，2013，48：486-496.

[141] LabVIEW and Visual Basic. National Instruments，$6^{th}$ Sep.，2006.

[142] Nagayama T，Abe M，Fujino Y，et al. Structural identification of a nonproportionally damped system and its application to a full-scale suspension bridge. Journal of structural engineering，2005，131（10）：1536-1545.

[143] Wu Z S，Zhang H，Yang C Q. Development and performance evaluation of non-slippage optical fiber as Brillouin scattering-based distributed sensors. Structural Health Monitoring，2010，9：413-431.

[144] Butter C D，Hocker G B. Fiber optic strain gauge. Fiber Optics Weekly Update，1978：245.

[145] Prendergast L J，Gavin K. A review of bridge scour monitoring techniques. Journal of Rock Mechanics

& Geotechnical Engineering，2014，（2）：138-149.

[146] Zhang H，Wu Z S. Performance evaluation of BOTDR-based distributed fiber optic sensors for crack monitoring. Structural Health Monitoring，2008.

[147] Wu Z S，Adewuyi A P，Xue S. Identification of damage in reinforced concrete columns under progressive seismic excitation stages. Journal of Earthquake and Tsunami，2011，5（02）：151-165.

[148] 吴智深，施斌，石井豪，等. 可用于结构健康监测的 BOTDR 光纤变形检出特性试验研究. 土木工程学报，2005，38（8）：56-60.

[149] Allen R T L，Edwards S C，Shaw J D N. 混凝土结构的诊断与维修. 日本材料学会修补用树脂小委员会.

[150] ISHMII SHM Standardization Committee. Level 1-ISHMII Code ：General Principles，Definitions and Approaches. In preparation.

[151] AASHTO transportation asset management guide. U.S. Department of Transportation Federal Highway Administration，2013.

[152] 吴智深，杨才千，李素贞. 动静态分布传感器技术及结构健康监测理论与设计体系. //结构防灾、监测与控制——第二届“结构工程新进展国际论坛”特邀报告集，2008.